清华
科技大讲堂

信息系统与商业创新 （第2版）

数字化时代的新解读

郑大庆　　　　　　主　编

曾庆丰 刘　鹏　　　副主编

吴继兰 李艳红 张庆华 编　著

清华大学出版社

北京

内 容 简 介

本书围绕信息系统和商业创新，比较详细地阐述了两者的内涵和关系，并以此视角对六种比较典型的信息系统的功能、发展演化和未来趋势进行了详尽的介绍。为了能够让非技术领域的读者快速学习相关知识，本书侧重从管理的视角展开论述。本书另一个特点是借助大量案例，让读者能够直观地理解信息技术、信息系统、商业创新的内涵和应用，从而进一步理解数字化时代的商业创新。

本书定位于普通高校的通识课程教材，是普通高校财经类及其他文科类专业本科生学习信息系统与商业创新、管理信息系统、信息管理、创新创业等相关课程的参考教材，也适用于普通高校非信息管理与信息系统等专业的理工科学生阅读，还可作为需要了解信息系统与商业创新相关知识的管理人员的参考读物。

图书在版编目(CIP)数据

信息系统与商业创新：数字化时代的新解读/郑大庆主编. —2 版. —北京：清华大学出版社，2022.7
（清华科技大讲堂）
ISBN 978-7-302-60755-7

Ⅰ. ①信…　Ⅱ. ①郑…　Ⅲ. ①信息系统－应用－商业模式－创造性思维－研究　Ⅳ. ①F71

中国版本图书馆 CIP 数据核字(2022)第 075329 号

责任编辑：黄　芝
封面设计：刘　键
责任校对：郝美丽
责任印制：刘海龙

出版发行：清华大学出版社
　　　　　网　　　址：http://www.tup.com.cn，http://www.wqbook.com
　　　　　地　　　址：北京清华大学学研大厦 A 座　　　邮　　编：100084
　　　　　社 总 机：010-83470000　　　　　　　　　邮　　购：010-62786544
　　　　　投稿与读者服务：010-62776969，c-service@tup.tsinghua.edu.cn
　　　　　质量反馈：010-62772015，zhiliang@tup.tsinghua.edu.cn
　　　　　课件下载：http://www.tup.com.cn，010-83470236
印 装 者：三河市金元印装有限公司
经　　销：全国新华书店
开　　本：185mm×260mm　　　印　　张：28　　　字　　数：685 千字
版　　次：2017 年 7 月第 1 版　　2022 年 9 月第 2 版　　印　　次：2022 年 9 月第 1 次印刷
印　　数：1～1500
定　　价：79.80 元

产品编号：091937-01

时光荏苒，距离本书第 1 版面世已经过去了 5 年，在编写组所有成员的努力下，第 2 版终于呱呱坠地。在这 5 年中，大数据、人工智能、深度学习和数字化等技术蜂拥而现、作用日显，信息系统成为推动商业创新的关键之一，信息系统学科的内涵得到了前所未有的扩充。据了解，本书是为数不多的把信息系统和商业创新两个知识领域结合起来的教材。随着社会数字化进程的加速，创新和信息技术在未来经济社会中的作用进一步凸显，全社会对这两个领域知识的需求只会有增无减。作为信息系统领域的研究者，我们有责任和义务把这些新的知识传递给学生，尤其是经济管理领域的学生，因为他们走出校门后，就要面对纷繁复杂的商业实践。这是编写本书的初衷之一。

本书是面向经济、管理和人文专业的学生开设的通识课"信息系统与商业创新"的授课教材，也可以作为对这一领域感兴趣的读者的参考书。与一般的书籍不同，本书主要通过揭示信息系统与商业创新之间的关系彰显信息系统在商业运营中的重要作用，并以此视角阐释信息系统的概念、内涵和应用。鉴于技术的日益普及，第 2 版的内容增加了相关技术介绍的章节，以期给读者呈现一个相对完整的体系，并力图通过丰富的案例让读者理解相关的研究进展和实践现状。

围绕信息系统与商业创新相关内容，本书主要由 3 部分组成，可以理解为基础部分、应用部分和其他部分。基础部分包括第 1～3 章，主要介绍信息系统与商业创新的相关概念、研究和发展现状，让读者掌握信息系统与商业创新领域的基础知识；应用部分包括第 4～9 章，从创新的角度分别介绍比较典型的信息系统，包括事务处理系统(TPS)、决策支持系统(DSS)、企业资源计划(ERP)、供应链管理(SCM)、电子商务(EB)和互联网金融系统；其他部分包括第 10、11 章，主要介绍信息系统开发方法、信息安全和隐私问题，这部分内容与前两部分内容相对独立，但是重要性却不容忽视。

本书由郑大庆担任主编，曾庆丰和刘鹏担任副主编。其中第 1 章由曾庆丰和郑大庆编写，第 2 章和第 3 章由郑大庆编写，第 4 章和第 5 章由李艳红编写，第 6 章由曾庆丰编写，第 7 章和第 8 章由吴继兰编写，第 9 章由张庆华编写，第 10 章由郑大庆和李艳红编写，第 11 章由刘鹏编写。全书由郑大庆负责统稿。本书的结构在沿袭第 1 版框架的基础上进行了微调——把第 1 版的第 11、12 章合并为第 11 章，统一讲授信息安全与隐私保护；同时，每章的具体内容进行了大幅的更新——增添了新的案例并完善了知识点，希望能够站在课程的角度形成相对完整的知识体系。

在本书的编写过程中，得到上海财经大学教务处、通识教育中心的协助和支持，在此表示由衷的感谢，还要特别感谢清华大学出版社编辑们的大力支持，他们辛勤的付出使本书能够在较短时间内与读者见面。本书在校对过程中也得到了上海财经大学研究生林柯秀、高轶凡和本科生林陈威的大力协助,在此一并表示感谢。作为教材,本书也传承了我校有关教师在"管理信息系统"课程中的积累,在此对以往参与过这门课程建设的教师表示敬意。

不可否认,知识的积累是一个缓慢而艰苦的过程,为了能够向读者呈现相对完整的知识体系,本书在编写过程中也借鉴了大量国内外经典的教材和文献资料,编写组成员把这些重要的参考资料罗列在参考文献中,以便读者参考。

本书还存在需要进一步改进和完善的地方,恳请广大读者批评指正,以便在编写下一版时进一步修正。

编写组全体成员:

郑大庆　曾庆丰　刘　鹏

吴继兰　李艳红　张庆华

2022 年 7 月于上海财经大学

　　持续的信息技术创新潮流正在改变着整个传统的商业世界,信息技术与信息系统已经渗透到现代企业运营中的每一个环节,无论是研发、生产、运营、财务、市场营销还是管理决策等活动都已离不开信息系统的支持,信息系统在企业的发展过程中扮演了非常重要的角色。人们也越来越渴望深入了解企业是如何应用信息技术与信息系统来实现组织目标。因此,近年来围绕信息系统相关知识的教材与课程的建设也得以蓬勃发展,各类信息系统教材层出不穷。但我们发现,目前已经出版的各类信息系统教材主要是面向信息管理与信息系统类专业学生所编写,还没有专门针对经济管理以及人文类等专业学生而编写的信息系统教材,而这类学生学习信息系统知识的需求在日益增大。

　　与此同时,随着信息技术应用越来越成熟,信息系统逐渐成为了企业运行的基础设施,企业只有通过利用信息系统来驱动商业创新才能获得竞争优势。特别是在网络经济环境下,信息系统与商业创新的关系更加紧密了。因此,与之前的大部分信息系统教材不同的是,本书主要是从信息系统如何引发商业创新的角度来展开讨论各类信息系统的应用,在包含基本信息系统相关知识的基础上,对较为抽象的信息技术应用细节和信息系统功能结构等内容则不再深入介绍,让不同专业背景的学生更好地聚焦讨论商业创新案例,进而理解信息系统的潜能,提升数字化驱动的商业创新思维能力。基于此目的我们尝试编写了这本信息系统与商业创新教程。

　　围绕信息系统与商业创新相关内容,本书主要由3部分组成,第1部分首先介绍信息系统和商业创新的基本内涵、基本概念和基本原理,然后探讨信息系统与商业创新的关系,以及基本分析框架。这一部分旨在让学生理解信息系统驱动商业创新的逻辑,主要由本书的前3章组成。第2部分介绍现代商业中常见的信息系统应用,及其驱动商业创新的方法与模式,包括事务处理系统、决策支持系统、企业资源计划、供应链管理、电子商务、互联网金融等信息系统应用。除了对各类信息系统本身特征的分析外,还提供了大量商业创新案例素材,可以让学生更加深入地理解信息系统驱动商业创新的一般规律。这部分内容由本书的第4~9章组成。第3部分介绍如何构建信息系统,以及如何应对所面临的安全与隐私问题。这部分内容由本书的第10~12章组成。

　　本书由刘鹏担任主编,郑大庆和曾庆丰担任副主编。其中第1章和第6章由曾庆丰编写,第2章和第3章由郑大庆编写,第4章和第5章由李艳红编写,第7章和第8章由吴继兰编写,第9章由张庆华编写,第10章由竹宇光编写,第11章和第12章由刘鹏编写。全书由刘鹏负责定稿。

　　本书从最初的构思到最终的成型,得到上海财经大学教务处、通识教育中心的协助和支持;本书最终得以顺利出版,要特别感谢清华大学出版社编辑们的大力支持,他们耐心仔细而又高效的工作,使本书在较短时间内与读者见面了。

在本书的编写过程中,借鉴了大量国内外比较经典的信息系统教材及相关的文献资料,编写组成员也把这些重要的参考文献罗列在相关章节的参考文献中。

本书的内容组织和编写形式本身也是一次创新,加上作者水平有限,书中肯定还有不少需要进一步完善和商榷的地方,恳请广大读者批评指正,以便再版时改正。

编写组全体成员:

刘　鹏　郑大庆　曾庆丰

吴继兰　李艳红　竹宇光

张庆华

2016 年 12 月于上海财经大学

目 录

第1章

数字化时代的信息系统

本章学习目标

➢ 了解信息技术、信息系统的发展历程。

➢ 了解信息系统和信息技术如何引发商业创新。

➢ 了解信息技术对数字经济的影响。

➢ 了解信息系统在数字化时代发展的新趋势。

◎ **开篇案例**

从信息社会走向数字化时代

自1892年由托马斯·爱迪生等人创立通用电气以来，通用电气在130年的辉煌历程中创造了一个又一个奇思妙想。今天，通用电气涉及航空、电力、医疗保健和软件等业务领域，在美国公司中持有的专利最多，并且其员工曾两次获得诺贝尔奖。通用电气并没有停留在过去的传说中，这家公司渴望解决碰到的一系列令人头痛的问题。为了更好地完成这一任务，通用电气正在从世界工业领袖转变为数字工业的领导者。这需要为其飞机引擎、涡轮机和其他产品提供软件与传感器，并将实时机器数据与软件辅助的建议相结合，以不断改进其产品和服务。

在数字化产品使其更有效运行的同时，通用电气也在为其30万名员工提供支持。"我们知道，产品效率和性能方面的任何小幅改进对我们的客户都具有巨大的价值，我们希望帮助员工达到类似的效率，这是我们最宝贵的资源，"通用电气数字化工作平台首席技术官杰夫·莫纳科说，"当你每天给每位员工争取到一分钟的时间，同时你有30万名员工时，你会看到巨大的生产力提升。我们从日常活动中消除的摩擦越多，员工就越能专注于服务客户及提升业绩和收入，并发挥巨大的整体作用。"

通用电气将Microsoft Office 365（以下简称Office 365）和Windows 10 Enterprise操作系统作为其全新数字效率驱动的关键元素。莫纳科说："我们的工作人员过去一直都是自行寻找数字生产力工具，但这些工具不能一起工作，而且不安全，支持费用也很高。现在，我们在 Office 365 上进行了标准化,因为它为我们提供了一整套彼此协作、高度安全且易用的功能,为员工提供便利。"

通用电气转而采用云模式,以求更快速地交付解决方案并获得持续改进。公司通过为员工开通在线邮箱,开始全面推行 Office 365,并通过电子邮件将 Microsoft Office 365 ProPlus 部署到工作中,让员工可以在其工作和个人设备上访问相同的、最新的以及受保护的 Office 应用程序。每个人都可以在任何时间、任何地点和任何设备上使用熟悉的工具。

通用电气并没有简单地升级操作系统,而是以整个生命周期去评估其资产,以确定如何最好地利用 Windows 10 的功能。"我们研究了 Windows 10 如何帮助我们更好、更快地运行设备,使其保持更新并持续打补丁,"莫纳科说,"我们将升级到 Windows 10 这一举动作为催化剂,来改变我们管理这些设备的方式。现代化配置及打补丁,是通用电气的重中之重。"

通用电气推出了 Office 365 企业社交网络工具 Yammer,现在拥有一个充满活力且活跃的员工社区,员工利用该工具在全球范围内分享想法和公司的最新消息,以及进行众包知识的传播。今天,通用电气的员工开始采用 Microsoft Teams 作为他们的高速协作工具。Microsoft Teams 是 Office 365 团队合作的中心,通过轻松访问文档、即时消息、即席呼叫和其他通信选项改进团队协作。

使用 Skype for Business Online(以下简称 Skype),员工可以"全天候参加会议",正如莫纳科所说:"参加会议,进行跟进,邀请大家参加下一次会议,这些只是我们的员工通过 Skype 获得的一部分收益。"

通用电气正在使用 Office 365 来增强全公司的协作。"合作对于数字行业的突破非常重要,而 Office 365 是改善协作的关键,"通用电气首席信息官詹姆斯·福勒说,"对客户满意度及新商业效率的影响是革命性的。"

拥有现代化办公工具也让人感觉自己是当代劳动者的一员,这很重要。"通用电气拥有多个年代的员工,从婴儿潮一代到千禧一代,他们都有自己喜爱的工作方式,"福勒说,"借助 Office 365,每个人都可以使用他们最喜欢的沟通方式更有效地协作,并更快做出决策。我们注意到,Microsoft Teams 尤其受到需要迅速行动的团队的欢迎,如支持团队和运营中心,大家可以借助它分析关键问题。通过移动访问 Microsoft Teams 及所需的文件,人们可以获得传统办公工具无法实现的速度。"

新员工也可以快速开始与同事合作。福勒说:"Office 365 最好的部分之一就是每个人都已经知道这些工具,公司不需要再开展很多培训就可以让新员工加快速度。它是帮助员工更快开始工作的通用语言。"

通用电气的员工在这种新的数字激励文化中,从高速协作和个性化的工作方式中获得了蓬勃的生产力。福勒说:"通用电气未来的工作包括我们创造新的、更高技能和更高质量工作的能力,正建立在我们以前无法想象的新技术空间上。我相信我们正经历下一次工业革命——一场数字工业革命。2018 年,世界上仍然有近 10 亿人口无法获得电力供应,数亿人无法获得高质量的医疗保障。我们想解决这些问题,而且我们的员工充满活力,比以往任何时候都更有能力去解决问题。"

本章开篇描述了通用电气如何利用信息技术和信息系统让组织沟通更加有效、组织更加灵活。信息技术经历了70多年的发展，今天信息技术的应用已经非常普及。本章将系统回顾信息技术的发展历程，深入分析信息技术推动社会进步的技术动因。目前，人类社会已经进入数字经济时代，数字经济的内涵是什么？在数字经济时代，信息技术如何驱动商业创新？信息系统新的发展趋势有哪些？这些问题都需要进行深入的思考与探究。

1.1　日新月异的信息技术

自1946年世界第一台现代意义上的电子计算机诞生以来，现代信息技术以人们难以想象的速度迅猛发展，成为人类社会与经济发展的强大推动力。信息技术日益成为人们生活和工作中息息相关的一个重要部分，它不仅是个人获取信息的重要方式，也是所有企业和组织处理信息的最重要工具。可以说，信息技术的发展让信息系统在整个社会中的影响无处不在。

1.1.1　信息技术的内涵及其发展

信息技术（Information Technology，IT）也被称为信息与通信技术（Information and Communication Technology，ICT），它在当今社会已经非常普及。信息技术的内涵非常丰富，没有一个公认的统一描述，可以从狭义和广义两个层面解读信息技术的含义。

从狭义上看，信息技术是指利用计算机、网络和广播电视等各种硬件设备及软件工具与科学方法，对文字、图片、声音和影像等各种信息进行获取、存储、传输、加工和使用的技术的总称。从广义上看，信息技术是指能充分利用与扩展人类信息器官功能的各种方法、工具和技能的总和。信息技术广义层面的定义从哲学上阐述了信息技术与人的本质关系。现代信息技术包括计算机技术、现代通信技术、遥感遥测技术、数据采集技术、3D扫描与打印技术等多种技术，其中以计算机技术为代表。

信息系统则是信息技术在各行各业中应用所形成的解决方案，简单而言，信息技术是构建信息系统的基础之一。今天，信息技术仍然处在不断发展和完善的过程中，在理解信息系统概念之前，需要首先了解信息技术的发展与演化历程。

1. 信息技术革命的发展简史

人类通信的历史很悠久。远古时期，人们通过简单的语言、壁画等方式交换信息。千百年来，人们用语言、图符、钟鼓、烟火、竹简、纸书、烽火狼烟、飞鸽和驿马等传递信息。现在还有一些国家的原始部落，保留着击鼓鸣号的古老通信方式。现代社会中交警的指挥手语、航海的旗语等都是古老通信方式发展的结果。这些信息传递的基本方式都是依靠人的视觉与听觉。如果把以上信息传递的方式也认为是广义层面的信息处理，那么纵观人类发展史，信息技术发展共经历了五次革命。

第一次信息技术革命是语言的使用，发生在距今约35 000～50 000年前。

第二次信息技术革命是文字的创造。大约在公元前3500年出现了文字，文字的创造意味着信息第一次打破时间、空间的限制。例如甲骨文记载商朝的社会生产状况和阶级关系，让后世的人可以了解商朝的社会生活状况。

第三次信息技术革命是印刷术的发明。大约在公元1040年，我国开始使用活字印刷技术（欧洲1451年开始使用印刷技术）。汉朝以前使用竹木简或帛做书写材料，直到东汉（公元105年）蔡伦改进造纸术，这种纸叫"蔡侯纸"。从后唐到后周，封建政府雕版刊印了儒家经书，这是我国官府大规模印书的开始。两宋时期，雕版印刷有成都、开封、临安（杭州）和福建建阳四大中心，北宋毕昇发明活字印刷，比欧洲早400年。

第四次信息技术革命是电报、电话、广播、电视的发明和普及应用。19世纪中叶以后，随着电报、电话的发明，电磁波的发现使通信领域产生了根本性的变革，实现了金属导线上电脉冲传递信息及通过电磁波来进行无线通信。电磁波的发现产生了巨大影响，实现了信息的无线电传播，其他无线电技术也如雨后春笋般涌现。1920年美国无线电专家康拉德在匹兹堡建立了世界上第一家商业无线电广播电台，从此广播事业在世界各地蓬勃发展，收音机、电视成为人们了解时事新闻的便捷途径。1933年，法国人克拉维尔建立了英法之间的第一条商用微波无线电线路，推动了无线电技术的进一步发展。静电复印机、磁性录音机、雷达、激光器都是信息技术史上的重要发明。

第五次信息技术革命始于20世纪60年代，其标志是电子计算机的普及应用及计算机与现代通信技术的有机结合。随着电子技术的发展，军事与科研领域迫切需要解决的计算工具也大大得到改进，1946年由美国宾夕法尼亚大学研制的第一台电子计算机诞生了。随后，计算机技术得到飞速发展，标志着人类由工业社会向信息社会快速发展。五次信息技术革命汇总如表1-1所示。

表 1-1　五次信息技术革命

发展阶段	信息技术核心应用	主要特点	发生时间
第一次革命	语言的产生和使用	较远距离的传递	3万年以前
第二次革命	文字的创造与使用	信息的存储、传递的能力超越时空	公元前3500年
第三次革命	造纸术和印刷术的发明和应用	存储信息量大、及时交流、广泛传播	公元1040年
第四次革命	电报、电话、广播、电视的发明和普及应用	提高传递的效率，突破时空限制	电话1875年；电报1933年
第五次革命	计算机和网络的普及应用	处理、传递速度和普及应用程度惊人变化	电子计算机1946年

2. 计算机技术性能的发展历程

从计算机技术性能角度来看，计算机发展经历了4个阶段：电子管计算机（1946—1957年）、晶体管计算机（1954—1964年）、中小规模集成电路计算机（1964—1970年）、大规模和超大规模集成电路计算机（1971年至今），如表1-2所示。这4个发展阶段主要是依据计算机中央处理器（CPU）所采用的元器件不同来划分的。

表 1-2　计算机性能的发展历程

计算机技术性能发展阶段	时间阶段	主要技术	性能
第一代计算机	1946—1957年	电子管	数千～数万次/秒
第二代计算机	1954—1964年	晶体管	10万～300万次/秒
第三代计算机	1964—1970年	中小规模集成电路	数百万～数千万次/秒
第四代计算机	1971年至今	大规模和超大规模集成电路	数千万次以上/秒

1）电子管计算机

1946 年,世界上公认的第一台现代意义上的电子计算机——电子数字积分式计算机 (The Electronic Numberical Integrator and Computer,ENIAC,见图 1-1(a))诞生于美国宾夕法尼亚大学。ENIAC 由 18 000 多个电子管(见图 1-1(b))、1500 多个继电器、10 000 多只电容和 7000 多个电阻组成。它占地 170 多平方米,相当于 3 间教室那么大,重 30 多吨,每秒只能做大约 5000 次加法运算,通过插拔许多的插头运行程序。人们把这种主要由电子管组成的计算机称为第一代计算机。

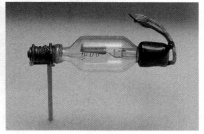

(a) ENIAC电子管计算机　　　　　　　　　(b) 电子管

图 1-1　电子管计算机

今天看来,ENIAC 的性能还比不上目前最普通的一台微型计算机的性能,但是当时它可是运算速度的绝对冠军,并且其运算的精确度和准确度也是史无前例。以圆周率(π)的计算为例,中国古代的科学家祖冲之利用算筹[①],耗费了 15 年心血,才把圆周率计算到小数点后 7 位;一千多年以后,英国人香克斯耗尽毕生精力,把圆周率计算到小数点后 707 位。而使用 ENIAC 进行计算,只要用 40 秒就可以超过这个记录,并且还发现香克斯的计算中,在 528 位发生了错误。

ENIAC 奠定了电子计算机的发展基础,在计算机发展史上具有划时代的意义,它的问世标志着电子计算机时代的到来。ENIAC 诞生后,数学家冯·诺依曼提出了重大的改进理论,主要有两点:①电子计算机应该以二进制为运算基础;②电子计算机应采用“存储程序”方式工作,并且进一步明确指出了整个计算机的结构应由运算器、控制器、存储器、输入装置和输出装置组成。冯·诺依曼的这些理论的提出,解决了计算机的运算自动化问题和速度配合问题,对后来计算机的发展起到了决定性的作用。直至今天,绝大部分计算机还是采用冯·诺依曼方式工作,所以今天的计算机也被称为冯·诺依曼机。

2）晶体管计算机

1947 年 12 月,美国贝尔实验室的肖克利、巴丁和布拉顿组成的研究小组,研制出一种点接触型的锗晶体管。由于其响应速度快,准确性高,可用于各种各样的数字和模拟功能器件,包括放大、开关、稳压、信号调制和振荡等器件。晶体管的问世是 20 世纪的一项重大发明,也是微电子革命的先声。1948 年 6 月 30 日,贝尔实验室主任鲍恩郑重宣布:“我们将该

---

① 祖冲之(429-500 年),字文远,范阳郡遒县(今河北省涞水县)人,南北朝时期杰出的数学家、天文学家。算筹,其实就是一把刻得很整齐的竹棍,直径约两三毫米,长十几厘米。用算筹表示数,有纵式和横式两种方式。在纵式中,纵摆的每根算筹都代表 1,表示 6～9 时,其上面横摆的一根代表 5。横式中则是横摆的每一根都代表 1,其上面纵摆的一根代表 5。而且规定,个位和百位必须用纵式,十位和千位必须用横式,纵横相间,使各位界限分明,以免发生混乱。

项发明称为晶体管,它是一种电阻或半导体器件,能将通过它的电信号进行放大。"1956 年,肖克利、巴丁和布拉顿因发明晶体管同时荣获诺贝尔物理学奖。晶体管的发明为计算机的进一步发展奠定了基础。1954 年,美国贝尔实验室成功研制第一台使用晶体管电路的计算机 TRADIC(见图 1-2(a)),里面装有 800 多个晶体管(见图 1-2(b))。它的体积只有 ENIAC 的百分之一,但运算速度大大增加,可达每秒 10 万次。人们把这种主要由晶体管组成的计算机称为第二代计算机。

(a) TRADIC晶体管计算机　　　　(b) 晶体管

图 1-2　晶体管计算机

3) 集成电路计算机

1958 年,美国德州仪器公司的工程师 Jack Kilby 发明了集成电路(Integrated Circuit,IC),它是做在晶片上的一个完整的电子电路,这个晶片比手指甲还小,却包含了几千个晶体管元件。集成电路(见图 1-3(b))的发明开启了第三代计算的发展历程。基于集成电路技术的第三代计算机,与第二代计算机(晶体管计算机)相比,体积更小,价格更低,可靠性更高,计算速度更快,达到了每秒几百万次。其硬件的各个组成部分,从微处理器、存储器到输入、输出设备,都是集成电路技术的结晶。

1964 年,IBM 公司成功研制世界上第一个采用集成电路的通用计算机 IBM 360(见图 1-3(a)),它兼顾了科学计算和事务处理两方面的应用,标志着大量使用集成电路的第三代计算机正式登上了历史舞台,计算机从此进入了集成电路时代。值得一提的是,IBM 360 研制费用共计 50 亿美元,是美国研制第一颗原子弹——曼哈顿工程的 2.5 倍。值得庆幸,IBM 公司的豪赌是成功的,在随后的 5 年内 IBM 360 系列计算机共售出了 32 300 台,不但创造了当时计算机销售的奇迹,而且成为人们最喜爱的计算机。1966 年年底 IBM 公司年收入超过了 40 亿美元,纯利润高达 10 亿美元,跃升美国十大公司行列,从而确立了其在计算机市场的世界霸主地位,被称为"蓝色巨人"。

元器件认识之:IC集成电路

IC

(a) IBM 360计算机　　　　(b) 集成电路

图 1-3　集成电路计算机

4）大规模和超大规模集成电路计算机

大规模集成电路是一种将几百个元器件组合到单一芯片的集成电路，第四代计算机是以大规模和超大规模集成电路为核心技术的计算机。1971年，随着复杂的半导体以及通信技术的发展，集成电路的研究和发展也逐步展开。在一块芯片上集成的元件数超过10万个，称为超大规模集成电路。20世纪70年代后期，超大规模集成电路也研制成功，超大规模集成电路（见图1-4(a)）在芯片上容纳了几十万个元件，后来的超大规模集成电路将芯片上的元件数量扩充到百万级，可以在硬币大小的芯片上容纳如此数量的元件使得计算机的体积和价格不断下降，而功能和可靠性不断增强。第四代计算机的运算速度可以达到每秒上亿次，体积也更加小巧了。目前人们在学校和家中使用的台式机、笔记本和平板（如iPad）等就是这种计算机，但是大规模和超大规模集成电路计算机中，最具代表性的还是超级计算机（见图1-4(b)）。

(a) 超大规模集成电路　　　　　　　　(b) 超级计算机

图1-4　超大规模集成电路和超级计算机

3. 计算机技术应用的发展历程及计算机分类

计算机技术是最有代表性的信息技术，从计算机技术的分类，可以管窥信息技术的发展历程。下面将详细阐述计算机技术应用的发展历程以及计算机的主要类型。

1）计算机技术应用的发展历程

从计算机技术应用角度来看，可以把计算机技术发展历程分为5个阶段：通用主机及小型计算机、个人计算机、客户机/服务器、企业计算机、云计算及移动计算。每个阶段体现了不同的计算能力配置以及基础设施构成要素。

（1）通用主机及小型计算机阶段（1959年至今）。

1959年，IBM 1401和IBM 7090晶体管计算机的出现，标志着主机型计算机（mainframe）开始广泛用于商业应用。1965年，IBM公司推出的IBM 360系列，使得主机型计算机真正为人们所认识。IBM 360是第一款拥有强大的操作系统的商用计算机，在其高级型号的机型中，可以提供分时、多任务、虚拟内存等功能。IBM公司在主机型计算机领域处于领导地位。主机型计算机拥有非常强大的功能，能够支持数千个远程终端通过专用通信协议和数据线与中央主机远程连接。

这一阶段采用高度集中的计算模式，如图1-5所示。计算机系统都是由专业的程序员和系统操作员集中控制（通常在组织的数据中心）。各种基础设施几乎都由（硬、软件）同一生产商提供。这种模式直到1965年数字设备公司（Digital Equipment Corporation，DEC）推出了小型计算机（minicomputer）后才得以改变。DEC生产的小型计算机功能强大（如

PDP-11 以及后来的 VAX 系列），但价格远远低于 IBM 的主机，这使得分散式的计算模式成为可能。这种模式可以按照独立部门或业务部门的特殊需求来定制，而不必通过分时方式共享一台大型主机。近年来，这种小型计算机发展成为了中型计算机或中型服务器，成为了网络的一个组成部分。

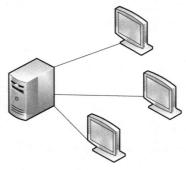

图 1-5　通用主机及小型计算机

（2）个人计算机阶段（1981 年至今）。

尽管第一批真正的个人计算机（Personal Computer，PC）如施乐公司（Xerox）的 Alto、MITS 公司的 Altair 8800、苹果公司的 Apple Ⅰ 和 Apple Ⅱ 等最早出现在 20 世纪 70 年代，但这些计算机并没有得到普遍应用。通常认为，1981 年 IBM PC 的出现标志着个人计算机时代的开始，这是因为 IBM PC 在美国的企业中第一次得到了普遍应用。这种计算机起初使用基于文本命令的 DOS 操作系统，后来发展为使用 Windows 操作系统的 Wintel PC（使用 Windows 操作系统以及 Intel 微处理器的个人计算机），成为了标准的个人计算机，如图 1-6 所示。2021 年，全球大约销售了 3.447 亿台个人计算机。其中，90% 运行 Windows 版本的操作系统，10% 运行 Macintosh 操作系统。随着 iPhone 和安卓（Android）设备销售量的提升，Wintel 作为主流计算平台的地位逐渐衰退。2021 年，全球智能手机出货量达到 13.8 亿部，其中绝大部分用户用它来访问因特网。

随着 20 世纪 80 年代和 90 年代初期个人计算机的普及，涌现出了大量的个人桌面软件工具，如文字处理软件、电子制表软件、电子演示软件，以及小型数据管理软件等，这些软件在

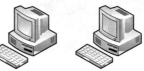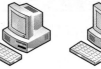

图 1-6　个人计算机

个人用户和企业用户中都得到了广泛应用。此时的个人计算机都还是独立的系统，直到 20 世纪 90 年代个人计算机操作系统的进一步发展，才具备了将孤立的个人计算机连接成网络的能力。

（3）客户机/服务器阶段（1983 年至今）。

在客户机/服务器计算（client/server computing）中，被称为客户机（client）的台式机或笔记本通过网络与功能强大的服务器（server）连接在一起，服务器向客户机提供各种服务和计算能力，如图 1-7 所示。计算机的处理任务分配在这两类设备上完成。客户机主要作为输入的用户终端，服务器主要对共享数据进行处理和存储，提供网页或管理网络活动。"服务器"一词具有两方面的含义，一方面指应用软件，另一方面指用于运行网络软件的计算机物理设备。服务器可以是一台主机，但今天大多数服务器是具有更强大功能的个人计算机。它们使用较便宜的 Intel 芯片，通常在一个计算机机箱或者服务器槽架中内置多个处理器。

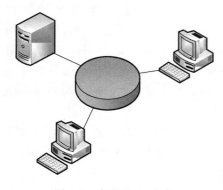

图 1-7　客户机/服务器

最简单的客户机/服务器架构由客户机通过网络

与服务器连接而成,两类计算机具有不同的处理分工。这种架构称为两层客户机/服务器架构(two-tiered client/server architecture)。虽然在很多小型企业中可以见到这种简单的两层客户机/服务器架构,但大多数企业采用的是更为复杂的多层客户机/服务器架构(multitiered client/server architecture),通常称为 N 层客户机/服务器架构。在多层客户机/服务器架构中,整个网络的工作负荷根据所请求的服务类型在各个不同层次上的服务器中均衡,如图 1-8 所示。

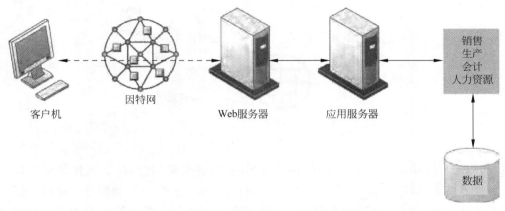

图 1-8　多层(N 层)客户机/服务器架构

在一个多层客户机/服务器架构中,客户机的服务请求由不同层次上的服务器来处理。例如,在第一层,Web 服务器负责响应服务请求向客户机提供 Web 页面。Web 服务器软件对存储的 Web 页面进行定位和管理。如果客户机请求访问企业系统(如查询产品清单或价格),这一请求就会由应用服务器处理。应用服务器软件处理在用户和企业后台业务系统之间的所有应用操作。应用服务器可以与 Web 服务器放在同一台计算机上,也可以放在专用的计算机上。

客户机/服务器架构使得企业可以将计算任务分散到一些较便宜的小型计算机上,比采用集中处理的主机系统成本大大降低,其结果使得企业的计算能力和应用软件急剧增长。

(4) 企业计算机阶段(1992 年至今)。

20 世纪 90 年代初期,企业开始应用一些网络标准和软件工具将其分散的网络和应用进行整合,形成覆盖整个企业的基础设施。1995 年以后,当因特网发展成为可靠的通信环境之后,企业开始应用传输控制协议/网间协议(Transmission Control Protocol/Internet Protocol,TCP/IP)作为连接分散的局域网的网络标准。

随之形成的 IT 基础设施把不同的计算机硬件和较小的计算机网络连接成了一个覆盖整个企业的网络,使得信息可以在组织内部以及不同组织之间自由流动,如图 1-9 所示。不同类型的计算机硬件,包括主机、服务器、个人计算机及移动设备等都可以连接起来,还可以进一步与公共基础设施,如公用电话网、因特网和公共网络服务等相连接。企业基础设施同样需要软件的支持,来把分散的应用连接起来,使数据能够在企业内部的各业务部门之间自由传输。

(5) 云计算及移动计算阶段(2000 年至今)。

因特网带宽的提升推动了客户机/服务器模式更进一步向着被称为"云计算模式"的方

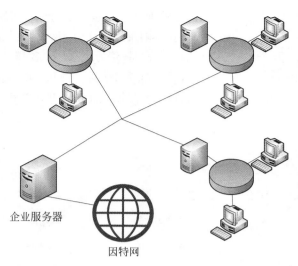

图 1-9　企业计算机

向发展。云计算(cloud computing)指提供通过网络(通常是因特网)访问计算资源共享池的一种计算模式,如图 1-10 所示。计算资源包括计算机、存储、应用和服务。这些"云"计算资源可以以按需使用的方式从任何联网的设备和位置来访问。现如今,云计算是发展最快的计算形式,以中国为例,2019 年我国云计算整体市场规模已经达到 1334 亿元,增速 38.6%,其中,公有云市场规模达到 689 亿元,增速 57.6%。

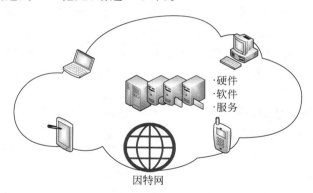

图 1-10　云计算及移动计算

　　成千上万的计算机被安置于云数据中心。随着个人和企业的计算方式逐渐转向移动平台,它们可以被台式机、笔记本、平板、娱乐设备、智能手机以及其他连接到因特网上的客户端设备所访问。IBM、惠普(HP)、戴尔(Dell)和亚马逊(Amazon)等公司都建立了庞大的可扩展的云计算中心,向那些想在远程维持其 IT 基础设施的企业提供计算能力、数据存储和高速因特网连接服务。谷歌(Google)、微软(Microsoft)、思爱普(SAP)、甲骨文(Oracle)和 Salesforce.com 等软件生产商以销售服务的方式通过因特网交付其应用软件服务。

　　2) 计算机的主要类型

　　计算机在大小、形状和颜色上都不同,它们的价格、运行速度、处理能力也不相同。人们经常按照计算机完成的工作和处理能力将计算机分为个人计算机、小型机、大型机和超级计算机,如表 1-3 所示。

表 1-3　计算机的主要类型

类　型	典　型　机　型	计　算　能　力	体　积
个人计算机	联想台式机	数十亿次/秒	占满书桌
小型机	HP ProLiant DL380	数百亿次/秒	占满橱窗台
大型机	IBM System Z	数千亿次/秒	占满书房
超级计算机	神威太湖之光	数亿亿次/秒	占满足球场

(1) 微机也称为个人计算机(PC),是指满足个人信息处理需求而设计、生产的计算机,也是企业用户和一般消费者使用最广泛的计算机系统,包括台式机、笔记本、平板等。个人计算机一般用来处理个人文档和电子表格、收发邮件、浏览网页、数据管理等。

(2) 小型机(midrange computer or minicomputer)是指为了满足小型企业或中型企业中多个用户同时使用需求而设计的计算机。小型机能够支持企业范围的制造、分销和财务管理等信息系统的运行,也可以支持数据库管理、数据仓库管理和联机分析处理等系统的运行。小型机的价格从几万元到数十万元不等,典型的小型机如 IBM Power 系列的服务器。

(3) 大型机(mainframe)是指运算速度快、功能强,用来满足大型企业几百人信息处理需求的计算机。大型机有较大的存储能力,具有良好的稳定性和安全性,但价格昂贵,使用大型机系统的一般是每天的业务处理以百万计的政府、证券公司、银行、保险公司、大型零售和大型制造企业。同时,大型机也广泛用于需要大量计算的航空工业、石油企业与军事工业等。大型机也用作超级服务器,用于大型的客户机/服务器架构,或者大型公司业务量大的互联网网站。现在大型机也用作数据挖掘、数据仓库和电子商务的平台。

(4) 超级计算机(supercomputer)是功能最强的计算机系统,能够执行一般个人计算机无法处理的大量资料与高速运算。就超级计算机和普通计算机的组成而言,构成组件基本相同,但在性能和规模方面却有差异。超级计算机的主要特点包含两方面:极大的数据存储容量和极快速的数据处理速度,因此它可以在多个领域进行一些人们或者普通计算机无法进行的工作。例如,超级计算机用在政府的研究机构、大学和大型企业,支持全球天气预报、军事防御系统、宇宙理论研究、航天研究、微处理器的开发以及大型数据挖掘等。超级计算机使用并行处理结构,即多个互连的微处理器,这些微处理器能够同时执行指令。超级计算机完成算术运算的速度为每秒数十亿次浮点数运算,甚至数万亿次浮点数运算。

➤ 超级计算机之话外篇

如果将计算机喻为科学皇冠,那么超级计算机无疑是皇冠上最耀眼的明珠。一个国家超级计算机的研制水平,是国际上用来衡量其科技水平最重要的标志之一。超级计算机一直以来应用于工业、科研、国防中最尖端的一些领域。虽然"超级计算机"并没有明确的定义,但是,一般意义上通常是指,能够运算那些人脑根本无法胜任的复杂数学问题的超大型计算机。而目前人类掌握的超级计算机运算速度都在每秒百万亿次以上。

由于计算机最初就是应用在军事武器设计上,因此超级计算机对于军事装备的研发有着无可比拟的重要优势。举例来说,任何国家设计战斗机,其气动外形是否合理,能否充分发挥升力效能,必须使用风洞充分"吹风"进行验证,但是"吹风"耗资巨大,且占用大量时间,成本高昂。如果改用超级计算机,则可以完全模拟风洞情况,把风速和风量以数学模型的形式展示出来,然后代入飞机的气动设计,即可在短时间内得出需要的技术参数,大大加快航空器的设计速度和可靠性。

为了体现超级计算机领域的最新进展,作为世界超级计算机最权威的排名机构之一,国际 Top 500 组织会定期发布世界超级计算机排行榜,其排名基于基准程序 Linpack 测试值。通过对超级计算机采用高斯消元法求解一元 N 次稠密线性代数方程组的测试,评价高性能计算机的浮点计算性能,根据测试值高低排名。排行榜每年发布两次,第一次是上半年的 6 月,第二次则是下半年的 11 月。

中国在超级计算机领域发展非常迅速,2012 年之前,超级计算机几乎都是美日欧的天下。但是从 2013 年开始,中国的"天河二号"及"神威太湖之光"超级计算机开始发威,使得我国连续 5 年夺得世界超级计算机桂冠。直到 2018 年,美国的"顶点"(Summit)超级计算机才再次从中国手里夺回世界第一。

美国在世界第一超级计算机的宝座也只坐了 2 年,2020 年 6 月这个冠军头衔就被日本拿去了。日本理化学研究所和制造商富士通共同开发的超级计算机"富岳",由 400 台重达 2 吨的高性能计算机组成,以峰值运算能力每秒 41.55 亿亿次打破了超级计算机的世界纪录,问鼎世界第一。

当然,一个国家的超级计算机能力并不是由一台超级计算机决定的,而是取决于整个国家拥有的超级计算机数量和总算力。在数量上,我国以 217 台超级计算机排名第一,远远多于第二名美国的 113 台,如图 1-11 所示。但是在总算力上,我国却只能排名第二,根据 2019 年 11 月统计数据,我国超级计算机算力约占世界 32.3%,而美国为 37.1%。

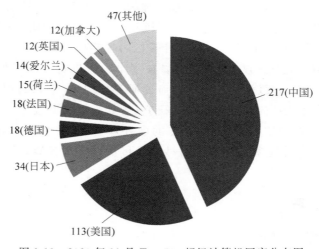

图 1-11　2020 年 11 月 Top 500 超级计算机国家分布图

我国超级计算机数量在 Top 500 上还是处于遥遥领先地位,总算力也居世界第二。对于单机性能排名的下滑,主要原因是美日等国家超级计算机技术积累非常深厚,近年来积极研发性能更先进的超级计算机。超级计算机研制需要时间,每个国家发布最新超级计算机时间并非一致,所以第一名的位置交替轮流也就很正常了。同时,我国超级计算机的研发重点已经移至 E 级计算机,当中国 E 级计算机研发成功,届时中国极可能重返世界超级计算机性能的巅峰。

1.1.2 信息技术推动社会进步的技术动因

信息技术发挥巨大的作用,主要源于其信息处理能力、存储能力、通信与互联网软硬件方面的巨大发展,从而使人类信息处理能力得到了巨大的提升。以下部分将详细介绍信息技术在这几方面的进展。

1. 摩尔定律和微处理能力

1965 年,戈登·摩尔(Gordon Moore)作为仙童(Fairchild)半导体研究与开发实验室的主任,在《电子学》杂志上撰文指出:自从 1959 年微处理器芯片诞生以来,一块芯片上集成的元件(通常是晶体管)数量每年翻一番。这个论断随后成为著名的摩尔定律的基础。戈登·摩尔后来把芯片处理速率降低为每 18 个月翻一番。需要补充的一点是,戈登·摩尔也是世界头号计算机中央处理器(CPU)生产商 Intel 公司的创始人之一。

至少有三个版本的摩尔定律:①微处理器的处理能力每 18 个月翻一番;②计算能力每 18 个月翻一番;③计算成本每 18 个月下降一半。图 1-12 揭示了微处理器上晶体管数量与每秒百万条指令(MIPS)之间的关系。指令是用来衡量处理器能力的一个常用指标。

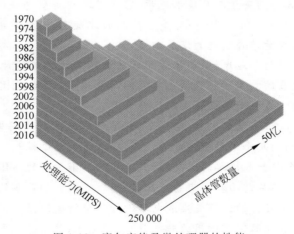

图 1-12 摩尔定律及微处理器的性能

随着技术的发展,晶体管成本以指数级下降,但是计算能力却以指数级上升。例如,2016 年,人们可以购买一个拥有 25 亿个晶体管的英特尔 i7 四核处理器芯片,每个晶体管的价格约为千万分之一美元,如图 1-13 所示。

微处理器集成的晶体管数量呈指数级增加,处理能力翻倍,但计算成本指数在下降,这种趋势也许将不会持续很久。芯片制造商不断使芯片组成元件的尺寸越来越小。如今晶体管的大小已不能用人的头发丝来相比,而是更接近纳米(nm)级别的大小。因此,芯片制造商可能需要使用其他的替代品制造芯片,而不再使用硅,或者寻找其他方式使计算机更强大。

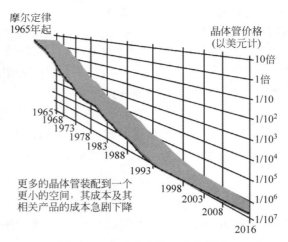

图 1-13　芯片成本的下降趋势图

利用纳米技术,芯片生产商能够实现单个原子和分子制造芯片等装置,可以将晶体管缩小到几个原子的大小。当前,芯片生产商正在研发能够实现一定生产规模的纳米管处理器的生产流程。

> **芯片话外篇：集成电路中的纳米到底在讲什么**？

人们总是在各式各样的关于芯片技术进步,甚至是在中美贸易战的新闻中看到这样一些描述的词："10nm""7nm""5nm"……你是否曾经因此疑惑,为何这些小到"纳米"级别的长度单位,经常被用来度量芯片制造的发展水平呢?

根据摩尔定律,可以简单地理解,晶体管的数量制约着计算机的计算速度,在同样大小的一块芯片上,容纳更多的晶体管就意味着更高的计算速度,于是 CPU 上集成的微电子元器件数量便成为了设计 CPU 时非常重要的一项考量。

可要在芯片面积可控(不能太大)的前提下,想要往本就塞得满满当当的芯片中继续塞入更多的晶体管便是一项几乎不可能完成的任务,那么该怎么办呢?

科学家们显然不会被如此简单的问题难倒,既然塞不下更多的晶体管,那何不把现有的晶体管缩小呢?这样在芯片总面积不变的情况下,不就可以容纳更多的微电子元器件吗?

显然,这样的方法是可行的。随着集成电路设计制造精度的提高,现代已经量产的芯片能在晶圆(硅半导体集成电路制作所用的硅晶片)上雕刻出(事实上,现代 CPU 中的微电子元器件与电路是使用激光雕刻在晶圆上)的电路间距已缩小到 7nm,如海思的麒麟 980 芯片、高通的骁龙 855 芯片,而这个数字在 1995 年还高达 500nm——摩尔定律不但没有被打破,甚至还被事实很好地印证了。

在晶体管结构中,电流从源极(Source)经过栅极(Gate)流入漏极(Drain)。可以把晶体管比作水龙头,水流从源极流入漏极,栅极就相当于水龙头的开关,制程就是晶体管中源极与漏极之间的距离,也是栅极的最小宽度(栅长),这个数值就是晶体管制作工艺中的纳米数值。栅极的宽度则决定了电流通过时的损耗,表现出来就是常见的发热和功耗,宽度越窄,功耗越低。可以这么理解,打开水龙头的力越小就相当于制程越小。晶体管的详细结构示意图如图 1-14 所示。

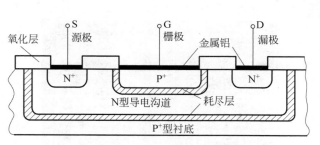

图 1-14　晶体管详细结构示意图

对于芯片制造商而言,需要不断升级技术,力求栅极宽度越窄越好,但是进入 10nm 制程将面临相当严峻的挑战,主要因为 1 颗原子的大小大约为 0.1nm,在 10nm 的情况下,一条线只有不到 100 个原子,在制作上相当困难,而且只要一个原子有缺陷,例如在制作过程中有原子掉出或是掺入杂质,芯片使用时就会产生莫名其妙的出错现象,影响芯片的良品率。

中芯国际(Semiconductor Manufacturing International Corporation,SMIC)作为中国大陆技术最先进、配套最完善、规模最大的晶圆代工工厂,2019 年第二季度宣布芯片工艺进入 14nm 客户风险量产。2021 年 3 月,有消息称中芯国际 14nm 制程工艺良品率达到 95%,产品已经成功应用在华为麒麟 710A 处理器,并成功应用在荣耀 Play4T 手机上。中国作为芯片行业的后来者,一直在努力追赶行业最先进的制程工艺。如今 14nm 工艺终于迎来量产,使得中国大陆的集成电路制造技术水平与行业龙头企业台湾积体电路制造股份有限公司(以下简称台积电)的距离又拉近了一步,也进一步奠定了中芯国际在中国大陆晶圆代工领域的龙头地位。从制造技术来看,台积电 2018 年已经量产 7nm 工艺,2020 年已经转向 5nm 节点,有望在 2022 年下半年开启 3nm 制造工艺,这一技术预计被用于苹果公司未来的 A17 芯片上。三星公司 7nm 工艺于 2020 年 1 月量产,5nm 工艺于 2021 年量产。英特尔的 10nm(对标台积电的 7nm)一再延迟,而联电与格芯相继宣布暂时搁置 7nm 制程研发。

2020 年 10 月 30 日,华为正式在国内发布新一代 Mate 旗舰手机 Mate40 系列,该手机采用了华为海思设计的麒麟 9000 芯片,也是全球首款 5nm 制程工艺的 5G 芯片,但是受制于晶圆代工厂的技术能力和美国的贸易霸凌,这款芯片的产量非常有限。

2. 大规模数字存储能力

推动社会技术进步的第二大动因是大规模数字存储定律。据相关报告显示,数字信息的总量差不多每年翻一番,如果没有大规模存储能力的快速发展,人们将面临数据无处可存的窘境,或者是昂贵的存储成本让人望而却步。所幸的是,数字信息的存储成本每年以 100% 的指数率下降。图 1-15 表明每 1 美元的磁存储介质能存储的信息的千兆字节数,自 1950 年至今几乎每 15 个月就翻一番。2016 年,一个 500 千兆字节(GB)的硬盘驱动器的零售价大约为 50 美元。

3. 通信成本的下降与互联网

推动社会技术进步的第三个技术动因是通信成本迅速下降,以及互联网规模呈指数级增长。计算机发明之初,价格贵得令人望而却步,但是其成本一直在稳步快速下降,其中一

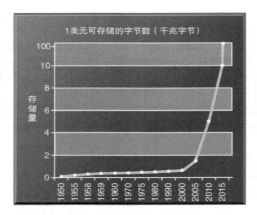

图 1-15　平均 1 美元的存储量呈指数级增长

个原因可以认为是用户数量的急剧增加,由规模经济带来的成本降低。据互联网世界统计
(IWS)数据显示,截至 2020 年 5 月,全球大约有 46 亿互联网用户,占全世界人口的 59.6%。
互联网用户的数量不断增加,使互联网通信成本呈指数级下降的趋势,如图 1-16 所示。当
通信成本降到非常低的水平甚至接近 0 的时候,人们对于通信设备和计算设备的使用就会
急剧增长。

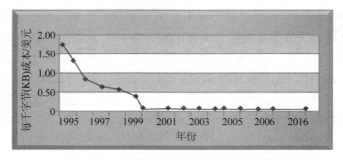

图 1-16　互联网通信成本呈指数级下降

　　为了充分利用互联网带来的商业价值,企业必须大幅扩展与互联网的连接(包括无线连
接),并大幅提升其客户机/服务器架构、客户机桌面和移动计算设备的能力。这种发展趋势
必将持续下去。

　　今天,计算成本大约是 20 世纪 70 年代第一个微处理商业化时的一亿分之一,如图 1-17
所示。根据计算机科学家 John McCallum 的估计,1956 年,1 兆字节(MB)的数据存储成本
约为 9200 美元(按照今天的价格计算大约是 8.5 万美元),而现在只要 0.000 02 美元。

　　计算的运行成本也下降了。据斯坦福大学 Jonathan Koomey 估计,从 1950—2010 年,
一千瓦时的能源所能处理的数据量增长了大约 1000 亿倍。这意味着当前即使是便宜的、由
电池驱动的芯片,其性能也比 20 世纪 70 年代的超级计算机要好得多。

　　计算机连接世界也变得更便宜。得益于配备微型相机、陀螺仪和加速度计等的智能手
机的使用推广,微型传感器的成本正在下降。高盛公司(Goldman Sachs)表示,2004—2014
年,物联网中使用的传感器的平均成本从 1.3 美元降至 0.6 美元。

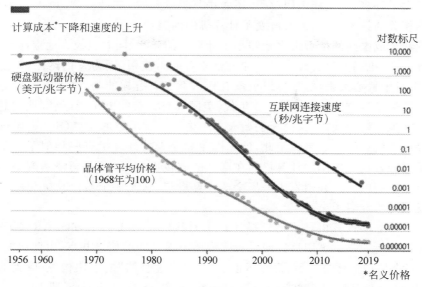

图 1-17 存储、网络和计算成本的降低

资料来源：*John C. McCallum*；*Gordon Moore*；*The Linley Group*；*Nielsen Norman Group*；*The Economist*

1.1.3 信息系统的产生与发展

信息系统的产生与发展与计算机技术的发明和进步密切相关，同时信息系统学科发展也受到多门学科的交叉影响。

1. 计算机的发明奠定技术基础

要理解信息系统的发展历程，人们需要追溯到 1946 年。这一年，一项伟大的发明产生了——在美国宾夕法尼亚大学诞生了第一台现代意义的电子计算机埃尼阿克（ENIAC），这一时期的计算机主要用来进行科学计算，作用类似今天的计算器。

如果追根溯源，人们发现计算机的发明与第二次世界大战有着千丝万缕的联系。第二次世界大战中的谍报战是相当惊心动魄的，德军最初的闪电战获得巨大成功，除了他们有精明的军事将领外，还得益于德军的间谍和谍报技术。其中尤以被称为"谜"（Enigma）的密码电报机最为著名，由德国人在第一次世界大战和第二次世界大战之间研制成功。

在第二次世界大战初期，德军把欧洲各国打得几乎无还手之力，欧洲强国法国竟然投降，唯有英国借助地理优势勉强撑到最后。盟军认识到德军谍报技术的强大，时任英国首相的温斯顿·丘吉尔（Winston Leonard Spencer Churchill）秘密组建了一个强大的团队来破解德军的密码。许多数学家加入了这个团队，包括后来被称为"计算机科学之父"和"人工智能之父"的艾伦·麦席森·图灵（Alan Mathison Turing）。当盟军破译了德军的密码后，迅速组织了一场相当漂亮的反击战——诺曼底登陆，从此德军开始节节败退。

第二次世界大战结束后，英国将由此发展起来的谍报技术雪藏，没有开展大量后续研究。美国则相反，继续投入大量的人力物力进行后续研究，直接导致了 1946 年美国军方与大学合作发明了第一台现代意义上的电子计算机——ENIAC。相比于计算器，ENIAC 的计算范围扩大了许多,不仅能编码解码,还能进行科学计算,如计算弹道、天体运行轨道等。此后一系列相关的技术发明,彻底改变了计算机的面貌。

晶体管和集成电路的出现极大地缩小了计算机的体积,同时也极大地提高了运算速度。但是,此时的计算机仍然只有政府机构和大企业有能力使用,因为它仍然体型庞大,并且价格昂贵,似乎对于普通人来说,计算机也没有什么意义。有趣的是,真正推动计算机普及化的原始动力竟然是玩游戏。20 世纪 70 年代,美国拥有大量的电子爱好者,他们总是爱搞些新奇的玩意。为了玩游戏,苹果公司创始人之一史蒂夫·沃兹尼亚克(Steve Wozniak)把电视机屏幕和计算机连接了起来。至此,计算机才和今天的计算机有些相似了。苹果公司率先设计出了适合普通人使用的计算机。在巨大的商机面前,IBM 公司幡然醒悟,奋起直追,迅速设计出了它们的 PC,并引发了一场全球计算机热,从此一个与计算机相关的各种信息技术的大发明时代开启了。

仅有单个独立的计算机是不足以描述这个时代的。当美国军方的 ARPNET 网络"军转民"后,美国四所大学尝试用这些旧设备实现图书馆之间的信息共享,由此引发了"网络热潮"。1992 年克林顿担任总统后,提出了创建"信息高速公路"的宏伟构想,巨大的商机吸引了各界人士的眼球,他们很快就建立了一个覆盖全美国的计算机网络——因特网(Internet),该网络很快与世界其他国家的网络相连,构成了一个可连接全球计算机的巨型网络。

2. 信息系统理论奠定理论基础

20 世纪后半叶是系统科学(system science)蓬勃发展的时期。自 20 世纪 40 年代以来,许多系统名词相继出现,其中包括系统科学、系统工程、系统理论、控制论、系统分析、系统方法,以及系统思维等。此后这些名词被统一在系统科学下。系统科学的思想曾渗透到许多自然科学和社会科学学科中,其中也自然包括信息系统学科。系统科学被认为是信息系统的理论基础,其概念被广泛用于信息系统研究。信息系统的基本概念是建立在普通系统理论(general system theory)和系统科学的基础上的。这主要包括两大普通系统理论模型,即"输入-处理-输出"模型和"系统-子系统-系统环境"模型。

一个普通系统模型由许多互联功能模块组成,其目的是以有组织的形式接受输入产生输出。普通系统通常是一个动态系统,其中三个相互作用的基本功能包括输入、处理和输出。输入指进入系统参与过程的元素如原材料或能量;处理指把输入转化为输出的进程如制造过程或数学计算;输出指经过转化过程得到的元素如制成品或管理信息。一个实例可以是一个制造系统接受原材料作为输入,在输入参与过程后,产生制成品作为输出。而在这一制造过程中伴随物流的必有信息流,信息系统正是追踪和描述此种信息流的系统。当然信息系统本身也是一个普通系统,即接收数据作为输入在参与过程后以信息的形式输出。如在上述普通系统模型中引入另外两个功能则使模型更为有用。这两个功能是反馈和控制。一个具备反馈和控制能力的系统被称为控制系统(cybernetic system),即具备自动监控、自动调节能力的系统。反馈主要指系统有能力把有关系统输出的数据反馈给其输入部分为必要的调节提供信息;控制则指在对系统反馈数据进行分析后确定系统是否实现目标。如未实现目标,系统则要对其输入或过程部分进行适当调节以得到期望的输出。把反馈和控制功能加入信息系统的基本模型中将会使模型更适用于管理信息系统。

另一个普通系统模型称为"系统-子系统-系统环境"模型。在设计企业信息系统时,往往把企业看作一个系统,企业部门为子系统,企业外部为系统环境。通过对系统-子系统-系统环境的多层次精细化分析,无论系统如何复杂,从系统分析和系统设计的角度来说都有可能设计出一个较好的系统。简单地说,"输入-处理-输出"模型使人们有可能仿真物流和信息流,而"系统-子系统-系统环境"模型则使人们有可能在概念和逻辑水平上理解、分析和设计具有高度复杂性的企业信息系统。

用系统的观点来分析企业组织结构:企业是一个有生命的开放系统,信息系统则是企业的一个子系统。随着计算机技术的发展,信息系统越来越多地被用于企业各管理层的决策,信息系统从而被视为企业内部最具价值的子系统之一。

一般来说,信息系统接收数据(或信息)作为输入,通过处理转换,以信息的形式输出结果。此种信息往往是为满足某一信息需求服务的。在这一信息转换过程中涉及的功能如下:①数据的产生、企业内部数据的产生或获取;②数据的记录;③数据的处理过程;④信息的产生、存储、检索和传递;⑤信息为其需求者所用。

信息系统不单纯是一个计算机系统,该系统是由人员、事务处理程序、数据、硬件、软件和组织结构组成的一个相对复杂的系统。因而自 20 世纪 70 年代初期,早期企业信息系统投入运行以来,出现了许多需要从管理学角度来解决的问题。于是在 20 世纪 70 年代后期美国管理学界开始对企业信息系统加以关注。

3. 管理信息系统学科应运而生

1967 年,明尼苏达大学卡尔森管理学院(Carlson School of Management,University of Minnesota)的著名会计学教授高登·戴维斯(Gordon B. Davis)创建了管理信息系统(Management Information System,MIS)学科,但是受到了计算机科学(computer science)学科的嘲笑。像加州理工大学、斯坦福大学这样的常春藤名校具有雄厚的计算机技术研究基础,拥有众多著名的计算机研究专家,它们的学生创立了令人称羡的硅谷,它们无法接受一个会计学教授创立一个新的计算机应用学科的想法。对它们而言,这确实是一个笑话。当然,对于会计学出身的高登·戴维斯而言,建立管理信息系统学科确实存在困难,他甚至无法提出一个让大家都能接受的管理信息系统的定义。但是,他深信计算机信息系统必将在管理领域发挥巨大作用。

20 世纪 80 年代,管理信息系统开始大放异彩。1985 年,高登·戴维斯终于提出了管理信息系统的经典定义。出现这种变化绝不是偶然的。20 世纪 60—70 年代是大型、中型计算机时代,只有少数的大型企业才有足够的资金应用计算机信息系统。同时,这些计算机信息系统的兼容性非常差,美国中央情报局会同时使用几种完全不兼容的计算机系统,令管理者无法有效地处理数据。20 世纪 80 年代是计算机在美国普及的时代,微型计算机使得中小企业或组织也能够使用计算机信息系统。IBM 公司采用的计算机开放标准的竞争策略使得全球的计算机相关技术研发人员能够根据一个统一的标准开发软、硬件,这使得研发人员能把更多的精力放在使信息系统更好地支持企业管理,而不是兼容问题上。在企业内部管理中,会计领域是一个主要与数字打交道的领域,会计信息化迅速成为企业信息化的热门领域,高登·戴维斯培养的学生迅速成为企业争抢的人才。

随着对信息系统的需求扩大到高层管理,信息系统开始面向企业的各个层次并为之提供服务,同时系统的名称也开始分化。管理信息系统开始由三个子系统加以定义和描述。子系统 1 是为企业基础层即生产运作层服务的系统,称为数据处理系统(Data Processing

System,DPS),从系统的角度来说,此类系统以事务处理系统为主;子系统 2 是为企业中层即中层管理服务的系统,称为管理信息系统(MIS),从系统的角度来说,此类系统在事务处理系统的基础上增加了可供中层管理决策使用的部分系统;子系统 3 是为企业高层即高层管理服务的系统,称为决策支持系统(Decision Support System,DSS),从系统的角度来说,此类系统在数据处理系统和管理信息系统的基础上提供了可供高层管理决策使用的部分系统。

20 世纪 90 年代以后,支持管理信息系统的一些环境和技术有了很大的变化,管理信息系统进入了二次创业、完善和创新阶段。随着企业流程重组的迅速发展,给管理信息系统注入了新的活力,为管理信息系统扩展了更广泛的发展空间,也提出了一系列新的研究课题,同时管理信息系统也出现了一些别名,主要有信息技术、信息系统和信息管理等。

50 多年来,信息系统经历了由单机到网络,由低级到高级,由电子数据处理系统(Electronic Data Processing System,EDPS)到管理信息系统(MIS)、再到决策支持系统(DSS)和商务智能系统(Business Intelligence System,BIS),由数据处理到智能处理的过程。这个发展过程大致经历以下几个阶段:

1) EDPS

EDPS 的特点是数据处理的计算机化,目的是提高数据处理的效率。从发展阶段来看,它可分为单项数据处理阶段(20 世纪 50 年代中期到 60 年代中期)和综合数据处理阶段(20世纪 60 年代中期到 70 年代初期)。

单项数据处理是电子数据处理的初级阶段,主要是用计算机代替部分手动劳动,进行一些简单的单项数据处理工作,如工资计算、统计产量等。1954 年,通用电气公司利用计算机进行工资计算成为基于计算机的企业信息系统应用的开端。

利用计算机进行数据处理,计算机就被用到了企业信息管理中,由此产生了最早的管理软件,即最简单的信息系统。

在综合数据处理阶段的计算机技术有了很大发展,出现了大容量直接存取的外存储器,同时一台计算机能够带动若干终端,可以对多个过程的有关业务数据进行综合处理。这就给将若干分散的单个计算机数据处理终端用联机方式进行综合处理提供了可能,这时各类信息报告系统应运而生,即按事先规定的要求提供各类状态报告。此阶段的数据处理方式是以实时操作为主,并能随机地对数据进行存取和处理(即把输入数据从发生地直接输入计算机,经运算后的输出数据直接传送给用户)。

2) MIS

MIS 是一个由人、计算机及其他外围设备等组成的能进行信息的收集、传递、存储、加工、维护和使用的系统。它是一门新兴的科学,其主要任务是最大限度地利用现代计算机及网络通信技术加强企业信息管理,通过对企业拥有的人力、物力、财力、设备、技术等资源的调查了解,建立正确的数据,加工处理并编制成各种信息资料及时提供给管理人员,以便进行正确的决策,不断提高企业的管理水平和经济效益。目前,企业的计算机网络已成为企业进行技术改造及提高企业管理水平的重要手段。

MIS 最大的特点是高度集中,能将组织中的数据和信息集中起来,进行快速处理,统一使用。MIS 另一个特点是利用定量化的科学管理方法,通过预测、计划优化、管理、调节和控制等手段来支持决策。

完善的 MIS 具有以下 4 个标准：确定的信息需求、信息的可采集与可加工、可以通过程序为管理人员提供信息、可以对信息进行管理。具有统一规划的数据库是 MIS 成熟的重要标志，它象征着 MIS 是软件工程的产物。通过 MIS 实现信息增值，用数学模型统计分析数据，实现辅助决策。MIS 是发展变化的，MIS 有生命周期。

MIS 的开发必须具有一定的科学管理工作基础。只有在合理的管理体制、完善的规章制度、稳定的生产秩序、科学的管理方法和准确的原始数据的基础上，才能进行 MIS 的开发。因此，为适应 MIS 的开发需求，企业管理工作必须逐步完善以下工作：管理工作的程序化，各部门都有相应的作业流程；管理业务的标准化，各部门都有相应的作业规范；报表文件的统一化，固定的内容、周期、格式；数据资料的完善化和代码化。

20 世纪 90 年代开始，MIS 在我国开始研发，许多企业开发了 MIS 软件。首先在财务软件方面取得了巨大的成功，并带动了其他行业的开发，为我国的管理现代化做出了不可磨灭的贡献，使 MIS 发展达到了顶峰。

3) DSS 和 BIS

DSS 是辅助决策者通过数据、模型和知识，以人机交互方式进行半结构化或非结构化决策的计算机应用系统。它是 MIS 向更高一级发展而产生的先进信息管理系统。它为决策者提供分析问题、建立模型、模拟决策过程和方案的环境，调用各种信息资源和分析工具，帮助决策者提高决策水平和质量。

DSS 的概念是 20 世纪 70 年代提出的，并且在 20 世纪 80 年代获得发展。它的产生基于以下原因：传统的 MIS 没有给企业带来巨大的效益，人在管理中的积极作用要得到发挥；人们对信息处理规律认识提高，面对不断变化的环境需求，要求更高层次的系统来直接支持决策；计算机应用技术的发展为 DSS 提供了物质基础。

企业中还有提供信息来支持管理决策的 BIS。商务智能（Business Intelligence，BI）是一个现代术语，包括一系列用来组织、分析和提供数据访问的数据和软件工具，以帮助管理者和其他企业用户做出更明智的决策。商务智能可满足所有层级管理和决策需要，可以用于监督监测、控制管理、决策制定和行政事务等工作。

1.2 信息技术与信息系统推动社会进步与商业创新

世界著名的管理学家彼得·德鲁克曾说："企业经营最基本的，也是赖以生存的两个功能是创新和市场营销。"在越来越激烈的市场竞争中，企业只有依靠不断进行产品和服务的创新才能立于不败之地。信息技术和信息系统成为了现代企业创新的引擎。

1.2.1 创新推动经济发展与社会进步

经济学领域中的一个核心问题便是"经济为什么会增长？"各流派的经济学家提出各种理论解释和分析，形成了不同的经济增长理论，推动了经济增长的探索不断进步。威廉·配第的土地和劳动力两要素学说、亚当·斯密的社会分工、马尔萨斯的人口决定、马克思的两部门再生产理论、熊彼特的"创新理论"等均解释了经济增长的动力，但现代增长理论的起点是哈罗德-多马模型（Harrod-Domar model）的出现。

索洛增长模型(Solow growth model)意味着现代增长理论的成熟。索洛模型提出人口增长率、储蓄率和技术水平决定经济增长,但是技术水平是外生变量,该模型并未回答什么决定技术水平,没有解释长期经济增长的真正来源。与此同时,新古典增长理论始终无法解释两大现实问题:各国经济的长期持续增长问题、不同国家人均收入存在的巨大差异问题。直到 20 世纪 80 年代中期,以罗默、卢卡斯等人为代表的经济学家提出了以"内生技术变化"为核心的全新经济增长理论。罗默建立了内生技术变化的长期增长模型,并以此获得了2018 年诺贝尔经济学奖。模型有三个前提:技术进步是经济增长的核心;大部分的技术进步源于市场激励而致的有意识的投资行为,即技术是内生的;创新能使知识成为商品,知识和人力资本具有规模收益递增,从而能够促进经济长期持续增长。

以上是经济学领域对经济发展和社会进步现象的解释,可以看到创新在其中所扮演的关键角色。什么是创新?目前一般公认的是早在 1912 年美籍奥地利经济学家约瑟夫·熊彼特提出的创新定义。熊彼特在他发表的《经济发展理论》中从经济学角度首次提出了这一概念并进行了阐述,指出创新就是建立一种新的生产函数,是企业家对生产要素的新组合,其中任何要素的变化都会导致生产函数的变化从而推动经济的发展。

熊彼特在其著作中同时提出了创新的五种来源,包括:①引进一种新产品;②采用新的生产方式;③开辟新的市场;④开辟和利用新的原材料;⑤采用新的组织形式。熊彼特的创新概念包含的范围很广,如涉及技术性变化的创新及非技术性变化的组织创新。20 世纪 60 年代,新技术革命迅猛发展。美国经济学家华尔特·惠特曼·罗斯托(Walt Whitman Rostow)在《经济成长的阶段》中提出了"经济成长六阶段论",认为经济发展的 6 个阶段依次是传统社会阶段、准备起飞阶段、起飞阶段、走向成熟阶段、大众消费阶段和超越大众消费阶段。华尔特把"创新"的概念发展为"技术创新",把"技术创新"提高到"创新"的主导地位。

进入 21 世纪,信息技术推动下知识社会的形成及其对技术创新的影响进一步被认识,科学界进一步反思对创新的认识:技术创新是一个科技、经济一体化过程,是技术进步与应用创新"双螺旋结构"(创新双螺旋)共同作用催生的产物。科技创新活动绝非简单的线性递进关系,也不是一个简单的创新链条,而是一个复杂、全面的系统工程。在多主体参与、多要素互动的过程中,作为推动力的技术进步与作为拉动力的应用创新之间的互动推动了科技创新。技术进步和应用创新两个方向可以被看作既分离又统一、共同演进的一对"双螺旋结构",或者说是并行齐驱的双轮——技术进步为应用创新创造了新的技术,而应用创新往往很快就会触及技术的极限,进而鞭策技术的进一步演进。只有当技术和应用的激烈碰撞达到一定融合程度时,才会诞生出引人入胜的模式创新和行业发展的新热点。信息通信技术的融合与发展推动了社会形态的变革,催生了知识社会,使得传统的实验室边界逐步"融化",进一步推动了科技创新模式的嬗变。

1.2.2 信息技术影响商业创新

随着信息技术的快速发展和不断应用,企业所处的技术环境日益复杂、多变,加之市场竞争的日益激烈,所以企业为了获得并保有持续的竞争优势与稳定的利润来源,必然要进行持续的商业创新来应对外部环境的变化。

信息技术颠覆了自工业革命起形成的传统经济形态和增长模式。开放性、交互性、虚拟性和共享性的特点缩短了处于不同地域的人们之间的距离,世界各地的人们可以通过网络进行双向或多向的互动和信息交流,降低了交易成本,使得现代的商业环境发生了根本性的改变,信息技术对商业创新的影响,主要体现在以下两方面。

1. 信息技术引致产品或服务的创新

产品或服务是商业模式的基础,是企业与客户进行价值交换的载体,当产品或服务各项属性越能满足客户需求时,企业就越盈利。新一代信息技术能使企业关注客户的购买情境,在经营中发现客户行为模式,运用决策支持系统和数据挖掘技术寻找潜在客户群,预测客户行为模式,以获得丰富的客户信息,通过对客户信息的运用,调整业务发展方向,可以开发出引领客户需求的新型的产品或服务,从而提高了竞争力,形成持久的竞争。

2. 信息技术引致客户价值提升

客户价值是商业模式价值创造的源泉,企业培养的客户数量达到一定规模时,通过提供适宜的产品和服务,企业能创造出超额的客户价值,企业寻找合适的商业模式时要特别重视客户忠诚度和黏性。

1) 提高客户忠诚度

有研究表明当顾客的忠诚度每提高 5%,企业利润上升的幅度竟达到 25%～85%,据此可以看出顾客忠诚度非常重要。信息技术的应用,极大地扩展了顾客参与者的数量,可在价值网络中引入全新的客户群和参与者,由他们承载收入源的功能,构成间接产生于顾客的收入和直接产生于顾客的收入;在下一代互联网平台上,通过企业和客户实时的在线交流,企业可提供富有特色的"体验"服务,为客户营造一个友好的沟通环境,增加客户的亲切感。

2) 增加客户黏性

信息技术可使客户方便地参与到产和服务的提供过程中,企业以各种不同的方式与顾客接触,能够获得顾客在流程的各个环节上对产品、服务的意见或建议,这些从客户身上获得的信息衍生出洞察力,可以帮助企业创造出新型的"组合"资源,全面提高客户满意度,使客户愿意付出较高的成本给企业以补偿,从而获得较高的客户定价;客户参与产品开发,还会获得更多关于新产品的知识,这有利于客户接纳新产品,客户参与开发过程还会增加好奇心与操控感,也会增强对品牌的认同感,最终凝聚成客户与企业和产品之间深厚的情愫,有利于创造客户黏性。

1.2.3　信息系统驱动创新

信息系统驱动商业创新的作用和方式是非常丰富的,本节主要从驱动创新的方面、驱动创新的过程两个角度进行阐述。

1. 信息系统驱动企业全面创新

宝洁是美国著名的日用品公司,它以产品创新而闻名于世。为了提升产品研发能力,宝洁公司开发实施了基于内部网络和互联网的信息系统来连接公司遍布全球 28 个地点的8000 名科学家,组成了科学家研发网络组织,大大提高了公司的研发产出率。此外,宝洁公司还实施了产品生命管理(Product Lifetime Management,PLM)系统来支持产品研发的整个过程,取得了非常好的效果。正如哈佛商学院的一位教授所说:"IT 可以降低研发试验费用,从而加快创新过程并使人们重复比以前更多的次数。"信息技术与信息系统应用成为了管理遍布各地的研发队伍、日益复杂的创新流程的利器。

信息技术与信息系统的发展,正在从技术、管理、组织多个维度对创新产生影响,如表 1-4 所示。

表 1-4　信息系统对企业多维度创新的影响

变　化	企　业　影　响
技术	
云计算平台成为一个主要的创新商业领域	互联网上灵活的计算机群开始代替传统的公司计算机执行任务。软件即服务(SaaS)作为一种互联网服务模式,使大部分商业应用转移到互联网上
大数据	企业需要新的数据管理工具获取、存储和分析海量的数据,并从中洞悉业务规律。这些海量数据来源于网络流量、电子邮件、社会化媒体内容以及机器(传感器)
作为企业系统,移动数字平台开始与 PC 平台竞争	苹果手机和安卓移动设备能下载海量的应用程序来支持协作、基于本地的服务以及与同事间的沟通。小型的平板如 iPad、Google Nexus 和 Kindle Fire,威胁着传统的笔记本在个人和企业计算中的地位
管理	
管理者采用在线协作技术和社会化网络软件改进协调、协作和知识共享	Google Apps、Google Sites、Microsoft Windows SharePoint Services 和 IBM Lotus Connections 被全球 1 亿多商务人士用于支持博客、项目管理、在线会议、个人资料、社会化书签和网络社区
商务智能应用加速	更强大的数据分析和交互界面给管理者提供实时的绩效信息,用于提高管理决策水平
虚拟会议猛增	管理者采用电话视频会议和网络会议技术,减少出差时间和成本,并改善合作与决策
组织	
社会化商务	企业利用社会化网络平台[包括 Facebook(现已更名为 Meta)、Twitter 和企业内部社交工具]加强与员工、客户和供应商的联系。员工在网络社区上通过博客、wikis、电子邮件和即时消息工具沟通
远程办公普及化	互联网、无线便携机、智能手机和平板使更多的人远离传统的办公室工作,其中 55% 的美国企业拥有远程办公软件
共同创造企业价值	企业价值的来源从产品转向解决方案和经验、从内部资源转向供应商网络以及和客户的协作。供应链和产品开发呈现出更多的全球化和协作性特点;客户互动帮助公司定义新产品和服务

2. 信息系统驱动商业创新的框架

信息系统创新应用成为创造企业间战略差异性的催化剂,它创造了过去不存在的可能性和选择机会。那些在其他人之前看到和利用这些可能性的公司能够在市场上实现差异化,获得经济回报。例如,美国戴尔(Dell)计算机公司充分利用基于网络的直销战略,在很短的时间就成长为行业的领头羊;世界 500 强的沃尔玛(WalMart)利用基于卫星的信息系统来运营和管理公司分布在全球各地的业务,信息系统有效地支持了沃尔玛的全球化经营战略。同样,国内企业也有许多利用信息技术来获取企业竞争力的例子。招商银行就充分利用网络银行建立了自己与四大国有银行竞争的差异化战略,获得了巨大的成功;阿里巴巴公司利用因特网建立 B2B 电子商务市场,现已成长为全球最大的 B2B 电子商务公司。这些实际的例子证明信息系统在现代企业战略中起到越来越重要的作用。

从上面信息系统驱动商业创新案例可以看出,信息系统已经对现代企业驱动着各个层面的创新,企业的生存与发展已经离不开信息系统的创新应用,信息系统使企业能从运营、产品、商业模式、战略、管理等多个维度来创新,信息系统驱动商业创新可以总结成一个一般的框架,如图 1-18 所示。

图 1-18　信息系统驱动创新框架

从创新框架可以看出,信息技术与现代企业各种信息系统应用都与企业商业各个维度的创新紧密相关。本书后面章节将对这些信息系统驱动商业创新应用展开详细的分析与介绍。

1.3　信息技术引领数字经济

1.3.1　数字经济概念

数字经济是继农业经济、工业经济之后更高级的经济形态。作为经济学概念,数字经济是以使用数字化的知识和信息作为关键生产要素、以现代信息网络作为重要载体、以信息通信技术的有效使用作为效率提升和经济结构优化的重要推动力的一系列经济活动。

数字经济包括数字产业化和产业数字化两大部分,如图 1-19 所示。数字产业化也称为数字经济基础部分,即信息产业,具体业态包括基础电信业、电子信息制造业、信息通信业、

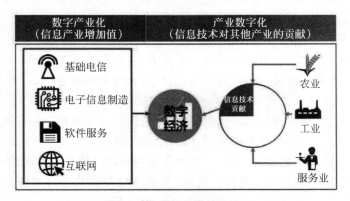

图 1-19　数字经济的构成

软件服务业和互联网行业等。产业数字化也称为数据经济融合部分,即使用数字技术而带来的产出增加和效率提升,包括传统产业由于使用数字技术所带来的生产数量和生产效率提升,其新增产出构成数字经济的重要组成部分。

可以从两方面理解数字经济的概念。首先,资源、技术和劳动是数字经济的三个核心要素,缺一不可;其次,以数字或数据形式存在的信息和知识是其主要生产要素。强调数字或数据的重要性非常必要,但不能将其理解为数字经济的生产要素。究其原因,主要有以下两点。第一,资源在经济系统中一般应具有稀缺性。一般意义上的数据即碎片化的数据并不稀缺,只有经过加工且具有某种特定功能的信息和知识才具有稀缺性,即大数据或其背后的信息和知识才是生产要素。此外,数据具有公共品特征,而加工后的大数据才是私人品。这是理解例如"数据要素产权相对难以界定"或"数字经济的财产所有权弱化"等问题的关键。第二,碎片化的数据往往无法直接投入到经济活动中,只有系统处理后的知识和信息才能成为生产要素。因此,从某种程度而言,数据加工能力(或计算能力,即算力)才是生产要素。这也是许多国家在进行公共数据系统建设时要以数据的"FAIR"为目标的合理解释:易寻找(Findable)、易取得(Accessible)、易互通(Interoperable)和易使用(Reusable)。正因为经济组织或个体在数据加工能力方面存在差异性,才使数字技术公司和大数据平台成为数字经济时代的重要载体。

1.3.2　信息技术驱动数字经济发展

在产业层面,信息技术也发挥了重大的作用,包括商业变革、经济转型和商业经济体系,本节将针对以上几方面进行详细阐述。

1. 信息技术驱动商业变革

信息是事物状态的自我表达。信息源自事物,通过相应的信息技术采集并转换为数字进行传输、计算,进而应用于信息交流、管理和评价。基于信息及其技术的逻辑关系,将信息技术驱动信息发出能量并产生经济价值和社会效益的作用结果称为信息动能。在信息动能作用下,商品因含有信息成为信息商品,信息改变商品的生产形式、经营方式和管理模式,包括商品的使用方式和用途。普遍性是信息的基本特征,信息自然地存在于客观事物中,各种经济活动及其关系的信息在经济社会运行中不时地延伸到相应的数字形态并发挥其价值。信息的普遍性决定了客观事务之间通过信息实现相互融合的逻辑,一旦相应的技术驱动信息并发挥作用,信息就表现为一定的能量,相关事物之间随即实现了融合,改变了事物发展的路径。如果信息代表着事物的核心因素或多数现象,即可产生颠覆现象。

交易是商业活动的中心,支付形式决定交易方式,交易方式变革经济模式。互联网以其公开、公平和开放为基本特征,连通"信用与支付"与金融全面融合,信用是金融的核心,80%以上的金融活动与支付有关,"互联网+金融"连通经济社会活动的终端,启动经济结构转型。网络信用、第三方支付、网络支付、近场支付、云闪付以及生物识别等模式是信息赋能于交易的典型代表,通过互联网技术渗透到人们的生活环境、工作场景、商业场所,非金融因素与金融因素相互融合形成金融新生态,一系列金融创新驱动传统商务运营模式转型,推动相关行业数字经济发展。因此,"互联网+金融"含有驱动经济社会形态变化的双动能——技术和金融,经过生产、交易、信用、商务等经济活动形成新的营销形式、交易场景和交易类型,使商业经济进入变革深水区。

2. 新一代信息技术推动经济转型

"云大物移智"是新一代信息技术的代表,是发展数字经济的新生力量。信息采集主要通过终端,终端既是信息的来源,也是提供信息服务的界面。网络是信息的传输渠道,也是获得信息的路径,同时具备控制信息的能力。云计算既是大数据的技术支撑又是大数据运行的平台。大数据是显示规模信息价值的技术,帮助管理者分析与事物相关的所有数据,关注事物之间的相关性而非因果关系。信息通信技术和云计算技术的快速发展为物联网普及奠定坚实的基础,物联网将在重大融合性创新领域显现出强大的技术力量,是国家综合国力的重要因素。集互联网、云计算、大数据、深度学习、脑科学等相互融合的人工智能,正在向各领域广泛渗透引发链式突破,加速新一轮科技革命和产业变革进程。基于如此强大的技术能量,"云大物移智"使商业系统的"人货场"信息深入融合到国内外贸易中的各个环节,推动商业模式进化。

"云网端"作为信息的基础设施通过连接相关企业和个人将经济社会融为一体,驱动经济社会形成融合性发展态势。信息基础设施将为经济社会新形态增添难以估量的新动能。第一,信息基础设施是新型资源平台。传统基础设施(如水电)的服务方式是消耗,因服务而消耗资源,易形成高耗能和污染;信息可以无限共享,不会因服务而消耗,而是因服务而增值。第二,信息基础设施是永恒的资源平台。传统基础设施没有平台,只能实现即时供给;信息基础设施是以光速辐射的永恒供给平台,为用户提供随时随地的信息服务,是绿色发展的强大支撑。第三,信息基础设施为传统服务增值。基于网络技术的企业与企业连接,实现价值链的提升、供给链的延伸和产业链的贯通。第四,信息基础设施改变投资经营管理模式。例如,共享单车从个人投资、个人管理转向第三方投资与管理和社会管理。第五,信息基础设施改变商品的生产经营形式。信息基础设施为生产领域的数字化、网络化、智能制造提供了技术能量支持,数字双胞胎将物理对象以数字化方式在虚拟空间呈现,现实与虚拟实现闭环互动,促使商品的生产经营形式发生转变。

3. 信息技术重塑商业经济体系

技术形态决定商业数字经济模式。智慧化的新一代信息技术表现为数字化、网络化、平台化、数据化和智能化等技术形态,云计算技术使计算实现共享,与信息共享融为一体重塑商业模式。基础设施即服务、平台即服务、软件即服务三大平台驱动信息冲破传统产业、行业或区域市场的时空限制,影响直接信息源、间接信息源,以及商业经营的人员、资本、市场等经营信息;影响商品供求及其价格体系,商品流通渠道及其组织形式;面向全国或全球市场实现信息精准对接。信息平台成为资源配置的新方式,促成网上网下、产业上下游的交易,连接供给与需求,提升研发与服务价值。信用支付机制通过相互验证确认供给者与需求者的信用,在网络信用的基础上执行支付指令,信息流驱动资金流,资金流引领技术流、人才流和物资流。信息动能促使资源(供给端)的所有权与使用权相对分离,实现供给侧与需求侧的弹性匹配,形成 C2C、C2M、B2C 和 B2B 等商业数字经济子模式。信息动能在相关技术支撑的条件下形成平台赋能和软件赋能等模式,催生共享经济、平台经济等数字经济子形态,促进了消费者与市场服务的深度融合,满足了消费者对体验、知识和价值等的需求,显示出供给侧改革的巨大潜能,如图 1-20 所示。

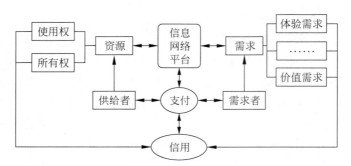

图 1-20　信息动能与平台机制图示

信息动能为供给侧匹配恰当的需求方式，需求方式引领生产方式转变，催生品牌消费向品质、品格消费升级，提升了商业体系水准。供给链通过整合流通企业引领生产基地工业消费品自有品牌的开发，生产过程呈现数据驱动、软件定义、平台支撑、服务增值、智能主导等特征，全方位重塑商品的生产主体、劳动对象、劳动工具和生产方式，优化生产的效率、成本、质量管控体系。信息能量沿着商品市场供求关系、商品生产秩序、商品流通渠道和各种商业活动形成商业数字经济体系。

1.3.3　信息技术成为驱动数字经济发展的新动能

信息生产力时代，信息资源越来越成为驱动经济社会发展的关键生产要素。信息资源与能量、物质资源存在相互置换关系，信息消费少，能量和物质就会消耗多；反之，提升信息消费水平，技术获得进步，则能提高能量和物质的利用率，从而减少能耗和物耗。需要指出的是，信息资源与能量资源、物质资源之间虽然存在置换关系，但并不意味着信息等同于能量和物质，就像信息论奠基人之一维纳所说的"信息既不是物质，也不是能量，信息就是信息"。信息作为数字经济的关键要素表现为数码字节，而传统经济的生产要素表现为分子原子，数码字节与分子原子从根本上决定了信息生产力与传统物质生产的区别。正如工业革命改变了物质商品的生产、分配和消费方式，信息革命正在改变着信息商品的生产、分配和消费方式。

信息融合的深度决定信息动能驱动市场的力度。融合深度是指信息技术按照商业逻辑驱动"人货场"信息的层次，从场景信息、货物信息直到人的"心理需求"等各类信息。信息用户的碎片化、个性化和自媒体化，信息环境的混沌化和复杂化，在新一代信息技术驱动下使信息形式呈现出数字化、海量化和场景化，信息载体呈现出移动化、智能化和泛在化，这些信息的供给随着市场的需求组合成不同的商业数字模式，如图 1-21 所示。

第三方交易平台经营者、第三方电子商务交易平台、网络交易平台和网络交易平台提供商构成商业数字交易平台，"人货场"信息通过商业数字交易平台释放能量。平台运行的"后台"技术支撑就是以"网云端"为基础设施，"云大物移智"为代表的新一代信息技术和"3S"平台，是信息赋能的商业数字经济发展的新能量平台。"人货场"信息在信息网络和信息通信技术作用下，形成关键性的知识和信息，使传统的劳动力具备智慧化技能，使用智能化的劳动工具成为数字经济新型生产要素——劳动；同理，传统经济的其他要素在信息技术作

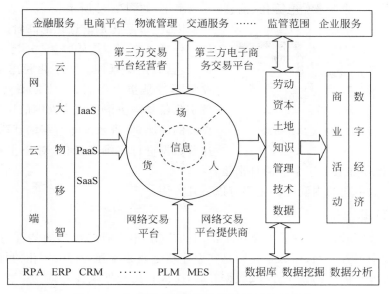

图 1-21　信息驱动商业数字经济发展的新动能

用下,特别是新一代信息技术应用上升到机器人流程自动化等智能化层面,使信息能量从智能层面改变其性能,引发管理理念和管理模式的变化,显现出劳动、资本、土地、知识、管理、技术和数据等新型生产要素推动商业数字经济的强大动力。

因此,信息赋能于商业数字经济发展的基本逻辑是:以"人货场"信息为核心,以新一代信息技术发展为推动力,按照商业逻辑与技术逻辑融合发展的思想,激发信息能量,催生新型生产要素,引领商业数字经济发展。

1.4　数字化时代信息系统发展的新趋势

近年来,随着大数据、云计算、人工智能、5G 通信、物联网等新兴技术的快速发展与应用,人类社会的数字化趋势越来越广,越来越深入,数字技术正在逐步应用到社会经济的各个领域。人们正从信息化时代转型发展到数字化时代。

1.4.1　从信息化到数字化

信息化的实质是现代信息技术在经济社会各个领域的广泛应用,以及运用信息技术改造传统的经济、社会结构的过程。因此,信息化就是通过系统、软件、工具等将流程化的、重复的、原来由人工处理的工作,全部或部分交由信息系统自动地处理。信息化建设是企业生产、销售、服务各环节的核心支撑平台,并随着信息技术在企业中的应用的不断深入显得越来越重要。

数字化则是指新一代信息技术真正地实现推动整个商业模式的变革,推动产业链的重构,推动改进企业与消费者之间的关系,以及企业与合作伙伴之间的关系。数字化是社会经济信息化基础上新兴技术更广泛深入应用而进入的一个新阶段,是信息革命的进一步演化。

信息革命经历的 3 个阶段：电算化、信息化、数字化，如图 1-22 所示。

图 1-22　信息革命发展的 3 个阶段

因此，数字化是信息化的高阶阶段，是信息化的广泛深入运用，是从收集、分析数据到预测数据、经营数据的延伸。数字化脱离了信息化的支撑只不过是空中楼阁，因此并不会脱离信息化。数字化就是解决信息化建设中信息系统之间信息孤岛的问题，实现系统间数据的互联互通，进而对这些数据进行多维度分析，对企业的运作逻辑进行数字建模，指导并服务于企业的日常运营。

信息化与数字化的内涵关系主要有以下几方面。

1．应用范围

从应用的范围看，信息化主要是单个部门的应用，很少有跨部门的整合与集成，其价值主要体现在效率提升方面，而数字化则是在企业整个业务流程进行数字化的打通，破除部门墙、数据墙，实现跨部门的系统互通、数据互联，全线打通数据融合，为业务赋能，为决策提供精准洞察。

2．数据

从数据的角度看，以往的信息化也有很多数据，但数据都分散在不同的系统中，没有打通也没有真正发挥出数据的价值。而数字化是真正把"数据"看成一种"资产"。如果一家企业，能够通过"数据资产"更好地盈利或者提升企业的效率，就可以说实现了真正的数字化。

3．联接

从联接的角度看，原有的企业信息化系统是搭建于以往互联网没有高度发展的时期，在当时环境下，整体的互联网发展与目前对比差异较大。目前企业的信息系统最大的问题是没有建立联接，特别是没有建立与消费者的联接，有的企业也没有打通企业各个单元的联接，即没有实现企业各个数据单元的联接。没有联接所造成的问题是：效率低，特别是企业面对内部外部的运行效率非常低下，响应环境变化的能力差。

今天数字化发展的环境，一个是互联网企业形成的平台，另一个就是移动互联网把消费者联接在一起了，消费者可以通过线上跟企业实时交互，不仅企业的生产过程、业务流程要数字化，企业的设备、产品、资源、决策体系都要数字化。对传统企业来讲，联接一定会在改变企业效率、降低运行成本方面发挥重大价值，并且在联接的环境下，一定会重构新的商业模式。

4．思维方式

从思维方式上看，以往的企业信息化从构建之初，所体现的思想就是一种管理思维。当时所要体现的信息化管理目标就是管好、管死、管严格。所以当时的信息化系统设计的思路并没有过多地考虑用户需求的便利化，这种在管理思维环境下建立的企业信息系统，缺乏有效解决用户效率的思想。数字化的核心是要提升用户效率和经营效率，也就是数字化转型的过程是要高度体现如何有效提升各个系统节点用户的效率，同时需要借助数字化转型的技术手段，推动企业经营效率的提升。

需要明确的是，数字化并不是对企业以往的信息化推倒重来，而是需要整合优化以往的企业信息系统,提升管理和运营水平,用新的技术手段提升企业新的技术能力,以支撑企业适应数字化转型变化带来的新要求。

1.4.2 数字化时代的趋势

数字化时代的核心是网络化、信息化与智能化的深度融合。在这场技术革命中,工厂内外的生产设备、产品及人员之间连接在一起,收集分析相关信息,预判错误,不断进行自我调整,以适应不断变化的环境。越来越多的技术系统或产品能够在无人介入的情况下自主执行某些功能。例如,装载了全球卫星定位系统(Global Positioning System,GPS)的汽车能够"知道"自己在哪里;通过内置微型相机和传感器,一个系统可以"辨认出"另一个系统;通过优秀的程序化控制,一个系统能够独立地对外界条件做出反应,在一定程度上优化自己的行为。

在数字化时代,社会生产方式将发生深刻变化。首先,产品生产方式从大规模制造向大规模定制转变。以人工智能为基础的自动化设备、连接企业内外自动化设备和管理系统的物联网,能够使研发、生产以及销售过程更加迅捷、灵活和高效。简单地说,消费者的需求会更及时地传递到工厂,而工厂也会更灵活地切换生产线以满足不同需求。原来的单一产品大规模制造方式将逐渐被大规模定制方式所取代。

其次,工业增值领域从制造环节向服务环节拓展。在大数据、云计算等技术的推动下,数据解析、软件、系统整合能力将成为工业企业竞争力的关键与利润的主要来源。利用大数据研究客户或用户信息,能够为企业开拓新市场,创造更多价值。例如,设备制造企业借助大数据技术,向设备使用企业提供预测性维护方案与服务,可以延伸服务链条,实现竞争力的提升和价值增值。如通用电气公司原来是以制造为主的企业,但现在将业务领域拓展到技术、管理、维护等服务领域,这部分服务创造的产值已经超过公司总产值的三分之二。

最后,程序化劳动被智能化设备所取代。由于数字技术的飞速发展,机器人在速度、力量、精度优势的基础上,识别、分析、判断能力也大大提高。2017年5月,人工智能围棋程序"阿尔法狗"(AlphaGo)与世界排名第一的中国围棋选手柯洁进行三场比赛并全部获胜,这说明人工智能在某些分析博弈领域已经超越了人类。从生产服务过程来看,原来认为只是重复性、手工操作的业务可以被自动化设备替代,但现在的设备已经可以识别多种业务模式,能够在相当广的范围担任非重复性、需要认知能力的工作。例如,在律师业务中,计算机系统已经代替了法律助理、专利律师的一部分工作。环境复杂或需要与人互动的体力作业,以前一直被认为难以程序化,只有人类才能胜任,但由于传感器、大数据和人工智能的进步,这个领域中的自动化也有了显著的进展。例如,"机器人床"可以变身为轮椅并自动行走,能够自动升降,平稳地将患者扶起坐上轮椅。未来,大多数程序化工作以及部分非程序化工作将被智能设备所替代,或得到智能设备的辅助而大幅度提高效率。

总体来看,数字化变革将极大地提高生产力,推动产业结构与劳动力结构的转变,进而改写人类发展进程。每一次工业革命的发生,世界各国的竞争地位就会发生变化:一些国家崛起并成为某些领域甚至世界经济的主导者,而另一些国家衰落,逐渐沦为平凡国度。在第一次工业革命中,英国凭借蒸汽机等技术成为"世界工厂";在第二次工业革命中,美国依靠大规模生产方式成为世界工业及科技霸主。而当前全世界范围内的数字化革命也和以往一样,必将引起经济格局的变化。哪些国家抓住了机遇,以最快的速度实现超越行业、企业边界的"智能连接",这些国家就能率先进入大规模定制生产时代;哪些国家有效地应用了大数据和智能设备,这些国家就能在价值链中占据优势;哪些国家顺利地完成了劳动力转型,这些国家就能使国民收入快速增长。从这个意义上说,数字化时代的到来不仅会重塑未来经济格局,而且还会改变国家竞争格局。

1.4.3　数字化时代的信息系统

数字化是人类文明的新形式。数字化书籍、数字化报刊、数字化图书馆、数字化博物馆,甚至数字化社区、数字化政府和数字化社会都已经或正在出现。人类所创造的一切文明都可以数字化,它推动和保存了人类文明。

在技术高度发展的今天,人类大大丰富了数据采集的手段,开始从各个层面进行数据的采集。图像、声音、环境、感知、分析等只要是可以被计算机接收的内容,都可以称作数字化,显然由于数据采集的极大丰富,将开始对未来企业信息化造成重大的影响和变革。

随着互联网、物联网、大数据、云计算、人工智能等技术不断发展,云端化和智能化成为数字化时代的信息系统新的发展特征。

1. 信息系统的云端化

随着云计算技术的出现与快速发展,使得原有本地化的信息技术资源(软件、数据、硬件)集中于云计算平台,众多用户可以通过互联网同时访问与使用,并可以动态配置资源、自助式需求服务、便捷地访问网络、服务可计量、按使用量付费。企业内部本地化的信息系统应用转变为云端的软件即服务(Software as a Service,SaaS)模式已成为必然的趋势,如图 1-23 所示。SaaS 模式是指通过互联网以服务形式交付和使用软件系统的业务模式。在SaaS 模式下,SaaS 提供商为企业搭建信息化所需要的所有网络基础设施及软件、硬件运作平台,并负责所有前期的实施、后期的维护等一系列服务,企业无须购买软硬件、建设机房、招聘 IT 人员,即可通过互联网使用信息系统。就像打开自来水龙头就能用水一样,企业根据实际需要,通过互联网浏览器在任何时间、任何地点都可以轻松使用软件并按照使用量定期支付使用费。随着互联网及云计算技术的发展,信息系统的云端化应用模式越来越普遍是数字化时代信息系统应用的一个重要特征。

图 1-23　信息系统应用的云端化

基于云平台的信息系统具有简单易用、系统较完整、兼容性较好、对使用终端的要求较低等特点。同时只要支持网页操作就可以使用,对带宽的要求也会降低,而且无须投入独立的软、硬件,也无须单独备份,安全性也比较高。因此,对于广大中小型企业来说,SaaS 是采用先进技术实施信息化的最好途径。它消除了企业购买、构建和维护基础设施和应用程序的需要,为企业提供了更简单、更灵活、更实用的信息系统应用。

2. 信息系统的智能化

随着信息技术的不断发展,移动互联网、物联网、5G通信、云计算、大数据、人工智能等技术逐渐成为信息系统的重要组成部分。信息系统的智能化是信息化更高阶段的系统升级,延续着信息化工作系统,智能化应用更高层次的IT技术,以解决信息化系统工作流动过程中尚未解决的深层学习、预测、自动判别和决策的科学计算工作。信息系统的智能化,主要体现在将历史或正在进行中的相同或相似的生产数据"学习""预测""判别""决策"等通过人脑控制的指挥权,由嵌入在IT设备内的智能算法程序接收此项工作,而人则有更多时间从事创新、创意,进而创新整个工作价值。信息系统的智能化是将知识、决策融为一体的综合系统,也可称为智能化信息系统。

智能化是现代人类文明发展的趋势,也是数字化时代信息系统发展的一个重要特征。信息系统智能化融合云计算、人工智能、5G等技术,将推动数字化时代的智能工厂、自动驾驶汽车、智能家居、智能医疗、智能交通、智能城市的到来。

本章小结

人类社会已经走向数字化时代,信息技术和信息系统在数字化时代发挥重要的作用,认识与学习信息系统和信息技术相关的知识对每个人都非常重要。本章围绕信息系统与信息技术的发展历程及未来趋势,详细介绍了信息技术和信息系统相关知识。

本章首先追溯到几十年前,详细介绍了信息技术的产生与发展,围绕信息技术革命、计算机技术性能、计算机技术应用和计算机类型4方面详细展开论述。以此为基础,探讨了信息系统的产生与发展,并展望了数字化时代的到来。然后充分阐述了信息技术和信息系统驱动社会进步和商业创新的相关知识,并分析了信息技术如何引领数字经济,最后展望了数字化社会信息系统发展的新趋势。

习题

1. 如何认识信息技术?比较典型的信息技术有哪些?
2. 简述信息技术革命的阶段及对应的核心应用与主要特点。
3. 现代计算机性能的发展经历了哪几个阶段?主要技术是什么?
4. 简述计算机技术应用的主要发展历程。
5. 简述计算机的主要类型。
6. 超级计算机被喻为"科学皇冠",请简述你对于这种观点的认识。
7. 从管理信息系统学科产生的角度,划分其大致经历的阶段。
8. 请阐述信息技术推动社会进步的主要技术动因。
9. 简述信息技术对商业创新的影响。
10. 如何理解数字经济?
11. 数字化时代信息系统有哪些新趋势?

第2章

从商业视角看信息系统
——不只是技术

本章学习目标

➤ 信息技术是什么？信息系统是什么？如何描述信息系统？

➤ 信息系统的学科内涵是什么？

➤ 信息系统在企业经营管理中的作用是什么？

➤ 信息系统产生价值的机制是什么？

 开篇案例

Cars公司的IT基础设施促进业务快速发展

Cars.com(http://www.cars.com)是一家总部位于芝加哥的网上汽车销售公司，它成立于1998年，定位为汽车行业买家和卖家的桥梁。其门户网(见图2-1)拥有比较齐全的价格信息、汽车图片、汽车饰品、图片比照工具以及大量新车和二手车的库存信息，同时可以提供经验丰富的购买者和专家的意见，指导购车者选择自己合适的汽车。购车者可以通过参照它提供的售车信息，进行反复比较，最终买到称心如意的汽车。

由此可见，Cars.com公司销售业绩突飞猛进也在情理之中。自2008年以来，Cars.com的销售创下行业佳绩。2016年，Cars.com成为网络访问量排名前3的汽车销售行业网站，实现营业收入6.33亿美元。然而，这一系列成绩与Cars.com果断更新整个公司的信息技术基础设施密不可分。由于Cars.com刚开始建设信息系统时采用的技术都是随机配置的，而且这些技术已经使用了很多年，无法承担过多的任务，因此，信息系统落后使其雄心勃勃的商业策略和扩展需求一度受阻。Cars.com使用的是多个版本的Linux操作系统，甚至包括今天已经不再被支持的AGT Linux版本。同时，日益老化的惠普计算机和装有BEA Java程序的太阳微系统处理器都成为公司发展的瓶颈。公司的技术部总监曼尼·蒙迪拉诺(Manny Montejano)称，"我们不仅从多个卖家那里购买了各种技术，而且还买了其软件

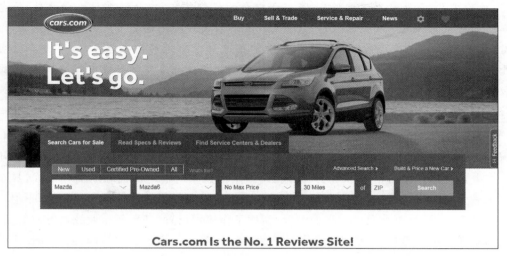

图 2-1　Cars.com 公司的门户网首页

程序的多个版本。"最终,Cars.com 的信息系统部门在整个公司遗留系统和程序上花费了大量时间,而并没有去开发业务发展亟须的新程序。

Cars.com 的管理层与 Perficient 信息技术顾问部门联手合作,决定更新公司的整个信息技术基础设施,以更好地实现未来的业务目标。Cars.com 的这个项目以 IBM 平台和 SOA(面向服务的体系架构)为标准建设公司的信息技术基础设施;IBM Websphere 应用程序可在 4 个 IBM Power 系列的服务器上运行,同时采用 IBM 版 UNIX 操作系统,其中 IBM Power 系列服务器使用的是 AIX 版的 P5 芯片套装。由于 IBM 服务器具有功耗低、冷却快和对空间要求不高的特点,Cars.com 极大地降低了建造数据中心的成本。

Cars.com 服务器使用的应用程序是使用 Java 程序编写。IBM 的信息服务器将商家和用户的数据进行汇总,与公司的应用程序整合在一起。Cars.com 的存储目录中有几百万条售车信息,客户可按照条件进行精确搜索。IBM 的推理软件可以帮助 Cars.com 的程序设计员快速编写、升级和测试 Java 应用程序,在 SOA 操作环境下,公司利用即插即用技术可以更快地建立和开发新的应用程序与服务项目。

如今,Cars.com 在新信息技术基础设施上的投资已经得到了丰厚的回报,公司的系统更新能力得到加强,信息系统部门承担业务项目增多。例如,新的基础设施使公司有能力加入美国橄榄球超级碗大赛的商业广告行列中,因为它现在使用的操作系统能够处理比赛中插播 2 个 30 秒广告的点击高峰。新的基础设施还使 Cars.com 成为雅虎汽车频道上二手车清单和私人卖家列表服务的独家供应商,另外,它每个月都要处理 270 万辆的库存汽车,接待数以百万的网络访客,还要和各种各样的经销商打交道,这一切都表明,新的信息技术基础设施在公司业务发展中发挥着十分重要的作用。

Cars.com 在网络零售业务上有着令人羡慕的业绩,可惜的是技术过时,甚至难以更新升级,导致公司的远期发展目标和日常运作无法顺利进行。管理层认为最好的解决方案就是使用新的计算机硬件和软件技术代替过时的计算机基础设施,并且最好使用统一的技术标准。

Cars.com 公司商业模式的基础是它的技术支撑。它的技术基础提供了搜索和比较的功能、估价工具、行业专家咨询服务、车辆和中介的评价信息、中介联系信息和地址,还包括汽车的库存信息和汽车相关的信息。Cars.com 的首要目标是追求用户的完美的体验,而其中 Cars.com 公司的应用系统管理团队负责管控这个分布式的技术体系,一部分人员负责关于应用程序数据的收集、监控和分析。他们负责根据需要从实际环境中收集收据,并把这些数据从生产环境中抽取出来,存储在测试环境中进行分析,从而为公司的业务发展提供支持。

通过上面的案例,可以知道硬件和软件投资在提高企业效益方面所发挥的重要作用,但是,信息系统是否就仅理解为计算机呢? 或者,信息系统是否就仅理解为信息技术(IT)呢?

在上面的案例中,讨论了 Cars.com 公司应用信息系统应对所面临的商业挑战,甚至是创新了做生意的方式,对整个汽车销售行业都产生了深刻的影响。在这一过程中,不但有具体的技术应用,而且也涉及了人员的配置、新的工作流程设置,甚至是企业战略方向的变革,因此信息系统不只是技术,还涉及了其他方面。下面将从信息系统的结构、内涵和作用的角度,加深对信息系统的认识。

2.1　剖析信息系统的结构

关于信息系统这一概念的探讨一直没有结束过,而且随着社会进步和技术发展,信息系统的概念得到了不断深化。本节将从信息系统内涵的角度阐述信息系统的概念。

2.1.1　信息系统的定义及信息的特征

信息系统的内涵非常丰富,并且与信息的概念有着密切的联系,以下将对信息系统及信息的特征做详细阐释。

1. 信息系统的定义

信息系统的概念比较复杂,需要从技术、组织和管理的视角来理解。

信息系统(Information System,IS)从技术角度是指由若干相互连接的部件组成的,收集(或检索)、处理、存储和发布组织的信息的系统,用于支持组织制定决策和管理控制。除了决策支持、协调和控制外,信息系统还可以协助管理者和员工分析问题、进行复杂对象的可视化和创造新产品。

信息系统包含组织内或组织所处环境的重要人员、地点和事件的信息。信息(information)是指数据中有意义和有用的内容,是包含上下文语境的数据。1948 年,美国数学家、信息论的创始人克劳德·艾尔伍德·香农(Claude Elwood Shannon,1916—2001年)指出:"信息是用来消除不确定性的东西。"美国著名数学家、控制论的创始人诺伯特·维纳(Norbert Wiener,1894—1964 年)指出:"信息就是信息,既非物质,也非能量。"相对而言,数据(data)则是指尚未被整理成被人们理解和使用的形式之前的表示,是指发生于组织或组织所处环境中的原始事实的符号串。知识(knowledge)是对情境的理解、意识、认知、识别,以及对其复杂性的把握。知识是基于某一角度的信息整合形成的一种观点,这种观点是基于对模式(例如,由其他信息和经验形成的趋势)的承认和解释。知识的获取涉及许多复杂的过程：感知、交流、分析、推理等，它可能是关于理论的，也可能是关于实践的。知识是构成人类智慧的最根本因素。

举一个简单的例子区分信息、数据、知识。超市收银台扫描产品的条形码获得了一条购买数据——一瓶15元的酸奶，瓶上标明了酸奶的价格、容量、成分和保质期等。单拿"15"来说，它是一个数值型数据，因为没有上下文语境，所以没有任何意义，但加上"一瓶酸奶的价格"这个上下文后，"15"就变成这瓶酸奶的价格，它就成为一个有意义的信息。接下来，人们发现酸奶的成分中标有双歧杆菌，同时知道它是肠道有益菌，这两个信息经过分析处理就得到一个知识——常喝酸奶有益于肠道健康。

数据、信息和知识的关系就蕴含在上面的概念表述中，总结如下：信息是一种特殊类型的数据，数据是信息的基本构成元素；知识是一种特殊类型的信息，信息是知识的基本构成元素；信息和知识本质上都是数据，数据是信息和知识的基本构成元素和基础，数据、信息和知识的区别如图 2-2 所示。

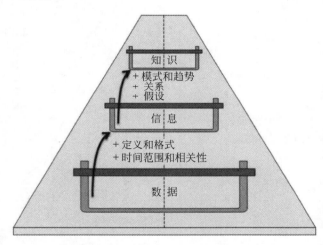

图 2-2　数据、信息和知识的区别

最近几年，商务智能(BI)的概念传播得越来越广泛，它是一种知识聚合——有关客户、竞争对手、商业合作伙伴、竞争环境以及内部运作的知识——它使人们有能力做出有效的、重大的、通常是战略上的商业决策。

2. 信息的特征

信息具有重要的作用，这与信息的特征密切相关，这些特征对于信息的质量、信息的作用而言非常重要。

(1) 信息传载性。信息可以传递，并且在传递中必须依附某种载体。信息本身不是实体，只是消息、情报、指令、数据和信号中包含的内容，必须依附某种媒介进行传递。信息载体的演变，推动着人类信息活动的发展。通常，语言、文字、声音和图像都是信息的载体，用于承载语音、文字、声音、图像的物质也是信息的载体。

(2) 信息共享性。信息的共享不仅不会产生损耗，而且还可以广泛地传播和扩散，使更多的人共享。信息的共享性是区别于物质和能量的一个重要特征。

(3) 信息可处理性。信息可以被加工、传输和存储，特别是经过人的分析、综合和提炼等加工,可以增加它的使用价值。

(4) 信息时效性。只有既准确又及时的信息才有价值,一旦信息过了时效,就会变成无效的信息。

➤ **思考题:**

萧伯纳的名言:"你有一个苹果,我有一个苹果,彼此交换一下,我们仍然是各有一个苹果;但是你有一种思想,我有一种思想,彼此交换一下,我们就都有了两种思想,甚至更多。"

问题:这说明信息具有什么特征?

3. 组织内部信息流动的特征

在组织内部,必须重视信息,视其为一种资源或者资产。信息必须是可组织的、可管理的、可有效传播的。组织内部信息一般沿着 4 个方向流动,如图 2-3 所示。

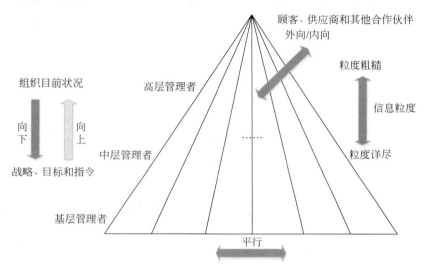

图 2-3　组织的信息流动和流动信息的粒度

向上流动(upward):信息向上流动(或者说是向上流动的信息)描述了基于日常事务处理的组织的当前状态。例如,当一项销售活动发生时,信息来源于组织最基层,然后,通过各个不同管理层次向上流动。信息床底过程中表现出信息粒度逐渐凝练。信息粒度(information granularity)是指信息详尽性的程度范围。在组织最底层信息表现为细粒度,因为员工需要详细具体的信息才能开展工作,而在组织较高层,信息以某种方式逐渐变得更凝练和概括。例如,战略制订者仅需要年销售额数据,而不是每一笔销售的详细信息。

向下流动(downward):源自较高管理层的战略、目标和指令等信息向较低层次的流动。组织的上层制订组织发展战略;中层根据战略制订运行策略;较低层负责具体运作信息处理。

平行流动(horizontal):信息平行流动是基于各个职能业务部门和工作小组之间。信息平行流动的目的就是消除"右手不知道左手在干什么"的尴尬情况。组织中各部门间相互了解彼此相关的部门的工作运营情况。一般地,公司的每个人需要知道与其工作相关的一切(私人、私密的信息除外)。

向外/向内流动(outward/inward)：向外/向内流动的信息包括与顾客、供应商、经销商和其他商业伙伴交流的信息。这些信息才是电子商务的关键。当今，所有组织都不是孤立的，信息顺畅地向内/向外流动可以创造竞争优势。

信息的另一个组织维度是描述信息的内容。信息描述可能是内部的或是外部的，客观的或是主观的，也可能是兼而有之的。内部信息主要描述组织内特定业务的内容，外部信息主要描述了组织所处的环境，客观信息定量描述了那些已知的事物，主观信息则是试图描述还不为人知的事物。设想一家银行正面临着对购房贷款采取哪种利率的决定，它将应用内部信息(多少顾客有能力购买房产)、外部信息(其他银行的利率是多少)、客观信息(当前基准利率是多少)、主观信息(未来基准利率会怎样变化)。其他银行提供的利率不仅是一种外部信息(它描述了组织所处的外部环境)，而且还是客观信息(已被人所知的信息)。

当今是信息经济时代，数据已成为一个企业的宝贵资产。如果一个企业没有高质量的数据，并且不能理解管理数据和信息如同管理有形资产一样极其重要，那么它就很难做出正确、及时和有前瞻性的决策，效率和效益更无从谈起，其市场竞争力也必将受到严重削弱。

4. 信息与大数据

基于对数据和信息的理解，大数据顾名思义就是大量的数据，与信息相比，只是大量地记录了原始状态的符号，好像也没有体现出较大的价值，这种理解有一定的局限性。大数据由于量的积累，已经发生了质的改变。

通常认为大数据是无法在一定的时间范围内用常规软件工具进行采集、管理和处理的数据集合，需要新处理模式才能具有更强的决策力、洞察力和优化能力的海量、高增长率和多样化的数据资产。从数据分析集合的角度看，与常见随机抽样不同，大数据采用全量数据进行分析处理。大数据具有 5V 特征：Volume(大量)、Velocity(高速)、Variety(多样)、Value(低价值密度)和 Veracity(真实性)。随着数据记录手段的不断丰富，各种各样的数据被数字化、被记录下来，形成了不断堆积的"数据面包屑"，这些"数据面包屑"被收集、整理、分析、加工和处理，其结果就是可能会无限接近真实世界。正如许宗本院士所说："大数据是指能否反映真实世界的数据，其量已经到了可以从一定程度上反映真实面貌的程度。"大数据的关键不是海量的数据，而是如何从大数据中挖掘出有价值的信息。

总体而言，数据和信息概念的对比，强调信息能够减少不确定；而大数据和数据的区别在于大数据蕴含着无限接近真实世界的信息，从这些具有重大潜在价值的大量数据中挖掘出真实的价值，才是大数据研究的终极目标。

2.1.2　信息系统的结构

信息系统结构是组成信息系统的各部分及其相互关系，由于可以从不同的角度理解信息系统的组成，因此形成了多种不同的理解。本节主要从组成、功能和职能的角度来理解信息系统。

1. 信息系统的组成

从实物组成的角度，信息系统主要依靠人(终端用户和信息系统专家)、硬件、软件、网络、数据，对数据进行输入、处理和输出，如图 2-4 所示。

图 2-4　信息系统的组成

1) 人

所有信息系统的运行都需要人,人包括终端用户和信息系统专家。

终端用户：是指使用信息系统所提供的信息的人,这些人包括客户、销售代表、工程师、店员、会计或经理。我们中间大部分人都是信息系统的终端用户,而且企业中大部分终端用户都是知识员工。也就是说,人们用大部分时间在团队里和团队间进行沟通与协作,并创造、使用和传播信息。

信息系统专家：是开发与操作信息系统的人,包括系统分析师、软件开发人员、系统操作人员以及其他从事管理、技术和秘书类工作的信息系统职员。简言之,系统分析师在终端用户的信息要求基础上设计信息系统,软件开发人员根据分析师的具体要求编写计算机程序,系统操作人员帮助监控并操作大型计算机系统和网络。

2) 硬件

硬件包括所有物理设备和处理信息时所使用的材料,具体包括机器、所有的数据存储介质,例如磁盘、光盘等。基于计算机的信息系统硬件有计算机系统和计算机外设,例如鼠标、键盘、显示器、打印机等。

3) 软件

软件是包括一系列信息处理的指令。这类软件不仅包括一系列操作指令,即指导和控制计算机硬件的程序,而且包括称为步骤的一系列信息处理指令。软件包括系统软件(system software)和应用软件(application software)。系统软件包括操作系统程序,控制和支持计算机系统的运行；应用软件是为满足终端用户特殊需求的计算机程序,如销售分析程序、工资管理程序和文字处理程序等。

4) 数据

数据则是指存储在计算机存储设备上的各类数据。数据可以有多种表现形式,包括传统的文字数据、由数字和字母及其他描述商业交易与实践的字符组成的数据等。文本数据包括书面沟通的句子和段落,图像数据包括图片、表格、照片和视频,音频数据包括各种各样的声音。这些都是数据的重要表现形式。

5) 网络

通信网络是由计算机、通信处理器和其他通过通信媒介互相连接的、由通信软件控制的设备组成。网络强调通信技术和网络是信息系统基本的组成部分。网络包括通信媒介和网络结构。通信媒介如双绞线、同轴电缆、光缆以及微波、蜂窝技术和卫星通信技术；网络结构强调支持通信网络的运行和使用所需要的硬件、软件以及数据技术,如调制解调器、网络操作系统和互联网浏览器等通信控制软件。

对人的重视体现了人们对信息系统概念不断深入的过程。1985 年,信息系统的创始人之一,明尼苏达大学卡尔森管理学院的著名教授高登·戴维斯对信息系统给出了一个比较完整的定义,认为信息系统"是一个利用计算机硬件、软件、数据库,以及手工作业,分析、计划、控制和辅助决策模型的人-机系统。它能提供信息,支持企业或组织的运行、管理和决策功能"。

2. 信息系统的功能结构

信息系统中的三类活动分别是输入、处理和输出。组织可以利用这三类活动产生的信息来制定决策、控制运营活动、分析问题和创造新产品和服务。输入（input）是指获取或收集组织内外的原始数据，处理（processing）是指把原始输入数据转变成有意义的表达方式；输出（output）是指将处理后的信息传递给需要使用的人或者活动。信息系统还需要反馈（feed-back）和控制（control），是指信息输出返回给组织中合适的人员，或帮助他们评估或校正输入，从而实现系统控制，如图 2-5 所示。

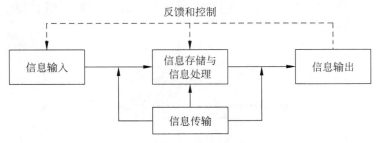

图 2-5　信息系统的功能结构

3. 信息系统的业务职能结构

18 世纪，英国古典经济学家亚当·斯密（Adam Smith，1723—1790 年）说明了劳动分工和协作有助于提高每个专业工作人员的灵巧程度，从而能够提供劳动效率。以此为基础，开启了现代组织结构研究的先河。组织需要设置部门构成、基本的岗位职责、权责关系、业务流程等，从而延伸出组织的众多职能部门，例如市场部门、财务部门、人力资源部门等。

从信息用户的角度来看，信息系统应该支持整个组织在不同层次上的各种功能。各种功能之间又有各种信息联系，构成一个有机的整体及系统的业务功能结构，如图 2-6 所示。企业的信息系统可划分为多个子系统，除了完成各自的特定功能外，这些子系统又有着大量的信息交换关系，其子系统之间的主要数据交换关系构成子系统之间的信息流，使得企业中的各类信息得到充分共享，从而为企业的生产活动和管理、决策活动提供支持。

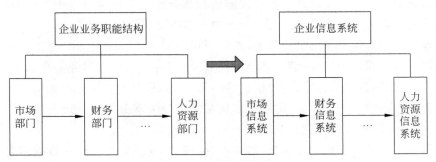

图 2-6　信息系统的业务职能结构

通过信息系统的功能结构，可以知道，信息系统的实现不是一朝一夕的事情，必须经过长期的努力才能得以实现。因此，在信息系统的建设过程中必须首先进行总体规划，划分出子系统,规划出各子系统的功能及其相互之间的联系,然后逐步实现,其中特别要重视子系统之间的联系。只有这样才能实现信息的共享,发挥信息资源的重要作用。

4. 信息系统的金字塔结构

由于一般的管理组织结构是分层次的,分为战略计划、管理控制、运行控制三层,服务它们的信息处理与决策支持也相应分为三层,并且还有最基本的业务处理(打字、算账、制表等)。这样信息系统也就可以分为销售与市场、生产、财务与会计、人事及其他等。一般来说,不同层级的信息系统在数据处理量、数据的抽象程度等方面都存在差别。信息系统的结构又可以用子系统及它们之间的联接来描述,所以又有信息系统的纵向综合、横向综合以及纵横综合的概念,如图 2-7 所示。

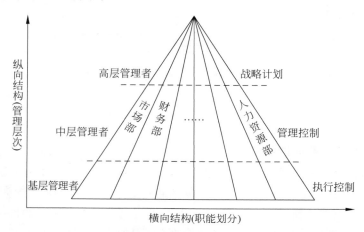

图 2-7　信息系统的金字塔结构

2.1.3　现代企业中常用的信息系统

组织是信息系统的建设者和应用的载体。如今,信息系统已经在各种类型的组织中得到广泛的应用,包括学校、政府和企业组织。特别是在现代企业中,各种各样的信息系统用于企业的方方面面。为了更好地认识和理解信息系统在企业运营管理中所起的作用,一般会把信息系统进行分类。本节介绍现代企业中有哪些常用的信息系统。

对企业组织中的信息系统进行分类,可以使用不同方法。一种分类方法是根据信息系统所服务的企业职能进行划分,信息系统可以分为会计信息系统、财务信息系统、市场信息系统、生产和研发信息系统、人力资源信息系统等;另一种分类方法是根据信息系统提供的功能与服务组织的层次进行划分,可以把信息系统划分为事务处理系统、办公自动化系统、信息系统、决策支持和经理信息系统等。

随着信息系统的集成化与模块化,当前企业中最常见的分类方法是根据信息系统在企业价值链中应用对象来划分,价值链一般分为上游、中游、下游。对企业来说,上游是供应商或商业伙伴;中游是企业本身;下游是顾客或分销商。他们所对应的企业信息系统就是供应链管理(Supply Chain Management,SCM)系统、企业资源计划(Enterprise Resource Planning,ERP)系统和客户关系管理(Customer Relationship Management,CRM)系统。

图 2-8 显示了现代企业信息系统架构模型。

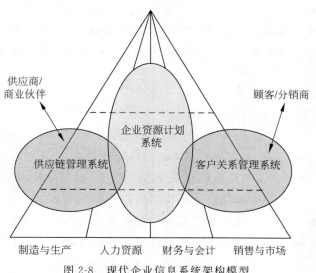

图 2-8 现代企业信息系统架构模型

企业资源计划(ERP)系统、供应链管理(SCM)系统和客户关系管理(CRM)系统已成为现代企业最重要和应用最广泛的三大信息系统。

企业资源计划系统是由一套集成的软件模块和一个中央数据库组成,也被称为企业系统。主要是为了支持企业经营中最主要的业务处理过程而建立的。企业资源计划支持的主要业务流程如表 2-1 所示。

表 2-1 企业资源计划支持的主要业务流程

主 要 流 程	具 体 功 能
财务与会计流程	包括总账、应付账款、应收账款、固定资产、现金管理和预测、产品成本会计、成本中心会计、资产会计、税收会计、信用管理和财务报表
制造与生产流程	包括采购、库存管理、采购管理、生产计划、生产调度、材料需求计划、质量控制、分配、运输执行、工厂和设备维护
销售与市场流程	包括订单处理、股价、合同、产品配置、定价、账单、信用审查、激励和委托管理、销售计划
人力资源流程	包括人事管理、工时管理、工资、人员规划与发展、福利管理、应聘跟踪、时间管理、薪酬管理、人力规划、绩效管理、差旅花费报告

供应链是产品生产和流通过程中所涉及的原材料供应商、生产商、分销商、零售商以及最终消费者等成员通过与上游、下游成员的连接组成的网络结构,也是由物料获取、物料加工、将成品送到用户手中这一过程所涉及的企业和企业部门组成的一个网络。可以把供应链形象地比喻成一棵枝叶茂盛的大树:生产企业构成树根;独家代理商则是主干;分销商是树枝和树梢;满树的绿叶红花是最终用户;在根与主干、枝与干的一个个节点,蕴藏着一次次的流通,遍体相通的脉络便是信息管理系统。供应链中的物流、信息流和资金流都是双向流通的。

客户关系管理系统从公司各处收集和集成客户的数据，整合数据，分析数据，并将结果传递到企业各个系统以及与客户有接触的地方。在接触点设置与客户交互的一种方式，如电话、电子邮件、顾客服务平台、传统信件、社交网络、微博、移动设备和零售商店等。设计良好的 CRM 系统能为公司提供统一、完整的客户信息，这对改进销售和客户服务两方面都有一定的作用。

2.2   解读信息系统的内涵

信息系统不只是技术，它的应用与其所处的环境密切相关，并且是融为一体。为了全面理解信息系统，有必要更广泛地理解信息系统的组织、管理、信息技术和数据技术维度，以及

图 2-9   信息系统的内涵

其他解决商业环境中的调整和问题的能力，如图 2-9 所示。除了从系统的信息技术和数据技术维度理解信息系统以外，还要从系统的管理和组织维度来理解信息系统，人们把这种理解看作是信息系统文化（information system literacy）。从信息系统文化的角度，信息系统是组织面对挑战和问题时，基于信息技术和数据技术的组织和管理的解决方案。比较而言，计算机文化（computer literacy）主要是从解决管理问题的角度出发，综合考虑相关的信息技术知识。

2.2.1   信息系统的应用内涵

信息系统（IS）领域正在努力践行更广泛的信息系统文化。IS 在解决信息系统开发有关的问题外，还要处理功能内部管理和员工使用信息系统的问题，以及信息系统应用带来的影响问题。下面的章节将仔细分析信息系统的每个维度——管理、组织、信息技术和数据技术，以更加深入地理解信息系统。

1. 管理

管理维度的主要内涵是在特定的环境下，对企业所拥有的资源进行有效的计划、组织、领导和控制，以便达到既定的目标的过程。管理的意义在于更有效地开展活动、改善工作，更有效地满足客户需求，提高效果、效率和效益。为了实现目标，管理者要洞察环境所带来的商业挑战，制订组织战略以应对这些挑战，协调和分配人力资源和财务资源去解决问题，激励成员为实现目标而协同工作，并争取获得成功。管理者从始至终必须行使负责人的领导力。

管理者还必须比管理现有事务做更多的事情，具备企业家所应该具备的创新精神。他们也应该创造新产品和服务，甚至还要时不时地再造组织。管理的很大一部分责任在于对新知识和信息驱动的创造性工作。在帮助管理者设计新产品和服务、提供新产品和服务、对组织的再定位和再设计方面，信息技术可以发挥强有力的作用。管理维度的具体内涵如表 2-2 所示。

表 2-2 管理维度的具体内涵

管理维度	具 体 内 涵
计划	是指用文字和指标等形式所表述的企业以及企业内不同部门和不同成员,在未来一定时期内关于行动方向、内容和方式安排的管理事件
组织	此处表示动词,就是有目的、有系统集合起来,如组织群众,是管理的一种职能
领导	是领导者运用权力或权威对组织成员进行引导或施加影响,以使组织成员自觉地与领导者一起实现企业目标的过程
控制	控制主体按照给定的条件和目标,对控制客体施加影响的过程和行为
激励	设计适当的外部奖酬形式和工作环境,以一定的行为规范和惩罚性措施,借助信息沟通,来激发、引导、保持和归化成员的行为,以有效地实现企业及其成员个人目标的系统活动
协调	化解矛盾,聚分歧为共识,变消极为积极
战略	指导全局的计划和策略
创新	形成创造性思想并将其转换为有用的产品、服务或作业方法的过程,富有创造力的企业能够不断地将创造性思想转变为某种有用的结果

2. 组织

信息系统是组织整体的一部分。事实上对某些公司而言,如信用报告服务公司,没有信息系统就没有业务。组织的核心要素是人员、组织结构、业务流程、规章制度和企业文化。

组织是有结构的,有不同层次和专业任务组织,体现了清晰的劳动分工部门。商业企业中的权利和责任按照层级或金字塔结构来配置,上层由管理人员、专业人员和技术人员组成,而下层由操作人员组成。

高层管理(senior management)不但要确保公司的财务绩效,而且要制订关于企业产品、服务的长期战略;中层管理(middle management)执行高层管理者制订的项目和计划;操作层管理(operational management)负责监控业务的日常活动。例如工程师、科学家或者技术架构师等知识工作者(knowledge worker)设计产品或服务,为企业创造新的知识,而如秘书或者文员等业务辅助工作者(business assistant worker)辅助完成所有层级的日程安排和沟通工作,生产和服务工人(production or service worker)则真正生产产品或提供服务。

企业不同的业务职能部门聘用和培训了很多专家。企业主要的业务职能部门(Business function)包括销售和市场营销部、制造和生产部、财务和会计部、人力资源部。主要业务职能及目标如表 2-3 所示。

表 2-3 企业的主要业务职能及目标

业 务 职 能	目 标
销售和营销	销售产品和服务
制造和生产	生产和配送产品和服务
财务和会计	管理财务资产和保持财务记录
人力资源	吸引、开发和维护组织劳动力、保存雇员记录

组织通过其管理层级和业务流程来协调工作,业务流程是指为完成工作而进行的一系列逻辑相关的任务和行为的集合。例如,开发新产品、履行订单或者聘用新员工均是业务流程的例子。

绝大多数组织的业务流程包括长期工作积累而形成的用于完成任务的一些正式的规

则,这些规则包含一系列的各种各样的操作程序,用于指导员工处理各种任务,例如从开发票到响应顾客投诉。其中,有一些业务流程被正规地写下来,也有一些业务流程则是非正式的工作经验。例如,作为一项要求给合作者或顾客回电,这些就没有正式的文件规定。信息系统使得许多业务流程自动化,例如,客户如何授信,如何付款,通常由信息系统来完成,其中包含一系列正式的业务流程。

每个组织都有被其绝大多数员工所接受的独特的企业文化(culture),即企业的假设、价值观和做事方式的基本集合。人们可以观察周围的大学或学院,就能够感受到组织文化所起到的作用。大学校园里最基本的假设是教授要比学生知道得多,这个假设是学生读大学、按照规范的课程计划上课的理由。

组织中不同层次和专业具有不同的利益和观点,这些不同的观点通常使公司在关于如何运作公司、如何配置资源和如何分配奖励等方面产生冲突。冲突是组织的基础。这些不同的观点、冲突、妥协和共识是所有组织天生的组成部分,信息系统就诞生于这些不同观点、冲突、妥协和共识交织而成的漩涡中,组织维度的具体内涵如表 2-4 所示。

表 2-4　组织维度的具体内涵

组织维度	具 体 内 涵
组织结构	为了实现组织的目标,在组织理论指导下,经过组织设计形成的组织内部各个部门、各个层次之间固定的排列方式,即组织内部的构成方式
业务职能	一般包括组织机构所承担的任务、职权、作用等内容
企业文化	企业的假设、价值观和做事方式的基本集合
组织政策	组织为了实现自己的利益和意志,以权威形式标准化地规定在一定的历史时期内,应该达到的奋斗目标、遵循的行动原则、完成的明确任务、实行的工作方式、采取的一般步骤和具体措施

3. 信息技术

信息技术(IT)是管理者应对变化的众多工具之一,信息技术维度的具体内涵如表 2-5 所示。计算机硬件(computer hardware)是指在信息系统中输入、处理和输出的物理设备,包括各种尺寸和外形的计算机(包括移动手持终端),各类输入、输出和存储设备,以及连接计算机的通信设备。

表 2-5　信息技术维度的具体内涵

信息技术维度	具 体 内 涵
软件	信息系统中控制和协调计算机硬件设备的一系列精细复杂的预先编写的指令
硬件	信息系统中输入、处理和输出的物理设备,包括各种尺寸和外形的计算机(包括移动手持终端),各类输入、输出和存储设备,以及连接计算机的通信设备
网络	将地理位置不同的具有独立功能的多台计算机及其外部设备,通过通信线路连接起来,在网络操作系统、网络管理软件及网络通信协议的管理和协调下,实现资源共享和信息传递的计算机系统
数据库	按照数据结构来组织、存储和管理数据的技术
信息技术设施	软件、硬件、网络、数据库这些技术,连同那些运行和管理它们的员工,代表了整个组织能共享的资源

计算机软件(computer software)是指在信息系统中控制和协调计算机硬件设备的一系列精细复杂的预先编写的指令。

数据管理技术(data management technology)由物理设备和软件组成,连接各类硬件,把数据从一个物理地点传输到另一个地点。许多计算机和通信设备能连接成网络来共享数据、音频和视频影像。网络(network)连接两台或多台计算机以共享数据或者如打印机这样的资源。

世界上最大和最广泛使用的网络是互联网(internet)。互联网是全球范围内的"网中网",通过采用统一的标准把数以百万计的不同网络和全世界超过230个国家的近23亿用户连接起来。

互联网创造了一个全新的"统一"技术平台,基于这个平台可创建新产品、新服务、新战略和商业模式。同样的技术平台可在企业内部使用,把公司内部不同的系统和网络连接起来。基于互联网的企业内部网络称为内联网(intranet),企业内联网延伸到组织外部授权用户的专用网络被称为外联网(extranet),公司利用外联网可以来协调与其他公司之间的业务活动,如采购、协同设计和其他的跨组织的业务工作。对当今绝大多数企业而言,使用互联网技术既是企业所必需,又是一种竞争优势。

万维网(world wide web)是基于互联网的一项服务业务,使用公认的存储、检索、格式化,以及以网页的方式显示互联网信息的标准。网页包括文字、图形、动画、声音、视频,并和其他网页相连接。通过单击网页上高亮显示的文字或按钮,可以链接到相关的网页查找信息,也可以链接到网页上的其他网址。网站可以作为新型信息系统的基础。

所有这些技术,连同那些运行和管理它们的员工,代表了整个组织能共享的资源,组成了企业的信息技术基础设施(information technology infrastructure)。IT基础设施为企业提供了基础和平台,企业能基于其建立自己的信息系统。每个组织必须认真地设计和管理它的IT基础设施,以保证满足公司利用信息系统来完成工作所需要的技术服务。

4. 数据技术

数据技术(Data Technology,DT)与信息技术相对应,由阿里巴巴创始人马云在2014年首届世界互联网大会的演讲中正式提出。马云认为人类已经从IT时代走向DT时代,IT时代以自我控制、自我管理为主,而DT时代以服务大众、激发生产力为主,IT时代和DT时代的区别如图2-10所示。

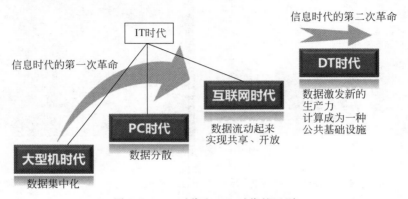

图 2-10　IT 时代和 DT 时代的区别

(资料来源:阿里数据经济研究中心,2015)

回溯 IT 的发展史,会发现数据的角色以及形态不断发生变革,而当前这种变革显得尤其明显。从第一台现代意义上的计算机的诞生到计算速度不断提高的大型计算机的出现,计算机最主要的目的是替代手工操作,数据以集中的方式保存在主机上;计算能力的继续提升、局域网技术的成熟以及个人微机处理能力的增强,使得客户机/服务器的计算架构成为主流,数据的存储和处理变得分散,服务器端与客户端都留存有数据;互联网的出现以及宽带网络的发展使得网络边界延展,数据的流动开始跨越企业边界,企业之间的共享开放成为可能。云技术、物联网和大数据技术的出现和兴起,使得数据可以随时获取、处理和展现,计算能力成为和电能一样的基础设施,数据成为像石油一样的资产,是推动生产力的核心资源。

DT 意味着信息技术的发展,终于有能力以低成本和可实现的形式还原、映射、记录和支撑商业世界的运行。DT 时代的技术基础并不是单一的某种技术,而是以云(计算)、大(数据)、智(智能化)、物(物联网)、移(移动互联网)为核心的技术群落,它们共同驱动了数据共享、开放和流动。从功能看,DT 包括数据收集、数据存储、数据清洗、数据预处理、数据挖掘,以及数据产品开发等,数据技术维度的具体内涵如表 2-6 所示。

表 2-6　数据技术维度的具体内涵

数据技术维度	具 体 内 涵
数据收集	根据系统自身的需求和用户的需要收集相关的数据
数据存储	数据以某种格式记录在计算机内部或外部存储介质上
数据清洗	发现并纠正数据文件中可识别的错误,包括检查数据一致性、处理无效值和缺失值等
数据预处理	为了提高数据分析的质量,在分析数据前对数据进行的一些简单处理,主要包括数据集成、数据变换、数据规约等
数据挖掘	从大量的数据中通过算法搜索隐藏于其中信息的过程

➤ 案例:缩短排队时间、提升用户体验——信息系统来拯救

一提到迪士尼乐园(见图 2-11),马上会使每一个小朋友都兴奋不已。迪士尼在世界各地的游乐园,都成为当地旅游的热门景点,但是如果告诉你在如此热门的地方,一个游乐设施可能需要排队的时间长达 240min,你的心情是否变得忧郁了?

图 2-11　迪士尼乐园

2015 年 5 月,位于上海浦东陆家嘴核心区的上海迪士尼旗舰店开业,这家号称全球最大的上海迪士尼旗舰店开业伊始,就吸引了逾千名粉丝前来排队,排队长龙蜿蜒近 2km,风

头盖过对面的东方明珠。由于排队人数实在太多,仅仅开门 26min 之后,店方就宣布"排队结束",让顾客择日再来。这种情况在迪士尼世界各地的游乐园区,更是司空见惯。

当人们来到奥兰多的迪士尼世界主题乐园,相信人们不会愿意排队等候。近几年,由于过长的排队等待时间和拥挤的餐厅及道路,每个游客在"神奇王国"能玩的平均项目只有 9 个。迪士尼管理层对这种排队现象深感不满,因此着手利用信息技术来改善。

迪士尼每年有超过 3000 万的游客,多数游客在家庭休假高峰期间如圣诞节、感恩节和暑假来到迪士尼。乐园的管理人员真心希望游客游玩快乐,同时,为了增加收入,乐园需要想办法让游客有更多的消费。此外,迪士尼如果能增加餐厅或商店容纳的平均游客数量,也会增加人均消费。

迪士尼运营指挥中心位于灰姑娘城堡下面,采用摄像机、公园数字地图和其他工具来监视现场拥堵情况,并及时形成解决拥堵的对策。该中心信息系统通过分析航空订票情况、宾馆预订和历史游客数据来设定每条游乐项目排队通道的人流量,此外卫星提供及时的气象分析报告。工作人员监视电视屏幕,上面显示的红色、黄色和绿色分别代表游乐项目的不同吸引力。例如,当监视器显示的加勒比海盗游乐项目的排队通道由绿色变成黄色时,运营指挥中心员工可以提醒现场管理人员多放些游船,或现场管理人员可以选择派出杰克船长或高飞表演,逗正在排队的游客开心。又如在飞越太空山游乐项目现场,视频游戏站也让正在排队的游客愉快地打发时间。如果当幻想世界游乐项目拥挤不堪而附近的明日世界游乐项目人流量较少时,运营指挥中心可派出所谓"移动!摇动!庆祝!"的小型游行队伍,以吸引游客按设定路线跟随进入不太拥挤的游乐项目所在区域。此外,指挥中心员工还监视餐厅是否要增加收银机,或者需要更多的接待人员给正在排队点餐的游客递菜单。总之,运营指挥中心通过使用信息技术改善了游客拥挤问题,把迪士尼世界乐园游客平均每天玩的游乐项目增加至 10 个。

乐园现在开始利用被称为"移动梦幻"的移动 App 更有效地引导游客,包括显示游乐设施的等候时间和如何找到迪士尼卡通人物,还显示达到游乐点的路线。

思考:

1. 信息系统在哪些方面帮助迪士尼改善了运营?

2. 迪士尼信息系统中用到了哪些信息技术和数据技术?公司在组织、管理方面需要有哪些变革措施?

3. 请结合迪士尼的案例,阐释对信息系统的内涵的认识。

2.2.2　企业中的信息系统

企业的运营离不开各种各样的信息系统,但是这些信息系统由谁负责操作?又由谁负责系统中硬件、软件及其他技术的正常运行和及时更新呢?终端用户从业务的角度管理系统,但是管理这些技术还需要专门的信息系统管理部门。

除了那些规模极小的企业,一般的企业都设有正式的信息系统部门(information system department),负责提供信息技术方面的服务。信息系统部门也负责企业信息技术基础设施的维护,包括硬件、软件、数据存储器和网络等设施。

1. 信息系统部门

信息系统部门中有各类专门人才,如程序员、系统分析员、项目主管和信息系统主管等。程序员(programmer)是接受过专门训练的技术人员,负责为计算机软件编写指令。系统分析员(systems analyst)主要负责信息系统与企业其他部门之间的沟通与交流。他们所做的系统分析工作是企业实践运行中的问题与需求翻译成信息化的需求,并通过系统功能加以实现。信息系统经理(information systems manager)是团队的领导者,其团队成员一般包括程序员、分析员、项目经理、设备管理员、通信管理员和数据库专员。信息系统主管同时还负责管理计算机操作员和数据录入员。此外,企业外部的专业人员,如硬件供应商和制造商、软件公司以及顾问等,也经常参与企业的日常运营和信息系统的长期规划。

许多企业的信息系统部门由首席信息官(Chief Information Officer,CIO)直接领导。首席信息官是企业高层管理人员,监管企业内信息技术的使用。今天的首席信息官需要强大的商业背景和丰富的信息系统知识,在把技术融入企业经营策略中发挥主动作用。如今一些大型企业还设有首席安全官、首席知识官和首席隐私官等职位,与首席信息官密切配合。

首席安全官(Chief Security Officer,CSO)主要负责企业的信息系统安全,以及企业信息系统安全政策的执行(有时候为了将信息系统安全与物理安全进行区分,首席安全官也可以称为首席信息安全官(Chief Information Security Officer,CISO))。首席安全官主要负责对用户和信息系统专业人员进行安全方面的教育和培训,警惕和防范管理中的安全威胁和安全故障,维护安全工具,执行和完善安全策略等。

信息系统安全与个人资料保护在企业运营中至关重要,因此那些涉及大量个人资料信息的企业设立了首席隐私官(Chief Privacy Officer,CPO)一职。首席隐私官主要负责企业贯彻落实与个人资料隐私相关的现行法律。

首席知识官(Chief Knowledge Officer,CKO)主要负责企业的知识管理项目。首席知识官帮助设计项目和系统,发掘新的知识来源或者更好地利用组织和管理方面的现有知识。

终端用户(end user)是信息系统团队之外的部门代表,他们也是应用程序开发的目标用户。这些用户在信息系统的设计和开发上发挥着越来越重要的作用。

计算机技术发展初期,信息系统团队的成员主要是程序员,他们从事的技术活动专业性很强,但十分有限。如今,信息团队中系统分析员和网络专业人员所占的比重越来越高,信息系统部门也成为推动企业变革的强大动力。信息系统部门提倡新的经营策略与信息化的产品和服务,协调企业技术发展与有计划变革之间的关系。

企业以前通常自己动手开发软件、管理计算机设备。而在今天,许多企业把这些工作交给专门的供应商去做,通过信息管理部门对这些供应商进行监督管理。

2. 信息系统部门的组织形式

公司有多种类型,公司内部信息技术管理部门也有多种组织形式。小规模的公司一般没有正式的信息系统团队,可能只有一名员工负责网络的维护和应用程序的运行,也可能会聘请顾问负责这方面的工作。规模较大的公司会有专门的信息系统部门,根据公司的性质和利益,其组织形式也会多种多样。

有的公司组织安排较为分散,各职能部门都有自己的信息系统部门,通常受高层管理人员或者首席信息官的领导。也就是说,市场部门、制造部门以及其他职能部门都有自己专门的信息系统团队,如图 2-12 所示。首席信息官的职责是审查各职能部门中信息技术的投资和决策。这种方式的优势在于,所用系统能直接满足各职能部门的业务需求。然而,由于各部门所使用的系统不一致,难以统一做出指导,安全性不高,增加了各部门采购设备的成本支出。

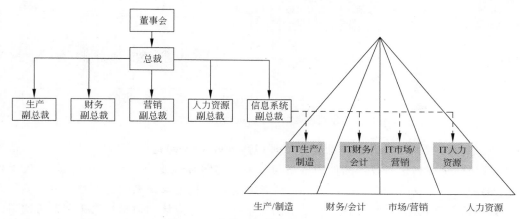

图 2-12 分散型的信息系统组织形式

还有另一种组织形式,信息系统部门作为独立的部门,同其他职能部门一样,也拥有大批员工、中层管理人员和高层管理人员,与其他部门共同利用公司资源,如图 2-13 所示。这种组织形式在大公司中较为常见。这一专门的信息系统部门为整个公司信息技术方面的决策提供支持,更易于开发出兼容性更高的系统,制订出连贯性更强的系统长期开发计划。

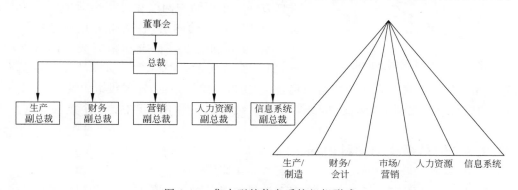

图 2-13 集中型的信息系统组织形式

像"财富 500 强"这样大规模的企业,拥有多个业务部门和产品线,企业可以允许每个业务部门(如消费类产品部门或者化学和添加剂类产品部门)拥有自己的信息系统团队。所有业务部门的信息系统团队都受到高层中央信息系统团队和首席信息官的领导,如图 2-14 所示。中央信息系统团队制定企业内的通用规则,统一采购技术设备,制订企业计算机平台更新的长期计划,通过各种形式将业务部门的独立性和企业集中化管理有机结合起来。

企业信息系统功能的集中化程度应该有多高?应赋予信息系统管理层和业务管理层多大的权力,来决定使用什么样的系统以及如何管理这些系统?每个企业都会有自己的答案。

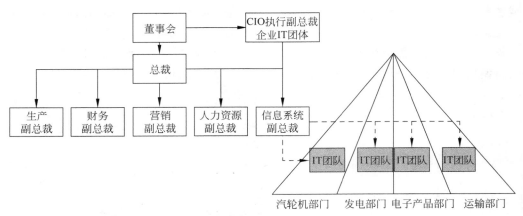

图 2-14 分散与集中相结合的信息系统组织形式

信息系统部门的组织形式属于信息技术治理(IT governance)这一更大问题的范畴。信息技术治理包括企业内信息技术的使用策略与政策。它明确说明决策权和问责框架,确保信息技术的使用能够支持企业的战略目标。应该制定什么样的决策来确保新技术的有效管理和使用(包括信息技术投资的回报)?谁来制定这些决策?应该如何根据决策并监督决策的执行?信息技术治理水平较高的企业会对这些问题进行认真思考。

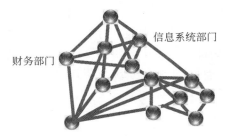

图 2-15 组织结构网络化

随着外部环境的不断变化,组织的形态也在不断演进,其定义变得越来越模糊,范围也越来越灵活,网络化的组织结构随之诞生。网络组织是数字技术发展到一定阶段的产物,也是未来组织的一个发展方向。组织结构网络化是指企业中的多个部门组合成相互合作的网络,各网络节点通过密集的多边联系、互利和交互式的合作来完成共同追求的目标,如图 2-15 所示。网络组织的成员具有强弱不等的、像网络一样由各种联系纽带的组织集合,它比市场组织稳定,比层级组织灵活,是介于市场组织和层级组织之间的新型组织形式,信息系统部门在网络组织中是一个重要节点。

2.2.3 信息系统的学科内涵

从学科的角度看,信息系统是一个多个学科交叉的学科。信息系统的研究是一个多学科领域,没有单一的主导理论,也不存在唯一的研究视角。图 2-16 是对其中的主要学科进

图 2-16 信息系统的学科内涵

行的罗列。这些学科各有贡献,丰富了相关研究的问题域、思路和解决方案。总体而言,信息系统的研究方法可以分为技术和行为两类。信息系统虽然基于机器、设备等"硬性"的实体技术,但其效用的发挥却离不开社会、组织及知识方面的大量投入。因此,信息系统是一个社会-技术系统。

1. 技术方法

信息系统研究的技术方法强调数据模型的应用,侧重信息系统的实体技术机器理论功能的研究,涉及的学科领域包括计算机科学、管理科学和运筹学。

其中,计算机科学关注构建相关的可计算性理论和计算方法,发展高效的数据存储及方法方式;管理科学着眼于决策及管理模型的开发;运筹学的研究则致力于应用数据技巧来优化特定的组织行为(如运输、仓储控制、交易成本等)。

2. 行为方法

在信息系统的开发和长期维护工作中,人们常会遇到一些行为方面的问题,例如战略性业务整合、设计、实施、应用和管理等。这些问题是信息系统研究的重要组成部分,而技术方法给出的研究模型却无法解答。行为科学在这一方面为信息系统的研究提供了重要的概念和方法。

例如,社会学关注团体和组织对信息系统开发的影响,以及信息系统的应用对个人、团队和组织的作用;心理学家从决策者形成信息系统的认知及信息系统应用行为入手进行研究;经济学家则着眼于理解数据产品的生产、数据子市场的运行原理以及信息系统对企业控制与成本结构产业内的影响。

采用行为方法进行研究并不意味着对技术维度的忽略;实际上,与信息系统相关的行为问题通常都是由技术问题引发的。行为方法只不过是将研究中心放在了由技术所带来的态度、行为以及企业的管理与组织政策的变化方面,而非单一着眼于技术层面的解决方案。

值得注意的是,随着近几年数据处理技术的快速发展,统计科学的作用显得越来越重要。大数据应用的主要价值是通过对历史数据的分析和挖掘,科学总结和发现其中所蕴含的规律和模式,并结合源源不断的动态数据去预测事物未来的发展趋势。在大数据时代,对统计学而言既是机遇,也是挑战。机遇在于大数据的分析主要建立在统计学的基础上对数据进行处理、分析,从而使得大数据"可视化",而挑战在于,大数据不是基于人工设计、借助传统方法而获得的有限、固定、不连续、不可扩充的结构型数据,而是基于现代信息技术与工具可以自动记录、存储和连续扩充的、大大超出传统记录与存储能力的一切类型的数据,这就要求统计学改变传统的统计分析思维方式,从数据获取、处理、分析方面找到更合适的统计方法。

3. 社会-技术系统

本书的论述以信息系统为中心,围绕下列4类对象展开:技术专家(硬件与软件的提供者)、想从技术中获益的商业组织(技术的投资者、使用者)、管理人员与工人(企业的商业价值及其他目标的实现者)、企业所处的大环境(当代的法律、社会及文化背景)。

20世纪70年代,随着基于计算机的信息系统在企业和政府机构中的应用,信息系统研究逐渐兴起。信息系统旨在为现实问题提供系统化解决方案并为信息技术资源提供管理,是一门结合了计算机科学、管理科学以及运筹学的应用学科。信息系统也关注同信息系统的开发、应用及影响相关的行为方面的议题,并以社会学、经济学和心理学的视角加以探讨。

就人们在信息系统研究与实践中的经验而言,任何单一的方法都无法全面概括信息系统的实质。信息系统应用的成功与否几乎都是由技术和行为者共同决定的。因此,建议学习者对所涉及的各个学科的视角、方法都能有所了解;事实上,信息系统研究的挑战和有趣之处,正在于它要求人们对诸多互不相同的研究思路做到兼收并蓄。

本书将采用技术-社会观点(socio-technical view),即对生产过程汇总所涉及的社会系统、技术系统同时加以考虑,以实现组织表现的最优化。

社会-技术观点有助于避免将信息系统问题纯粹技术化,例如,虽然信息技术的成本循序降低,功能不断完善,却不会必然或轻易地转变为企业生产率或者最终盈利的提升;又如,企业虽然为各部门安装财务报告系统,却不一定能有效地加以利用。同理,企业引入新的作业程序和业务流程时,如果未能配置相应的信息系统,员工的效率也不一定能提高。

2.2.4　信息系统与数据科学的关系

信息系统与数据科学之间的关系非常紧密,虽然两者有各自的内涵,但是两者正在相互融合。

1. 数据科学的内涵

数据科学(Data Science,DS)是近年来迅速兴起的一门学科,是一门关于数据的科学。1974 年,著名计算机科学家、图灵奖获得者 Peter Naur 在其著作 *Concise Survey of Computer Methods* 的前言中首次明确地提出了数据科学的概念:数据科学是一门基于数据处理的科学。在 Peter Naur 提出数据科学的概念之后,数据科学经历了一段相当漫长的沉默期,直到 2001 年贝尔实验室的 Cleveland 发表论文 *Data Science：an Action Plan for Expanding the Technical Areas of the Field of Statistics*,主张数据科学是统计学的一个重要研究方向,数据科学才再次受到统计学领域的关注。2013 年,Mattmann 和 Dhar 从计算机科学和技术视角讨论了数据科学的内涵,使数据科学被纳入计算机科学与技术专业的研究范畴。然而,数据科学被更多人关注是因为后来发生了 3 个标志性的事件：D. J. Patil 和 T. H. Davenport 于 2012 年在 Harvard Business Review 上发表论文 *Data scientist：the sexiest job for the 21st century*,引发了产业界对数据科学的广泛关注;2012 年,大数据思维首次应用于美国总统大选,准确预测奥巴马成功连任;美国白宫于 2015 年首次设立数据科学家的岗位,并聘请 D. J. Patil 作为白宫第一任数据科学家。

2010 年,Drew Conway 提出了第一张揭示数据科学的学科地位的维恩图——数据科学维恩图(The Data Science Venn Diagram),如图 2-17 所示,首次明确探讨了数据科学的学科定位问题。在他看来,数据科学处于统计学、机器学习和领域知识的交叉处。后来,很多学者在 Drew Conway 工作的基础上提出了诸多修正或改进版本的维恩图,甚至形成了数据科学维

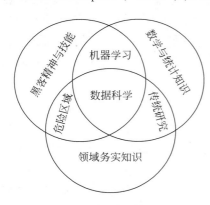

图 2-17　Drew Conway 数据
科学维恩图

恩图之争,详情可参看 David Taylor 的论文 *Battle of the Data Science Venn Diagrams*。这些工作对理解数据科学的定位有重要的作用。

从 Drew Conway 绘制的数据科学维恩图可以看出,数据科学位于统计学、机器学习和某一领域知识的交叉处,具备较为显著的交叉型学科的特点,即数据科学是一门以统计学、机器学习和领域知识为理论基础的新兴学科;同时,数据科学家需要具备数学与统计学知识、领域务实知识和黑客精神,说明数据科学不仅需要理论知识和实践经验,还涉及黑客精神,即数据科学具备 3 个基本要素:理论(数学与统计学)、实践(领域实务)和精神(黑客精神)。

从知识体系看,数据科学主要以统计学、机器学习、数据可视化以及领域知识为理论基础,其主要研究内容包括基础理论、数据加工、数据计算、数据管理、数据分析和数据产品开发,如图 2-18 所示。

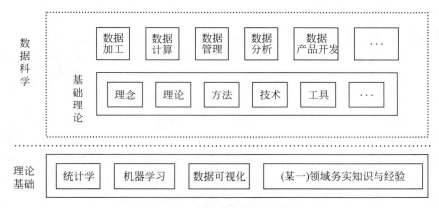

图 2-18 数据科学的知识体系

(1)基础理论:主要包括数据科学中的新理念、理论、方法、技术及工具,以及数据科学的研究目的、理论基础、研究内容、基本流程、主要原则、典型应用、人才培养、项目管理等。需要特别提醒的是,"基础理论"与"理论基础"是两个不同的概念。数据科学的"基础理论"在数据科学的研究边界之内;而其"理论基础"在数据科学的研究边界之外,是数据科学的理论依据和来源。

(2)数据加工(data wrangling/munging)数据科学中关注的新问题之一。为了提升数据质量、降低数据计算的复杂度、减少数据计算量并提升数据处理的精准度,数据科学项目需要对原始数据进行一定的加工处理工作:数据审计、数据清洗、数据变换、数据集成、数据脱敏、数据归约和数据标注等。值得一提的是,与传统数据处理不同,数据科学中的数据加工更强调数据处理中的增值过程,即如何将数据科学家的创造性设计、批判性思考和好奇性提问融入数据的加工活动中。

(3)数据计算:在数据科学中,计算模式发生了根本性的变化,从集中式计算、分布式计算、网格计算等传统计算过渡至云计算。比较有代表性的是 Google 三大云计算技术(GFS、Big Table 和 Map Reduce)、Hadoop Map Reduce、Spark 和 YARN。计算模式的变化意味着数据科学中所关注的数据计算的主要瓶颈、主要矛盾和思维模式发生了根本性变化。

（4）数据管理：在完成"数据加工"和"数据计算"之后，还需要对数据进行管理与维护，以便进行(再次进行)"数据分析"以及数据的再利用和长久存储。在数据科学中，数据管理方法与技术也发生了重要变革，不仅包括传统关系型数据库，还出现了一些新兴数据管理技术，如 NoSQL、NewSQL 技术和关系云等。

（5）数据分析：数据科学中采用的数据分析方法具有较为明显的专业性，通常以开源工具为主，与传统数据分析有着较为显著的差异。目前，R 语言和 Python 语言已成为数据科学家应用较为普遍的数据分析工具。

（6）数据产品开发："数据产品"在数据科学中具有特殊的含义，是基于数据开发的产品的统称。数据产品开发是数据科学的主要研究使命之一，也是数据科学与其他科学的重要区别。与传统产品开发不同，数据产品开发具有以数据为中心、多样性、层次性和增值性等特征。数据产品开发能力也是数据科学家的主要竞争力之源。因此，数据科学的学习目的之一是提升自己的数据产品开发能力。

2. 信息系统与数据科学的融合

数据科学是以数据研究为核心的理论方法，为自然科学和社会科学研究数据提供指导，能够从数据中提取知识。其起源最早可以追溯到 1960 年，数据科学一词由 P. Naur 作为计算机科学的替代术语而被首次提出，此后数据分析逐渐进入组织的决策支持和流程中。到 20 世纪 90 年代初，数据挖掘诞生并迅速应用于各个业务领域，与此同时，运用行为和交易数据进行解释及预测的工具也随之迅速增加，充分显示了在决策支持的过程中，数据发挥了显著的支持作用。同时，由于数据分析的需求增长与复杂度加剧，数据科学逐渐进入研究者的视野。1996 年，国际分类学联合会 IFCS（International Federation of Classification Societies）会议在东京召开，会上首次在会议名称（data science, classification, and related methods）中正式使用数据科学这一术语，之后，关于数据科学的跨学科研究逐渐取得较大进展。

大数据的发展促进了科学研究的新范式，使得传统数据处理事务、管理的视角、过程和方法都发生了显著的变化。具体来说，有 4 方面的挑战：①大数据的体量需要提高知识处理能力；②大数据的多态性需要数据或知识能适应数据类型的变化；③大数据的价值呼吁有效的数据反冗余分类机制；④大数据的速率要求实时的数据生成模型。

作为一门学科或方法，数据科学正是要解决上述数据的广泛性和多样性问题。数据科学人才需要具有 3 方面的特征：①具有从巨大和多样化的数据集中收集、处理和提取价值的技能；②能想象性地理解，可视化数据并将他们的发现传达给非数据科学家；③能够创建数据驱动的解决方案，提高利润，降低业务运营成本。

大数据让人们以一种前所未有的方式，通过对海量数据进行分析，获取巨大价值的产品和服务。大数据突破传统的结构化数据分析，通过对半结构化和非结构化数据分析从而获得意想不到的效果，因此大数据对于风险管理事务的影响是巨大的。大数据本质上是"一场管理革命"，基于大数据的决策不能仅凭经验，而需要"拿数据说话"。大数据能够真正发挥作用，要改善人们的管理模式，需要管理方式和架构与大数据技术工具相适应。

大数据确实给人们的生活带来了方方面面的影响，也影响着管理信息系统的发展。同时，大数据信息概念、技术和方法给信息系统的创新和应用增添了新的视角，对信息系统的数据处理流程和相关基本构成都产生了积极的推动作用。

2.3 发现信息系统的力量

信息系统对企业运营产生了巨大的影响,这种影响体现在多个方面,包括支持业务流程和企业运营,支持企业创新和支持企业的竞争战略等,而且随着新的技术不断被应用到企业去应对商业挑战,信息系统的作用越来越重要。本节将从多方面阐述信息系统的力量。

2.3.1 信息系统的作用

信息系统在企业发展过程中扮演的角色越来越重要。在许多行业,没有信息系统的广泛应用,企业的存在和发展都是难以想象的。总体来说,信息系统对企业的作用可以归纳为3个层面:支持业务流程和企业运营、支持企业创新、支持企业的竞争战略。

1. 支持业务流程和企业运营

信息系统处理的基本对象就是数据和信息。从概念来说,数据是对现象的原始事实或者观测结果的描述。例如汽车的载重量、产品的价格等。信息是在特定的环境中有意义的数据。例如,当人们决定给汽车装多少货物时,汽车的载重量就成为信息。

现代信息技术的一个最重要特征就是有非常强的信息处理能力,世界上运算速度最快的超级计算机已达每秒几十亿亿次,而企业的运行每时每刻都面临着大量的信息需要进行处理。所以,信息系统在企业中的广泛应用就极大地提高了企业信息处理能力,进而显著提升了企业的生产经营效率。

可以看到,几乎每一家企业都在运用信息系统来支持完成生产经营活动。例如,连锁零售企业运用信息系统来完成收银业务、了解库存水平、自动补货等;生产制造企业利用信息系统来帮助确定生产计划、物料计划以及订货计划,并且可以通过电子数据交换来订购货物,他们还利用信息系统来帮助设计产品和控制生产活动;银行等金融机构通过信息系统来完成存取款和信贷业务,并且利用工作组软件来帮助信息在组织内部自动流动;网上商店利用信息系统来进行网上销售和配送。政府、学校和其他的组织也广泛使用信息系统帮助他们管理组织内部的信息,更好地完成组织的业务活动。

2. 支持企业创新

世界著名的管理学家彼得·德鲁克曾经说过:"企业经营最基本的,也是赖以生存的两个功能是市场营销和创新。"在越来越激烈的市场竞争中,企业只有依靠不断进行产品和服务的创新才能立于不败之地。信息技术成为现代企业创新的引擎。

人们也越来越认识到信息化和信息技术不再只是简单的公文流转和办公效率的提升,更重要的是,信息技术能促进企业的创新。因此,人们在谈到信息技术时不可避免地要谈到创新,随着信息技术的发展以及互联网的变革,超级计算力的普遍应用以及资源整合所带来的巨大力量将为企业创新带来良好的发展机遇。

3. 支持企业的竞争战略

随着信息系统与企业结合越来越紧密,一个企业能否实现可持续健康发展很大程度上依赖于它的信息系统。也就是说,信息系统在企业中已经不再扮演辅助的角色,在企业中的战略作用不断增强,很大程度上决定了企业的竞争能力。

2.3.2　信息系统产生影响的原理

以互联网为代表的信息技术之所以成为当今世界的颠覆性技术,是因为它同时具规模经济效应、范围经济效应、梅特卡夫效应和双边市场效应。不仅因为它一应俱全,赋予IT行业企业超越传统企业的可能性,而且因为这些效应在互联网所创造的虚拟空间中被放大到前所未有的地步。以下通过介绍这4种效应理解信息技术产生影响的原因。

1．规模经济效应

在商业活动中,很多企业追求规模经济效应——通过规模的扩张,尽可能地放大企业核心资产或者人力资源的效益。规模经济效应(economies of scale)是指当生产或经销某一产品的单一经营单位因规模扩大而减少了生产或经销的单位成本而导致的经济效益。

规模效益取决于成本结构。产品的总成本由固定成本和可变成本组成,固定成本的比重越大,规模经济效益就有可能发挥得越好。什么是固定成本?顾名思义,不随产品数量变化的成本,例如厂房、设备、办公楼、信息技术设备;可变成本则是与产量密切相关的成本,如原材料、能源和人工费用等。规模经济效益来自分摊到每单位产品上的固定成本的下降。不难验证,固定成本占总成本的比重越高,规模经济效益越好。固定成本占总成本的比重越高,单位成本随产量增加而下降的幅度越大,这也是为什么资本密集的钢铁、水泥、重型机械、重化工、汽车、家电等行业中,大型企业居于主导地位。这些行业的固定资产动辄几十亿、几百亿,甚至上千亿,只有产量达到一定规模,才足以分摊固定成本,实现盈亏平衡,产量一旦超过盈亏平衡点,大企业的利润迅速增加。相比而言,餐饮、零售等行业不需要多少固定资产投资,房屋店面都不必自己拥有,租用即可,因而对经营规模的要求比较低,小餐馆、小商店遍地开花,小本生意也可赢利。

规模经济效益的另一表达含义是边际成本递减,即产量越大,新增1单位产出的成本越低,第 $N+1$ 吨钢的成本低于第 N 吨钢,第 $N+2$ 吨又低于第 $N+1$ 吨,以此类推。边际成本递减意味着边际收益递增,产量越大,新增1单位产出的收益越高。互联网和钢铁、汽车等传统行业一样,具有明显的规模经济效益,网站一旦建成,办公楼、服务器、系统软件、水电费,甚至维护和更新网站的人员薪资都是固定成本,因为这些成本与互联网公司的产出无关。互联网公司的产出是它卖出的电子游戏、电子书、电子支付、订餐、电视等商品和服务,销售量在很大程度上取决于网上的客户数,而网上新增加1个客户的成本不仅是递减的,而且实际上很可能接近于0。

互联网的规模效应和钢铁厂没有本质的区别,只不过它的边际成本更低,规模经济效益更为显著。钢铁厂增加1吨的产量,还有矿石的成本、运输的费用和冶炼1吨钢的能源消耗,而在网站上增加1个客户的成本几乎为零。

边际成本为零,是否意味着消费不要钱?事实上大多数网站的确是免费的,而且根据一个著名的经济学定理,最优市场价格应该等于边际成本,既然边际成本等于0,价格也应该等于0,这样不仅企业的利润增加而且社会福利也最大化了。于是人们开始憧憬未来的美好社会,近年来大热的"共享经济"也与此有关。

2. 范围经济效应

范围经济效应（economies of scope）是指由厂商的范围而非规模带来的经济，即当同时生产两种产品的费用低于分别生产每种产品所需成本的总和时，所产生的效应就被称为范围经济效应。只要把两种或更多的产品合并在一起生产比分开生产的成本低，就会存在范围经济效应。规模经济效益与范围经济效应有很大的差异，主要体现在以下3方面。

1）规模经济与范围经济的含义

规模经济是指在一个给定的技术水平上，随着规模扩大、产出的增加，导致平均成本（单位产出成本）逐步下降。范围经济是指在同一核心专长，导致各项活动的多样化，多项活动共享一种核心专长，从而导致各项活动费用的降低和经济效益的提高。

2）内部规模经济与内部范围经济

内部规模经济是指随着产量的增加，企业的长期平均成本下降；内部范围经济是指随着产品品种的增加，企业长期平均成本下降。

3）外部规模经济与外部范围经济

外部规模经济是指在同一个地方同行业企业的增加，多个同行企业共享当地的辅助性生产、共同的基础设施与服务、劳动力供给与培训所带来的成本的节约。外部范围经济是指在同一个地方，单个企业生产活动专业化，多个企业分工协作，组成地方生产系统。外部经济是通过企业之间的分工与协作、交流与沟通引起成本的节约。

在信息技术产业中，范围经济更能加强企业的竞争优势，其重要性甚至大于规模经济，扩大范围经济之所以能产生经济效应，主要有以下4方面的原因。

（1）合成效应。同一个厂商进行多品种生产，在研发、生产、销售等方面的成本比分别生产要低。

（2）内部市场。多产品企业可以在更大程度上利用企业内部合理配置资金和人力资源，以代替市场机制。

（3）减少经营风险。对关联的多元化生产而言，企业将从产业生态环境中受益，从而增强抗风险能力，但是无关联的多元化对企业也可能构成发展陷阱。

（4）扩大发展空间。在单一产品上企业的发展空间是有限的，面临着来自市场和法律的限制，因此多产品经营是企业扩大经营空间的要求。

范围经济不仅存在于信息技术产业内部，在经济发展史上有许多范围经济发挥作用的案例。20世纪70年代，宽阔的产品线给美国著名的履带式拖拉机制造公司Caterpillar带来了强有力的竞争优势。在这一行业中，只有该公司有能力将产品开发、制造和销售过程中的管理费用全部消化掉，也只有该公司无须为满足顾客的特殊需求而向其他制造商借用设备，并且只有该公司的生产能力能保证在24小时内将任何零部件送达任何顾客。

范围经济给Caterpillar公司带来了强有力的竞争优势，使产品线较窄的竞争对手Komatsu等公司根本无力与之竞争。但Caterpillar的竞争优势并不是永远无法打破的。敏捷制造方式被引入制造业之后，履带式拖拉机制造行业在设计、装配方面的固定成本大大降低。Komatsu公司无须在现有厂房、设备、存货等方面做很大的改进就能生产出更多不同型号的产品。此外，如今的空运服务已实现隔日送达，这使Komatsu的经销商无须为对抗Caterpillar的24小时送达服务而库存大量不同型号的零部件。Komatsu等公司反而因为各种外包服务而降低了成本，重新获得了竞争优势。

因此,在注重范围经济给企业带来竞争优势的同时,必须考虑何种方式的"大而全""小而全"才是经济的,不顾行业变迁和技术进步往往并不能给企业带来竞争优势。在实际应用过程中,必须研究供给方的范围经济和需求方的范围经济。

3. 梅特卡夫效应

除了上面介绍的规模经济效应和范围经济效应,信息技术和网络还具有独特的梅特卡夫效应。梅特卡夫效应(Metcalfe's law)是一个关于网络的价值和网络技术发展的定律,由乔治·吉尔德于1993年提出,为了纪念计算机网络先驱3COM公司的创始人罗伯特·梅特卡夫而以其命名。梅特卡夫效应的主要内容是:一个网络的价值等于该网络内的节点数的平方,而且该网络的价值与联网的用户数的平方成正比。由此可知,一个网络的用户数目越多,那么整个网络和该网络内的每个节点的价值也就越大,这就是梅特卡夫效应。

鉴于梅特卡夫效应是理解各类互联网商业模式的关键,可以借助一个简单的概念模型,推导出梅特卡夫效应。与成本结构决定的规模经济效应和范围经济效应不同,梅特卡夫效应源自网络用户之间的互动。

假设一家电话公司投资9元,a、b两人之间有一条电话线,两人每月的通话费为10元,公司的利润为1元。在这里略去除投资之外的所有成本,以便尽可能地保持分析的简洁。如果公司想扩大经营规模和经营收入,决定增加b和c之间的一条线,b和c的通话将给公司带来10元的收入。公司的收入翻番至20元,但成本也翻番到18元,利润2元,都是同幅度线性增长。如果公司想进一步扩大规模,是否要投资再建新线呢?不一定。公司这个时候发现,可以利用两条线路实现a、b和c之间的通信,而不需要增加新的线路。公司只需在节点b安装一台电话交换机,当a和b通话时,交换机阻断来自c的呼叫,以避免干扰a和b,当a和c的讲话结束后,交换机再连接c和a。公司以两条线路的成本18元,产生3倍也就是30元的收入,如果忽略交换机的成本,利润为$30-18=12$元。换句话说,当节点数从2增加到3,也就是增加了50%,收入和利润分别涨了3倍和12倍。这一现象在经济学中被称为边际收益递增,意思是每一新增节点的收益不断上升。即使电话交换机是有成本的,也比建一条a到c的线路要小得多,不会因此颠覆边际收益递增的结论。

继续这一推理,电话公司再增加一条从c到d的线路,三条线可以使6对客户通话,即ab、ac、ad、bc、bd、cd(如图2-19所示),公司的收入增加$(60-30)/30=100\%$,而成本只增加$(27-18)/18=50\%$,边际收益递增的特征就是收入上涨得比成本更快。

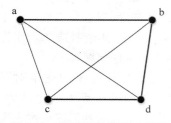

图2-19 电话公司线路示意图

推而广之,如果有$N-1$条线连接第N个客户呢?在这N个人中,两两通话的可能性有多少?这是一个组合问题,有$N\times(N-1)/2$种可能。如果$N=10$则有45对节点通话,当$N=100$时,两人组合的数目达到4950,即电话线路增加10倍,而话费收入增加$(4950-45)/45=110$倍。电话公司的收入或者网络的价值随用户数呈指数增长,这个关系被称为梅特卡夫定理,表示如下:

$$V_M = k_1 \times N^2 \tag{2-1}$$

其中,V_M代表具有梅特卡夫效应的网络价值;k_1是一个常数;N是网络节点或网络用户数。在运用式(2-1)时需要注意的另一点是,用户数的增加并不自动增加网络的价值,V_M

仅给出一个网络的理论或潜在价值,而不是市场上的实际价值。网络的市场价值取决于用户之间互动的活跃程度、互动产生的交易,以及互联网公司从互动和交易中获得的收益,例如广告费或交易佣金。

如果互联网的特征就是梅特卡夫效应,这一效应却并非互联网所独有,铁路网或公路网同样具备梅特卡夫效应。可以把图 2-19 的网络想象成铁路网,不必修筑 a 到 c 的直接线路,从 a 经 b 到 c,即可将货物或旅客从 a 运送到 c,需要增加的仅是 b 上扳道岔的设施和工人,将列车从 ab 段导入 bc 段,或者在 ab 段上有车时,设定从 c 发出列车的时间,防止出现撞车事故。铁路上的道岔相当于电话网络中的交换机,与电话网络不同的是,火车行驶需要时间,当 ab 段被占用时,从 c 到 a 的列车不能通过,必须在某地等候错车,而从 a 到 b 的电话信号可瞬间到达,只要 a 和 b 挂上电话,c 就可以和 a 或者 b 通话。列车行驶需要时间,弱化了铁路的梅特卡夫效应,但这只是量的差别,并没有从根本上改变一个事实:铁路的商业收益比线路建设成本增加得更快,铁路的边际收益也是递增的。通信网络的特点在于 a 和 c 的连接不影响或很少影响其他节点,使用交换机即可实现多个用户之间的电话信号在一条线上的同时传输,互联网甚至不用交换机就能做到这一点,因而它的梅特卡夫效应比电话网络更强,尽管性质上并没有根本的不同。

并不是所有的互联网公司都具有梅特卡夫效应,这个强大的效应产生于节点间活跃的互动。对于某一类网络,互动仅发生在不同类别的用户之间,例如淘宝和天猫平台上,互动和交易仅在供应商和消费者之间进行,供应商和供应商之间鲜有交易,消费者和消费者老死不相往来,这类互联网平台的价值源于供应方和需求方的相互吸引和相互促进,人们称为双边市场效应。

4. 双边市场效应

双边市场效应就是描述不同类型用户之间正反馈交互所创造的价值。请注意"不同类型用户"的限定,这意味着同类用户之间没有互动,双边市场效应因此弱于梅特卡夫效应。

优步(Uber)等出租车服务平台具有很强的双边市场效应,打车的需求越高,司机的预期收入越高,就有更多的司机加入优步网约车的行列。另外,司机和车辆多,打车就越方便,并且随着供给的增加,价格会越来越低,于是会吸引更多的消费者。

和梅特卡夫效应一样,双边市场效应不是互联网所特有的,甚至不是网络所特有的。实际上,任何一个市场(如浙江义乌小商品市场)都可以看到供给和需求的相互促进。采购者愿意去义乌,因为那里有琳琅满目的小商品可供选择。生产厂家愿意在义乌设点,因为那里有来自全国甚至全世界的众多采购者。就供给和需求之间的良性循环而言,义乌和优步没有本质的区别,只不过前者的规模受到物理空间的限制,而后者在互联网虚拟空间中似乎有着无限的潜力。

学会区分双边市场效应和梅特卡夫效应是重要的,在双边市场中,并非任意两个节点都可能产生交互。在大多数情况下,同类用户无交互,如图 2-20 所示,约车平台上的司机(供应商)b_1 和 b_2 之间素不相

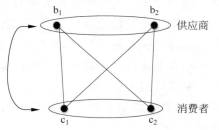

图 2-20　双边市场示意图

识,打车人(消费者)c_1 和 c_2 素昧平生。4 个节点只有 4 对可能的互动,即 b_1c_1、b_1c_2、b_2c_1、b_2c_2,同样 4 个节点有 6 对可能的互动。由此可以清晰地从网络结构以及交互的丰富程度上看出梅特卡夫效应和双边市场效应的差别。在互联网的商业模式中,用户分为两大类是常见的现象。

爱彼迎(Airbnb)平台上有房东和房客两大类,美团外卖用户分为餐馆和消费者,天涯社区上有写手和读者,优步和滴滴平台上的用户分为司机和乘客。用户不分类别的是社交平台,节点互动线显然较双边市场密集,对于同样的用户数,社交平台的理论价值也高于双边市场。那么,应该怎样计算双边市场的网络价值呢?如果 1 个消费者从所有 M 个供应商那里购买产品,也就是有 M 个交易,2 个消费者就存在 $2M$ 个交易的可能,N 个消费者和 M 个供应商可能的交易有 $M \times N$ 个,如果平台能对每一笔交易收取佣金,则平台的收入或价值可表达为

$$V_P = k_2 \times M \times N \qquad\qquad (2\text{-}2)$$

式中,k_2 是一个常数;M 是供应商数量;N 是消费者人数;V_P 是双边市场平台的理论或潜在价值。从这里往后,用 N 代表网络中的消费者节点数,除非另作说明,读者可以近似地认为 N 就是网络节点数。准确地讲,节点总数等于 $N + M$,只是因供应商数量 M 和 N 相比,是一个小到不影响基本结论的数字。

不难看出,双边市场交易平台的价值远低于社交网络,因为在一般情况下,M 远小于 N,例如淘宝网上约有 1000 万商家和 4 亿活跃用户,根据式(2-2)可估算淘宝网的理论价值在千万亿级;而微信有 10 亿用户,根据式(2-1)可估算它的价值在 100 亿亿级,理论上为淘宝网的 250 倍。互联网的价值强度是用维数或阶数衡量的,梅特卡夫效应是用户数 N 的平方函数,而双边市场效应是用户数 N 的线性函数,由此推论梅特卡夫效应比双边市场效应在理论上高一维或高一阶。

5. 信息技术标准化及其产生的规模效应

信息技术标准化可有效降低产品成本,促进规模效应。从生产方面看,技术标准规定了产品的质量要求,可以促使企业在生产过程中提高产品的合格率,稳定产品结构,杜绝不必要的原材料浪费,减少生产过程的不确定性,降低库存成本与生产成本,形成规模经济。此外,信息技术标准化还能够改善生产工艺,促进新技术的应用和专业化水平的提高,在提高产品质量的同时,提高企业的生产效率。

从用户需求角度看,采用标准化的信息技术有助于创造规模需求。标准化的信息技术可以让用户使用不同的兼容产品,降低用户使用多种产品的成本,促进企业之间的竞争,从而防止市场上的强势企业形成垄断地位。而且使用成本的降低,可以进一步促进用户的需求。德国标准化协会在 2001 年出版的一本公报中指出,德国国民经济增长总量的三分之一是由标准化创造的,可见标准化工作的确能带来巨大的经济效益。从管理角度看,企业按照一定的业务标准和管理标准实施内部控制也有助于提高组织效率。

➤ 思考题:

1. 请列举出你所了解的能够反映范围经济效应、梅特卡夫效应和双边市场效应的现象。

2. 请根据你列出的现象,分析梅特卡夫效应和双边市场效应的区别。

2.3.3　信息技术与信息系统带来的消极影响

任何事物都有两面性,信息系统也不例外。信息系统在带来巨大的价值的同时,也夹杂着一些负面影响,主要表现为信息泛滥、信息污染、信息犯罪、不良信息和信息滥用。

1. 信息泛滥

所谓信息泛滥,是指社会信息总量急剧上涨,甚至超过了人的信息处理能力,使人们承受着过度的信息冲击,感到强大的心理压力。当前,面对一个信息爆炸的时代,人们真正感到了为信息所驱使、所淹没的苦恼。今天一份《纽约对报》比17世纪一个普通英国人的一生的信息量还多,可用的信息平均4年就增加一倍,各种资料信息、数据排山倒海般地涌来。面对读也读不完的书,看也看不完的报,没完没了的电视节目、电视广告、网络信息,人们开始尝到信息过量、信息泛滥的滋味。

信息泛滥产生了批量的信息痴迷者,人们在无力消化的信息面前感到无能为力,在浩瀚的信息面前感到恐慌和精神焦虑,也感到自我的渺小,害怕在如潮的信息中被这个多变的时代所遗弃。英国路透社的一家公司对1300名欧洲企业经理进行调查,有40%以上的被调查者承认,由于每天要处理的信息超过他们的分析和处理能力,使他们的决策效率受影响。他们认为目前收集信息所耗费的成本已超过了信息本身的价值;而许多企业花费昂贵代价建立起来的数据库只有7%真正派上用场。在英国由于信息泛滥导致的工作率下降,每年要浪费3000万个工作日,折算下来相当于30多亿美元的经济损失。

2. 信息污染

信息污染是指媒介信息中混入了有害性、欺骗性、误导性的信息元素,或者媒介信息中含有的有毒、有害的信息元素超过传播标准或道德底线,对传播生态、信息资源以及人类身心健康造成破坏、损害或其他不良影响。从更深层次讲,信息污染也是对有利、有用信息传播、接收、处理和使用的干扰,直接影响有利、有用信息传播的速度与效率,增加人们对信息筛选、判断、甄别的难度,从而也降低了准确使用有利、有用信息的效果。

信息污染体现在人们社会生产生活的各方面。在信息社会的政治、经济、文化、教育及人们的日常生活中都存在着许多虚假、冗余、过剩、老化、淫秽等不良信息,影响了人们对有用信息的吸收利用,甚至造成危害和损失。信息污染的表现形式多种多样。信息超载、信息失实、信息过时、信息重复、信息堵塞、信息错位、信息干扰、信息无序、信息病毒等都可以归结为信息污染的体现。

3. 信息犯罪

信息犯罪是信息社会中一种新的犯罪类型,它一般是指以信息资源为犯罪对象或以信息科学、信息技术为犯罪手段,故意实施的有严重社会危害性的行为。由于计算机或网络是最重要的信息存储和传输系统,它既与信息资源密不可分,又与信息科学、信息技术紧密相连,所以,信息犯罪必然包含着计算机犯罪或网络犯罪。

网络在给人们带来极大方便的同时,也给犯罪分子创造了空前的良机。信息犯罪行为严重破坏了社会经济秩序,干扰了经济建设,危害国家安全和社会稳定,阻碍了信息社会的健康发展,必须尽快采取防范措施,加大打击力度,扼制信息犯罪的势头,确保信息安全和信息网络的正常运转。

4.不良信息

根据中国互联网违法和不良信息举报中心的定义,不良信息是指违背社会主义精神文明建设要求,违背中华民族优良文化传统与习惯以及其他违背社会公德的各类信息,包括文字、图片、音/视频等。不良信息包括暴力信息、淫秽色情信息、厌世信息、危害国家安全的信息。这些信息的传播给社会生活的各个方面带来严重隐患,既可能损害人的身心健康、威胁财产安全,更可能违背社会公序良俗,践踏社会道德,影响经济秩序,破坏社会安定。

5.信息滥用

信息滥用是指信息被不恰当、过度地使用。随着大数据时代的到来,信息滥用的现象越来越普遍,诸如个人信息拼图式获取、强制式授权、针对性强制推送等"合法获取、不当滥用"的侵害个人信息的形式层出不穷,获取形式合法、手段隐蔽、滥用链条长,导致对信息滥用的法律惩治难度不小。近年来,个人生物识别信息的滥用现象尤其明显。

生物识别信息,常被简称为生物信息,伴随着生命信息学的发展应用,大约从20世纪90年代开始,逐渐成为公众熟知词汇。欧盟的《通用数据保护法规 EU 2016/679》(GDPR)将其称为"生物特征信息",并给出定义,即"通过对自然人的身体、生理或行为特征有关的特定技术处理产生的能够识别该自然人的唯一特征的个人数据,例如面部图像或指纹(指纹)数据"。

生物特征信息一旦泄露就是永久性、不可逆的,对信息滥用者来说,非法获取别人的生物信息,就具有"一次窃取,永久有效"的"超高性价比",因此,生物信息被视为个人信息安全的最后一道防线。

➤ 案例:起底人脸信息倒卖产业链——一次丢失,终身危险

很难想象,有一天,你的人脸信息会被以0.5元的价格卖掉。而这带给你的困扰或许是一生的,除非你去"换脸"。

如今这一切正在变成现实。有报道显示,一些电商平台正以0.5元一份出售匹配了身份信息的人脸数据,与此同时,帮助不法分子将照片活化的工具和教程也仅仅售卖35元。在一些QQ群中,3元就能买到用户的详细身份信息和人脸照片。单纯的个人照片不构成太大风险,但匹配了身份信息的照片可以做出模拟真人的点头、摇头、眨眼、说话等行为,能实名注册市面上大多数软件,加上验证码破解方式,不法分子在办理网贷、精准诈骗等方面几乎毫无障碍。

互联网时代,尽管人们获得服务需要让渡一定的个人信息,但不同于一般的账号和手机号,人脸信息属于高度敏感的个人信息,人们可以更改账户密码,但能换脸吗?

也就是说,一旦丢失匹配了身份信息的人脸信息,人们终身将面临安全隐患。那么,如此严重的信息泄露,到底该谁负责?第三方公司在采集、利用、存储、传播人脸信息时该如何规范?贩卖交易个人信息的中间环节又触犯了哪些法律条款?

你的脸只值5毛钱

信息裸奔时代,人脸识别都能买卖了。一些网络黑产从业者利用电商平台,批量倒卖非法获取人脸等身份信息和"照片活化"网络工具及教程,"人脸数据0.5元一份、修改软件35

元一套"引起了大众的激辩。

网友对此表达了强烈不满,甚至有人"有点抗拒互联网大数据了"。

类似于指纹、虹膜、DNA可以识别个人生物特征一样,人脸识别也是这样的手段,它是基于人的脸部特征进行身份识别的一种生物识别技术,被认为可以非常便捷地证明"我是我"。

使用方便的同时也带来了不小的隐患。与身份信息匹配了的人脸信息可用于注册应用软件、借贷等,利益驱使之下,网络黑产应运而生。

黑产从业者更是在淘宝、闲鱼上以人脸数据0.5元一份、"照片活化"网络工具及教程35元一套在售卖,有卖家透露,自己所售卖的人脸信息来自一些网贷和招聘平台。"照片活化"工具可将人脸照片修改为执行"眨眨眼、张张嘴、点点头"等操作的人脸验证视频。也就是说,不法分子拿到公民的照片和身份信息后,利用"照片活化"工具就可以执行摇头、点头、眨眼等动作,由此来骗过一些人脸识别验证方式。人脸识别这个曾经被认为安全的个人信息验证方式,正遭遇严重的质疑。

人脸信息丢失,后果多严重?

首先来了解一下,哪些地方正在搜集人脸信息? 这些信息究竟是从哪些渠道泄露的? 泄露之后又有多大的风险? 以前有刷脸支付、门禁、手机应用软件,2021年因为疫情,一些测体温的设备也在采集人脸数据,从技术上来看,采集人脸信息很简单,只要有摄像头就可以不间断采集。第三方平台采集到数据有两种泄露的可能性:一种是黑客技术入侵数据库,把库里的信息复制盗走,很多公司都不知道自己的数据库泄露了;另一种是公司内部有人拿数据出去倒卖交易。

事实上,如果第三方只有人脸信息,用处不太大,但如果匹配了身份证信息,危害就非常大,这中间的难点在于跟身份信息关联。至于怎么匹配个人信息,第一种是通过支付软件,上面可能本来就有了个人信息,再加上人脸信息,就能匹配;第二种是一些园区、旅游景点,刷身份证进入,就有了数据库;第三种是不少金融服务公司会拿客户的信息去查询比对权威部门的数据库,对比完以后,有的公司会把信息存储下来,存在泄露的可能。再加上,现在不法分子也可以操作手机号验证码,信息的全面汇集,让形势更加严峻。目前有技术可以操作伪基站,也就是说,不法分子可以做一个假的移动或联通基站,向对应的手机号发验证码他们就能收到。

也就是说,"照片活化"技术可以通过照片做出摇头、点头、眨眼、吐舌头等动作,"甚至配合说一句话都没有难度,可以用语音操作",再加上手机号验证码的操作空间,不法分子一旦有了身份证信息和照片,冒用别人的身份去办理网贷、注册软件或网站、解锁支付软件、精准诈骗等,可以无障碍做很多不法的事情。不同于一般的账号、手机号,人就一张脸,人脸信息被盗取只能去整容换脸了,否则被盗取了经匹配的人脸信息后,人们每天出门就相当于脑门上顶着信用卡在走路,是很危险的。真实的案例已经发生在现实生活中。

2019年,深圳龙岗警方发现有辖区居民的身份信息被人冒用,其驾驶证被不法分子通过网络服务平台冒用扣分。另外,龙岗警方还侦查发现,有不法分子使用AI换脸技术,绕开多个社交服务平台或系统的人脸认证机制,为违法犯罪团伙提供虚假注册、刷脸支付等黑产服务。

2019年11月,浙江省江山市人民法院对一起侵犯公民个人信息案件做出判决,案件缘由是,支付宝推广政策中有一条是当老用户介绍新用户来注册支付宝,老用户可以获得28元推广奖金,有一个诈骗团队搜集了数千人的照片信息,利用这些照片制作可以动的3D视频注册支付宝账号赚钱,共注册成功数千个账号,非法获利共计30 324元。

据悉,犯罪嫌疑人利用非法获取的公民照片进行一定预处理,而后通过"照片活化"软件生成动态视频,骗过人脸核验机制。随后,通过网上批量购买的私人社交平台账号登录各网络服务平台注册会员或进行实名认证。所以,人脸信息和身份信息丢失最危险的后果是全民都需要"换脸",这是一件一次丢失,终身都有危险的事情。

谁该为人脸信息泄露负责?

一直以来,人脸识别技术作为一种创新事物,备受各行各业青睐。然而,不可避免的是,技术跑在监管前面,风险也如影随形。

从技术上来看,这样的情形其实是技术不够先进造成的安全隐患,因为目前的人脸识别技术不是活体识别,它识别的是面部的物理特征数据,例如眼睛之间的距离、鼻子到眼球的距离、鼻子到嘴的距离等,这和真人的识别差别很大。其实就是人脸识别技术还不够完善,不法分子才有空子可以钻。如果技术能区分活体和照片、视频,那就不一样了,未来可能随着技术进步解决这个问题,但是目前的情形还很值得忧虑。从人脸信息的采集、存储、传播到再利用,中间哪些环节该为信息泄露负责?个人信息保护法见于《刑法》第二百五十三条、《民法典》第一千零三十八条,以及全国人大发布的《加强网络信息保护的决定》等。

这种出售人脸信息黑产,主要是用作精准诈骗或刑事犯罪的,按照刑事法律的规定,明知道是用作犯罪依旧出售的,属于典型的侵犯公民个人信息犯罪,一般出售50条就构成刑事犯罪了。

无论是依据《消费者权益保护法》第十四条规定消费者享有个人信息依法得到保护的权利,还是依据《电子商务法》第五条电子商务经营者有个人信息保护的义务,以及《民法典》第一百一十一条,对于个人信息保护也做出了明确的约束,任何组织或者个人不得非法收集、使用、传输他人个人信息,不得非法提供或者公开他人个人信息。随意买卖人脸信息明显违法,不仅构成民事侵权,也违反了《治安管理处罚法》,可处拘留或罚款。严重涉嫌侵犯公民个人信息罪,应受刑事处罚。

如今的人脸识别行业监管还不到位,针对采集人脸信息的公司没有规范的管理办法,例如哪些公司可以采集、什么用途、保存多久、谁可以看、要不要加密、什么样的清晰度,这些应该有一些法律规范,目前行业比较混乱。互联网发展向来就比法律规范更快,监管如果太快了所有的技术创新都被杀死了,太慢了用户的信息安全存在隐患,要寻找一个平衡点。

对于普通用户来说,不轻易贪便宜,要求刷脸注册、填写身份证号等个人信息的应用软件、公司、网站等都要高度提防。举着身份证拍照是最危险的,因为既有身份证又有人脸信息,一定要尽量避免提供这样的信息。事实上,在合适的规范之下发展人脸识别技术是应该的,人类总要进步,要探索在合适的方式下发展,怕的是不成熟的技术广泛应用。如果真的能识别活体,这个问题一定程度上也可以得到解决。

个人之外,企业也该加强技术管控和审核力度,选择多重验证方式,不能仅看外部特征。

"你还要脸吗?"一句日常俗语,道出了人脸的特殊性。不管是物理上,还是道德上,每个人只有一张脸,它关乎个人安全的方方面面,值得所有人警惕。

2.4 信息时代的企业竞争战略分析

为了满足组织的信息和技术需求,务必先要了解所在的行业,并制订适当的经营战略,然后识别对实现战略有帮助的重要商业进程,最终根据掌握的信息做出正确的技术选择。

商业人士不应将技术投入视为一个难题,或者单纯地为了使用技术而使用技术;相反,商业人士应该积极参与讨论做出战略决策,并根据战略决定何种技术能最好地支持企业实施战略,当然各行各业所使用的技术千差万别。既然已经学过了管理信息系统和信息技术的应用,那么浮现在脑海中的最初问题应该是:商业人士如何决定使用何种技术,何时开始使用。组织决定采用哪种技术何时开始实施需要经历如下的过程:

(1)评价竞争的形势和影响组织的行业压力;

(2)决定对成功至关重要的经营战略以应对竞争和行业压力;

(3)识别能支持已选经营战略的重要商业进程;

(4)使技术工具与重要的商业流程相匹配。

2.4.1 波特的竞争力分析

本节内容主要是了解行业内的竞争因素,通过波特五力模型识别行业中的竞争因素。本书将在后面的两部分介绍制订经营战略的集中有效的模型,然后用价值链分析工具识别重要的商业进程。本书将介绍多种信息技术,并讨论信息技术对于支持商业流程的重要性。

迈克尔·波特教授创立的框架——五力模型,长期以来一直是帮助商业人士考虑企业战略规划和IT影响时的有用工具。五力模型(five forces model)帮助商业人士从以下5方面理解一个行业的相对吸引力,分别是购买者的议价能力、供应商的议价能力、替代品或服务的威胁、新进入者的威胁、同行业竞争者的竞争,如图2-21所示。决定企业盈利能力首要的和根本的因素是产业的吸引力,5种竞争作用力综合起来决定某产业中的企业获取超出资本成本平均投资收益率的能力。

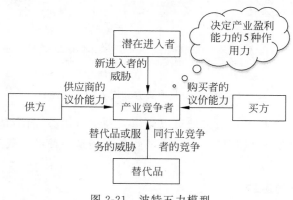

图2-21 波特五力模型

1. 购买者的议价能力

在五力模型中,当购买者可选择的购买渠道很多时买方能力(buyer power)较强,反之则较弱。作为一个产品和服务的提供者,组织希望能减弱买方能力。人们可以构建一种竞争优势,使其更加吸引顾客从自己这里购买商品而不是从竞争对手那里购买。下面是一些公司使用信息技术来减少购买者购买能力的例子。

(1) 网飞公司——设立电影列表。当顾客看完一场电影后,网飞公司会帮助顾客更新电影列表。

(2) 美国联合航空公司——推出里程积分计划。只要乘坐联合航空公司的航班(或用联合信用卡购买)就可以累计权分以享受免费乘坐航班、升级以及免费宾馆的优惠。像这样由特定组织以顾客消费为基础回馈优惠给顾客的计划称为忠诚计划。

(3) 苹果音乐管理器——生成音乐管理报告,可购买和下载任何自己想要的音乐。然后,客户自己可以组织和管理音乐。

通过信息技术来减少买方能力的最好的一个做法就是许多企业提供的忠诚计划。忠诚计划(loyalty programs)是在客户与一个特定企业之间的业务量基础上对客户提供回馈。只有跟踪许多客户,有时可能是上百万客户的活动及账目,这项计划才可能实施。如果没有大规模的信息技术系统,这项计划几乎是不现实的,或者根本不可行。因此,忠诚计划通过信息技术来减少买方能力。这在传统行业中很常见。例如,由于旅客得到了回馈(如免费的机票、舱位升级和住宿),他们更乐意与此公司开展更多的业务。

2. 供应商的议价能力

在五力模型中,当购买者可选择的购买渠道很少时,卖方能力(supplier power)就强,反之则弱。卖方能力和买方能力是相反的:在市场中,作为卖方,希望买方能力弱,而卖方能力则强。

在一个传统的供应链中,如图 2-22 所示,企业可能既是一个供应商(对顾客而言),又是一个客户(对其他供应商而言)。作为其他供应商的客户,人们又希望能够增加自己的买方能力。

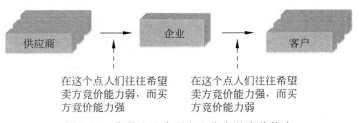

图 2-22　衡量企业中买方和卖方的竞价能力

通过为企业寻找可选择的供应来源可以创建一种竞争优势,而不是仅仅依靠 IT 的 B2B 电子商务市场能够为人们提供帮助。B2B 电子商务市场是一种可以聚集大量买家和卖家的网络服务。

3. 替代品或服务的威胁

在五力模型中,对于一种产品或者服务存在多种选择时,替代产品或者服务的威胁(threat of substitute products or services)就高,反之则低。理想状态下,对于提供的产品和服务,市场中存在少量的替代品时,企业会很愿意成为一个供应商。当然,这种情况在当今的市场中很少见,但是仍然可以通过增加转换成本来创造一种竞争优势。转换成本(switching costs)就是指使消费者不愿转而使用另一种产品或者服务的成本。应该意识到,转换成本并不一定是真正的货币成本。

例如,当人们在亚马逊网站购买产品时,亚马逊网站会通过协作过滤等技术建立一个有关购物习惯的特定的档案。当人们登录亚马逊网站时,在自己的档案中已经有定制的产品。如果人们选择去别的地方购物,由于所登录的新网站没有关于自己或过去购买记录的档案,此时就产生了转换成本。因此,在一个有许多替代品的市场中,亚马逊网站通过为人们提供定制产品,增加其转向其他在线零售商的转换成本,从而减少了替代产品或者服务的威胁。

转换成本也可能是真实的货币成本。当人们在手机提供者那里报名时,可能就需要付出转换成本。所有的运作和计划听上去真的很完美。但是却存在着很高的转换成本,因为大多数手机提供者要求人们签署一个长期的合同(大约2年),只有这样才能接受免费电话或者晚间和周末无限制的通话。不幸的是,这种转换成本有时被巧妙地隐藏在细节中。

4. 新进入者的威胁

在五力模型中,当新的竞争者很容易进入市场时,新进入者的威胁(threat of new entrants)就大,而当进入市场的行业壁垒很高时,进入威胁就小。进入壁垒(entry barrier)是指特定行业内客户期望的公司产品或服务所应具有的功能,一个新进入公司为了竞争并得以立足必须提供这种功能。建立起这种壁垒,然后被克服,接着又会建立新的壁垒。

解释行业壁垒的一个很好的例子就是人们期望银行提供基于IT的服务,包括使用ATM在线支付和账号监控等。在进入银行行业时,由于银行必须免费提供IT服务,因此就存在许多与IT有关的行业壁垒。第一家提供这类服务的银行就赢得了先动优势,同时也建立了行业壁垒,当其他银行业的竞争者也具备了相似的与IT相关的系统并克服壁垒进入该行业时,这种优势就消失了。

5. 同行业竞争者的竞争

当市场中的竞争很激烈时,五力模型中的同行业竞争者的竞争(rivalry among existing competition)力量就强,反之则弱。简单地说,尽管所有行业的竞争都加剧了,但某些行业的竞争强度还是高于其他行业的。

零售业中存在激烈的竞争,美国的Kroger、Safeway和Albertson公司通过许多不同的方法竞争,不过本质上它们都试着通过价格来打败或追上竞争对手。例如,大多数零售商都有忠诚计划,即为购买者提供特殊折扣。一方面,商家收集了可以收集到的有关顾客购买习惯的商业情报并以此来制订价格和广告策略;另一方面,顾客也得到了较低的价格。未来,可能会看到零售店采用无线技术跟踪顾客在店内的活动,并将其与购买的产品相匹配,从而决定购买顺序。

既然零售业的利润很低,零售商就通过与供应商开展基于IT信息合作来提高供应链的效率,通过远程通信网络而不是基于纸张的系统与供应商进行交流,使得采购过程更加迅速,成本更低,而且也更精确。这相当于为客户提供了较低的价格——从而加剧了现有竞争者的竞争。

2.4.2 企业的竞争战略

正如所看到的,波特五力模型能更好地帮助人们理解组织在所处行业中的定位和其所面临的竞争压力。然而第二个任务就是,如何设计具体的企业战略使得组织保持持续的竞争力和盈利能力。

企业战略是一门广而博的学科。目前已经有上百种设计企业战略的方法论,关于企业战略的书更多(如有名的《蓝海战略》)。此处,主要讨论迈克尔·波特的 3 个一般战略。迈克尔·波特识别出 3 种方法或战略,以保证企业在行业中保持竞争力,它们是成本领先战略、产品差异化战略、集中化战略。

1. 成本领先战略

成本领先战略,即以比任何竞争对手能做到的更低的价格提供同质或更优的产品或服务。通过成本领先战略获取竞争优势的企业案例不胜枚举,几乎每天都在更新。最闻名的就是沃尔玛。沃尔玛的口号"天天低价"和"每天低价"最深刻地描述了成本领先战略的实质。无论是女士内衣还是汽车电池,沃尔玛致力于提供与竞争对手同价甚至是更低的价格。沃尔玛通过 IT 驱动的供应链管理系统来分析预测顾客想要买什么、什么时候需要买。

戴尔公司的运作模式也与此类似,其著名的客户定制化计算机直销模式引起整个行业的羡慕。汽车制造商现代和起亚也采用相似的方法销售低价可靠的汽车给更广大的客户群体,而不同于奔驰,它们没有成本领先战略。大的食品百货销售商,如 Kroger、Safeway 和 Albertson 本质都是在价格上竞争,它们经常亏本促销来争取更多的顾客。亏本先导即在商店里某个产品以成本价或低于成本价销售以诱惑顾客买更多其他有利润的商品。亏本先导产品经常放于商店最里面,这样顾客必须路过那些有着更高边际利润的产品。

如果企业选择成本领先战略,IT 是一个非常有效的工具。IT 管理下的供应链系统有助于企业快速获取或仿真顾客信息以理解顾客的购买行为,便于更好地预测产品所需库存和货架摆放的位置,也方便顾客通过网络支持的电子商务系统订购企业的产品。

2. 产品差异化战略

产品差异化战略,即提供的产品或服务在市场中被顾客感知是独一无二的。一个例子是食品杂货销售行业的 Lunds & Byerly's(经常简称为 Byerly's)。虽然其他的竞争对手主要注重价格的竞争,但 Byerly's 则更注重顾客的购物体验——差异化。所有的 Byerly's 店都提供烹饪班和店内餐厅的早晚餐服务。许多 Byerly's 商店都铺的是地毯而不是地板砖,一些还采用枝形吊灯而不是日光灯。

苹果公司也采用产品差异化作为企业战略。苹果计算机不仅仅外观与众不同,还有着不一样的屏幕界面,并且比任何竞争对手都更注重一些非文本信息的处理,如照片、音乐和视频。奥迪和米其林也都成功地创造了基于产品安全性的差异化战略。更准确地说,产品差异和基于更低价格的差异是不同的,后者是成品领先战略,但两者是相互关联的。虽然许多顾客愿意为 Byerly's 的产品支付高一点的价格,但他们并不愿意支付更多。选择产品差异化战略也必须时刻关注竞争对手的价格。

3. 集中化战略

集中化作为一种战略,经常意指:

(1) 提供产品或服务于一个特殊的细分市场或购买群体。

(2) 提供的产品或服务聚焦于一个产业链的一部分。

(3) 提供产品或服务于一个特定的区域市场。

集中化与提供所有的东西给所有人群恰恰相反。许多餐馆仅集中于某一类食物——意大利菜、墨西哥菜、中国菜等。像 Vitamin Cottage Natural Foods Market 仅仅销售天然有机食品或营养品(产业链中的产品)给一个特定的购买群体(特定的细分市场)。许多医生则专业于特定的医疗帮助——肿瘤、儿科等;类似地,许多律师事务所则专门从事某一类法律服务——女性职工的补偿、信托、知识产权和商标保护等。

和波特的其他一般战略一样,集中化战略并不是孤立的。如果企业选择了某一个特定消费群体,其他的竞争者也会如此,因此必须也在价格或者差异化上与竞争对手竞争。

2.4.3 识别重要的业务流程:价值链分析

通过前面的学习,已能够分析企业所处的行业和竞争压力,并且能够利用波特的 3 个一般战略等界定企业的主要战略。而本节主要讨论信息技术如何合理地应用到企业业务流程中,从而促进战略的成功实施。一个有效的工具是价值链分析,价值链分析(value-chain analysis)即在企业内部系统地评估和提升企业业务流程的价值,从而提高企业竞争力。

价值链把整个组织活动看成一系列过程,每个过程都能为向顾客提供的产品或服务添加一定的价值。业务流程(business process)是完成某一特定任务所发生的一系列标准的活动,例如处理客户订单、分配客户订单和售后服务等,整体来说,价值链分析有助于企业识别增值的业务流程。图 2-23 描述了一个价值链特有的组成。

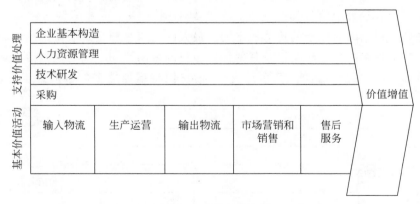

图 2-23 价值链的组成

图 2-23 下半部分的主要价值流程链包括输入物流、生产运营、输出物流、市场营销和销售、售后服务。每一个组成环节的具体含义如下:

(1) 输入物流——接收和存储原材料、配送原料到相应的生产活动中。

(2) 生产运营——将原料加工成产成品和服务。

（3）输出物流——产成品和服务的存储和配送。

（4）市场营销和销售——识别顾客需求、销售产品。

（5）售后服务——产品和服务销售后对顾客的后续服务。

支持价值处理（support value processes）处于价值链的上半部分，包括企业的基本构造（文化、组织结构、控制系统、会计、法律等）、人力资源管理、技术研发和采购（原材料的购买）。企业需要这些支持价值处理保障基本价值活动的平稳运行。

企业的边际收入或利润取决于支持价值处理和基本价值活动的运营，也即顾客愿意支付的价格（产品或服务在顾客心中的感知价值）要大于价值链活动运营的成本。这一点类似于线上 VS 线下战略的思想，企业的成功（利润）依赖于销售收入（线上）减去运营成本（线下）。

如果你曾经买过领带，可能会听说过加利福尼亚卡梅尔湾的 Robert 塔尔波特公司。塔尔波特公司是美国第一大领带生产商。该公司常常排斥采用新技术，它的所有订单从来都是书面形式的，虽然不采用新技术，但公司过去一直经营得很好，这是因为塔尔波特一直都能凭借高质量的工艺、独特的设计以及优质的材料来保证价值增加。然而，顾客的"欲望"推动需求，并且这些需求总是变化的。目前的消费者需要更多不断更新的样式。事实上，塔尔波特目前专门为 Nordstrom 建立了 4 条领带生产线，每条生产线每年都要承接 300 种设计的生产。

在这种情况下，该怎样运用价值链方法帮助塔尔波特公司找到一种更好地满足顾客需求的方式呢？可以从识别增值过程和减值过程开始。

1. 识别增值过程

塔尔模特公司首先应该设计一个顾客调研方案，调研找出价值链中具有最大增值价值的业务流程（包括基础的和支持性的）。调研经常以某种形式进行，每位顾客拥有 100 分，然后将其分配到各个业务流程中，通过加总所有的评分并计算各业务流程所占的百分比，塔尔波特就能发现具有最大增值的那些流程。图 2-24 描述了一个可能的调研结果。注意图中的各流程是如何根据顾客赋予的价值而定的。最大的增值来源是高质量的生产活动；第二个增值来源就是带来高质量丝绸以及其他优质布料的采购活动。因为这些活动都是客户们最看重的过程，所以当受到新的 IT 系统支持时，它们将增加更多的价值。于是，塔尔波特

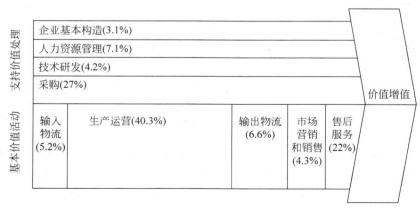

图 2-24　一个领带生产商的增值过程调查

开发了一个计算机辅助设计系统来缩减设计和生产新领带的时间。它也能进一步加强质量控制系统以确保采购的原料能生产出高质量的丝绸和其他纤维领带。

2．识别减值过程

除了确认价值增加过程之外,识别减值过程也是非常重要的。因此塔尔波特设计了调研方案的第二部分。首先,塔尔波特要求顾客按照可能会减少价值的活动标准将 100 分分配到所有的业务流程中。然后,加总所有得分并计算出各流程所占的百分比,塔尔波特确认出那些减值最大的活动。

如图 2-25 所示,塔尔波特确认市场营销和销售活动为减值最大的过程。该公司还发现销售活动之所以减值是因为销售人员往往答应供给那些已经脱销的领带。这就导致顾客对塔尔波特公司供应高品质领带的能力失去信心,他们说这一过程削减了塔尔波特公司提供给他们的价值。

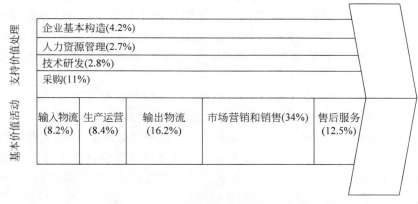

图 2-25　一个领带生产商的减值过程调查

为纠正营销过程的偏差,塔尔波特公司开发了一个新的 IT 系统来向销售人员提供及时的产品信息,通过使用笔记本,销售人员(可以随身携带生产线定制光盘)在路上就可以知道生产线的占用情况。他们在酒店的房间里通过笔记本就能发出订单并且马上就可以知道库存的更新情况。于是,客户重新对老朋友树立了信心,塔尔波特的价值增加也变得更多。评价价值链是十分有效的,因为它迫使组织收集并分析高质量的信息,减少了决策过程"未经缜密的思考和计划即采取行动"。而且,当人们开始量化这种信息时,就能为其所有物建立一个好的投资回报,同时也可以使用 IT 进一步增加价值增值过程的效果,并减少价值减值过程带来的不利影响。

简要地总结一下本节的要点,管理信息系统是人们为支持组织活动获取竞争优势而利用信息技术处理信息的过程。不能盲目地使用技术,只有通过分析行业竞争环境,制订合适的企业战略,识别重要的流程活动,才能更好地选择所需的技术。

2.4.4　数据价值与竞争力

企业可以依靠收集和分析客户数据来稳坐市场竞争赢家的宝座,公司客户越多,收集到的数据就越多,通过分析数据获得的洞见有助于改进产品,吸引更多客户,进而让公司收集更多数据。这个假设是非常鼓舞人心的,很多人都会觉得,只要有了超级数据库,就必然能够建立强大的竞争壁垒。而现实是什么呢?通过长期的研究发现:即使客户数据能够为公司带来竞争优势,也只能偶尔实现网络效应,而且优势无法长久。

如何才能够真正了解数据是否能够帮助公司建立优势呢?答案就是需要建立数据驱动的组织学习。通过对这一过程的了解,公司可以选择合适数据学习策略,并且长久地建立竞争优势。企业需要理解 7 方面的问题,就可以对数据驱动学习建立竞争优势有一个基本判断。

问题 1:与产品或服务独立价值相比,客户数据为其增加了多少价值?这也意味着,客户数据所增加的价值越高,建立持久竞争优势的可能性就越高。以先进驾驶辅助系统(Advantage Driver Assistance System,ADAS)供应商 Mobileye 公司为例,它为客户汽车提供防撞辅助系统和车道偏移警告系统,产品主要向汽车制造商出售。Mobileye 的辅助系统制造商会在实际投入应用之前进行大量测试,辅助系统必须有失效保护,而测试数据对于产品的改进必不可少,Mobileye 从数十个汽车制造商客户处收集相关测试数据,将 ADAS 的准确率提升至 99.99%。对于智能系统和设备制造商而言,从用户那里学习的成本越来越低,通过数据的收集和学习,能够提升产品或服务的价值,那么数据学习本身就可以建立独立的竞争壁垒。

问题 2:数据驱动型的边际价值下降有多快?简单解释就是客户数据无法再增加价值的临界点,边际价值下降的速度越慢,基于数据的学习带来的竞争力就越强。

问题 3:用户数据的贬值率上升有多快?如果数据很快就会过时,那么在其他条件都相同的情况下,竞争对手进入这个市场就更不必担心现有行业优势企业积累的数据驱动型学习能力。像前面提到的 Mobileye 多年以来从各汽车制造商处获得大量数据,对于产品的当前版本依然很有价值,Google 数十年来积累的搜索引擎用户数据也是一样的,但对于某一些领域其用户数据的贬值率上升非常快,例如计算机和手机休闲游戏领域。举个大家比较熟悉的例子,《王者荣耀》在最火的时候,很快就突破了同时在线人数百万大关,如此火爆的游戏,加上腾讯微信强大的流量支持,仍然面临着竞争者的巨大压力,需要不断地对游戏进行创新,例如推出新英雄、新的游戏模式和改进地图,不断引入各种促销玩法,通过这些产品创新的方式,不断更新用户数据,不断吸引新用户加入,留住老用户。有些时候,游戏的改进,甚至让用户忘记了这款游戏一开始的样子,可见其数据贬值率之快。

问题 4:标准数据是否属于公司独有?无法从其他来源获取,无法轻易复制及破译。独有且无法替代的数据是建立竞争优势的关键。

问题 5:部分基于用户数据的产品改进是否难以模仿?公司需要在解读和学习用户数据后,和自身技术优势、经营优势相结合,产生新的产品或服务价值。例如一个保鲜盒生产商,通过分析电商平台数据后发现,用户对于保鲜盒密封性的要求最高,而公司本身研发能力出众,可以在几乎不增加成本的情况下通过改进实现比原有产品密封性提升 50% 的效果,只要知识产权得到充分保障,公司就可以以此获得巨大的竞争优势。

问题 6:来自同一类用户的数据是否有助于为同一用户或其他用户改进产品?如果同一类用户的数据可以用于改进产品或服务帮助这类用户,那么就可以增加此类用户的黏性;如果同一类用户的数据用于改进该产品或服务还能够帮助其他类用户,那么公司就能以此形成网络效应。

问题 7：从用户数据中获得洞察到应用于产品改善的速度有多快？学习的周期足够快，可以将竞争对手甩在身后，一个产品中有多个部分需要改进，这种竞争优势就会愈加明显。小米手机在创立开始，通过小米论坛持续获得用户数据和意见，快速调整、快速创新，周周更新，周周迭代，迅速获得了大量年轻用户的支持，对比竞争对手短期内产生了巨大的竞争优势，就是这方面的典型案例。

数据学习对于公司的帮助是不分行业和公司规模的。如果理解了上述 7 个层面的问题和判断，能够系统地对自己企业的数据战略进行思考和判断，就能够更全面地认识到数据对自己公司的价值和帮助。如果想在数字化时代获得持续竞争优势，在判断数字学习对于自身企业的竞争优势建立有多大帮助后，只需要重点关注以下 3 点：

（1）要坚信数据带来的价值很高并且可以持久，做好企业数据收集和分析工作。

（2）有部分数据是自己公司专有，并且能够和公司优势技术或者经营能力结合，构建出独特的竞争优势。

（3）通过数据学习，不仅能够加强单一类别用户的黏性，更重要的是形成网络效应。

本章小结

信息系统是一个内涵非常丰富的概念。本章围绕着信息系统概念，从 4 方面进行了论述。

首先，从结构的角度解释信息系统。从实物构成的角度，信息系统可以被理解为是由人、硬件、软件、网络和数据组成的系统，辅助进行输入、处理、传输和输出等功能活动；信息系统与组织结构的关系非常密切，既存在与业务职能相关的信息系统，也存在不同的科层等级的信息系统；企业中最典型的信息系统包括企业资源计划、供应链管理系统和客户关系管理系统。

其次，从内涵的角度，信息系统可以被认为由组织、管理、信息技术和数据技术四方面构成。信息系统的学科内涵非常丰富，涵盖了管理科学、计算机科学、心理学、经济学、社会学和运筹学等学科。鉴于近年兴起的数据科学，本章重点阐述了数据科学与信息系统的联系。

信息系统对企业经营管理而言非常重要，可以支持业务流程和企业运营、支持企业创新、支持企业的竞争战略。当然，信息系统也会带来一些负面作用，包括信息泛滥、信息污染、信息犯罪、不良信息和滥用信息等内容。

最后，信息系统已经成为企业的重要管理内容，影响到企业的竞争力、战略和业务流程。本章重点介绍了这三种理论，并讨论了数据价值与企业竞争力的关系。

通过本章内容，让读者对信息系统建立一个比较全面的概念，同时也掌握关于信息系统的一些常识、基本概念和重要的理论。

习题

1. 理解图书馆信息系统：图书馆是一个很好的信息系统模型，它用文本、音频以及视频档案的方式进行大量的信息管理，基于你对图书馆的理解，从信息系统的组成结构、信息系统的功能结构，详细阐述对电子图书馆信息系统的理解。

2. 为什么信息系统的组成结构包括"人"这个要素,请予以解释。

3. 请解释信息系统的概念中所描述的管理、组织和技术的具体内涵。

4. 请阐述"人"的因素在信息系统中的作用,根据你现在对信息系统的理解,你认为在企业中有哪些与信息系统相关的职业。

5. 根据你的理解和亲身经验,请阐述信息系统在高等学校的管理工作中发挥了哪些作用。

6. 信息系统与信息技术这两个概念具有相同的内涵吗?请列举一个具体的案例进行阐述。

7. 数据、信息和知识之间有什么区别与联系?请列举一些具体例子进行说明。

8. 信息系统的应用也带来一些消极影响,请分析有哪些类型的消极影响,并对每一种类型给出一个具体的实例。

9. 请尝试举例与信息系统相关的工作职位。如果有可能,请你设想一个具体的场景,描述这些工作职位的主要工作职责。

10. 数据正在变得越来越重要,请尝试分析海量的数据将会对信息系统产生哪些影响。

11. 你认为一个信息系统专业的学生,应该具备哪些领域的知识和技能?请思考并做简要回答。

12. 请解释大数据的概念和特征。

13. 请结合本章的开篇案例中讨论的 Cars.com 公司应用大数据的情况,从商业模式的创新的角度分析其使用大数据进行商业创新的方式。

14. 波特的"五力"模型在管理决策中扮演什么样的角色?

15. 波特的三个"一般战略"是什么?请简要论述。

16. 请选择一家目标企业,并以价值链理论为依据,分析这家企业。

技术学习模块 A:大数据

请扫码阅读

第3章

新思维——数字化时代的商业创新

本章学习目标

➢ 如何描述商业模式？

➢ 如何描述商业创新？

➢ 企业竞争战略分析。

➢ 信息系统和商业创新的关系。

➢ 大数据时代的商业创新。

◎ **开篇案例**

海尔的数字化转型：一场直达用户体验的商业创新

2019 年 7 月 1 日，青岛海尔（600690）公司股票简称由"青岛海尔"变更为"海尔智家"，不仅向外界释放出了全面进军物联网智慧家庭生态的信号，也直接回应了同年 6 月 11 日海尔对品牌史的刷新之举：世界权威品牌估值排名榜单"2019 年 BrandZ 全球最具价值品牌 100 强"发布，海尔以这份榜单历史上第一个、唯一一个"物联网生态品牌"惊艳亮相，如图 3-1 所示。

海尔的前身是由两个集体小厂合并成立的"青岛电冰箱总厂"。1984 年 10 月，青岛电冰箱总厂和德国利勃海尔公司签约引进当时亚洲第一条四星级电冰箱生产线。在短短数年内，海尔便成为公认的中国家电第一名牌和世界名牌，青岛电冰箱总厂从一个亏损 147 万元的集体所有制小厂，迅速发展成为自营进出口的国家大型电冰箱生产骨干企业。

图 3-1　海尔成为"物联网生态品牌"

　　从 1984—2016 年,32 年是弹指一挥间,但发生在 1985 年的这个创业故事至今仍然在海尔广泛流传,它让人想起了海尔创业者的艰辛。1985 年左右,当海尔开始做电冰箱时,全国有 300 多家冰箱厂,现在已所剩无几。如今的海尔发生了翻天覆地的变化,早已不是当年那家破烂不堪的电冰箱小厂——当年负债 147 万元的那家破旧小厂,已经发展成为年收入达到 2016 亿元的大型跨国公司,并且拥有了青岛海尔和海尔电器两家上市公司,在全球拥有 6 万多名员工。2017 年 1 月 10 日,世界权威市场调研机构欧睿国际(Euromonitor)正式签署发布的"2016 年全球大型家用电器调查报告"显示——海尔大型家用电器品牌零售量占全球 10.3%,连续 8 年蝉联全球第一,如图 3-2 所示。

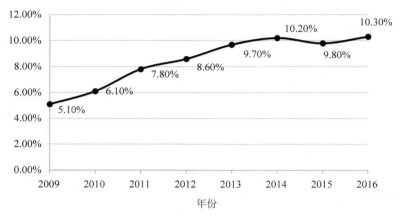

图 3-2　海尔大型家用电器品牌全球零售市场份额

　　大数据、区块链、5G、AI、数字孪生等技术为海尔的数字化转型带来了很好的机遇。围绕着数字化转型,海尔主要做了两方面的工作:对外打造智慧家庭,对内推行互联工厂,本质是希望通过产品和服务连接用户,给用户提供以家庭为单位全场景的美好生活方式,让用户参与到企业的制造、企业供应链的全过程,让产品能够快速地迭代,实现从大规模制造到大规模定制的跨越。

　　为了解决生产智能化的问题,海尔从 2012 年开始布局智能制造。在智能制造平台打造过程中,海尔创造了一个新的模式——让用户参与到生态过程中,与用户进行实时的交互,向用户开放海尔的产品在生产线上的生产过程,使用户参与到整个生产制造过程中。由此,海尔打造了新的互联工厂模式。2018 年海尔在全国有 11 个互联工厂,新模式的采纳让整个生产线的及时交货率整体提高了 50%,生产效率提升了 60%,所有在线上的产品 61% 都是定制的——真正实现从大规模制造到大规模定制的转型。同时,海尔成功建设了云计算平台,对中小企业赋能和输出,已然成为面向全球大规模定制的解决方案平台。

　　埃森哲高级常务董事埃里克·谢弗尔(Eric Schaeffer)和大卫·索维(David Sovie)在他们出版的新书《产品再造:数字时代的制造业转型》中将海尔视为全球企业数字化转型的中国典范,详解了海尔如何以颠覆式创新的管理模式与组织文化,实现自身的数字化重组转型和"产品"再造。

　　这里的"产品"并不等同于传统的产品概念。面对"数字化转型"这一商业领域的全球性议题,行业观察者正在形成一种共识:企业的数字化转型不能一味崇尚技术或停留在狭义的产品制造层面。新兴的数字化技术只是一颗投入水面的石子,激起一系列层层扩大的"再造"波澜：从单一的产品到成体系的服务,到全新范式的组织结构、管理模式,再到商业模式的颠覆创新……最终,企业数字化转型需要抵达的真正"彼岸",是满足广阔的用户群体在数字时代不断更迭的体验。

通过以上对海尔公司的介绍,请思考以下问题：

➢ 怎么看待数字化转型？

➢ 信息技术在数字化转型中发挥了哪些作用？

➢ 请参考相关资料,深度了解海尔公司在数字化转型方面的工作,并提出建议。

技术创新是经济增长的重要驱动力量。自 18 世纪英国工业革命以来,人类社会经历了以机器生产、蒸汽机、铁路、电力、汽车、信息技术等为标志的一系列技术革命,推动了全球经济的不断增长,给人类生产、生活带来了革命性的变革。

当今,世界正在被全球化、智能化、解除管制等理念深度影响,而信息技术为此提供了技术保障。在这个因信息技术而紧密、便捷的互联世界中,全球市场、劳动力和产品都被整个世界共享,一切都有可能以最有效率和最低成本的方式实现,如托马斯·弗里德曼在《世界是平的》一书中向人们所展示的,美国的工人、财务人员、工程师和程序员必须与远在中国和印度的同样优秀的人竞争,只有更有竞争力的人才能胜出。信息技术和信息系统已经成为引发商业创新的最活跃因素。下面的章节主要讨论数字化时代信息系统与商业创新的关系。

3.1 商业创新的逻辑

商业创新是一种特殊的创新,本节将从创新的概念开始讨论商业创新的内涵,从商业模式的角度理解商业创新。

3.1.1 创新的内涵和类型

今天,关于创新的阐述随处可见,但是创新概念被人们普遍接受也只有 100 年的时间,创新概念的正式出现,加深了人们对经济增长的理解。

1. 创新的内涵及来源

创新作为一种系统的理论,最早是由美国经济学家约瑟夫·熊彼特(Joseph Alois Schumpeter,如图 3-3 所示)于 1912 年在《经济发展理论》一书中提出,他不仅从经济学意义

约瑟夫·熊彼特（1883年2月8日—1950年1月8日），1901—1906年在维也纳大学攻读法学和社会学，1906年获法学博士学位，是一位有深远影响的美籍奥地利政治经济学家。其后移居美国，一直任教于哈佛大学。

代表作有《经济发展理论》《新经济发展理论》《景气循环论》《资本主义、社会主义与民主》《经济分析史》等。

图 3-3 约瑟夫·熊彼特简介

上阐述了"创新理论",而且从社会哲学、经济社会学、经济史等多重角度阐述了"创新理论"的丰富内涵。

约瑟夫·熊彼特认为创新就是"建立一种新的生产函数",即"生产要素的重新组合",就是要把一种从来没有的关于生产要素和生产条件的"新组合"引入生产体系中,以实现对生产要素或生产条件的"新组合";作为资本主义"灵魂"的"企业家"的职能就是实现"创新"——引进"新组合";所谓"经济发展",是指整个资本主义社会不断地实现这种"新组合",或者说资本主义的经济发展就是这种不断创新的结果。他认为创新不是单纯的技术上的新发明,还包括经济生活中出现的新情况、新事物,具体表现为如下 5 种情形:

(1) 开发一种新产品,或者改良原有产品;

(2) 采用新的生产方法,例如由手工生产方式改为机械生产方式;

(3) 开辟新的市场,或者是以前不曾进入的市场,例如从国内市场走向国际市场;

(4) 发现新的原料或者半成品,例如使用钛金属做眼镜的镜框;

(5) 创建新的产业组织形式,例如打破了某种传统模式一统天下的格局,或率先实现了托拉斯化[①]。

被誉为"现代管理学之父"的彼得·德鲁克(Peter F. Drucker)认为创新是一项赋予人力和物质资源以更新和更强创造财富的能力,使资源发挥出价值,创新是管理者的一项重要职责,是企业家精神的独特标签。创新是"集体的创新",而不是"个别的创意",是产业的变革与社会的重大改变,是社会性和经济性用语,而不是科技型和技术性的名词。

显然,创新没有一个唯一、公认的定义,本书所强调的创新,不同于彼得·德鲁克所认为的把创新归结为管理者的一项重要职责,本书所阐述的创新更准确而言是指技术创新,是以创造新技术为目的的创新,或以科学技术知识及其创造的资源为基础的创新,前者是技术创新,后者是产品或服务创新。例如,深圳市大疆创新科技有限公司(DJI-Innovations, DJI),成立于 2006 年,是全球领先的无人飞行器控制系统及无人机解决方案的研发和生产商,客户遍布全球 100 多个国家。它占据着全球 70% 的无人机市场份额。无人机以前主要是应用在军事方面,而大疆是第一个将无人机应用在商业领域并获得成功的企业。今天,大疆无人机已被应用在军事、农业、新闻报道等方面,是可以"飞行的录像机",这是一种典型的技术创新。简单总结,创新主要有 7 种来源。

(1) 意外事件。意外事件是最容易利用、成本最低的创新机会。意外的成功一开始往往被看作不合时宜或是问题,如果具备了重视、规划等条件,还是出现了意外的失败,这种失败也意味着能通过创新将其变为机遇,因为失败的原因可能是出乎意料或令人吃惊的,所以很难用分析和数据方法查找。一个出乎意料或是突然的外部事件可能创造一个重大的机遇。这方面比较典型的案例发生在在线办公领域:2019 年年底爆发的新冠肺炎疫情(Covid-19)给全世界的大部分产业产生了重大的冲击,居民在家里隔离,远程会议和办公的需求井喷,给著名的开发远程会议软件的 Zoom 公司带来巨大的机遇,也进一步推动了远程办公、在线协作软件的应用。Zoom 公司 2020 财年第一季度的财报显示,Zoom 公司拥有员

---

① 托拉斯,英文 trust 的音译,是垄断组织的高级形式之一。由许多生产同类商品的企业或产品有密切关系的企业合并组成。旨在垄断销售市场、争夺原料产地和投资范围,加强竞争力量,以获取高额垄断利润。参加的企业在生产上、商业上和法律上都丧失独立性。

工数量超过 10 的客户总数较上年同期增长 354%。

（2）不协调事件。当事情与人们设想的不同或某些事情无法理喻时，这通常表明存在着一种有待认识的变化。不一致之处对圈内人士来说是很显眼的，但由于它们常与世人的观点不相称，故而也常被忽略。20 世纪 50—70 年代发达国家的钢铁工业便发生了一种不协调：市场需求稳定增长，但是利润额却持续下降。创新的策略是开设利用本地废钢铁资源的小型钢铁厂。

（3）流程需要。创新者力图解决某一流程中的一个瓶颈或薄弱环节。针对流程的创新可以利用新技术知识或用更好的流程代替原来较为烦琐的流程。评估流程需要，须考虑 3 条要求：清楚地了解该需要，否则就无法满足需要；所需知识是能够获得的；解决的办法与操作者的企盼一致。1909 年，美国 AT&T 电话公司的一位统计学家得出了两条 15 年期的预测曲线——电话线路繁忙情况和美国的人口趋势。将两者综合起来，其结论是：到 1920 年左右，每一位美国女性都要担当接线员，这样才能满足电话发展的需要。流程中的难点出现了，不到两年时间，AT&T 就开发并装设了第一套全自动电话交换机。

（4）产业和市场结构。一个稳定的工业或市场结构可能突然地、出乎意料地发生变化，这就要求其成员做出创新以适应新环境。这些变化为圈外成员创造了显而易见的巨大机遇，也对圈内成员构成威胁。要预见工业结构的变化，需要查看这一行业是否出现了快速增长，领导者是否制订了不协调的市场细分战略，是否出现了技术趋同，业务做法是否有迅速变化等迹象。

（5）人口统计数据，包括人口数量、就业、受教育、收入情况的变化。这些变化能迅速发生，并对市场产生戏剧性的影响，但各公司却很少密切监控或在日常决策中会考虑到人口变化。由于人口变化易于出现却又常常为决策者忽视，所以它们为创新者提供了许多机遇。

（6）认知的变化。人们对自己的看法若发生转变，也能创造机遇。立足已稳的公司往往难以认识到人们看法上的转变，因此，基于观念转变上的创新往往很少有竞争对手。观念上的变化难以查找——因为事实的外延并未改变，只是事实的内涵改变了。出乎意料的成功或失败可能意味着观念上的变化，通过进行观念上的调查，企业通常可找出已变化的观念并确定拥有者的数量。由于存在风险，德鲁克建议由认知转变的创新应从具体化开始，并从小规模开始。

（7）新知识。德鲁克将这一创新来源列于最后，是因为它难以管理、无法预见、花费较高，而且有生产准备时间长的特点。不过，目前多数组织在各种来源中首先强调新知识，因为它引人注目、令人兴奋。以新知识为基础的创新经常会失败，因为一个领域的突破经常需要其他各领域同时突破，新知识才能发挥其作用。由于新知识要求在技术和社会各领域都与其协调一致，所以一个组织难以轻易地引进以新知识为基础的创新。

从创新的视角可以将企业管理者区分为职业经理人和企业家。职业经理人可以在相对稳定的环境中依照例行规则管理好企业，却不能进行创新，因为创新意味着颠覆他们正在精心维护的现有体系；创新是企业家特有的职能，成功或失败取决于企业家的直觉和勇气而非职业经理人擅长的计划和执行。

经济发展总是以破坏旧经济运行秩序的形式表现出来，而企业家正是这一过程的组织者和发起者，其动力则是企业家追求利润目标的初衷。通过创造性地打破市场均衡，企业家能够获取超额利润。社会的发展是在企业家及企业家精神这一创新主体的推动下才实现和发展的,因此企业家和企业家精神是推动创新发展的根本动力,是创新的灵魂。

2. 创新的类型

关于创新的讨论是管理学领域一个持续而热烈的话题。其中,哈佛商学院教授克莱顿·克里斯滕森(Clayton M. Christensen)对创新类型的研究成果在学界获得了广泛的共识。在克里斯滕森教授的《创新者的窘境》一书中,他根据创新发生的客观环境,将创新分为渐进性创新和破坏性创新。

渐进性创新是指持续的、不断积累的局部或改良性创新活动,它是对现有技术进行小的改善或者简单的调整,为了提供更好的产品。渐进性创新涉及的变化是在现有技术和生产能力上的变化,并且与现在的市场与顾客群的变化相联系,即在现有市场为现有技术提供新的特性、利益和改进。例如,微软公司不断推出升级版本的 Windows 操作系统,绑定用户始终使用微软的桌面系统。

破坏性创新通常并不是满足已经被意识到的需求,而是创造出此前未被消费者意识到的需求。破坏性创新并不是为现有消费者提供更好的产品,而是引入与现有产品相比更简单、便捷、廉价的产品或者服务,从而击败原有的提供商。破坏性技术创新是指企业首次向市场投放的、对经济能产生重大影响的新产品和新技术。破坏性技术创新被认为是"真正全新的",自上而下进行的革命性的和不连续的创新,它常常与科学的重大发明相联系。例如,特斯拉推出了纯电动汽车,颠覆了传统的燃油汽车行业。破坏性创新的赢家一般都是新进入者。破坏性创新就是人们常见的成功企业被打垮的现象,这里面隐含的最直接的含义是——新兴公司打垮业界巨头的最佳方法就是采用破坏性创新的战略。

约翰·E.艾特略(John E. Ettlie)从组织学习的视角把创新分为探索式创新和开发式创新,主要依据 3 方面:①知识的分布,如组织知识储备的深度和多样性,以及从外部获得信息的范围;②组织面对变化时的管理活动的态度;③组织结构,例如组织结构越复杂越有利于破坏性技术创新的吸收。探索式创新是对全新知识的学习和全新机会的尝试,这种创新导向能为组织带来全新的知识和技术,不断拓展组织知识的广度,通常会产生一系列异质性的产品创新和工艺技术创新,从而推动组织开发全新的产品或进入一个全新的市场领域。而开发式创新主要是在现有的知识基础上对知识进行进一步的提炼和应用,主要集中于对现有的知识进行挖掘和优化,常见于对现有的产品和服务进行更新换代或者重新组合,进而增加组织现有的知识深度,不断提升现有的产品质量和性能,从而更好地满足现有客户需求和市场需求。

此外,Poutsma(1987)归纳了技术创新的 4 个维度,分别是过程创新与产品创新、技术推动型与市场拉动、破坏性技术创新与渐进性技术创新、规划型创新与应急型创新,并对这 4 种创新中的每一种类型都从创新的形式、内容、要素和特征进行了研究和阐述。

3. 商业创新和商业模式

顾名思义,商业创新是指商业领域的创新,这种创新可能是由于技术变革引发的创新,也可能是制度规制改变引发的创新。本书所讨论的商业创新特征特指由于技术变革引发的商业模式创新,特别用来描述由于互联网和 IT 技术的应用而导致的商业模式的变革。究其原因,主要是在近 20 年中,以互联网为代表的 IT 技术在商业创新中扮演了绝对的主角。

商业模式的概念是 20 世纪 90 年代后期才开始流行起来的,它与 IT 和通信行业的服务价格迅速降低不无联系。从交易费用的角度看,由于信息的加工、存储和共享变得越来越便宜,使得公司在经营方式上有了更多的选择——已有的价值链被拆分并重组,众多新型的产品和服务出现,新的分销渠道出现,客户群体更广泛。这最终导致了全球化的出现并且带来了更加激烈的竞争,同时也催生了许多新的经营方式。换言之,今天的公司在面对做什么、怎么做、为谁做这些问题时有了更多的选择。

由于上述领域比较复杂而且引人关注,因此越来越多的人倾向于采用商业模式来描述这一现象。在不断的发展过程中,商业模式逐渐变成了一个非常宽泛的概念,与商业模式有关的说法很多,包括运营模式、盈利模式、价值创造模式等,不一而足。商业模式是一种简化的商业逻辑,为表述相关领域的概念带来了便利,但是也造成了其内涵的混淆,在后续章节中,本书将进一步严格界定商业模式的内涵。

3.1.2 商业模式的含义

彼得·德鲁克认为,当今企业之间的竞争,不是产品之间的竞争,而是商业模式之间的竞争。从字面意思出发来定义商业模式,可以认为商业模式就是对于买卖方式的简要描述,或者说是对企业为了获取利润而进行的、与交换直接相联系的各种活动的整体描述,是对复杂商业实践的简化。

虽然商业模式被认为是对企业商业实践的一种简化描述,但这种简化一般被认为应该是对企业经营实践整体的简化,它应该能够全面覆盖企业经营的每一个重要方面,不仅应该包括有形的方面,如企业的资源组合以及各种运作流程,同时,也应该包括无形的方面,如企业获取利润的内在原因与逻辑。总体而言,商业模式是一种建立在许多构成要素及其关系之上、用来说明特定企业商业逻辑的概念性工具。

鉴于商业模式的表述不尽相同,一些学者试图对这些定义进行归纳总结,并希望从中得出具有一致性的结论。迈克尔·莫里斯(Michael Morris)等通过对 30 多个商业模式定义的关键词进行内容分析,指出商业模式定义可分为三类:经济类、运营类和战略类。经济类定义将商业模式看作是企业的经济模式,用于揭示企业"赚钱"的根本原因,即利润产生的逻辑,构成要素包括收益来源、定价方法、成本结构和利润等;运营类定义关注企业内部流程及构造问题,构成要素包括产品或服务交付方式、管理流程、资源流、知识管理等;战略类定义涉及企业的市场定位、组织边界、竞争优势及其可持续性,构成要素包括价值创造形式、差异化、愿景和网络等。

由哈佛大学教授马克·约翰逊(Mark Johnson)、克莱顿·克里斯坦森(Clayton Christensen)和 SAP 公司的 CEO 孔翰宁(Henning Kagermann)共同撰写的《商业模式创新白皮书》把这三个要素概括为客户价值主张、资源和生产过程、盈利公式。客户价值主张指在一个既定价格上企业向其客户或消费者提供服务或产品时所需要完成的任务;资源和生产过程即支持客户价值主张和盈利模式的具体经营模式;盈利公式即企业为股东实现经济价值的过程。

基于以上的研究结论,商业模式被认为是描述了企业如何创造价值、传递价值和获取价值的基本原理,通俗而言,就是描述企业是如何赚钱的。对于商业模式的分析,重点是抓住商业运行环境中的主要因素,合理地解释商业逻辑。

3.1.3　商业模式分析的逻辑

由于商业模式构成要素的具体形态表现、相互间关系及作用机制的组合几乎是无限的，因此，商业模式创新企业也有无数种。要分析企业的商业模式，现实的办法是描述商业模式的组成要素，由此判断商业模式的前景。本章主要借鉴了商业模式创新画布的方法，从商业模式的 9 个要素，分析商业模式的内涵，而这 9 个要素与莫里斯所提出的 3 个问题也是一致的，即要回答如何创造价值、传递价值和获取价值。以下将详细介绍商业模式分析中的 9 个要素。

1．客户细分

商业运作需要定义一个或者多个或大或小的客户细分群体，客户细分用来描绘一个企业想要接触和服务的不同人群和组织。在进行客户细分之后，企业必须做出合理决议：到底该服务哪些客户细分群体？该忽略哪些客户细分群体？一旦做出决议，企业就可以凭借对特定客户群体需求的深刻理解，仔细设计相应的商业模式。

2．价值主张

价值主张用来描绘为特定客户细分创造价值的系列产品和服务。价值主张是客户转向一个公司而非另一个公司的原因，它解决了客户困扰（customer problem）或者满足了客户需求。每个价值主张都包含可选系列产品或服务，以迎合特定客户细分群体的需求。在这个意义上，价值主张是公司提供给客户的受益集合或受益系列。

3．渠道通路

渠道通路用来描绘公司是如何沟通、接触其客户细分而传递其价值主张。沟通、分销和销售这些渠道构成了公司相对客户的接口界面。渠道通路是客户接触点，它在客户体验中扮演着重要角色。

4．客户关系

客户关系用来描绘公司与特定客户细分群体建立的关系类型。企业应该弄清楚希望和每个客户细分群体建立的关系类型。客户关系范围可以从个人到自动化。客户关系可以被以下几个动机所驱动：客户获取、客户维系和提升销售额（追加销售）。商业模式所要求的客户关系深刻地影响着全面的客户体验。

5．收入来源

如果客户是商业模式的心脏，那么收入来源就是动脉。收入来源用来描绘公司从每个客户群体中获取的现金收入（需要从创收中扣除成本）。企业必须扪心自问，什么样的价值能够让各客户细分群体真正愿意付款？

6．核心资源

核心资源用来描绘让商业模式有效运转所必需的最重要因素。每个商业模式的运营都需要核心资源，这些资源使得企业组织能够创造和提供价值主张、接触市场、与客户细分群体建立关系并赚取收入。不同的商业模式所需要的核心资源也有所不同，如微芯片制造商需要资本集约型的生产设施，而芯片设计商则需要更加关注人力资源。核心资源可以是实体资产、金融资产、知识资产或人力资源。核心资源既可以是自有的，也可以是公司租借的或从重要伙伴那里获得的。

7. 关键业务

关键业务用来描绘为了确保其商业模式可行，企业必须做的最重要的事情。任何商业模式都需要多种关键业务活动，这些业务是企业得以成功运营所必须实施的最重要的动作。正如核心资源一样，关键业务也是创造和提供价值主张、接触市场、维系客户关系并获取收入的基础。同样，关键业务也会因商业模式的不同而有所区别。例如对于微软等软件制造商而言，其关键业务包括软件开发；对于戴尔等计算机制造商来说，其关键业务包括供应链管理；对于麦肯锡咨询企业而言，其关键业务包含问题求解。

8. 重要合作

重要合作用来描述让商业模式有效运作所需的供应商与合作伙伴的网络。企业会基于多种原因打造合作关系，合作关系正日益成为许多商业模式的基石。很多公司创建联盟来优化其商业模式、降低风险或获取资源。可以把合作关系分为以下4种类型：在非竞争者之间的战略联盟关系；在竞争者之间的战略合作关系；为开发新业务而构建的合作关系；为确保可靠供应的购买方而构建的供应商关系。

9. 成本结构

成本结构用来描绘运营一个商业模式所引发的所有成本，也用来描绘在特定的商业模式运作下所引发的最重要的成本。商业模式中，创建价值和提供价值、维系客户关系以及产生收入都会引发成本，这些成本在确定关键资源、关键业务与重要合作后可以相对容易地计算出来。然而，有些商业模式，相比其他商业模式更多的是由成本驱动的。例如，那些号称"不提供非必要服务"（no frills）的航空公司，是完全围绕低成本结构来构建其商业模式的。商业模式创新的9个要素的关系如图3-4所示。

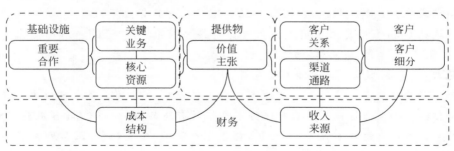

图3-4　商业模式创新的9个要素的关系示意图

根据9个要素之间的逻辑关系，商业模式设计可以分为3个步骤：明确价值主张、重构业务结构和优化赢利模式。

➤ 案例：Costco为什么能搅动零售业江湖？

1983年，第一家Costco仓储店在美国西雅图开业。在30多年时间里，Costco发展迅速。如今，Costco年收入超9000亿美元，已经成为全美第二大超市品牌，有它的地方沃尔玛都要绕道走。2019年8月，Costco在上海开设中国大陆第一家仓储店，直接"崩盘"：开业

1小时收银台计算机出现宕机,顾客停车要花3小时,结账还要花2小时,员工在手推车和人群的夹缝中超负荷运转。报纸和电视上天天在讨论刺激消费,一度让人怀疑这是一个伪命题。

Costco是一家付费会员制超市,全球拥有9200万会员,90％以上的美国家庭都是他们的会员,Costco 70％的利润都来自它的会员费。Costco聚焦美国最壮大的消费群体——中产阶级家庭。这个群体普遍具备较强的消费能力和意愿:他们并不对廉价折扣商品有多大的兴趣,而是对高品质、高性价比的商品最为青睐,并且愿意对优质商品进行一次性批量购买。极大的成功背后,人们看到的是Costco八大奇葩属性,每一条都让人匪夷所思,却又不得不服。

奇葩一:每天思考怎么少赚点钱。

满世界的老板都在追求毛利,只有Costco整天在想:如何少赚一点。今年毛利率10％,明年能不能降到9％?后年8％就更好了。Costco的毛利率低得你无法想象——平均不到10％,如果高于14％就要经过CEO批准。

奇葩二:如果产品不满意,一言不合就退货。

在Costco,任何时候任何商品,只要顾客不满意,随时可以退,不需要任何理由。关于它的无理由退货,曾经一度刷屏社交网络,例如有人成功退掉了吃了一半的饼干、穿了几个月的衣服。甚至,用过的电器降价了,一言不合,退退退!

奇葩三:超市大,东西少。

东西少并不是指数量少、类别少,而是品种少。在Costco,每一个品类只精选2～3个品牌,对消费者来说,一眼就能找到自己需要的东西,这简直就是选择困难症患者的福音。Costco门店平均只有3800个活跃SKU(Stock Keeping Unit,最小存货单位),而沃尔玛管理的SKU达到9万个。这意味着在Costco,每一款商品都是爆款。那么超低SKU有什么好处呢?首先,保证了商品高质量;其次,精选SKU的庞大销量提升了Costco的议价能力。Costco要求供应商提供最低报价,一旦发现同款商品其他厂商有更低的采购价,这款商品将永远从Costco的货架上消失。在这种商品管理的思路下,Costco筛选出的每一款SKU都实现了"大库存、快周转"的目标。

奇葩四:"有毒"服务——超市界海底捞。

Costco的会员服务简直就是中国的海底捞。拿着Costco的会员卡可以去它的医疗中心做免费体检。如果会员自己的医疗保险不包括所有药品,那么去Costco买药,价格远低于市面价。很多人喜欢在Costco买家电,它会负责配送、安装和售后,帮顾客解决所有问题,让电器公司的安装雇员无事可做。

Costco不仅开超市,它还有一个鲜为人知的身份——全美第二大汽车经销商,一年卖出50万辆车。在它的加油站,会员加油超便宜,还能终身享受免费打气和四轮定位服务。

奇葩五:实体店比电商效率更高。

在人们的思维中,互联网就是效率的代名词,网上办任何事情都效率高。但在Costco,又是另一番景象。Costco重构供应链的运营模式:以会员制掌控用户需求,利用庞大的用户需求拉动式供应链降低上游成本。

零售界的一个非常重要的指标是库存周转天数,沃尔玛的这一指标接近两个月,亚马逊是45天左右,而Costco做到了30天以下;体现零售实力的最根本数据是坪效,沃尔玛是

0.47 万美元/平方米，山姆会员店高一点，是 0.7 万美元/平方米，而 Costco 的坪效高达 1.3 万美元/平方米。

正是因为这样的逆天数据，Costco 的销售额在不到 10 年的时间里翻了一倍多，扛起了实体店对抗电商的大旗。

奇葩六：服务员薪酬直逼谷歌。

Costco 员工的工资怎么样呢？它的平均工资为 20.89 美元/时，几乎是沃尔玛的两倍，普通超市的三倍。可以这么说，Costco 的员工待遇甚至超过硅谷的一些顶级科技公司。

高工资的好处非常明显，Costco 每位员工的平均销售业绩是沃尔玛的两倍，员工的满意度高达 80%，员工首年跳槽率仅仅只有 17%，而行业平均值是 44%。

奇葩七：向顾客收取高额会员费。

上面说过，Costco 所有商品的毛利都用在了超市的运转上，换句话说，它卖东西不赚一分钱。

作为全球最大的会员制仓储超市，只有会员才能享受到 Costco 的各种逆天商品和服务。

目前，Costco 在全球有 9200 万会员。据 2019 年数据统计美国有 8300 万家庭，这意味着 90% 以上的美国家庭都必备一张 Costco 会员卡，并且续签率达到惊人的 91%。Costco 在美国的会员费是每年 60 美元，加拿大会员费是每年 60 加元，而中国会员费是每年 299 元。靠着近亿人的会员费，Costco 赚得盆满钵满。

奇葩八：不要装修的卖场和大包装的商品。

Costco 一般会购买或者租用郊区甚至高速路附近非常廉价的土地，采用非常简单的卖场布局和简洁的设计风格。使用仓储式陈列产品，其 30% 货物由厂商直送门店，其他 70% 货物由厂商送至中心库，这个过程中 Costco 也尽量不再拆包，消费者买到的商品就是厂家送来时候的样子。

除了以上的奇葩行为之外，Costco 还很少做营销广告，仅依靠客户口碑。

➤ 思考题：

1. 请绘制 Costco 公司的商业模式创新的 9 个要素示意图。
2. 你认为除了以上 9 个要求以外，还需要考虑哪些因素？

3.2　信息系统驱动商业模式创新

今天，信息系统成为商业创新的重要促进力量之一，发挥着越来越重要的作用。本节将全面分析信息系统在商业活动中的作用，并介绍企业竞争力分析的相关理论，帮助读者理解信息系统和企业竞争力之间的关系。

3.2.1　商业模式创新的驱动力

企业商业模式创新的驱动力是形成商业模式创新的基础，是商业模式创新过程的重要决定因素，同时也是构成企业商业模式创新系统的重要组成部分。正确识别和把握商业模式创新驱动力，是有效引导企业开展商业模式创新，促进企业商业模式创新成功的基础和保证。

　　商业模式创新的驱动力可以划分为来自企业内部与外部两方面,结合企业创新动力的相关理论以及商业模式创新的自身特征,可以得出商业模式创新的驱动模型——商业模式创新的外部动力包括技术驱动力、市场驱动力、竞争驱动力和政策驱动力,而内部动力主要源于企业家自身的创新精神或企业管理团队的创新决策,如图 3-5 所示。

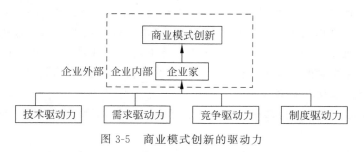

图 3-5　商业模式创新的驱动力

1．内部驱动力

　　系统科学通常把信息看成系统的组织力,依靠信息运作把诸多部分组合成为一种有序的结构,实现系统的整合、发展演进与变革。企业家作为企业这一组织系统的控制中心,自然成为组织内部信息运作的中心和控制者。所以,尽管商业模式创新具有外向性的基本特征,受到各种企业外部因素的影响和制约,但是各种外部因素往往也与内部因素有着千丝万缕的联系,外部因素对于企业商业模式的影响还都需要通过企业家这一企业内部重要的信息控制中心传递,才能产生全面性的影响。可以说,商业模式创新作为一种企业系统的整体创新,从企业内部来看,其驱动力主要来自企业家和企业家的创新精神。

　　企业家的概念来源于英文"Entrepreneurship",其含义是从事某种行业,通过开办工厂和创新实现自身目标,并满足社会需求的群体。在这里企业家被认为是当然的"创新者"。约瑟夫·熊彼特认为企业家是不断在经济结构内部实行"革命突变",对旧的生产方式进行"创造性破坏",实现生产要素的新组合的人,是推动国民经济向前发展的主体。马歇尔将企业家才能作为一类生产要素,认为是企业家把土地、资本、劳动以及企业家才能本身等生产要素按最有效的方式组织起来,实现了资源的最优配置。狄莫斯认为"企业家精神是一种思考、推理和行动模式,是一种追求机会、整体权衡、具有领导能力的行为"。而德鲁克认为,企业家创新精神就是一种革新行为,这种行为赋予了现有资源新的创造财富的能力。德鲁克把企业家创新精神明确界定为社会创新精神,并把这种精神系统地提高到促进社会进步的杠杆作用的地位。

　　约瑟夫·熊彼特将企业家看作是均衡的破坏者,认为企业家为追求利润目标实现新的生产要素组合,从而打破市场的均衡状态,而柯斯纳、卡森等却把企业家看作是市场均衡的恢复者,认为由于信息不完全和人的有限理性,市场常处于一种不均衡的状态,企业家为了获取盈利,通过重新配置资源将市场再次导入均衡状态。双方的观点都有各自的合理性,企业家既可能是均衡的破坏者,也可能是均衡的恢复者,但无论怎样,企业家都被视为是一种能够改变经济结构原有状态的创新动力因素。

　　企业家的创新精神通过创新实践得以表现。一般来说,企业家的创新,首先表现为思维方式的创新,其次是技术创新、管理创新和营销创新等职能创新,并且最终以上述创新在企业层面上的有机整合——商业模式的创新得以实现。企业家发动的创新,也许最初都具有一定的具体性和针对性。例如,针对某一社会需求目标创新地使用某种生产技术,但最终由于企业家在企业中所处的独特地位,这些创新都将表现出对企业内部资源利用的综合性与创新目标的整体性,并最终引发企业内部多个层面的连续创新,即商业模式的创新。因此,企业家发动的企业创新,并不是单纯地表现为某一企业职能的创新,而是涉及企业各个层面和多种职能的商业模式创新。

由于企业家拥有创新力、洞察力和统帅力等优势,所以在企业管理创新过程中,不管企业规模大小,企业家都一直扮演着主导性、关键性的角色,尤其在中小型企业中情况更为突出。很多学者利用实证研究的方法,证明了企业家对于企业创新所具有的推动作用,特别是针对商业模式创新这种涉及企业各个层面和多种职能的系统化变革,仅依靠专业的研发部门或某些专业技术人员或市场营销人员都是难于推动和把握的,只有能够掌控全局,同时了解需求变化趋势、竞争态势以及相关政策法规和专业技术发展,具有创新精神的企业家才能系统化地推动企业商业模式各要素之间协同变革,并最终实现商业模式的创新。

应该指出的是,企业家作为商业模式创新的企业内部驱动力,与商业模式创新的外向性并不矛盾。这是因为,首先,企业家发动的商业模式创新,其来源是企业外部环境的变化和适应变化的需要。外部环境的变化,通过需求与竞争条件的变化,影响企业家并最终促使企业家根据上述变化的需要进行创新。事实上,无论是商业模式创新还是技术创新,都不是企业家随心所欲的产物,而是对照着某种环境需求或竞争目标,经过不断构思,不断优化组合各种资源的结晶。社会需求与市场竞争是商业模式创新以及技术和管理创新构思的核心和重心,各种构思的方案、各种解决问题的方法手段,归根到底都是针对社会需求和有效竞争而提出的解决方案。社会需求与竞争环境发生变化,解决问题满足需求的方法也就需要变化,企业家需要准确预测外部环境的变化趋势,并且有效整合资源和创新资源组合方式,从而有效地满足需求和应对竞争。对于企业家而言,创新就是根据外部环境变化的需要,调整和改变资源的组合的形成与产出结果,并使之比竞争者更加有效地为消费者创造价值。

其次,在今天的知识经济背景下,一个人不可能拥有推动商业模式创新所需要的各种知识,企业家也不例外。企业家的创新思想与创新实践也需要从外界补充和吸取各种相关的知识和信息。及时发现和捕捉到能够为企业发展带来机遇的各种科学技术、社会文化以及政府政策的变化和机会,是企业家必须具有的特质之一。所以说,企业家对于商业模式创新机会的把握,同样依赖于对于外部环境变化的敏锐观察和把握。即企业家作为商业模式创新企业内部的核心驱动力量,推动创新走向成功同样也离不开对于企业外部环境机会的把握。因此,只有那些能够准确预测环境变化趋势的企业家才能真正有效地推动商业模式创新并获取成功。

2. 外部驱动力

外部驱动力是指企业外部因素对商业创新的促动作用,主要包括技术、需求、竞争力和政策。以下部分将重点讨论这4方面的内容。

1) 技术驱动力

信息技术是商业模式创新的关键驱动力,与外部技术组织保持良好交流是推动企业创新的关键因素之一。基于数据处理和移动通信的信息技术使得多种新模式(例如远程教育、网上商城等)得以运用。新的信息技术在为企业更好地满足消费者便利需求创造条件的同时,也在改变企业与企业之间的合作与交换模式,使企业间的分工合作更加便捷与紧密,促使全新的商业模式在 B2C 与 B2B 之间不断涌现。由此可见,在信息技术革命的当今社会,技术依然是推动商业模式创新最为重要的动力之一。还应该指出的是,驱动商业模式创新的技术力量也可能来自相关的材料技术、工艺技术和管理技术等不同类型的技术创新与技术变革,而不同类型的技术变革对于不同行业企业的商业模式创新的驱动作用又各不相同。因此,研究商业模式的技术驱动力,应该结合具体的行业背景,对不同类型的技术作用进行分类研究。

2)需求驱动力

"企业本性论"告诉人们"追求利润最大化"是企业生存的目标,而实现这一目标最有效的方式就是更好地满足市场需求。为了更加有效地满足市场需求,企业需要紧紧跟随市场需求的变化趋势,通过各种形式的创新及时适应市场需求的各种变化。因此,从某种意义上说,正是需求的变化驱动着企业商业模式的不断创新。此外,为顾客创造价值也是企业获取利润的前提,而顾客价值是一个主观见之于客观的产物,既包含客观的成分,如产品本身的价值,也包含主观的成分,如形象价值、品牌价值等主观因素,伴随消费者需求偏好的转变,企业产品的价值也应随之转变。所以,从有效创造价值的视角看,需求也是驱动商业模式转变的关键动力。企业在客户主导的创新过程中所发挥的主动作用,并通过感知客户需求,形成解决方案,建立商业原型的范式称为用户创新。推动用户创新的首要任务在于对市场的关注,以及通过教育和帮助加强客户参与。客户密集度和参与度是影响服务企业创新模式的两种主要市场驱动力之一。

3)竞争驱动力

比竞争者更有效率地满足市场需求,是企业获取利润的关键,为了比竞争者更具效率而努力降低产品成本或价格,成为影响企业商业模式创新的另一种重要驱动力。市场中反常规的变化增强了竞争,使得新型服务被开发出来并提供给顾客,但如果行业结构的刚性、竞争的缺乏、生产能力过剩则导致商业模式创新驱动力不足、形成商业模式创新障碍。为了降低成本,企业可以通过重新选择资源组合、再造生产以及价值主张和界面模式等各种形式实现。竞争是驱动企业商业模式创新重要力量。

4)政策驱动力

政府的一个重要作用就是商业模式创新的触发器。政府的这个角色非常重要,它可能直接促进某种创新(通过 R&D 资助等),也可能导致新规则的产生。例如,严格的环境控制带来了对测试、诊断和控制服务的需求,同时也刺激了开发合乎环境要求的服务产品和工艺的要求。

3.2.2 信息系统赋能商业模式创新

为什么今天信息系统如此重要?为什么企业在信息系统和技术的投入如此之多?美国有超过 2100 万名管理者和 15 400 万名工人依赖于信息系统来开展业务。在美国和大多数发达国家,信息系统是开展日常业务以及实现战略业务目标的关键,如果没有持续地大量投资于信息系统建设,整个经济的运转将不可想象,电子商务公司如亚马逊、eBay、谷歌和 E-Trade 根本不会存在。今天的服务行业——金融、保险、房地产,以及个人服务业,如旅游、医药、教育,没有信息系统就无法运作。同样地,零售企业如沃尔玛、西尔斯,还有制造企业如通用汽车和通用电气都需要信息系统以保证其生存和繁荣。正如办公室、电话、文件柜、有电梯的高层建筑曾经是 20 世纪的商业基础一样,信息系统就是 21 世纪的商业基础。

企业应用信息技术的潜力与其执行企业战略并实现企业目标的能力之间的关联起来越紧密(见图 3-6)。信息系统能做什么往往决定了企业在未来 5 年所能做的事情。企业想要增加市场份额、成为提供高质量或低成本产品的生产商、开发新产品和提高员工生产效率,越来越取决于组织内信息系统的性能。越深入理解这样的关系,作为管理者产生的价值就越大。

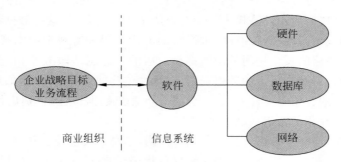

图 3-6 企业战略与信息系统的关系示意图

在当今组织体系里,企业的信息系统和业务能力相互依存度日益增长。战略、制度和业务流程的变化越来越依赖于硬件、软件、数据库和通信的改变。通常,企业想做什么将取决于其信息系统允许它做什么。

具体来说,商业公司对信息系统的大量投资主要用于实现 6 项战略业务目标:卓越运营;新产品、新服务和新商业模式;与客户和供应商的密切关系;优化决策;扩大竞争优势;永续经营。

1. 卓越运营

企业持续寻求改进其运营效率以获取更高的利润,而信息系统和信息技术是管理者可利用的最重要的工具之一,它可以帮助企业实现更高的运营效率和生产率,特别是在配合业务流程和管理行为改变时的效果更显著。

全球最大的零售商沃尔玛是信息系统能力与卓越的运营实践和支持管理完美结合达到世界一流运营效率的典范。2021 财年,沃尔玛的销售额达到 5240 亿美元,很大程度上归功于它的零售链管理系统。这个系统连接其供应商与每家沃尔玛的零售商店,只要客户购买了某一商品,供应商立即能监测到,从而准确地安排补充货架上的商品。沃尔玛也是全行业最高效的零售商,每平方英尺(1 平方英尺 ≈ 0.09 平方米)实现销售额超过 28 美元,销售额最接近的竞争对手塔吉特(Target)每平方英尺仅实现 23 美元,而其他零售企业每平方英尺实现不到 12 美元的销售额。

2. 新产品、新服务和新商业模式

信息系统和技术是公司创造新的产品和服务以及全新的商业模式的主要驱动器,商业模式(business model)描述的是企业如何通过生产、运输和销售产品或服务来创造财富。

当前音乐产业已与十年前大不相同。苹果公司把基于唱片磁带和 CD 载体的传统音乐销售模式转变为基于自有的 iPod 技术平台的合法在线分销模式。苹果公司从 iPod 技术的不断创新中获得成功,包括 iTune 音乐服务、iPad 和 iPhone。

3. 与客户和供应商的密切关系

当企业真正了解并能很好地服务于客户时,客户常会成为回头客,购买更多的产品,就能提高企业的收入和利润。同样对供应商来说,企业与供应商关系越紧密,供应商就越能更好地向企业提供重要的服务,从而降低企业成本。如何真正了解客户或供应商,对拥有几百万线下或在线客户的企业来说是个关键问题。

曼哈顿的文华东方等高档酒店的例子说明,信息系统和技术的使用能让企业与客户建立密切的关系。这些酒店用计算机来记录客户的个人偏好,并将这些数据存入大型数据库,例如,他们喜欢的室内温度、入住时间、常拨打的电话号码和常观看的电视频道等。为便于远程监控或控制,酒店的每个房间的网络都与酒店的中心网络服务器相连。当客户到达酒店时,酒店系统会根据客户留下的数据资料,自动调整房间的室内环境,如调暗光线、设置室内温度或选择合适的音乐等。此外,这些酒店分析客户数据,从中识别出最佳客户,并根据客户偏好开发出个性化的营销活动。

杰西潘尼(J. C. Penney)百货公司的例子说明,信息系统能使公司与供应商关系更加密切,从而使企业从中获益。每当美国杰西潘尼百货公司卖出一件礼服衬衫后该销售记录会立即出现在其供应商——香港的 TAL 制衣有限公司(TAL Apparel)的信息系统中。TAL 公司是一家成衣生产商,全美销售的八分之一的衬衫由该公司提供。TAL 公司自己开发了一个计算机分析处理模型和系统,通过该模型来分析各种数据并决定要生产多少衬衫,包括款式、颜色和尺码等生产所需信息。接下来,TAL 公司生产出这些衬衫以后就直接配送到每个杰西潘尼百货商店,而不需要送到该零售商的仓库。换言之,杰西潘尼公司的衬衫库存几乎为 0,库存成本也就接近于 0。

4. 优化决策

很多企业管理者至今仍在信息不透明的环境下工作,几乎从未在正确的时间获得正确的信息然后做出决策,反而依赖于预测、猜测和运气,这样做的结果是企业产品和服务要么过剩、要么不足,企业资源分配不合理,响应时间拖延等。这些糟糕的结果导致了企业生产成本上升和客户流失。十多年来,信息系统和技术的发展已使得管理者决策时利用来自市场的实时数据成为可能。例如,威瑞森电信(Verizon)公司是美国最大的通信企业之一,通过基于网络的数字仪表盘给管理者提供关于客户投诉每个服务区的网络质量、线路停电或暴雨损坏的线路等的实时信息。一旦有了这些信息,管理者就能马上决策给受影响的地区分配维修资源,告知用户维修事宜,并快速恢复服务。

5. 扩大竞争优势

企业的目标包括卓越运营,新产品、新服务和商业模式,与客户和供应商的密切关系,优化决策等。当公司实现其中一个或多个目标时,它们也就有可能获得了竞争优势。当企业在上述几个方面比竞争对手做得更好、企业的产品质优价廉、企业能实时响应客户和供应商的需求时,这些综合起来将会使企业创造竞争对手难以匹敌的高销售额和高利润。

6. 永续经营

商业企业会投资一些企业运营所必需的信息系统和技术,有时这些"必需的"信息系统和技术驱动了行业变革。例如,1977 年,花旗银行在纽约推出了第一台自动柜员机(ATM),通过 ATM 这样的服务吸引了客户。随后竞争对手紧跟其后,也迅速地为自己的客户提供了 ATM 服务,以便和花旗银行抗衡。如今几乎美国的所有银行都提供了本地的ATM 服务,且和国际 ATM 网络相连,例如 CIRRUS 网络。如今银行为零售客户提供ATM 服务,已经是银行零售业务生存的一种必备要求。

美国许多联邦和州的法规与规章规定,要求建立公司及其员工保留记录,包括数字记录的法律责任,例如《有毒物质控制法令》(*Toxic Substance Control Act*,1976)规定,当工人接触 75 000 多种有毒化学物质中的任何一种时,要求公司保存该员工记录的时间为 30 年。旨在加强上市公司及其审计师责任的《萨班斯-奥克斯利法案》(2002)要求,会计师事务所审计上市公司后必须保存审计工作报告和记录 5 年,包括所有电子邮件等,其他诸如在医疗保健、金融服务、教育和保护隐私等方面,许多联邦政府和各州均有相应的法律法规,要求美国企业必须保留和报告有关重大的信息。因此企业需要利用信息系统和技术开发相应的能力来满足这些挑战和要求。

3.2.3　数字时代商业模式创新的路径

IT 和信息平台是商业模式创新的载体,利用 IT 建立灵活的信息支撑体系和协同业务网络已经成为企业成功商业模式的鲜明特征。

1. IT 融合传统产品与服务

商业模式是隐含在实际业务流程背后的盈利和发展模式,是企业经营的一种个性化表达。每个成功的企业背后都有一套有特色而且有效的商业模式。对于传统行业的企业而言,有效地将 IT 融合到传统商业模式中,使企业在利用自身优势满足目标市场所需产品和服务的同时,不再为客户提供单一的产品和服务,而是完整的服务或产品的解决方案。

融合是 IT 的本质特征,传统企业在原有产品和服务中融入 IT 是商业模式创新的关键。由原来只关注产品和服务本身,转向为满足客户更深层次体验的一整套全方位服务的解决方案,从而为客户提供的价值从尖端产品转移到值得信赖的服务解决方案上,达到提升客户价值的目的——这也是实现企业价值的核心。对于企业而言,前期的电子化服务需要巨额固定成本用于基础设施建设,但由于电子化服务具有多服务一个客户或者增加一个服务单元,成本可忽略不计的特征,其边际成本常常趋于零,所以将传统产品或服务与 IT 相融合,以产品升级和服务创新构建完整解决方案,是带动商业模式创新的重要途径。

2. IT 支撑产品实现高附加值

企业对 IT 的利用随着技术自身的不断成熟及企业现代管理需求的提高正向企业核心命脉渗透。目前,网络化能力已经成为商业模式创新的关键能力。IT 在为客户提供个性化产品和服务的同时,也在改变客户的行为,为额外附加值的创新创造了机会。企业的网络化能力为传统制造企业实现产品高附加值商业模式创新提供了一条新的途径,最终形成以传统产品为核心,实现产业链条的发展,有利于企业降低风险。可见,以网络化能力为运营核心,以传统生产为根基,以实现客户价值最大化为目标,是带动传统制造业商业模式创新的重要途径。

3. 建立商业生态系统

在当今世界全球化市场竞争环境下,企业不仅应关注内部资源和竞争力,还应关注外部资源和竞争力。商业生态系统是企业间借助网络平台,对内外部资源和能力进行协同管理的经济群落。网络协同技术是构建商业生态系统,形成以协同竞争和双赢为目标的新商业运作模式的动力来源。

据美国 Gartner Group 咨询公司调查显示,一个实施协同网络商务的企业,能有效地将企业开发成本降低 25％,交易成本降低 30％～70％,库存成本降低 25％～40％。通过 IT 将上游企业组成一个动态网络的协同产业系统网络,使客户需求在网络协同平台中达到实时的应用联动,快速和高效地响应市场需求,降低成本,让来自协同网络的收益可直接转化为企业利润。

3.3　商业模式设计的实践

商业模式的实践工作非常重要,是事业模式研究理论的落地,本节主要是从实践的层面,阐述相关的内容。

3.3.1　商业模式设计的重要性

放眼全球,当今世界上有影响力的公司都有其独特的、创造性的商业模式。早在 2006年,IBM 公司就创新问题对全球 765 家公司的调查结果表明,他们中有 83％的管理者认为商业模式是最重要的思考领域。相比于那些更注重产品和市场创新、工艺和流程创新的企业而言,这些公司在过去 5 年的经营利润增长率表现得更加出色。商业模式创新的重要性如图 3-7 所示。

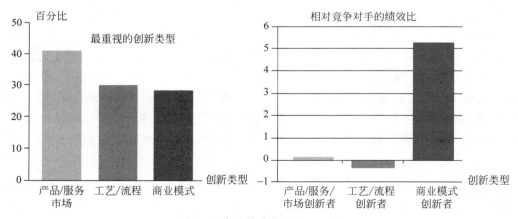

图 3-7　商业模式创新的重要性

商业模式设计是商业模式发挥作用的第一步,设计良好的商业模式,将会立马体现出奇特的效果。商业模式设计的重要性,将以一个月饼"证券化"的小故事予以佐证。

月饼是中秋节的传统美食,在过去的一段时间,美味的月饼中也蕴含着奇特的商业模式,月饼券就是这种魔幻商业模式的见证,如图 3-8 所示。

图 3-8　月饼券与月饼"证券化"

　　热情好客是中国人的传统美德，每年中秋佳节，亲朋好友之间相互馈赠月饼，企业派发节日慰问品成为了一种常见的节日问候。或许你会发现这种现象：有的企业不再发实体月饼，而是改送"月饼券"。一到中秋，单位发、亲友送，一个人手里可能有几张月饼券。但是月饼并非刚性需求，一部分拥有月饼券的人，并不会真心实意来兑换月饼，而是会找黄牛兑现。这就让月饼券的发行脱离了月饼实体"基本面"，变成了一门实实在在的投机生意，而月饼生产厂家也乐见其成。

　　月饼传统的销售流程和证券化流程分别如图 3-9 和图 3-10 所示。最典型的流程如下：月饼厂家印了一张面值 100 元的月饼券，以 65 元卖给了经销商，经销商以 80 元一张卖给了消费者 A，消费者 A 将月饼票送给了 B，B 以 40 元一张卖给了黄牛，厂家最后以 50 元一张向黄牛收购。奇幻的现象发生了，没有生产月饼，厂家赚了 15 元，经销商赚了 15 元，A 送了人情，B 赚了 40 元，黄牛赚了 10 元。

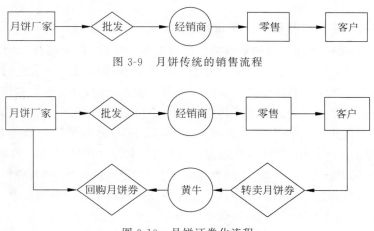

图 3-9　月饼传统的销售流程

图 3-10　月饼证券化流程

　　月饼券的好处良多：对于商家，先卖月饼券再根据月饼券生产月饼，这样就不会由于多生产卖不掉而浪费，而且通过回收的方式，不费吹灰之力，就能赚到一笔额外收益；对于公司或者送朋友的人，不必承担太多的运输成本，而且月饼券标注价格，送人方便还有面子。对于手里有月饼券的人就更有好处了，以前月饼吃不完就要扔掉，现在直接把月饼券卖给黄牛，可以变现。真是一举三得。

　　此外，商家还有一个赚钱秘诀：等待消费者手里的月饼券过期。举个例子，商家每发行 1000 张月饼券，并且规定提货日期，过期作废，月饼券一文不值。商家实际只生产 300 盒月饼,这背后的逻辑,就是赌只有30%的人会真正来兑换月饼,剩下的70%月饼券,要么进入循环渠道,重新回到商家手中,要么躺在某个安静的角落里,直到过期。再推敲下去,商家还有一些小盈利点:提前预售月饼券以获得资金的利息收益,提前获知市场需求。

不过近年来,月饼券的这一隐秘"江湖"也在发生变化。由于相关规定的威力,月饼券作为中秋节礼品的流通率降低,加之电商的日益发达,月饼券这一盛极一时的商业模式也日渐式微,难现往日辉煌。

虽然这更像是一则故事,但却比较直观地揭露出月饼证券化背后的商业创新。月饼厂家的生产并没有太大的改变,但是却改变了传统月饼销售的商业模式,不但赚取了额外的收益,还形成了一个相对完整的"月饼券经济"产业链条。商业模式创新的威力可见一斑。

通过以上对"月饼证券化"的介绍,请思考以下若干问题:

(1) 月饼券满足了什么样的需求?为用户提供了什么样的价值?

(2) 月饼券的目标群体是什么?价值主张是什么?

(3) 你认为"月饼证券化"是一种可持续的商业模式吗?你理想中可持续的商业模式需要满足什么条件?

3.3.2　影响商业模式创新的具体信息技术

互联网、云计算等信息技术应用所引发的新技术、新发明都在不断推动新商业模式的产生和演化,以下将列举7种典型的信息技术应用,这些技术对商业模式的创新有重要促进作用。

1. 社交媒体:客户参与的一个关键因素

社交媒体的传播速度比互联网本身的传播速度要快很多,社交媒体的应用呈指数级增长。目前,在1985年后出生的用户中,有60%的人在使用手机时主要是使用社交媒体和各种应用程序,而不是用手机打电话或者发电子邮件。曾几何时,社交网络和微信甚至都还没有出现,但是现在却已经成为人们在线体验的一个不可或缺的部分。

有数据显示,截止到2019年第三季度,每天登录Facebook的用户数超过16亿次;定位于职业化网络的LinkedIn全球用户超过6.45亿;作为全球销量第一的碳酸饮料,可口可乐有超过1亿的Facebook粉丝,它同时也常年盘踞"年度最受欢迎的饮料"排行榜单的前列。今天,几乎所有的公司都已经意识到了无处不在的网络平台的利用价值。今天,通过社交媒体和聊天论坛与客户进行互动,获得更好的客户见解,已经成为惯例。

2. 共享社区和网络

技术影响着社会,同时也影响着消费者的偏好。互联网促进了在线用户网络的创建,如在线销售二手商品的网站eBay,提供私人贷款的网站Zopa,以及为假期提供租房服务的网站Airbnb。美国每7对已婚夫妇中至少有1对是在网上相识,鉴于此趋势有望在欧洲逐渐流行,PARSHIP的创始人在2000年成立了网上约会代理机构,通过外表匹配算法将志同道合的伴侣配对。现在PARSHIP在欧洲交友网站市场上占有超过70%的份额。其发展变化的原因是外部网络效应,即网络成员的大量增加提高了网络的价值,网络价值的提升又反过来使得该网络对新成员更具吸引力。因此,要尽早参与到网络社区中,因为你可能找不到比这个更有效的入门方法了。

今天地球上的连接设备比生活在其中的人类还要多,物联网从根本上促进了物质世界与数字世界的连接,从而使更多企业为其客户创造更多数字化价值增值服务的空间。

3. 实体免费增值和数字化附加产品

如今的消费者都已被互联网"宠坏"了,他们在网上能找到各种免费便捷的服务——维基百科或网络报纸网站提供了各种信息、免费电影和软件等。消费者越来越期望相对应的实体服务也同样是免费的,例如,除了满足一定条件以后免运费的服务之外,无论是亚马逊、Zalando,还是百思买集团(Best Buy)都为客户提供了免费重新发货服务。

此外,IT产业还满足了消费者根据产品生命周期灵活使用产品的需求。人们所使用的智能手机能够通过应用程序实现个性化,人们可以选择通过云计算来提升平板的计算性能和数据存储容量。那些核心价值主张主要依赖于实体产品的公司,需要仔细研究,从而找到合适的方法将这一概念应用到它们的价值主张中,并通过数字化附加产品来实现其发展。

这类附加产品的一个突出例子是,提供扩展实体产品功能范围的应用程序。应用程序的下载总数从2009年的40亿次增加到了2013年的700亿次,到2021年,应用程序的下载量达到了3500亿次。然而,尽管增长趋势看好,但应用程序开发行业迄今为止并没有成为大家的金矿。举例来说,在英国有35%的应用程序开发商每月赚到的钱不足1000美元。在德国,这个数字也已达到19%。这一切都表明,应用程序行业的增长并不一定是财务上成功的结果,这同时证明,仅仅依靠一个好的产品或一项新的技术发展趋势不足以构建一个可持续发展的业务,关键是需要一个可行的商业模式。

4. 数字化重载产品

把一些产品推向数字化时代的一个颇具吸引力的方式是为其配备小型的在线传感器,从而使它们更加智能,这使得主要的价值主张被赋予了多种服务功能,这是一种可以改变公司做生意方式的发展趋势。例如,法国应用程序开发公司Withings成功开发了婴儿监控器、血压仪和活动跟踪器——它把硬件和移动应用软件程序结合起来,成功创造了一种可行性商业模式。除了监控使用的硬件设备之外,软件应用程序免费提供了几款个人分析工具,以及附带免费分析功能。这些反"剩刀和刀片"和反"附加"商业模式确实为客户的生活赋予了新的价值。Withings因此生意兴隆,成为了风险投资人争相投资的对象。2013年,该公司获得了300万美元的风险投资基金。而Limmer公司也以类似的方式完成了一项获奖创新,给简单的手表添加了紧急呼叫功能,不仅对老年人来说价值宝贵,对于极限运动员或者儿童而言也都是一项非常有价值的发明。

许多公司不仅调整了高端车,例如宝马和哈雷戴维森摩托车,还通过提供软件下载服务,提高车辆的马力或者改变马达的声音——这些业务对企业而言都极具吸引力,因为这样的数字下载服务的边际生产成本接近于零。

5. 传感器作为一种服务

增加客户亲密度的关键是通过提供服务来创造顾客感知价值。传感器作为一种服务的使用价值,为公司提供了一个全新的视角。传感器可以用来记录产品的运行时间、系统优化或基于行为的服务。卖掉产品并不意味着产品就消失了,可以通过连接的传感器来进行跟踪和监控。这样,预防性或反应性维护就可以变成预见性维护,这就意味着公司能够通过分析用户数据来鉴别什么时候需要进行系统维护,什么时候需要更换零配件。

通过把传感器作为一种服务手段,设备厂家可以远程调整用于雀巢生产车间的新 SIG 包装机,远程优化巧克力的生产。丹麦史密斯公司(FLSmidth)的情况也与此相似,它们将自己的复合水泥工厂系统,安装在霍尔希姆公司在世界各地的水泥生产基地。另一个例子是海德堡印刷机公司(Heidelberger Druck)的印刷机远程故障诊断服务,在世界各大印刷机网点运行。这些应用的共同特征是,实现机器的参数化,借此实现复杂工程背景的远程运用。

另一个例子是费比特公司(Fitbit)生产的臂环,这是一家享誉全球的可穿戴设备提供商。它的臂环产品可以 7 天 24 小时全程佩戴,白天佩戴它们可以监测佩戴者所走的步数、距离和消耗的热量,夜间可以监测睡眠节律,并在清晨温柔地把你叫醒而不发出任何声音。费比特免费在线工具和一个移动应用程序可以让用户进行个人设置并记录结果。

6. 集成数据和实体体验

最初,仿真和虚拟现实只在大型科技企业的内部研发部门使用。随着技术的不断进步和必要设施成本的降低,该技术的应用将下放到以消费者为中心的活动中。增强现实技术可以当作一个销售增强工具或者作为一种改善服务的方式。例如,宝马公司是研究增强现实技术的领导者,公司为其代理商和服务点研究增强现实技术,在越来越复杂的汽车修理过程中协助技工。增强现实技术的优势在于,它很迅速地以一种接近真实世界的方式,帮助客户进行个人汽车的虚拟配置。

7. 从分析到大数据

数据传输、存储和处理技术的快速进步,以及大量可用的连接设备为构建创新型、服务导向型的商业模式提供了基础。大数据表明传感器和连接设备不仅局限于定制服务的生产者,现在的挑战是将收集到的数据进行结构化分析,找出有可能节约成本的地方,更好地获取客户信息及取得其他竞争优势,从而为公司获取价值。2014 年,通用电气公司在所有具有商业影响的连接网络产品领域雇用了 800 名工程师,使得离岸风力涡轮机可以进行相互沟通,并支持它们的自我诊断,例如,如果周边机器运行情良好,那就没有必要关闭中间的涡轮。

随着商业领域越来越多地采用这种方法,这些商业模式往往会将终端客户添加为新客户。得益于大数据和新网络化产品,世界性的电子商务模式正在逐步变成一个集供应商、电子商务服务平台和消费者于一体的世界。几乎每个行业的全新商业模式都要通过今天的这些信息技术趋势来实现。

3.3.3　商业模式设计的"三部曲"

商业模式研究的是企业怎样通过与其他企业、顾客、渠道等相关利益者之间的业务结构设计以及盈利结构的设计来获得竞争优势。因此商业模式设计要解决的本质问题就是价值如何交换,围绕着价值交换,商业模式设计需要实现三方面的目标:明确价值主张、重构业务结构、优化盈利模式。

明确价值主张:商业模式是与企业战略系统一脉相承的,成功的商业模式能使企业的客户价值主张得到延伸,甚至是得到强化。明确价值主张关注产品和客户之间的价值关系,明确产品为客户创造的价值所在。

重构业务结构:企业和利益相关者的关键活动和交易结构怎么安排?业务结构讲的是利益相关者之间的价值关系,企业是一个独立的法人,业务结构本质上解决的是人与人的关系、组织与组织之间的关系,也就是所有的利益相关者之间是如何完成价值交换的。

优化赢利模式:企业的收入和支出结构怎么安排?盈利模式讲的是成本和收入的结构问题,就是一家企业从哪里赚钱,赚什么钱。

1. 明确价值主张

任何成功的商业模式都必须有一个基点,即能给客户提供实实在在的价值。换句话说,客户价值是任何商业模式的起点,也是商业模式的核心,任何忽略客户价值的商业模式都不是好的商业模式。客户价值决定企业的生死。

1) 价值主张的三层含义

明确价值主张就是在客户的心智中建立区别于竞争对手的差异化价值组合的认知,包含了三个层次的含义:一是产品或服务必须给客户带来价值;二是这个价值必须与竞争对手有所差异;三是这个价值要被客户心智所认可和接受。

(1) 客户价值。

客户为什么要购买产品,是因为这个产品满足用户的需求,为用户提供了价值。这个价值可以是解决客户目前遇到的一些问题和障碍,也可以是满足用户尚未被发现的新需求。当前比较流行的用语,"洞察用户""客户痛点"这些词的本质是一样的,就是找到用户愿意为之付出的需求点。

所有成功的企业一定要有一个明确的客户价值主张,例如阿里巴巴的价值主张是"让天下没有难做的生意"。阿里巴巴提供了淘宝平台、天猫平台、支付宝,还有各类营销工具、数据分析工具、物流服务等一系列的服务,让商家可以相对轻松、低成本地完成从开店、交易到交付的生意流程。这是明确客户价值主张的第一层含义。

(2) 差异化。

已经明确了为客户提供什么价值,也确实能解决客户的痛点、满足客户的需求,就一定会成功吗?答案是不一定。在现实的市场中,不仅有客户和企业自身,还有竞争对手。每当一个企业推出了新的产品,无数竞争对手马上会推出类似的甚至是一模一样的产品,并且模仿速度很快,价格可能还更便宜。

在这样的情况下,一家企业要生存下去,只有两种策略:成本领先战略,就是跟竞争对手死拼价格;差异化战略,选择跟竞争对手不一样的价值定位。

采取成本领先战略,就要不断提高内部运营效率,把成本做到最低,通过低价不断扩大客户规模,用规模来建立竞争壁垒,用更高的运营效率打败竞争对手。简言之,就是要让所有的竞争对手做同样的产品时都处于价格劣势,以此吓阻它们的进攻。除了扩大规模降低成本之外,在数字化时代,还有很多方法可以获得低成本,例如,互联网时代的免费模式也是一种低价夺取客户的策略。

采取差异化战略,就要不断进行产品创新,给产品赋予不同的性能和价值点,以满足客户不同的需求,也就是说企业要做与竞争对手不同的事情。

如何做到与竞争对手不同?第一个核心是找到客户的某个差异化需求点,这个非常重要,客户不需要的价值,做得再好也是枉然;第二个核心是在当今这种竞争激烈的环境下,绝对的"人无我有"是不存在的,当客户的差异化需求点找到之后,只是筛掉了一部分竞争对手而已,下一步仍然是死拼硬功夫,在同样选择这个差异化价值定位的所有企业中做到最好。其方法就是聚焦再聚焦,直到所有竞争对手都达不到的程度,也就是"人有我优"这个境界。找到了一个客户的差异化需求点,又能做到竞争对手做不到的专业程度,企业才算是真正走出了一条差异化的道路。对大部分企业而言,差异化是最主要的竞争战略。

（3）客户认知。

一个产品既能满足客户的痛点,也有了区别于竞争对手的差异化,并且这个差异化的价值点也是客户需要的,就一定能成功了吗?答案还是不一定。在竞争激烈的今天,还有一个至关重要的问题就是客户要了解商家,并认同商家确实就是这个差异化价值点的最佳解决方案提供商。

从营销的角度而言,没有客户认知,一切皆无。如何让客户认可并记住产品独特性呢?心理学家发现,为了能够在信息的爆炸性增长时期处理更多信息,人们的大脑逐渐形成了首先把外部信息归类存储,然后在每类信息中进行排列记忆的能力,而每类信息中最多也就排列 7 个。管理学家杰克·特劳特(Jack Trout)将这个心智阶梯理论逐渐发展成了品牌定位论。他认为消费者的心智中同样有一系列梯子,每个梯子代表一类产品(就是品类),每个梯子的每一层相当于消费者对这个品类的一种认知,代表着一个品牌。消费者购买产品时则按层级的次序优先选择品牌。消费者一般只能记住一个品类中的 7 层阶梯(也就是 7 个不同的价值点认知概念),某个品牌如果想获得消费者的认可,就必须进入这个 7 层的阶梯;如果想进一步发展,就必须进入靠前的阶梯上去。最重要的营销战役就是争夺客户认知,这就是人们经常说的品牌。品牌指的是客户对产品的认知深度,是客户脑子里对产品的瞬间记忆和联想。例如,人们看到宝马,就马上会联想到"驾驶者的乐趣",看到奔驰,就会想到这个车主肯定是个很有地位的人。可口可乐公司的创始人艾萨·坎德勒曾说:"假如可口可乐公司的所有财产在今天突然化为灰烬,只要我还拥有'可口可乐'这块商标,我就可以肯定地向大家宣布,半年后,市场上将拥有一个与现在规模完全一样的新的可口可乐公司。"

对于企业而言,品牌虽然看不见,摸不着,却是一种实实在在的资产,品牌承载着消费者对产品的认知和评价,好的认知能使得消费者更加信赖产品,愿意在同等条件下优先选择这种产品,愿意为这种产品付出更高的价格。

在消费者购买产品的时候,根据消费者的介入度和品牌差异度两个维度,可以划分为 4 种决策模式(如图 3-11 所示),在这 4 种购买行为中,品牌的影响力虽然各不一样,但都不容小觑。

图 3-11　消费者决策模式

　　习惯性购买：这种购买模式下，消费者介入度低，品牌差异小。例如，大家去超市买盐、牙签这些低成本、经常购买的东西，这个时候基本上会随意选择一个品牌，即使人们一直购买同一个品牌，也并不是由于品牌忠诚，而是因为习惯。对于这类产品，提高销量只有两条途径：一是通过价格和促销来刺激消费者购买；二是通过增加品牌的差异度和提高消费者介入度。

　　多样性购买：这种购买模式下，消费者介入度低，但品牌差异大，如方便面、饼干、饮料等产品。这种情况下，消费者经常转换品牌，并不是因为不满意，而是为了试一试别的可能性。在这种决策模型下，大的品牌必须不断占据主要货架，投放提示性广告，以增强消费者的习惯性购买，而小品牌需要采取低价、优惠、折扣、免费样品等终端促销的手段，同时还必须投放大量的广告，鼓励消费者尝新，建立消费者对自己的品牌认知，对于实力不够的企业，想要进军这样的领域，几乎没有什么机会。

　　减少失调的购买行为：这种购买模式下，消费者介入度高，但品牌差异小。消费者并不广泛收集产品信息，也不精心挑选品牌，购买决策过程迅速而简单，主要考虑的是价格和便利因素，但在购买后，消费者往往会发现所买品牌的缺点，又会了解到竞争对手的优点，就会经历购物后的不协调。对于这种类型，企业必须注重品牌的售后沟通，让消费者对自己的品牌选择感觉良好。

　　复杂的购买行为：这种购买模式下，消费者介入度高，品牌差异大。这时候消费者会进行深度决策，购买者要经历学习的过程，先熟悉产品的关键要点，形成品牌倾向性，深思熟虑后做出购买选择。例如，个人买轿车就是这种模式。品牌需要了解消费者是如何收集和评价信息的，帮助消费者了解产品属性及不同要素的重要性，突出和强化自身品牌的特性，还要取得终端渠道人员的帮助和推广，最终达成销售。

　　2）明确价值主张的方法

　　在明确价值主张的3层含义后，就可以着手讨论具体的操作方法，主要包括两个步骤。

　　（1）明确客户。

　　任何商业的起点都是客户，几乎每一个行业的成功企业，都有明确清晰的客户定位。企业到底服务于哪些客户？这是在设计商业模式之前必须思考清楚的。只有明确了目标客户，才可以定位相关差异化特性，才可以有针对性地布置渠道策略并采取相应的传播策略。企业在做客户定位的时候必须遵循以下两条重要的法则。

　　第一：少就是多的细分原则。

　　很多企业在做客户细分的时候总有一种错觉，觉得把客户定义得宽泛一些，才能让自己的产品推向更多的人，殊不知把客户定义得越广，意味着花在每个客户身上的心思越少，产品所能满足客户的深度需求越少，个性化少，可替代性就越强。只有精确地细分客户，才能剔除非目标客户，选定最有价值的分客户，在这部分客户身上下足功夫，使自己不可替代。今日不同往昔，大品牌时代已然过去，在数字化时代，消费者个性化需求将倒逼品牌不断分化，企业唯有更精准地聚焦客户才能在满足客户需求上做得更深，品牌才更有生命力。20世纪世界最伟大的建筑大师之一路德维希·密斯·凡·德·罗（Ludwig Mies van der Rohe）曾经说过这样一句话："少即是多"。这句话不仅反映了他的建筑观点和艺术特色，同时也适用于细分客户。

　　第二：按内在特征划分客户。

　　在细分客户方面，企业容易犯的错误是按照外在特征，而不是内在特征划分客户。

外在特征是指消费者的年龄、收入、城乡差异、富裕程度、教育水平等外在指标;而内在特征是指消费者的内在价值观、爱好、对品牌的诉求和渴望等。

20世纪90年代中期,耐克的市场研究部门发现,随着生活方式的多元化发展,思维方式和生活态度越来越成为影响耐克消费者的最重要因素,"一位19岁日本中学生的生活态度和品牌偏好度可能跟一名30岁的纽约黑人一样"。于是耐克开始采用生活态度对消费者进行细分,根据消费者对新产品、新技术的接收时间和接受程度分为创新者(Innovator)、最先尝试者(Early Adopter)、早期从众者(Early Majority)、晚期从众者(Late Majority)和后来者(Laggard)。

耐克将自己的客户锁定在"最先尝试者",他们大约占总人数的10%,一般都是某一个市场或领域的"意见领袖",可以帮助将品牌或产品推荐给"从众者"和"后来者"。通过这样的客户细分,耐克实现了业绩的突飞猛进,1996年,其市场占有率攀升至43%,仅美国市场的销售额就超过30亿美元。

毫无疑问,按照内在特征进行的消费者细分,本质上是在定义目标消费者的性格特征,以及他们拥有的价值观、人生观、世界观。之后,就很容易定义品牌应该拥有的人格特征了。"人以群分,物以类聚",只有品牌的人格特征和消费者的内在特征相合,消费者才会对品牌产生强烈的归属感和较高的忠诚度。

(2) 明确差异化的价值。

差异化的价值有三重含义:一是客户需要的;二是商家能做到的;三是竞争对手做不到的。具体怎么确定这个差异化的价值点呢? 可以参照以下两个步骤。

第一步:确定客户的价值维度。

客户的价值维度有3个层面:理性价值、感性价值、象征性价值。心理学家亚伯拉罕·马斯洛(Abraham H. Maslow)有一个非常著名的需求层次理论,将人类需求像阶梯一样从低到高分为5个层次,分别是生理需求、安全需求、社交需求、尊重需求和自我实现需求。一般而言,生理需求、安全需求属于理性价值,社交需求、尊重需求属于感性价值,而自我实现需求属于象征性价值,而贝恩公司把消费者需求进行了更细维度的区分,形成的消费者需求金字塔如图3-12所示。

品牌的理性价值就是金字塔中的功能类要素,着眼于产品的功能性利益或者相关的产品属性,如功效、性能、质量、便利等。例如,以下都是品牌的理性价值。

飘柔:让头发漂移柔顺。

海飞丝:快速去除头屑。

品牌的感性价值就是金字塔中的情感类要素,其更加重视表达品牌的情感内涵,让品牌带给消费者的感知从冷冰冰的产品本身上升至有血有肉的情感层面。例如,以下都是品牌的情感价值。

南方芝麻糊:南方芝麻糊,记忆深处的味道。

百年润发:青丝秀发,缘系百年。

品牌的象征性价值又叫人格价值,能够满足消费者的心理需求,让消费者跟其他人不一样。也就是说,品牌有鲜明的个性,能够让消费者表达个人主张和不同价值观。金字塔中的改变生活类、社会影响类的价值元素都属于象征性价值。例如,以下都是品牌的象征性价值。

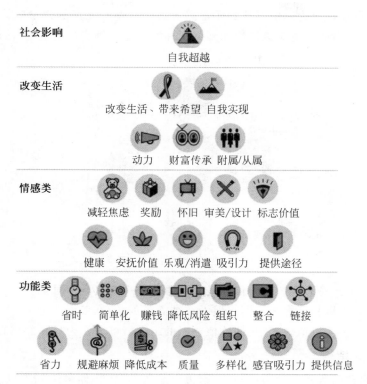

图 3-12　消费者需求金字塔

万宝路香烟：粗犷豪迈。

哈雷（机车）：无拘无束。

行业不同,客户看重的产品价值要素是不一样的。如对于工业品牌,客户更看重质量、降低成本、省时等价值要素,而对于食品和饮料,客户更看重质量、感官吸引力、多样化、设计、审美和安抚价值。

在确定品牌差异化价值时,首先要从行业的角度出发,把对细分客户有价值的所有要素全部罗列出来,包括理性价值、感性价值、象征性价值。这里一定要以客户作为出发点考虑问题,然后,价值要素点列得越全越好,越符合客户真实需求越好。

第二步：确定价值曲线图。

用价值曲线图分析差异化价值。

首先,画坐标图,把确定的客户价值要素点列在横坐标,纵坐标则用来衡量当前实现的程度;可以简单分为 0~5 分,0 分表示没有此项服务,1 分表示极差,2 分表示差,3 分表示中等水平,4 分表示好,5 分表示非常好。

其次,针对横轴上的每一项要素,给象限内自己的产品或者服务打分,然后把每个分值点连成一条线,这条线是企业自身的客户价值曲线。

再次,用同样的方法,给企业最直接的竞争对手打分,绘制企业竞争对手的客户价值曲线。

最后,画出目标细分客户需求的曲线。这一步非常重要,对细分客户需求的理解、洞察力直接决定了企业将聚焦的发力点。可以采用"剔除、减少、增加、创造"四步法（如图 3-13

所示)。哪些被行业认定为理所当然的元素需要剔除?哪些元素的含量应该被减少到行业标准以下?哪些元素的含量应该被增加到行业标准以上?哪些行业从未有过的客户价值元素需要被创造?

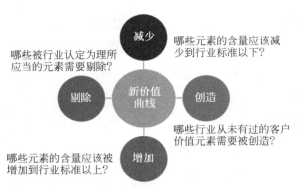

图 3-13　产生新价值曲线的"四步法"

价值曲线图上已经有了 3 条价值曲线,分别是客户、直接竞争对手和企业自身的价值曲线。在这张图上,可以找到客户有需求但没有被满足的价值,竞争对手做得比较差,通过努力可以做到的 1~3 个价值要素,这些价值要素的组合就可以作为品牌的核心价值。

2. 重构业务结构

不管是一家初露头角的公司,还是一家历史悠久的公司,如果碰到了以下问题,就需要重新考虑业务结构了。

(1) 为什么竞争对手的价格能做得这么低?但是自己却成本高昂?

(2) 为什么竞争对手的发展速度那么快?但是自己却如老牛拉车?

(3) 为什么竞争对手的反应速度远远超过自己?

(4) 为什么竞争对手的规模这么大还能这么快?

业务结构直接决定了一家企业的成本、反应速度和扩张速度。如果企业想在激烈的竞争中脱颖而出,更快速地把企业规模做得更大,就必须在业务结构的设计上有独到之处。

价值主张是商业模式的起点,明确了企业的价值主张之后,就应该考虑如何设计规则把内外部相关利益者联合起来,一起实现企业客户的价值。

1) 业务结构设计的基本概念

业务结构设计是指安排企业和所有利益相关者之间的关键活动和交易结构。可以把业务结构设计想象成一个搭积木的过程,水平高的玩家,积木不但搭得高大,而且很牢固,但水平低的玩家,积木搭得摇摇欲坠,一碰就会倒。各个积木块就是不同的利益相关者,他们拥有各种资源和能力,企业必须整合他们的资源和能力为客户创造价值。整合谁?怎么整合?怎么分工?怎么合作?这些就是业务结构设计必须回答的问题。设计业务结构的目的是把公司做得成本更低、效率更高、反应速度更快、扩张速度更快、规模更大。这里有一个很重要的概念——利益相关者。对于企业而言,员工、股东、客户、合伙人、物流商、渠道商、供应商、房东、政府、竞争对手等这些与企业利益相关的个体或组织,都统称为利益相关者。

业务结构本质上体现的是利益相关者之间的价值交换关系,这种价值交换关系的本质就是利益交换。每一个利益相关者在结构中都应该发挥其作用,利益相关者的关系应该是环环相扣的。那么,如何才能让每一个利益相关者都发挥出自己最大的作用呢? 假如一个人要做好一件事情,需要具备两个要素:一是能力,二是积极性。同理,当设计业务结构的时候,也要考虑到这两点:一是利益相关者承担的工作和责任要在他们的能力范围内;二是要设计合理的利益机制,从而调动他们的积极性。用搭积木的比喻来看,这两个要素决定了积木搭建的牢固度。

从时间维度来看,业务结构设计要从长远的角度来考量,不能只看到眼前的短期利益或损失;从空间维度来看,业务结构设计要从全局的角度来设计和布局,不能只看到某一个或者某几个利益相关者,要能够全面地审视整条价值链,能统筹考虑供应商、渠道商、客户、员工等多方。

2) 业务结构设计的三大基本原则

相比工业时代,数字化时代开启的是又一次效率革命,当越来越多的商业要素开始互联网化,社会的整体效率大幅提高,未来客户的需求会越来越个性化,越来越快速,越来越便捷,越来越便宜。

企业进行业务结构设计时必须遵循 3 个原则:轻资产、去中介、高效率。轻资产是为了降低风险,帮助企业实现快速扩张,提高资本的回报率;去中介减少了交易的中间环节,本质上是为了降低企业的成本;高效率则进一步提升了企业的反应速度,强化了企业的核心能力。

(1) 轻资产。

轻资产并不是严格的财务术语,也没有严格的量化指标进行区分,这一概念来源于麦肯锡公司(Mckinsey & Company)所推崇的"轻资产运营"战略。轻资产运营战略是指企业只进行少量的资产投资,通过输出管理、技术和品牌获取利润,自己则专注于产品研发、销售、服务与品牌推广的商业模式。轻资产运营的核心思想就是充分利用各种外界资源、减少自身投入,把自身资源集中于获利最高的领域,提高盈利能力。数字化时代,在战略允许的情况下,企业应该尽可能地采取轻资产运营模式,原因主要有以下两点。

第一,在数字化时代,有一个明显的趋势,过去值钱的厂房、生产设备等硬资产越来越不值钱;而品牌、客户关系、数据、算法,甚至是管理能力等看不见的软资产则越来越值钱。如果重资产本身对企业没有战略意义,重资产的持有就意义不大,而且还会不断贬值,资金的回报率和周转率都很低。

第二,轻资产模式下的企业轻装上阵,发展速度更快,短时期很容易把规模做到更大。数字化时代,企业竞争的是速度和流量,比的是谁能最先抢占规模,谁能最大化地获得流量,谁跑马圈地的速度更快。因此,轻资产模式的企业往往更具备竞争优势。究其原因,就是数字化时代的商业和工业化时代的商业有着巨大的差别。工业化时代中,每一单生意结束,客户和企业依然是独立的。而在数字化时代中,每一单生意就是企业和客户的一次深度连接,每一次交易给企业留下一个客户数据,这些客户数据可以慢慢累积形成企业的核心竞争力,成为企业变得更强大的基石,这是企业最重要的资源。

(2) 去中介。

在数字化时代,渠道的空间属性被打破了,才发现原来传统分销体系的运作方式很没有效率,一方面需要多次搬运产品;另一方面原本便宜的东西通过流通领域的几次流转并层层加价,价格通常要涨几倍。通过数字化的平台和互联技术,可以把产品的信息流、物流和资金流在一个平台上实现,任何企业都可以借助互联网平台或者自建线上销售,直接跨越原本多层的分销渠道体系,直连客户达成交易。过去只是简单完成交易和商品搬运的批发商将被淘汰,批发商这个角色也将会消失,取而代之的是对产业链更有价值的服务商。卖家和买家直连,就是去中介化。

去中介化是数字化时代的商业趋势。一方面要直接联系到供应商进行规模化采购,规模化采购,就是作为买家和作为卖家的供应商直连,可以降低采购成本;另一方面要直接联系到消费者,卖家和买家直连,可以让产品以更低价格卖给客户,并更快获得客户的反馈。

（3）高效率。

纵观整个人类历史,每一次连接的重大改变带来的都是效率的提升,从而促进整个社会的进步,甚至是革命的爆发。电话的发明使得人和人的连接远比通信时代来得更及时;汽车、飞机的出现,使得人和人的连接不再受限于地域;货币和市场的诞生则把人和商品连接起来;而互联网让地球真正变成了一个村子,人与人、人与商品、人与服务、物与物之间的连接方式被彻底改变,沟通的效率、交易的效率都得到了大幅提升。

数字化时代,技术对商业的改造,本质上是从低效率到更高效率的改造。从行业的角度来看,每一个行业都会变得更加快速,更加低成本,更加便捷。在设计业务结构时,必须考虑如何更快,如何更便宜,如何更方便。

首先,从企业的外部看,以前企业和供应商、渠道商之间是简单的买卖关系,其更多的是零和博弈,不是我压榨你就是你压榨我,但这种关系在数字化时代将无法维持下去。

互联网作为线上渠道,最早冲击的就是实体渠道商。线下的货卖不动了,生意难做了,怎么办? 把卖不动的产品退回上游企业? 这是基本不可能的,甚至很多强势品牌还在不断往下压货。为了卖货求生存,渠道商往往只能"八仙过海各显神通",结果独家经销变成了"啥都卖",价格政策更是灵活多变,品牌商对渠道商的掌控越来越弱,有些品牌商想线上线下同价或者提升客户体验,几乎是"政令"出不了企业的自家大门。当这种传统的、落后的业务结构面临电商这个强敌,自然是被一击即败,结局就是渠道商输,品牌商也输!

在数字化时代,人们要考虑的是和利益相关者形成利益共同体,让大家信息共享、利益共享,让大家的库存、物流、仓储变得更加合理,整个供应链变得成本更低、反应速度更快。

除了供应商、渠道商这些外部供应链的效率在这个时代必须加强外,企业内部的效率也需要加强。企业的内部效率归根结底还是要回归到人和流程的效率上。过去,由于企业内部管理不善引起的低效、浪费现象比比皆是,一个重要原因是员工的打工心态导致的不负责任。未来是否可以通过结构性的调整,让企业和员工不再是简单的雇佣关系,而是形成一种利益共同体,甚至是事业共同体,从结构上来保证员工的积极性和参与度。

总而言之,在数字化时代的虚拟世界里,企业间的竞争变得更加激烈和残酷,高效率的企业打败低效率的企业,高效率的产业链打败低效率的产业链,只有效率最高的公司,才能生存下来。

轻资产、去中介、高效率是企业在数字化时代进行业务结构设计时必须遵循的三大原则,也是有别于工业时代的地方,而目的则是让企业在数字化时代能够更好地生存,并且迅速做大做强。

3）业务结构设计的四大关系

在数字化时代,不仅业务结构设计的原则发生了改变,企业跟利益相关者之间的关系也必须随之做出相应的调整。用一句话来总结，就是必须从企业竞争走向产业链竞争，必须从只注重外部效率转变到内外部效率兼顾。

第一，建立竞合的产业生态。工业时代的竞争大多是产业链内部的竞争和博弈。产业链上的核心企业争夺议价权、主导权，跟供应商、渠道商是直接的竞争关系。数字化时代的竞争更加全方位，不仅是产业链内部的竞争，也是产业链与产业链之间的竞争。简单的零和博弈关系显然已经不能适应新的时代。产业链上的核心企业应该站在产业链整体效率的高度重新思考彼此之间的关系。这种关系既有竞争，又有帮扶，还有合作，彼此共生共赢，形成一个健康的生态圈。

第二，综合考虑内部员工和外部客户，全面提升效率。传统设计业务模式的方式，只考虑企业如何在外部获得效率，通常重点关注渠道商、供应商——渠道商决定收入，供应商决定成本。在数字化时代，每个个体都是媒体，也都是渠道。企业连接到每个个体的成本大幅度降低，效率之争则成为这个时代竞争的重点。因此，在数字化时代，设计业务结构需要站在产业链竞争的高度，要站在提升全面效率的高度。不仅要考虑如何设计产业链上下游的关系从而获得效率，还必须把内部的员工、外部的客户纳入考虑范围，更全面地提升效率。

企业设计业务结构应该重点考虑 4 个利益相关者：供应商、渠道商、员工和客户。企业必须改变以往的思维方式，与之建立新的关系，如图 3-14 所示。

3. 优化盈利模式

1）优化盈利模式的 4 个途径

盈利模式回答的是企业怎么赚钱的问题，其本质就是研究企业的收入和成本结构。数字化时代是盈利模式最容易创新的时代，免费模式就是最典型的盈利模式创新。作为一个企业，明确了价值主张，也构建好了业务系统和利益分配机制之后，还得回答利润从哪里来。也就是说，企业在给客户创造价值、传递价值之后，应该要考虑如何获得价值、获得回报，这就属于盈利模式的范畴。具体而言，企业的利润＝收入－成本。盈利模式研究的是如

图 3-14　企业业务结构设计的
4 个利益相关者

何扩大收入，如何降低成本，优化盈利模式主要有 4 个途径：结构性地优化成本、结构性地优化收入、收入多频化和收入多元化。

（1）结构性地优化成本。

结构性地优化成本不是指偷工减料，降低质量标准，也不是给员工降工资，牺牲员工的待遇水平，而是通过结构性调整，使成本要素发生改变，将成本减少甚至把成本化为盈利点。具体而言，在优化成本方面，可以在固定成本、可变成本以及库存上下功夫。

（2）结构性地优化收入。

结构性地优化收入，指的不是靠组织及个人的努力和付出去多销售、多赚钱，而是从产品组合、产品结构、定价策略等方面着手提高客单价和整体销售收入。

（3）收入多频化。

收入多频化是指企业想办法让客户从以往的"一锤子买卖"发展到长期、多次地购买，真正实现客户的终身价值。它研究的是如何增加客户的黏度，合理设计消费的节奏，让客户的

每一次购买都不是终点,而是下一次关系的起点。

(4) 收入多元化。

收入多元化就是拓宽收入的渠道,在目前的产品之外找到其他的收入来源点。可以采取的方法如下:一是进行产品组合,吸引更多的客户;二是整合第三方,而第三方之所以愿意介入,前提就是企业对自身价值的挖掘。在数字化时代,最有价值的就是流量,目前很多盈利模式的创新,都在第三方上,挖掘出客户流量的最大价值。

2) 免费盈利模式的奥秘

免费模式是互联网企业颠覆传统企业的大招,但所有免费背后都有一个非常赚钱的盈利模式。免费模式其实就是收入多频化、多元化的一种极致操作,关键的是如何设计盈利点。从免费用户到盈利点应该如何转化,这是企业家必须回答的问题;否则,无法操作免费模式。

天下没有免费的午餐,如果你吃到了一顿,也许是因为别人正在付费买你作为食客的爱好和数据(引入第三方),也许是你在不知不觉中被"引流"购买了其他的产品。所有的免费,背后都隐藏着收费的逻辑,很多免费其实都是收入多元化的设计,其中最多的就是基础服务或产品免费揽客,增值服务或附加产品以收费盈利。以下介绍三种最常见的免费盈利模式。

(1) 基础产品免费,附加产品收费。

如果用免费产品来引流,用收费产品来变现,一般来说,企业会采取免费产品＋收费配件或者收费耗材的组合方式。QQ 聊天、QQ 邮箱对普通用户是免费的,但企业 QQ、企业邮箱却是收费的。通过免费获取用户的信赖,并且让用户习惯用 QQ 聊天、用 QQ 邮箱发邮件。当这种习惯养成之后,用户如果需要用到更安全、更有针对性的企业功能的时候,就需要为之付费了。很多开源软件公司提供免费产品给用户,然后从产品的安装维护和定制化服务中获利。还有一些财经网站,免费提供股市数据给客户,然后对这些数据的深度分析报告和理财工具收费。

基础产品免费＋收费附加产品的组合目前在我国特别普遍。很多网络游戏都是免费的,但玩家想拥有更好的装备和道具,则要为之付费;企业一般开发两个版本的游戏:免费版和收费版,用户可以玩免费版,但想要获得更好的体验,则可以付费购买收费版。

软件免费在数字化时代最先兴起,因为软件的边际成本是可以忽略不计的,但随着竞争日渐激烈,连硬件都开始有走向微利甚至免费的趋势。硬件免费的雏形其实早就存在了,通信运营商们签合约套餐免费送手机的做法早已经成为常规操作,它们将手机作为免费的基础产品,用后续的话费、流量收入来补贴基础产品上的亏损。这种模式还有一种新的趋势,免费用户和收费用户所使用的产品是一样的,但是体验不一样,收费用户买到的是更便利、更快速的体验。视频网站通过免费观看视频吸引大量的用户,用户可以欣赏到最新的影片并且享受到超清的画质体验,但不得不被长达 N 分钟的广告不断骚扰。如果用户不想看广告,同时又想享受到更快的追剧体验、获得更多的片源资源,可以通过升级为付费会员来实现。

(2) 基础用户免费,高端用户收费。

在这种模式中,企业从某类客户那里收费,其他客户则免费,用收费客户补贴免费客户。例如,人们经常看到一些博物馆对小朋友免费,仅向大人收费;有些酒吧对女士免费,只对男士收费。

"直播＋网红"模式在 2016 年迅速蹿红,网络直播的用户规模已超过 3 亿人,占网民总数的近一半。直播行业的盈利模式就是典型的免费用户＋收费用户的组合。

网络视频直播一般都采取"用户打赏"的模式,也就是看直播的用户可以购买网络平台的虚拟货币、虚拟礼品赠送给主播,然后由主播和平台对之进行分成。这些打赏的用户,也就是"高端用户"。

(3) 第三方付费。

第三方付费这种模式很好理解,引入第三方,用第三方的收入补贴免费用户。引入第三方的关键在于找到愿意为客户流量付费的人,而免费是一种很好的增大客户流量的办法。第三方付费免费模式的经典案例就是很多搜索引擎采用的盈利模式。大家都知道搜索引擎是提供信息搜索服务的,但人们使用的搜索服务都是免费的,搜索引擎的盈利点在其竞价排名的广告收入。所谓竞价排名,是指在搜索引擎的搜索结果中,前几位一般都是付费推广的广告,而排名越靠前的被点击的可能性越大,每多被点击一次它付出的费用也就越高。搜索引擎的竞价排名就是靠点击量收费的,只要有用户点击了推广链接,网站就赚钱。竞价排名是国内很多搜索引擎网站最核心的盈利模式,也是其营收的主要来源。现在连微信也在学习这种盈利模式,它向企业收取一定的广告费,帮助企业把广告精准推送到用户的朋友圈。

在大数据时代,广告模式并非只是广告商付费那么简单,企业能够围绕免费的信息用数十种方式挣钱,包括把收集到的相关数据卖给品牌商、提供增值服务、直接经营电子商务等。

"体验工坊"(sample lab)号称是日本最受欢迎的试用品专卖店。这家店不卖任何东西,里面的东西全都是免费的试用品,火爆到客户必须提前两周预约才能够进入店内享受体验。体验工坊采取会员制,会员费是300日元,年费是1000日元,初级会员每次到店可以免费带走5样试用品(商品上市前的测试包,和正式的商品几乎没有什么太大的差别)。

体验工坊的盈利点除了会员费之外,更多来源于第三方企业,如货架租赁费、信息反馈费等。对于企业而言,体验工坊是新产品上市前的调研试验地,可以进行产品的消费者测试等。

3.4　数字化时代商业模式创新的趋势

在介绍本章相关知识之前,先分享2个小故事。

➤ 故事1

1998年夏天,一个周六的上午。朱莉·坦普尔顿的父母下周末就要来城里了,她和丈夫查克想在周五晚上、周六全天和周日晚上在旧金山的餐厅招待他们。

朱莉开始给餐厅打电话,想预订一个包间。没有人接电话,于是她留了一条信息。她一直在打电话,打给一家又一家餐厅。有些餐厅没有她想要的晚餐,而她想在周日去的那家餐厅当天又不开门。大约连续打了4个小时的电话后,她终于把周末的计划安排好了。那时,想要预订晚餐位子是很难的,想要去餐厅就餐也很难。

大多数餐厅仍然采用电话订位的形式,店里会有人用铅笔在小本上记下你所订的座位。通常情况下,如果餐厅的电话响得不够频繁,餐厅内就会有许多空位,但餐厅也没有办法让想要预订餐位的人们清楚地知道哪些座位还是空着的。

朱莉·坦普尔顿的耐心获得了回报,她最终订到了餐位。不过,大多数人可不愿像她那么辛苦地预订餐位。于是在1998年的旧金山某个普通的周六晚上,会有几对夫妻郁闷地待在家里吃外卖的比萨,他们曾经试图预订一个晚餐餐位,但最后无奈地放弃了;而餐厅老板们也很不高兴,他们坐在空无一人的餐厅里,生意难做到无法实现收支平衡。将就餐者与餐厅里的餐位相匹配的市场运转得也不是很好。

1998 年 10 月,刚刚结婚两个月的 29 岁小伙查克辞职了,他决定找到让就餐者和餐厅对接的方法。像那些年硅谷的许多其他人一样,查克也创办了一家网络公司并迅速得到融资。这家名为 Open Table 的公司首先开发了一个餐桌管理系统。通过这个系统,餐厅可以将订位需要录入数据库,监控餐桌的可用性,记录已经取消的订位,追踪最适合该餐桌的消费者。至少从原则上讲,餐厅订位业务上线了。

在旧金山,Open Table 公司签约了足够数量的餐厅,许多消费者都通过其网站进行在线订位。使用网站订位的人越多,就越容易在旧金山招募到更多的餐厅与网站签约。很多餐厅,尤其是新开的餐厅,认识到了 Open Table 网站在填补其空闲餐桌方面的价值——从短期来看,一家餐厅的运营成本中大多数项目都是固定不变的,因而如果每一个富余出来的空座都能够及时填上,餐厅就可以获得不菲的利润。

➢ 故事 2

2007 年 9 月 22 日,Joe Gebbia 给他的朋友 Brian Chesky 发了一封电子邮件,在邮件里分享了一个想法。电子邮件的内容非常简单:

"Brian,我想到了一个赚钱的方法——将我们的住所打造成一个'床位＋早餐'的地方。也就是说我们为参加为期 4 天的全球设计大会的设计师们解决饮食和住宿问题,为他们提供无线网络、小办公座椅、充气床席和早餐!"

Chesky 和 Gebbia 都是世界上最负盛名的艺术和设计学校之一罗德岛设计学院的毕业生。Chesky 主修的是工业设计专业,Gebbia 则同时修了工业设计和图形设计两个专业。毕业后,Chesky 和 Gebbia 离开了东海岸去了旧金山。然而他们都没有稳定的全职工作。没过多久,他俩租住的房子的租金突然涨了很多,于是手头开始非常紧张,急需现金。

突然陷入财务困境,再加上即将召开的设计大会,给了 Gebbia 一个赚钱的灵感。既然有这么多的工业设计师要来这里参加北美最大的设计大会之一 IDSA/ICSID 大会,Gebbia 发现这个城市几乎每个酒店房间都被预订完了,没预订到酒店的设计师来到这里后都住在哪里呢?

这就是 Airbnb 诞生的初衷。Airbnb 并不是一开始就有一个想彻底变革整个酒店行业的宏大的、雄心勃勃的计划,它诞生的表面原因只是两个合伙人迫切需要钱,所以才有了一个今天看来惊世骇俗的做法,这就是 Airbnb 的天才之处。他们做了一些可能无法规模化扩张的事情,并通过在自然环境下测试他们的假设来确定什么是可行的。

当时 Chesky 和 Gebbia 没有任何正规的床位可供出租,只有 3 个充气床勉强凑合能出租。因此他们就把这个项目命名为"充气床＋早餐"(air bed and breakfast),上线的第一个网站域名就是 airbedandbreakfast.com。这就是 Airbnb 名称的来源。在大会期间,他们共为 3 个人提供了"充气床＋早餐"的服务。

他们向第一批 3 位租客收取的费用是每晚 80 美元,这比该市大多数中档酒店便宜了大约 100 美元,而且他们也不需要再大费周章地四处寻找合适的住所。

2020 年,Airbnb 的内部估值达到了 260 亿美元。由于受新冠肺炎疫情的影响,比鼎盛时期的估值下滑了 50 亿美元。自 2008 年以来,平均每晚有 200 万人在 Airbnb 登记的房产里休息。

餐厅和就餐者,住宿者和拥有多余床位的房东,动用了许多资源——时间和努力进行互相匹配,可即使这样,餐厅还是空空如也,还是有人待在家里就餐;也还有人为高昂的酒店住宿费用而挠头,同时还有很多家庭的房间和床位空无一人。当然,房东也许在此之前从未想象过能够出租自家卧室的床位。于是,出现了一些很重要但直到最近还是被人们忽视的商业类型,其目的就是解决这些问题。有的商业模式可以帮助有交换有价商品或服务等需求的各方找到彼此,帮助双方聚集在一起,从而促成交易;有的商业模式把闲置的资源共享出来,满足用户的价值需求,缓解紧张的供需关系。

这就是本章要介绍的2种典型的商业模式:平台商业模式和共享经济商业模式。

3.4.1 平台商业模式

本节主要介绍平台商业模式,这种商业模式已经成为当前企业争相发展的目标。

1. 平台与互联网平台

平台(platform)是一种现实或者虚拟空间,该空间可以导致或促成双方或者多方客户之间的交易。如果谈论最常见的平台,其实就是人们每天都可能光顾的大卖场——大卖场是一个促进买家和卖家交易的物理场所。互联网时代,企业都开始倾向于构建互联网平台。所谓互联网平台,就是以客户价值为核心,构建关联多方业务主体的生态系统。在平台上,业务单元之间会产生协同效应,并且每个业务单元都会获得自己的价值增值。在这个以平台为中心的企业战略中,平台的业务参与者越多,平台就越具有价值,也就是2.3.2节所阐述的梅特卡夫效应。例如,搜索引擎的人越多,百度越有价值;开网店的人越多,阿里巴巴越有价值;用微信的人越多,腾讯越有价值。

苹果公司构建了一个围绕顾客移动互联生活方式的平台。首先是软硬件一体化的终端设备,围绕着顾客生活方式的系列化,iPod、iPhone、iPad、iMac各个产品之间有强烈的互补性,再用iCloud把这些终端产品全都串联起来,使得终端和终端设备之间能非常方便地进行信息共享。然后再应用软件平台,使云端的内容整合。

对于企业而言,平台上往往出现规模收益递增现象,强者可以掌控全局,赢者通吃,而弱者只能瓜分残羹。在全球最大的100家公司中,有60家公司的大部分收入均来自平台战略,其中包括苹果、思科、谷歌、微软、日本电报电话公司、时代华纳、UPS及沃达丰等著名公司。在中国,诸如淘宝、百度、腾讯、人人网、上证交易所以及盛大游戏等公司,同样也透过平台商业模式获利并持续扩大市场版图。十多年前的百度还以搜索为主营业务,而今天的百度已经发展成集搜索、推广、导航、社区、游戏、娱乐、广告、云计算等业务模式于一体的综合生态互联网平台。平台战略使很多企业在行业中处于霸主地位,如微软曾占据PC操作系统95%的市场占有率,起点中文网占在线出版行业的71%,淘宝占在线购物的70%等。

在开放、共享、共赢的经济发展趋势下,平台战略越来越成为企业发展的核心战略。当然,企业如果不具备构建生态型平台实力,那就要思考怎样利用现有的平台。互联网平台的出现,引发了广泛关注,并促进了平台经济学(platform economics)的发展。平台经济学就是研究平台之间的竞争和垄断情况,强调市场结构的作用,通过交易费用和合约理论,分析不同类型的平台的发展模式和竞争机制,并提出相应政策建议的新经济学科。平台是广泛存在的,它们在现代经济系统中具有非常大的重要性,而且这样的重要性会越来越大,平台将成为引领新经济时代的重要经济体。

显然,很容易对平台的研究工作产生这样的一个疑惑:既然"平台"的概念能够被定义和认知,人们也能轻易地辨识现实中存在的各种各样的平台,但是为什么直到最近理论研究界才特别关注这些平台?答案是,某些平台确认已经被研究了很长时间,经济学理论也已经注意到了平台的某些特性,但是由于一些平台的业务在表面上相差甚远,导致它们之间的共性没有被及时发现。

2. 平台的构建与成长

分析或设计平台商业模式的首要步骤是定义双边(或多边)使用群体。许多典型的平台企业连接了两个不同的群体,例如淘宝网的"买家"与"卖家",前程无忧网的"招聘方"与"求职者",起点中文网的"作家"与"读者"等。也有平台涉及三方不同群体,例如,百度为网民提供信息搜寻服务,让他们能够方便有效地接触到无数的"内容网站",整合互联网上的信息,借以吸引广告商的投入。除此之外,还有更为复杂的平台,其搭建的生态圈包含了四五个群体甚至更多,例如,Google 不但拥有搜索引擎,且汇聚了软件开发商、手机制造商、手机用户及对互联网的文件处理工具有需求者等群体。就连各城市经济开发区的发展也大多运用了平台模式的理念,如上海临港新城、天津滨海高新技术产业开发区等,都需要企业、技术劳工、医院、学校、商店等各种配套服务群体的进驻。由平台模式搭建而起的生态图,不再是单向流动的价值链,也不再是仅由一方供应成本、另一方获取收入的简单运营模式。对于平台商业模式来说,每一方都可能同时代表着收入与成本,都可能在等待另一方先来报到,因此平台企业需要同时制订多边参与的策略,照顾到每一方使用者,这样才能真正有效地壮大其市场规模。

在分析研究了中外近 50 个平台企业后,人们发现,无论是多么复杂的生态圈,无论该企业拥有多少边群体,最基本的构成元素如出一辙,都是以基本的双边模式搭建而成的。换言之,就算一个平台企业同时连接四五个不同边的群体,其分析的基础也是一样的。"双边"就像是积木最基本的建构单位再复杂的平台架构,都可以利用图 3-15 所示的原则,解构分析各种平台商业模式,直观呈现平台商业模式清晰易懂的模块。

图 3-15　双边模式示意图

图 3-15 中的圆形代表"平台",象征交易服务的中心,一个能够包容多边市场的生态圈,梯形则代表某个特定的"边",即使用者群体。使用者的使用情况呈现类似金字塔的梯形,因为多数情况下,高端使用者会有更强烈的支付意愿。最后再以实线连接它们,表示双边群体通过平台联系在一起。这便是一个以双边模式为核心的平台基础概念图。

建立平台企业的第一步,便是确定这些不同的用户群体是谁,以及他们的原始需要是什么。举例来说,美国是个商业机制成熟的地方,人们只要上街就能轻易购买到任何新颖的产品。但当有些人想要收购或出售古董级的二手产品时,却找不到有效的途径,而 eBay 发现了这个潜在的商机,建立起电子商务交易平台,通过市场机制让买卖双方直接在网上进行交易。eBay还开发了种种功能机制,包括产品信息框架、信誉评比等,进一步确保买方与卖方之间能够顺利交易。可以说,eBay当初以此创新模式改变了人们的消费行为,便是从连接以往缺乏完善渠道的两方群体开始,经过不断演变,最终成为当今全球最大的C2C(消费者对消费者的电子商务模式)电子商务平台。换言之,平台企业找到了连接供应和需求之间契机,引发了压抑已久的网络效应。

在人们接触平台生态圈的瞬间,他们便被多种精心策划的配套机制团团包围,这些机制吸引他们入驻到平台内,与其他用户互动,让他们久留而不想离去。以环环相扣的机制所建立的体系,更能达到有层次的、循序渐进的多重目标。如何设计适合自己的产业与服务群体的整套机制是一门艰深的艺术,必须再次强调,其中的成败关键便是如何运用网络效应。平台式中的效应包括两大类:同边网络效应和跨边网络效应,如图3-16所示。同边网络效应是指当某一边市场群体的用户规模增长时,将会影响同一边群体内的其他使用者所得到的效用;而跨边网络效应是指一边用户的规模增长将影响另外一边群体使用该平台所得到的效用。效用增加则称为"正向网络效应",效用减少则称为"负向网络效应"。

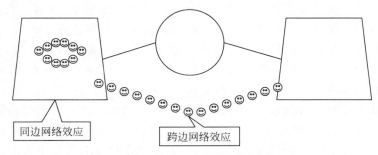

图 3-16　同边网络效应和跨边网络效应

通常平台企业所设的机制,都是为了激发网络效应的"正向循环",这里先举例解释同边网络效应。开心网(www.kaixin001.com)是个互联网社交平台,其中的每位用户都拥有自己的会员页面,用于分享生活中的点点滴滴,包括日记与照片。人们将真实的交友关系移到这个虚拟平台上,建立起强大的互动生态,不但能与朋友们讨论某部电影的心得、对时事的感想,还能建立相册,将亲朋好友开心的笑容保存下来。开心网在2008年3月初创时,仅拥有约300名种子用户。经过短短15个月的时间,其用户数量便激增10万倍,达到3000万名注册会员。它通过照片上传、日记发表、留言板互动等功能所产生的级联式分享,让更多的人参与其中,产生更多的反馈。用户看到越多朋友的人生点滴,同一边群体"使用者会员"的效用就会随着域多好友加入增加,这是正向的同边效应,试想当你认识的朋友全都加入这个生态图,在里面发布日常生活的信息与心情,你是否也想跟着加入呢?答案是肯定的。当今社交网站的鼻祖Facebook的快速成长——自2004年创立以来,已在全球拥有超过8亿的活跃用户便是得益于同边网络效应。

开心网同样利用了跨边网络效应。2010年5月,开心网正式开放其平台,允许第三方应用程序的开发商入驻,为此平台的会员用户提供各种功能的实用软件。第三方应用程序开发商便成为开心网平台一个新的群体。可想而知,他们的加入是为了接触到平台中的8000万注册会员,并借此找到获利渠道。其提供的程序内容丰富,包括各类游戏、模拟驾照考试、财经动态信息等,加强了用户对开心网平台的体验与黏性,这就是人们所说的"正向跨边网络效应"——不同群体之间产生的吸引力。开心网开放平台半年后，注册用户数再增25％，月盈利1000万元。由此可见，平台若能同时激发同边网络效应与跨边网络效应，将能大大增加用户的使用意愿与满足感，进而推动高利润。

然而，开心网最强大的网络效应捕捉机制，正是其符合中国的国情与用户心态的功能："转帖"与"观点发表"。这看似普通的功能，却是当初开心网成功引爆网络效应的关键。用户能够将自创的或是在互联网上找到的文章转载到自己的页面上，并通过此机制，发布给所有朋友看。而阅读这篇文章的人，则可以对此发表新的感想、观点。字数有限的简洁观点，会以标签的形式出现在正文下方；相反，人们若不想发表新意见，也可"投票"给他人的"观点标签"，表达自己的想法。举例来说，有人发表了一篇关于某艺人演唱会的感想，看见此文章的一位用户发表了"好棒！很喜欢这场表演"的观点。之后，拥有类似观点的人们则不需要再重复写出感想，只需单击此标签即可。该页面会显示点击人数。而另一位用户的观点"错了！"也获得了许多人的点击认同。到最后，这篇文章或许会累积几十种不同的"观点标签"，并以支持的人数多寡为顺序进行排列。人们的想法与流行脉动，可谓一目了然。

此机制最重要的地方在于，它不单单使大众成为信息的传播者，还通过人气的聚集来引发人们对社交议题的关注。人们都想知道大家现在最关切的事情是什么，也想知道社会大众对特定议题的观点呈现什么样的认同趋势。有些关注度较高的转帖文，甚至可以累积数十万用户的观点。通常，能获得最多人认同的"观点标签"往往是诙谐有趣、极富新意的想法。观察大多数人发表的意见可使人把握公众舆论的动向。

西方文化极度重视个人隐私，中国人则强调群体的力量。这些细微的差异在社交网络的建构机制上被放大后，便造成了Facebook与开心网生态氛围的明显不同。Facebook的使用者多数只和现实生活中认识的朋友交流，而开心网中可以看见数千万个素昧平生的人针对某项议题提出自己的看法并且彼此支持。这与中国网民的习性和民族特质有直接关系。了解这些特性，开心网成功地通过机制吸引大众的关注，迅速实现了网络效应。建立足以激发同边网络效应与跨边网络效应的功能机制，将对平台企业的成败产生决定性影响。

3.4.2　共享经济模式

2017年，如果要给这一年的中国经济找个最具代表性的名词，"共享经济"一定是一个可以入围的选项。共享单车、共享篮球、共享充电宝、共享雨伞、共享床铺、共享按摩椅，一时间，各种与"共享"有关的概念和项目层出不穷，似乎人们真的开始来到了"一切都可以共享"的时代。

最初意义上的"共享经济"，起源于美国，其目标导向在于"通过闲置资源的共享并将其与有短期使用需求的用户间实现匹配，从而实现社会效益的最大化"。在这个过程中，使用者可以以较低的价格享有服务，而资源占有者则可以利用资源的闲置时间而获得收益，双方各取所需。共享经济属于"互联网＋"经济模式的一种，是网络企业通过移动设备，利用网络支付、评价系统、GPS、基于位置的服务（Location Based Service，LBS）等网络技术手段，整合线下闲散物资或个人劳务，并以较低价格对供给方与需求方进行精准匹配，减少交易成本，从而实现"物尽其用"和"按需分配"的资源最优配置，达到供求双方收益最大化的一种经济模式。共享经济既像传统消费一样满足了人们的物质需求，又解决了人们对环境保护和资源配置不合理的忧虑。共享经济也称合作消费或是协同消费，其实质是使用权的共享。而Airbnb、Uber 和 Zipcar 等都成为了共享经济模式的代表公司。

1. 共享经济的内涵和基本要素

所谓共享（Sharing），即"共同拥有"和"共同分担"。现代社会，从电话聊天到线上聊天室、论坛发帖、分享音乐、图书和视频，再到与其他人分享自己的想法和行为，共享无处不在。共享自古有之，原始社会的共同劳动、平均分配是人类最初级的共享模式，即对财物共同所有的公有制。随着社会的发展，私有制开始出现，社会对所有权的共享机制被瓦解。社会分工和交易的出现，使得对物权的共享从原来所有权的共享转变为对使用权的共享，如借用、租赁、物物互换都是以使用为目的的共享行为。但这种低级的共享受时空的限制，只能在有限的范围内进行，难以形成一种经济或商业模式。随着现代企业制度的建立，特别是股份有限公司的设立，最终实现了收益的共享，这是共享的一种经济模式。伴随着跨国公司的迅猛发展，资本、生产、贸易的全球性扩张导致了经济的全球化发展。互联网的出现更深化了经济社会的共享进程，"互联网＋"成了经济全球化过程中最重要的社会经济发展的共享模式。

共享经济这个术语最早由美国得克萨斯州立大学社会学教授马科斯·费尔逊（Marcus Felson）和伊利诺伊大学社会学教授琼·斯潘思（Joe L. Spaeth）于 1978 年发表的论文中提出，共享经济是指以获得一定报酬为主要目的，基于陌生人且存在物品使用权暂时转移的一种商业模式，共享经济的主要特点是：个体通过第三方市场平台实现点对点的直接商品和服务的交易。共享经济不仅能够使人以较低社会成本满足自身的物质需求，而且能够有效解决环境保护和资源配置问题。1984 年美国社会学者保罗·瑞恩提出了 LOHAS（Lifestyles of Health and Sustainability）理念，倡导爱健康、爱地球的可持续性生活方式。但受限于当时的客观条件，其所倡导的"更环保、更便捷、更和谐"的生活理念难以付诸实践。随着互联网平台的出现，通过网络技术整合线下闲散物品或个人服务并以较低价格提供给使用者，进而通过"物尽其用""按需分配"构建一个环保、便捷、和谐的生活方式便成为一种可行的新的商业模式。2010 年美国学者雷切尔·博茨曼（Rachel Botsman）提出了互联网时代协同消费的理念和发展模式，并将其分为若干阶段。第一阶段是代码共享，如 Linux 主要是通过互联网向用户提供信息，但信息流是单向的，用户不能参与其中进行评论和交流。第二阶段是生活共享或是内容共享，如 Facebook、微博、QQ 空间等。随着互联网 Web 2.0时代的到来，各种网络论坛、社区开始出现，用户通过网络平台向陌生人分享信息、表达观点，但其分享形式局限于内容或信息分享，不涉及实物交易，一般也不存在金钱报酬。第三阶段是离线资源的共享，即线上的分享协作渗透和延伸至线下，并由此改变文化、经济、政治和消费世界。

当前，关于共享经济的表述非常多，例如"协同消费"（collaborative consumption）、"点对点经济"（P2P economy）、"网格经济"（mesh economy）、"零工经济"（gig economy）、"使用经济"（access economy）、"按需经济"（on-demand economy）等表述。这些称谓分别来自不同时期的不同学者对共享经济的认识。也有学者将共享经济或分享经济称为"合作消费""协作消费""轻资产经济""生活策略方式""合作经济""对等经济""访问经济"等。

2. 共享经济的基本要素和类型

共享经济包括三个要素：①闲置资源，网络平台通过技术整合过剩产能并将其转化为可以交易的产品或服务;②共享网络平台,这是共享经济的核心,网络平台通过网络技术对闲置资源进行分销和推广;③众多参与者,每个参与者都各取所需地对共享经济进行创新,从而实现定制化和个性化。

共享经济一般可分为四种类型,分别如下所述。

(1) 为产品服务系统(product service systems):旨在暂时获得某物的使用权,如借用、租赁等。

(2) 再分配市场(redistribution markets):主要是对旧货、废弃物的再次利用,如二手物品市场。

(3) 协同式生活的方式(collaborative lifestyles):指共同分享或是互换使用权,如拼车、物物交换等。

(4) 技能或服务(skills or services)共享系统,即对特殊技能和个体劳动力的共享,如厨师、美容师的上门服务等。

共享经济的基本理念是"协同"和"合作",强调"我的就是你的""我的就是我们的""我帮助别人""别人帮助我"的价值观。通过重复利用产品,充分利用每一个产品的价值,减少新产品的消费,达到"去物质化"。强调产品设计应该在个人消费需求与集体利益两者之间找到一个健康的平衡点,其实质是使用权的共享。对剩余物资或服务的分享,使闲置资源再利用,是共享经济的本质特征,也是共享经济之协作消费的核心价值。

3. 共享经济平台的实质

共享经济平台是以先进的信息技术为支撑的,强调人的参与和互动,有效连接供需资源的新型信息中介。

1) 以信息技术为支撑的分层结构

不同于传统的一对一连接的信息中介,共享经济平台实现了多对多的连接:共享经济平台是一种"多层次、多中心"的价值创造信息平台。信息技术的核心思想就是分层,在每一层上有不同的范式,每一层都有自由的发展空间。共享经济平台是一个多方参与、有更强的环境适应性的分层次的价值创造系统。

2) 基于资源交互的人人参与共创机制

共享经济的三大基础条件:共享平台、产能过剩、人人参与。那么,共享经济平台就是整合过剩产能,承载人人参与的系统。共享经济平台也以人人参与的多样化来应对不确定性环境的挑战。平台的主要任务是整合过剩资源、调控人人参与、设计匹配规则并驱动价值共创。

首先,共享经济平台强调"人"借助网络技术参与经济过程。用户网络层以"人"参与经济为主要特色,所有权和使用权借助平台在此层分离,动机、信任、自我组织与管理在共享经济平台中起到非常重要的作用。

其次,为了分配过剩产能,共享经济平台必须完成资源匹配任务。在用户网络层,通过平台价值的外部效应吸引供需两方的用户,并借助平台交换机制完成资源匹配与分享。平台匹配和交换机制的形成过程随着利益相关层的形成与演化不断发展完善。

最后,共享经济平台的资源匹配后的交换并不是所有权的转移,而是使用权的灵活配置。共享经济平台的发展得益于大数据、云计算、物联网和移动技术的突飞猛进,政治、经济、文化影响着共享经济平台对资源的整合与分配。在分离所有权与使用权基础上的"时-

空-人"整合方案创新是共享经济平台商业模式的关键。

4. 共享经济平台的构建过程

共享经济平台的核心是平台层。平台的行为促成并维护着用户网络,平台也直接或间接地建构起第三方利益相关者网络。因此,以下的分析都将在共享经济平台层这一研究对象的立场上探讨三个层次的互动。

众所周知,研发、生产、营销等是传统企业价值创造过程中的重要环节。但在共享经济领域,资源提供不再是企业的"专利",用户被赋予了更多主导价值创造过程的权利,用户与平台、用户之间的地位更加平等化,用户具有更强的自我决定感。在共享经济平台实践中,模糊了供需边界,生产者可以是消费者,消费者也可以是生产者。企业不再是研发的唯一主体,用户也参与到了企业的研发中。因此,研发、生产和营销不再有固定的主体。

共享经济本质上就是依托平台为用户间实现价值共创提供机会。平台中人的自身诉求是价值创造的基本动力,平台整合资源和激发需求的过程又实现了价值增值、剩余价值再分配,传统消费模式在此环境下得到延伸和优化。共享经济以其具备的共享性、公开透明性等优势,为减少供需双方信息不对称的问题提供了解决方案,使陌生人之间的交易能够在有效信息的支撑下实现多方受益。平台依托信息技术实现了资源的信息化,平台借助平台机制整合资源并使信息以合适的透明度向平台供需双方及其他利益相关者展示。在共享经济平台上,资源需求者可以以较低价格暂时享受产品使用权,满足其消费需求。平台中资源的提供者可以在资源充分高效利用的基础上获得物质或非物质收益,满足其获利需求。平台通过匹配机制完成供需双方的交互。在交互过程中,用户不仅获取了资源的使用价值,更通过用户与平台、用户与用户间的互动体验创造了社交价值、情感价值、体验价值。在用户通过平台创造价值的同时,也为共享平台服务规范、服务质量的改进与完善等提供了支持,价值创造过程在各方参与下形成闭环。

纵观以上过程,共享经济平台的价值创造过程由资源整合、供需匹配和共创驱动三个环节构成,如图 3-17 所示。

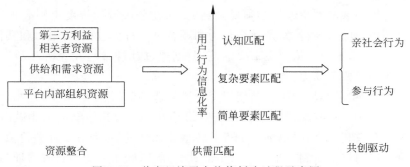

图 3-17 共享经济平台价值创造过程示意图

1) 共享经济平台价值创造第一环:资源整合

共享经济平台的资源整合体现在三个层面。第一个层面的整合是对平台构建过程中内部组织资源的整合。第二个层面的整合是对供给和需求资源的整合。第三个层面的整合是对金融、咨询等第三方利益相关者资源的整合。平台构建阶段,平台组织内部需要大量的人力资源和资金。根据梅特卡夫效应,平台用户的数量对于平台的发展至关重要。因此,平台创立初期,对于供需用户的整合是无筛选的。众多的平台发展实践显示,平台创立初期,需要大量的资本以补贴的方式吸引用户加入平台。在这个过程中,社会认同起到非常重要的作用,共享经济领域的群聚效应非常明显。人们在选择服务平台时,周围人的选择和口碑影响着其选择决策。在共享经济平台积累了一定的用户基础以后,平台需要整合大数据、云计算、人工智能等先进技术应用于传统的服务领域,以提升平台服务质量,为用户提供更好的服务,增强平台竞争优势。

2)共享经济平台价值创造第二环:供需匹配

供需匹配是贯穿共享经济平台三个层次的重要任务。基于大数据、云计算、物联网、移动技术等先进技术,共享经济平台将体量庞大的过剩资源整合起来,在供需两端完成有效的匹配。根据共享经济平台所在行业领域的不同,供需匹配方式也不尽相同。从产业组织结构角度来分析,供需匹配在市场中完成,市场结构决定了供需双方的选择权力。而在共享经济平台中,有特殊的匹配机制。

一是算法自动匹配机制。基于平台大数据,通过平台内部算法完成供需匹配,可以降低交易成本,减少市场权力对需求满足的影响。

二是社群参与匹配机制。平台算法通过大数据分析产生推荐结果,用户根据推荐结果做出选择。用户的选择受到平台中其他用户评价的影响。

三是利益相关者干扰机制。有时匹配会受到利益相关者价值诉求的影响,对供需匹配过程产生调节。

3)共享经济平台价值创造第三环:共创驱动

共创驱动是共享经济平台价值创造的最后一环,也是最有增值想象空间的一环。在共享经济模式下,链接在平台上的用户既是供给者,又是需求者。在平台提供的服务场中,作为"产销合一"的用户有着更强的共创积极性。价值共创行为有两个维度:参与行为和亲社会行为。参与行为指的是用户在共享平台上需要履行的角色内行为,包括信息共享、人机互动、服务责任等;亲社会行为指的是用户自愿为平台或其他用户提供的附加值,如反馈、推荐、帮助、容忍等行为。现有的共享经济平台,在参与行为这一维度上可以做到信息共享和人机互动。这是用户参与共享经济必须要做到的,而在公民行为维度上则表现不佳。驱动共创是平台引导用户的参与行为、亲社会行为和顾客员工行为过程,为平台和其他用户创造价值,从而进一步提高平台价值。更重要的是,共创通过社群参与和经济互利来完成,同时也成为平台创新的重要驱动力。

经过资源整合、供需匹配和驱动共创三个价值创造环节,共享经济平台为三个层次上的组织创造了经济价值;在共享经济平台系统中的各方行动为其他经济主体做出了贡献,实现了社会资源的有效利用,同时也推动了行业转型和社会进步,创造了社会价值;参与到共享经济中的每一位用户享受到了平台支持下的社交互动、娱乐享受与自我管理与创新,可以说平台因此创造了人本价值。

5. 共享经济的未来之路长且阻

共享经济作为一种商业模式,既有其独特之处,也有其存在的诸多自身无法回避的弊端,共享经济的进一步发展,需要克服以下4方面的困难。

1)共享经济尴尬的法律地位

共享经济模式形成于2008年金融危机时期。失业率上升带来了大量闲置劳动力,收入锐减使基层民众生活变得拮据。空置的房屋、车辆、旧货通过互联网向陌生人出租使用权，不少家庭由此获益以补贴家庭开支。可见，共享经济是基层民众为了摆脱生活困境或是解决生活难题而创立的一种消费模式，它具有很深的草根情结或群众基础。加之互联网与生俱来具有的民主性和草根性，令其对共享经济领域的利基市场（Niche）带来重要贡献。

共享经济的启蒙者 Uber 和 Airbnb 因资本的介入而缔造了全球性的网络平台公司。Uber 将私家车接入网络平台，进入受市场准入管制的出租车市场，通过补贴以低价和优质服务赢得了基层消费者的青睐。但 Uber 将私家车纳入受管理的出租车行业涉嫌违法运营，其在美国本土之外的世界各地的运营因此受到出租车行业的抵制和监管部门的查处，尽管其业务遍布 55 个国家和地区的 300 多个城市，但除美国本土之外，其在世界其他国家或地区都面临着有市场而没法律地位的困境。这也是共享经济面临的一个现实问题：缺乏合法性。

2）共享经济商业模式的远忧近虑

共享经济的发展面临着一个共性的问题，即所涉及的闲置资源对物主而言是一种沉没成本，如果通过共享机制盘活这些资源，就可以通过盈利降低沉没成本的损耗。同时，共享经济自身也存在商业运作的沉没成本，它是网络平台为发展市场的一种投入。与闲置资源沉没成本不同的是，这是一种新增的沉没成本，这个问题若得不到妥善解决，标榜共享经济模式的公司可能会因此走向倒闭。

共享经济承载着美好的理念，然而现实是残酷的，大批以共享经济为经营理念的公司都关闭了。伴随着激励人群互动和减少浪费的共享平台的萎缩，取而代之的是以各种奇怪的方式塞进"邻里共享"协同消费理念的公司，有的公司甚至完全扭曲了共享的含义。共享经济的理想与现实不对接是客观存在的，因为任何商业模式都离不开资本的支持，也许这正是许多共享网络公司虽然揣着理想但却不得不因为资金的缺乏而倒闭的原因。如今 Uber 为占领市场损耗近 26 亿美元，但依旧未找到真正的盈利模式。如果没有补贴，Uber 能否留住司机和乘客、后期利润增长能否弥补前期大量的投入、其盈利点何在、盈利能力如何以及能否可持续发展等，均是问题的关键所在。此外，经营的合法化问题亦是前途未卜。共享经济为开拓市场而投入巨大资金，形成了庞大的沉没成本，若不能建立合理的盈利模式，则势必会阻碍共享经济的进一步发展。

3）共享经济的监管困境

芭芭拉·范舍维克（Barbara van Schewick）致力于研究使互联网成为一个鼓励创新、言论自由，且用户可以在特定的经济、社会、文化和政治板块中进行交流的平台。他认为互联网的成功归结于以下四个原因：一是用户能不受网络提供商的影响进行自主选择；二是在网络中进行创新无须经过网络提供商的许可；三是网络是无限制的，不知道、也不关心用户的使用方式；四是在网络上进行创新的成本很低。不可否认，现在共享经济的网络平台正切合了范舍维克的互联网平台自由主义思想，进而导致共享经济这种新的商业模式快速成长。

共享经济包含了许多不同的商业模式，但共同的特征是其商业的重点不是所有权而是使用权，因此共享经济的商业模式均为异构，因而应对共享经济市场进行监管，以确保传统公司和非传统公司之间公平的市场竞争。如果任何房东都可以将自己的住房在网络平台登记后就能对外出租，就会对传统酒店的经营带来冲击，同时也会给所在小区的其他住户带来不便和滋扰。共享经济通过互联网平台在全球范围内实时匹配需求与供应,其潜在的宏观经济收益巨大。但由于共享经济在一定程度上规避了政府、环境、劳工和社会的监管,也会带来诸多问题。Airbnb 和 Uber 的共享经济平台便被指存在避税和侵蚀劳工权利等问题。共享经济公司经常违反现行法律和共享政策,以至于政府既担心消费者的安全,又担心税收会减少。目前共享经济的发展因缺乏制度保障而具有不确定性,其与传统经济模式的冲突也引起了不少社会和法律问题。如 Uber 在多国受到出租车行业的抵制和监管部门的查处;国内的滴滴快车等专车曾涉嫌非法运营,同样遭受出租车行业的抵制和执法部门的查处,而且因资本的注入采取低价补贴等不正当竞争手段,也破坏了现行出租车行业的竞争秩序。总之,共享经济的发展模式应具有合法性和正当性,才能获得进一步的可持续发展。

4)完善共享经济的法律建议

在共享经济中,政府既是网络平台创建的赋权者,又是网络民众利益的捍卫者。政府对共享经济的监管及完善,意味着要客观地、妥善地处理它的阴暗面。要确保共享经济健康发展,还应避免市场监管的失败,防止某些市场获得较其他市场不公平的优势。为此,应该注意以下几方面的问题。

(1)共享经济的商业模式应该符合法治要求。共享经济作为一种新的商业模式,势必会对现行制度和秩序造成冲击,但监管套利是不可取的。只有受到法律制度保障的商业模式才可能实现可持续发展。

(2)共享经济应该采取科学的商业模式。任何商业行为都是以盈利为目标,任何市场的开发也都需要资金的支持,但过度的资本运作可能导致市场滥用其优势地位,违背市场规律采取不正当竞争行为必将破坏现有秩序。共享经济应当创造真正的消费者,而不仅是通过补贴来吸引消费者。

(3)应加强政府的监督与引导。监管共享经济是政府必须面临的一项具有挑战性的工作。针对共享经济的商业活动,政府机构应当有所作为,建立新的监管规则体系。在新的规则出台之前,可以运用相关的法理,借鉴现行的法律法规,引导市场建立内部自律监督机制,维护市场的正常秩序。

本章小结

本章主要围绕信息系统、商业模式创新两个主题,阐述了四方面的内容。

首先,本章比较详细地总结了创新的内涵和类型,由此进一步从商业模式的角度分析商业创新,并借鉴商业创新画布理论,阐述了商业模式创新的 9 大要素,初步勾画了分析商业创新的逻辑。

其次,本章分析了信息系统促进商业创新的驱动力,进一步讨论了信息系统驱动商业创新的机理,最后讨论了数字时代商业模式创新的新路径。

再次,本章从实践的角度,讨论了商业模式设计的重要性及其实现的相关内容。详细讨论了价值主张、业务模式和盈利结构。

最后,本章讨论了数字化时代商业模式创新的两个新趋势:平台化和共享经济。

本章对创新和商业模式等基本概念的解读借鉴了当前主流的研究成果,并从实践出发,探讨了商业模式设计的相关内容,比较系统地总结了信息系统和商业创新的概念、理论和实践。

习题

1. 什么是创新？创新有哪些形式？
2. 创新的类型有哪些？请举例说明。
3. 创新有哪些来源？并以其中的一种来源为例，举例说明。
4. 你怎么理解企业家精神是创新的源泉？
5. 请结合信息系统的内涵，解释信息系统与商业创新的关系。
6. 创新的外部驱动力有哪些？内部驱动力有哪些？两者之间存在什么样的关系？
7. 什么是商业模式？商业模式包括哪些要素？
8. 数字时代商业模式创新的主要路径有哪些？并请结合所学所见举例。
9. 商业模式设计包括哪些步骤？
10. 优化盈利模式的主要途径有哪些？请结合你所了解的情况举例说明。
11. 请列举一种数字化时代商业模式创新的趋势，并举例说明。

技术学习模块 B：云计算

请扫码阅读

第4章

事务处理系统
——日常管理的基石

本章学习目标

➢ 学习事务处理相关概念。

➢ 了解事务处理系统的角色和地位,以及与商业创新的关系。

➢ 了解事务处理系统的核心技术。

➢ 了解事务处理系统的新趋势——RPA。

◎ 开篇案例

扫 码 点 餐

随着社会的进步与发展,科技手段不断推陈出新,餐饮行业也在寻求新的突破与变革。目前,手机扫描二维码点餐信息系统已经成为餐饮行业的发展趋势。用微信自带的"扫一扫"工具或其他二维码扫描工具扫描餐厅的二维码进行点餐,是"互联网+餐饮"潮流的产物,这种模式可以有效地为餐厅节省人力成本,提高顾客点餐用餐效率,节省顾客时间,提高餐厅翻台率。

传统点餐流程如下:①顾客排队取号;②使用纸质菜单点餐;③呼叫服务员核对;④服务员送至收银处,由收银员手动下单;⑤厨房制作;⑥服务员送餐至对应桌位;⑦需要服务时,必须招手呼叫服务员;⑧服务员到桌询问;⑨服务员再折返提供服务;⑩呼叫服务员买单;⑪服务员送至收银处,由收银员核对金额;⑫服务员再折返对应桌位收银,并送至收银处找零;⑬将发票及找零的现金送至对应桌位,顾客完成整个用餐流程。

智慧扫码点餐流程如下:①顾客排队取号;②就座后扫描桌面二维码,查看电子菜单,自助点餐;③后厨分单制作;④服务员送餐至对应桌位;⑤需要服务时,将需求通过扫描二维码发送至服务员端;⑥服务员直接根据需求到桌服务;⑦需要买单时,直接通过扫描二维码在线支付即可,至此顾客完成整个用餐流程,如图 4-1 所示。

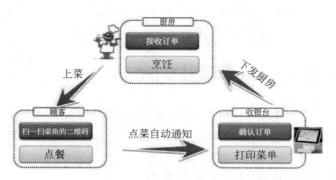

图 4-1　智慧扫码点餐示意图

扫码点餐这一便捷方式,不仅可以有效地提高点餐效率,节省人力成本,更符合当今顾客的消费习惯,深受广大用餐人士的喜爱。据统计,扫码点餐系统优化用餐过程中的核心流程,减少使用服务员的流程,为餐厅平均节省人力成本约 30%;平均节省顾客用餐时间15~20min,提高餐厅翻台率,平均增加营业收入约 30%。

总结一下扫码点餐信息系统如何服务于门店经营。

(1) 餐厅导航:基于位置定位及导航功能,用户可以查询到附近的连锁餐饮门店,并根据导航到店消费。

(2) 餐厅介绍:展示门店品牌故事、服务理念、食品安全信息等内容,提升品牌美誉度与用户好感度。

(3) 取号等号:用户可以通过系统在线取号排队,并查询当前门店的就餐情况,系统将实时显示当前桌数与排队人数,以及预计需要等待的时间,减少用户排队时间,提升就餐体验。

(4) 扫码点餐功能:扫码后将显示门店电子菜单,用户可直接通过电子菜单进行多人协助点单、自助加菜、催单、人工服务呼叫、外卖打包、线上买单等一系列服务,避免了顾客排队点单长时间等待的麻烦,解放了人力。

(5) 优惠设置:点单界面支持设置会员价、满减、商家优惠券、限时限量、菜品券等多种优惠促销方式。实时推送优惠信息、派发优惠券,以此来吸引顾客进行二次消费,增加用户黏性。

(6) 外卖服务:展示门店热门菜品、特色菜品、优惠菜品等,让用户能够快速找到心仪的餐点,提高点单速度;食客评价、推荐指数帮助餐厅打造明星餐品,提高餐厅口碑。

(7) 接单与出票:系统支持使用小程序、微信公众号、App 等多端设备做订单接收和处理,支持蓝牙、网端、USB、云小票机等多类型小票机,支持自动接单、手动接单、预约接单等多种接单模式,做到快速出餐。

扫码点餐信息系统可以全面覆盖餐饮业态,丰富的下单场景与多样的营销组合,可以开发更多业务可能。但有些商家因此取消了人工点餐服务,这让一部分消费者感到烦恼,特别是一些老年人在面对扫码点餐时犯了难,还有些消费者不愿意使用扫码点餐,担心个人信息泄露等安全问题。扫码点餐应是可选项,而不应该成为唯一选项,应当由消费者决定是否扫码点餐,而不是由商家"一刀切"。

扫码点餐信息系统就是一种非常典型的事务处理系统,它支撑组织的正常运作,在组织运营中不可或缺。

4.1　事务处理——组织运作的基础

组织运作需要妥善处理每一件事务,在信息系统的支持下,事务处理会更加高效。下面简单介绍事务、事务处理和事务处理系统。

4.1.1　事务、事务处理与事务处理系统

事务是组织中日常发生的、具有重复性的基本业务活动。例如,财务处每月要进行工资结算;销售部每天进行订单登记;材料进出仓库时,仓库保管员要进行出库/入库登记;客户购买了商品,销售部门要开发票;车间每天要对工人的出勤和生产任务完成情况进行统计。

事务是具有特定目标的任务,它通常涉及企事业单位中的管理工作。事务可大可小,但必须具有"特定目标"。例如,库房管理中的"入库"是一个事务,其目标就是记录检验过的货物已进入仓库成为库存。这样的特定目标应该是明确的,表达应该是简洁的。

事务处理是完成事务的动作,因此事务处理应服务于该事务的"特定目标",它要说明完成"特定目标"所规定的一系列要求。例如,"入库"事务处理应完成:

(1) 记录进入仓库的货物(名称、规格、单价、数量、产地等)及位置(仓位);

(2) 由于库存增加而修改库房占用流动资金的数额;

(3) 计算库存是否超限等。

事务处理的对象是信息,信息是赋予约定意义的数据。数据位于现代事务处理的中心,现代化的管理以数据为依据。所有事务处理都可以被看作在一组数据集上的操作。这里所述数据不仅是数,还包括字符、图形、语言文字,如姓名、颜色、真假一类的概念也都可作为数据被处理,甚至报表、文件、台账、各种凭证、电报、传真等也可作为数据被处理。数据是事务处理的依据,也是事务处理的结果。例如,入库事务,处理对象有入库单(凭证)、日或月入库文件、库存文件(台账)。

事务处理流程与数据流程有紧密的联系,事务处理流程是事务(或事务分解的一组动作)之间相互关系及处理的先后次序的表示。如前所述,数据是事务的处理依据,也是事务的处理结果。一个事务使用一些数据,经处理产生另一些数据,所产生的数据与另外一些数据又为另一个事务所使用,并产生另一些数据。这样,一些数据经处理成新的数据,它们再经处理又形成另一些数据,这就形成数据流程。

事务处理系统为一组事务处理的有机组合,它具有下述 3 个特点:

(1) 系统性和特定的系统目标;

(2) 所含一组事务,正好能覆盖系统目标;

(3) 每个事务既有一定的独立性,相互间又有一定的联系,这种联系是通过数据进行的。

例如,将库房管理作为一个事务处理系统。它包括入库、出库、库存查询与分析 3 个事

务。针对以上事务处理系统的 3 个特点进行分析：库房管理系统是 3 个事务按一定关系形成一个整体，具有特定的目标，即对货物出、入库进行管理，并对库存进行有效分析；所列 3 个事务正好覆盖系统目标；入库、出库、库存查询与分析都具有一定的独立性，相互间又有一定的联系。

事务处理系统存在于企业的各个职能部门，进行日常业务处理，包括记录、汇总、综合、分类，是组织操作层面的基本业务系统，是企业与外部联系的"窗口"，也是企业其他类型的信息系统的基础。

4.1.2 随处可见的事务处理系统

事务处理系统支持作业层人员、跟踪、组织和处理事务情况，为管理人员提供数据和便利的服务。具体来说，事务处理系统做一些数据或信息的输入并进行信息处理，如列表、排序、合并或更新之后，再输出明细表或报告等。

事务处理系统是一种最常用的、最基本的信息系统，在企业、工厂、银行和学校中，操作事务处理系统是一种最日常的活动行为，在人们身边随处可见。其中订单处理系统是比较典型的事务处理系统，如图 4-2 所示。

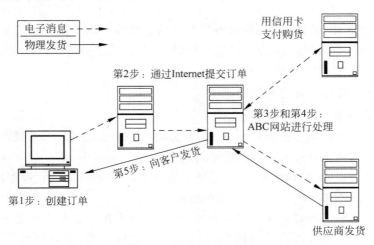

图 4-2　订单处理系统

订单可能通过电话、纸质或者电子的方式从顾客处传递到公司，也可能来自公司内部——从一个部门到另一个部门。当订单到达后，订单处理系统需要对订单进行接收、验证、梳理、汇总和存储。计算机订单处理系统还可以根据产品、地区和销售人员等要素跟踪销售状况，给公司提供有用的市场和销售信息。越来越多的公司为销售人员开发订单处理系统，以便于他们在客户那里通过无线笔记本计算机、PDA 或网络电话输入订单。一些公司投入大量的资金重新设计公司的订单处理系统，并把它们作为电子商务交易系统的一部分，例如，IBM 重新设计了采购系统，其电子采购系统可以很快地以很低的成本生成订单。下面介绍一些随处可见的事务处理系统实例。

教学管理系统具备事务处理系统的功能。任课教师把考试成绩输入系统内，经过对这些数据的处理，把平均分、总成绩、绩点都算出来，再输出转移到学生查询处，学生就可以看见自己的成绩,甚至还可以看见全班或全年级的成绩。

工厂制造产品也离不开事务处理系统的支持。首先是要采购原材料,采购员要把各种原料的成本、规格、数量,以及从哪里采购录入信息系统;材料出入库时,保管员又要进行出库或入库的信息登记,还要按一些特定的方式进行处理,以方便上级查看;工厂的事务处理系统还要支持给工人发薪酬,记录他们的出勤率,当产品销售后,事务处理系统还支持输入订单、处理订单等。

银行的财务处理也应用事务处理系统。银行日常的业务处理和工资结算,其实就是一个输入信息和处理信息的过程。每天他们要输入大量的数据,重复性强,逻辑关系简单,但要把数据处理得详细,有较高的精度,关注和保护千万用户的信息,还要代发人们的工资,这都是事务处理系统的优势。

可见,事务处理系统在人们的生活中发挥着至关重要的作用,事务处理系统大大提高了处理事务的工作效率和工作质量,提高了顾客的满意度,能够及时生成文本和报告,为他人提供了辅助决策的数据,改善了服务水平,方便人们的工作、学习和生活。

4.1.3　深入了解事务处理系统

事务处理系统(Transaction Processing Systems,TPS)是负责记录、处理并报告组织中重复性的日常活动,记录和更新企业业务数据的信息系统。事务处理系统主要用来帮助操作层员工完成组织中常规的、重复性的基本活动与交易,其作用是将各种业务活动处理过程数字化。

1. 事务处理系统具有的共同特点

事务处理系统具有如下共同特点:

(1)进行每日或周期性的信息处理,如周、双周、月等,处理的事务重复性强。

(2)能迅速有效地处理大量数据的输入输出。

(3)处理的数据详细、精度要求高,逻辑关系简单,规律性和结构化程度高。

(4)接入的终端多,系统的故障对组织有致命的影响。

(5)处理的信息多来自企业内部信息源,数据处理的结果也是面向企业内部的。这一特点目前已经发生变化,因为贸易伙伴有时可能会提供数据,有时会允许直接使用 TPS 数据。

(6)服务对象主要是组织的作业层。

(7)通过审计以保证所有输入数据、处理、程序和输出是完整、准确和有效的。

(8)像个人数据的隐私权这类敏感问题往往与 TPS 有着重要联系,TPS 有必要提供有关安全问题的防护能力。

(9)帮助组织降低业务成本,提升业务服务水平。

(10)能监控和收集历史数据。

(11)必须具备查询功能,甚至支持在线实时查询。

具体来说,事务处理系统的功能就是收集数据,然后编辑数据,检查数据的完整性和有效性,进行数据修改,接着进行分类、排序、计算、汇总和数据存储等操作,并定期有序地对数据进行更新,最后生成文档报表并输出。所有事务处理系统均完成一系列共同的基本数据处理过程,这个过程称为事务处理周期,它包括 6 个步骤或活动:数据收集、数据编辑、数据修改、数据操作、数据存储和输出文档,如图 4-3 所示。

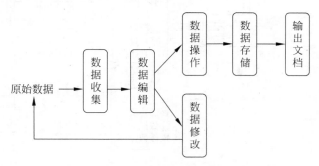

图 4-3　事务处理的周期

数据收集指获取和收集完成事务处理所需数据的过程,例如收集顾客订单的手写凭证,然后输入计算机;输入的方法可以通过扫描仪、POS 设备和键盘等设备。数据尽量从源头处获得,使手工工作量减到最小。

数据编辑指在输入数据的过程中检查数据的有效性和完整性,例如订单订购的数量必须是数字型的,否则无效;所订购的产品型号经过与数据库对照后无法提供时,要提示订单无效。

数据修改指当编辑数据发现出错时,重新输入正确的数据。

数据操作包括对输入数据的分类、排序、计算、汇总及数据的存储等工作,如在订单 TPS 中,数量乘以价格等于购货金额,一张订单是订单事务数据库里的一条记录。

数据存储指用新的事务记录来更新企业的状态数据库,例如,用新的销售记录去更新企业的库存数据库,结果是使库存减少。

输出文档的主要任务是生成输出记录和报告,例如生成商品库存报告。

2. 事务处理系统的运行过程

事务处理系统的运行过程包括:

(1)数据录入。通过输入设备将人工或者传感器收集的数据输入计算机中。因为数据的录入量很大,一般录入过程自动化。

(2)数据处理。数据处理有批处理和在线处理两种方式。在批处理(batch processing)方式中,公司在交易发生的时候收集数据,把它们成批存储起来。系统定时对这些数据进行处理。

(3)数据存储与使用。

3. 事务处理系统的信息流

典型的事物处理系统的信息流如图 4-4 所示。

对照图 4-4,根据输入信息、处理信息、输出信息的脉络来介绍事物处理系统的信息流。

1)输入

采用人工、源数据自动化[磁卡、IC 卡、条码、无线射频识别技术(RFID)]等方法输入信息,输入信息过程中进行信息的合法性校验。

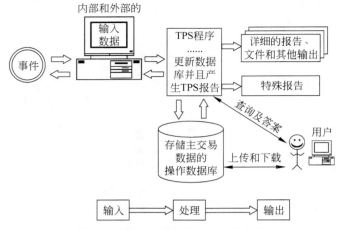

图 4-4 典型的事物处理系统信息流

2）处理

信息处理有批处理、联机实时处理两种处理方式。处理活动包括对相关的数据库表文件的增加、更新、删除记录以及查询等。信息处理过程中的响应时间是一个重要的指标。

3）输出

信息输出主要是输出所需要的事务处理报告（报表、联机查询结果等）。

4. 事务处理系统的目标

事务处理系统的七大目标如下。

（1）使组织有效率、有效益地运行；

（2）提供实时的文件和报告；

（3）提高公司的竞争优势；

（4）提供战略和战术系统（如基于万维网的应用）需要的数据；

（5）确保数据和信息完整、精确；

（6）保护数据资源和信息的安全；

（7）事务处理系统与电子支付、电子采购、电子营销的联系非常紧密。

5. 事务处理系统的注意事项

这里重点强调事务处理系统的一些特点，以获得对事务处理系统更为全面的了解。

（1）事务处理系统是大批量、重复性业务处理过程的自动化。所处理的数据和处理的逻辑相对来讲都比较简单，如机票订购、信用卡确认、银行或街上的自动提款等。

（2）强化和数据的关系。事务处理系统实现对业务相关数据的有效管理，通常都建立在数据库系统之上。业务数据的产生量比较大，可能分分秒秒都在产生。事务处理系统降低了业务人员完成对业务数据的增、删、改、查，以及数据维护和管理的要求。

（3）捕获数据注意的问题。事务处理系统具有捕获新数据的功能，通过捕获新数据完成创造信息的任务。捕获数据时要注意采用自动化的手段，在信息产生的源头去捕获，提高工作效率和正确率。

（4）数据维护（数据的完整性检查）。事务处理系统对数据的维护必须到位。数据的完整性检查措施是保证数据正确性的有力手段,在事务处理系统中大量应用可进一步降低数据出错的概率。

(5)引入事务管理系统时,不要将目的与手段混为一谈,引进事务管理系统是手段,个人生产效率提高是目的;也不要弄错引进的步骤,没有改善习惯的企业是无法推动事务管理系统的。

(6)事务处理系统的技术特征:持续可用性,不能容忍或很少有因死机或其他原因而使系统不可用的情况;可预报性,大多数业务的系统反应时间没有重大差异,在预期的时间内会得到回答;事务完整性,系统处理的结果会立即反映在实际生活中。

4.2 事务处理系统——企业的心脏

事务处理系统随处可见,分布广泛。它在组织中扮演什么角色?处于什么地位?有哪些处理方式?涉及哪些技术?发展如何?下面将逐一说明。

4.2.1 事务处理系统的角色和地位

事务处理系统监督、收集、存储、处理和传递所有常规的、关键性事务活动的信息。这些数据被输入职能信息系统的应用程序中以支持其综合业务处理功能,同时也被输入决策支持系统(DSS)、客户关系管理(CRM)系统和知识管理(KM)系统中。事务处理系统还为电子商务活动提供重要的数据支持,尤其是关于顾客及其购物记录的数据。

1. 事务处理系统在组织中的重要性

事务处理系统存在于企业的各个职能部门,它是进行日常业务处理、记录、汇总、综合、分类,并为组织的操作层(作业层)服务的基本信息系统,在企业的各个职能部门中扮演基础的、不可或缺的重要角色。事务处理系统提高了工作的效率和准确性,是信息系统在组织中早期的应用形式,也是最基本的信息系统形式。事务处理系统是企业与其外部环境的界面,同时扮演企业联系客户的纽带的角色。事务处理系统的性能表现直接影响客户对整个企业的评价,与客户满意度息息相关。

事务处理系统是保存和处理最基本信息的重要系统,是为知识层和管理层提供基本信息的系统,也是企业其他信息系统的基础,它的基础地位不容动摇,如图4-5所示。也有人把事务处理系统在组织中的地位比作人的心脏,它才是整个组织的核心,没有事务处理系统,组织可能损失惨重甚至被淘汰出局。

事务处理系统在企业中主要表现为4种系统:市场营销、生产制造、财务会计、人力资源。具体功能如下:

(1)记录、保存精确的记录,这在财会部门是不可缺少的;

(2)分类;

(3)数据检索;

(4)计算;

(5)汇总;

(6)产生文件、管理报告、账单等,定期生成常规的报表供检查与监督,也可能生成特别

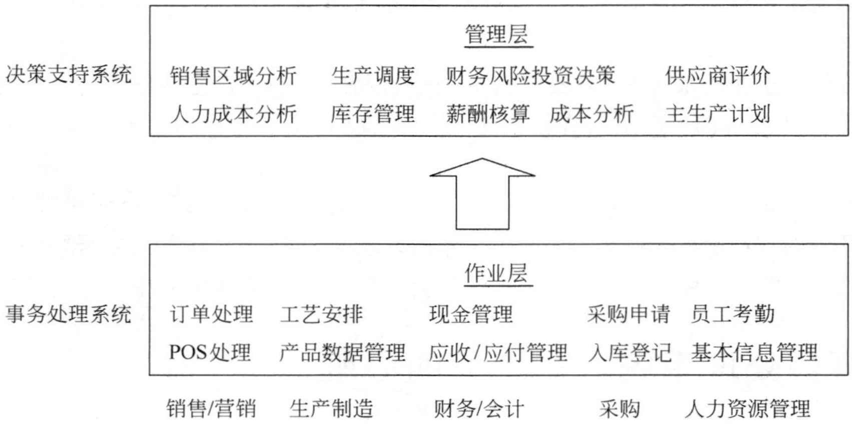

管理层				
销售区域分析	生产调度	财务风险投资决策		供应商评价
人力成本分析	库存管理	薪酬核算	成本分析	主生产计划

决策支持系统

作业层				
订单处理	工艺安排	现金管理	采购申请	员工考勤
POS处理	产品数据管理	应收/应付管理	入库登记	基本信息管理

事务处理系统

销售/营销　生产制造　财务/会计　采购　人力资源管理

图 4-5　事物处理系统在组织中的地位

报告。

2. 事务处理系统的优势

事务处理系统具有如下优势:

(1) 保持应用程序的完整性。任何应用程序的关键是要确保它所执行的所有操作都是正确的,如果应用程序仅是部分正确地完成操作,那么应用程序中的数据,甚至整个系统将会处于不一致状态。

(2) 事务处理系统可以帮助组织降低业务成本,提高信息准确度,提升业务服务水平。

3. 事务处理系统的服务目标

事务处理系统的服务目标包括:

(1) 提高准确度。在人工事务处理系统中,由员工检查事务处理系统产生的文档和报告,但人难免犯错误,因此常需要消耗时间、劳力和资源来加以修正,而计算机事务处理系统一旦经过运行的考验,一般不会有错。

(2) 提高处理速度,及时生成文档和报告。人工事务处理系统要花几天的时间才能生成事务报告,而计算机事务处理系统能在几秒内完成。

(3) 提高劳动效率。以前人工处理需要许多员工,如今事务处理系统节省了人力,从而降低了成本。

(4) 改善服务水平。帮助企业记录、处理和跟踪许多细节信息,更好地满足客户对产品和服务的要求。

(5) 提供辅助决策的数据。事务处理系统产生的数据,不仅反映了组织的大多数基本活动,也可以作为战术和战略信息系统的原始资料。

4. 事务处理系统是最基础的系统

组织成功的基础就是捕获信息,再基于捕获的信息生成新信息,并把二者都存储在业务数据库中的事务处理系统。这种系统看上去微小、平凡,许多人不予重视,但事实上捕获、创造和存储信息是组织中最重要的信息处理任务。试想,购买某个航空公司的机票,但是它的售票系统宕机不工作,你会怎么办? 最大的可能是转向别的航空公司。如果一个超市的收银结账系统不工作,你会怎么办? 最大的可能就是去别的超市。下次考虑到这家航空公司或超市你会不会犹豫呢? 第一家航空公司或超市肯定丢掉了机会,蒙受了损失。可见,事务处理系统在组织中是最重要的系统。它是组织和客户的主要接口,对客户来说,这个系统不工作,组织就遭受失败。另外,这些系统遍布整个组织,假如它们失败或不工作,合适的信息就不能在合适的时间送达给合适的人,整个组织损失惨重。

4.2.2　事务处理方式

事务处理系统一般有 3 种事务处理方式:批处理方式、实时联机处理方式和延迟联机录入。

1. 批处理方式

批处理(batch processing)方式先将事务数据积累到一定数量,然后一起处理,或是到了一定时期才一起处理。例如财务部门将每天发生的所有发票集中在下午 5 点一次性地录入计算机,更新应收款数据库。

批处理活动包括:收集源文件,如订单、发票,并将它们分成批;把源文件录入到输入媒体,如磁带、磁盘;把源文件排序,排序应根据某个关键词,一般这个关键词和主文件的相同;将源文件和主文件合并处理,建立一个新文件,并输出一些文件(如发票、支票等);定期地将业务成批地送往远方的中央计算机保存和进一步处理。

例如一个银行的批处理过程,如图 4-6 所示。

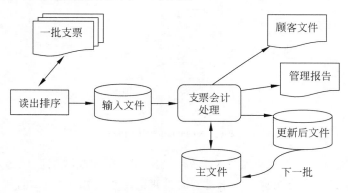

图 4-6　银行的批处理过程

这里主文件是一种永久存储的文件,如客户主文件,包括客户名称、地址、电话、生产主要产品、主要业务等数据。学生主文件包括学生姓名、年龄、籍贯、学号等,有可能包括成绩等具有档案性质的文件。支票主文件记录支票金额、接收方、开出方、日期、编号等数据。业务文件是一种中间存储文件,具有暂存的性质,一旦它的内容并入主文件,业务文件即消失。更新后的主文件在下一批处理就处于主文件的位置。

批处理的优缺点:当要处理大量的数据时,批处理是一种比较经济的方法。每笔业务处理时没有必要翻动主文件。错开白天的时间,机器可以在晚上处理,能充分利用机器的资源。机器的速度不一定很高,机器档次和设备费用可以大大降低。但批处理的确有很多缺点,主文件经常是过时的,打出的报告也是这样,马上查出当前的情况也是不可能的。所以,许多业务转向实时处理,但某些实时处理系统中还保留着某些业务的批处理。

2. 实时联机处理方式

实时联机处理方式或称为联机事务处理(Online Transaction Processing,OLTP)方式,当事务发生时即进行处理,而不积累成批。例如每到一批货物,就立即更新库存,这样的好处是使入库的商品马上可以销售,加快资金流转。

通过 OLTP 和外联网等万维网技术,供应商可以实时检查公司当前的库存水平或者生产计划。供应商自身在与其客户合作的同时,也可以承担起库存管理和订货的责任。客户也可以在事物处理系统中输入数据来跟踪订单,甚至还可以直接查询。

OLTP 成为一种交互式的网络事物处理系统。互联网交易处理软件和服务器可以实现多媒体数据的转换,快速响应以及大量图片和视频的存储——所有这些都是低成本并且实时完成的,这种交互的特点可以快速地响应客户的询问。OLTP 同时具有灵活性,可以适应快速增长的处理需求,也可以随时对数据库进行搜寻和分析,像戴尔这种经常需要处理大量订单的公司,更希望拥有一个复杂的、基于万维网的订货系统。

实时处理在处理业务时是及时地处理完这笔业务后,主文件已经进行了更新,因而这时的统计数据就反映现时的真实情况。数据一旦输入,记录、转换、更新主文件一气呵成,响应顾客的查询也是即时的。一个实时的销售处理系统如图 4-7 所示。

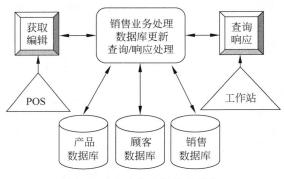

图 4-7　实时的销售处理系统

实时处理的优缺点:实时处理能及时处理、及时更新和及时响应顾客。因而在要求及时的情况下,只有实时系统能满足要求。实时处理的缺点是由于联机,直接存取必须采取特殊的措施保护数据库,以及时防止病毒和闯入者。在许多实时系统中,也将磁带作为控制日记和恢复文件,这就要求在设备上付出高成本。所以实时处理的优点必须和它的成本、安全的问题相平衡,现在由于技术的发展导致运行成本下降,为了更好地满足顾客需求,越来越多的公司倾向使用实时处理。下面把批处理和实时处理进行比较,如表 4-1 所示。

表 4-1　批处理和实时处理的比较

特　性	批　处　理	实　时　处　理
业务处理	记录业务数据累计成批,排序周期处理	数据一旦产生,立即处理
文件更新	批处理时	业务处理时
响应时间(周转时间)	几小时或几天	几秒

3. 延迟联机录入

一种折中的方法是处理延迟的联机录入,这种方式是当事务或订单发生时就送入系统,但并不立即处理,直到认为合适的时候才成批处理。例如用电话订购商品时,订单当时就被输入计算机,但事实上订单直到晚上才被处理。

选择哪种处理方式要根据业务的具体需要来确定。另外,防止数据处理的故障是个很重要的问题。

4.2.3　事务处理系统的相关技术

事务处理系统的正常运行离不开技术的支持,为了取得更好的系统性能,要重视对技术的了解和选用。

1. 自动化录入技术

数据输入的过程总是数据处理的一个瓶颈。如何快速、准确地输入数据,仍是一个很重要的问题。数据输入的方法有两种:一种是传统手工方法;另一种是源数据自动化的方法。传统的数据输入方法依赖计算机的终端用户,由源文件获得数据,这些源文件如采购单、工资考勤表、销售订货表等。这些源文件积累成批送给数据处理人员,进行输入。这些数据周期地送进计算机系统。由于传统的数据输入方法要求很多操作,成本高,而且出错率高,现在该方法慢慢被代替。人们希望能应用"源数据自动化"。

数据自动化已有很多方法,但达到全自动化者很少见。图4-8中用了几种设备,如POS业务终端、自动柜员机(ATM)、光字识别器(OCR),当然还有其他各种设备。这个销售业务处理系统的希望是:获得数据越早越好,获得数据越近越好。这种录入方式大量地用机械读取介质获得(如条码标签、磁条、磁卡)代替源文件。

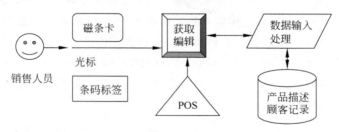

图 4-8　自动化方法实例(自动数据输入)

2. 高速实时处理技术

随着互联网以及数据密集型应用的发展,产生了大量待处理的实时数据,例如网络监测数据、电信呼叫记录、金融应用数据、Web 日志及点击流等。这些实时数据具有连续性、数据量极大、生成速度快和生成速度随时间变化等特点,而企业对这些数据的处理又要求能够做到连续不间断查询,甚至要求实时的连续查询,这使得在有限的内存和处理器资源的情况下,保证这些实时数据能够快速、有效地处理变得越来越重要。传统的关系数据库管理系统在处理有限的存储数据方面是高效的,但是处理此类数据则效率低下,甚至无法处理。因此一些处理实时大容量数据的新方法成为目前数据库领域研究的新热点。其中,基于数据流

(data stream)概念的数据流管理系统(DSMS)的研究最具有应用前景。DSMS 的最终目标是在有限的处理资源(内存和处理器)和能够达到查询要求的前提下,具有查询时间最短的数据流处理能力,并且支持实时的连续查询。下面提供 SQL Server 2014 内存中联机事务处理解决方案案例,供参考和体会。

➢ 案例：bwin.party 的 SQL Server 2014 内存中联机事务处理解决方案

在线数字娱乐公司 bwin.party 提供的在线游戏与其他服务用户数超过 200 万。为了向快速增长的业务提供更好的支持,改善网站性能,该组织部署了 Microsoft SQL Server 2014 内存中联机事务处理解决方案。该公司每秒可以处理 250 000 个请求,为玩家提供更快速流畅的游戏体验。同时,bwin.party 在硬件成本方面节约 10 万美元,并可实现增收。

(1) 业务需求。

bwin.party 是全球最大的受管制在线游戏公司。每天有成千上万的玩家访问公司网站,针对各种体育赛事、摇奖彩票及扑克游戏下注上百万次。

该公司是由在线博彩巨头 bwin 与 Party Gaming 于 2010 年年底合并而来的。合并后的 bwin.party 将两个大流量网站合并在一起,由于来自两个网站的访客都被重定向到同一个网站,该网站需要提供原本由两个网站提供的数十个游戏,因此遭遇了严重的扩展问题。"我们所用的技术不足以通过扩展支持大量新增用户,"bwin.party 数据库工程经理 Rick Kutschera 说,"原本的游戏系统每秒只能处理大约 15 000 个请求。考虑到增长率,这样的数量已远远不够。"在游戏中,一次押注需要每秒批处理大约 50 个请求。但由于峰值时期的负载太高,公司需要系统的会话状态服务器每秒能够处理 30 000 个批处理请求。

由于扩展性方面存在问题,Web 服务器超时情况愈加严重,有时网站甚至会停机长达数分钟时间。"缺乏可用性就意味着玩家无法押注,无法获得好的体验,"Kutschera 说,"这个行业的竞争很激烈,我们需要确保客户能获得良好的体验。任何性能问题都是我们无法接受的,玩家无法大量押注,也会给我们造成经济损失。"

虽然该公司已部署了 Microsoft SQL Server 2012 Enterprise 软件,后续还安装了更多硬件,但依然无法解决这些问题。"我们不断尝试优化系统,提升扩展能力,但我们无疑需要一种全新的解决方案帮我们进一步完善。"

(2) 解决方案。

在与微软公司讨论过后,bwin.party 部署了 SQL Server 2014 内存中联机事务处理解决方案。该解决方案使用主内存优化技术及 no-locking/no-latching 并发控制机制消除纵向扩展导致的瓶颈。

公司预计该解决方案能将每秒处理的请求数量提高一倍,从 15 000 个增至 30 000 个。"首次测试运行时每秒处理了 150 000 个请求,我们都惊呆了。"Kutschera 说。

很快 bwin.party 就将该解决方案集成到了原有的 SQL Server 2012 环境中。

(3) 收益。

通过使用 SQL Server 2014 的内存中联机事物处理技术,bwin.party 网站可支持的用户数量提高了 20 倍,并为玩家提供了更快速、更流畅的体验。该公司不仅节约了成本,而且实现了增收。

通过内存中 OLTP 技术，bwin.party 的游戏系统可扩展至每秒处理 250 000 个请求，使得该公司可更轻松地迎接新玩家到来。"通过使用 SQL Server 2014，有必要时我们的网站完全可以应付数量激增 20 倍的玩家，"Kutschera 说，"如果美国重新让在线博彩行业合法化，我们的用户数量一天就可以提高三倍，而我们现有的技术完全可以做到这一点，不会造成任何性能问题。我甚至觉得就算全球都让在线博彩合法化，我们也不会遇到问题。"

该公司的原有网站上，玩家的标准系统响应时间为 50ms。通过使用内存中 OLTP 技术，这一时间被缩短至 2～3ms。"通过使用 SQL Server 2014，玩家体验更快、更流畅。"Kutschera 说。

随着性能大幅提高，访问 bwin.party 网站的玩家在页面载入和玩游戏时无须再等待。"每秒都有大量玩家等待押注，通过使用 SQL Server 2014 的内存中 OLTP 功能，我们的网站载入速度更快，整体体验更流畅，玩家可以更畅快地押注玩游戏。"

4.2.4　事务处理系统的发展

作为一种比较成熟的信息系统，事务处理系统已经进入各行各业，但是事务处理系统当前仍然有一些新的发展趋势。本节主要介绍这方面的内容。

1. 客户集成系统

事务处理系统(TPS)的前身是电子数据处理系统(EDPS)，它是面向单项数据的信息系统，而 TPS 是面向业务的信息系统。随着技术的进步和客户的需求，TPS 有了新的特征，它把技术放到了客户的手中，让客户能够自己完成本应该是工作人员完成的任务，这个系统也被叫作客户集成系统。

客户集成系统(Customer Integrated System, CIS)是事务处理系统的一个拓展，它把技术放在了客户的手中，让客户在任何地点、任何时间都能处理自己的事务，改变了组织与客户之间的关系。客户集成系统是一个以门户网站的形式向用户提供多种服务的数字化客户服务系统。CIS 包括一个在前台向客户提供一对一特色服务的门户和多个位于后台的业务系统，将信息技术的应用扩展到客户端。

目前，客户集成系统也随处可见，如超市自助收银结账和 ATM 机存取款系统等。金融自助服务满足了客户的需求，提高了用户满意度，也能有效地降低运营成本。自助服务还能有效地解放劳动力，集中优势资源服务优质客户。应用自助终端、提供自助服务是客户及银行自身发展的需要，各银行已经意识到自助服务的重要性，很多新兴的股份制银行都采用铺设很少的网点、配以大量的自助终端、加上网上银行的服务方式，为客户提供全方位的服务。

如下两个案例也是客户集成系统。

➤ **案例：UPS 快递店**

在 UPS 快递店的终端机上输入地址和邮编，运输标签和收据会在之后的几秒内打印出来。同时数据库还会保存运输记录，这样，如果再一次给同一个人邮寄包裹，就不需要重新输入地址了。

> **案例：Kinko's 公司**

人们在 Kinko's 公司复印东西时都要按复印的数量付费。以前人们会使用一张信用卡大小的复印卡，把它插入复印机上的计数器中，它会记录复印的数量。然后人们需要排队付款；收银员把卡片放在读卡器上就知道复印了多少张，在支付复印费时还要将税款加上。Kinko's 的这种系统不仅成本高，而且还引发了许多顾客的抱怨，人们觉得为两张纸的复印费去排队很浪费时间。现在 Kinko's 使用了新的系统，人们只需要把自己的信用卡（或者储值卡）插到计数器上，复印完毕后直接打印收据，然后就可以离开了。人们再也不会看见有 Kinko's 公司的员工介入复印过程。

在 TPS 的类型上，也可见它的发展：

（1）传统的 TPS 是集中式的，通过一台主机运行。

（2）当前多数是实时联机事务处理（OLTP）方式，即交易在发生的同时就立刻处理。例如，当人们在商店买东西并用 POS 机付款时，系统立即记录此次销售的结果——库存商品减少一个单位；商店的现金中增加了所支付的数额；该商品的销售量增加一个单位。

2. Web 事务处理系统

Web 事务处理系统是建立在 Web 技术上的企业事务处理系统，它能够在 Web 环境下提供企业业务活动的执行流程和业务相关数据的自动化处理过程。

Web 事务处理系统的特点如下：

（1）采用的是 B/S 架构，通常是基于数据驱动的；

（2）能够为大量的用户提供服务；

（3）用户界面复杂；

（4）通常以向导方式提供事务处理的流程；

（5）系统的开发是在服务器端进行的。

用户对 Web 事务处理系统的需求与传统的 C/S 架构下的软件系统有较大的差别，Web 应用自身的特点决定了传统的软件架构和开发方法不能按部就班地应用到 Web 事务处理系统的开发过程中。目前 Web 应用开发所面临的主要问题在于：开发的结果不能满足最终用户的业务过程需要；不能完全实现预期的功能；延时交付；预算超支。

根据 Web 应用系统的特点，Web 事务处理系统适宜采用层次架构（layered architecture）。早期的 Web 事务系统采用的是两层架构。两层架构的 Web 应用包括显示层（presentation layer）和数据访问层（data access layer）——显示层负责提供应用程序的用户界面并处理用户和应用程序之间的交互，数据访问层处理用户的业务逻辑和对持久数据存储系统的访问。两层架构的缺陷在于：层次的内聚性低，耦合性高；层次组件的可重用性差；由用户业务流程变更而引起的系统修改很困难。

另一种 Web 事务系统架构是三层架构。三层架构的 Web 应用包括显示层、业务层（business layer）和数据访问层。在三层架构中，将业务逻辑单独划分为一个层次。三层架构存在的问题在于：程序界面和程序逻辑都在显示层中实现，使得显示层和业务层之间耦合变得紧密；业务层中既包含程序逻辑也包含业务规则，降低了内聚性。这些问题在一定程度上降低了三层架构的可重用性，也会让开发过程的并行性降低。

3. 分布式事务处理系统

传统集中式数据处理系统由于摩尔定律的逐渐失效而显露出性能瓶颈,无法有效支撑当前业务的快速发展。同时由于安全、成本、政策等原因,原有集中式数据处理系统向分布式数据处理系统转型成为必经之路。

各类数据处理场景可以分为事务场景和非事务场景两大类。事务场景即数据处理过程需要满足原子性、一致性、隔离性、持久性(Atomicity、Consistency、Isolation、Durability,ACID)4个特性,典型的场景如银行账户间转账、物流仓库的运输等。非事务场景对数据处理过程没有对 ACID 特性的严格要求,典型的场景有搜索展现场景、报表分析场景等。

因为事务场景具有 ACID 特性,所以相比于非事务场景,事务场景对底层数据处理系统提出了更高的技术要求。以银行支付系统为例,目前核心的支付系统经过几十年的发展,形成了采用所谓的 IOE(即 IBM 公司的大中型服务器、Oracle 公司的数据库软件、EMC 公司的存储设备)结构作为事务场景的支撑系统。这套系统结构用于支撑银行传统的柜台业务没有大问题,但是随着国内移动互联网以及电商业务的快速发展,其中存在的性能上限、成本巨大、严重捆绑、非自主化可控等问题逐渐暴露。为解决这些问题,各大技术公司逐渐开始研发分布式事务数据系统技术,以求逐渐在事务场景中替代传统的 IOE 结构。

分布式事务数据处理系统是利用高速通信网络以及多台服务器的分布化方式,解决数据处理事务场景的数据处理系统,其具有以下 4 个特性。

(1)以横向扩展路线代替纵向扩展路线。通过集群模式,将任务和数据分发到多台服务器上,多台服务器共同协作,通过增加横向扩展服务器的数量达到提高单台服务器性能上限的目的,从而解决性能上限问题。

(2)使用廉价服务器及开源产品解决成本问题。分布式事务处理系统在底层不再采用成本巨大的超级服务器以及专有商业事务数据库,而是采用多台廉价的 x86 服务器以及开源的数据库产品达到相应效果,预计单一企业在该方面的成本将从千万级下降到百万级。

(3)多元化、开源化解决服务商捆绑问题。分布式事务处理系统可从硬件、软件等多个环节对接业内多种企业或开源产品。例如硬件支撑系统可以采用华为、浪潮、戴尔等多种 x86 服务器提供商提供的相应产品,软件支撑系统可以采用 MySQL、MariDB、PostgreSQL 等多款开源数据库产品,从而解决严重捆绑的问题。

(4)国内企业研发解决非自主可控问题。当前国内涌现出多款自主研发分布式事务处理系统产品,例如阿里巴巴的 OceanBase 数据库、腾讯的 TDSQL 数据库、中兴通讯的 GoldenDB 数据库、PingCAP 的 TiDB 数据库等。这样,可以通过国内企业的创新力量解决非自主可控的问题。

理论上分布式事务数据处理系统横向扩展路线可以达到数据处理能力上限,但是为了保证事务场景 ACID 特性,分布式事务数据处理系统无法达到其理论上限。深层次的原因为分布式事务数据处理系统在数据处理过程增加了网络传输环节,而根据统计分析,数据在网络中传输处理的速度大概为单机系统内传输处理的千分之一,所以传统事务数据处理系统中成熟的保证事务场景 ACID 的技术方案无法直接应用到分布式事务数据处理系统中。

为了研究如何使分布式事务数据处理系统保障事务场景 ACID 特性的问题,学术界提出:一致性、可用性、分区容错性(Consistency、Availability、Partition tolerance,CAP)无法同时全部满足,只能同时满足两个特性。通俗解释是:为了满足分区容错性,数据库系统中的数据需要同时保证多副本分散分布，而多副本分散分布会带来无法保证各副本间数据一致性的问题，而严格保证各副本间数据一致性，又会导致数据库系统性能下降。所以，CAP的3个特性无法同时得到满足。在分布式体系结构中，分区现象是默认存在的，所以分区容错性默认必须得到满足。而事务特性要求一致性必须得到满足，所以相应的分布式事务数据处理系统必须保证分区容错性和数据一致性，酌情降低了系统可用性。

同时，分布式体系结构存储数据的方式相对于集中式存储系统存储数据的方式来说，增加了两种新型的扩展形式。第一种数据扩展形式为数据分区处理，即"大表变小表"。当一张表的容量达到上限或者出现业务交叉时，常进行水平拆分处理，即将一张表的数据拆分成几张表共同存储，各表分别放在不同的服务器上，从而针对不同小表访问的业务可以分散到不同的服务器上，减少单点问题，提高可用性。第二种数据扩展形式为数据镜像处理，即"一份变多份"。一张表进行数据镜像，从而形成内容为同一份数据的多张表，但是从物理位置上看，却分散在不同的服务器上。针对某一份数据的业务可以分散到这份数据其余的镜像数据服务器上，从而提升服务性能。同时，当其中某台服务器发生故障、无法提供服务时，它的数据镜像所在的服务器仍然能够提供服务，提升了分区容错性。

4. 事务处理系统的其他新发展

事务处理系统与新技术的结合，出现了新的发展趋势，包括与区块链技术、人工智能技术、云计算技术的结合。

1）基于区块链技术的事务处理系统

近年来，随着加密货币和去中心化应用的流行，区块链技术受到了各行业极大的关注。从数据管理的角度，区块链可以视作一个在分布式环境下众多不可信节点共同维护且不可篡改的账本。由于节点间相互不可信，区块链通过共识协议，确保数据存储的一致性，实现去中心化的数据管理。

基于区块链技术的事务处理系统时有出现。例如，针对传统技术面临的数据管理中心化、不公开透明等问题，将区块链技术应用于河长制水质信息管理领域。使用企业级开源框架超级账本技术搭建的河长制水质信息系统，将核心水质信息上传至区块链，以实现用户链上信息存证的功能。

2）基于人工智能技术的事务处理系统

人工智能（Artificial Intelligence，AI）是研究、开发用于模拟、延伸和扩展人的智能的理论、方法、技术及应用系统的一门新的技术科学。人工智能是计算机科学的一个分支，它试图了解智能的实质，并生产出一种新的能以人类智能相似的方式做出反应的智能机器，该领域的研究包括机器人、语言识别、图像识别、自然语言处理和专家系统等。人工智能从诞生以来，理论和技术日益成熟，应用领域也不断扩大，也被应用到了事务处理系统上。例如，边境管控在国防安全和国民经济社会发展中具有重要作用。针对目前边境管控的严峻形势，有学者提出了运用无线传感网络技术建立能获取跨境事件位置和相关信息的传感网络，利用人工神经网络技术，设计了基于人工智能的边境传感信息处理系统。也有学者提出了一种道路交通事故人工智能处理系统，该系统以现场拍照形式进行快速勘查；运用事故力学理论，对事故发生过程进行理论推导及验证，实现事故再处理；利用专家系统完成事故的责任认定和赔偿，从而实现了以高科技为主的完整后处理。还有学者建立了基于人工智能检视技术的ETC稽查综合管理系统，自动排查ETC跟车冲卡车辆、筛选ETC未扣款车辆、获取多源证据链。

3）基于云计算技术的事务处理系统

云计算是数据管理技术不断演化的结果，它继承了网格计算、虚拟化、效用计算、并行计算、分布式计算等技术，解决了并行计算、均衡负载、宕机切换等超高性能服务器集群问题，提升了数据加密传输、加密存储、实时备份、容灾备份等性能。当面对不同行业用户时，可将应用系统模块智能组装以满足客户个性化需求，也可通过 Web 形式在线使用软件。云计算将服务器集群、高可靠 IDC 及包括 ERP 在内的各类应用系统集中起来，由系统实现自动化管理，为客户提供随时随地、随需而变的 IT 服务。

云计算是未来企业尤其是中小企业信息化应用的必然趋势，是企业减少硬件投资、降低维护成本、保证数据安全的重要手段，正逐步被运用到铁路信息管理、电力系统数据采集、高校教学资源计划及课程实践、图书馆信息处理等事务处理领域。

4.3　事务处理系统赋能商业创新

事务处理系统在商业创新中发挥了重要的作用，实施事务处理系统的过程中，也伴随着一些管理思想和方法，在社会生活中也有一些非常有代表性的事务处理系统的应用，本章主要就这几方面进行介绍。

4.3.1　TPS 中技术的重要作用

TPS 在企业中扮演重要角色，处于重要地位，而支持 TPS 使命完成的背后是不可忽略的技术因素。诚然，技术虽然重要，但是并不是决定一切的力量。下面介绍 12306 铁路网上售票系统的案例。

▷ 案例：12306 铁路网上售票系统的设计与问题

我国铁路客票系统是一个覆盖面广、交易量大、实时性强、席位精确管理、安全可靠性要求高的复杂系统。要开发建设规模如此庞大、技术如此复杂的系统，其难度可想而知。国内外专家在了解了中国铁路客票发售工作的实际情况后，也曾感叹道，这个系统如能建成，堪称世界票务管理系统之最。早在 20 世纪 70 年代，我国很多单位已经开始了有关计算机售票的研究工作，并且在上海站和广深线试验，但是由于中国铁路客票发售的特殊复杂性和技术条件所限，一直未能大面积推广。

直到 1993 年，在铁道部主持下，由北京交通大学、中国铁道科学研究院、铁道部运输局等单位组成专家组开发团队，根据计算机网络技术和我国铁路客运发展的特点和趋势，提出了"要想从根本上解决我国铁路客票发售中存在的问题，必须依靠科技进步，建立一个覆盖全国铁路的计算机售票网络，实现铁路客票管理和发售工作现代化，达到国际先进水平，从而方便旅客购票，提高铁路服务质量和市场竞争力"的构想。并在深入调查研究和广泛开展国际交流的基础上，经充分论证，制定了适合我国国情和路情的铁路客票发售和预订系统的总体规划，为该系统建设打下了坚实的基础。1996 年，铁道部部长办公会议做出决定，改革传统的售票方式，依靠科技进步，尽快建成具有中国特色和自主知识产权的铁路客票发售和预订系统,以此为突破口,改变铁路客票发售和运营管理的落后面貌。自此,铁路客票发售和预订系统项目正式启动。

参与设计开发的成员们对系统的总体结构、软硬件配置、组网方式、数据库组织、相关编码、主要功能、综合管理、安全可靠性和通用性,以及系统的实施步骤等进行了深入研究,创造性地提出了集中与分布相结合的三级系统结构。系统由铁道部客票中心、地区客票中心、车站系统三级联网构成。试图建成一个以票务信息为基础,以生产调度为核心,为铁路客运服务人性化、生产管理信息化、应急指挥现场化以及经营管理精细化提供技术支撑的客运生产日常管理和应急指挥平台的系统。车站售票系统主要是面向售票的实时交易商务服务;地区客票中心系统主要是面向以席位为核心的调度控制和地区客运业务的指挥;铁道部客票中心系统主要是面向全路的宏观指挥管理和保障全路的联网售票。系统预期目标是全面实现售票、退票、订票、计划、调度、计费、结账、统计、查询等售票及相关业务的计算机管理,其功能覆盖了铁路客票发售组织与管理的主要环节。

铁道部确定的长、短期目标和客票总体组采取"统一规划,联合攻关,自下而上,分步实施,分期见效,滚动发展"的推进策略,使得系统的开发和推进扎实、有序、有效。而客票系统在多年的运营过程中,先后完成了6次版本的升级。

新一代客票系统将在既有客票系统的基础之上,力求做到:在服务方面,以旅客为中心,提供全方位的信息咨询、丰富的售票渠道、多元化的支付方式、个性化的常旅客服务、快捷的进出站、全过程的服务支撑;在运营管理方面,为铁路企业提供精细化的售票管理、智能化的售票组织、科学化的运力调配、市场化的收益管理、多样化的延伸服务、人性化的操作界面;在技术架构方面,引入云计算技术,以科学成熟的体系架构为基础,构建支撑超大规模并发交易、海量数据存储、灵活扩展、兼容性良好、安全可靠高效的综合信息系统。

而最近铁路网上售票系统出现的问题表现如下。

(1)重复登录,划款不出票:订票过程中出现最多的就是"当前访问用户过多,请稍后重试!""很抱歉!当前提交订单用户过多,请您稍后重试。""系统忙!"购票用户也经常会抱怨道:"好不容易操作到了网银支付阶段,结果却是付款完毕后没有显示车票信息,钱已支付而购票竟然失败了。"

(2)增加排队功能后重复排队:针对12306系统的新一轮更新,一位网友无奈地开起了玩笑:"12306网站的体验太棒了!和去售票窗口一样,让你体验排队的乐趣,真正让网上和网下没有区别。"甚至有网友这样调侃,"没有爬不上的山顶,只有登不上的12306"。不少乘客反映,被"强制排队"后购买失败的概率很大。原本是为了让旅客购票更加方便的升级换代,却大大增加了购票失败的概率,也浪费了购买其他车次的宝贵时间。

(3)未考虑视障人士的需求:"Tab键在12306网站上根本无法进行导航,验证码也没有提供语音提示,而用户注册的出生年月日选择组件,几乎无法用键盘进行选择。自从铁道部12306网站投入使用到现在,我还没有见到盲人在网站订票成功的先例。"来自山东青岛的视障人士说道。

(4)网络拥堵,系统崩溃:"12306网站在线售票功能,其实就是一个海量事务高速处理系统,这样一个系统,并不能简单地使用通用方案进行设计,但听说12306网站采用了Oracle通用数据库进行搭建,"CTO俱乐部成员、互联网产品设计专家评价说,"使用通用系统进行设计也不是不可以,但在面对春运前夕的瞬间海量网络购票需求时,这个系统会变得极为脆弱。"也有专家分析说,"他们试图通过服务器的堆积,来解决软件设计的不足",但理论和实践都已经证明,再强大的硬件也很难满足一个不完善的软件系统的极端处理请求。

(5)客票销售缺乏市场化:不少旅客纷纷发出这样的疑问:铁路部门为何不借鉴民航系统的做法,将在线售票资质授权给商业网站呢? 如此一来,不但票卖出去了,12306的压力也会大大减轻。但遗憾的是,截至目前,铁路部门还未有开放系统的举动。而12306也在首页上声明:"没有授权其他网站开展类似服务。"古坦科技的IT业资深人士则认为"关键还是观念的转变。铁道部需要打破陈规,摒弃'肥水不流外人田'的陈旧观念,走合作共赢的路。"

导致上述问题的可能因素很多,例如系统过于复杂,在设计开发过程中是否论证不够? 系统上线之前对顾客购票的需求估计是否充足,尤其是黄金周集中购票阶段? 是否存在系统缺乏创新技术、管理不当、机制不健全等问题?

4.3.2　事务处理系统赋能商业创新——BPR

事务处理系统的实施也需要相应的管理思想的指导,本节主要介绍事务处理系统实施过程中的业务流程再造的相关知识。

1. 业务流程再造介绍

业务流程再造(Business Process Reengineering,BPR)是最早由美国的Michael Hammer和Jame Champy提出,在20世纪90年代达到了全盛的一种管理思想。美国的一些大公司,如IBM、科达、通用汽车、福特汽车等纷纷推行BPR,试图利用它发展壮大自己,实践证明,这些大企业实施BPR以后,取得了巨大成功。

业务流程再造就是对企业的经营过程进行根本性地再思考和彻底地再设计,以便使企业在成本、质量、服务、速度等方面获得大幅改善。在BPR定义中,根本性、彻底性、戏剧性和业务流程成为备受关注的四个核心内容。

1)根本性

根本性再思考表明业务流程再造所关注的是企业核心问题,如"我们为什么要做现在这项工作""我们为什么要采用这种方式来完成这项工作""我们为什么必须由我们而不是别人来做这份工作"等。通过对这些企业运营最根本性问题的思考,企业将会发现自己赖以生存或运营的商业假设是过时的,甚至是错误的。

2)彻底性

彻底性再设计表明业务流程再造应对事物进行追根溯源。对已经存在的事物不是进行肤浅的改变或调整性修补完善,而是抛弃所有的陈规陋习,并且不需要考虑一切已规定好的结构与过程,创新完成工作的方法,重新构建企业业务流程,而不是改良、增强或调整。

3)戏剧性

戏剧性改善表明业务流程再造追求的不是一般意义上的业绩提升或略有改善、稍有好转等,而是要使企业业绩有显著的增长、极大的飞跃和产生戏剧性变化,这也是流程再造工作的特点和取得成功的标志。

4）业务流程

业务流程再造关注的要点是企业的业务流程，并围绕业务流程展开再造工作，业务流程是指一组共同为顾客创造价值而又相互关联的活动。哈佛商学院的 Michael Porter 教授将企业的业务流程描绘为一个价值链。竞争不是发生在企业与企业之间，而是发生在企业各自的价值链之间，只有对价值链的各个环节——业务流程进行有效管理的企业，才有可能真正获得市场上的竞争优势。

BPR 的特点：以客户为导向；以流程为导向；重思考及重设计；大幅度的绩效改革；信息技术的应用。

在企业内部业务流程再造过程中，主要存在以下几种基本的流程改进原理：

（1）消除浪费；

（2）减少浪费；

（3）简化流程；

（4）需要时可能组合流程步骤；

（5）设计具有可选路径的流程；

（6）并行思考；

（7）在数据源收集数据；

（8）应用信息技术改进流程；

（9）让用户参与流程再造。

其中较为重要的就是"简化流程"。

BPR 有如下基本原则：

（1）围绕输出而非围绕任务进行组织；

（2）让利用某个流程输出的人实际完成这一流程；

（3）以集中的方式对待地理上分散的部门；

（4）在流程中而非流程末连接并行活动；

（5）在信息源处一次性获取信息。

2. 事务处理系统如何实现商业创新

Ford 公司的应付款流程再造的成功，以及更多的业务流程再造的成功案例，让人们看到，通过业务流程再造，事务处理系统实现了商业创新。

➢ Ford 公司的应付款流程再造

Ford 公司的应付款流程如图 4-9 所示。在这个流程中，Ford 有 500 人，而日本马自达企业仅 5 人，究其原因是 Ford 部门太多。Ford 的应付款流程是这样的：采购部门首先给卖方开出一张采购订货单，送一副本给财务部门。当供应商运来货物时，收货部门首先完成一份收货文件并送给财务部门，应付账款部门收到供应商的发票后，将发票与采购部门的订单副本和收货文件核对。如果 3 份文件不一致，则更多的人介入这一流程。

Ford 公司改进的应付款流程如图 4-10 所示。采购部门发出订单，同时将订单内容输入联机数据库；供货商发货，验收部门核查来货是否与数据库中的内容相吻合，如果吻合就收货，并在终端上按键通知数据库，计算机会自动按时付款。

Ford 公司流程再造的成果：Ford 公司的新流程采用的是"无发票"制度，大大地简化了

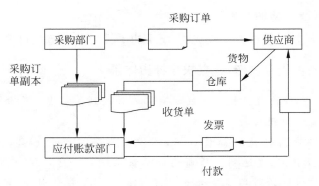

图 4-9 Ford 公司的应付款流程

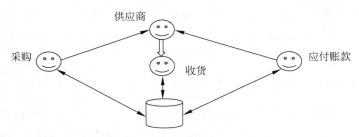

图 4-10 Ford 公司改进的应付款流程

工作环节,带来了如下结果。

（1）以往应付款部门需在订单、验收报告和发票中核查 14 项内容,而如今只需 3 项——零件名称、数量和供货商代码;

（2）实现裁员 75%,而非原定的 20%;

（3）由于订单和验收单的自然吻合,使得付款也必然及时而准确,从而简化了物料管理工作,并使得财务信息更加准确。

Ford 公司流程再造的启示如下:

（1）面向流程而不是单一部门。若 Ford 仅仅再造应付款一个部门,那将会发现是徒劳的,正确的再造应是将注意力集中于整个"物料获取流程",包括采购、验收和付款部门,才能获得显著改善。

（2）大胆挑战传统原则。

Ford 的旧原则：当收到发票时付款。

Ford 的新原则：当收到货物时付款。

旧原则长期支配着付款活动,并决定了整个流程的组织和运行,从未有人试图推翻它,BPR 的实施就是要求大胆质疑、大胆反思,而不能禁锢于传统。

4.3.3 事务处理系统赋能商业创新案例

事务处理系统创新性的使用在没有特定的场景下可以产生巨大的效能,本节将列举几个比较典型的案例。

1. 业务流程再造成功的案例

Ford公司的应付款流程再造比较成功,下面再看几个业务流程再造的成功案例。

➤ 案例:Val-Mart与供货商合作,建立快速补货体系

一般业务流程:零售商进行销售—发现商品库存快到最低点—向供货商要货—供货商发货—零售商入库—进行销售。

沃尔玛对于某供货商每天的销售数据,不仅要发到自己的总部,同时通过RETAIL LINK软件包,利用互联网,发送到供货商的计算机系统内。这样供货商可以做到"实时监控",马上可以掌握该地区的商品销售组合、流行、顾客类型、销售时段,可据此按照自己的生产提前期,组织资源,进行生产和分销。在与有些供货商的合作中,沃尔玛可以做到不用准备商品库存,因为供货商对其货架情况了如指掌,一旦发现沃尔玛某类商品货架的数量接近最低点,供货商则立即组织主动送货,零售商与供货厂家形成了真正的合作伙伴。如宝洁公司与沃尔玛合并了它们的分销系统和仓储系统。

➤ 案例:惠普公司的人事管理改革

惠普公司的人事管理部原来由分散在50多个分公司和120个销售办事处的50多个分支机构组成,下设的各个分支机构没有人事决策权,用人申请必须经过总公司的裁定。低层经理如果要招聘人员,需要自下而上,层层申请,自上而下,层层批复,通过贯穿于公司的整套机构才能完成。这种效率低下的人事工作流程不仅对应聘者而言太过烦琐,而且对于需要用人的经理而言也难以忍受。

为此,惠普的人事管理改革首先着眼于员工求职过程,设立专门的招聘系统(EMS),由"应聘响应中心"统一接收申请人的人事材料,经过初步处理后,发往美国各地的惠普人事部门,人事信息就可以通过EMS得到共享,并且可以获得快捷的服务。以此为开端的惠普人事管理部改革,为惠普的人事工作带来了巨大的效益。1990—1995年,减少人员1/3,调整人员比例(人事工作者人数/总员工数)从1/53到1/75。据惠普人事副总裁称,仅人员一项的减少,每年就为公司节省约5000万美元,同时大大提高了服务质量,显示了明快、高效的工作作风。

业务流程再造项目的确给企业带来了变化与收益。

从1999年开始,海尔开始进行流程再造,实施了"并行工程",使海尔"美高美"彩电在产品设计上打了一个漂亮的速度战。按原有的开发程序,产品从设计到整体投放市场需要6个月;按国际最快的产品开发程序,需要3个月,而海尔"美高美"彩电仅用了2个月。流程再造带来的惊人变化是有目共睹的,例如IBM信贷公司通过对提供融资服务过程的改造,利用专家系统,将每个融资申请的处理时间缩短了90%(由原来的7天减少为4小时),大大提高了工作效率和顾客满意度;波音公司通过实施"流程再造"方案,一架波音737飞机的生产周期由原来的13个月减少到6个月,经营成本也降低了20%~30%;西方节险保险协会(WPA)将保险索赔处理时间从28天缩短至4天,现在90%的索赔业务可以在5个工作日内完成;巴克西合作公司将生产延滞时间从9周降低到难以置信的14小时;英国兰克施乐公司将"特殊订单"的处理时间从112天减至24小时;路透集团的欠款回收时间从120

天降至 38 天,发票准确率提高了 98%,现在有的新服务可以在 15min 内提供。

成功的 BPR 项目能带来巨大的效益。根据广泛引用的数据,通过流程再造能够带来 50%~80% 的改进,有些项目甚至获得超过 100% 的改进。改进的内容包括降低库存、缩短交货延期时间、减少成本以及提高生产率等。

在业务流程再造的过程中,信息技术扮演重要角色。Carnival Line 是一家游船经营公司,在各个港口,往往需要对 2500 多名游客下船游览之后又回到船上这一事务做出快速处理。公司以往用印有游客名字和房间号的名单来检查游客的上下船。现在,游客使用了智能卡和读卡器。公司可以迅速知道谁离开了船,谁在什么时间又回来了。每一个读卡器可以在 30min 内处理超过 1000 人的信息。在过去,至少需要 10~15 人专门负责清点游客数量,而且要花费近 1 个小时的时间。如今,一个人看管两个读卡器,在 30min 内就可以完成所有工作。

➢ **案例:新加坡的车辆自动定位和分派系统充分利用信息技术的业务流程再造**

新加坡的车辆自动定位和分派系统也是一个较好地充分利用信息技术的流程再造成功案例。

新加坡的出租汽车有全球定位系统(GPS)的支持,该系统在美国的 24 颗卫星的支持下 24 小时运转。GPS 可以让用户知道每辆出租车的精确位置,如图 4-11 所示。

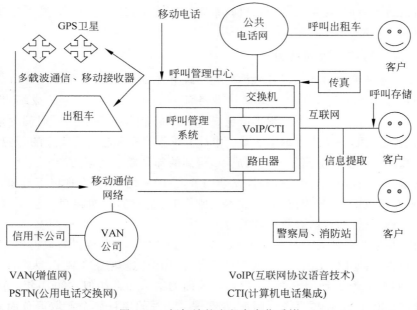

图 4-11　新加坡的出租车定位系统

该系统的工作原理是:客户可以通过移动电话、固定电话、传真或者电子邮件订车,或通过设在购物中心和宾馆中的订车亭订车,还可以使用放在展览大厅里的便捷订车终端呼叫出租车。经常订车的老客户可以在自己的办公室或者家里通过电话输入密码来订车:该密码可以自动识别用户以及用户的搭乘地点。其他客户可以在操作员的协助下使用该系统订车。

计算机订车系统与 GPS 系统相连。当系统收到订单之后,GPS 会寻找到离用户最近的出租车,出租车上的显示牌会告知司机客人的地址。司机可以在 10s 内通过按钮来确定他是否接受订单。如果收不到司机的确认,系统会自动寻找另一辆最近的出租车。

这个系统对出租车订单的业务处理进行了彻底的再造。

(1) 使老客户订单的处理时间大为缩短,因为系统可以立刻识别出他们的位置,即使是在订车的高峰时段。

(2) 出租车司机无法挑选他们所喜欢的载客线路,因为系统没有告诉出租车司机客户的目的地。这就大大减少了客户的平均等车时间;同时使车辆空载里程最小化。

(3) 使用订车终端的客户不必为等待接线员而浪费大量的时间。在交通高峰时段、雨天或者乘出租车的高峰时段,这种情况会经常发生。

在新加坡的三大主要的出租车运营企业中,约 5 万辆出租车接入了这个系统。

国内的滴滴打车业务,也非常类似于新加坡的车辆自动定位和分派系统。滴滴出行,被称为手机"打车神器",是受用户喜爱的打车应用。滴滴出行改变了传统打车方式,建立培养了大移动互联网时代引领下的用户现代化出行方式。较传统电话召车与路边扬招来说,滴滴打车的诞生更是改变了传统打车市场格局,颠覆了路边拦车概念,利用移动互联网特点,将线上与线下相融合,从打车初始阶段到下车使用线上支付车费,画出一个乘客与司机紧密相连的 O2O 完美闭环,最大限度地优化乘客打车体验,改变传统出租司机等客方式,让司机根据乘客目的地按意愿"接单",节约司机与乘客沟通成本,降低空驶率,最大化节省司乘双方资源与时间。

2. 业务流程再造失败的案例

从诞生起,业务流程再造就以其号称的先进性和革命性吸引了众多注意力。大量的企业计划实施业务流程再造,其中一些通过业务流程再造取得了一定的成绩,例如 Ford、AT&T、IBM、GM 等,目前业务流程再造也成为中国企业的热门话题,一时间大家都在谈论业务流程再造。然而,一个惨痛的事实是:相对于业务流程再造成功实施的,是高得不成比例的大量失败案例以及相对高昂的实施成本,得到的却是微不足道的产出。

如何衡量业务流程再造的成败是件复杂的事,一般来说,如果发现以下迹象:生产不稳定、产量剧烈变化、员工士气消沉、管理成本急剧攀升、企业的近期利润不足等,企业就需要反思其业务流程再造的过程,寻找失败的原因。

1995 年,BPR 的奠基人 Hammer 承认:70% 的 BPR 项目不仅没有取得预期的成果,反而使事情变得更糟。几位 BPR 理论的创始人表示 BPR"过热",遗漏了"人"的因素;1996 年,德勤公司调查了 400 个 BPR 项目,发现与前面的结果非常相似。2001 年,英国 FCD 调查机构对全球 600 个 BPR 项目进行调查,结果是:45% 的项目使企业取得负面效益;30% 的项目与预期差距甚远,更不要说取得显著性效果了;只有 25% 的企业取得了成功。

以下是一个 BPR 失败的案例。

➤ 案例:Foxmeyer 的 IT 黑洞

1994 年,位于得克萨斯州的大型制药厂——Foxmeyer Drug 公司的信息主管竭力争取了一个 6500 万美元的系统项目用于公司的关键业务运作。这个项目的设计初衷是完善公司的物流和库存系统,以跟上公司不断扩展的市场份额的要求。但是,该信息主管没有考虑项目的经济性,只是一味地追求完美。公司花了近 1000 万美元用于购置硬件与软件,并把项目的管理工作交给一个世界上知名的咨询公司去完成。该咨询公司同时也以收费昂贵而出名。项目涉及一个花费高达 1800 万美元的自动库房,而库房的许多功能并不实用。自动库房没有按时完工,投资越来越大,最致命的是新系统屡屡出错,给公司造成 1500 万美元的巨额损失。1996 年,Foxmeyer Drug 公司仅第四季度就花了 3400 万美元,最后不得不申请破产。

不难看出,流程的再造离不开信息平台的支持,但是信息平台的架构也离不开企业的具体实际。如果一味追求高配置的信息平台,而忽视市场、顾客、竞争对手、企业发展阶段等实际因素,就会为了信息化而信息化,陷入 IT 黑洞中。

4.4 RPA——事务处理系统的新趋势

4.4.1 RPA 概念和价值

人类社会进入 21 世纪的第二个十年之后,全球企业大都面临着两个严峻的挑战:一是人力成本的不断飙升带来了企业经营成本的不断增加;二是业务的快速发展导致企业内部流程纷繁复杂,工作效率的提升跟不上业务的发展速度。因此,随着信息技术的日新月异,如何通过有效的技术手段降低企业的人力成本,以及不断提升业务流程的自动化程度和员工的工作效率,已然成为全球企业家迫切需要思考并尽快解决的重大课题。在这一大环境和大背景下,机器人流程自动化便应运而生。

当人们谈到机器人,首先想到了制造工厂生产线上部署的各种形式的机器人,包括汽车生产线、家电生产线、手机生产线等,把原有手工操作的工人岗位逐步替代,无人工厂已经成为普遍现实,相关的机器人技术已经成为制造业转型的核心技术力量。相比较服务型企业,例如银行、证券、保险、电信、电力等,其服务输出主要依赖工作信息系统完成业务输出,其"生产线"就是信息系统,如同制造行业一样,该"生产线"上是否也会出现机器人?答案是显而易见的,RPA(Robotic Process Automation,机器人流程自动化)无疑是近年的创新科技,它也是一个生产线上的机器人,一个无形的"软件机器人",它已经得到越来越多企业的关注,将日常企业运营中耗时、枯燥的任务交给"软件机器人"来完成,"软件机器人"可以比人类更快、更准确地执行这些任务,让企业员工更加集中精力于创造性的高价值工作上。

1. RPA 概念

RPA 内含三个关键词,首先是 Robotic,也就是机器人,这里的机器人是一个虚拟的概念,并不是需要一个实体的机器人,它只是流程的执行体,或者说执行单元。然后是 Process,也就是流程,它对应的是业务逻辑,将业务需求梳理成一个可以被执行的流程,然后通过"机器人"来执行定制的一些流程,例如人们熟知的网络爬虫,就是 RPA 的一个很好的例子,写好相应的爬虫脚本,然后通过脚本程序就能自动获取到想要的信息。最后的关键词是 Automation,自动化,前面的"机器人"和"流程"就是为了实现自动化的目的,通过机器人来执行定制好的流程,这个流程也可以理解为一项任务,如果任务足够复杂,需要的人力成本很高,那通过机器人来代替人工自动化地完成任务,就可以大大提高工作效率,解放劳动力,减少人力成本。

RPA 是一种新型的技术理念,它允许通过软件机器人基于一定规则的交互动作来模拟和执行既定的业务流程。RPA 机器人如同人类一样能够操作各种 IT 应用程序,能够模仿大多数人类用户的行为,例如登录应用程序、移动文件和文件夹、复制和粘贴数据、填写表单、从文档中提取结构化和半结构化数据、抓取并执行浏览器控件等。它基于设定的规则与其他各类系统进行交互,非常擅长执行那些枯燥的、烦琐的重复性任务。它比人类做得更好,一个 RPA 软件机器人不需要睡觉(7×24 小时执行),不会犯错误(宕机、断电等另当别论),不拿工资(成本比普通员工少很多),这样的模范型"员工"一经出现便成为全球各大企业争抢的对象。

RPA 适用于高重复性并且具有既定逻辑的处理流程;既可以独立工作,也支持人机交互合作模式;实施基于现有 IT 架构且企业无须为其对现有系统进行修改;适用于联合多业务系统,减少不同系统导致的重复工作。

RPA 为企业文本处理提供了解决方案:RPA 能自动在现有各类工作系统中读写操作文档并完成流程。RPA 和 NLP 结合,可以自动解析现有应用程序和文档来处理事务。通过配置 RPA 机器人程序,可以灵活代替各类人工操作。下面以应付账款的处理流程为例,如图 4-12 所示。

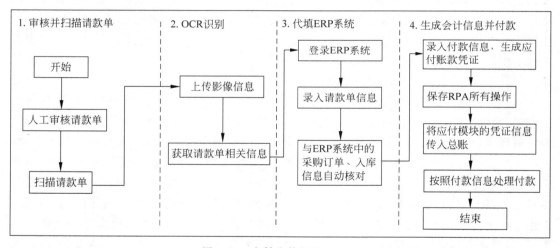

图 4-12　应付账款的处理流程

企业内部生成应付账款会计信息时,需要获取大量请款单中金额、收款人、收款日期等基本信息,并需要和 ERP 系统中的采购订单、入库信息一一核对,方可生成应付账款凭证,并将凭证信息传入总账、按日期付款,人工切换系统录入费时费力且容易出错。智能 RPA 紧密融合了已有自然语言处理(NLP)和 OCR 技术优势,为企业提供更智能、更灵活、更具效率的数字化员工。

如图 4-13 所示,RPA 可以用在如下领域。

RPA 作为一个产品或解决方案,很早就在国外出现并且应用。截至 2017 年年底,美国近 80%的金融机构已经认识并引入 RPA 进行流程升级。大型保险机构如 AIG、大都会人

支持性职能	前台	后台
尤其是财务与会计部门 降低5%~10%	以计算机为基础的重复性劳动 降低5%~10%	处理数字化文件 降低10%~15%
会计：自动关账与对账控制 **内控**：自动生成管理报告(提取、处理和格式化数据) **人力资源**：自动入职/入职管理(访问权限、名签准备、文书工作等) **采购**：在系统中自动创建新供应商、标书、采购请求的处理等 **风险与合规**：监管控制的部分自动化(如KYC)、监测欺诈行为	**公用事业**：利用掌握的客户数据和渐进脚本缩短呼叫处理时间 **医疗保健**：与患者交互自动化(查阅病史、开具发票、投诉管理等)和预约管理 **公共部门**：行政法院申请庇护权的部分业务自动化 **金融服务**：为客户顾问与当前或未来的客户交流提供支持(根据客户资料定制的产品建议/报价等)	**零售**：实时监控特别促销活动(收集/报告采购数据、客户意见、投诉等)、提供行动建议(调整价格、库存管理等) **金融服务**：将网上银行开户时间从30分钟缩短到5分钟 **电信**：活动追踪报告的自动化(网络、销售、投诉、成本追踪) **公共部门**：居民福利自动计算(数据检索、计算、初步回应等)

图 4-13　RPA 的应用示例

寿(Met life)、好事达(Allstate)已经全面推广并建立独立的 RPA 团队。RPA 在国内已经兴起,目前已经应用于财务、金融、制造业、通信业等各个领域。未来,RPA 市场将快速增长。根据 MarketsandMarkets 发布的报告,全球 RPA 市场从 2017—2022 年将以 30.14% 的年复合成长率增长,到 2022 年达到 24.67 亿美元。根据罗兰贝格 2018 年的报告,RPA 可以将企业生产率提高 5%~15%,节约人力成本 10% 以上。对金融服务业公司而言,一项会计服务中 20% 的工作实现自动化就可以在 6 个月之内逐步收回初始投资。

2. RPA 的价值

一种新技术和新概念的出现如果不能为企业带来实实在在的价值,不能转化为切实可行的生产力,那这种技术和概念必将走不长远。而 RPA 的出现不仅解决了降低企业的人力成本问题,而且通过自动化的技术手段不断提升业务流程的执行效率和员工的工作效能,已经成为国内外企业服务领域技术革新的重要一环。那么,RPA 具体能做些什么呢? 企业为什么又需要 RPA 呢?

1) 将信息孤岛变成信息通衢

随着企业经营业务的多元化和复杂化,业务流程变得越来越复杂,在企业内部信息孤岛随处可见,RPA 的出现可以整合各个相关业务流,通过自动化的手段将业务流程的上下游串接起来,形成小规模的业务闭环。同时,通过机器人将不同信息孤岛里的数据来回传输,建立一整套基于数据流转的信息通衢,可以大大提升各业务线的执行效能。

2) 大大节省企业人力成本

"成本过高"长期稳居企业经营难题之首。RPA 的引入,可以大大降低企业在人力上的投入。一个 RPA 机器人平均每年的投入大概为 5 万元,而一位普通的业务人员工资及各项社保支出需要企业至少投入 10 万元(一二线城市远不止),因此机器人比人工便宜至少50%,这大幅降低了企业人力成本,如果企业采用的 RPA 机器人数量多,则边际成本会更少。DeloitteLP 的董事总经理 David Schatsky 指出了银行实施 RPA 的经验,该银行通过部署 85 个机器人运行 13 个流程重新设计其索赔流程,每年处理 150 万个请求。Schatsky 说,该银行增加的能力相当于 200 多名全职员工,约占招聘员工成本的 30%。

3) 提升业务流程的执行效率

很多企业已经尝试使用业务流程管理工具(BPM)和流程再造、优化来提升业务流程执行的效率问题。但这些解决方案在实际操作中由于业务的复杂性和跨多个部门等种种原因遇到阻力,导致其不能在整个企业范围内得到应用。例如,虽然 BPM 一定程度上可以简化流程,并消除流程步骤之间的等待和停机时间,但流程的实际执行大部分可能仍需手动。对于流程再造和优化,由于可能需要大幅改动现有业务流程并付出较高的成本,企业往往避免重新设计流程或彻底抛弃现有工作方法。相比之下,RPA 允许公司内部的单独业务部门定制解决方案,以快速构建数字化流程,在短时间内提供显著和可持续的价值,同时较大程度上降低总体风险。通过在部门层面构建和部署,管理人员可以快速处理重复性高且烦琐的业务流程,从而实现效率和成本的节约,同时尽量保持灵活性。同时,企业员工由于自身的特点,诸如疲倦、外界干扰、心情等的影响,有时人工操作效率比较低下,而采用 RPA 机器人执行既定的流程,机器人的操作速度可以达到人工处理的 N 倍(一般是 2～3 倍),并可实现 7×24 小时的全天候工作,不会犯错。

4)不会影响企业现有 IT 系统的功能与稳定性(非侵入式)

与传统的 ERP、OA、CRM 等 IT 系统不同,RPA 其实运行在更高的软件层级。这就决定了它不会侵入影响已有的软件系统,而是在表现层对系统进行操作,从而在帮助企业提升效能的过程中,保持企业已有的 IT 系统功能平稳、运行可靠。

5)能最大限度地平衡开发周期和成本,且投资回报周期较短

为了提升效率水平,企业通常会选择采取增加人工或采用传统的模式开发软件。现在,RPA 机器人为企业提供了第三种选择,并且优势明显:它既不像增加人工那样效率不高且易出错,也不像传统模式开发软件那样需要投入较大成本及较长的开发周期。同时,易于部署的特性以及为企业带来的开发效率上的提升可以大大节省成本支出,缩短投资回收期。到目前为止,大多数成本优化和效率改进都是通过集中化和流程标准化来实现的,而 RPA 机器人对标准化流程的执行方面有天然的优势。

综上所述,RPA 在企业数字化转型和提升业务效能方面发挥着重要的作用,通过 RPA 项目的快速实施和交付上线,能够迅速推动企业业务流程的自动化进程,为企业持续创造价值,使企业员工能够从大量重复、烦琐的工作中解放出来,更专注于具有更高附加值的数据分析、决策和创新工作,提高企业在市场上的竞争力,实现共赢。

3. RPA 的适用场景

RPA 的优势在于其可以执行重复且基于规则的任务,并且可以比人类执行得更好、更快以及更准确,因此将人们解放出来去完成机器人不能做的工作。RPA 的应用场景需要符合两大要点:大量重复(让 RPA 有必要)、规则明确(让 RPA 有可能)。在此基础上,RPA 软件机器人可以应用于任何行业和业务场景。

例如,一个大型企业聘请了一名资深财务人员,每天花好几个小时对企业的数十个银行账号进行烦琐的对账工作。有了 RPA 软件机器人就可以替代财务人员快速地进行账户数据的读取,在几分钟内完成之前需要几小时才能完成的工作。而这名资深财务人员便可以利用自身丰富的财务领域知识,更好地为企业服务,极大地提升自己的附加价值。

在银行业,RPA 可以帮助工作人员自动处理银行内部的各种报表、信用卡发卡等各种重复性工作。一个大型制造企业客户,在国内有很多生产工厂与供货商,在海外也有许多客户与经销商,财务部门需要大量员工专门负责对账,而如今这些重复性的对账工作已经通过软件机器人自动完成。

再例如一家大型的保险机构,客服部门每天会收到大量申诉单,以前只能靠员工手动地处理这些信息。现在 RPA 机器人可以自动登录系统,下载申诉信息放到 Excel 表格里,进行自动分类,并且判断预处理的工作。在物流行业类似订单处理的工作也都可以交由机器人自动执行:机器人可以自动登录物流公司的信息化系统,对客户的发货单或者预订单进行处理。

沃尔玛、德意志银行、AT&T、Vanguard、Ernst&Young、Walgreens、Anthem 和 American Express Global Business Travel 都已经采用 RPA。沃尔玛 CIO Clay Johnson 表示,作为零售巨头的沃尔玛已经部署了大约 500 台机器人,可以自动完成从回答员工问题到从审计文件中检索有用信息的任何事情。美国运通全球商务旅行使用 RPA 自动取消机票和退款,其 CIO David Thompson 还希望在机场关闭时使用 RPA 来自动重新推荐,并自动执行某些费用管理任务。

这是一种全新的虚拟机器人概念,意在模拟人类与计算机的交互,代替人工处理复杂、烦琐以及大量的各项事务,从而大量减少企业的人力成本,提升整体工作效率,甚至能够辅助发现工作流程中不必要的环节,实现流程优化。RPA 无疑是企业向数字化转型的重要技术之一。

4.4.2 RPA 应用案例

目前国内外 RPA 技术的应用已经日趋成熟,该技术的应用可让企业员工通过开发 RPA 机器人应用来捕获现有应用程序处理交易、操纵数据、与其他信息系统进行通信等,任何采用大规模人力执行的大量重复性工作,现在都可以由 RPA 机器人代劳,节省人力、金钱和时间。正如工业机器人是通过创造更高的生产率和质量来提高和改造制造业,RPA 机器人正在彻底改变人们对管理业务流程的认知,包括业务流程、工作流程、远程基础架构和后台的工作方式,显著改善工作的精确度和周期时间,并提高在企业事务处理上的生产效率。

➤ 案例:RPA+AI 如何赋能金融行业数字化转型?

在数字时代,银行正在经历一场史无前例的变革。与过往"数字银行"概念不同的是,这一波变革以用户体验为核心,从业务体验到渠道体验全面优化升级,在支付、信贷等各个方面重新定义银行的服务。在此过程中,RPA 发挥了极其重要的作用。

银行作为一个强规则领域,业务流程和报告流程的重复性强、规则明确,因此也最易于实现流程自动化;同时,由于 RPA 还有具有可追溯记录的属性,因此其在合规上具有特殊的优势。

RPA 技术在现实中如何帮助银行降本增效?

1. 针对外部公开网站的客户信息验证

银行贷款的审批和处理环节需要对客户提供的数据进行彻底核实。在 RPA 财务机器人的帮助下,在政府网站(如中国人民银行征信中心、车管所或社保查询系统)上核实客户数据的处理耗时大大降低,甚至在几秒钟内即可完成,在降低误差风险的同时将处理成本降低了 30%～70%。

2. 开户

自动纠错机器人可以预防客户的开户请求与核心银行系统之间的数据转录错误,其不仅可以精准地消除下游的错误数据信息,还提高了系统数据的质量。与手工操作相比,该过程更精简、更精确、更高效。

3. 贷款审批

通常情况下,贷款审批会花费大量的时间。对于急需用钱的客户来说,这是一个漫长而又焦急的过程,审批流程中间需要经过各种审查,例如征信信息、社保缴纳、就业情况、资产状况等。客户或银行方面的任何一个小错误,都可能会拖慢审批流程的进度。

RPA 技术可以消除在不同银行系统之间复制和粘贴客户数据的需要。通过 RPA 技术,贷款审批的处理时间从 30~40 分钟减少到 10~15 分钟,软件机器人仅用传统人工操作三分之一的时间,就可以完成从文件准备、估值到风控审批全流程的工作,操作过程更准确。

借助 RPA,银行可以根据设定的规则和算法加快审批速度,以提升效率和准确性,大大推动银行业务工作效率的全面提升。

4. 反欺诈-欺诈检测

在互联网逐渐普及与数字化升级的背景下,以欺诈行为为代表的网络安全问题是现代银行发展的突出问题。在传统的反欺诈管理中,银行主要依赖于专家的专业经验,通过人工方式制定检测规则,若申请或交易信息与反欺诈规则相匹配,则执行相应的业务策略。随着新技术的出现,欺诈行为的数量只增不减,银行很难逐笔检查每笔交易的真伪并手动识别欺诈行为,因为这需要跟踪数量庞大且正在不断增长的转账交易来进行监督管理。

在 RPA 技术的支持下,具备 24 小时不间断工作能力的机器人能够全面实时地跟踪所有交易,及时发现潜在的欺诈行为,大大降低响应的延迟时间,从而将欺诈行为的影响降到最低。同时,机器人可以用 if-then 方法识别潜在的欺诈行为并将其标记给相关部门。例如,如果在短时间内进行了多次交易,那么 RPA 会识别该账户并将其标记为潜在威胁。这将有助于银行仔细审查账户并调查是否存在欺诈行为。在特定的情况下,机器人甚至可以在预防欺诈方面发挥作用,通过早期检测,进行冻结账户和中断交易的操作。

5. 信用卡审核

在传统的信用卡审核流程中,银行的风控人员常常需要花费数周的时间来验证客户信息和批准客户的信用卡申请业务。漫长的等待期逐渐降低了客户的满意度,引发客户的抱怨,甚至导致客户取消申请,这也会给银行带来巨大的人力成本。

在 RPA 智能机器人的技术支持下,可以实现同时、快速、跨系统收集客户的信息,更快地验证申请材料并进行信用检查和背景调查,最后根据客户资质的设定参数给出审核结果,整个流程都得到了完美的简化。银行信用卡审批速度得到大幅度提升,客户申请可以在短短几个小时内处理完毕。在实际应用中,由于是否通过审核的批准决策完全基于预定的规则,因此在可行的条件下,机器人甚至可以执行信用卡审核全流程的业务处理。

6. 应付账款

应付账款的业务流程包括提取和验证供应商信息,然后处理付款。在这一业务流程处理中,可以通过光学字符识别(OCR)技术对供应商的发票进行数字化处理,直接从物理形式(实物、照片、扫描件等)的发票中提取相关供应商的信息字段并复制,机器人将根据系统中已有的数据检查核对这些信息,并处理付款。应用 RPA 技术可以自动执行此过程,在出现差异时及时通知相应的管理人员,核对无误并验证成功后自动将付款记入供应商的账户。

7. 客户服务

作为银行及客户之间"窗口"的客服工作人员,常常需要在较短的周转时间内处理账户查询、欺诈、贷款查询等多种客户服务,需要在与客户通信的同一时间内,在多个应用程序之间进行切换,收集相关的重要信息并即时反馈客户的问询。

借助RPA技术优化服务流程,可以显著减少客户服务业务中客户信息的验证时间,有助于提升客户的服务体验。同时,RPA智能机器人可以支持客服员工的多任务工作,并允许他们更好地响应客户的需求。在RPA技术的支持下,客服团队能够更高效率、更高质量地提供客户服务,并将更多的精力专注于需要人类智慧的高优先级客户服务的处理上。

8. 智能推荐

银行理财主要面向银行已有的客户,为基金等理财产品提供销售渠道。RPA可以结合相关的前沿技术,基于移动互联网阶段对用户画像数据的积累,通过每个用户的不同标签及定位,分析用户的需求,形成"千人千面"的个性化智能推荐,深度挖掘客户价值,激活沉睡客户。

9. 总账

银行必须确保其总分类账的所有重要信息均保持更新状态,涵盖财务报表、资产、负债、收入和费用等。这些信息可用于编制银行的财务报表,以供公众、媒体和其他利益相关者查阅。编制财务报表需要从多个独立系统中获取大量的详细信息,同时,确保总账的准确率也是至关重要的。RPA软件机器人可以帮助串联不同系统以获取信息,同时进行验证并在系统中进行更新,可以达到100%的正确率。

10. 自动生成报告

作为合规工作的一部分,银行需要准备一份关于其各种流程的报告,提交给董事会和其他利益相关者,以展示其业绩。考虑到报告对银行声誉的重要性,需要高度确保其没有任何错误。RPA软件机器人可以从不同来源收集信息、验证信息,并按一定的格式撰写编排,最后发送给合适的阅读者,出错率极低。

11. 关账流程

银行可以使用RPA软件机器人向客户发送自动提醒,要求他们提供关闭账户所需的证明。银行每个月都需要处理大量的数据,人为错误的范围也会扩大。RPA软件机器人可以在短时间内基于set规则处理队列中的账户关闭请求,准确率可达100%;它也可以被设置用于处理异常的账户,从而使员工能够将精力专注于更有价值的工作上。RPA融合人工智能技术,赋能银行各个运营管理环节,可以显著提升客户体验,助力银行获得更多竞争优势。

在新一波科技浪潮的冲击下,席卷全球的数字化变革加速了金融业在服务、模式、生态等领域的升级换代,从而助力金融机构实现深层次数字化转型,将前沿科技融入企业核心竞争力。

4.4.3 深入了解RPA

1. RPA适用条件

事实上,并不是所有的业务流程都适合RPA来实现,要选择RPA来实现是有一定的条件的,它适合于重复的、有规则的、稳定少变的流程。

1)重复的流程

RPA适合的流程必须具有高重复性,因为开发一个流程需要很多时间和开发成本,如果一个流程只是一次性的或者使用频率极低,那原本的人工成本也就显得不太重要了;相反,如果一个流程是高重复性的,那原本的时间成本和人工成本就显得非常重要,RPA发挥的重要作用也就更加明显了。

2)有规则的流程

RPA适合的流程必须是有一定的规则的,如果一个流程毫无规则、散乱,需要人为进行主观判断操作,那它本身是不适合RPA实现的,因为机器人做不到主观判断。当然,目前通过借助AI技术,确实可以实现一部分的判断,例如OCR识别纸质文档、语音识别、人脸识别等,但是对于大部分情况,还是需要一个规则的流程。

3)稳定少变的流程

RPA最常操作的就是各种软件、客户端或者浏览器(某个网站),需要页面的元素去定位到要操作的组件,如果用户界面经常发生改变,那流程也就要跟着改变了,这样就会加大流程的维护成本,或者如果一个流程本身的业务流程也是经常改变的,那它同样不适合RPA实现。

RPA适用的领域是企业具有明确业务规则、结构化输入和输出的操作流程领域,如财务、人力资源、供应链、信息技术等。RPA的技术本身适用于业务高频、大量、规则清晰,以及人工操作重复、量大、时间长的任务。规则清晰的定义则是可以把详细的、人工操作的每一步动作都能写下来的操作手册。简而言之就是流程标准化程度要足够高。

举例来说,IT运维部门对于定期的机器维护工作一般都会放在周末的凌晨,都是通过类似的命令重启机器,进行检查,其实也是适用RPA的。而HR部门对于人员的入职离职等的手续,也是一步一步可以完成的。除了后台部门,前端业务线如银行开户、会员注册、订单处理等流程,也是可以使用RPA的。

判断一个流程是否适合用RPA最简单的方法是,看实施、维护RPA的成本与节省的人力的比例。一般ROI(投资回报比)在1以上可以考虑(一年或更短时间回本)。而规则清晰的定义则是可以把详细的、人工操作的每一步动作都能写下来的操作手册,目前许多大型国企和外企都会有而国内中小企业则相对缺乏。从这一角度来看,其实每个企业内部都会有符合条件的流程,但是在考虑RPA的前期阶段,需要优先看自己的流程标准化程度是否足够高,否则更应考虑流程标准化的项目。

2. RPA优劣分析

RPA的优势如下。

1)非侵入性

RPA机器人采用在系统表现层操作的方式,不会对企业现有的系统造成任何威胁,也不会影响现有系统的稳定性。RPA机器人通过遵循现有系统的安全性和数据完整性要求,以模拟人的操作行为去访问当前系统,这样可以最大限度地与现有系统共存,彼此不会造成干扰。

2)较少编程

在RPA实施交付过程中,基本上很少需要编写代码。RPA的设计初衷是为企业内部业务人员提供流程上的自动化,对于那些熟练掌握业务流程但很少有编程经验的业务人员,都是可以在短时间内学会使用 RPA 软件,通过控件拖曳的方式(RPA 软件已经实现了封装)实现业务流程的自动化编排。很多国内外的 RPA 软件都提供了类似于流程图设计器的图形界面方式,只需要使用代表流程中步骤的图标来创建业务流程定义。

3) 快速开发和高效运维

正常情况下,除去前期的服务器部署、环境安装等工作(大约需要半天时间),一个熟悉业务流程的人员开发一个中等难度的 RPA 应用只需要 2~3 天时间,然后就可以上线运行,不仅大大提升了流程的处理效率,解决了业务上的痛点,而且后续应用的修改和运维工作也相当便捷。同样的业务如果换成传统的开发模式进行(例如 Java、C♯ 等),开发周期会成倍数地增加。

RPA 的劣势如下。

1) 需要基于明确的业务流程规则

RPA 非常快速且高效,但是这种高效是建立在规则明确、流程确定的基础之上的,如果存在错误的规则,或是规则一直处于不断变化之中,那么采用 RPA 机器人可能会发生错误。如果一个业务流程需要复杂且模糊的判断逻辑,机器人是无法 100% 取代人工去做出判断的,这种情况下就需要人工去干预,这种场合下是不适合用 RPA 技术的。

2) 异常处理机制不健全

目前国内外 RPA 厂商提供的软件在应用执行过程中的异常处理机制都不太健全,宕机、流程回滚、中断后的流程接续等问题目前没有一个较好的处理办法,在某些有特殊要求的流程中异常处理机制的不健全有可能会给企业带来不好的体验,更有甚者会造成不必要的资损。

无论如何,RPA 不仅是一项技术,更是数字化转型中不可或缺的一部分。结合人工智能和大数据技术,RPA 创造了新的智能劳动力,工作的未来就在这里。

3. RPA 与 AI 的联系

都说"未来已来",RPA 作为一种软件机器人,既然是"人",那么就应该有眼睛、耳朵、嘴巴、手脚和大脑。利用人工智能领域目前相对成熟的技术,RPA 机器人就具有了类似于人的这些功能:眼睛,利用 OCR、图像识别、语义识别等技术,RPA 机器人可以"阅读"打印和手写的文字,实现例如发票识别、身份证识别、银行卡识别等功能;耳朵,利用语音识别技术,RPA 机器人可以"听懂"人类对话,结合语义识别技术就可以实现例如会议记录(文字)、实时翻译等功能;嘴巴,利用语音合成技术,RPA 机器人可以"说话",结合语音识别和语义识别技术就可以实现例如智能导游、智能导购、智能 Help Desk 服务等功能;手脚,利用机器手臂、自动驾驶等技术,RPA 机器人可以"行动",结合机器学习等技术就可以实现例如无人驾驶、无人物流、无人工厂等模式;大脑,利用统计分析、机器学习等人工智能技术,RPA 机器人就真正具有了智能可以像人一样"思考、学习和决策"。目前这些单项的技术已经相对成熟了,RPA 可以将这些散落的珍珠串成美丽的项链戴在企业的脖子上,使其以更加优雅的姿态参与到日益严酷的市场竞争中,占据先机,成就未来。

另一个市场趋势正在出现:将人工智能功能集成到产品套件中,这是因为 RPA 提供商添加或集成了机器学习和 AI 技术,以提供更多类型的自动化。

AI 即人工智能,是研究、开发用于模拟、延伸和扩展人的智能的理论、方法、技术及应用系统的一门新的技术科学。它企图了解智能的实质,并生产出一种新的能以人类智能相似的方式做出反应的智能机器,该领域的研究包括机器人、语言识别、图像识别、自然语言处理和专家系统等。总的来说,人工智能研究的一个主要目标是使机器能够胜任一些通常需要人类智能才能完成的复杂工作。

RPA 与 AI 的区别还是很大的。RPA 是流程自动化,把重复的流程按照一条条规则自动完成,不需要做很多判断,而 AI 则是可以像人一样做出判断。两者的关系像人的手脚和大脑,RPA 根据指令去执行,而 AI 更倾向于去发出指令。

RPA 的出现改变了很多企业的工作方式,让自动化软件开始代替人的工作,完成重复性、流程性的枯燥的工作。RPA 在金融行业的应用,在一定程度上缓解了当前国内金融业发展工作效率低、人力成本高、合规需求强的三大痛点。"RPA＋AI"赋能企业和员工,将极大地增强人类员工处理业务的能力和效率。

4. RPA 的发展未来

RPA 其实不算新技术,就是一个自动化测试技术,但通过多方面结合,能够独立出来成为一个产业,专门为企业解决业务流程问题。它最先也是由国外的公司推出的,RPA 技术 2012—2015 年在国外开始商业落地,在这方面比较出名的公司有 Blue Prism、Automation Anywhere(AA)和 UiPath,它们都成立于 2000—2005 年。目前在国内使用和推广最多的是 UiPath。相比国外,国内 RPA 行业起步要晚得多,基本在 2017 年后出现,例如艺赛旗、AiStream、金智唯、弘玑 Cyclone、云扩科技、Uibot、阿里云 RPA,以及平安科技旗下的平安云等。大型上市公司、银行、国企等机构是目前国内 RPA 公司主要面向的客户。

对于 RPA 的未来发展,应关注的是 RPA 的渗透率高低。RPA 不一定是企业数字化转型最有效的工具,但一定是足够有用、对企业足够有价值的工具,这在以下四个维度得以体现。

(1) 作为连接器(connector)的 RPA,这是 RPA 第一刚需。很多人认为,信息化系统越多,数字化转型就会越成功,实际上这是一个误解。很多企业内部陈旧的信息化系统相互割裂,导致了大量的重复性工作,增加了企业的运营成本,可以用 RPA 连接系统断点和流程断点。

(2) 作为效能引擎(engine)的 RPA,这是 RPA 在中国的广阔土壤。大部分客户进行数字化转型时,所面临的最大挑战是缺乏敏捷性。企业面对复杂的内外环境,系统建设与改造的速度很难满足业务创新的需求,在中国市场尤其如此。

(3) 作为灵活的低代码工具,可以迅速构建业务流程。云扩创新发布的云扩工作台,支持客户和用户将构建的业务流封装为面向业务用户的"应用",大小企业都可以用低代码的方式敏捷地开发海量应用,并基于 RPA 连接器的能力,与企业的业务系统无缝连接,提升 RPA 的渗透率。

(4) 作为人工智能集线器(AI HUB)的 RPA 可以简单集成、快速拓展 AI 算法。简单拖曳,就可以把 AI 能力落地到广泛的业务流程中。

更多企业能够采纳 RPA 作为企业智能生产力平台,自己去拓展无限的场景,就是在建设自主的数字化转型底层能力。在未来人工智能、大数据、物联网、区块链等技术发展的推动下,结合更多前沿技术的 RPA 将探索更丰富的落地场景,搭建更高效智能的基层数字化技术工具与解决方案,实现商业模式、运营模式等各领域的创新与重塑,引领现代社会数字化发展潮流。

本章小结

事务处理系统在数据(信息)发生处将它们记录下来,通过 OLTP 产生新的信息,将信息保存到数据库中供其他信息系统使用,提高事务处理效率并保证其正确性。

事务处理系统随处可见,事务处理系统没有决策支持系统的光环,但是任何组织和企业都离不开它,是任何组织和企业完成日常管理活动的基石。

本章介绍了事务处理相关概念,包括事务、事务处理与事务处理系统,注意它们间的区别和联系;还介绍了事务处理系统的特点、功能、运行过程和其发展;也介绍了事务处理系统的角色和地位,以及与商业创新的关系,这是深入认识事务处理系统的一个视角和过程,特别是事务处理系统通过 BPR 赋能商业创新,BPR 引发的商业变革或影响,让人们重新思考事务处理系统的作用。

关于技术方面,介绍了事务处理系统的三种事务处理方式:批处理方式、实时联机处理方式和延迟联机录入,也介绍了事务处理系统的相关技术,如防止数据处理故障的技术、数据库技术、自动化录入技术、高速实时处理技术等。需要明确的是,在事务处理系统中,影响系统性能的因素不仅仅是技术,但技术扮演重要角色。

最后介绍了事务处理系统发展的新趋势——RPA,包括 RPA 的概念、价值、适用场景、应用案例、优缺点和 AI 的关系,以及未来发展等。RPA 的出现不仅解决了企业的人力成本问题,而且通过自动化的技术手段不断提升业务流程的执行效率和员工的工作效能,已经成为企业数字化转型、技术革新不可或缺的一项技术。

习题

1. 列举出你身边的三个事务处理系统的实例。
2. 有见过其他事务处理系统的新发展类型吗? 如有,请描述。
3. 企业如何利用事务处理系统支持或引导商业创新?
4. 除了书本中提到的,你能列举出其他的事务处理系统支持或引导商业创新的实例吗?
5. 支持事务处理系统的主要技术除书中提到的,还有什么?
6. 思考使用批处理方式、联机处理方式和延迟联机录入方式的业务情境。
7. 校园范围内,收集并展现自动化信息输入的技术。
8. 分析滴滴出行的业务流程,与传统出租车流程进行对比分析。
9. 事务处理系统在组织中的地位,除了用"心脏"来描述,你还能找到什么词句? 理由是什么?
10. 在事务处理系统中,影响其性能的除了技术,还有什么?
11. 书中所列的事务处理系统的特点够全面吗? 你还有补充吗?
12. 数据库技术在事务处理系统中的角色和地位如何?
13. 如何认识 RPA 和普通的事务管理系统的本质区别?

14. 描述你学习生活中见过的 RPA,讨论它的优缺点。

15. 你身边还有哪些场景需要 RPA 支持？需要联合 AI 技术吗？

技术学习模块 C：数据库技术

请扫码阅读

第5章

决策支持系统
——信息价值的发现者

本章学习目标

➤ 认识决策对于成败的影响,以及决策的相关性质。

➤ 了解决策支持系统及其产生与发展过程,以及结构和类型。

➤ 了解决策支持系统的相关技术,主要是支持数据分析和挖掘的技术。

➤ 理解传统的智能决策支持系统和新的智能决策支持系统的特点和结构。

 开篇案例

广东国税局税务分析与决策支持系统

随着电子政务系统的发展以及税务信息化程度的不断提高,税务决策支持方面也不断吸纳新的信息处理技术、提高决策的科学性和规范性,成为提高行政办公效率、促进经济发展的关键所在。广东省国税局自"科技兴税"战略实施以来,信息化工作在网络建设、设备配置、应用系统开发应用等方面已逐步得到完善;金税工程、统一征管软件、出口退税、公文管理、人事管理等应用系统都已推广应用多年,具备一定的应用规模和应用深度,并取得了较好的应用效果。

广东国税的业务系统在满足日常税收业务需求的同时也采集了大量业务数据。例如,每年采集2000多万份的申报数据和2000多万份的税票数据,其中出口专用税票数据达100多万份。这些业务数据的背后隐含了十分丰富的信息和规律,也给税务信息化建设带来一些问题,主要体现在:业务数据分散在不同的应用系统中,数据共享度低且格式不统一;数据太多而信息太少;缺乏快速、高效、便捷的获取信息的工具;基层单位的管理手段日益先进,而上级管理机关却仍然停留在以汇报和检查为主的传统管理模式上;上级管理部门没有或只有很少信息,上下级税务机关形成信息不对称。

为进一步加强税务信息化建设,实现对税收业务和纳税人的纳税情况进行科学分析,为管理决策提供及时准确的信息,以进一步加强税收管理、加强业务监控、促进依法治税,广东省国税局提出建设税务分析与决策支持系统。该系统作为国家税务总局关于税务信息化"一个网络、一个平台、四个系统"总体规划的重要组成部分,其目标在于通过建立规范统一、高度共享的综合性主题数据库,并在此基础上,建设一个能够对事物(如税收收入)的规模、构成、分布、发展速度、平均水平、平衡程度等特征及增长变化规律和发展趋势,以及事物之间(如 GDP 与税收收入)的相关关系、强度及均衡性等问题进行分析的平台。

菲奈特软件公司的税务分析与决策支持系统(BI. TAXATION)全面满足了广东省国税局的需求。该系统建立在商业智能平台——BI. Office 上,应用数据仓库、OLAP 分析和数据挖掘等技术,可以实现税收宏观分析、税收收入分析、税收征管分析、出口退税分析、专用发票分析、纳税人分析、纳税人审计分析等功能。它可以对经济和税收综合数据进行科学分析,研究经济与税收增长的弹性、发展的均衡性等数量关系,揭示税收收入和税收负担等重大指标的长期增长趋势、波动规律、发展速度、地区分布、行业分布、所有制分布和月度时序特征;运用对比分析方法揭示事物之间的关系、强度及均衡性;对税收收入、出口及出口退税等重大税收指标进行精确监控和科学预测;根据纳税人的生产经营情况和纳税情况对其申报的真实性进行量化评测和科学分类。

由于菲奈特软件公司税务分析与决策支持系统能够同时适应省局和各市局的要求,广东省国税系统被全面推广使用。广东省国税局相关负责人认为:菲奈特软件公司的税务分析与决策支持系统有助于全面提高税务决策的科学性和规范性,增强税收对国民经济的杠杆作用;并加强业务监管力度,有效地打击偷漏税违法行为,从而极大地提高广东国税的税收管理水平。

广东国税税收分析与辅助决策系统的解决方案由以下产品组成:
(1) 数据仓库产品——ORACLE8I(9I);
(2) OLAP 服务器(多维数据库)——ESSBASE OLAP SERVER (IBM OLAP SERVER);
(3) 应用服务器——IBM WEBSPHERE APPLICATION SERVER;
(4) 前端展示软件——BI. OFFICE 3.0;
(5) 主机系统——IBM RS/6000M85 (4CPU/8GBRAM)。

税务分析与决策支持系统应用于税务局税务分析领域。BI. Office 是菲奈特软件公司成功自主开发的基于企业业务数据库的商业智能应用开发平台。BI. Office 建立在传统的业务系统上,面向企业决策层和综合管理层,提供综合决策支持、风险评估、预警系统和相关企业事务管理系统,是企业信息化的高层应用;同时,它可以全面地分析企业信息,为企业发现潜在的商机,寻找隐藏的客户消费规律,监控企业潜在的风险。

税务分析与决策支持系统所发挥的作用:税收决策支持系统提供查询统计、综合分析、业务预警、税收预测。以查询、分析、报表一体,三者不断循环深入为手段,提供多角度的税收数据查询、分析、预警、预测功能。

决策是主导企业成败的关键,而支持企业决策的工具——决策支持系统,对企业的决策形成强有力的支撑。

5.1　决策——成败的关键

我有一笔资金,是吃利息,还是投资? 是投资股票还是投资债券? 大学(或硕士)毕业,继续求学还是就业谋生? 我今天很困,是去上课还是在宿舍睡懒觉? 采取何种治疗方式? 喝哪种口味的咖啡? 生活就是由一系列决策组成的。每天,人们都会面对海量信息的轰炸,并且不得不做出各种大大小小的决策。人生充满不确定性,人们无时无刻不在决策。在棋界有句话:"一着不慎,满盘皆输;一着占先,全盘皆活。"它喻示一个道理,无论做什么事情,成功与失败取决于决策的正确与否。

5.1.1　决策决定成败的案例

组织运作过程中常常会遇到许多决策问题,如企业采购原材料时应该选择哪家供应商? 如何根据客户的信用度,确定是否给予贷款? 怎样确定合理的库存量? 如何选择最佳运输路径? 如何确定明年的产品需求量? 连锁门店应该选在什么位置比较合适? 人们常常把解决以上问题的过程称为决策。有人说"细节决定胜败",有人说"执行决定成败"……殊不知,一个企业的决策错了,无论以后的细节做得多么完美,执行得多么到位,等待它的结果都是一样的,那就是失败。决策决定成败,只有决策正确,细节和执行才有意义可言。

什么是决策? 狭义的决策就是在几种行动方案中进行选择,即人们为了达到一定目标,在掌握充分的信息和对有关情况进行分析的基础上,用科学的方法拟定并评估各种方案,从中选出合理方案的过程。广义的决策还包括在做出选择之后采取行动的一切活动。过去认为决策是叫"咱说了算",实际上并不是那么简单。

企业或组织更是时刻都有决策发生,决策不总是成功的,失败的案例也比比皆是。日本尼西奇公司在第二次世界大战后初期,仅有 30 余名职工,生产雨衣、游泳帽、卫生带、尿布等橡胶制品,订货不足,经营不稳,企业有朝不保夕之感。公司董事长多川博从人口普查中得知,日本每年大约出生 250 万婴儿,如果每个婴儿用两条尿布,一年就需要 500 万条,这是一个相当可观的尿布市场。多川博决心放弃尿布以外的产品,把尼西奇公司变成专业尿布公司,集中力量,创立名牌,成了"尿布大王"。资本仅 1 亿日元,年销售额却高达 70 亿日元。企业经营决策成功,可以使企业避免倒闭的危险,转败为胜。如果企业长期只靠一种产品去打天下,势必潜藏着停产倒闭的危险,因为市场是多变的,人们的需要也是多变的,这就要求企业家经常为了适应市场的需要而决策新产品的开发。这种决策一旦成功,会使处于"山穷水尽"状况的企业顿感"柳暗花明"。科学的企业决策能使企业充满活力,兴旺发达,而错误的决策会使企业陷入被动,濒临险境。黄河中游重要支流渭河变成悬河,多次发生水灾,沿岸民众受害不浅。学界早已公认其祸首就是三门峡水库,由于设计上的缺陷,使得水库发电和上游泥沙淤积之间形成了尖锐矛盾。近年,政府开始承认在三门峡建设中存在重大的决策失误,然而由于决策失误所造成的日益恶化的环境问题,早已超出了经济所能涵盖的范围。再看看广州市某知名面粉厂的原料库存管理案例。该厂一贯非常重视原料采购管理,早年已引入了 ERP 管理,每个月都召开销—产—购联席会议,制订销售、生产和原料采购计划。采购部门则"照单抓药",努力满足生产部门的需要,并把库存控制在两个月的生产用量之下,明显地降低了原料占用成本。但是,从2015年下半年开始,国内外的小麦价格大幅度上涨,一年内涨幅接近30%,而由于市场竞争激烈,面粉产品的价格不能够同步提高,为了维持经营和市场占有率,该厂不得不一边买较高价的原料,一边生产销售相对低价的产品,产销越多,亏损也越厉害,结果当年严重亏损。

决策与经济效果息息相关。英国著名的世界经济调查机构朗莱弗公司公布的对"智力"和"效益"的测定数据表明:企业增加一个劳动力,可以取得1:1.5的经济效果;增加一个技术人员,可以取得1:2.5的经济效果;而增加一个高层决策者,则可以取得1:6的经济效果。

看如下故事案例:有三个人要被关进监狱三年,监狱长允许他们三个人一人提出一个要求。美国人爱抽雪茄,要了三箱雪茄。法国人最浪漫,要一个美丽的女子相伴。而犹太人说,他要一部与外界沟通的电话。三年过后,第一个冲出来的是美国人,嘴里鼻孔里塞满了雪茄,大喊道:"给我火,给我火!"原来他忘了要火了。接着出来的是法国人。只见他手里抱着一个小孩子,美丽女子手里牵着一个小孩子,肚子里还怀着第三个。最后出来的是犹太人,他紧紧握住监狱长的手说:"这三年来我每天与外界联系,我的生意不但没有停顿,反而增长了200%,为了表示感谢,我送你一辆劳斯莱斯!"这个故事告诉人们,什么样的选择决定什么样的生活。今天的生活是由三年前的选择决定的,而今天的选择将决定三年后的生活。人们要选择接触最新的信息,了解最新的趋势,从而更好地创造自己的未来。

企业要成功,一要正确决策,二要科学管理。这是企业成功的导向和关键,也是企业最重要的基础性建设和硬功夫。在企业的各项管理中,诸如决策、进销货、财务、费用、资产、用工、人才等管理,决策管理是最重要的管理,千万不可忽视。诺贝尔经济学奖获得者、著名管理大师赫伯特·西蒙说:"决策是管理的心脏,管理是由一系列决策组成的,管理就是决策。决策的正确与否,决定着组织发展的盛衰,关系到组织的生死存亡,是'生死之地,存亡之道'"。决策是企业做任何事的第一步,同时也是最关键的一步。决策失误,是最大的失误。尤其是重大决策,一旦失误,会给企业带来无可估量的损失,甚至还可能是灭顶之灾。据世界著名咨询公司美国兰德公司统计,世界上每1000家破产倒闭的大企业中,85%是因为企业管理者的决策不慎造成的。

5.1.2　决策及分类

决策指为实现某一目标,从若干可以相互替代的可行方案中选择一个合理方案并采取行动的分析判断过程,即决策是人们为实现一定的目标而制订行动方案,进行方案选择并准备方案实施的活动,是一个提出问题、分析问题、解决问题的过程。正确理解决策概念,应把握以下3层意思:

(1)决策要有明确的目标。决策是为了解决某一问题,或是为了达到一定目标。确定目标是决策过程的第一步。决策所要解决的问题必须十分明确,所要达到的目标必须十分具体。没有明确的目标,决策将是盲目的。

(2)决策要有两个以上备选方案。决策实质上是选择行动方案的过程。如果只有一个备选方案,就不存在决策的问题。因而,要有两个或两个以上方案,人们才能从中进行比较、选择,最后选择一个满意方案作为行动方案。

（3）选择后的行动方案必须付诸实施。如果选择后的方案,束之高阁,不付诸实施,决策也等于没有决策。决策不仅是一个认识的过程,也是一个行动的过程。

决策是人们在政治、经济、技术和日常生活中普遍存在的一种行为;决策是管理中经常发生的一种活动;决策是决定的意思,它是为了实现特定的目标,根据客观的可能性,在占有一定信息和经验的基础上,借助一定的工具、技巧和方法,对影响目标实现的诸因素进行分析、计算和判断选优后,对未来行动做出决定。

1. 结构化决策、非结构化决策和半结构化决策

决策按照其性质可以分为结构化决策、非结构化决策和半结构化决策,3 种决策的含义如下:

（1）结构化决策,是指对某一决策过程的环境及规则,能用确定的模型或语言描述,以适当的算法产生决策方案,并能从多种方案中选择最优解的决策;

（2）非结构化决策,是指决策过程复杂,不可能用确定的模型和语言来描述其决策过程,更无所谓最优解的决策;

（3）半结构化决策,是介于以上二者之间的决策,这类决策可以建立适当的算法,产生决策方案,使决策方案得到较优的解。

非结构化和半结构化决策一般用于一个组织的中、高管理层,其决策者一方面需要根据经验进行分析判断;另一方面也需要借助计算机为决策提供各种辅助信息,及时做出正确有效的决策。

2. 战略决策、战术决策和业务决策

按照决策范围,可以把决策分为战略决策、战术决策和业务决策。

战略决策是指直接关系到组织的生存和发展,涉及组织全局的长远性的、方向性的决策。一般需要长时间才可看出决策结果,所需解决问题复杂,环境变动较大,并不过分依赖数学模型和技术,定性定量并重,对决策者的洞察力和判断力要求高。战术决策又称管理决策,是组织内部范围贯彻执行的决策,属于战略决策过程的具体决策。战术决策不直接决定组织命运,但会影响组织目标的实现和工作效率的高低。业务决策又称执行性决策,是日常工作中为了提高生产效率、工作效率所做的决策。业务决策涉及范围小,只对局部产生影响。三者相辅相成,构成紧密联系、不可分割的整体,是指导与被指导的关系,地位不同,特点不同。

战略决策和战术决策的主要区别如下:

（1）从调整对象来看,战略决策调整组织的活动方向和内容,解决"做什么"的问题,是根本性决策;战术决策调整在既定方向和内容下的活动方式,解决"如何做"的问题,是执行性决策。

（2）从涉及的时间范围来看,战略决策面对组织整体未来较长一段时期内的活动,而战术决策则是具体部门在未来各个较短时间内的行动方案。战略决策是战术决策的依据,战术决策是在战略决策指导下制定的,是战略决策的落实。

（3）从作用和影响上来看,战略决策的实施效果影响组织的效益与发展,战术决策的实施效果则主要影响组织的效率。

3．程序化决策和非程序化决策

企业决策的内容和性质不一样,所能运用的决策方法也就不能相同。犁地要用犁,收麦要用镰刀。而决策又不能不运用一定的方法,并且就像犁地和收麦要有效率就必须分别借助犁和镰刀一样,不同的决策必须选用不同的决策分析方法。企业的决策,从决策的方式方法来看,可以分为性质完全不同的两种决策:程序化决策和非程序化决策。

1) 程序化决策

程序化决策是可以根据既定的信息建立数学模型,把决策目标和约束条件统一起来,进行优化的一种决策。例如工厂选址、采购运输等决策。这种决策是可以运用运筹学技术来完成的。在程序化决策中,决策所需要的信息都可以通过计量和统计调查得到,它的约束条件也是明确而具体的,并且都是能够量化的。对于这种决策,运用计算机信息技术可以取得非常好的效果。通过建立数学模型,让计算机代为运算,并找出最优的方案。程序化决策都是在价值观念之外做出的,至少价值观念对这种决策的约束作用不是主导因素。

2) 非程序化决策

非程序化决策所赖以进行的信息不完全,变量之间的关系模糊、不确定。约束条件是由各种各样的社会发展变量,例如社会需求、消费偏好、个人收入、消费习惯等之间的关系构成的。社会发展变量的不确定性制约着约束条件的稳定性。加之这种决策的贯彻实施还会引起决策所影响对象的有意识反应,例如竞争对手采取与之相对应的措施。这就导致决策与决策实施结果之间关系的进一步复杂化。这种决策,是无法通过建立数学模型来为决策人制定决策提供优化方案的。在这种决策中,变量更多的是人的意志因素。而人又是一个奇怪的存在物,他的意志和欲望多种多样,并且各自的评价又不同。所以,这种决策就不是一种可以在数理基础上完成的逻辑选择。

表 5-1 是程序化决策与非程序化决策在不同组织中的例子。

表 5-1　程序化决策与非程序化决策在不同组织中的例子

决策种类	问　题	解决程序	例　子
程序化决策	重复的 例行的	各种规则 标准的运营程序	企业:处理工资单 大学:处理入学申请政策 医院:准备诊治病人 政府:使用国产汽车
非程序化决策	复杂的 新的	创造性问题 解决方式	企业:引入新的产品 大学:建立新的教学设施 医院:对地方疾病采取措施 政府:解决通货膨胀问题

4．确定型决策、风险型决策和不确定型决策

按决策环境不同,决策可分为确定型决策、风险型决策和不确定型决策,如图 5-1 所示。

(1) 确定型决策:采取一种方案时,只有一种后果(自然状态变量只有一种取值)。

(2) 风险型决策:采取一种方案时,有多种可能的后果,自然状态变量取值的概率可以估计(自然状态变量取值不唯一)。

(3) 不确定型决策:采取一种方案时,有多种可能的后果,但取值不唯一的自然状态变

量的概率值不可估计(可能源于信息不充分等)。

5. 群体决策和个体决策

从决策主体看,决策可以分为群体决策和个体
决策。

个体决策又称个人决策,决策者是单个人,因
而也称为首长决策,是指在选定最后决策方案时,
由最高首长最后做出决定的一种决策形式。个体
决策的特点是决策迅速、责任明确,而且能够发挥
首长个人的主观能动性,但受领导个人自身的性

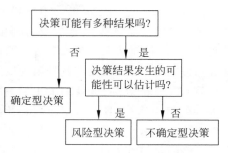

图 5-1　依据决策环境分类

格、学识、能力、经验、魄力等的制约。群体决策指由两个或两个以上的人组成的决策集体所
做出的决策。群体决策的一个主要优点是群体通常能够比个体做出质量更高的决策。有证
据表明,群体能做出比个人更好的决策。效果以速度来定义,个体决策较优越;效果以创造
性程度来定义,群体决策较优越;效果以最终决策的接受程度来定义,群体决策较优越。从
消耗的工作时间来看,群体决策的效率低。在决定是否采用群体决策时,必须考虑:其决策
质量和可接受性的提高是否足以抵消决策效率方面的损失。群体决策的优势和劣势如表
5-2 所示。

表 5-2　群体决策的优势和劣势

优　势	劣　势
知识、信息的更大集中	抑制个人创造
不同观点、不同角度看决策环境	意见分散、难以集中
更好地了解决策	互相吹嘘
决策更能使人接受	目标转移,花费更多时间
训练基地	集体思维,限制理性判断

6. 更多的决策分类

决策按管理过程可以分为计划决策、组织决策、领导决策和控制决策;按管理领域可以
分为财务决策、人事决策、生产决策、营销决策和库存决策;按决策目标和决策变量等是否
可以用数值来表示分为定性决策(经验思维法、逻辑思维法、直觉思维法)和定量决策(数学
化、模型化、计算机化)。

5.1.3　了解决策

决策是复杂的,只有从多个角度来分析它,才能更深入地了解它。下面来看看决策与管
理、决策与信息间的关系,了解决策的程序、方法和决策的艺术性。

1. 决策与管理

不能将决策和日常管理混淆,决策是最高端的管理活动,它立于管理体系的金字塔顶
端。决策与日常管理判若云泥,举一个最简单的例子:什么是人事管理和人才决策呢? 人
事管理就是招聘员工,让他做好本职工作,并对其业绩、能力和优缺点进行评估、奖惩。可什

么是人才决策呢?人才决策的第一要务是做好授权管理;第二要务是用人之长,而非补其短;第三是继任者选拔与培养,为基业长青提出智力保障。决策就是"做正确的事",而日常管理则是"正确地做事",两者有本质的区别。"南辕北辙"的故事大家都听过,可是很多企业却在重复着这种笑话,关键就是因为决策者失职了——他没有掌控好企业的战略方向。

管理工作的好坏、成就的大小关键取决于决策的正确与否。管理就是对人或事的管辖和处理的组织活动,具有自然属性和社会属性,具有计划、组织、指挥、控制和协调5个职能;决策是有决策权的领导者的择优行为,与决定相比,具有目标性、预测性、择优性、实践性特点;正确的决策要有正确的理论指导,要全面真实地掌握信息,要按一定的程序进行,要求水平较高的领导者,要实行民主和群众决策,要使用先进的方法与技术,保证决策的正确性、优化性,从而进行有效管理。

西方决策理论学派的代表人物赫伯特·西蒙(Herbert Simon)认为:管理就是决策,决策是管理的核心。没有决策就没有合乎理性的行为,从这个意义上说,管理即是决策,管理的核心是决策,管理的首要职能也是决策,决策渗透于管理的所有职能中。管理中有如下决策问题:什么是组织的长远目标?采取什么策略来实现组织目标?组织的短期目标是什么?组织资源如何配置?如何对待积极性不高的员工?在一定的环境中采用何种领导方式为好?需要招聘多少人员?工作如何分配?权利如何分配?采用何种组织形式?组织中哪些活动需要控制?决策对企业决策者(企业家)的能力要求是快速判断、快速反应、快速决策、快速行动及快速修正。决策能力是企业家为维持企业生存必须具备的、最起码素质,科学决策是企业家知识素质的综合体现,也是他们的主要工作。

2. 决策程序

决策的一般程序如下。

(1)确定决策目标。决策目标是指在一定外部环境和内部环境条件下,在市场调查和研究的基础上所预测达到的结果。决策目标是根据所要解决的问题来确定的,因此,必须把握住所要解决问题的要害。只有明确了决策目标,才能避免决策的失误。

(2)拟定备选方案。决策目标确定以后,就应拟定达到目标的各种备选方案。拟定备选方案,第一步是分析和研究目标实现的外部因素和内部条件、积极因素和消极因素,以及决策事物未来的运动趋势和发展状况;第二步是在此基础上,将外部环境各不利因素和有利因素、内部业务活动的有利条件和不利条件等,同决策事物未来趋势和发展状况的各种估计进行排列组合,拟定出实现目标的方案;第三步是将这些方案同目标要求进行粗略的分析对比,权衡利弊,从中选择出若干个利多弊少的可行方案,供进一步评估和抉择。

(3)评价备选方案。备选方案拟定以后,随之便是对备选方案进行评价,评价标准是看哪一个方案最有利于达到决策目标。评价的方法通常有经验判断法、数学分析法和试验法。

(4)选择方案。选择方案就是对各种备选方案进行总体权衡后,由决策者挑选一个最好的方案。

(5)执行方案。任何方案只有真切地得到实施后才有其实际的意义,执行方案是决策的落脚点。

(6)回馈评估方案。通过对决策的追踪、检查和评价,可以发现决策执行的偏差,以便采取措施对决策进行控制。

下面通过三星公司的成长经历了解决策的一般过程。

➤ 案例：三星的成长经历与决策过程

1996 年夏天，三星在韩国之外几乎无人知晓，从设计上看，其产品无非是对强势品牌的拙劣模仿，除了价格优势外几乎无可圈可点之处。1996 年元旦，李健熙在新年致辞中宣布把当年定为三星的"设计革命年"，启动多项设计项目来推动三星的增长。

分析：从管理上看，这里包括一个决策过程。

（1）诊断问题。三星品牌少有顾客问津，货架上的产品已经落了一层灰，三星在西方市场只被视为廉价的二流产品。

（2）明确目标。三星野心勃勃，立志要成为全球前五强。

（3）拟订方案。李健熙将三星的战略核心定义为设计，他认为出色的设计将是促使三星跻身世界一流品牌的一剂猛药。

（4）筛选方案。确立了新战略之后，三星特别邀请日本设计大师福田民郎对其品牌定位、生产过程及产品进行考察，其结论证实了李健熙的想法——设计才是三星成功的关键。

（5）执行方案。三星在确立了目标和筛选好方案之后，管理者即董事长李健熙设法将执行方案所需的足够数量和种类的资源调动起来，并注意不同种类资源的互相搭配，以保证方案的顺利执行。鼓励员工一起努力，认真给员工贯彻要进行"设计""创新"的重要性，带领员工一起提早上班以彰显决心。给员工支持的同时，还充分调动他们的积极性。保证责权利三者的有效结合，确保方案朝着管理者所期望的路线演进。三星创办了自己的设计学院"创新设计实验室"（IDS），由美国设计师 Gordon Bruce 和 James Miho 主管，为公司培养适应全球化需要的设计人才。三星还通过在东京、旧金山和伦敦成立设计中心来打造全球设计网络。三星的韩国设计师也被派往全球各地的分支机构，与当地员工共同完成为时数周至半年的交流项目。

（6）评估效果。2007 年，三星超过对手索尼（26 位）、摩托罗拉（69 位）和 LG 电子（94位），排名第 20。

3. 决策方法

决策是人类社会自古就有的活动，真实的决策是混乱、复杂的，但是决策者却是普通的和平凡的。虽然决策者有丰富的经验和阅历，可面对全新的问题时，这些经验和阅历可能会让决策变得更加云遮雾绕。而且，单靠决策者的大脑永远无法获得和处理决策事项的所有资料，要在不确定的情况下做出选择，又必须保证有效（effective），这种矛盾的处境，需要决策者不断反思，事先做好决策准备，并且在现代化方法或工具的支持下做出合理的决策。

决策科学化是在 20 世纪初开始形成的。第二次世界大战以后，决策研究在吸引了行为科学、系统理论、运筹学、计算机科学等多门科学成果的基础上，结合决策实践，到 20 世纪 60 年代形成了一门专门研究和探索人们做出正确决策规律的科学——决策学。决策学研究决策的范畴、概念、结构、决策原则、决策程序、决策方法、决策组织等，并探索这些理论与方法的应用规律。

要做到最有效决策，需要满足最优决策的条件：充分了解所有信息；要了解辨识并制订毫无疏漏的方案；准确有效地计算未来的执行结果。决策遵循的是满意原则，而不是最优原则。原因是：组织内外的发展与变化会直接或间接影响相关信息收集；只能收集到有限信息；制订的方案数是有限的，对有限方案的认识是有局限性的；任何方案的实施都在未来,而未来是不确定的。

在有些情形下,管理者最有可能使用直觉决策的方法,如：存在高不确定性时；极少有先例存在时；变化难以科学地预测时；事实不足以明确指明前进道路时；分析性数据用途不大时；当需要从几个可行方案中选择一个,而每一个评价都良好时；时间有限,并且存在提出正确决策的压力时。

4. 决策与信息

决策离不开信息,信息的数量和质量直接影响决策水平。收集数据、处理数据、产生信息的成本应低于信息所带来的效益。有这样一句管理名言：科学的信息是 90% 的信息＋10% 的决断。美国决策理论学派创始人赫伯特·西蒙认为,决策的关键是时机和信息,如果没搞清情况,就匆忙决策,很容易导致决策失误。

5. 决策的艺术性

决策具有艺术性的一面,主要是因为：

(1) 决策的对象是软系统,是包含"人、事、物"的复杂系统,无法彻底了解其内部规律和工作原理。

(2) 决策系统处于软环境之中,无法全面了解和准确预测。

(3) 决策的方案是软方案。

(4) 决策结果的评价是软评价——谁优谁劣难以定夺,同一结果见仁见智。

5.2 决策支持系统——全力帮你决策

因为决策影响企业成败,决策支持系统与事务处理系统相比,往往带着巨大的光环,决策支持系统到底如何工作,具有什么样的特征、结构和分类,是帮你决策还是代替你做决策,这是本节主要涉及的问题。

5.2.1 决策支持系统及其产生发展

管理者虽然可以通过 TPS 获得经过分类、比较、汇总和简单计算后产生的信息,但是这些信息对于制定某些特殊问题决策的支持力度是不够的,以至于只能靠直觉、经验进行决策。为了满足完成复杂决策问题的要求,决策支持系统应运而生。以下从决策支持系统的定义、特征、产生发展和应用4方面介绍决策支持系统。

1. 决策支持系统的定义

决策支持系统(Decision Support System,DSS)的概念于 20 世纪 70 年代初由迈克尔·斯科特·莫顿(Michael S. Scott Morton)在《管理决策系统》一文中首次提出,20 世纪 80 年代中期引入我国。

决策支持系统是辅助决策者通过数据、模型和知识,以人机交互方式进行半结构化或非结构化决策的计算机应用系统。它为决策者提供分析问题、建立模型、模拟决策过程和方案的环境,调用各种信息资源和分析工具,帮助决策者提高决策水平和质量。

决策支持系统的概念最初是由迈克尔·斯科特·莫顿和高瑞(Gorry)整合了安东尼

（Anthony）对管理行为的分类和西蒙（Simon）对决策类型的描述而提出的。安东尼将管理行为描述为策略制订（对于总体任务目标的行政级决策）、管理控制（管理组织运营的中层管理）、操作管理（指导特定任务的一线监管）；西蒙将决策问题描述为存在于连续体上的可程序化问题（常规的、重复的、结构化的、易解决的）和不可程序化问题（新型的、非结构化的、难以解决的）。斯科特·莫顿和高瑞根据以上两种思想，使用结构化、非结构化、半结构化 3 个术语来代替可程序化与不可程序化，同时采用了西蒙对决策过程的智能、设计和选择的描述。在这个框架中，智能是由对问题的搜索所组成的，设计则指的是分析可选方案并确定一个实施。此时 DSS 被定义为主要解决半结构化和结构化问题的计算机系统。一个计算机系统虽然可以用来解决 DSS 中的结构化问题，然而，决策者的判断主要依靠的是非结构化的部分。将其组合起来，就成为了一个用来解决实际问题的人机系统。

DSS 是一个融计算机技术、信息技术、人工智能、管理科学、决策科学、心理学、行为科学和组织理论等学科与技术于一体的技术集成系统。随着其他学科的不断发展，尤其是计算机技术和信息技术的巨大进步，DSS 作为新的交叉学科，将会随着其他技术的迅速发展而产生突破性进展。

2. 决策支持系统的特征

决策支持系统的一般特征如下：

（1）主要用来解决半结构化和非结构化问题。

（2）面向组织的所有管理层特别是高层和中层的管理人员。

（3）用于辅助决策，而不是代替决策者决策。

（4）支持决策制定的全过程（情报、设计、选择和实施四阶段）。

（5）注重提升决策的效能，而不是效率。

（6）强调由非计算机人员（管理者）以交互会话的方式方便地使用 DSS。

（7）把模型、分析、人工智能与数据库、数据仓库和数据挖掘技术结合起来。

（8）可以为个人、群体和团队的决策提供支持。

（9）偏好于图形输出。

（10）系统的运行是由它的使用者控制的。

下面对一般特征中的个别特征做出解释和说明。

系统只是支持用户而不是代替他判断。因此，系统并不提供所谓“最优”的解，而是给出一类满意解，让用户自行决断。同时，系统并不要求用户给出一个预先定义好的决策过程。

系统所支持的主要对象是半结构化和非结构化的决策（不能完全用数学模型、数学公式来求解）。它的一部分分析可由计算机自动进行，但需要用户的监视和及时参与。

采用人机对话的有效形式解决问题，充分利用人的丰富经验，计算机的高速处理及存储量大的特点，各取所长，有利于问题的解决。

决策支持系统强调的是对管理决策的支持，而不是决策的自动化，它所支持的决策可以是任何管理层次上的，如战略级、战术级或执行级的决策。

总之，随着 DSS 的技术和理论不断发展，从其发展趋势可以认识到：决策支持系统是专门为高层管理人员服务的一种信息系统，它强调支持的概念是“支持”而不是“代替”人的决策主体。DSS 也是一个高度灵活、交互式的计算信息系统，主要解决半结构化、结构化的决策问题。同时 DSS 也是一个融多种学科知识和技术于一体的集成系统，随着管理理论、行为科学、心理学、人工科学等相关学科的不断发展,尤其是计算机技术、网络技术等现代信息技术的不断发展,DSS的应用研究将不断深入,逐步向着高智能化、高集成化和综合化方向发展,并将深入到社会生活的各个领域,帮助决策者提高决策能力与水平,成为人们决策活动中不可缺少的有力助手,最终实现提高决策的质量和效果的目的。

3. 决策支持系统的产生与发展

自从20世纪70年代决策支持系统概念被提出以来,决策支持系统已经得到很大的发展。

1980年Sprague提出了决策支持系统三部件结构(对话部件、数据部件、模型部件),明确了决策支持系统的基本组成,极大地推动了决策支持系统的发展。

20世纪80年代末90年代初,决策支持系统开始与专家系统(Expert System,ES)相结合,形成智能决策支持系统(Intelligent Decision Support System,IDSS)。智能决策支持系统充分发挥了专家系统以知识推理形式解决定性分析问题的特点,又发挥了决策支持系统以模型计算为核心的解决定量分析问题的特点,充分做到了定性分析和定量分析的有机结合,使得解决问题的能力和范围得到了大的发展。智能决策支持系统是决策支持系统发展的一个新阶段。20世纪90年代中期出现了数据仓库(Data Warehouse,DW)、联机分析处理(On-Line Analysis Processing,OLAP)和数据挖掘(Data Mining,DM)新技术,DW+OLAP+DM逐渐形成新决策支持系统的概念,为此,将智能决策支持系统称为传统决策支持系统。新决策支持系统的特点是从数据中获取辅助决策的信息和知识,完全不同于传统决策支持系统用模型和知识辅助决策。传统决策支持系统和新决策支持系统是两种不同的辅助决策方式,两者不能相互代替,更应该是互相结合。

把数据仓库、联机分析处理、数据挖掘、模型库、数据库、知识库结合起来形成的决策支持系统,即将传统决策支持系统和新决策支持系统结合起来的决策支持系统是更高级形式的决策支持系统,称为综合决策支持系统(Synthetic Decision Support System,SDSS)。综合决策支持系统发挥了传统决策支持系统和新决策支持系统的辅助决策优势,实现更有效的辅助决策。综合决策支持系统是今后的发展方向。

随着DSS应用范围的不断扩大,应用层次的逐渐提高,DSS已进入到区域性经济社会发展战略研究、大型企业生产经营决策等领域的决策活动中,这些决策活动不仅涉及经济活动各方面、经营管理的各个层次,而且各种因素互相关联,决策环境更加错综复杂。对于省、市、县等发展战略规划方面的应用领域,决策活动还受政治、社会、文化、心理等因素不同程度的影响,而且可供使用的信息又不够完善、精确,这些都给DSS系统的建设造成了很大的困难。在这种情况下,一种新型的、面向决策者、面向决策过程的综合性决策支持系统产生了,即智能化、交互式、集成化的决策支持系统(Intelligent,Interactive and Integrated DSS,3IDSS)。

智能化:决策支持系统在处理难以定量分析的问题时,需要使用知识工程、人工智能方法和工具,这就是决策支持系统的智能化。

交互式:决策支持系统的核心内容是人机交互。为了帮助决策者处理半结构化和非结构化的问题,认定目标和环境约束,进一步明确问题,产生决策方案和对决策方案进行综合评价,系统应具备更强的人机交互能力,成为交互式系统(Interactive system)。

集成化:在这种情况下,采用单一的以信息为基础的系统,或以数学模型为基础的系统,或以知识、规则为基础的系统,都难以满足上述这些领域的决策活动的要求。这就需要在面向问题的前提下,将系统分析、运筹学方法、计算机技术、知识工程、人工智能等有机地结合起来,发挥各自的优势,实现决策支持过程的集成化。

由于 Internet 的普及,网络环境的决策支持系统将以新的结构形式出现。决策支持系统的决策资源,如数据资源、模型资源、知识资源,将作为共享资源,以服务器的形式在网络上提供并发共享服务,为决策支持系统开辟一条新路。网络环境的决策支持系统是决策支持系统的发展方向。

知识经济时代的管理——知识管理(Knowledge Management,KM)与新一代 Internet技术——网格计算,都与决策支持系统有一定的关系。知识管理强调知识共享,网格计算强调资源共享。决策支持系统利用共享的决策资源(数据、模型、知识)辅助解决各类决策问题,基于数据仓库的新决策支持系统是知识管理的应用技术基础。在网络环境下的综合决策支持系统将建立在网格计算的基础上,充分利用网格上的共享决策资源,达到随需应变的决策支持。

4. 决策支持系统的应用及其与管理信息系统的关系

自 DSS 开发以来,与它的理论研究相比,实际应用工作开展得更早,它广泛用于灾害预测和防灾决策、企业生产活动决策、集团经营行为决策、经济形势预测和政策决策中。

在国外,特别是工业发达的西方国家,DSS 已经进行实际应用,成为一种正规的、普遍使用的信息系统。成功应用的例子大量出现,其软件和硬件已商品化和通用化。据有关资料统计,国外开发的 DSS,有 2/3 是成功或部分成功的,主要支持企业管理决策活动,不同程度地改善了决策者和信息决策工作人员的素质和行为,为各级主管决策提供了科学的依据。但有 1/3 的 DSS 是失败的,其原因一方面是 DSS 的开发者对主要决策者的决策风格不了解,系统功能与决策者的信息需求不匹配;另一方面,过于强调模型的作用,复杂的模型和计算使决策者难以理解和接受;再加上软硬件技术上的困难,导致开发费用大、时间长,使系统的适应性受到限制。

近年来,DSS 理论和技术已经传入我国,20 世纪 80 年代软科学的兴起,促进了 DSS 的研究。软科学的根本任务是为领导决策服务,为各级、各类决策提供科学依据。在软科学的研究中,"发展规划"和"前景预测"在我国取得了明显效果。"在一切失误中,决策的失误是最大的失误"已成为人们的共识。

决策支持系统(DSS)与管理信息系统(MIS)既彼此区别又紧密相关,两者的区别具体可概括为以下几点:

(1)从解决的决策问题来看,MIS 支持的是结构化决策,DSS 支持的是半结构化决策。

(2)从面向人员的角度来看,MIS 主要面向中层管理人员,是为管理服务的系统;DSS主要面向高层人员,是为辅助决策服务的系统。

(3)从组成结构来看,MIS 是按事务功能综合多个事务处理的电子数据处理系统,DSS是通过多个模型的组合计算辅助决策。MIS 是以数据库为基础、以数据驱动的系统;DSS是以模型库系统为基础、模型驱动的系统。

(4)从采用的技术来看,MIS 主要采用数据库技术,其应用主要是大量的数据存取及检索技术和少量的模型分析;DSS 则是把模型或分析技术与传统的数据存取技术及检索技术结合起来,更强调分析模型。

（5）从对信息的处理来看,MIS 是对信息的初次加工,主要是对信息汇总、集成,较少产生新的信息；DSS 则是对信息的高级处理,主要是对信息的筛选、分类、综合,并选取合适的模型对信息进行再次加工形成新的信息。另外,MIS 分析着重于系统的总体信息的需求,输出报表模式是固定的；DSS 分析着重于决策者的需求,输出数据的模式是复杂的。

（6）从追求目标来看,MIS 系统追求的是效率,即快速查询和产生报表；DSS 追求的是有效性,即决策的正确性。

（7）从开发过程来看,MIS 的开发过程是以数据、功能或对象为中心的；DSS 是以数据为基础,模型的建立是开发 DSS 的核心与难点。

DSS 与 MIS 的联系主要体现在以下几方面：

（1）MIS 是一个总概念,DSS 是 MIS 发展的高级阶段或高层子系统。把决策看成是管理的职能之一,则 DSS 就是 MIS 的一个子系统；西蒙认为"管理就是决策",那么 DSS 就是 MIS 发展的高级阶段。从发展的观点看,可以将 DSS 看作 MIS 的高级阶段或高层分系统。但为了有利于做深入的专门研究,为了满足组织管理决策现代化与科学化的迫切需要,针对性地做 DSS 的专门开发与应用也是可行的。

（2）DSS 和 MIS 有相似的界面,都是建立在信息技术基础之上的,都强调与先进的管理思想相结合。对用户而言,二者的实质都是管理软件。

（3）DSS 与 MIS 目标一致,起点不同。DSS 的目标是 MIS 本来就要追求的目标之一,只是这个目标的具体实现是在 DSS 的名义之下而已。

（4）DSS 是不会将 MIS 取而代之的。这就好像一个组织中不可能只有决策者,还需要有管理者和执行者；否则,组织就是一个光杆司令,完成不了任何事情。MIS 和 DSS 各自代表了信息系统发展过程中的某一阶段,至今它们仍各自不断地发展着,而且是相互交叉的关系。MIS 是面向管理的信息系统,DSS 是面向决策的信息系统。DSS 在组织中可能是一个独立的系统,也可能作为 MIS 的一个高层子系统而存在。

5.2.2　决策支持系统的结构

尽管 DSS 在形态上各色各样,但它们在结构上有一个基本特征——集成性,对不同形态的 DSS 进行分解时,又会发现 DSS 主要由 5 个部件组成：人机接口、数据库、模型库、知识库、方法库。每个库又带有各自的管理系统,即数据库管理系统、模型库管理系统、知识库管理系统、方法库管理系统（如图 5-2 所示）。因此一般来说,大部分 DSS 都可以认为是这十个基本部件的不同的集成和组合,即这十个部件可以组成实现支持任何层次和级别的 DSS 系统。这种结构被当前大多数 DSS 所采用。

20 世纪 80 年代开始,随着计算机集成制造系统(CIMS)概念的提出,人们对 DSS 结构的理解发生了一些变化。Bonczek 等人提出,DSS 是由语言系统(LS)、问题处理系统(PPS)和知识系统(KS)三部分组成（如图 5-3 所示）,这三种系统实际上是由上面提到的基本部件发展而来的。LS 实际上就是一个人机接口,它特别强调语言,特别是自然语言在接口中的重要作用。由于突出了自然语言的重要性,因此在 DSS 中配备了相应的问题处理系统(PPS)。根据知识工程研究成果,一些人倾向于把数据库、模型库和知识库统一为知识系统（模型库与方法库一般放在一起）。在此种结构中,更多的是强调知识系统在整个 DSS 中的作用。但此种路线的局限在于语言系统的开发,尤其是对于用户的自然语言的理解,使其发展相对迟缓。

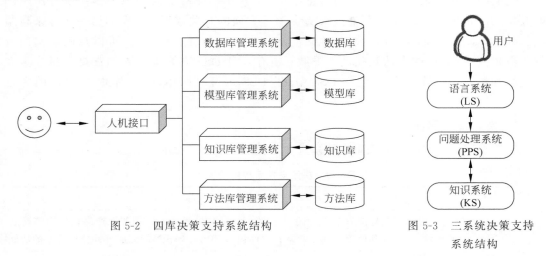

图 5-2　四库决策支持系统结构　　　　　图 5-3　三系统决策支持
　　　　　　　　　　　　　　　　　　　　　　　　　　系统结构

在某些具体的决策支持系统中,也可以没有单独的知识库及其管理系统,但模型库和方法库通常是必需的。由于应用领域和研究方法不同,导致决策支持系统的结构有多种形式。下面介绍最简单的决策支持系统结构,包括数据管理部件、模型管理部件、用户接口部件,如图 5-4 所示。

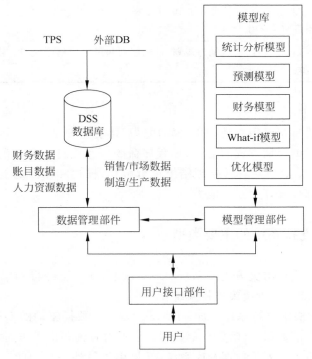

图 5-4　二库决策支持系统结构

1. 数据管理部件

数据的一部分来自组织内部的信息系统,如事务处理系统或知识工作系统等产生的财务、会计、市场、销售、生产制造或人力资源等方面的有关数据;数据的另一部分来自组织的外部,如行业的某些特定数据、地区经济收入水平和就业状况等,可以从政府部门或行业数据库中摘取,或者从互联网上下载;还有来自 DSS 决策者个人的数据。将决策者的经验和洞察力等个人信息输入 DSS 中,供 DSS 运行时调用,这也体现了 DSS 的个性色彩。

2. 模型管理部件

模型管理部件中涉及的决策支持系统中的模型如表 5-3 所示。

表 5-3　决策支持系统中的模型

模　　型	说　　明
统计分析模型	包括计算均值、标准方差、输出散点图等,并可建立因果关系,例如把产品销售同消费者的年龄、收入或其他因素联系起来。软件包如 SPSS、SAS 等能完成统计分析模型的功能
预测模型	用事物过去已知信息对事物的未来状态进行科学的预计和推测。定量预测模型有指数平滑模型、季节预测模型、回归预测模型,马尔可夫链预测模型等
财务模型	有现金流量、内部回报率、投资分析等模型,如 Excel 等电子表格程序具有这些简单模型的求解功能
What-if 模型	What-if 分析是对决策变量做假设性的改变以观察对目标变量影响的过程。例如敏感性分析模型提高售价 5％或追加 10 万元的广告预算将会发生什么?如果保持售价和广告预算不变将会发生什么
优化模型	线性规划、非线性规划、动态规划、目标规划和最优控制等模型。软件包 LINDO 专用于线性规划问题的求解

3. 用户接口部件

用户接口部件具有帮助用户使用 DSS 的能力,接受用户请求,并将请求输入 DSS;具有识别和处理不同类型会话方式的能力,如程序命令语言或自然命令语言;提供多个 DSS 用户之间的通信支持;具有对各种处理结果进行解释、描述和输出的能力;具有与数据管理部件和模型管理部件友好交互的能力。

5.2.3　决策支持系统的主要类型

自 20 世纪 70 年代提出决策支持系统(DSS)以来,DSS 已经得到了很大发展。从目前发展情况看,主要有如下几种决策支持系统:

(1) 数据驱动的决策支持系统(Data-Driven DSS)。数据驱动的 DSS 强调以时间序列访问和操纵组织的内部数据,有时是外部数据。它通过查询和检索访问相关文件系统,提供了最基本的功能。后来发展了数据仓库系统,又提供了另外一些功能。数据仓库系统允许采用应用于特定任务或设置的特制的计算工具或者较为通用的工具和算子来对数据进行操纵。再后来发展的结合了联机分析处理(OLAP)的数据驱动型 DSS 则提供了更高级的功能和决策支持,并且此类决策支持是基于大规模历史数据分析的。主管信息系统(EIS)以及地理信息系统(GIS)属于专用的数据驱动型 DSS。

(2) 模型驱动的决策支持系统(Model-Driven DSS)。模型驱动的 DSS 强调对于模型的访问和操纵,例如统计模型、金融模型、优化模型和仿真模型。简单的统计和分析工具提供最基本的功能。一些允许复杂的数据分析的联机分析处理系统(OLAP)可以分类为混合 DSS 系统,并且提供模型和数据的检索,以及数据摘要功能。一般来说,模型驱动的 DSS 综合运用金融模型、仿真模型、优化模型或者多规格模型来提供决策支持。模型驱动的 DSS 利用决策者提供的数据和参数来辅助决策者对于某种状况进行分析。模型驱动的 DSS 通常不是数据密集型的,也就是说,模型驱动的 DSS 通常不需要很大规模的数据库。模型驱动的 DSS 的早期版本被称作面向计算的 DSS,这类系统有时也称为面向模型或基于模型的决策支持系统。

(3) 知识驱动的决策支持系统(Knowledge-Driven DSS)。知识驱动的 DSS 可以就采取何种行动向管理者提出建议或推荐。这类 DSS 是具有解决问题的专门知识的人-机系统。"专门知识"包括理解特定领域问题的"知识",以及解决这些问题的"技能"。与之相关的一个概念是数据挖掘工具——一种在数据库中搜寻隐藏模式的用于分析的应用程序。数据挖掘通过对大量数据进行筛选,以产生数据内容之间的关联。构建知识驱动的 DSS 的工具有时也称为智能决策支持方法。

(4) 基于 Web 的决策支持系统(Web-Based DSS)。基于 Web 的 DSS 通过"瘦客户端"Web 浏览器(如 Netscape Navigator 或 Internet Explorer)向管理者或商情分析者提供决策支持信息或者决策支持工具。运行 DSS 应用程序的服务器通过 TCP/IP 协议与用户计算机建立网络连接。基于 Web 的 DSS 可以是通信驱动、数据驱动、文件驱动、知识驱动、模型驱动或者混合类型。Web 技术可用于实现任何种类和类型的 DSS。"基于 Web"意味着全部的应用均采用 Web 技术实现。"Web 启动"意味着应用程序的关键部分,例如数据库,保存在遗留系统中,而应用程序可以通过基于 Web 的组件进行访问并通过浏览器显示。

(5) 基于仿真的决策支持系统(Simulation-Based DSS)。基于仿真的 DSS 可以提供决策支持信息和决策支持工具,以帮助管理者分析通过仿真形成的半结构化问题。这些种类的系统全部称为决策支持系统。DSS 可以支持行动、金融管理以及战略决策,包括优化以及仿真等许多种类的模型均可应用于 DSS。由于仿真技术已经得到了广泛应用,所以仿真决策支持系统也在各个领域展现了它的强大生命力:华中科技大学的康玲等人将洪水灾害系统与决策支持系统结合起来,建立了数字长江防洪决策支持系统;广州市社会科学院的吴智文等人通过计量经济模型、灾害预测和损失评估模型等进行建模与仿真,构建了"广州市森林防火指挥决策支持系统",将仿真技术成功地应用于森林防火决策指挥。

(6) 基于 GIS 的决策支持系统(GIS-Based DSS)。基于 GIS(地理信息系统)的 DSS 通过 GIS 向管理者或商情分析者提供决策支持信息或决策支持工具。通用目标 GIS 工具,如 ARC/INFO、MAPlnfo 以及 ArcView 等一些有特定功能的程序,可以完成许多有用的操作,但对于那些不熟悉 GIS 以及地图概念的用户来说,比较难掌握。特殊目标 GIS 工具是由 GIS 程序设计者编写的程序,以易用程序包的形式向用户组提供特殊功能。以前,特殊目标 GIS 工具主要采用宏语言编写。现在,GIS 程序设计者拥有较从前丰富得多的工具集来进行应用程序开发。程序设计库拥有交互映射以及空间分析功能的类,从而使得采用工业标准程序设计语言来开发特殊目标 GIS 工具成为可能,这类程序设计语言可以独立于主程序进行编译和运行(单机)。同时,Internet 开发工具已经走向成熟,能够开发出相当复杂的基于 GIS 的程序让用户通过 World Wide Web 进行使用。

(7) 通信驱动的决策支持系统(Communication-Driven DSS)。通信驱动型 DSS 强调通信、协作以及共享决策支持。简单的公告板或者电子邮件就是最基本的功能。组件比较FAQ(常见问题解答)定义诸如"构建共享交互式环境的软、硬件",目的是支撑和扩大群体的行为。组件是一个更广泛的概念——协作计算的子集。通信驱动型 DSS 能够使两个或者更多的人互相通信、共享信息以及协调他们的行为。

(8) 基于数据仓库的决策支持系统(Data Ware-Based DSS)。数据仓库是支持管理决策过程的、面向主题的、集成的、动态的、持久的数据集合。它可将来自各个数据库的信息进行集成,从事物的历史和发展的角度来组织和存储数据,供用户进行数据分析并辅助决策,为决策者提供有用的决策支持信息与知识。基于 DW 的 DSS 的研究重点是如何利用 DW及相关技术来发现知识并向用户解释和表达,为决策支持提供更有力的数据支持,有效地解决了传统 DSS 数据管理的诸多问题。

(9) 群体决策支持系统(Group Decision Supporting System,GDSS)。群体决策支持系统是指在系统环境中,多个决策参与者共同进行思想和信息的交流以寻找一个令人满意和可行的方案,但在决策过程中只由某个特定的人做出最终决策,并对决策结果负责。它能够支持具有共同目标的决策群体求解半结构化的决策问题,有利于决策群体成员思维和能力的发挥,也可以阻止消极群体行为的产生,限制了小团体对群体决策活动的控制,有效地避免了个体决策的片面性和可能出现的独断专行等弊端。群体决策支持系统是一种混合型的DSS,允许多个用户使用不同的软件工具在工作组内协调工作。群体支持工具的例子有音频会议、公告板和网络会议、文件共享、电子邮件、计算机支持的面对面会议软件以及交互电视等。GDSS 主要有四种类型:决策室、局域决策网、传真会议和远程决策。

(10) 分布式决策支持系统(Distributing Decision Supporting System,DDSS)。这类DSS 是随着计算机技术、网络技术以及分布式数据库技术的发展与应用而发展起来的。从架构上来说,DDSS 是由地域上分布在不同地区或城市的若干个计算机系统所组成,其终端机与大型主机进行联网,利用大型计算机的语言和生成软件,而系统中的每台计算机上都有DSS,整个系统实行功能分布,决策者在个人终端机上利用人机交互,通过系统共同完成分析、判断,从而得到正确的决策。DDSS 的系统目标是把每个独立的决策者或决策组织看作一个独立的、物理上分离的信息处理节点,为这些节点提供个体支持、群体支持和组织支持。它应能保证节点之间顺畅地交流,协调各个节点的操作,为节点及时传递所需的信息以及其他节点的决策结果,从而最终实现多个独立节点共同制定决策。

(11) 智能决策支持系统(Intelligence Decision Supporting System,IDSS)。IDSS 是人工智能和 DSS 相结合,应用专家系统(Expert System,ES)技术,使 DSS 能够更充分地应用人类的知识或智慧型知识,如关于决策问题的描述性知识、决策过程中的过程性知识、求解问题的推理性知识等,并通过逻辑推理来帮助解决复杂的决策问题的辅助决策系统。IDSS的系统目标是:将人工智能技术融于传统的 DSS 中,弥补 DSS 单纯依靠模型技术与数据处理技术,以及用户高度卷入可能出现意向性偏差的缺陷;通过人机交互方式支持决策过程,深化用户对复杂系统运行机制、发展规律乃至趋势走向的认识,并为决策过程中超越其认识极限的问题的处理要求提供适用技术手段。根据 IDSS 智能的实现可将其分为:基于专家系统(ES)的 IDSS;基于机器学习的 IDSS;基于智能代理技术(agent)的 IDSS;基于数据仓库、联机分析处理及数据挖掘技术的 IDSS 等。

(12)自适应决策支持系统(Adaptive Decision Support System,ADSS)。ADSS 是针对信息时代多变、动态的决策环境而产生的,它将传统面向静态、线性和渐变市场环境的 DSS 扩展为面向动态、非线性和突变的决策环境的支持系统,用户可根据动态环境的变化按自己的需求自动或半自动地调整系统的结构、功能或接口。对 ADSS 研究主要从自适应用户接口设计、自适应模型或领域知识库的设计、在线帮助系统与 DSS 的自适应设计 4 方面进行,其中问题领域知识库能否建立是 ADSS 成功与否的关键,它使整个系统具有了自学习功能,可以自动获取或提炼决策所需的知识。对此,就要求问题处理模块必须配备一种学习算法或在现有 DSS 模型上再增加一个自学习构件。归纳学习策略是其中最有希望的一种学习算法,可以通过它从大量实例、模拟结果或历史事例中归纳得到所需知识。此外,神经网络、基于事例的推理等多种知识获取方法的采用也使系统更具适应性。

5.3　决策支持系统扎根数据分析和挖掘

决策支持系统要完成其功能和使命,离不开数据的支持。决策支持系统数据库不同于一般的数据库,有很高的性能要求,是在原基层数据库的基础上建立起来的专用数据库。现在,一般由数据仓库来充当决策支持系统数据库。数据库为决策提供数据能力或资料能力。决策支持系统紧紧扎根于数据分析和挖掘的土壤,数据仓库技术是它稳固的底座,此外也离不开联机分析处理(OLAP)技术、数据挖掘技术和其他商务智能(BI)的表示和发布技术。

5.3.1　决策支持系统的支撑环境

DSS 可以植根于前面讲过的事务处理环境吗?答案是否定的。事务处理环境不适宜 DSS 应用的原因主要有以下五点。

1. 事务处理和分析处理的性能特性不同

在事务处理环境中,用户的行为特点是数据的存取操作频率高而每次操作处理的时间短;在分析处理环境中,用户的行为模式与此完全不同,某个 DSS 应用程序可能需要连续运行几个小时,从而消耗大量的系统资源。将具有如此不同处理性能的两种应用放在同一个环境中运行显然是不合适的。

2. 数据集成问题

DSS 需要集成的数据。全面而正确的数据是有效的分析和决策的首要前提,相关数据收集得越完整,得到的结果就越可靠。当前绝大多数企业内数据的真正状况是分散而非集成的。造成这种分散的原因有多种,主要有事务处理应用分散、"蜘蛛网"问题、数据不一致、外部数据和非结构化数据来源分散。

3. 数据动态集成问题

静态集成的最大缺点在于数据集成后数据源中的变化将不能反映给决策者，导致决策者使用的是过时的数据。集成数据必须以一定的周期（例如 24 小时）进行刷新，人们称其为动态集成。显然，事务处理系统不具备动态集成的能力。

4. 历史数据问题

事务处理一般只需要当前数据，在数据库中一般也是存储短期数据，不同数据的保存期限也不一样，即使有一些历史数据保存下来了，也被束之高阁，未得到充分利用。但对于决策分析而言，历史数据是相当重要的，许多分析方法必须以大量的历史数据为依托。没有历史数据的详细分析，是难以把握企业的发展趋势的。DSS 对数据在空间和时间的广度上都有了更高的要求，而事务处理环境难以满足这些要求。

5. 数据的综合问题

在事务处理系统中积累了大量的细节数据，一般而言，DSS 并不对这些细节数据进行分析。在分析前，往往需要对细节数据进行不同程度的综合。要提高分析和决策的效率和有效性，分析型处理及其数据必须与操作型处理及其数据相分离。必须把分析型数据从事务处理环境中提取出来，按照 DSS 处理的需要进行重新组织，建立单独的分析处理环境，数据仓库正是为了构建这种新的分析处理环境而出现的一种数据存储和组织技术。

决策支持系统的支撑环境，不是事务处理系统，而是数据分析和挖掘环境，决策支持系统要扎根数据分析和挖掘，要靠数据仓库、OLAP、数据挖掘和商务智能等技术来支撑，广义上，人们把这些技术都归结为商务智能技术（Business Intelligence，BI）。

5.3.2　BI 底座——数据仓库技术

商务智能是一套完整的解决方案，它是将数据仓库、联机分析处理（OLAP）和数据挖掘等结合起来应用到商业活动中，从不同的数据源收集数据，经过抽取（extract）、转换（transform）和加载（load），送入数据仓库或数据集市，然后使用合适的查询与分析工具、数据挖掘工具和联机分析处理工具对信息进行处理，将信息转变为辅助决策的知识，最后将知识呈现于用户面前，以实现技术服务与决策的目的。

商务智能的支撑技术主要包括 ETL（数据的提取、转换与加载）技术和数据仓库与数据集市技术、OLAP 技术、数据挖掘技术及数据的发布与表示技术。数据仓库技术最为基础，可以称为 BI 的底座。实施 BI 首先要从企业内部和企业外部不同的数据源，如客户关系管理（CRM）系统、供应链管理（SCM）系统、企业资源规划（ERP）系统以及其他应用系统等搜集有用的数据，进行转换和合并，因此需要数据仓库和数据集市技术的支持。

"操作型数据库"（如银行记账系统数据库）的每一次业务操作（例如存了 5 元人民币），都会立刻记录到这个数据库中，长此以往，满肚子积累的都是零碎的数据，这种"干脏活累活还不得闲"的数据库就叫"操作型数据库"，面向的是业务操作。"数据仓库"用于决策支持，面向分析型数据处理，不同于操作型数据库；另外，数据仓库是对多个异构的数据源有效集成，集成后按照主题进行了重组，并包含历史数据，而且存放在数据仓库中的数据一般不再修改。操作型数据库、数据仓库与数据库之间的关系,就像 C 盘、D 盘与硬盘之间的关系一样,数据库是硬盘,操作型数据库是 C 盘,数据仓库是 D 盘,操作型数据库与数据仓库都存储在数据库中,只不过表结构的设计模式和用途不同。那么为什么要在操作型数据库和 BI 之间加这么一层"数据仓库"呢?

一是因为操作型数据库日夜奔忙,以快速响应业务为主要目标,根本没有能力满足 BI 的数据需求。

二是因为企业中一般存在多个应用,对应着多个操作型数据库,例如人力资源库、财务库、销售单据库、库存货品库等,BI 为了提供全景的数据视图,就必须将这些分散的数据综合起来,例如为了实现一个融合销售和库存信息的 OLAP 分析,BI 工具必须能够高效地取得两个数据库中的数据,这时最高效的方法就是将数据先整合到数据仓库中,而 BI 应用统一从数据仓库中取数。

数据仓库(data warehouse)是指从多个数据源收集的信息,以一种一致的存储方式保存所得到的数据集合。数据仓库创始人之一 W. H. Inmon 将数据仓库定义为"一个面向主题的、集成的、稳定的、包含历史数据的数据集合,用于支持管理中的决策制定过程"。在构造数据仓库时,要经过数据清洗、数据抽取转换、数据集成和数据加载等过程。面向不同的需求,对数据进行清洗以保证数据的正确性,然后对数据进行抽取,转换成数据仓库所需的形式,并实现加载到数据仓库。

数据仓库是一种语义上一致的数据存储,充当决策支持数据模型的物理实现,并存放企业战略决策所需的信息。数据仓库的数据模型有星型模式和雪花模式。星型模式最为常见,有一个包含大批数据并且不含冗余的中心表,每维一组小的附属表。雪花模式中某些维表是规范化的,因而把数据进一步分解到附加的表中,模式图形成了类似雪花的形状。对数据仓库的研究集中在数据集成中数据模式的设计、数据清洗和数据转换、导入和更新方法等。

数据仓库通常是企业级应用,因此涉及的范围和投入的成本巨大,使一些企业无力承担。因而,它们希望在最需要的关键部门建立一种适合自身应用的、自行定制的部门数据仓库子集。正是这种需求使数据集市应运而生。数据集市(data mart)是聚焦在选定的主题上的,是部门范围的。根据数据的来源不同,数据集市分为独立的和依赖的两类。在独立的数据集市中,数据来自一个或多个操作的系统或外部信息提供者,或者来自一个特定的部门或地域局部产生的数据。依赖的数据集市中的数据直接来自企业数据仓库。

数据仓库是 20 世纪 90 年代初提出的概念,到 20 世纪 90 年代中期已经形成潮流。在美国,数据仓库已成为仅次于 Internet 之后的又一技术热点。数据仓库是市场激烈竞争的产物,它的目标是达到有效的决策支持。大型企业几乎都建立或计划建立自己的数据仓库,数据库厂商也纷纷推出自己的数据仓库软件。目前,已建立和使用的数据仓库应用系统都取得了明显的经济效益,在市场竞争中显示了强劲的活力。

5.3.3　向数据要效益——分析挖掘不止

最早人们听说过"向生产要效益",接下来是"向管理要效益",现在需要"向数据要效益",从数据中获取效益。除了商务智能技术外,其他的商务智能技术还包括联机分析处理技术、数据挖掘技术,以及 BI 的表示和发布技术,下面依次进行简单介绍。

1. 联机分析处理技术

联机分析处理(Online Analytical Processing,OLAP)又称多维分析,由 E. F. Codd 在 1994 年提出,它对数据仓库中的数据进行多维分析和展现,是使分析人员、管理人员或执行人员能够从多种角度对从原始数据中转化出来的、能够真正为用户所理解的、并真实反映企业特性的信息进行快速、一致、交互地存取,从而获得对数据更深入了解的一类软件技术。它的技术核心是"维"这个概念,因此 OLAP 也可以说是多维数据分析工具的集合。

进行 OLAP 分析的前提是已有建好的数据仓库,之后即可利用 OLAP 复杂的查询能力、数据对比、数据抽取和报表来进行探测式数据分析了。之所以称其为探测式数据分析,是因为用户在选择相关数据后,通过切片(按二维选择数据)、切块(按三维选择数据)、上钻(选择更高一级的数据详细信息以及数据视图)、下钻(展开同一级数据的详细信息)、旋转(获得不同视图的数据)等操作,可以在不同的粒度上对数据进行分析尝试,得到不同形式的知识和结果。联机分析处理研究主要集中在 ROLAP(基于关系数据库的 OLAP)的查询优化技术和 MOLAP(基于多维数据组织的 OLAP)中减少存储空间、提高系统性能的方法等。

随着数据仓库的发展,OLAP 也得到了迅猛的发展。数据仓库侧重于存储和管理面向决策主题的数据;而 OLAP 则侧重于数据仓库中的数据分析,并将其转换成辅助决策信息。OLAP 的一个重要特点是多维数据分析,这与数据仓库的多维数据组织正好形成相互结合、相互补充的关系。

2. 数据挖掘技术

与 OLAP 的探测式数据分析不同,数据挖掘是按照预定的规则对数据库和数据仓库中已有的数据进行信息开采、挖掘和分析,从中识别和抽取隐含的模式和有趣知识,为决策者提供决策依据。数据挖掘的任务是从数据中发现模式。模式有很多种,按功能可分为两大类:预测型(predictive)模式和描述型(descriptive)模式。

预测型模式是可以根据数据项的值精确确定某种结果的模式。挖掘预测型模式所使用的数据也都是可以明确知道结果的。描述型模式是对数据中存在的规则做一种描述,或者根据数据的相似性把数据分组。描述型模式不能直接用于预测。在实际应用中,根据模式的实际作用,可细分为分类模式、回归模式、时间序列模式、聚类模式、关联模式和序列模式 6 种。其中包含的具体算法有货篮分析(market analysis)、聚类检测(clustering detection)、神经网络(neural network)、决策树(decision tree)方法、遗传分析(genetic analysis)算法、连接分析(link analysis)、基于范例的推理(case-based reasoning)和粗集(rough set)以及各种统计模型。

OLAP 与数据挖掘的区别和联系是:OLAP 侧重于与用户的交互、快速响应速度及提供数据的多维视图,而数据挖掘则注重自动发现隐藏在数据中的模式和有用信息,尽管允许用户指导这一过程。OLAP 的分析结果可以给数据挖掘提供分析信息作为挖掘的依据,数据挖掘可以拓展 OLAP 分析的深度,可以发现 OLAP 所不能发现的更为复杂、细致的信息。数据挖掘的研究重点则偏向数据挖掘算法以及数据挖掘技术在新的数据类型、应用环境中使用时所出现新问题的解决上,如对各种非结构化数据的挖掘、数据挖掘语言的标准化以及可视化数据挖掘等。

美国的超市有这样的系统：当顾客采购了一车商品结账时，售货员扫描完商品后，计算机上会显示出一些信息，然后售货员会友好地问顾客："我们有一种一次性纸杯正在促销，位于 F6 货架上，您要购买吗？"这句话绝不是一般的促销。因为计算机系统早就算好了，如果顾客的购物车中有餐巾纸、大瓶可乐和沙拉，则 86％ 的可能性要买一次性纸杯。结果是，顾客说："啊，谢谢你，我刚才一直没找到纸杯。"这不是什么神奇的科学算命，而是利用数据挖掘中的关联规则算法实现的系统。每天，新的销售数据会进入挖掘模型，与过去 N 天的历史数据一起，被挖掘模型处理，得到当前最有价值的关联规则。同样的算法，分析网上书店的销售业绩，计算机可以发现产品之间的关联以及关联的强弱。

3. BI 的表示和发布技术

随着 Web 应用的普及，商务智能的解决方案能够提供基于 Web 的应用服务，这样就扩展了商务智能的信息发布范围。作为基于 Web 的商务智能解决方案，需要一些基本的组成要素，包括基于 Web 的商务智能服务器、会话管理服务、文件管理服务、调度与分配及通知服务、负载平衡服务和应用服务等。

商务智能所带来的决策支持功能，会给决策者或企业带来越来越明显的效率和效益。

下面介绍深圳市地方税务局决策支持系统基于 BI 的功能架构。

为了充分利用税收数据，提高税收数据的采集、处理和分析决策能力，实现全市税收信息的共享与集中化处理，深圳市地方税务局站在计划统计的业务角度，提出了根据现有核心业务系统中的业务数据，实现税收综合分析应用的需求，以满足税收预测与计划管理、税收预警与税源质量管理及领导决策支持等方面的需要。

深圳市地方税务局决策支持系统是在现有成熟的商务智能/数据分析产品"BI@Report 数据分析展示平台"的基础上，借鉴国内相关领域的成功经验构建的，系统提供 OLAP 多维分析、即席查询、自定义报表分析多种分析方式，提供钻取、统计图、数理统计分析、预警、预测、KPI 关键指标管理、门户集成、权限管理等典型分析应用。

决策支持系统的数据主要来源于综合征管系统、其他业务系统及外部数据等基础数据，各系统中的数据经过抽取后，建立税收分析主题模型。项目实施时实际数据量约 500GB。

深圳市地方税务局决策支持系统的用户包括深圳市地方税务局、各区地方税务局、各科所等税收分析岗位人员，用户数约 1000 人；峰值在线用户数不少于 100 人；峰值并发用户数不少于 30 人（查询分析用户）＋5 人（定制模板和设计查询、分析用户）。

项目建设内容主要包括领导查询、税收数据综合分析、税收规划与监测、重点税源监控分析、税收综合查询分析统计、税负率分析、预警分析、纳税人综合疑点分析、征管查询分析等，报表数量约 200 张。深圳市地方税务局决策支持系统具备对业务数据进行查询分析、挖掘、预警、预测等方面的功能需求，系统的主要功能是满足深圳市地方税务局各部门用户进行税务数据综合分析需要，并为领导决策提供数据支持。其涉及的业务模块如图 5-5 所示。

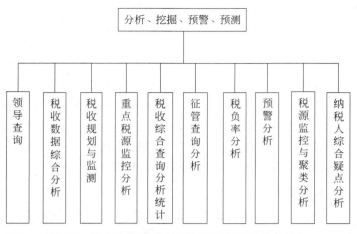

图 5-5　深圳市地方税务局决策支持系统业务模块

5.4　决策支持系统智能化——越来越强的大脑

决策支持系统如何拥有智能？答案是基于数据，甚至是大数据，数据中孕育智能。当前的决策支持系统离不开数据智能。数据智能是指大数据和人工智能技术的融合，其应用的目标是利用一系列智能算法和信息处理技术实现海量数据条件下的深度洞察和决策智能化，人们把这样的系统叫作智能决策支持系统。目前，按照智能决策方法，也可以把智能决策支持系统分为三类：基于人工智能、基于数据仓库和基于范例推理的 IDSS，如图 5-6 所示。

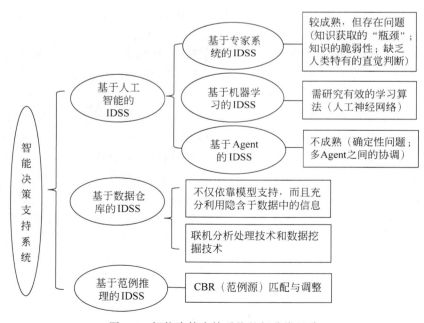

图 5-6　智能决策支持系统的新分类思路

基于人工智能的 IDSS 又可以细分为基于专家系统、基于机器学习和基于 Agent 的 IDSS。基于专家系统的 IDSS 就是 5.2.3 节讲的智能决策支持系统,较成熟,但也存在问题,如知识获取的"瓶颈"、知识的脆弱性、缺乏人类特有的直觉判断等。基于机器学习的 IDSS,需要研究有效的学习算法。基于 Agent 的 IDSS 目前尚不成熟,多 Agent 之间的协调是需要努力解决的问题。基于数据仓库的 IDSS 就是 5.2.1 节讲的新决策支持系统,不仅依靠模型支持,而且基于联机分析处理技术和数据挖掘技术能够充分利用隐含于数据中的信息。鉴于基于范例推理的 IDSS 的重要作用,也独立为一个类别,且它已有了一段时间的发展,要注意范例源的匹配与调整问题。下面一一展开说明。

5.4.1　基于专家系统的 IDSS

基于专家系统的 IDSS 是 DSS 中非常重要的一种类型,本节将详细地介绍相关的知识。

1. 基于专家系统的 IDSS 简介

专家系统与决策支持系统结合形成智能决策支持系统,如图 5-7 所示。智能决策支持系统是决策支持系统(DSS)与人工智能(AI)相结合的产物,其设计思想着重研究把 AI 的知识推理技术和 DSS 的基本功能模块有机地结合起来。有的 DSS 已融进了启发式搜索技术,这就是人工智能方法在 DSS 中的初步实现。将人工智能技术引入决策支持系统主要有两方面原因:第一,人工智能因可以处理定性的、近似的或不精确的知识而引入 DSS 中;第二,DSS 的一个共同特征是交互性强,这就要求使用更方便,并在接口水平和在进行的推理

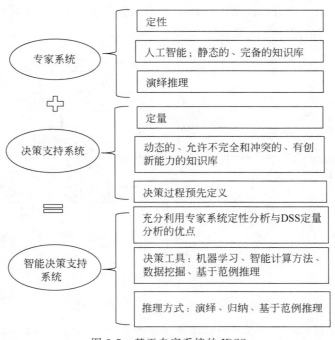

图 5-7　基于专家系统的 IDSS

上更为"透明"。人工智能在接口水平,尤其是对话功能上可以做出有益的贡献,如自然语言的研究使用使 DSS 能用更接近于用户的语言来实现接口功能。

2. 基于专家系统的 IDSS 的特点

(1) 具有友好的人机接口。例如能够理解自然语言,具有模型运行结果的解释机制,能够以简单明了的方式向决策者解释问题求解结果,并能对结果进行分析。

(2) 能对知识进行表示与处理。可以有效提供模型构造知识、模型操纵知识以及求解问题所需的领域知识。

(3) 具有智能的模型管理功能。除支持结构化模型外,还应提供模型自动选择、生成等功能;将模型作为一种知识结构进行管理,简化各子系统间的接口。

(4) 具有学习能力,以修正和扩充已有知识,使问题求解能力不断提高。

(5) 综合运用人工智能中的各种技术,对整个 IDSS 实行统一协调、管理和控制。

虽然近年来 IDSS 在技术上的发展突飞猛进,但由于面向的决策问题本身的复杂性,对于当前多数 IDSS 应用系统来说,有些问题还亟待解决。

(1) 脆弱性和知识获取困难:传统 IDSS 难以开发应用的主要原因。

(2) 封闭性:系统只能利用本地资源;且系统一旦设计完成,很难再增加资源。

(3) 模块协调统一性差:数据库、模型库、方法库和知识库如何进行通信协调。

(4) 人机协调性差:主要表现在人机分工不合理和人机智能难结合。

(5) 灵活性和适应性差:推理机制和解释机制往往是静态的、被动的。

3. 基于专家系统的 IDSS 的结构

较完整与典型的 IDSS 结构是在传统三库 DSS 的基础上增设知识库与推理机,在人机对话子系统中加入自然语言处理系统(LPS),形成智能人机接口,并在其与四库之间插入问题处理系统(PPS)构成的四库系统结构,如图 5-8 所示。

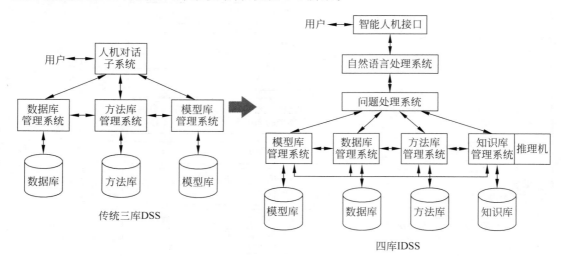

图 5-8　传统三库 DSS 向四库 IDSS 发展

四库系统的智能人机接口接受用自然语言或接近自然语言的方式表达的决策问题及决策目标,如图 5-9 所示,这较大程度地改变了人机界面的性能。

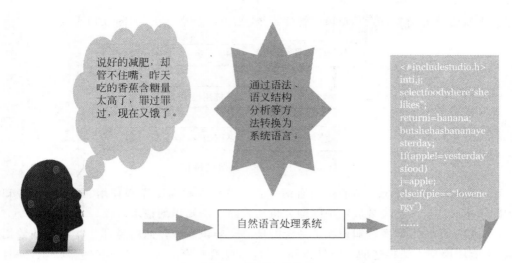

图 5-9 智能人机接口

问题处理系统处于 IDSS 的中心位置,是联系人与机器及所存储的求解资源的桥梁,主要由问题分析器与问题求解器两部分组成,如图 5-10 所示。

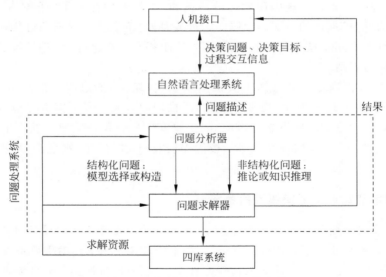

图 5-10 问题处理系统的工作流程

(1) 自然语言处理系统:转换产生相应的问题描述,将之交由问题分析器判断问题的结构化程度,对结构化问题选择或构造模型,采用传统的模型计算求解;对半结构化或非结构化问题则由规则模型与推理机制来求解。

(2) 问题处理系统:是 IDSS 中最活跃的部件,它既要识别与分析问题,设计求解方案,还要为问题求解调用四库中的数据、模型、方法及知识等资源,对半结构化或非结构化问题还要触发推理机做推理或新知识的推求。

知识库子系统是对有关规则、因果关系及经验等知识进行获取、解释、表示、推理以及管理与维护的系统。在 DSS 中引进知识库子系统提高了系统的智能化程度。知识库子系统从组成上来看可分为三部分：知识库管理系统、知识库及推理机，如图 5-11 所示。

图 5-11　知识库子系统的结构

（1）知识库管理系统。功能主要有两个：一是回答对知识库知识增、删、改、查等知识维护的请求；二是回答决策过程中问题分析与判断所需知识的请求。

（2）知识库。知识库是知识库子系统的核心。知识库中存储的是那些既不能用数据表示，也不能用模型方法描述的专家知识和经验，即决策专家的决策知识和经验知识，同时也包括一些特定问题领域的专门知识。知识库中的知识表示是为描述世界所作的一组约定，是知识的符号化过程。对于同一知识，可有不同的知识表示形式，知识的表示形式直接影响推理方式，并在很大程度上决定着一个系统的能力和通用性，是知识库系统研究的一个重要课题。知识库包含事实库和规则库两部分。例如，事实库中存放了"任务 A 是紧急订货""任务 B 是出口任务"那样的事实。规则库中存放着如"IF 任务 i 是紧急订货，and 任务 i 是出口任务，THEN 任务 i 按最优先安排计划""IF 任务 i 是紧急订货，THEN 任务 i 按优先安排计划"这样的规则。

（3）推理机。推理是指从已知事实推出新事实（结论）的过程。推理机是一组程序，它针对用户问题去处理知识库（规则和事实）。推理原理是：若事实 M 为真，且有一规则"IF M THEN N"存在，则 N 为真。因此，如果事实"任务 A 是紧急订货"为真，且有一规则"IF 任务 i 是紧急订货，THEN 任务 i 按优先安排计划"存在，则任务 A 就应优先安排计划。

➤ 案例：交通事故管理智能决策支持系统

交通事故管理问题是一个非常复杂的非结构问题。交通事故的管理可以分为事故检测、事故确定、事故响应和事故清除 4 个阶段，每个阶段又有很多方案需要决策者进行决策。面对大量、复杂的相关数据，决策者采取哪套救援方案、如何指挥各个部门协同工作，高效地进行事故管理，将直接影响到事故所造成的损失大小。

IDSS 在决策支持系统的基础上引入人工智能技术，能够较好地解决非结构化问题，为决策者提供定性和定量的建议，辅助其决策。引入 IDSS 的优势在于：对数据的采集和分析可以利用 IDSS，减少人工负担；IDSS 可以对事故管理措施的效果进行模拟及评价，有利于决策者做最佳选择；由于交通事故的实时性，IDSS 可以减少专家判定的延时，从而使得对于事故的处理更加及时，减少经济损失。

下面介绍支持交通事故管理的智能决策支持系统设计方案。

1. 模型库设计

模型库设计如图 5-12 所示。

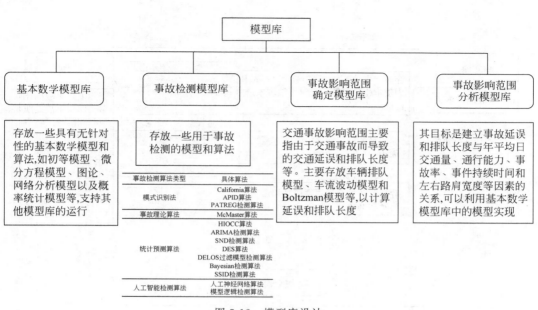

图 5-12 模型库设计

2. 数据库设计

数据库设计如图 5-13 所示。

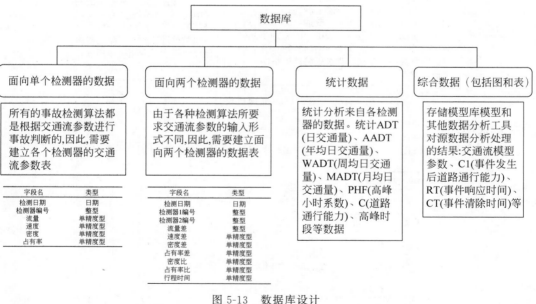

图 5-13 数据库设计

3. 知识库设计

知识库设计如图 5-14 所示。

4. 推理机设计

推理机设计如图 5-15 所示。

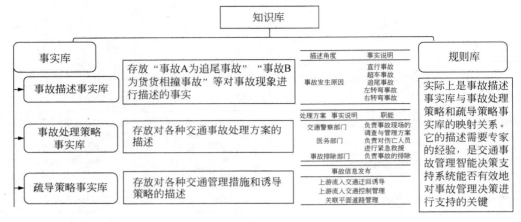

图 5-14　知识库设计

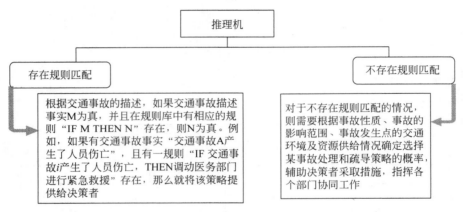

图 5-15　推理机设计

5. 系统实现

系统反馈流程如图 5-16 所示,交通事故管理决策输出流程如图 5-17 所示。

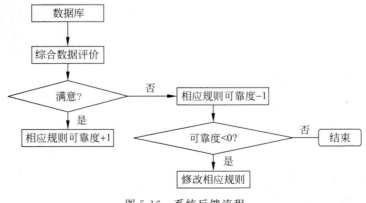

图 5-16　系统反馈流程

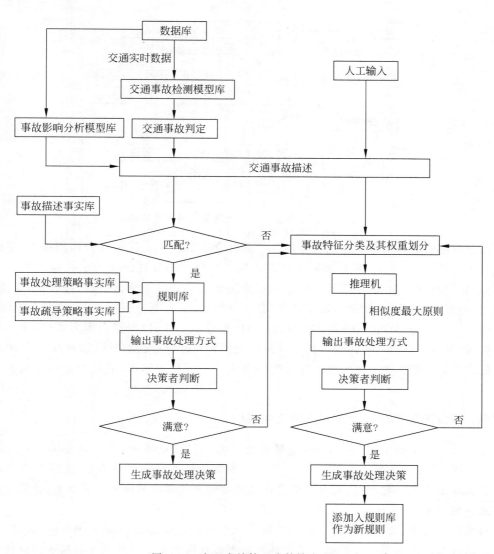

图 5-17 交通事故管理决策输出流程

5.4.2 基于数据仓库的 IDSS

DW＋OLAP＋DM 的决策支持系统是以数据仓库为基础的,数据仓库用来实现对决策主题数据的存储和综合,OLAP 用于多维数据分析,数据挖掘用于从数据库和数据仓库中提取知识,称为基于数据仓库的新决策支持系统,结构如图 5-18 所示。为此,将智能决策支持系统称为传统决策支持系统。

数据仓库是一种管理技术,它将分布在企业网络中不同站点的商业数据集成到一起,为决策者提供各种类型的、有效的数据分析,起到决策支持的作用。数据仓库为决策支持系统开辟了一种新途径,但单依靠数据仓库能力是有限的。数据仓库中有大量的轻度综合数据和高度综合数据,这些数据为决策者提供了综合信息。数据仓库保存有大量历史数据,这些

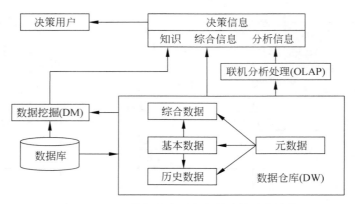

图 5-18　基于数据仓库的新决策支持系统结构

数据通过预测模型计算可以得到预测信息。数据仓库的决策支持包括查询与报表、多维分析与原因分析、预测未来、实时决策和自动决策。联机分析处理的决策支持包括切片和切块、向下钻取和向上钻取、旋转等。数据挖掘的决策支持包括关联分析、时序模式、聚类、分类、公式发现、偏差检测、预测。数据仓库、联机分析处理、数据挖掘相结合,数据仓库(DW)中增加联机分析处理(OLAP)和数据挖掘(DM)等分析工具,以数据仓库为基础,充分利用数据资源,发挥联机分析处理的多维数据分析能力和数据挖掘获取知识的能力,以决策支持系统的方式,为决策者提供快速和有效的辅助决策的信息和知识,能较大地提高辅助决策能力。

➢ 案例：沃尔玛基于数据仓库的决策支持系统

沃尔玛建立了基于 NCR Teradata 数据仓库的决策支持系统,它是世界上第二大的数据仓库系统,总容量达到 170TB 以上。强大的数据仓库系统将世界 4000 多家分店的每一笔业务数据汇总到一起,让决策者能够在很短的时间里获得准确和及时的信息,并做出正确和有效的经营决策。

利用数据仓库,沃尔玛对商品进行市场类组分析(Marketing Basket Analysis),即分析哪些商品顾客最有希望一起购买。沃尔玛利用自动数据挖掘工具对这些数据进行分析和挖掘。一个意外的发现就是:跟尿布一起购买最多的商品竟是啤酒!沃尔玛就在它的一个个商店里将它们并排摆放在一起,结果是尿布与啤酒的销量双双增长。由于这个故事的传奇和出人意料,所以一直被业界和商界所传诵。

Teradata 数据库里存有 196 亿条记录,每天要处理并更新 2 亿条记录,要对来自 6000多个用户的 48 000 条查询语句进行处理。销售数据、库存数据每天夜间从 4000 多个商店自动采集过来,并通过卫星线路传到总部的数据仓库里。沃尔玛数据仓库里最大的一张表格(table)容量已超过 300GB、存有 50 亿条记录,可容纳 65 个星期 4000 多个商店的销售数据,而每个商店有五万到八万个商品品种。利用数据仓库,沃尔玛在商品分组布局、降低库存成本、了解销售全局、进行市场分析和趋势分析等方面进行决策支持分析。

(1) 商品分组布局。分析顾客的购买习惯,掌握不同商品一起购买的概率,甚至考虑购买者在商店里所穿行的路线、购买时间和地点,从而确定商品的最佳布局。

(2) 降低库存成本。沃尔玛将成千上万种商品的销售数据和库存数据集中起来,通过数据分析,以决定对各个商店各色货物进行增减,确保正确的库存。沃尔玛的经营哲学是"代销"供应商的商品,也就是说,在顾客付款之前,供应商是不会拿到它的货款的.

(3) 了解销售全局。各个商店在传送数据之前,先对数据进行如下分组:商品种类、销售数量、商店地点、价格和日期等。通过这些分类信息,沃尔玛能对每个商店的情况有细致的了解。在最后一家商店关门后一个半小时,沃尔玛已确切知道当天的运营和财政情况。

(4) 市场分析。利用数据挖掘工具和统计模型对数据仓库的数据进行仔细研究,以分析顾客的购买习惯、广告成功率和其他战略性的信息。

(5) 趋势分析。沃尔玛利用数据仓库对商品品种和库存的趋势进行分析,以选定需要补充的商品,研究顾客购买趋势,分析季节性购买模式,确定降价商品,并对其数量和运作做出反应。

沃尔顿在自传中写道:"我能顷刻之间把信息提取出来,而且是所有的数据。我能拿出我想要的任何东西,并确切地知道我们卖了多少"。

沃尔玛神奇的增长在很大部分也可以归功于成功地建立了基于 NCR Teradata 的数据仓库系统。数据仓库改变了沃尔玛,而沃尔玛改变了零售业。在沃尔玛的影响下,世界顶尖零售企业 Sears、Kmart、JCPenney、No. 1 German Retailer、日本西武、三越等先后建立基于数据仓库的决策支持系统。

5.4.3 基于范例推理的 IDSS

范例推理(Case-Based Reasoning,CBR)是由目标范例的提示而得到的历史记忆中的源范例,并由源范例来指导目标范例求解的一种策略,它是一种重要的机器学习方法,是区别于基于规则推理的一种推理和学习模式,是指借用旧的事例或经验来解决问题,评价解决方案,解释异常情况或理解新情况,是当前人工智能及机器学习领域中的热门课题与前沿方向。研究 CBR 的动因有二:一是模仿人类推理的思维方式,二是建立高效可行的计算机系统。CBR 方法在许多领域都可以使用,尤其在不好总结出专家知识的领域。

CBR 作为当前一种比较热门的决策支持系统推理模式,具有求解效率高、信息表达完全、范例库进化等特点。然而,经过十多年的研究,人们也发现 CBR 中存在一些问题,主要体现在以下两方面:一是薄层、表层背景知识以及不完整知识如何与由范例所表示的特殊知识相集成;二是范例工程过程的自动化,即范例知识的自动生成,如范例结构及其内容、相似性评估知识、现有范例库的自动更新、修正知识库的获取索引模式、范例标识等。这些任务目前由人工完成,然而基于已有的数据库和机器学习技术,特别是目前多数企业实施ERP 系统,它提供了翔实的、准确的数据,在 CBR 中引入数据挖掘是非常必要且可行的。

CBR 的一般过程由检索(Retrieve)、复用(Reuse)、修正(Revise)、学习(Retain)4 个主过程组成,因此 CBR 也称为 4R。

(1) 检索,根据当前问题的特征关键字从范例库中检索相似的范例集。

(2) 复用,通过相似度计算得出最符合当前问题特征的案例,并对其进行复用。

(3) 修正,若最佳匹配历史案例的解决方案仍不能解决当前问题,则对方案进行适当修改。

(4) 学习,选择相似性小于一定值的新范例存入范例库。

从图 5-19 中可以了解 CBR 解决问题的整体思路。在基于案例推理中,最初是一个新的案例(目标案例)以不完整的或模糊的信息出现。然后利用目标案例的这些信息来联想过去的源案例,即对案例库进行检索,由此得到一些与目标案例相关的源案例。但由此获得的案例对新问题的解决不一定正确,在最初的检索结束后,须比较它们之间的相似性,然后进一步检索两个相似体之间的更多细节,探索它们之间更进一步的可类比性和差异。在这一阶段,事实上已经初步进行了一些类比映射的工作,只是映射是局部的、不完整的。这个过程结束后,获得了一些能初步解决问题的源案例。接下来,从源案例库中选择相似度最高的一个源案例,建立它与目标案例之间一致的、一一对应的关系。下一步,利用一一对应的关系转换源案例的完整的(或部分的)求解方案,从而获得目标案例的完整的(或部分的)求解方案。若目标案例得到部分解答,则把解答的结果加到目标案例的初始描述中从头开始整个类比过程。若所获得的目标案例的求解未能给目标案例以正确的解答,则需解释方案失败的原因,且调用修补过程来修改所获得的方案。最后,类比求解的有效性应该得到评价。整个类比过程应该递增式进行,直到获得满意解。或者目前案例库没有该类解,则应该将该问题采用适当的方式加入源案例案例库中,以备将来再用。

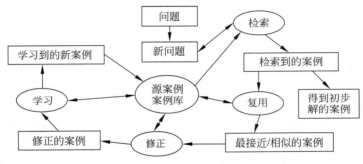

图 5-19　CBR 解决问题的一般过程

　　一个企业不断壮大,相应它的信息库也会越来越庞大,典型案例也越来越多,如何组织这些材料,方便以后的检索,成为目前研究的热点之一。大家都不约而同地找到数据挖掘的方法,有三类数据挖掘技术可用来从数据库中建立范例库结构:聚类、粗糙集和主成分分析。

　　CBR 的强大功能来源于它能从其记忆库中迅速准确地检索出相关案例。案例库和检索过程的目的是建造一个结构或过程来得到最适当的案例。案例检索应达到两个目标:一是检索出来的案例应尽可能少;二是检索出来的案例应尽可能与当前案例相关或相似。

　　在 CBR 中,当范例库中没有旧的范例和新范例完全匹配时,只能找到一个和待求问题比较相似的旧范例,然后再进行修正,使其能适应新情况,从而得以求解。

　　随着人工智能从科学研究走向实际应用,从一般思维方法探讨转入专门知识运用的重大突破,范例推理与人工智能的结合,解决了许多 CBR 传统技术的缺陷,它使 CBR 走向智能化,并具有良好的可扩充性、自适应性、可移植性以及快速响应能力,在与决策支持系统结合时,必能充分发挥决策支持系统的作用。

➢ 案例：基于 CBR 和 RBR 的医疗决策支持系统

我国的医疗资源相对不足，不同地区和医疗机构间医疗诊断和治疗水平的不平衡和差异，使患者无法得到高水平的标准化救治，医疗质量难以得到有效保证，特别是对于心脏病这类高危疾病的诊治水平亟待提高。基于 CBR、RBR 的医疗决策系统为解决我国医疗资源不足、医疗质量不高的问题提供了有效的途径。但是，CBR 与 RBR 方法具有各自的优缺点，如表 5-4 所示，能够将二者进行有效融合并应用于心脏病诊断的医疗决策支持系统的使用十分必要。谢涛学者构建了 CBR-RBR 融合推理的医疗诊断模型，如图 5-20 所示，对于提高心脏病的医疗决策质量具有一定的实际意义。

表 5-4 CBR 和 RBR 的优缺点比较

	CBR	RBR
含义	Case-Based Reasoning，通过源案例指导目标案例求解，以相似度衡量。类似机器学习、神经网络	Rule-Based Reasoning，通过既定规则指导目标案例求解，规则是人为制定。类似专家系统
优点	自组织、自学习 知识容易获取 应用广泛，使用门槛低	概况性、一致性 在细分领域有很好的性能 提供推理依据
缺点	案例库难以改写 推理过程无法解释 依赖经验	知识获取瓶颈 无记忆 规则的脆弱性

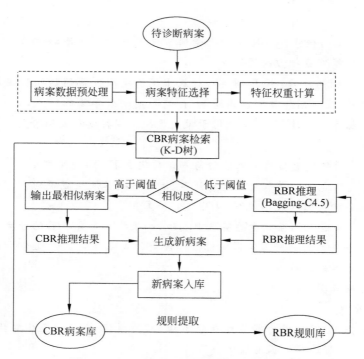

图 5-20 CBR-RBR 融合推理医疗诊断模型

上述 DSS 的处理过程是如下。

(1) 获取医疗病案数据,进行预处理。

(2) 利用粗糙集理论对医疗病案数据进行特征属性约简。

(3) 计算约简后的医疗病案数据的粗糙集属性重要度和信息增益值,综合加权后得到病案特征的权重。

(4) 由训练病案数据建立基于 K-D 树的病案库,对测试病案数据进行 CBR 病案检索。

(5) 对于相似度较高达到或超过设定的相似度阈值的测试病案,有理由认为病案库中最相似病案与其诊断结果是相同的,可直接将该最相似病案输出供医生诊断,跳转到第(7)步;对于相似度较低低于设定的相似度阈值的测试病案,无法找到最相似的病案,所以使用 RBR 模块对其进行规则推理,跳转到第(6)步。

(6) 使用 Bagging-C4.5 决策树集成技术构建 RBR 推理模块,对相似度低于设定阈值的病案进行 RBR 推理诊断。

(7) 输出推理结果。

(8) 记录推理结果的诊断效果,并将有效的病案推理结果作为新的病案加入病案库,同时更新 RBR 模块的决策树规则。

属性约简:在案例的特征属性中,存在冗余、无效的特征属性,特征属性约简方法就是要去除这些特征属性。

案例特征权重:在案例推理过程中,需要比较案例之间的相似度。案例中的各个特征属性与案例的关联度、对案例分类的有效性等都有所不同,反映出各特征属性对案例的"优劣"程度的区别。

案例检索分为以下 2 种。

(1) 基于相似度的检索:CBR 案例检索通常使用基于相似度的方法,从案例库中检索和匹配得到与目标案例最相似的案例。

(2) 基于 K-D 树的检索:K-D 树是一种基于案例空间分解的树状数据结构,它拥有同二叉树类似的结构,因而同样具有结构简单、存储和搜索效率高的特点,是一种高效的适用于多维空间的数据索引结构,非常适合用于案例库的案例存储和案例检索。

推理方法如下。

(1) 基于产生式规则直接将专家经验与知识转化成 IF-THEN 规则。

(2) 基于决策树通过对样本数据进行处理,使用归纳算法生成规则,并能够以内部节点和分支这类树状结构存储和表示规则:ID3、C4.5 算法等。

(3) 多分类器集成人们在大量的实验中发现,如果将多个分类器的分类结果进行结合,其性能往往比单个分类器更好。集群优化推理注重的是基学习器在组合后的准确性,而非开始时各个基学习器的准确性。

系统建模过程如图 5-21 所示。

1. 数据预处理

医疗病案数据,按照数据的类型可以分为两类:离散型数据和连续型数据。因后续要使用分类算法,需要将连续数据离散化。

数据的清理指运用各种手段,提高医疗病案数据的准确性,清除不一致数据,删去冗余数据,包含对空值的处理、对噪声数据的处理、对不一致数据的处理。

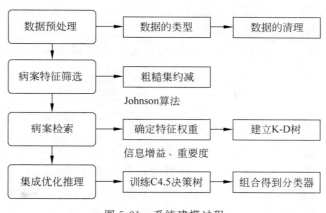

图 5-21　系统建模过程

2. 病案特征筛选

Johnson 算法通过调用一个简单的贪心算法的变种,求出一个约简结果。这种算法一个自然的倾向是争取找到一个具有最小长度的简单的基本蕴涵。

3. 病案检索

1) 确定特征权重

信息增益(IG)方法是一种重要的基于信息熵的案例特征属性评价方法。医疗病案特征属性的信息增益值表示该症状特征存在和不存在情况下所获取的关于诊断结果信息的平均值,即使用这个症状特征对病案集进行分割而导致的期望熵的降低。

本方法计算得到的病案特征属性综合权重,既考虑了粗糙集中核属性对于样本分类的重要度,又利用信息增益弥补了粗糙集中非核属性的重要度的缺陷,从而获得更好的病案特征权重。

2) 建立 K-D 树

经过一树检索后,可以查找到医疗病案库中与待诊断病案最相似的病案。如果该病案的相似度足够高,即满足预设的相似度阈值,则可将此病案作为结果输出。

4. 集成优化推理

组合多个学习器的最简单方法是通过投票,相当于学习器的线性组合,这种方法也称为线性判断组合。以抽取的 N 个样本作为训练集,以 C4.5 决策树为基学习器,训练 M 个决策树。在此基础上应用 Bagging 算法。Bagging 是一种典型的投票算法,其基本思想是对一个给定样本,由之前训练的 M 个模型,每一个模型给出一个预测值,得票最多的值即确定为分类结果。

以前的一些决策系统,往往被称为决策支持系统或者决策辅助系统,原因是以前的技术确实只能做到辅助决策的层面,这类技术中比较成熟和典型的技术是 20 世纪 90 年代的 BI,而实际上,BI 只是把数据库里的数据、表、字段等信息转化成了一些关键的业务指标。而人们通过对这些关键指标的分析去做一些决策,这个决策完全是人做出的,所以叫辅助。但是今天或未来的决策系统,是由机器而不是人来做决策,这是最大的一个转变,也是与以往的决策辅助或者决策支持系统本质的区别。当然,不可能所有的决策都是完全自动的,否则人类的自主性将无法体现。系统有辅助的部分,也有自主的部分,自主的部分多数集中在所谓的战术级和运营级别的决策上,例如给什么样的用户做什么样的推荐等。而战略级别的决策,一般来说,现在还是需要人去做处理。

总之,今天的决策支持系统越来越智能化,它成为企业越来越强的大脑,在帮助或替代企业做出越来越合适的决策。

本章小结

无论做什么事情,成功与失败取决于决策的正确与否。决策往往是复杂的,依赖于工具的支持才能更快做出更好的决策,决策支持系统就是一个这样的工具。

决策支持系统是辅助决策者通过数据、模型和知识,以人机交互方式进行半结构化或非结构化决策的计算机应用系统。它为决策者提供分析问题、建立模型、模拟决策过程和方案的环境,调用各种信息资源和分析工具,帮助决策者提高决策水平和质量。决策支持系统自20世纪80年代中期引入我国后,在企业或组织中扮演重要角色,发挥重要作用。

决策支持系统,因影响决策而影响企业成败,与事务处理系统相比,它的光环更大。决策支持系统的定义、特征、应用、产生发展、结构和分类,包括服务对象和服务方式,是要了解、区分和掌握的问题。特别是决策支持系统由"二库"向"四库"的演化、决策支持系统的分类、决策支持系统与管理系统的区别联系,以及决策支持系统的发展趋势,需要引发读者更多的开放性的思考。

决策支持系统功能和使命的完成,离不开数据的支持,数据仓库技术是它稳固的底座,此外也离不开联机分析处理(OLAP)技术、数据挖掘技术、其他商务智能(BI)的表示和发布技术等,而当前更多智能技术的应用,尤其是人工智能技术,使智能决策支持系统在辅助决策甚至代替决策上扮演越来越重要的角色。

习题

1. 列举出决策决定成败的其他例子。
2. 你还了解其他的决策分类视角吗?
3. 阐述决策与管理的关系。
4. 阐述决策与信息的关系。
5. 如何理解决策的艺术性?
6. 讨论:人非圣贤,金无足赤,人们能一味追求最优决策吗?
7. 怎样克服群体决策的缺陷,提高群体决策效率?
8. 决策支持系统是帮助人们做决策还是代替人们做决策?
9. 按程序做出的决策是否就是正确的决策?
10. 总结分析决策支持系统发展过程,可分为几个阶段?
11. 决策支持系统和管理信息系统有什么区别和联系?
12. 数据仓库技术在决策支持系统中扮演什么角色?
13. 理解和阐述决策支持系统从"二库"到"四库"结构的演化。
14. 阐述决策支持系统的支撑环境,并结合当前技术发展,分析是否有变化。

15. 传统智能决策支持系统和新决策支持系统的区别有哪些？
16. 你同意书中的智能决策支持系统的新分类思路吗？
17. 谈谈决策支持系统的发展趋势，除了书中提到的，你还有什么补充？

技术学习模块 D：数据仓库技术

请扫码阅读

第6章

整合业务的ERP系统

本章学习目标

➤ 生产制造企业的业务流程有哪些特点？企业资源通过哪些活动与业务关联？

➤ 什么是ERP？ERP主要功能有哪些？

➤ ERP有哪些发展阶段？

➤ 在生产制造企业，ERP系统发挥什么作用？

➤ 信息系统如何产生价值？

 开篇案例

饭局故事解读ERP流程

在竞争日益激烈的信息化时代，一个领导者必须了解企业各生产流程相关的知识，具备较为全面的能力。ERP作为企业管理中的重要组成部分，在企业资源的合理管理及调配过程中发挥着无可替代的作用，目前全球最大的ERP软件公司SAP（System Application，Product in DATA processing）被超过80％的世界500强企业以及近90％的中国大型国有企业和民营企业使用。

首先，让我们通过一个生动的例子了解一下什么是ERP及ERP流程。

一天中午，在单位工作的丈夫给在家里打电话："亲爱的老婆，晚上我想带几个同事回家吃饭可以吗？"（订货意向）

妻子："当然可以，来几个人，几点来，想吃什么菜？"

丈夫："6个人，我们7点左右回去，准备些酒？烤鸭？番茄炒蛋？凉菜？蛋花汤。你看可以吗？"（商务沟通）

妻子："没问题，我会准备好的。"（订单确认）

妻子记录需要做的菜，以及具体要准备的材料：鸭、酒、番茄、鸡蛋、调料等，发现需要的原料包括1个鸭蛋、5瓶酒、10个鸡蛋，炒蛋需要6个鸡蛋，蛋花汤需要4个鸡蛋（共用物料）。

打开冰箱一看(库房),只剩下2个鸡蛋(缺料)。

来到自由市场,妻子:"请问鸡蛋怎么卖?"(采购询价)

小贩:"1个1元,半打5元,1打9.5元。"

妻子:"我只需要8个,但这次买1打。"(经济批量采购)

妻子:"这有一个坏的,换一个。"(验收、退料、换料)

回到家中,准备洗菜、切菜、炒菜……(工艺线路),厨房中有燃气灶、微波炉、电饭煲……(工作中心)。

妻子发现拔鸭毛最费时间(瓶颈工序、关键工艺路线),用微波炉自己做烤鸭可能来不及(产能不足),于是在楼下的餐厅里买现成的(产品委外)。

下午4点,接到儿子的电话:"妈妈,晚上几个同学想来家里吃饭,请你帮忙准备一下。"(紧急订单)

"好的,你们想吃什么,爸爸晚上也有客人,你愿意和他们一起吃吗?"

"菜你看着办吧,但一定要有番茄炒鸡蛋,我们不和大人一起吃,18:30左右回来。"(不能并单处理)

"好的,肯定让你们满意。"(订单确定)

"鸡蛋又不够了,打电话叫小店送来。"(紧急采购)

18:30,一切准备就绪,可烤鸭还没送来,急忙打电话询问:"我是李太太,怎么订的烤鸭还不送来?"(采购委外单跟催)

"不好意思,送货的人已经出发了,可能是堵车吧,马上就会到的。"

门铃响了。

"李太太,这是您要的烤鸭。请在接收单上签字。"(验收、入库、转应付账款)

18:45,女儿的电话:"妈妈,我想现在带几个朋友回家吃饭可以吗?"(又是紧急订购意向,要求现货)

"不行呀,女儿,今天妈已经需要准备两桌饭了,时间实在是来不及,真的非常抱歉,下次早点说,一定给你们准备好。"(这就是ERP的使用局限,要有稳定的外部环境,要有一个提前期)

送走了所有客人,疲惫的妻子坐在沙发上对丈夫说:"亲爱的,现在咱们家请客的频率非常高,应该要买些厨房用品了(设备采购),最好能再雇个保姆(连人力资源系统也有缺口了)。"

丈夫:"家里你做主,需要什么你就去办吧。"(通过审核)

妻子:"还有,最近家里花销太大,用你的私房钱来补贴一下,好吗?"(最后就是应收货款的催要)

最后,敲黑板、记重点:每一个合格的家庭主妇都是企业运营总监的有力竞争者。

上述请客吃饭的过程可以简化为如图6-1所示的流程,整个流程与生产企业的流程类似,可以帮助理解ERP的业务流程、ERP管理的理念及应用情景。

图6-1　请客吃饭的业务流程

6.1　走进生产型企业

生产企业代表了一大类企业,ERP 管理的思想也最早起源于生产型企业,本章将以生产型企业为开始,阐述 ERP 管理。

6.1.1　生产企业资源的烦琐性

企业资源的内涵非常广泛,包括原材料、在制品、机器设备等实物资源,还包括资金等财务资源,除此之外,企业员工、供应商、客户等人力资源也属于企业资源。企业管理的核心是合理配置、优化这些企业资源,实现企业整体资源价值的最大化。

1. 企业资源分类

从企业边界的角度,企业的资源可以分为外部资源和内部资源。企业内部资源又可以细分为人力资源、财务资源、信息资源、技术资源、管理资源、可控市场资源、内部环境资源等。企业的外部资源可分为行业资源、产业资源、市场资源、外部环境资源等。

从资源存在形式的角度,企业资源可以分为有形资源和无形资源。有形资源是指可以在公司资产负债表上体现的资产,如房地产、生产设备、原材料等。无形资源是指无法在公司资产负债表上体现出来,但是对公司经营有价值的资产,包括公司的声望、品牌、文化、技术知识、专利、商标以及各种日积月累的经验。无形资源在使用中不会被消耗;相反,正确地运用无形资源还会提升它的价值。无形资源往往是公司竞争优势的基石,例如迪士尼公司最重要的无形资源便是迪士尼的品牌,以及米老鼠和唐老鸭等卡通形象,而这些品牌资源不能体现在公司的财务报表上。

从现代管理学角度,企业经营所需要的资源——企业所控制或拥有的要素总和,即计划经济时代所强调的“人、财、物”。下面围绕这 3 种主要资源进行讨论。

1) 人力资源

人力资源是指存在于企业组织内部和外部的可利用人员的总和,包括人的体力、智力、人际关系、心理特征以及其知识经验的总和。人力资源首先表现为一定的物质存在——一定数量的人员,更重要的是这些人员内在的体力、智力、人际关系、知识经验和心理特征等无形的存在。所以,人力资源是有形与无形相统一的资源,是企业资源结构中最重要的核心资源,是企业技术资源和信息资源的载体,是其他资源的操作者,决定了其他资源效力的发挥。

人力资源包括企业经营全生命周期涉及的各类人员,具体包括各类工作中心的一线操作人员、采购人员、仓库管理人员、销售人员及能够为资源使用者提供咨询和诊断的专家。

2) 财务资源

财务资源是企业物质要素和非物质要素的货币体现,具体表现为已经发生的能用会计方式记录在账、能以货币计量的各种经济资源,包括资金、债权和其他权利。财务资源既包括静态财务规模的大小,也包括动态财务周转状况,在一定程度上还包括企业获取和使用这些资源要素的能力和水平。反映企业财务资源状况的工具就是企业的一系列财务报表。

在企业财务资源中,最主要的是资金。财力资源是企业业务能力的经济基础,也是其他资源形成和发展的基础条件。

3)实物资源

实物资源主要是指在使用过程中具有物质形态的固定资产,包括工厂车间、机器设备、工具器具、生产资料、土地、房屋等各种企业资产。由于大多数固定资产的单位价值较大、使用年限较长、物质形态较强、流动能力较差,其价值大多显示出边际收益递减规律的一般特性(当然也存在一部分固定资产即使在折旧完毕之后仍然具有使用价值和价值,甚至会增值,如繁华地段的商业店铺等)。总而言之,在传统工业中,固定资产是企业资源的重要组成部分,它是衡量一个企业实力大小的重要标志。

2. 企业资源特征

在分析企业资源的过程中,必须注意企业资源的基本特征,主要包括以下3方面。

1)企业资源的内涵在不断扩大

随着经济的发展,越来越多新的要素被纳入资源的范畴。例如,信息资源和数据资源正在变得越来越重要;人力资源逐渐被认为是一种重要的生产要素。

2)企业资源是动态的、系统的

伴随着企业的运营,资源的数量和质量处于不断变化的动态过程中。作为一个有机的整体,企业所拥有或控制的各种资源相互联系、相互影响,共同支撑着企业运营。因此,企业必须打破孤立的、僵化的资源观念,以动态的、系统的理念分析和开发利用资源,实现资源的动态优化。

3)企业资源边界日趋模糊

随着信息技术的发展和竞争的加剧,虚拟组织、战略联盟、网络化组织等组织形式大量出现,导致了企业间日益复杂的网络结构和制度安排,使得企业与环境之间的边界趋于模糊,企业资源也日益呈现这种态势——边缘性资源正在变得越来越重要。

6.1.2 生产业务流程的复杂性

业务流程(business process)也被称为业务过程,是指为达到特定的目标而由多人分工合作完成的一系列活动。活动之间不仅有严格的先后顺序,而且活动的内容、方式、责任等也都有明确的界定,以使业务活动在不同岗位角色之间的衔接成为可能。

业务流程对于企业的意义不仅在于对企业关键业务的一种描述,更重要的是对企业的业务运营有着指导意义。这种意义体现在对资源的优化、对企业组织机构的优化以及对管理制度的优化中。这种优化的目的实际也是企业追求的目标:降低企业的运营成本,提高企业对市场需求的响应速度,争取企业利润的最大化。

生产业务过程是指从投料开始,经过一系列的加工,直至成品生产出来的全部过程。在生产过程中,劳动者主要运用人、财、物等资源,直接或间接地作用于劳动对象,使之按人们的预定目的变成工业产品。企业生产的业务流程根据其在生产过程中的作用不同,可划分为以下3种类型。

1. 基本生产业务

基本生产业务是指对构成产品实体的劳动对象直接进行加工的过程,如机械企业中的铸造、锻造、机械加工和装配等过程;纺织企业中的纺纱、织布和印染等过程。基本生产业务是企业的主要生产活动,与企业的业务部门密切相关,其主要包括:

1)研发业务

研发业务主要包括设计、开发新产品,产品物料清单及生产工艺维护等。在企业中设计部门往往无法了解产品成本情况,而且在设计部门中往往是技术人员居多,相对企业中的其他部门,对成本的认识较弱。然而,产品成本的80%是由设计部门决定的。设计部门的设计图纸必然决定原材料的材质和价格,而且制造方法的也多由设计部门决定。

2)市场业务

业务部门是企业生存的源头,主要负责市场拓展,完成业绩,确保企业盈利;及时收回账款,避免坏账;做好客户关系维护,包括报价、合同评审、签订合同、生产进度跟进、组织发货、月底结账及收款等业务。

3)计划业务

生产计划对生产型企业是一个非常重要的业务,主要安排企业的生产,协调、调度相关的资源,以便完成企业的生产任务、委外加工的任务和材料的采购计划,以及仓库的备料等业务。

4)采购业务

采购业务主要包括提出采购申请,寻找合适的供应商并进行询价议价,签订合同并适时跟踪采购进度、入库、对账付款等业务。

5)库存业务

库存业务主要是对物料进行日常管理,包括收料、采购入库、退货、生产备料、发料、入库和销售出库等。

6)车间生产业务

车间的主要业务是根据生产计划下达的生产任务落实生产工作,并进行设备的排程、人员的班次调整及生产入库管理。

7)财务业务

财务业务包括核算企业资金的流转、企业的财务状况和效益。

2. 辅助生产业务

辅助生产业务是指为保证基本生产过程的正常进行而开展的各种辅助性生产活动,例如,为基本生产提供动力、工具和设备维修等业务。

3. 生产服务业务

生产服务业务是指为保证整体生产活动顺利进行而提供的各种服务性工作,例如供应、运输、技术检验等业务。

上述三种业务彼此紧密结合,构成企业的整个生产过程。其中,基本生产业务居于主导地位,其余各部分都是围绕着基本生产业务而开展的,如图6-2所示。

生产企业业务繁多,各业务关系复杂,业务流程进行中可能会出现各种各样的问题,不同的问题需要相应的解决方案和解决措施,如表6-1所示。

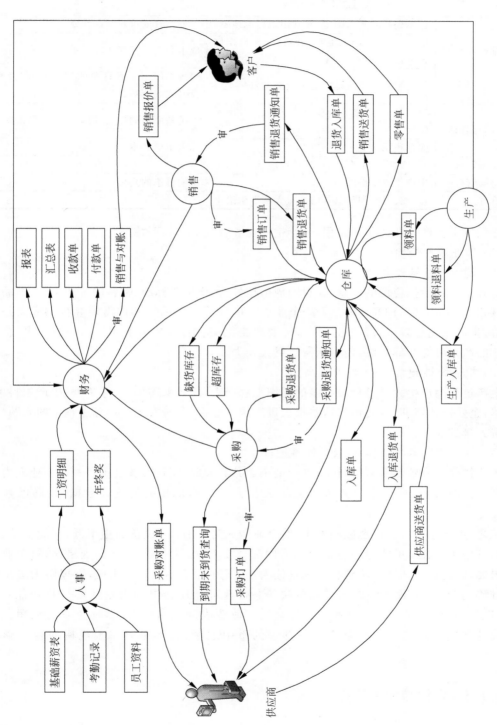

图 6-2 企业生产的业务流程

表 6-1 生产业务流程管理中可能出现的问题

环　节	可能出现的情况	备　注
生产排产和车间管理	订单到达时间不确定,经常出现插单现象	需要修改或重新制订计划
	生产车间的领料、退料、补料、入库操作比较频繁	成本和人工核算比较困难
	物料配方改动及材料的替换经常发生	销售部门不了解订单的完工时间,无法及时完成交货
物料、库存管理	原料品种、规格非常多,仓库的入库和出库频繁	不了解原料的耗用,影响原材料的采购
	库存积压	加大生产成本
生产质量管理	原料的质量不合格,检验过程混乱	
生产协同管理	生产物流难以同步	影响订单的交付
订单管理	订单交付时间和具体的数量无法准确给出	

总结以上生产企业的业务流程,生产企业业务管理上有如下特点:

(1) 作业流程烦琐。

(2) 基础信息量较大。

基础信息包括供应商的信息、物料的规格型号、价格检验标准、物料的生产工艺、产品结构表(Bill of Material,BOM)等。生产企业所需的成千上万的零部件需要寻找供应商并进行询价,生产工艺也较多,每一道工序都需要严格把关、跟踪,缺少上述任何一道工序,企业所生产的产品可能全部报废,使企业蒙受巨大损失。

(3) 报表统计频繁,时效性要求高。

生产过程会产生大量且种类繁多的明细汇总报表,例如采购单、入库单据、生产领料单、发料单,企业需要定期、及时地将这些报表进行统计分析,及时发现各业务过程中的问题,这将耗费大量的成本。

(4) 员工数量多,绩效考核公平性难把握。

企业往往拥有数量众多的员工,生产型企业尤其如此,实现考核公平是一个企业人力资源管理工作的难点,这要求收集大量与工人相关的工作量相关的统计数据,以确保客观公正。

总之,生产企业可能问题频频发生,给企业造成诸多困扰:设备利用率低,产能上不去,到手的订单不敢接;可能存在各部门间协同配合度不够,效率低,甚至出现错误,给企业带来些损失,面对这些问题找不到相关的责任人;规定的报表不能及时生成,管理层无法及时得到准确的数据,以致无法做出正确的决策;企业可能还会出现大量的不合格产品;仓库也可能会产生大量库存。这些问题都会给企业造成巨大的损失,影响企业的利润。如何解决这些内部问题是生产企业业务管理的重中之重,尤其是对一定规模的企业影响更大。

6.1.3 资源与业务流程

通过调用企业各种资源及生产要素,企业的生产业务能及时、高质量地完成客户订单,最大限度地发挥这些资源的作用,并根据客户订单及生产状况做出调整资源的决策,从而形成一系列的业务过程。按照生产过程组织的构成要素,可以将资源利用的业务过程分为物流过程、信息流过程和资金流过程,如图 6-3 所示。

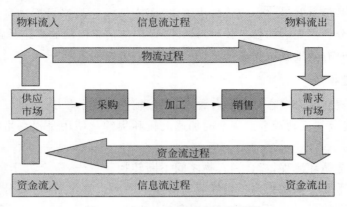

图 6-3 生产企业内部业务逻辑图

1. 物流过程

物流过程包括采购过程、加工过程/服务过程、运输(搬运)过程、仓储过程等,物流过程既是物料的转移过程,也是物料的增值过程。

日常生活中的物料转移活动涉及的业务如下:起运地收货—提货—装车—运输—到达集散地—分配货物—派送—客户收货—反馈。

物料的增值过程就是加工过程,也可以称为生产工艺流程。加工过程是指劳动者利用生产工具将各种原材料、半成品通过一定的设备、按照一定的顺序连续进行加工,最终使之成为成品的方法与过程。以啤酒生产工艺流程为例,输入资源包括原材料(麦芽、大米),经过活动及活动间的相互作用(包括人员与设备辅助支持所产生的各种反应和变化),最后才能输出结果(啤酒),并指向一定的顾客,产品生产最终具有了相应的价值。

2. 信息流过程

生产过程中的信息流是指在生产活动中,将其有关的原始记录和数据,按照需要加以收集、处理,并使之向一定方向流动的数据集合。

企业中的信息包括供应商信息、生产信息、配送信息、零售信息和需求信息。企业运用这些信息做出重要决策:库存水平决策需要来自顾客下游信息、供应商上游信息,以及现存库存水平的信息;运输策略的制订需要了解顾客、供应商、运输路线、运输成本、运输时间以及运输数量的信息;生产设备的决策需要了解企业内部的生产能力、收益及成本的相关信息。

畅通、敏捷、有效的信息加速了决策的速度,提高了决策的质量。信息联系着业务流程的不同阶段,使各个阶段相互协调,且对各个阶段的日常运营来说十分重要,例如生产日程安排利用需求信息制订生产计划,使工厂能够用高效的方式生产出满足客户需求的产品。

信息流管理是现代企业管理的核心。传统的管理对象包括人、财、物等实物形体,然而随着社会的发展,信息作为一个特殊的管理要素占据越来越重要的核心地位。信息流管理通过对贯穿于企业业务活动的信息流动进行控制、协调,使其实现有效流动,将各节点企业的信息无缝衔接,最终实现价值增值。

信息好比发动机,带动了业务流程的高速运转,信息的有效流动直接影响企业的决策与运营。在许多企业中,尤其是组织复杂的大企业,各种信息流错综复杂、纵横交错,如何获取、传递、分析这些信息并最终形成各种决策,进而支持企业战略目标的实现将变得至关重要。企业应该充分利用先进的信息技术,构建企业内部信息流动的高速公路,让企业内部的各个参与方能及时有效地获取需求信息,并快速做出正确的决策。

3. 资金流过程

生产过程的资金流是以在制品和各种原材料、辅助材料、动力、燃料设备等实物形式出现的,分为固定资金与流动资金。资金的加速流转和集约化使用是提高生产过程经济效益的重要途径。

纵观企业资金循环流程,资金和实物之间不断转换。首先,资金处于货币资金的状态,企业用一部分货币资金去购买原材料等劳动对象。当购买发生后,这部分资金从货币形态转化为储备资金。然后,把原材料等劳动对象投入生产过程。在对劳动对象的加工过程中,这部分资金与另一部分支付给劳动者的报酬和其他生产费用结合在一起,组成生产资金。当产品加工完毕,这部分生产过程的资金又转化为成品资金。在产品销售并取得货款后,资金又由成品资金转化为货币资金。收回的货币资金,一部分用于补偿生产消耗,在下一期生产经营活动中,再购买材料;一部分以税收形式上缴国家财政;余下的留作各种基金,用于发展生产等方面的需要。在整个过程中,物流由原材料到零部件、到成品,不断地变换着物料的性能;而资金则由货币形态转化为实物形态,再由实物形态转化为货币形态,不断循环往复,完成资金的增值过程。

企业的生产过程是给物资赋予劳动、知识和信息,改变其形状、功能或性质的过程,也是资金的投入与增值的过程,是物流与资金流相互转化、相互作用、相互统一的过程。物流过程是资金流动的基础,物流过程决定着资金流动,物流过程状况的正常与否,决定着资金流动状况的好坏;资金运动也反映着物流的运行状况,并对物流过程具有积极的影响作用。通过对资金流动是否通畅的分析,可以观察企业产、供、销等活动是否正常,并可根据存在的问题,采取相应的措施,使资金流动与物资流动相契合,从而提高生产经营的效益。资金流动和物资流动相互结合的关系,体现了制造业企业再生产过程的实物形态和价值形态的必然联系。

6.1.4　ERP 的发展历程

企业生产经营活动的最终目的是获取利润,为了达到此目的,必须合理地组织和有效地利用其设备、人员、物料等制造资源,以最低的成本、最短的制造周期、最高的质量生产出满足顾客需求的产品。为此,必须采取先进而有效的生产管理技术来组织、协调、计划与控制企业的生产经营活动。ERP 正是为解决上述问题而发展起来的一种科学管理思想与处理逻辑,它是一种企业进行现代化管理的科学方法。纵观 ERP 的发展过程,它经历了 5 个明显的阶段:库存订货点法、时段式物料需求计划、闭环物料需求计划、制造资源计划和企业资源计划。ERP 的发展阶段及时间线如图 6-4 所示。

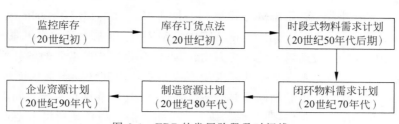

图 6-4 ERP 的发展阶段及时间线

1. 库存订货点法

企业为了维持均衡的生产,一般会维持一定水平的原材料和成品库存,作为一种应对异常变化的缓冲手段。但同时库存要占用流动资金,带来机会成本;库存需要场地和管理人员,带来相关费用;库存物可能丢失、变质、贬值、淘汰,造成减值损失。总体来说,企业维持库存的代价不菲,而维持一定水平的库存又是必需的,那么如何协调生产与库存的关系、寻求合理平衡?

20 世纪 50 年代后期,美国一些企业在信息技术的支持下,开始实行库存分类管理,根据"经济批量"和"订货点"的原则,对生产所需的各种原材料的采购进行管理,从而达到降低库存、加快资金周转速度的效果。订货点法(如图 6-5 所示)通过对库存补充周期内的需求量预测,以保持一定的安全库存储备,并由此确定订货点。即

订货点＝单位时段的需求量×订货提前期＋安全库存量

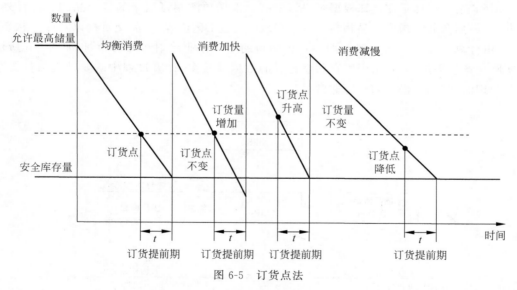

图 6-5 订货点法

在图 6-5 中,假设从下订货单到收到货物的时间段是 t,而一旦货物到达,库存就会到达允许的最高储量,随着企业生产进度的变化,企业消费库存加快或者减慢,订货点会相应地升高或者降低。可以试想一下如何构建一个模型确定企业的订货点问题。

2. 时段式物料需求计划

由于订货点法没有考虑到企业物料的相关性,而且库存状态没有时间分段的概念,因此订货点法有很大的缺陷。

20 世纪 60 年代中期,美国 IBM 公司奥列基博士(Dr. Joseph A. Orlicky)提出物料需求计划(Material Requirements Planning,MRP)。MRP 把企业生产中涉及的所有产品、零部件、原材料、中间件等,在逻辑上统一视为物料,再把企业生产中需要的各种物料分为独立需求和相关需求,其中独立需求是指其需求量不依赖企业内其他物料需求而独立存在的物料,例如,客户订购的产品、售后维修需要的备品备件等,其需求量与需求时间由企业外部的需求(如客户订单、市场预测、促销展示等)决定;而相关需求物料是指可由企业内部其他物料的需求量来确定,也就是根据物料之间的结构组成关系,由独立需求的物料产生的需求,如半成品、零部件等,其需求量和需求时间由 MRP 系统决定。时间分段是指给库存状态数据加上时间坐标,即按照具体的日期或计划时区记录并存储库存状态数据。时段式 MRP 的库存状态公式是:

$$可供货量＝库存量＋已订货量－需求量$$

时段式 MRP 实现准时生产、减少库存的基本方法是将企业产品中的各种物料分为独立物料和相关物料,并按时间段确定不同时间的物料需求;基于产品结构的物料需求组织生产,根据产品完工日期和产品结构制订生产计划,从而解决库存物料订货与组织生产的问题,使库存投资降至最低。

时段式 MRP 的基本任务如下:①从最终产品的生产计划导出相关物料(原材料、零部件)的需求量和需求时间,即从独立需求量导出相关需求量;②根据物料的需求时间和生产、采购周期来确定其实际的生产、采购时间。

MRP 基本原理是在已知根据客户订单结合市场预测制订出来的各产品的生产计划的情况下,根据产品结构或产品物料清单(BOM)、制造工艺流程、产品交货期以及库存状态等信息,由计算机编制出各个时间段中各种物料的生产作业计划和采购计划,如图 6-6 所示。在实际生产管理过程中,由于库存状态记录的数据项较多,计算过程中既要处理数量关系,又要处理时间关系,操作和计算非常复杂。

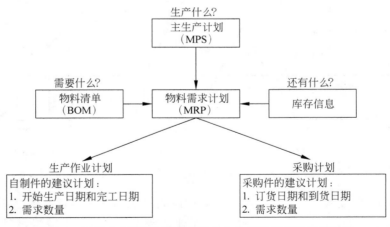

图 6-6　时段式 MRP 中编制生产作业计划和采购计划示意图

3. 闭环物料需求计划

时段式 MRP 能根据有关数据计算出相关物料需求的准确时间与数量,但它还不够完善,其主要缺陷是没有考虑到生产企业现有的生产能力和采购条件的约束,计算出来的物料需求时间有可能因设备和工时的不足而没有能力生产,或者因原料采购不足而无法生产,同时也缺乏根据计划实施情况的反馈信息对计划进行调整的能力。

为了解决这些问题,MRP系统在20世纪70年代发展为闭环MRP系统。闭环MRP系统不仅包括物料需求计划,还将生产能力需求计划、车间作业计划和采购作业计划全部纳入MRP,形成一个封闭的系统。

MRP运行的前提是需要一个切实可行的主生产计划。主生产计划除了要反映市场需求和合同订单以外,还必须满足企业生产能力的约束条件。因此,管理者除了要编制资源需求计划外,还要制订能力需求计划(Capacity Resource Planning,CRP),平衡各个工作中心的能力。只有在做到能力与资源均满足负荷需求时,计划才有效。

为了确保计划顺利实现,执行MRP时要用派工单来控制加工的优先级,用采购单来控制采购的优先级。由此,时段式MRP系统的进一步发展——把能力需求计划和执行及控制计划的功能也包括进来,形成一个环形回路——闭环MRP,如图6-7所示。

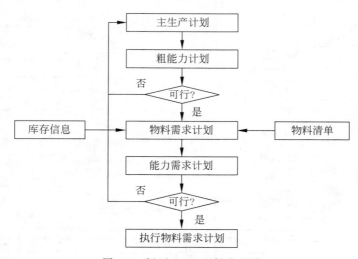

图 6-7　闭环 MRP 逻辑流程图

闭环MRP系统与时段式MRP系统的最大区别是对能力需求计划(CRP)的考虑。

4. 制造资源计划

20世纪70年代末和80年代初,物料需求计划(MRP)经过发展和扩充逐步形成了新的生产管理方式——制造资源计划。制造资源计划(Manufacturing Resources Planning,MRP Ⅱ)是指以MRP为核心的闭环生产计划与控制系统,它将MRP的信息共享程度扩大,使生产、销售、财务、采购、工程紧密结合在一起,共享相关数据,形成了一个全面管理的集成生产模式,即制造资源计划。制造资源计划是在物料需求计划的基础上发展起来的,与后者相比,制造资源计划具有更丰富的内涵。此外,因物料需求计划与制造资料计划的英文缩写相同,为了避免混淆,将物料需求计划称作狭义MRP,而将制造资源计划称作广义MRP或MRP Ⅱ。

1) MRP Ⅱ的原理与逻辑

在闭环MRP基础上,如果以MRP为中心建立一个生产活动的信息处理体系,则可以利用MRP的功能建立采购计划:生产部门将销售计划与生产计划紧密配合来制订生产计划表,并不断地细化;设计部门不再孤立地设计产品,而是将改良设计与以上生产活动信息相联系;产品结构不再仅只有参考价值而是成为控制生产计划的重要依据。

如果将以上一切活动均与财务系统结合起来——把库存记录、工作中心和物料清单用于成本核算,并由采购部门建立应付账,销售产生客户合同和应收账,应收账、应付账与总账关联,根据总账产生各种报表,这就形成了总体的 MRP Ⅱ 系统逻辑流程,如图 6-8所示。

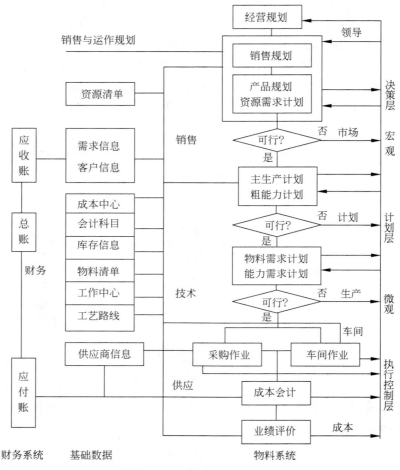

图 6-8　MRP Ⅱ 逻辑流程图

MRP Ⅱ 的基本思想:基于企业经营目标制订生产计划,围绕物料配置组织制造资源,实现按需适时生产。在 MRP Ⅱ 中,一切制造资源,包括人工、物料、设备、能源、市场、资金、技术、空间、时间等,都被综合考虑。MRP Ⅱ 主要涉及的技术环节包括经营规划、销售规划、产品规划、资源需求计划、主生产计划、粗能力计划、物料需求计划、能力需求计划、车间作业、采购作业、成本会计、业绩评价等。从一定意义上看,MRP Ⅱ 系统实现了物流、信息流与资金流在企业管理方面的集成。MRP Ⅱ 系统能为企业生产经营提供一个完整而详尽的计划,使企业内各部门的活动协调一致,形成一个整体,有助于提高企业的整体效率和效益。当今,MRP Ⅱ 成为制造业公认的必不可少的管理信息系统之一。

2）MRP Ⅱ 管理模式的特点

MRP Ⅱ有以下的特点，每一项特点都包含管理模式变革、人员素质和行为的改善。

（1）计划的一贯性与可行性。

MRP Ⅱ是一种计划主导型管理模式，计划从宏观到微观、从战略到技术、由粗到细逐层优化，计划始终与企业经营战略目标保持一致。通常情况下，计划编制工作集中在厂级职能部门，车间班组只是执行计划、适时调度和反馈信息，而 MRP Ⅱ把通常的三级计划管理统一起来，可以在计划下达前反复验证和平衡生产能力，并根据反馈信息及时调整，能够较好地处理供需矛盾，保证了计划的一贯性和可执行性。

（2）管理的系统性。

MRP Ⅱ是一项系统工程，把企业所有与生产经营直接相关部门的工作联结成一个整体，各部门都能从系统整体出发做好本职工作，每个员工都知道自己的工作同其他工作的关系，企业的一切活动在"一个计划"的指导下成为一个统一的系统，取代了过去条块分割、各行其是的状况。

（3）数据共享性。

MRP Ⅱ是一种制造管理信息系统，企业各部门都依据同一数据信息进行运营，任何一种数据变动都能及时地反映给其他部门，实现数据共享。这使得企业各部门在集中的数据库支持下，按照规范化的处理程序进行管理和决策，彻底改变了过去信息不通、情况不明、盲目决策、相互矛盾的情形。

（4）动态应变性。

MRP Ⅱ是一个闭环系统，它能跟踪、控制和反馈瞬息万变的实际情况，使管理人员可以及时掌握各种动态信息，保持较短的生产周期，具有强大的应变能力——能够根据企业内外环境与条件的变化迅速做出响应，及时调整决策，保证生产正常进行。

（5）模拟预见性。

MRP Ⅱ具有模拟功能，它可以解决"如果怎样……将会怎样"的问题，例如，如果产品结构发生更改，订单完成时间或者成本将会怎样？可以预见在相当长的计划期内可能发生的问题，从而让管理人员事先采取措施消除隐患，而不是等问题出现了再花巨大的资源和精力去处理。MRP Ⅱ使管理人员从纷繁的假设推理中解脱出来，致力于实质性的分析研究，为领导决策提供全面的可行方案。

（6）物流、资金流的统一。

MRP Ⅱ包含成本会计和财务功能，可以由生产活动直接产生财务数据，把实物形态的物料流动直接转换为价值形态的资金流动，保证生产和财务数据一致，让财务部门及时得到资金信息。通过 MPR Ⅱ反馈的资金流动状况反映经营情况，随时分析企业的经济效益，支持决策，指导、控制经营和生产活动。

以上几方面的特点表明，MRP Ⅱ是一个完整的生产经营管理体系，是有效提升企业整体效益的管理模式。

5．企业资源计划

前面分别介绍了时段式 MRP、闭环 MRP 和 MRP Ⅱ，它们在相应的历史阶段都发挥了重要的作用，对传统制造型企业的发展和壮大影响深远。20 世纪 90 年代以来，随着市场竞争进一步加剧，企业的竞争空间变得更加广阔，20 世纪 80 年代主要面向企业内部资源管理的 MRP Ⅱ 也逐渐显示出局限性,人们迫切需要一种可以帮助企业有效利用和管理整体资源的方式,企业资源计划(ERP)随之产生。

1) MRP Ⅱ 理论的局限性

MRP Ⅱ 思想的局限性主要表现在以下 3 方面。

(1) 企业竞争范围的扩大要求企业在各方面加强管理,并要求企业有更高的信息化集成程度,要求对整体资源进行集成管理,而不仅只是对制造资源进行集成管理。企业管理者认识到企业的竞争是综合实力的竞争,要求企业有更强的资金实力和更快的市场响应速度。因此,信息管理系统与理论仅停留在对制造部分的信息集成和理论研究上还远远不够,新的环境要求管理与竞争有关的物流、信息及资金,并且从原有的生产制造领域向全面质量管理、企业整体资源(分销资源、人力资源和服务资源等)以及市场信息资源领域拓展,能够支撑相关的业务处理(业务处理流程),而 MRP Ⅱ 都无法满足。

(2) 企业规模不断扩大,多集团、多工厂要求协同工作、统一部署,这已超出了 MRP Ⅱ 的管理范围。同时,全球范围内的企业兼并和联合浪潮方兴未艾,大型企业集团和跨国集团不断涌现,企业规模越来越大,要求集团与集团之间、集团内多工厂之间统一进行计划,协调生产步骤,汇总信息,调配集团内部各种资源。这些既要独立运作,又要统一运营共享的资源管理模式是 MRP Ⅱ 无法解决的。

(3) 信息全球化的发展要求企业之间加强信息交流和信息共享。企业之间既是竞争对手,又是合作伙伴。信息管理要求扩大到整个供应链上的伙伴,这些更是 MRP Ⅱ 所不能解决的。

2) ERP 同 MRP Ⅱ 的主要区别

ERP 同 MRP Ⅱ 的主要区别表现在以下 6 方面。

(1) 资源管理范围方面。

MRP Ⅱ 主要侧重对企业内部人、财、物等制造资源的管理,ERP 系统在 MRP Ⅱ 的基础上扩展了管理范围,它把客户需求和企业内部制造活动、供应商的制造资源整合在一起,形成了一个完整的企业供应链,并对链条中的所有环节进行有效管理,这些环节包括订单、采购、库存、计划、生产制造、质量控制、运输、服务与维护、财务管理、人力资源管理、车间管理、项目管理、工艺管理、客户关系管理等。

(2) 生产方式管理方面。

MRP Ⅱ 系统把企业归类为几种典型的生产方式进行管理,如重复制造、批量生产、按订单生产、按订单装配、按库存生产等,对每一种类型都有一套管理标准。而在 20 世纪 80 年代末到 90 年代初期,为了紧跟市场的变化,多品种、小批量生产以及看板式生产等则是企业主要采用的生产方式,企业已经由单一的生产方式向混合型生产方式发展。ERP 能够支持和管理混合型制造方式,满足企业多角色经营的需求。

(3) 管理功能方面。

ERP 不但包括 MRP Ⅱ 系统的制造、分销、财务管理功能,还增加了支持整个供应链的物料流通体系运作的功能,即"供、产、销、需"各个环节之间的运输管理和仓库管理;支持生产保障体系的质量管理、车间管理、设备维修和备品备件管理;支持对工作流(业务处理流程)的管理。

（4）事务处理控制方面。

MRP Ⅱ是通过计划的及时滚动来控制整个生产过程，它的实时性较差，一般只能实现事中控制，而 ERP 系统支持在线分析处理（OLAP）、售后服务及质量反馈，强调企业的事前控制能力。MRP Ⅱ将设计、制造、销售、运输等进行集成，支持并行处理，为企业提供了实时分析质量、市场变化、客户要求、客户满意度、绩效等关键问题的功能。

此外，在 MRP Ⅱ中，财务管理系统只是一个信息的归结者，它的功能是将供、产、销中的数量信息转变为价值信息，是物流价值的反映，而 ERP 系统则将财务计划和价值控制功能集成到了整个供应链上。

（5）跨国（或地区）经营事务处理方面。

随着现在企业的不断发展，企业内部各个组织单元之间、企业与外部的业务单元之间的协调工作变得越来越多，越来越重要，ERP 系统可以应用于完整的组织结构中，可以支持跨国经营的多国家地区、多工厂、多语种、多币制的应用需求。

（6）计算机信息处理技术方面。

在互联网的快速发展和广泛应用的大背景下，信息在全球范围内的传播速度大大加快，越来越多的企业之间靠互联网来进行业务往来，这使得企业与客户、企业与供应商、企业与用户之间，甚至是竞争对手之间都比以往更加需要对市场信息快速响应，实现信息共享。ERP 系统实现了对整个供应链信息进行集成管理，并采用客户机/服务器（C/S）体系结构和分布式数据处理技术，支持互联网/内联网/外联网、电子商务（E-Business、E-Commerce）及电子数据交换（EDI），实现不同平台的互动操作。

目前，ERP 仍旧处于不断发展变化的过程中。对于 ERP 的发展过往，通过表 6-2 对几个主要阶段进行简要的总结。

表 6-2　ERP 的发展背景及核心理论

阶段	环境	企业经营状况	待解决的问题	系统及主要计划对象	应 用 理 论
20 世纪 60 年代	市场竞争加剧，计算机技术飞速发展	产、供、销脱节，追求降低成本，手工订货发货	确定订货时间和数量，解决物料不配套	时段式 MRP，将物料订货时间纳入计划范围	库存管理、主生产计划、优先级计划、BOM、质量标准
20 世纪 70 年代		没有考虑企业现有生产能力，计划偏离实际，人工完成车间作业计划	保障能力计划实施及时间调度，销、产、供协同运作，及时反馈	闭环 MRP，将设备、人员的产能纳入计划范围	能力需求平衡、生产和采购实行 PDCA（Plan，Do，Check，Act）循环
20 世纪 80 年代		资金流与物流分离管理，各子系统缺乏联系，人、财、物系统间冲突很多	实现从订单下达到产品到达最终客户的一体化管理体系，财务与业务集成	MRP Ⅱ，将营销、财务纳入计划范围	系统集成技术、管理会计、物资管理和决策模型
20 世纪 90 年代至今	经济全球化，互联网时代到来	寻找新的企业增长点，适应市场环境的变化	在全社会范围内利用供应链上的资源，合作竞争	ERP，将客户需求、供应商制造资源作为企业内部制造活动的计划对象	供应链管理、约束理论、业务流程重组、精益生产

6.2　信息技术赋能的 ERP 系统

如果你管理一家小公司,只生产很少的产品,提供简单的服务,只有很少的供应商,业务简单、数量少,那么可以使用电话和传真机来处理供应商的订单和物流。如果你管理的是一个大公司,要提供相对复杂的产品和服务,拥有几百个供应商,且每个供应商又有其自己的供应商,假设需要在很短的时间内提供一个产品或服务时,这可能需要协调几百个甚至几千个其他公司的业务活动,你将如何应对? 此时,需要借助目前应用相对成熟的 ERP 系统。

6.2.1　ERP 概念及系统框架

作为一个非常重要的管理信息系统,ERP 已经比较成熟,形成了固有的内涵、框架,其详细信息如下所述。

1. ERP 的定义

企业资源计划(Enterprise Resource Planning,ERP)这一概念产生于美国,最早出现在20 世纪 90 年代初期。它并不是产生于理论家的灵感迸发,而是产生于市场竞争的需求和实践经验的总结。由于信息技术的飞速发展和企业对供应链管理的重视,迫切需要企业对已有的基于管理信息系统架构的企业生产经营管理进行整合规范,因此催生了企业资源计划(ERP)。

ERP 概念是由美国著名的 IT 分析咨询公司 Gartner Group 首先提出的,用于描述下一代制造商业系统和制造资源计划(MRP Ⅱ)。它包含客户机/服务器的架构、图形化的用户界面和开放式的系统结构,不仅提供了所有 MRP Ⅱ 的标准化功能,还提供了质量管理、过程运营管理、控制管理、信息汇报等新功能。ERP 的核心在于所有用户能够定制其特有的应用,在本质上实现操作的简易化。ERP 所采用的基本技术在软件和硬件上都将具有更强的独立性,升级更加容易。

简要地讲,ERP 是对物流、资金流和信息流 3 种资源进行全面集成管理的信息系统,是建立在信息技术基础上,基于现代企业的先进管理思想,全面地集成了企业的所有资源信息,并为企业提供决策、计划、控制与经营业绩评估的全方位和系统化的管理平台。

2. ERP 的内涵

了解了 ERP 的定义之后,下面将仔细解读 ERP 的内涵和外延。

ERP 中第一个字母 E(Enterprise)意为"企业"。企业是一个具有经营职能的组织,这个组织以营利为目的。在市场经济条件下,企业要用尽可能少的成本创造尽可能多的价值,这就要求企业必须具有整合各种资源,最大限度发挥和利用好自己掌控的资源,并利用这些资源实现企业的增值,增强为社会创造价值的能力。ERP 不是管理功能的简单组合,而是从企业的整体利益出发,为企业和全局目标服务,是应用信息技术平台构造起来的一套全新的管理方法和管理模式,它是各项管理功能按照 ERP 理念的有机集成,而不是一般传统意义的管理业务电子化。

ERP 中第二个字母 R(Resource)意为"资源"。对于企业而言,资源有两个最基本的特征：一是企业可以获得的资源是有限的，而且要付出成本；二是企业在利用资源的过程中，资源是运动和变化的，而这种运动和变化是有规律的，企业可以按照自身的要求干预资源的运动和变化，这也意味着资源的有效利用和合理配置是企业运营的核心任务。从生产力的三个要素来分类，资源可分为三类：第一类是人力资源（包括智力资源），这是企业必不可少的；第二类是工具类资源，主要指设备、生产线、土地、车间、房屋、计算机系统等；第三类是劳动对象，包括原材料、能源、信息等。在商品经济社会中，资源价值的体现是价格，有了足够的资金，在理论上这些资源都是可以获得的，企业的价值本质上是通过资金的运作来实现的。对于资源还有其他的分类方式，如有形的资源和无形的资源，流动的资源和静态的资源等。不论何种分类方式，资源的运动和变化是通过数据和信息反映的。

对于制造类企业，物流是基础，物流过程是企业最重要的增值过程。物流过程是指原材料从供应商处购得，通过运输、仓储、生产、加工形成产品，通过销售与分销，最终到达客户手中的全过程。在物流运动和变化的过程中，往往伴随着资金和信息的流动，而资金是企业的血液，企业的每一项生产经营都在直接和间接地消耗和占用资金，所以每一项活动的结果和贡献也都可以用资金来度量。信息流像是企业的神经系统，企业之间、上下级之间的沟通和企业各项经济活动的结果都是通过数据和信息进行传播和展现的，各种需求和指令同样通过信息流传递到有关部门和生产单元。这就是人们常说的"三流"，即物流、资金流和信息流，这是制造类企业必不可少的三大共生资源，也是企业最基础的管理对象。ERP系统的管理对象便是企业的"三流"中各种具体的资源和生产要素。通过使用ERP，企业能及时、高质量地完成客户的订单，最大限度地发挥企业资源的价值，并根据客户的需求和生产状况做出调整资源的决策。

ERP中第三个字母P（Planning）意为"计划"，是其理念和思想中最核心的部分。企业要有效利用和整合资源，并使企业的效益最大化，必须有计划地利用资源。ERP中的计划有多重含义。首先，计划是指在企业整体层面上的全局计划，而非局部或某个部门的计划；其次，计划是有依据的。那么计划的依据是什么？要回答这个问题，需要对资源再做更深入的分析，资源在企业中是运动和变化的，这些运动和变化一定是有规律的，只有充分地认识和掌握企业资源的运动和变化规律，才能有效地控制和合理地使用资源，使其按照企业的意愿和市场的需求来运动和变化，从而实现企业整体效益的最大化。这些规律源于资源本身和企业，源于企业的产品和技术，源于社会环境和市场，因此计划的依据有三方面：资源的运动变化规律、市场需求和企业自身经营管理的需要。ERP系统正是通过把资源的运动变化规律、市场和企业的特点不断引入系统中成为其制订计划的依据，从而有效地调度资源，充分发挥资源的价值，为企业增值服务。这也是ERP的精髓。ERP三个字母代表意思之间的具体关系如图6-9所示。

ERP系统的计划是一个通过有效的信息技术和信息系统软件工具对企业的经营流程和资源进行管理的过程。由于ERP这种管理思想必须依附于管理信息系统来实现，所以人们常常把ERP当成一种软件，这是一种误解。ERP系统不仅是信息系统，还是一种管理理论和管理思想。它利用企业的所有资源——包括内部资源和外部资源，为企业制造产品提供最优解决方案，实现企业的经营目标。ERP是先进管理思想在企业生产活动中的具体实践，是对企业一切资源的全面计划和控制。

要想理解与应用ERP系统，必须了解ERP的实际管理思想和理念，才能真正掌握和利

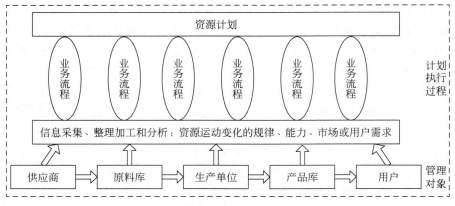

图 6-9　ERP 三个字母代表意思之间的具体关系

用它。ERP 是一种以客户为中心,基于时间、面向整个供应链的管理思想,它在企业原有信息系统(如 MRP Ⅱ)的基础上扩展了管理范围,把企业的业务流程看作一个与外部紧密连接的供应链,全面整合企业各类资源,并将企业内部划分为几个相互协同作业的支持子系统,如生产制造、服务维护、工艺技术、财务会计、市场营销、人力资源等,并对企业内部生产运营的所有环节如订单、采购、库存、计划、生产制造、质量控制、运输、分销、服务与维护、财务、成本控制、投资决策分析等有效地进行管理,为企业提供了更为丰富的功能和管理工具。

6.2.2　管理功能模块

ERP 系统主要包括 4 个管理功能模块:制造和生产、财务和会计、销售和市场、人力资源,模块的具体功能如图 6-10 所示。

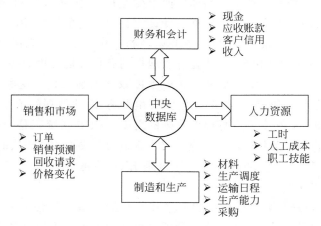

图 6-10　ERP 系统主要模块

ERP 系统与企业的业务紧密关联,从业务处理的角度看,ERP 系统主要功能模块如图 6-11 所示。

1. 财务和会计管理功能模块

在 ERP 系统中,财务和会计管理一般包含财务核算、成本管理、财务分析等,其中尤以财务核算模块的应用最为广泛,如图 6-12 所示。

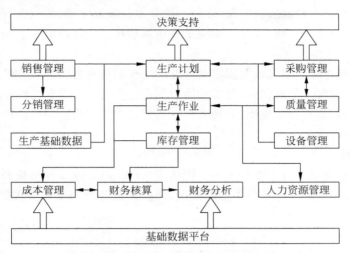

图 6-11 ERP 整体结构图

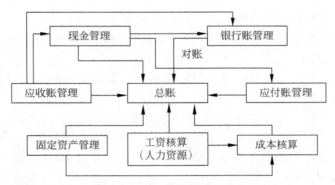

图 6-12 ERP 系统财务功能模块

1) 财务核算

财务核算一般包含应收账管理、应付账管理、现金管理、固定资产管理、银行账管理、总账、成本核算和工资核算等业务,是记录、核算、反映和分析资金在企业经济活动中的变化及其结果,主要用于实现财务核算中的预算控制、目标控制等,是为满足企业内部管理需求而进行的核算、统计、分析工作。财务分析根据财务核算、成本管理以及其他业务系统中的数据,对财务指标、报表进行分析、比较,以满足企业经营决策的需求。以下将介绍财务核算中最主要的几项业务模块。

(1) 总账。

总账的功能是处理记账凭证输入、登记,输出日记账、一般明细账及总分类账,编制主要会计报表。它是整个会计核算的核心。

(2) 应收账管理。

应收账是指企业应收的由于商品赊欠而产生的正常客户欠款账。应收账管理包括发票管理、客户管理、付款管理、账龄分析等功能。它和客户订单、发票处理业务相联系,同时将各项事件自动生成记账凭证,导入总账。

（3）应付账管理。

应付账是指企业应付购货款等账，应付账管理包括发票管理、供应商管理、支票管理、账龄分析等，它能够和采购模块、库存模块完全集成以替代过去烦琐的手工操作。

（4）固定资产管理。

固定资产管理主要用于完成对固定资产的增减变动以及折旧有关计提和分配的核算工作，有助于了解固定资产的现状，其具体功能如下：登录固定资产卡片和明细账，计算折旧，编制报表，以及自动编制转账凭证，并转入总账。管理人员能借助该模块提供的方法来管理资产，并进行相应的会计处理。

（5）工资核算。

工资核算能自动地进行企业员工的工资结算、分配、核算以及各项相关经费的计提。它能够登录工资、打印工资清单及各类汇总报表，计算计提各项与工资有关的费用，自动做出凭证，导入总账。

2）成本管理

成本管理的功能是基于财务核算会计数据，并在此基础上加以分析，进行预测决策、管理控制，包括以下几部分。

财务计划：根据前期财务分析做出下期的财务计划、预算等。

成本核算：依据产品结构、工作中心、工序、采购等信息进行产品的各种成本的计算，以便进行成本分析和规划。

财务分析：提供查询功能和通过用户定义的差异数据的图形显示进行财务绩效评估，账户分析等。

财务决策：财务管理的核心部分，中心内容是做出有关资金的决策，包括资金筹集、投放及资金管理。

模块功能包括成本中心会计和基于业务活动的成本核算，用于短期成本控制；订单与项目会计，用于分析与控制企业资源的使用；产品成本核算，用于分析有关生产和产品的业务活动；获利能力分析，用于分析售出的产品与服务；利润中心会计，协助全面会计系统，用于指定的时间区间或一般的时间区间；企业控制，与执行信息系统共同服务于高层管理部门。成本与收入的监控则贯穿所有职能部门。

通过成本管理模块，ERP可以在产品生产之前进行产品成本模拟；在产品生产过程中，对成本进行控制；对产品生产完工后，ERP系统根据仓库管理、生产作业管理、财务核算模块提供的数据，对完工产品进行成本计算，并反馈到仓库、生产作业、财务核算等模块中，明确完工产品的实际成本和获得的效益。

由于成本管理模块与财务、生产、库存与销售等系统密切联系，它可以更准确、快速地进行成本费用的归集和分配，提高成本计算的及时性和准确性；同时，ERP能通过定额成本的管理、成本模拟、成本计划，有效地进行成本预测、计划、分析与考核，提高企业成本的管理水平。

2. 制造和生产管理功能模块

生产计划在企业有承上启下的作用，通过对销售预测或者销售订单进行计划，形成企业生产作业计划和采购作业计划；通过对生产作业计划和采购计划的执行，形成产品增值；把增值后的产品通过销售管理销售出去，实现企业利润。

ERP系统中的生产管理与控制是以计划为导向的生产、管理方法。首先，企业确定它的一个总生产计划,再经过层层细分后,下达到各部门去执行,即生产部门以此生产,采购部门以此采购等。这个生产计划一般包含主生产计划、物料需求计划、粗能力计划、细能力需求计划和车间作业排产计划等,它将整个生产过程结合在一起,能支持产销平衡、有效库存等管理目标。同时,原本分散的生产过程自动连接,生产过程能够前后连贯,避免出现生产脱节,交货延误。ERP系统的制造和生产管理过程如图6-13所示。

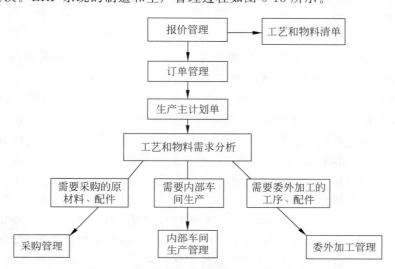

图6-13 ERP系统的制造和生产管理过程

制造和生产管理模块包括采购与供应商管理、库存管理、计划管理、标准数据管理、设备管理、质量管理,各个子模块的功能如下所述。

1)采购与供应商管理

生产计划不仅形成企业零部件、产品的生产计划,同时还形成企业原材料、包装材料等外购件的采购作业计划。

在ERP系统的采购作业活动中,需要进行采购申请调度、采购询价、采购订单(合同)、采购收货、采购结算、采购退货、供应商管理等一系列的活动。

当采购计划下达后,企业采购人员就开始进行采购作业活动。采购到货后,质量部门根据采购到货信息进行质量检验;检验结束后,根据质量检验结果,办理采购收货手续并入库;同时,在收到到货信息和供应商的发票信息后,将信息传递到财务系统中作为往来账和付款的依据。通过上述过程,企业不仅可以根据往来业务确定合理的采购量,也可以保持最佳的安全库存和选择优秀的供应商。

(1)采购订单管理。

采购管理为生产计划提供重要的交货信息和市场供应信息,并且控制采购物料从请购到收货、检验、入库的详细流程。当货物接收时,相关的采购订单自动进行检查,通过建立和维护采购订单的方式,来实现采购合同跟踪,更新供应商交货进度,以及评价采购活动绩效,从而提高采购活动的效率,降低采购成本。

(2)供应商管理。

通过建立供应商的档案对供应商的谈判和报价进行管理和比较,对价格实行控制,用最新的成本信息来调整库存成本,以取得最佳的效益。对供应商和采购部门的绩效评估可以协助采购部门确定采购环节中尚待完善的地方,同时和应付账款、收货和成本核算部门之间建立有效的信息通信,以保证企业的某一环节所提供的信息能在其他所有有关的环节中反映出来。

(3) 采购统计与分析。

通过跟踪和催促外购或委外加工的物料,保证货物及时到达,保证采购成本合理,保证物料质量,为订购、验收提供信息,具体有采购与委外加工统计分析、价格分析,包括对原料价格分析,使库存成本趋于合理。

2) 库存管理

库存管理是指企业为了生产、销售等经营活动的需要而对存储、流通的物品进行管理的活动,例如,接收、发放、存储、保管物品的一系列活动。

在库存管理中,用户可以定义不同的事务类型,如外购入库、生产入库、领料出库、销售出库等;在仓库系统中需要设置库存最高存储量、安全库存、库存盘点等功能。

库存管理模块与其他模块有密切联系。所有物料的收发都需要通过仓库管理模块进行管理;生产计划模块在编排生产计划时,必须考虑仓库中现有物料的可用库存量;财务系统中有关存货科目的凭证,都是通过仓库系统进行核算后生成的。

库存管理的基本目标是维护准确的库存数量——控制存储物料的数量,保证稳定的物料供应,同时又最小限度地挤占成本。库存管理能精确反映库存现状、历史变化以及发展趋势,并支持联机查询,支持相关业务部门能随时间变化动态调整库存。此外,库存管理系统能提供基本的库存分析报告,帮助评估当前库存管理绩效。

3) 计划管理

计划是企业管理的首要职能,只有具备强有力的计划功能,企业才能指导各项生产经营活动顺利进行。当前企业所面临的市场竞争越来越激烈,在这种情况下,企业要想实现生存和发展,就必须面向市场需求,设立完善的计划,指导资源和各项生产经营活动。通过观察分析世界著名的企业,人们会发现这些企业的一个最显著的特征——它们都有一个以计算机为载体的、有效运行的生产计划管理系统。可以肯定地说,这样的生产计划控制系统是现代企业生存和发展的必备基础。ERP 软件就是这样一个以计算机为载体、有效的生产计划管理系统。

ERP 是计划主导型的生产计划与控制系统。ERP 的计划管理包括两方面,一方面是需求计划;另一方面是供给计划。两方面的计划相辅相成,共同实现企业对整个生产经营活动的计划与控制。

ERP 主要包括 5 个计划层次,即经营规划、生产规划、主生产计划、物料需求计划和车间控制及采购作业计划,如图 6-14 所示。这 5 个层次的计划实现了由宏观到微观,由战略到战术,由粗到细不断深化的过程。越接近顶层的计划,对需求的预测成分越大,计划内容也越粗略和概括,计划期也越长;越接近底层的计划,需求由预测变为现实,计划的内容也越具体详细,计划期也越短。

在 5 个计划层次中,经营规划和生产规划具有宏观规划的性质,主生产计划是由宏观向微观的过渡

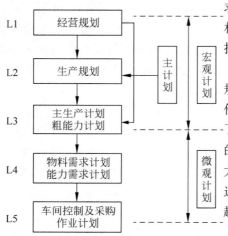

图 6-14 ERP 计划层次

性计划,物料需求计划是主生产计划的具体化,能力需求计划把物料需求转化为能力需求,而车间控制及采购作业计划则是物料需求计划和能力需求计划的执行。

第一层:经营规划。

经营规划是企业总目标的具体体现,是企业的高层决策。企业高层根据市场调查和需求分析、国家有关政策、企业资源能力和历史状况、同行竞争对手的情况等有关信息,制订企业经营计划,即对策计划。这种计划包括在未来 3~5 年内,本企业生产的产品品种及其在市场上应占有的份额、产品的年销售额、年利润额和生产率等。经营计划的制订要考虑企业现有的资源情况和企业的市场情况,以及未来可以获得的资源情况,包含较大的预测成分。经营规划是以下各层计划的基础,其准确性由预测的方法、信息的来源及信息的可靠性决定。

第二层:生产规划。

生产规划的任务是以经营规划的目标为依据,确定企业的每一类产品在未来的 1~3 年内,每年每月生产多少、需要哪些资源。生产规划总是与资源需求相关,因此,有些文献也将生产规划视为资源需求计划。

第三层:主生产计划/粗能力计划。

主生产计划/粗能力计划根据客户订单、预测和生产计划安排将来各周期中提供的产品种类和数量,它将生产计划转为产品计划,是一种在平衡了物料供应和设备能力后,可以精确到时间、数量的详细的进度计划,脱胎于生产计划、实际订单和对销售分析历史得来的预测。其对应的是粗能力计划。在粗能力计划中,管理人员将检查关键资源是否平衡,并对计划做进一步调整。

第四层:物料需求计划/能力需求计划。

在主生产计划决定生产多少最终产品后,根据物料清单,把要生产的产品数量转变为生产需要的零部件数量,并对照现有的库存,计算出还需生产多少,还需采购多少。

在得到初步的物料需求计划并平衡所有工作中心的负荷能力后,企业才能得出详细的工作计划,用以确定生成的物料需求计划是否是企业生产能力可行的需求计划,所以,能力需求计划是一种短期的、当前实际应用的计划。

第五层:车间控制及采购作业计划。

根据物料需求计划形成的生产作业计划,经过生产计划人员确认后实施,形成正式的生产任务,在 ERP 系统中通过车间控制管理模块对生产任务进行管理。

在车间控制管理中,需要对生产计划形成的生产任务单的生产状态、生产任务单相关的物料管理以及车间生产任务单的作业排产计划进行管理。车间在生产前必须对车间内各个工序进行排产,由各个工序按照排产计划进行领料、生产,同时进行及时反馈,并在生产完成后,要及时办理入库手续。在整个生产过程中,企业的质量管理应该贯穿始终,以确保生产的产品符合市场和客户的需求。车间控制及采购作业计划体现出随时间变化的动态作业计划——将作业分配到具体各个车间,再进行作业排序、作业管理、作业监控。

4)标准数据管理

编制计划中需要许多基本生产信息,包括制造标准、物料清单等,这些在 ERP 系统中采用唯一代码识别。零部件代码,用于对物料的管理,对每种物料给予唯一的代码识别。物料清单,用于定义产品结构的技术文件,用来编制各种计划。工艺路线,用于描述加工步骤及生产和装配产品的操作顺序,包含工序和额定工时,指明加工设备及所需的工具和资源等。工作中心,则由相同或相似的机器设备或人员组成,用于安排生产进度、核算生产能力、计算成本。

5) 设备管理

在企业的生产过程中,必须重视企业的生产设备的管理,做好设备的检修、润滑、保养等工作。避免因为设备的磨损、故障等影响车间的生产作业活动。另外,在 ERP 系统中,设备管理同固定资产管理、能力需求计划、车间作业等模块相联系。

6) 质量管理

ERP 系统中的质量管理支持 ISO 9000 质量管理体系规范,具有质量保证(QA)和质量控制(QC)的管理功能。对于质量控制管理,包含企业质量检验标准管理、进料检验、产品检验、过程检验控制等;对于质量保证管理,包括质量方针目标、供应商评估、质量分析、客户投诉、质量改进等。

质量管理要同采购、仓库、销售、生产业务相结合,控制企业物料的质量情况,确保流入和流出企业的物料都是合格的物料。最后,质量管理应该注重生产过程中的质量控制,以免不合格产品流入下一道工序,造成浪费。

3. 销售和市场管理功能模块

ERP 中的销售和市场管理流程是一种由企业内部产品生产和流通过程中所涉及的采购部门、生产部门、仓储部门、销售部门等组成的供需网络,如图 6-15 所示。

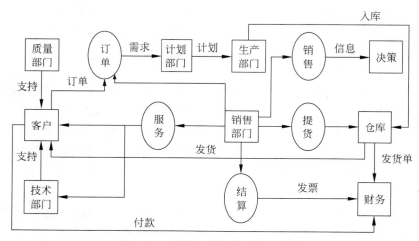

图 6-15 销售和市场管理业务流程

销售和市场管理功能模块包括销售管理、客户管理、销售订单管理、销售统计与分析,具体如下所述。

1) 销售管理

在企业经营生产活动中,销售预测、销售订单是企业进行生产计划和生产作业活动的源头,企业的生产作业活动必须通过销售管理才能得以实现,所以销售管理是企业所有业务活动的源头,没有销售活动就没有企业的其他活动。

销售管理是从产品的销售计划开始,对其销售产品、销售地区、销售客户各种信息的管理和统计,并可对销售数量、金额、利润、绩效、客户服务做出全面的分析,涉及销售政策管理、销售计划管理、销售预测管理、销售报价、销售订单(合同)管理、发货管理、结算管理、售后服务管理等一系列内容。

2）客户管理

客户管理功能通过建立尽可能详尽的客户信息档案，对客户进行分类管理，进而对其进行针对性的客户服务，以达到最高效率地保留老客户、获取新客户的目的。

3）销售订单管理

销售订单的管理贯穿产品生产的整个流程，它包括客户信用审核及查询（客户信用分级，审核订单交易）；产品库存查询（决定是否要延期交货、分批发货或用代用品发货等）；产品报价（为客户做不同产品的报价）；订单输入、变更及跟踪（订单输入后，变更的修正及订单的跟踪分析）；交货期的确认及交货处理（决定交货期和发货事务安排）。

4）销售统计与分析

根据销售订单完成情况，系统将依据各种指标做出统计，如客户分类统计、销售代理分类统计等，再就这些统计与分析结果对实际销售进行评价。

销售统计：根据销售形式、产品、代理商、地区、销售人员、金额、数量分别进行统计。

销售分析：包括对比目标、同期比较和订货发货分析，从数量、金额、利润及绩效等方面做相应的分析。

客户服务：客户投诉纪录，原因分析。

4. 人力资源管理功能模块

ERP中的人力资源管理模块可以通过规范、整合、集成各项人事数据，实现信息的及时、准确，管理的规范、高效，支持对人力资源的优化配置，如图6-16所示

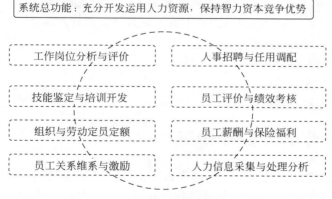

图6-16　人力资源管理体系结构图

人力资源管理功能模块主要包括辅助决策人力资源规划、招聘管理、工资核算、工时管理、差旅核算，具体如下所述。

1）辅助决策人力资源规划

系统能够对于企业人员、组织结构编制的多种方案，进行模拟、比较和运行分析，并以图形直观展示，辅助管理者更加迅速准确地做出最终决策；同时能够制订职务模型，包括职位要求、升迁路径和培训计划——根据担任该职位员工的资格和条件，系统会提出针对该员工的一系列相应的培训设计方案，如若机构改组或职位变迁，系统会及时提出对应的一系列职位变动或升迁建议；系统还可以对人员成本进行分析，包括对过去、现在、将来的人员成本做出细节性分析及总评性分析，在此基础上，对相应的成本做出数据化升降趋势预测，并通

过 ERP 集成环境,为企业成本分析提供依据。

2)招聘管理

人才是企业最重要的资源,只有拥有优秀的人才才能保证企业获得持久的竞争力。招聘系统一般从以下几方面提供支持:一是对招聘过程进行管理,可以优化招聘过程,减少业务工作量;二是对招聘的成本进行管理,降低招聘成本;三是为选择聘用的岗位提供辅助信息,帮助企业有效地进行人才资源的挖掘。

3)工资核算

工资核算能根据公司跨地区、跨部门、跨工种的不同薪资结构及处理流程制订与之相适应的薪资核算方法;同时,与时间管理直接集成,及时更新,实现对员工的薪资核算动态化;工资核算模块具有自动计算功能,通过和其他模块的集成,自动根据要求调整薪资结构及数据。

4)工时管理

工时管理模块根据本国或当地的日历,安排企业的运作时间以及劳动力的作息时间表。运用远端考勤系统,工时管理可以将员工的实际出勤状况记录到主系统中,并把与员工薪资、奖金有关的时间数据导入薪资系统和成本核算中。

5)差旅核算

差旅核算系统能够自动控制差旅申请、差旅批准、差旅报销的整个流程,并且通过集成环境将核算数据导进财务成本核算模块。

人力资源管理的薪资数据来源于企业的车间管理子系统中各人员的绩效情况,同时也可以作为相关财务账务处理的依据。ERP 的人力资源管理功能模块使企业对人力资源管理功能从单一的人事管理、工资核算,发展到包括人力资源规划、职业生涯设计、为企业的决策者提供帮助等全方位的高度,在以下 4 方面形成人力资源管理体系:

(1)人力资源管理基础平台;

(2)以人事管理工作为核心;

(3)人力资源开发体系;

(4)人力资源规划评估。

6.3　生产企业的大数据管理

作为一个系统化管理的软件,ERP 的强大功能体现在数据化精细处理和管理规范化。企业通过运用 ERP 系统,可以建立起跨越各个部门的大数据管理,例如,仓库方面可以随时通过系统入库模块了解库存及存放区;人员方面,其他管理人员通过人力资源部门的汇报信息可以知道每个员工的职位、部门和薪资提成等精确数据;生产方面,可以对生产成本、产品进度进行监控,并对各生产单位的工作进度进行实时查询;其他方面,ERP 能为各种数据统计、报表的生成提供数据支持,大大地节省人工操作、人力整合,使企业财务会计账目编制规范有序。总而言之,ERP 对企业的数据,包括物流、人流、资金流、信息流等进行集中管理,大大拓宽了企业各个业务环节联系的广度与深度。

6.3.1　ERP 系统中基础数据的产生

生产型企业需要管理成千上万种产品的数据,也需要管理生产经营过程活动中产生的大量数据。这些数据产生于产品设计中，又流动于生产过程中，其静态性体现在工程设计中，如产品 BOM 表，动态性则体现在企业生产过程中，如产生库存的变化。静态与动态性又统一地体现在企业的整个经营活动中，如库存的数量与产品生产加工过程相关，加工过程需要根据产品 BOM 表进行取货，由此产生库存的变化。产品的形成过程就是产品设计所产生的静态数据贯穿于生产过程中，由生产计划在静态数据的基础上产生出动态制造数据的合理流动；生产管理就是对制造数据信息在流动时的合理调整与追溯。ERP 系统中的基础数据包括如下几类。

1. 产品研发数据

产品研发数据包括产品图纸数据、产品工艺流程数据、产品 BOM 表数据。这些数据可以与其他业务数据交互使用，例如，产品 BOM 表数据可以提供给 ERP 系统统计产品的生产成本；同时，ERP 系统也可以根据 BOM 表数据对接订单和仓库系统，直接产生企业的生产计划表，例如，图纸和工艺流程的数据可以推送到 MES 系统（生产执行系统）来指导产品的生产过程，并统计生产过程中的成本、质量和周期等经营要素，还可以通过分类和梳理产品数据辅助企业产品模块化和功能化设计，缩短新产品的开发周期、提高产品的研发成功率、节约研发成本。

2. 产品生产数据

产品生产数据包括产品生产流程与进度数据、产品质量与处理反馈数据、产品生产周期与调度数据、产品加工成本与岗位库存数据、产品工艺工时数据等。产品生产过程所产生的工业数据主要通过 MES 系统（生产执行系统）管理，这是智能制造中"物联网"最重要的环节。

3. 产品生产流程和进度数据

产品生产流程和进度数据主要提供给生产计划部门和销售部门使用，例如，生产计划部门可以根据一个产品的生产流程制订详细的生产计划，并评估每个流程节点的生产周期、生产成本等，以便快速协调生产计划，合理控制生产周期；生产进度数据可以供销售人员控制产品，同时也可以实时向客户分享生产进度数据，坚定客户对产品的信心——这对于生产订单的实施和后续获取新的订单都有非常大的好处。

4. 产品质量数据

产品质量数据包括与质量相关的合格率、废品率、不合格类型、报废类型。产品质量数据可以提升企业生产能力、提高产品质量和缩短产品生产周期，甚至大幅降低生产成本。与传统质量管理进行手工数据采集和指标归档的方式相比，基于系统的产品质量管理便于查阅、调用和分享。

5. 生产进销存数据

生产进销存数据是对企业生产经营中进货、出货、批发销售、付款等进行全程（从接获订单合同开始，进入物料采购、入库、领用到产品完工入库、交货、回收货款、支付原材料款等）追踪而获得的数据。

6.3.2 生产企业数据集成的思想

企业的各项管理工作都是围绕着生产经营的核心业务流程开展的。一个制造业类型的工业企业,无论其规模大小,核心业务都包括人、财、物、产、供、销几方面,而在 ERP 系统中完整配置了与企业业务相对应的功能模块,包括销售管理、计划管理、采购管理、生产管理、库存管理、成本管理、财务管理、质量管理、设备管理及人力资源管理等。从整合的角度来说,ERP 系统在先进管理思想的指导下,按照企业核心业务共同遵循的逻辑,以系统的观点优化企业核心业务流程,最大限度地实现企业物流、资金流、价值流、工作流、信息流的数据集成应用。虽然企业大小不同,解决方案不同,但管理的基本原则和数据集成应用的要求是相同的。

1. 生产调度会关于数据的烦恼

通常,"生产调度会"是制造业企业生产管理的一项重要制度,生产调度会的周期可以是每周,甚至每日,主要是由生产厂长亲自主持、各业务部门领导参加的现场会、专题会等。

会议的内容相对固定,包括汇报情况、协调工作以及布置任务。首先由生产管理部门、质量管理部门、安全管理部门等业务主管分别汇报工作,就这一阶段的任务完成情况和存在的问题一一做出说明,列出翔实的数据,对于产生的问题进行沟通与解决。所以,例会的主要任务是协调工作,人们经常能在会议上听到:

"某关键零件的材料什么时间能到货?"

"某协作加工件没按计划完成任务,会不会影响下一道加工任务?"

"发货单开出了,到仓库办出库时怎么又没有货了?"

"设计工艺部门做了技术更改,采购部门的采购计划、生产部门的领料单和生产工艺是否做了相应的调整?"

"销售部门接到的用户投诉,质量部门是如何处理的?"

"企业应收款催收不力,影响企业的流动资金,急用的一批材料因付款困难要延期到货。"

由此可见,生产调度会上协调的问题是多方面的:生产计划的调整和生产准备工作的进度;设备检修是否考虑了生产任务;材料供应的计划、采购、周期、批量零件材料的选择是否执行了企业标准;操作者的技能是否能够满足工艺的要求;工艺、工装的准备和周期鉴定是否如期进行等。这些问题在企业例会上几乎是老生常谈,生产管理人员都习惯了,也知道如果遇到这些问题时怎样能够"巧妙地"应付。在会议的最后,主管领导照例总结会议情况布置下一阶段的工作任务。但每一次生产例会几乎都是重复着同样的内容,协调着同类型的问题,部门之间甚至发生"扯皮""推诿",实质上影响生产任务的完成,与生产调度会议的目标相悖。企业的生产就在这种传统管理模式下的生产例会中原地踏步,没有人认真地、深层次地研究发生这类问题的原因和解决办法,似乎生产就应该这样管理。

在经过归类整理后,可以认为生产例会中的"汇报情况",其实是生产管理信息的传递及一对多的交流。传统的分工管理模式主要是事后的、阶段性的反馈与交流;例会上的"协调工作",其实是力图理顺生产管理业务流程中的矛盾和冲突,在传统的分工管理模式下,各部门之间的管理信息不透明、信息传递不畅、部门的工作是"任务驱动",考虑本部门利益较多,尚未建立"流程驱动"的意识,考虑全局利益不够,自然造成这种矛盾和冲突,加之企业所面对市场竞争的加剧和生产任务的发展,部门之间又缺乏业务流程优化管理,内外双重压力之下,部门之间的协调难度就会急剧加大;例会上的"布置任务",其实是领导的一个决策过程,在传统的分工管理模式下,管理信息的不全面、滞后,甚至信息的不真实,都给领导形成正确的决策带来很大的影响。

　　生产调度会上的这些问题,也不同程度地存在于企业其他的各项核心业务管理中。以采购管理为例,怎样才能制订出合理的采购计划?做到既能满足生产和销售的需求,又不造成过量采购、资金积压。成本管理能否做到事前预测、事中控制、事后核算?如何才能使企业的生产管理科学化?ERP系统的集成应用恰恰就适应这种信息高效沟通的新型管理要求,可以帮助企业实现管理变革。

　　任何一个企业的生产经营活动都是由一系列的连贯交错的业务流程按一定的规律集成组合起来的。这些流程都密相关、功能互补、相辅相成,每一个流程的单独运行是没有实际意义的。因此,在ERP系统的集成应用中,每一项管理业务都包括责任部门本身的线性业务流程,又包括遵照业务逻辑要求,形成与其他部门相联系的矩阵式业务流程。

2. 统一的计划管理

　　在企业的生产经营管理中,计划部门在企业中往往处于重要位置,许多大中型企业都设有计划部门专门管理企业计划业务,其业务范围大到管理全企业的综合计划,小到管理销售生产经营计划。在ERP系统的全部管理业务的集成应用中,计划管理包括计划安排、协调控制和监督考核等方面的职能。一个典型的计划管理系统由五层计划业务组成,如图6-17所示。

　　这种五层的计划管理模式有着广泛的代表性,虽然它们归纳出了企业生产经营计划管理的主要业务,但其中的关键问题是如何充分发挥ERP系统的集成应用特点,确保计划的准确性、可执行性及灵活性。在ERP系统实施的过程中,一方面要充分认识到信息准确的重要性;另一方面也要在数据规划、标准制定、工作制度等方面采取必要的措施确保信息准确,这是提高计划管理准确性的关键。

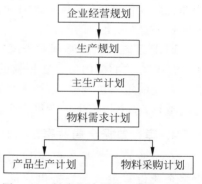

图6-17　制造业计划管理系统示意图

　　计划管理的可执行性主要体现在负荷与能力的平衡,以及企业资金条件的可行性。在ERP系统的实施过程中,计划管理人员通过事先的模拟计算以及粗能力计划、细能力计划的平衡来对主生产计划和物料需求计划进行相应平衡调整,或者是在保证生产负荷完成的前提下扩大生产能力,或者是在有限能力的条件下调整生产负荷的优先级,实现生产负荷与能力的平衡,通过管理会计的事前预测及筹措、事中计划控制和事后检查核算,实现企业资金保障、优化资源配置。此外,在管理方法上,ERP可以与JIT集成,也可以与高级排程计划集成,以更好地优化计划。

　　计划的灵活性主要体现在计划管理对于市场变化的快速反应,以及对于生产过程各种期、量、物料、能力等条件发生变化时及时调整计划的适应能力。保持生产相对稳定均衡和应对快速变化一直是生产计划管理面临的一对矛盾,在ERP实施过程中,由于基础数据是集成共享的,当条件有变化时,能较快地进行局部调整,或是全部调整,得出变化后的计算结果,为进一步的人工调节提供依据。同时,系统中安全库存的控制、合理的批量策略的指定、适当放宽提前期的决策、物料替代的选择都在一定程度上增强了计划管理功能的灵活性。

　　在ERP系统的实施过程中,建立一个准确度较高、可执行性强、具有一定灵活性的计划管理系统是一项重要而艰巨的工作,因为不同的企业各具特色,生产所面对的条件也千变万化,很难有一个万全的解决方法,所以,ERP 的挑战之一就是高质量地完成计划生产管理模块所制订的生产计划。国内外的专家学者围绕这个主题进行了大量卓有成效的理论与实践研究。通常人们认为,在 ERP 系统实施时,结合企业的具体情况并参考先进成功的实例逐步加以解决,从而实现覆盖企业生产经营全过程的统一的计划数据管理是最重要的一项基本原则。

3. 统一生产调度

ERP 系统的实施使企业内部的核心业务实现了数据集成管理,每一项业务都按既定的业务流程一步一步地执行下去。

计划员在计划管理模块中完成物料生产计划或采购计划后,下达到车间管理部门,车间管理人员将继续进行车间作业计划的编制,并发布执行;生产车间的作业调度员审查审核的生产投料单,就可以进行后续的生产领料业务处理;仓库处理完发料单后,生产总调度即可查询各项生产任务的领料、发料信息;生产车间领料后,按生产任务的类型组织生产加工,及时录入任务完成信息,同时在生产管理系统中自动生成相关的统计报表。统一生产调度系统从车间的各方面反映生产任务执行情况,为生产调度提供综合管理信息,为管理决策提供依据。

由于信息集成共享,生产总调度人员可随时查询各项生产任务的进度及生产任务相关的综合统计信息,还可利用查询分析工具对综合统计信息进行分析,实时了解生产任务进展情况,及时解决出现的问题。

ERP 系统在生产管理业务流程上的集成应用,使企业实现了生产任务的实时管理,与生产任务有关的部门可以在授权的条件下,随时查询生产任务完成情况及综合统计信息,根据总调度的统一协调安排,按业务流程的需要,及时完成各自承担的任务,接受任务完成情况的考核,解决传统生产调度会上的各种问题,切实提高企业的综合管理水平。

4. 库存数据全局共享

在企业的各项业务管理中,仓库管理处于企业物流管理的中枢位置。在传统的管理中,很多企业设有隶属于物资供应部门的材料仓库,负责管理采购的物料;设有隶属于销售服务部门的成品库,负责管理对外销售的产成品,并且库存信息只掌握在仓库管理员手中,其他部门或企业主管若想了解库存情况,需要打电话或到仓库找管理员查询、翻台账、看实物,即使是这样也看不到计划入库量和已办好料单的出库量。材料计划员与仓库保管员两个岗位、两套账本、部门隶属不同、信息阻隔。实际中出现的库存信息不准确,会造成库存积压或无料可供的现象。同时,如果人工建立出入库台账,定期进行库存盘点,姑且不论台账建立不及时、不完整的问题,也会面临账务盈亏调整不及时、累计偏差太大、保值期管理不善,以及积压超期等管理不严格、不规范等情况,要想有所改善,就必须彻底整顿库存管理方法。

ERP 的库存管理中仅设一个库存管理模块,库存管理与计划管理的密切关系都是通过日常业务反映,包括:外购入库、产成品入库、委外加工入库、调拨入库等入库业务;生产领料出库、委外加工材料出库、销售产品出库、调拨出库等出库业务;库存盘点业务等。这一系列统一、完整的库存管理功能,高度集成了计划员与仓库管理员的信息,优化了仓库管理业务流程,为企业主管和相关部门提供了及时、可信、全面的库存信息。

毋庸置疑,ERP 系统的集成应用通过库存数据的全局共享,解决了长期困扰制造业物料管理的一大难题,对于提高企业生产环节的计划能力与控制力、降低生产成本、提高工作效率、加速资金周转、加快市场响应速度都十分重要。

5. 业务与财务数据集成

从我国企业信息化发展的实际情况来看,会计信息化远早于MRP Ⅱ/ERP的推广应用,有调查资料表明,90%以上的企业都采用了专门的计算机管理财务系统,但值得注意的是,企业中所设立的部门级的财务系统只是单纯提高了财务人员的工作效率,却造成了部门间的信息孤岛,没有为企业整体效益带来提高。这种先入为主的、已形成的工作习惯在一定程度上阻碍了财务与业务的信息集成,甚至有的企业主管片面强调财务信息的重要性而坚持让财务信息管理信息系统自成一体。实际上,企业的财务信息,无论是管理会计涉及的预算、决算等宏观信息,还是财务会计的应收、应付等日常业务信息都与企业生产经营业务有着不可分割的紧密联系——自人类有商品经济以来,"效益目标—资金运作—生产经营—成本管理—效益目标"就构成了企业管理运作的永恒循环,财务和业务作为企业统一目标下的两大类工作,相辅相成、紧密相连,不应被分割管理。

ERP系统作为企业资源管理系统,从本质上反映了企业业务与财务信息的整体一致的关系。在具体处理上,按企业业务与财务信息的本来规律和固有联系,从静态信息和动态信息两方面实现业务与财务信息的全面集成——在企业日常运营中,财务效益指标调节、控制着企业各项业务的进展,而各项业务的进展又为财务管理提供了翔实的源头信息,财务作为后续信息的处理,能及时提供对业务进展的监控,并以财务报告的形式反映企业经营业务的绩效。ERP系统通过将相关单据按一定逻辑的处理,实现业务与财务信息的动态集成。

在进行企业信息化规划时,管理人员要明确提出业务与财务信息集成的要求,选择企业级的财务应用软件。在制订ERP项目实施方案时,必须做好各项基础资料的设置,在此基础上,再根据企业核心业务流程的实际情况,进行业务信息与财务信息的集成,取得实效后再逐步推广。

6. 三层次管理信息集成

在早期的MRP Ⅱ/ERP项目的应用中,管理人员把重点放在了企业具体业务处理层面上,在规划及信息技术上难以给企业的数据管理层和战略决策层直接提供信息服务,这一不足之处,在一定程度上影响了ERP的推广应用。

处于企业三个不同层次的人员,承担着不同的责任,因此也对企业信息有着不同的需求。得益于近年在技术和应用两方面的快速发展,ERP系统目前能够充分满足企业管理中业务运作、数据管理、战略决策三个不同层次信息使用者的需求。

在业务运营管理层,主要是企业日常业务的处理功能,这是企业信息化的信息基础,主要实施ERP业务流程的具体优化管理。业务运营管理层的目标是确保基层业务流程系统的有效执行,在数据管理、实施方法、管理制度、人员培训等方面采取了精细化的措施,更好地把员工的基层工作置于企业的全局性工作之中,使员工认真负责地制作岗位上的每一张单据,同时也为整个ERP系统的集成应用提供及时、准确的基本业务信息。

在商业智能层,主要是全面的商业分析与优化,包括财务分析、物流分析、人力资源分析以及客户关系分析等功能。随着数据库技术的发展,ERP系统根据企业管理的需要,在规范、准确、及时的静态数据和动态数据的基础上,生成丰富、实用、有价值的中间数据——各种业务数据统计报表。每一个业务统计报表和分析工具都能满足企业中层管理者对业务信息的需求,帮助他们随时了解业务进展情况,及时发现潜在风险,提前采取有效应对措施。

随着企业 ERP 系统的有效应用以及数据仓库技术的发展,ERP 系统产生大量的作业型"源数据",通过数据仓库技术的挖掘、提取、加工,变成企业关心的主题型数据;通过数据仓库查询,企业高层决策者可从中获得十分有价值的信息,指导企业的业务更好地向前发展。在 ERP 系统中,还包括决策查询系统或决策支持系统,这是提供给企业高层决策者的决策支持工具,通过对生产经营业务综合数据信息的查询分析,为解决业务流程中的重大问题和企业的战略发展问题提供重要依据。

在企业战略管理层,主要是企业战略管理和战略规划的各种工具与方法,支持战略目标管理、业务规划、预算管理、管理监控、业务合并管理等企业战略行动。

现代 ERP 系统的集成应用,比较全面地实现了企业中三个层次信息的集成应用,能为企业提供从战略到战术、从宏观到微观、从综合到具体的全方位信息管理,体现了如下几种管理思想。

1)合作共赢的思想

ERP 是一套面向供应链的软件体系,它聚焦于供应链的核心,将处于供应链节点上的所有的业务信息进行有效整合、促进企业间的沟通与合作。在企业外部,ERP 通过信息共享及时协调不同企业产品产能以达到优化配置资源的目的;而在企业内部,通过对企业内部流程的优化、重组达到各种资源合理、有序的配置。通过推行 ERP,企业的各项资源得以整合,能够增强企业内部的效率,稳定企业的外部供应商、分销商、客户的关系,促进企业与处于供应链上的各类企业结成战略联盟,实现与所有的企业合作共赢。

2)精益生产的思想

精益生产(Lean Production,LP)就是及时制造,消灭故障,消除一切浪费,实现零缺陷、零库存,"精"表示在产品质量方面精良、精确、精美;"益"表示产品利益方面的利益、效益。ERP 中对物料系统的管理和控制就是精益生产的表现。

在企业内部,资源是有限的,并且受到各种客观条件的约束。企业往往倾向用最小的资源获得最大的产能效果,ERP 的计划模块是十分理想的选择,它可以在各种资源约束条件下进行资源配置。在资源配置充分、有效的情况下,精益生产就有条件实现。

3)动态联盟的思想

动态联盟是 ERP 对突发机制的应对方式,是以同步工程做基础。动态联盟是指两个或两个以上的企业在自愿互利的原则上,出于降低交易费用、减少不确定性、实现优势互补的目的,以契约方式结合起来的一种合作模式。这种合作模式是在企业实行 ERP 的条件下,缔约企业为了应对突发事件,或为了快速满足顾客的变化而建立起来的一种模式,其具体表现形式就是虚拟工厂。这种联盟是一种暂时的存在,一旦目标达成或者是任务完成该联盟就解散。通过实施动态联盟,企业之间实现了合作共赢——在考虑自身利益最大化的同时,也要保证其他加盟企业的基本利益。

4)敏捷制造的思想

ERP 是一个决策支持系统,支持企业前台顾客大量定制。在完全竞争性市场中,顾客需求的多变性,以及对个性化的要求都对企业的快速反应机制提出了更高的要求,敏捷制造就是在这种环境下提出的。ERP 系统中的敏捷制造最重要的贡献就在于将决定产品成本、产品利润和竞争能力的主要因素,即开发、生产所需的知识和价值用一种快速响应市场的方式表现出来,快速、及时地响应客户需求。

5) 协同商务的思想

基于ERP基础的协同商务将帮助企业及其合作伙伴共享业务流程、决策、作业程序和数据,共同开发新产品、市场和服务,大大提高企业决策的准确性和整体运作的效率,逐步削减信息孤岛的存在,提高企业的竞争优势。

供应链的基础赋予了ERP系统的协同商务的功能。通过信息的有效沟通,使不同企业之间能突破组织的边界,对市场需求做出快速反应原本就是ERP产生的一个重要催生剂。通过对企业内外部资金流、物流与信息流的一体化管理,在多个企业间实现一种跨地区经营、及时性沟通的管理环境。在这个管理环境之下,企业集团共赢思想占据了主导的地位,有了思想的指引,协同商务也就顺理成章地出现了。

6) 全面质量管理的思想

ERP系统中对产品质量的控制是通过全面质量管理(TQM)来实现的,即产品的每个开发阶段都要求是合格品,绝不把不合格的中间产品带入下一阶段,并非在产品生产的最后阶段才由专门的质量检测人员检查产品质量。通过潜移默化地在企业中推广这种思想,让全体员工参与到改善产品业务流程、产品质量、服务的企业文化的活动中。通过对上一个工序的产品质量的监测,提前预测到可能出现的问题,从而在持续改善的过程中控制产品的质量,以便满足顾客需求,获取长期竞争优势。

7) 敏捷后勤思想

敏捷后勤原来是美国军方对敌作战时的一种管理观念,它原本的目的是在资源有限、军事预算有限的情况下,实现最小的后勤资源耗费;在信息技术及运输技术高度发达的情况下,后勤管理的目标越来越完善:增加保障响应的灵敏度;提高保障设施的生存能力及质量,减小后勤规模;更加有效地减少备品、备件的规模。这一思想已经融入ERP软件的管理思想中,即通过对若干模块、仓库的优化配置达到用最小的成本完成各项业务。从ERP中的生产模块就显而易见地看出这种思想的存在——通过对用料的需求、传送方式、使用时机的预测来实现对下一道工序的保障,达到快速给下道产品工序提供原料,实现各个流程模块紧密衔接、精简后勤系统的目的。

6.3.3 ERP系统数据多维度决策分析

ERP的本质体现了数据分析思维,即从数据分析的角度,不断地实时优化企业内部流程。例如,原来工厂的生产效率只有70%,要提升效率,就要分析各个原因,而每个原因都有一定的数据反映。生产企业产生的数据种类繁多,如何利用大数据驱动企业生产成为企业面临的重要问题。ERP系统采用大数据技术,从经营计划执行、战略任务分解和风险全周期管控三个角度切入,将经营管理数据和生产过程数据抽取到业务数据中心,建立逻辑关联,整合成大数据仓库。ERP在业务数据中心技术的支持下,让各级管理者和一线业务人员能够及时获取历史数据和实时数据,提供数据分析报表和决策化辅助分析。

1. 日常报表数据分析

一到月末、月初或月中时,各职能部门都在为报表的形成而绞尽脑汁。报表无疑是使用最频繁的单据之一,例如每天采购要打印采购明细账单;仓库每天要导出收货或者出货明细;销售每天要打印订单明细等。生成报表在 ERP 系统中非常重要。报表就是用表格、图表等格式来动态显示数据,可以用公式表示为"报表＝多样的格式＋动态的数据"。ERP 将企业的各种资源整合起来,物料的领用、入库、请购以及产品的销货等都在 ERP 平台上运行,实时收集各种数据与指标,并生成实时化、体系化的报表,进而支持数据的统计和分析,辅助决策。

报表实时性:ERP 系统通过数据的实时统计汇总,实现报表的实时反馈。例如在成本费用预算方面,ERP 可以对可控费用进行刚性控制,对非可控费用进行预警提示,财务部就可以通过调阅成本消耗报表来随时查看各部门成本消耗情况,实时掌握成本结构,确保年度预算指标圆满完成。

报表体系化:ERP 系统可以实现报表体系化,从而发挥 ERP 系统的功能和价值。ERP 报表按照使用对象划分可以分为作业层报表、管理层报表和决策层报表;按照报表的内容又可以分为统计类报表和预警类报表。

报表复杂性:ERP 系统报表可能会涉及多个不同的部门,例如库存补货报表,就涉及仓库、采购、销售、开发等多个部门,而最后的计算结果需要根据这些部门的信息得出,因此,为了提高数据的准确性,就需要多个部分数据进行科学的配合。

2. 决策支持数据分析

数据报表存在的一个显著问题在于,其数据统计的细粒度不够,而且很难对于不同数据进行关联分析。例如,在发现某一车间的生产效率明显下降之后,很难通过数据报表找出原因是员工效率下降、生产线调整,还是其他什么原因。而且,这些数据报表没法做到实时生成与变动,管理者总是处于被动地等待数据的状态。在 ERP 系统中,可根据企业需求定制相应的报表解决企业管理中的问题。

(1) 基于财务效益报表分析,包括利润分析、利税分析、可利用资金分析、财务费用分析、管理费用分析等,能够实现与历史数据、年度目标、成员企业、国内同行等多维度对比分析。

(2) 基于外部经济形势、行业形势与价格走势的分析,包括宏观经济数据分析、行业数据分析、大宗原材料及产成品市场价格信息分析等,能够实现宏观经济数据、行业形势数据、价格走势数据采集和分析,实现集团管理部门和子公司信息共享,支持决策一体化。

(3) 基于市场研判分析,对企业产品、大宗原材料,在集团内设立市场研判信息采集源,通过电子问卷,定期(如每旬市场分析会召开之前)采集个人判断,并由系统自动汇总、整理,支持领导决策。

(4) 基于内部经营的分析,包括原材料、半成品、产成品的库存数量分析、结构分析、成本分析、盈亏分析、流动资金占用分析等,支持合理管控库存节奏。

(5) 基于成本及毛利分析,包括标准成本测算、订单成本测算、产品成本模拟测算、标准成本与实际成本差异分析。基于大宗原材库存价、当月采购价、当前市场价等,进行不同品类产品的生产成本、毛利分析等。

(6) 基于其他专业管理的决策分析,包括生产管理、质量管理、安全管理、风险管理等。ERP 系统中数据分析、处理的逻辑如图 6-18 所示。

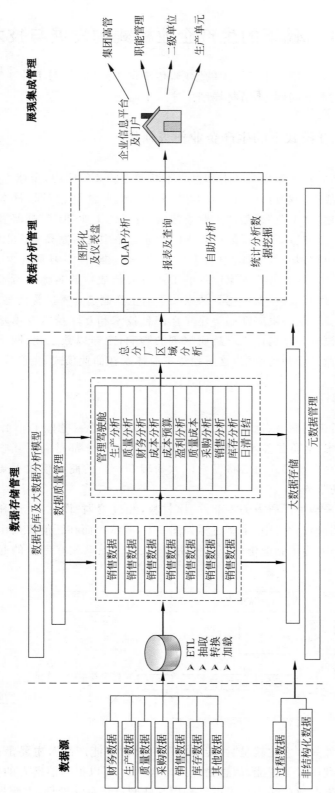

图 6-18 ERP 系统数据处理逻辑结构图

6.4　工业4.0时代下的生产企业模式的发展与技术支撑

工业4.0对ERP的应用产生了巨大的影响,传统的ERP如何与工业4.0结合从而焕发新的青春,是一个现实的问题,本节将详细阐述这个问题。

6.4.1　工业4.0模式下的生产企业何去何从

后金融危机时期,面对金融危机冲击和世界不断增强的竞争压力,全球主要发达经济体纷纷推行"再工业化"战略。2011—2015年年初,美国、德国、法国、英国、日本先后推出"先进制造业国家战略计划"、"工业"战略、"工业新法国"战略、"工业2050"战略和"机器人新战略"。各国力图重振本国制造业,并谋划在未来的产业竞争中抢占制高点。以中国为代表的新兴经济体也加快产业转型升级步伐,中国于2015年5月推出《中国制造2025》,被称为中国版"工业"新战略地图。尽管各个国家所提的工业发展新战略的名称有所不同,但从其内容看,核心是通过下一代互联网、大数据等新兴技术与生产制造业务的深度融合来推动制造业向"智能制造"升级——这一发展新趋势建立在信息技术和互联技术变革基础之上,并正在对全球制造业生产模式和结构产生广泛而深刻的影响,全球以数字化、网络化、智能化为特点的新一轮工业革命已经初露端倪,这一趋势主要体现在商业模式、生产模式和研发创新模式三方面。

1. 商业模式

"定制生产"与"后市场服务"消费者的定制生产成为新业态。德国工业4.0与美国工业互联网联盟倡导的技术、名称虽然不一样,本质却是相同的——都是利用互联网,推进网络化制造。随之而来的是商业模式也必将发生巨大的转变。新的商业模式主要有两个重点:"定制生产"与"后市场服务"。

传统的制造工厂采购生产所需的零部件、原材料,经过策划、设计、生产和测试后出厂,经历物流过程,销售到消费者手中,生产过程如图6-19所示。而在智能工厂中,定制生产可以自动进行,消费者作为传统制造中的产品使用者,从一开始就站在制造的起点位置上,如图6-20所示。

图6-19　传统制造工厂生产过程示意图

工业4.0下的另外一个变化就是"智能产品"。所谓"智能产品",主要是由于产品具有一定的"自主行为"。利用人工智能、信息物理系统(CPS),可以根据消费者的要求进行定制化生产制造。零部件采购或产品出厂也可以利用互联网进行自动处理,大幅提高生产效率。

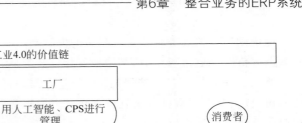

图 6-20 智能工厂生产过程示意图

例如,2015 年 4 月,德国汉诺威工业博览会上,西门子公司展示了香水生产流程:消费者可以根据自己的喜好定制香水,在计算机上选择颜色和香型。工厂可以根据获得的消费者个性化需求,为其生产定制化的香水。

这种生产方式之所以成为现实,主要是发挥了"智能产品"的功能。在这款香水产品中内置芯片,从接受订单开始,就自动植入了"生产什么香水"等信息。生产设备会根据植入的信息,自动判断在相应的生产工序选择所需的原材料和工艺方法,进行自动生产。工业 4.0时代,小规模定制将被发挥到极致,根据消费者的偏好进行定制生产将成为主流,这必然会提升消费者满意度。厂商也可以实现与大规模生产相当的低成本生产,提高竞争力。智能产品的生产和销售,开启了基于物联网的后市场服务。

美国工业互联网联盟的倡导者 GE(通用电气公司)采用了这一商业模式,如图 6-21 所示。GE 的代表性产品——飞机发动机就是一款智能产品。GE 在飞机发动机中嵌入传感器,通过组装的飞机交付给航空公司使用。通常,飞机发动机为了保障乘客的安全,要定期进行严格的维修保养,这在各国都有相关的法律规定。GE 则通过长期监控发动机运行状况实现了定制化的维修保养,而非定期维护。GE 利用软件系统对传感器传输过来的发动机运行状况数据进行分析,这不仅可以预测故障的发生,提前通告航空公司,还可以向航空公司提交油耗改进方案,降低运营成本。对于航空公司而言,燃油是最大的成本,能源使用效率的改善将直接带来巨大的经济收益,所以这项后市场服务受到航空公司的热烈欢迎。

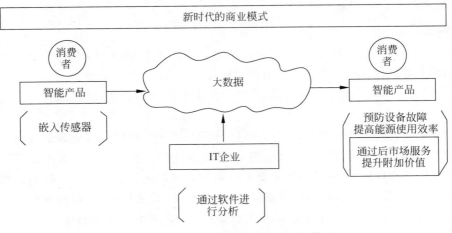

图 6-21 新时代工业互联网下的商业模式

传统制造业的商务模式是：产品销售后就意味着流程的完结,现在,可以利用传感器和大数据分析开创后市场服务,制造业开始向提升附加价值这一新的商业模式转型。

值得一提的是,GE改变了与IT企业合作进行大数据分析的一贯方式,自己成立了软件公司,自主开发大数据分析软件系统。并且开始以一个IT服务提供商的新身份,为其他制造业企业提供软件以及解决方案,甚至推出了云计算服务的新业务。

2. 生产模式

工业4.0将不会是一场轰轰烈烈翻天覆地的革命,而更像是一个演化过程,它使得生产力的继续提高成为可能,并将延续过去的一个多世纪以来制造业的发展。

工业4.0的生产制造,是以智能制造、大数据分析、3D打印等为特征的制造过程。通过三维原型设计、制造仿真、3D打印的虚拟原型等,来分析和优化加工过程;通过对以往产品使用数据的收集和分析发现缺陷,优化设计和制造工艺;通过数控机床的智能控制实现精益制造。例如,一些工业企业通过收集发动机运行状况数据来改进产品工艺和产品质量。数据采集平台的成熟应用可以助力企业更快适应工业4.0的智能改造与升级。

精益原则仍然十分重要,例如以机器故障或非增值活动的形式减少浪费仍将是至关重要的。另外,工业4.0在数据采集、传感器、机器人化和自动化、新技术(包括3D打印)以及增加的计算能力上取得的进步将使高级分析成为可能,并可以给已经建立的方法提供一些新的优势。

各种组织将使用这些新兴的精益方法来实施长期以来被认为是具有关键性作用的三维新方法：技术系统(过程和工具)、管理系统(组织和绩效管理)以及人员系统(能力、思维定式和行为)。此外,与数据、IT和其连通性相关的领域将成为另一个获取价值的新业务。

3. 研发创新模式

工业4.0的产品创新是面向产品生命周期的产品创新,是以用户为中心的产品创新,是用户积极参与创新过程的快速迭代式创新,是用户和上下游合作伙伴共同参与的开放式、协同式的众包、众筹的创新,总而言之,工业4.0是产品创新模式的革新。小米手机的开发就是一个典型例子,用户讨论产品的功能、外观,产品测试版供用户试用和评估,以此快速迭代创新,最终完成产品的快速创新。

4. 销售模式

工业4.0的营销是以互联网、移动、社交、大数据精准营销、O2O营销为主导的网络营销。营销的主要过程在网上完成。小米公司是其中的典范：产品的营销通过口碑营销在互联网上进行传播,在互联网上开展活动,在互联网上形成饥饿营销,最终取代了传统的分销渠道,实现互联网直销。

以工业4.0为代表的工业互联网革命已经迫近,工业互联网的本质是通过对工业数据深度感知、实时传输、快速计算及高级建模分析,实现生产及运营组织方式的变革。工业互联网将构建精准数据体系,通过多行业交叉拉动万亿级产业机会。工业互联网以多行业交叉为显著特征,融合了互联网装置、传感器、自动化设备、数据存储、大数据分析、人工智能、高效运算、4G/5G/物联网等新兴技术,覆盖计算机、通信、机械等多个行业。

工业互联网典型案例之一是智能物流。仓库、运输(干线＋最后1km)等环节优化快递物流成本。工业互联网在物流行业的应用使快递公司每天面对数以亿计的海量数据。过去几年,工业互联网在物流行业的应用使人工成本和整个中转中心成本快速下降,其所代表的智慧物流的应用场景非常丰富,形成了仓、干、配与柜,四阶段组成的一个完整的智慧物流系统。智慧物流在四个阶段的具体应用包括仓库阶段的仓库选址、进出库调配、自动化无人仓库等;干/配/柜阶段可进一步细分为干线运输和最后1km,智慧物流应用场景非常丰富,包括线上平台的车货匹配、线路规划(多为物流公司内部开发,旨在降低成本)、即时配送(技术领先企业包括美团外卖、顺丰同城等)。未来,这一领域将会继续大放异彩。

6.4.2 中台对生产企业管理的改变

中台可以作为一种企业组织管理模式和理念,中台也可以作为一种新型的企业IT设施架构。从组织结构的角度看,中台化的组织方式就是在公司内部构建统一的协同平台。中台主要有两种形式:业务中台和数据中台。业务中台通过抽象、封装可复用的逻辑,提升企业的响应力,而数据中台通过打通企业的数据,构建自学习服务的数据能力,让企业更智慧。

ERP的实施过程中,会制订很多的流程、岗位、职责,从而让多个部门能够在统一的流程下协作起来,这种组织形式可以称为"流程式协作",如图6-22所示。它的弊端是把企业分成了外部和内部,在客户价值之间构建了一堵无法逾越的"墙":研发部门只关注技术的先进性,不关注客户是否买单,采购部门只关注低成本,不关注技术的先进性。每一个流程节点和业务部门都重点关注KPI,而不是客户价值。随着互联网的出现,导致原来静态、标准化的业务流程已经不足以支撑企业对外部的快速响应。外部竞争格局越来越复杂,企业需要围绕客户价值来组织经营,企业对于ERP这样的核心业务系统的价值诉求从原来的固化流程变成了快速响应前台市场变化的新阶段。ERP以流程为核心的组织形式也转向平台化的组织形式,而这也是中台的核心理念。将原来的单体ERP系统拆解成为分布式的,去中心化的ERP微服务集合,企业组织结构从流程式协作走向平台式协作,打破企业内外部边界,让所有的业务部门从后端走向前端,通过中台支撑敏捷前台,创造客户价值,形成了"中台时代的平台式协作"。

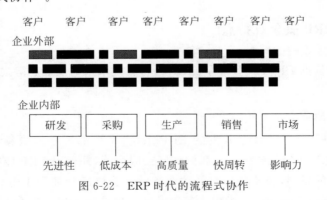

图6-22 ERP时代的流程式协作

ERP系统的典型场景是流程的复用,定义业务流程模板,把一套业务流程尽可能地复制到不同的业务领域和客户需求,从而实现资源调度的集约化。ERP是典型的计划型经济思维,强调标准化和资源的复用节约。在不确定性的市场环境下,企业面临的是客户越来越多样化和个性化的需求,越来越强调以客户为中心动态组织资源为客户提供服务,这就要求后台业务系统能够更加灵活地支撑前台不断迭代,满足个性化客户需求。这和 ERP 系统的核心理念是相违背的。对于一些需要后端支撑的业务,如何将它们关联到直接的客户价值上,就需要利用全域的数据分析、建模能力,通过敏感性分析算法实时计算,这就是数据中台所需要提供的能力。中台时代 ERP 系统有如下的演化需求。

首先,企业将相对独立的后台,例如财务、人力资源这些模块保留在后台 ERP 系统中,其他的与前台业务关系较为紧密的模块都会从单体架构变成分布式的微服务架构。这个解耦、重构的过程,最重要的一个标准就是将原来的 ERP 流程拆解出可独立提供业务价值的微服务,拆解的目的不是为了微服务而微服务,是为了为客户服务提供标准化的组件。

其次,一切应用云化,应用与数据分离。单体架构的后端系统都会随着云计算、大数据处理技术的发展,变成可独立运行的微服务。每一个微服务有自己基于云的数据存储,应用在物理上是分布式的。

总之,中台的建设本质就是利用微服务架构构建开放业务平台,替换闭源单体架构 ERP 系统,如图 6-23 所示。中台的构建过程是企业在数字化时代的转型过程,是企业从流程为核心走向以客户为核心的转型,是企业从以人的经验驱动走向数据智能驱动的转型。

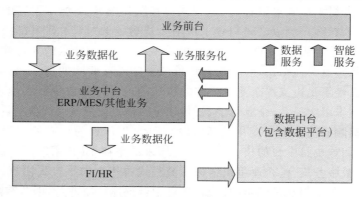

图 6-23　业务中台与数据中台融合下的企业流程

6.4.3　云 ERP 概念及特点

基于云计算架构的 ERP(以下简称云 ERP)将会是未来的发展趋势之一,本节将简单介绍这方面的内容。

1. 云 ERP 的概念

云 ERP 就是基于云计算体系开发的 ERP 系统,系统部署于云服务器端,用户可通过 PC、平板、智能手机等终端设备接入互联网访问云服务器,并获得 ERP 应用服务。

随着信息技术的发展,企业各种对外的业务活动也已经延伸到了 Internet 上。新一代的 ERP 系统应当支持 Internet 上的信息获取及网上交易的实现。作为 ERP 互联网技术阶段的产物,云 ERP 具有应用层面上的双重作用:一方面为电子商务的运行提供了即时传递信息的平台,为公司建立了所有产品的信息库,包括产品的库存和价格信息等,使公司可以迅速查找和提供产品情况;另一方面,云 ERP 又具有外部沟通交互能力,把从网上获得的信息与企业内部信息结合,共享数据、降低资源的浪费。

2. 云 ERP 的特点

云 ERP 主要有 3 方面的特点,具体如下所述。

1)不受平台限制

云 ERP 实现真正意义上的多平台运行,即云 ERP 系统可以不受任何操作系统限制,以便企业可以根据业务需要和投资能力选择最佳平台,并且帮助企业顺利实现不同应用水平阶段的平滑过渡。在企业建设管理系统初期,可以选择普通的 PC 和网络,投资相对较低;随着应用规模的扩大,需要更大的处理能力硬件环境,但并不希望更改应用软件系统,这样可以选择 B/S 架构的 ERP 系统,实现跨平台商务软件系统,也能充分保护已有的投资。

2)多种应用集成

云 ERP 围绕核心企业,通过电子商务、进销存供应链、客户关系管理、国际贸易、生产制造、财务等应用模块整合企业信息流、物流、资金流,将供应商、制造商、分销商、零售商直到最终用户连成一个整体的功能网链结构。云 ERP 将提升企业间(特别是企业与供应商之间、企业与客户之间)的数据交换能力,帮助企业提高整个供应链的竞争力。

3)数据高度整合

云 ERP 系统能够根据业务流程以及管理需求,使数据在各个应用系统之间相互关系,数据经过转换、整合再传递到相关的功能模块中,使数据能够在应用系统之间畅通流动,各应用系统协同运作,达到数据高度共享和系统的高度集成。

本章小结

ERP 是指建立在信息技术基础上,以系统化的管理思想,为企业决策层及员工提供决策运行手段的管理平台。ERP 系统集信息技术与先进的管理思想于一身,成为现代企业的运行模式,成为企业在信息时代生存、发展的基石。

ERP 是将企业所有资源进行整合集成管理,简单地说是将企业的三大流:物流、资金流、信息流进行全面一体化管理。它不仅可用于生产企业的管理,而且在许多其他类型的企业如一些非生产型公益事业的企业也可实施 ERP 系统进行资源计划和管理。

随着工业 4.0 时代的到来,ERP 将进一步演化,包括商业模式、生产模式、研发创新模式和销售模式将发生巨大改变。此外,ERP 也将在技术的发展中产生一定的功能和处理方式的变化。

习题

1. 试述生产企业的业务流程。

2. 生产企业业务流程的特征有哪些?

3. 什么是 ERP?

4. 什么是 MRP Ⅱ?

5. ERP 的成长经历了几个阶段?

6. ERP 系统有哪些先进的管理思想?

7．ERP 系统有哪些功能模块？

8．ERP 系统中的数据分析可以从哪些角度展开？

9．讨论 ERP 的未来发展方向。

10．试述新技术对 ERP 的挑战。

技术学习模块 E：物联网

请扫码阅读

第7章

面向战略协作的供应链管理

本章学习目标

➢ 什么是供应链管理？

➢ 供应链有哪些模式？

➢ 信息系统在企业经营管理中的作用有哪些？

➢ 信息系统产生价值的机制是什么？

 开篇案例

　　如同思科(Cisco)总裁约翰·钱伯斯所说，"在新经济当中，不是大鱼吃小鱼，而是快鱼吃慢鱼"。今天，世界已经进入一个瞬息万变的时代，用户追求个性化，用户需求不断发生变化，偏好生命周期短的时尚产品。企业要应对这种改变，唯一的策略就是快速反应。

ZARA 的急速供应链

　　ZARA 是 Inditex 集团旗下的一家子公司，Inditex 是西班牙服装零售行业排名第一的集团，并于近年超越了美国的 GAP、瑞典的 H&M 成为全球排名第一的服装零售集团。1975 年，Inditex 集团的创办人奥特加为了处理由于客户临时取消订单而积压的库存——女性睡衣，在西班牙西北部的偏远市镇开设了一个叫 ZARA 的小服装店。如今，昔日名不见经传的 ZARA 已经成长为全球时尚服装的领先品牌，身影遍布全球 60 多个国家和地区，连锁店数已有 1000 余家。

　　ZARA 的发展，得益于快速、少量、多款的全新营销模式，这种策略与传统服装零售商大相径庭——传统零售商一般会把精力集中于对流行趋势做出预判，从一个款式的概念出现到最后挂到零售店里，这个过程大概需要花费半年的工夫，而 ZARA 集中于对已存在的时尚潮流的快速追随。时装行业头等大事就是紧跟时尚，卖时尚就像卖蔬菜、卖面包，只有新鲜出炉才能吸引消费者的眼球。

　　ZARA 的首席执行官凯斯特拉诺曾经说过，"在时装界，库存就像是食品，很快就会变质。我们所做的一切就是缩短销售时间。"

ZARA 的快速反应,无论是采取快速、少量、多款的营销模式,还是努力减少反应时间,都离不开其高效整合的供应链。每当开服装发布会,ZARA 的时尚猎手们就会混迹于 T 型台边的观众中,从那些顶级品牌设计师的作品中汲取灵感,同时他们会将这些时尚元素通过 E-mail 反馈给 ZARA 的设计师;不仅如此,时尚猎手还负责搜集交易会、酒吧、餐厅、街头行人、时尚杂志、影视明星、大学校园等场所的流行元素,并且在第一时间发回 ZARA 的总部;更有甚者,ZARA 的各个连锁店通过信息系统把销售的库存信息反馈给总部,总部根据这些信息可以分析出畅销和滞销产品的款式特征,以便完善老款式和为设计新款服装提供参考。这样一来,设计团队就可以迅速、准确地做出设计的决策了,然后再重新组合成 ZARA 自己的产品主题系统。ZARA 的流行款式从设计到上架平均只需要 10～15 天,而传统服装业一般为 120 天——ZARA 在原材料采购与服装生产、服装销售与信息管理方面有自己的一套方法。

1. 原料采购与服装生产

在服装界,大家几乎都是采用发达国家的服装设计风格,在发展中国家的工厂里生产,也就是在 A 国采购布料、B 国印染、C 国再来一道精雕细绣,最终在 D 国产生出一条裙子。这样做的最大优势是成本低,缺点是速度慢,为了规避由于速度慢而产生的库存积压,ZARA 采用了非常独特的做法。它将营销费用几乎全部投入物流系统的扩充和改善,还建了两个空运基地,一个在拉科鲁尼亚,另外一个在智利的圣地亚哥。在欧洲,各连锁店由物流中心用卡车接运送;利用两个空运基地运送到美国和亚洲,之后用第三方物流运送到连锁店;有时也会利用轮船来运输,再结合第三方物流。这样一来,ZARA 就可以保证所有欧洲的连锁店在一天之内收到货物,美国两天就可以到达,再远一点的中国、日本控制在三天之内。生产好的服装成品,将通过地下传送带运送到配送中心。为确保每一笔订单能够准时、准确地到达目的地,ZARA 采用了每小时能挑选并分拣超过 80 000 件衣服,而出错率不到 0.5% 的激光条形码读取工具对服装成品进行分拣,并根据各连锁店下达的订单进行配送——ZARA 通常每周给连锁店配货两次,在接收到连锁店订单后 8 小时内就可以发出货物。

2. 服装销售与信息管理

ZARA 充分利用信息管理的方法来支持服装销售,具体的做法如下。

1) 快速、少量、多款的营销模式

ZARA 一年大概推出 12 000 种时装,每种款式只供应 20 万～30 万件。当一款服装被售完后,不再补货,这样做的目的就是要把库存量降到最低,产品积压少,资金周转就快,风险相对就小。并且,像时装这样的流行事物,越不容易得到,顾客就越发向往,这种人为造成的“缺货”,极大地提高了顾客由于商品紧俏而引发的购买欲。

2) 滞销产品的处理

尽管使用上述营销模式,还是会有产品积压,在 ZARA 连锁店里,如果有产品超过两周没有销售出去,就会被配送到其他连锁店里集中打折出售,通常这样的产品数量被控制在总数的 11% 以下。这样一来连锁店里的产品更新速度相当快,对顾客的吸引力也越大,款式存货非常低,打折产品也就比较少,而且即使打折销售,ZARA 一般也能控制在 15% 之内,而行业内的平均水平是 30%～40%。

3）巧用店铺打广告

虽然 ZARA 的品牌定位于中端，但是基本选在最繁华城市中最繁华的地段开店，例如巴黎的香榭丽舍大街、纽约的第五大道、上海的南京路，还有北京的世贸天阶、西单大悦城等，这都是黄金地段，在它周围都是世界顶级名牌。ZARA 专卖店的外观装修非常豪华，面积也大，动辄 1000 多平方米，有的甚至是 5000～15 000 平方米的旗舰店。这些店铺是ZARA 最好的活广告。所以 ZARA 很少通过媒体打广告，更多的是依靠优越的地理位置把顾客吸引到店里。

4）及时的信息反馈管理

ZARA 的专卖店每天都会把销售信息发回总部（自动计算并更新期末库存：期末数量＝期初＋进货－销售＋销售退货－盘亏＋盘盈），并且根据当前库存和近 2 周内销售预期，每周向总部发两次补货订单（对店长的考核重点是预测准确率、库存周转率、人均销售、坪效和增长率，而国内众多服装企业基本只考核销售额），订单必须在规定时间前下达：西班牙、欧洲南部其他专卖店通常是每周三的 15 点之前和每周六的 18 点之前；其他地区是每周二的15 点之前和每周五的 18 点之前（其他地区运输距离远，提前下订单则可和西班牙当地的订单加起来集中生产，可一定程度上加大生产批量、减少生产转换时间、降低成本）。如果错过了最晚的下订单时间则只能等到下一次，ZARA 对订货时间限制的管理非常严格，因为它将影响供应链上游多个环节。

ZARA 定位"一流的形象，二流的设计，三流的价格"。顾名思义，样式时尚，生产不求形似，只求神似，再加上便宜的价格，这三个元素相加，就引发了快速时尚的迅速蔓延。ZARA 极速的供应链，加上其强有力的生产策略和极速的营销模式，使其从众多服装企业中脱颖而出。ZARA 作为快速时尚模式的领导品牌，声名显赫，利润丰厚，可谓是"名利双收"。目前，ZARA 品牌在时尚服饰业界正以惊人的速度崛起，2005 年闪电般地跻身全球100 个最具价值品牌榜，并将 ARMANI 等世界大牌甩在身后。

ZARA 对其供应链进行了非常有效的裁剪：花色是通过购买的白坯布来染色，裁剪是ZARA 自己做，而把缝制工作外包；把时尚感不是很强的产品外包，而时尚敏感的产品主要自己做；不做长期预测，而是预留产能根据销售情况不断调整采购、生产和配送。这样与传统的服装企业顺序式、只能提前几个月进行预测、到了销售季节不能根据市场反馈情况进行调整相比，ZARA 有 35％的产品设计和原材料采购、40％～50％的外包生产、85％的内部生产都是在销售季节开始之后进行调整的。

ZARA 以品牌运作为核心的协同供应链运作模式的成功，为国内广大服装企业实践提供了借鉴，即以消费者为中心，缩短前置时间，向供应链的各环节"挤压"时间并清除可能的瓶颈，减少或取消那些不能带来增值的环节，小批量多品种以营造"稀缺"的氛围，跨部门沟通、协同快速响应市场需求，从而提升品牌价值和竞争力。如今，许多企业将创新视为立身之本，为此做出了很多的努力——例如，利用规模经济，不断地提升产品的工业设计，采用先进管理方法降低各类成本，将仓储、运输外包给第三方物流，采用更加有效的营销策略。然而，这些企业似乎只着眼于对供应链单个方面进行优化，更加注重成本的管理，如何有效降低成本，并没有从企业战略、定位的角度去考虑，提高企业的效益。反观 ZARA 的供应链，从各个环节看，没有什么特别的地方，其创新的地方就在于高效地整合了整个供应链，大大缩短了生产到零售终端的距离，为企业的战略定位服务，创造了最大的价值。

通过此案例,可以认识到供应链在企业运营中发挥着重要的作用。本章将对供应链进行详细分析,剖析其管理思想、运作模式和技术赋能,了解供应链战略匹配以及未来发展趋势。

7.1　供应链模式演变——解读企业上下游关系

7.1.1　供应链要素和主要流程

企业经营的最终目的是满足客户需求,实现盈利。实现这个目的,包括所有与之相关的环节,不仅是生产商和供应商,还有运输、仓储、零售和顾客等方面的因素。

供应链条是从客户需求开始,逐步向上延伸,客户需求是整个供应链条最主要的驱动因素。例如,当一个顾客走进沃尔玛(Walmart)购买宝洁(P&G)洗发水,驱动供应链的就是这个顾客对洗发水的需求,这个需求会依次影响供应链的下一环节,包括沃尔玛、物流提供商、分销商、P&G 生产工厂。

供应链是动态调整的,主要协调在不同阶段的产品流、信息流和资金流,每一个阶段执行不同的过程并且与其他阶段互相联系:沃尔玛提供产品信息、价格信息给顾客,顾客付款获得产品,沃尔玛再把售卖信息和补货信息传送给配送中心,配送中心补货,分销商提供价格信息和补货日期给沃尔玛。同样地,物料、资金流会在整个供应链上传递。

依照产品实体在价值链各环节的流转程序,企业的价值增值活动可分为上游环节和下游环节。企业的基本价值活动中,原材料供应、产品开发、生产运营被称为“上游环节”;成品储运、市场营销和售后服务被称为“下游环节”。上游环节增值活动的中心是产品生产,与产品的技术特性密切相关;下游环节的中心是满足顾客,与市场紧密相连。任何企业都只能在“价值链”的某些环节上拥有优势,而不可能在全部价值链上拥有优势,即某个企业在某些价值增值环节拥有优势,而在其余的环节上,其他企业可能更具优势。因此,为达到“双赢”乃至“多赢”的协同效应,企业之间彼此在各自的关键成功因素——价值链的优势环节上展开合作,寻求整体收益的最大化,这就是企业建立战略联盟的原动力。此外,循着价值链上溯,以原材料及产品供应和业务外包,将企业间纵向联盟可以被称为“供应链”或“供应链网络”。

供应链管理并不是一个全新的概念,它起始于 世纪 60 年代,伴随实体配送的形成和对企业物流出货方的关注 生。20 世纪 50—60 年 大量的研究表明供应链这一概念具有强大的潜在性—— 过关注总体成本并通过分析交 节,达到最低的实体配送成本。到了 20 世纪 90 年 供应链管理这一术语引起许多企业高 理者的注意,他们认识到供应链管理能够 企业的竞争力,提高市场占有率,改善股东权

供应 指生产及流通过程中,涉及将产品或服务提供给最终用户活动的上游与下游企业所 成的网链结构,如图 7-1 所示。这是一个非常复杂的网链模式,覆盖了从原材料供应链和零部件供应链(供应商)、产品制造商、分销商、零售商直至终端用户的整个过程。

在供应链运作过程中,会表现出一种层级关系。通常会有一个企业处于核心地位,对供应链上的信息流、资金流、物流进行调度和协调,其他节点企业在核心企业需求信息的驱动下,通过供应链的职能分工与业务合作(生产、分销、零售等),以资金流、物流和服务流为媒

介实现整个供应链的不断增值,如图7-2所示。

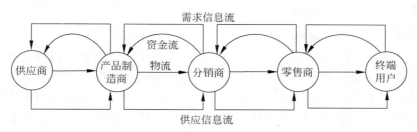

图 7-1　网链结构的供应链

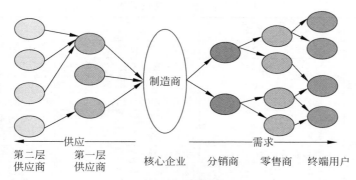

图 7-2　供应链层级图

　　如果把供应链描绘成一棵枝繁叶茂的大树,那么制造商构成树根,分销商则是树的主干,零售商是树的枝干和树梢,最终用户则像绿叶和红花;在根与主干、支干和树梢节点的连接表示了信息的通路,整个大树上相通的脉络便是供应链管理系统。

　　供应链上的企业类似于生物学的食物链。在"草—兔子—狼—狮子"这样一个简单的食物链中(为便于论述,假设在这一自然环境中只生存这四种生物),如果人们把兔子全部消灭掉,那么草就会疯长,狼也会因兔子的灭绝而饿死,连最厉害的狮子也会慢慢饿死。可见,食物链中的每一种生物都是相互依存的,破坏生物链中的任何一种生物,势必导致整条食物链失去平衡,最终破坏生物赖以生存的环境。同样,在供应链"企业 A—企业 B—企业 C"中,企业 A 是企业 B 的原材料供应商,企业 C 是企业 B 的产品销售商。如果企业 B 忽视了供应链中各要素的相互依存关系,而过分注重自身的内部发展,生产产品的能力不断提高,但如果企业 A 不能及时向企业 B 提供生产原材料,或者企业 C 的销售能力跟不上企业 B 产品生产能力的发展,那么可以得出与食物链相类似的结论:企业 B 的生产力与供应链的整体效率不匹配。通常情况下,构成供应链的基本要素如下。

　　(1)供应商:主要指为生产厂家提供原材料或零部件的企业。

　　(2)制造商:主要指制造业企业,是产品生产的最重要环节之一,负责产品生产、研发和售后服务等。

　　(3)分销商:主要指为实现将产品送到消费者手中而设立的产品流通环节的代理企业。

　　(4)零售商:主要指将产品销售给消费者的企业。

　　(5)终端用户:主要指供应链的最后环节,也是整条供应链的主要收入来源。

供应链一般包括物资流通、商业流通、信息流通、资金流通 4 个流程,这 4 个流程有各自不同的功能以及不同的流通方向。

1. 物资流通

物资流通流程主要是物资(商品)的流通过程,是一个发送货物的过程。该流程的方向从供货商开始,经由制造商、分销商、零售商等指向终端用户。长期以来,企业理论都是围绕产品实物展开研究,物资流通受到人们的广泛重视;许多物流理论都涉及如何在物资流通过程中,以较短时间和较低成本运送货物。供应链物流系统类型包括流入为主、流出为主和双向平衡的三种类型,具体信息如表 7-1 所示。

表 7-1　供应链物流举例

物流系统类型	具体例子	流　入	流　出
流入为主的物流系统	汽车装配厂	零部件、组件等	汽车
	运输企业	燃料、食品(航空)、零件、设备	(客货)运输服务
	财务公司	管理和办公设备	财务服务
	独立的零售店	商品和设施	无(商店不能不流动)
流出为主的物流系统	采掘业	生产设施	大量的煤、矿石等
	林产品企业	生产设施	大量的木材
双向平衡的物流系统	日用品制造商	零部件、材料	面向最终用户大量的商品
	食品加工	生鲜食品、罐头、瓶子	面向最终用户的包装食品
	分销商	商品	商品

物资流通流程的示意图如图 7-3 所示。

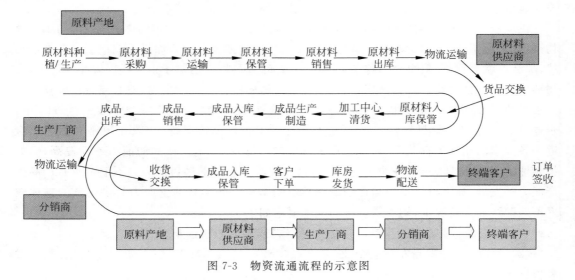

图 7-3　物资流通流程的示意图

2. 商业流通

商业流通流程主要是买卖的流通过程,是接受订货、签订合同等的商业流程。该流程是在供货商与消费者之间双向流动。目前,商业流通形式趋于多元化,既有传统的店铺销售、上门销售、邮购的方式,又有通过互联网等新兴媒体进行购物的电子商务形式。

3. 信息流通

信息流通流程是商品及交易信息的流通过程。该流程的方向也是在供货商与消费者之间双向流动。过去人们往往把重点放在看得到的实物上,信息的流通一直被忽视,以至于有人认为,物流落后同把资金过分投入物资流通而延误对信息流的管理不无关系。

信息共享是消除需求信息不确定性的有效方法。作为下游终点的用户对商品的需求是波动的,当下游需求发生变化时,由于供应链的固有属性,这种变化的信号就会沿着供应链自下而上逐渐放大,形成所谓的"牛鞭效应"。"牛鞭效应"现象之所以产生,是因为伴随销售信息流动,其他相关动态信息也具有不确定性。信息共享即集中信息需求使供应链中所有的企业都能直接得到最终用户的实际需求信息,增加了供应链中各节点企业的透明度,减少了重复建设和重复运作中人、财、物等资源的浪费,大幅降低了供应链中各节点企业的库存,相应地减少了供应链上的不确定性。

4. 资金流通

资金流通流程就是货币的流通过程。为了保障企业的正常运作,必须确保资金及时回收,否则企业就无法建立完善的经营体系。该流程的方向是由消费者经由零售商、分销与物流、制造商等指向供应商。

综合以上供应链的主要流程,供应链中各要素的关系如图 7-4 所示。

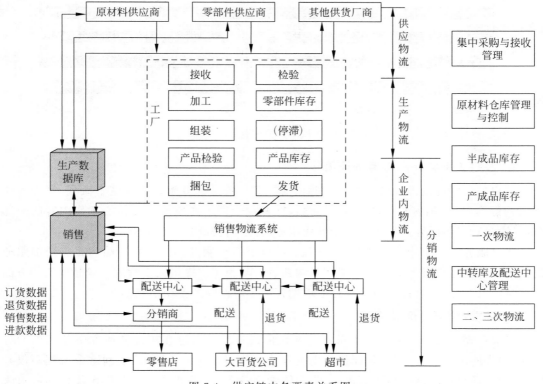

图 7-4 供应链中各要素关系图

7.1.2　供应链业务活动

供应链的设计涵盖从原材料供应商开始,经过制造商的采购、研究与开发(R&D)、加工、生产、分销、零售等环节,到产品或服务交付的每一项业务活动。因此供应链的内容涵盖了生产理论、物流理论和营销理论三大理论,供应链的主要业务活动之间的关系如图 7-5 所示。以下内容将详细阐述供应链关键业务流程。

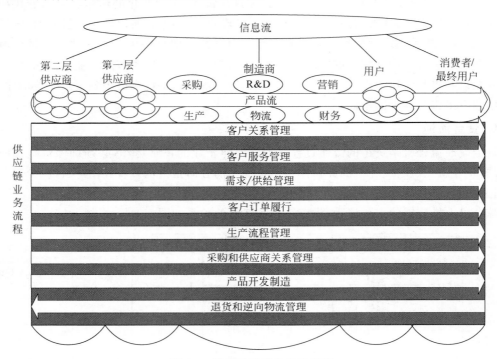

图 7-5　供应链关键业务流程图

1. 客户关系和客户服务管理流程

客户关系管理流程提供了如何发展和维护客户关系的方法。通过这个流程,管理者能辨识关键客户,根据客户价值将他们分类,把客户管理工作作为公司核心工作内容的一部分,并通过针对不同客户群体提供个性化服务的方式,提升客户忠诚度。

客户服务管理表明了公司对客户的态度,也是客户服务部门开发产品和相关附加服务的关键步骤。客户服务部门与职能部门沟通、协作,为客户提供关于物流和产品使用等方面的实时信息。此外,客户服务流程还能辅助客户了解产品的使用信息。

2. 需求/供给管理流程

需求管理是一个平衡客户需求和企业供应的过程。通过在正确的地方遵循正确的程序,能预先匹配需求和供给,从而使计划更有效地执行。此外,必须认识到这个流程不仅有助于预测,还可以协调供给和需求、增强供给弹性、减少需求波动。一个运作优良的需求管理系统,能够实现点对点销售,并了解关键客户的信息以减少供应链上的不确定性,有效地协调市场需求和生产供给。

3. 客户订单履行流程

客户订单履行流程不仅包括下达订单指令,还包括定义客户需求、设计订单履行的最优网络,实现在最小化配送成本的基础上满足客户需求等一系列活动。客户订单履行流程建立起一个从供应商到公司,再从公司到不同客户的无缝衔接的系统。

4. 生产流程管理流程

生产流程管理主要是与生产有关的活动,包括原材料采购、生产、产品运输。这个流程的目标是在既定的时间内以尽可能低的成本,生产尽可能多的产品。为了达到预期的生产要求,企业生产计划的制订和执行就需要供应链参与者的合作。

5. 采购和供应商关系管理流程

供应商关系管理流程的主要目的是与供应商建立和维持良好关系。这个流程与客户关系管理流程类似,简言之,供应商关系管理就是定义和管理产品的服务包。

6. 产品开发制造流程

供应链管理的核心是要和客户及供应商共同开发产品,并把产品投放市场。负责产品设计和商业化过程的团队应该和客户关系管理(CRM)流程中的团队合作,确认客户需求,也需要一同选择材料和供应商。同时,还需要和生产流程管理过程中的团队合作,根据市场的需求来发展新产品技术,具体包括三项内容:商品的规划、设计、商品化;需求预测和生产计划;商品生产和质量管理。

7. 退货和逆向物流管理流程

虽然供应链管理应尽量避免发生产品回收事件,但是仍然难以避免,因此退货和逆向物流管理流程非常必要。退货和逆向物流管理流程包括与管理回收、逆向物流有关的活动。适当地执行回收管理不仅能有效管理产品中的次品,还能重复利用诸如包装盒之类的可循环利用的产品。有效的回收管理是供应链管理的重要组成部分,它能使公司获得持续的竞争力。

7.1.3　供应链特点

从供应链的结构模型可以看出,供应链是一个网链结构,由围绕核心企业的供应商、供应商的供应商和经销商、终端用户组成。每个企业都是一个节点,节点企业和节点企业之间是一种需求与供应关系。供应链主要具有以下特征:

1. 复杂性

供应链为网链结构,不同节点企业组成的跨度(层次)不同,供应链往往由多种类型的企业组成,所以供应链结构比单个企业的结构模式更为复杂。

2. 动态性

供应链是一个动态系统,它需要管理和协调不同环节之间持续不断的信息流、物流和资金流。此外,因企业战略变革和适应市场需求变化的需要,供应链中节点企业需要动态地更新,这也使得供应链具有明显的动态性。

3. 面向用户需求

顾客是供应链中不可或缺的组成部分。供应链活动始于顾客订购,任何一个供应链的存在都是为了满足顾客需求,并在这一过程中盈利。

4. 交叉性

节点企业可以是这个供应链的成员,同时又是另一个供应链的成员,众多的供应链形成交叉结构,增加了供应链管理的难度。

7.1.4　供应链模式演化

供应链管理最早是从制造行业衍生出来的,是在企业物流管理的基础上逐渐完善而来的,由最初的物流管理发展到供应链管理大概经历了如下 4 个阶段。

第一阶段开始于 20 世纪 60—70 年代,企业把各种物流功能分离出来,包括生产、存储、运输和采购等,形成了相对独立的业务。在制造业企业开展大规模制造的生产方式下,物流功能的分离可以解决从订货到发货周期过长的问题。在这一发展阶段,许多企业都有储备仓库,但企业还没有整体物流管理的概念,物流活动分散在企业生产和销售的不同部门,各个功能与活动之间缺乏配合,各自独立运作,如图 7-6 所示。

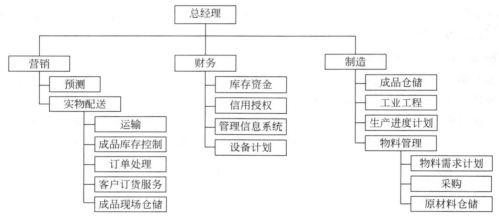

图 7-6　发展到供应链第一阶段

第二阶段实现了部分物流管理功能的集成。典型的方式是把采购与物料控制、库存控制功能结合成物料管理功能,如图 7-7 所示。企业通过设置分销部门,将送货与分拣、拣选等整合成配送功能。但是这种集成只限于某几种功能,并未扩展到全部物流活动。

第三阶段是企业内部的物流管理一体化。企业把物流各项功能集中起来,成立新的物流部门,综合管理和运作企业内部物流。依靠信息技术和信息系统打破物流管理的行政壁垒,通过整合与物流相关的过程和活动,实现整个物流系统的总成本最低,或者是在保持一定客户服务水平的基础上降低物流成本。第三阶段的业务功能如图 7-8 所示。

第四阶段是供应链管理的兴起。进入 21 世纪,在经济全球化蓬勃发展,强调针对客户定制生产的趋势下,企业开始以快速响应为目标,"纵向一体化"的管理模式已经不能满足市场需要,企业管理的范围从企业内部扩展到企业外部,从单个企业向外部社会扩展。企业逐

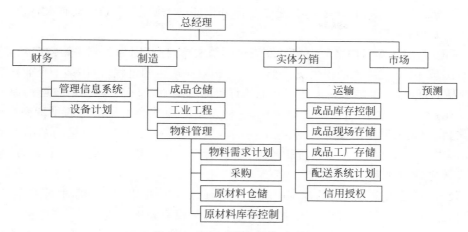

图 7-7　发展到供应链第二阶段

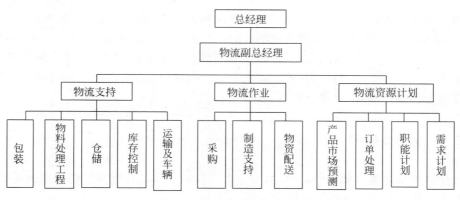

图 7-8　发展到供应链第三阶段

渐认识到产品的竞争力不是一个企业能决定的,而是由整体供应链所决定,企业之间开始结成联盟。因此,出现了"横向一体化"的发展模式。企业及其合作伙伴形成了一条从供应商到制造商再到分销商的贯穿所有企业的"链条",这就是供应链的雏形。在这个链条上,相邻节点企业之间表现出一种需求和供应关系,链条上的所有节点必须协调、同步运行,才能使链条上所有企业都能受益。

7.2　供应链运作模式——打造"0"库存

供应链是着眼于整个供应网络的库存最优、成本最低、浪费最少,追求的是多个合作企业之间的"0"库存。

7.2.1　牛鞭效应

不管企业采用哪种类型的供应链,都需要解决一个问题,也就是人们常说的牛鞭效应(bullwhip effect)。想象一下甩动的牛鞭,牛鞭的末梢是波动最大的部位。消费者驱动市场需求,当市场需求发生微小的变化时,越往生产和供应的上游走,需求变动越大,这是一个非常形象的"甩动的牛鞭"。

2000 年,某国际知名网络厂商曾经发表过一篇文章,称其因为受到牛鞭效应的影响,波动的库存造成了 20 亿美元的损失。模拟一下牛鞭效应产生的过程,假如某个企业接到需要 100 个产品的订单,它可能会认为还有其他的订单随时产生,那么它就会给自己的原材料供应商下达生产 150 个产品所需要的原材料,这样多余的库存产生了。它的供货商拿到 150 个订单之后,也是用同样的做法,又找它上一层的供应商,在现有订单数量的基础上增加到 1.5 倍。这样越往上游走,订单数目就越大,而实际上真正需要的只是 100 个商品,这种可怕的放大效应就表现为"牛鞭效应"。

"牛鞭效应"是供应链管理的基本问题之一,指的是供应链上的一种需求被变异、放大的现象,是信息流从最终用户端向上游供应商端传递时,没有被有效地共享,信息扭曲而且被逐级放大,导致了需求信息出现越来越大的波动。这种信息扭曲的放大作用在图形上很像一根甩起的牛鞭,因此被形象地称为牛鞭效应。可以将处于上游的供应方看作牛鞭的梢部,下游的用户看作牛鞭的根部,一旦根部抖动,传递到末梢端就会出现很大的波动。"牛鞭效应"会给企业带来严重后果,最终使供应链的每一个成员蒙受巨大损失。

解决这类问题的核心所在就是上下游企业间信息需要及时共享,即建立供应链管理系统。现代企业采取的供应商管理库存(vendor managed inventory)、联合库存控制、第三方管理库存等方法都是消除"牛鞭效应"的有效途径。

7.2.2　SCOR 模型

借助供应链运作参考模型(SCOR 模型),可以说明供应链计划与运作管理的主要内容。SCOR 模型描述了 5 个基本流程:计划(plan)、采购(source)、制造(make)、配送(deliver)和退货(return),如图 7-9 所示,它定义了供应链运作参考模型的范围和内容。

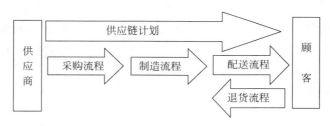

图 7-9　供应链 SCOR 模型

1. 供应链计划

根据 SCOR 模型的要求,企业要在统一的战略计划的框架下,制订一系列短期的运营策略。企业需要有一个控制所有资源的供应链计划,以满足客户对产品和服务的需求。供应链计划的核心是建立一套机制监控整条供应链,以便使它能有效运作,即以尽可能低的成本实现尽可能高的配送品质和客户增值服务。计划关系到供应链的战略目标和运营,在 SCOR 模型中,供应链计划包括需求计划和供给计划。

1）需求计划

需求计划包括评估企业整体生产能力、总体需求，针对产品分销渠道进行库存计划、分销计划、生产计划、物料及生产能力的计划。

2）供应计划

供应计划包括制造或采购决策的制定、供应链结构设计、长期生产能力与资源规划、企业计划、产品生命周期的决策、生产正常运营的过渡期管理、产品衰退期的管理与产品线的管理等。

供应链计划还包括供应计划管理，主要的思路是首先预测企业未来的需求，然后结合企业已有的资源做出供给计划，甚至要考虑是自己组织生产还是外包出去；预测未来几个月内需要资源的数量，如人力、机器设备等；根据企业生产所需的各类资源的成本，以及不同季节促销的需求做出促销计划，以管理企业自身可以控制的变化。此外，企业还要做好库存计划，储备多少的安全库存？采用连续补货策略还是周期补货策略？这些都是需要在计划管理中考虑的问题。做好设施规划，如用哪个地方的生产满足哪些市场，发生缺货从哪里调货等；根据供应链战略规定的供应链类型和提前期制订运输规划。这些管理是建立在对未来需求预测的基础上，企业也必须管理好预测的误差，确保供应链计划管理有一定的弹性，以免在市场出现供大于求或者缺货时造成巨大的损失。

完成供应链计划需要依靠供应链运作管理，根据 SCOR 模型所描述的供应链运作管理模式，它包括采购、生产、配送和退货 4 个流程，各部分的详细内容如下。

2．采购流程

采购管理的任务是保证企业生产对所需的原材料进行有计划有组织的购买。其目标是确保费用最省、保证质量、适时适量的原料供应。

采购活动可以分为采购作业与采购基础建设两项活动，采购作业包含寻找供货商、收料、进料品检、拒收与发料作业；采购基础建设管理包含供货商评估、采购、运输管理、采购品质管理、采购合约管理、付款条件管理、采购零组件的规格制定。

在 SCOR 模式中主要规定了企业的采购作业，包括以下两方面。

1）寻找供应商/物料收取

获得、接收、检验、拒收与发送物料；供应商评估、采购运输管理、采购品质管理、采购合约管理、进货运费条件管理、采购零部件的规格管理。

2）原材料仓库管理

原材料运送和安装管理；运输管理、付款条件管理以及安装进度管理。

在 SCOR 模式中采购基础建设的管理主要包括采购业务规则管理、原材料存货管理规则。通过建立选择生产所需产品或服务的原材料或服务的供应商的标准，和供应商建立一套价格、供应、支付过程的体系，同时还需要设计一种机制以监控这个过程、改善供应商关系。

3．制造流程

制造环节需要完成产品的生产、测试、包装和预出货活动。作为供应链的核心机制，它意味着质量水平、产品输出和工厂产能的有效控制。此模块包含制造执行作业与制造基础建设的管理两项活动。制造执行作业包含如下两方面。

（1）生产运作管理，如领料、产品制造、产品测试与包装出货等。

（2）制造基础建设管理，包含制造业务规格管理、在制品库存管理、工程变更、生产状况掌握、生产品质管理、现场排程制订、短期产能规划与现场设备管理等。

4. 配送流程

在 SCOR 模式中，配送是指从订货到订单履行完成所涉及的资金流、信息流和物流过程，具体包括客户下达订单、建立仓库网络、选择承运商、分发货物，建立收款制度一系列过程。从功能的角度，配送流程具体又分为订单管理、仓储管理、运输管理、配送基础建设管理四项活动，各项活动的详细内容如下所述。

1）订单管理

订单管理作业包含接单、报价、顾客资料维护、订单分配、产品价格资料维护、应收账款维护、授信与开具发票等过程。

2）仓储管理

仓储管理包括存储、拣货、按包装明细将产品装箱、制作客户特殊要求的包装与标签、整理确认交货地点、运送货物。

具体的仓储作业管理可细分为入库管理、存储管理和出库管理几部分，涉及设施设备、人员安排、储位分配、仓储条件检测（有些原料需要特殊的）、分拣、再包装等。仓储管理是一个基本的环节，涉及管理仓库中的货物和设备、管理作业人员以及作业流程，这些工作将直接影响物流服务的成本、效率，以及仓储作业的准确性。

3）产品运输安装管理

产品运输管理作业包含产品运输方式安排、进出口管理、货品安装事宜规划、安装与产品试行（例如，销售大型机器给顾客，须先帮助安装完毕，然后进行调试）。运输管理决策考虑的问题主要包括如下几点：运输方式的选择、运输线路的确定、运输服务商的选择、运输线路的优化、货品安装进度安排、安装与产品试运行。产品运输安装管理要遵循"及时、准确、安全、经济"的原则，做到加速流通，降低费用，提高质量，"多快好省"地完成运输任务。

4）配送基础建设的管理

配送基础建设的管理包括配送渠道的政策制定、配送存货管理、配送品质的掌握与销售管理办法的制订。

5. 退货流程

退货是供应链的难题之一——这需要创建一个网络以接收那些从客户返回的残次品或过剩产品，以服务于对货物产生怀疑的客户。以退回的货物的属性分，包括不良品、间接物料（MRO）、过剩成品；依据退货流程中的响应方式分，包括核准作业、退货排程、退换作业、销毁作业；以退货作业的对象分，包括顾客对供货商、供货商对原料供应商，前者是产品退回，后者是原料退回，两者的具体含义如下。

1）原料退回

原料退回指退还原料给供应商，包括与商业伙伴的沟通、文件资料的准备，以及物料实体的返还与运送。

2）产品退回

产品退回是指接受并处理从客户处返回的产品，包括与商业伙伴的沟通、文件资料的准备,以及物料实体的返还与接受及处理。

SCOR模式中的供应链流程中的各环节在纵向上也是相互联系的。例如,配送环节的订单管理,处理的订单来自客户,并且在企业其他环节也会产生新的订单,如制造订单是在用户需求订单的驱动下产生的。制造订单驱动采购订单,采购订单再驱动供应商。这种准时制的订单驱动模式,使供应链系统可以及时响应客户需求,降低库存成本,提高物流速度和库存周转率。

总之,供应链运作管理的目标是以最好方式完成运作策略,这里既需要把具体的订单分配给生产车间,或者是用存货满足,并明确订单完成的时间;产生仓库出货检货单,确定订单运输方式,确定发货或者补货时间;制订周期性的生产计划。

7.2.3 供应链管理的功能模型

供应链管理(Supply Chain Management,SCM)是继 ERP 后的又一个信息系统应用热点。供应链是围绕核心企业,通过对信息流、物流、资金流的控制,从采购原料开始,制成中间产品以及最终产品,然后由销售网络把产品送到消费者手中,将供应商、制造商、分销商、零售商,直到最终用户连成一个整体的功能网链结构模式。

根据不同应用范围,供应链管理软件功能分为供应链计划(SCP)系统和供应链执行(SCE)系统两部分,它们与企业资源计划有紧密的联系,如图 7-10 所示。

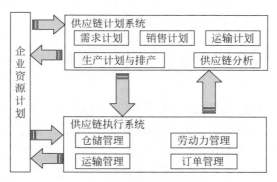

图 7-10 供应链结构图

1. 供应链计划系统

供应链计划(Supply Chain Planning,SCP)系统是供应链中非常重要的部分,它通过不断规划资源配置优化整个供应链上的商品、服务和信息,实现供给和需求的平衡。供应链计划系统一般由 5 个主要模块组成,分别是需求计划、销售计划、生产计划与排产、运输计划、供应链分析。

1) 需求计划模块

在拉动型的供应链管理系统中,准确的需求是供应的驱动力。需求计划模块通过使用统计工具、因果要素和层次分析等手段进行精确的预测,其先进性体现在这个模块包含了多种智能异常事件仿真功能,不仅可以预测销售,还可以综合考虑外部市场环境变化。不仅如此,需求计划模块还采用了包括 Internet 和协同引擎(collaboration engines)在内的通信技术,实现了供应链上下游之间的协同预测。这一模块还支持从 ERP 系统收集历史数据开展分析,建立预测模型并计算预测值,根据实际发生的情况修改预测值。供应链需求计划模块的管理逻辑如图 7-11 所示。

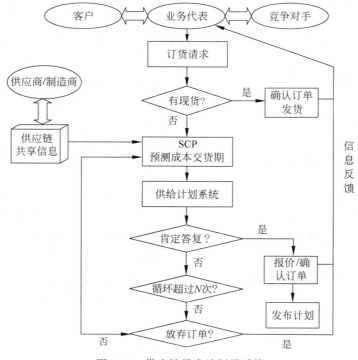

图 7-11　供应链需求计划子系统

2）销售计划模块

销售计划模块可以理解为供应链的调度系统,帮助管理分销中心,并保证产品可订货、可盈利、能力可用。分销计划帮助企业分析原始信息,协助企业建立优化的存货管理策略,提供终端到终端的透明度,减少存货投资。

3）生产计划与排产模块

生产计划与排产模块也被称为高级计划和排程模块,主要用于分析企业自身和供应商生产设施的物料和能力的约束,编制满足物料和能力约束的生产进度计划。还可以按照给定条件进行优化。另外,它还具有提供订单承诺的能力。

4）运输计划模块

运输计划模块帮助确定将产品送达客户的最佳途径。运输计划模块能对交付进行归类,并充分利用运输能力。

5）供应链分析模块

供应链分析是整个企业供应链的建模,帮助企业从战略功能上对工厂和物流中心的位置、产量进行调整。它可以模拟供应链的发展变化,对企业未来有可能贯穿整个供应链的产品进行分析,发掘问题出现的症结。

2. 供应链执行系统

供应链执行(Supply Chain Execution,SCE)系统是一个内涵广泛的概念,主要处理有关供应链上与执行相关的事务,因此供应链执行系统和仓储、物流联系紧密。供应链执行系统包括订单管理、仓储管理、运输管理和劳动力管理等。

1)订单管理模块

订单管理模块从多个销售渠道汇总客户订单,并进行相关的业务操作,包括订单生成、订单排序等工作,订单管理可以追踪原料供应商的绩效表现。

2)仓储管理模块

仓储管理模块可以帮助企业优化仓库使用空间、计划人力资源、管理库存和执行订单。这个模块与装箱、包装、运输等工作密切相关,对提高相关的工作效率非常重要。

3)运输管理模块

运输管理模块可以帮助企业优化多种运输方式的成本,通常跨国公司比较热衷于采用这一功能模块。随着云计算技术的推广,越来越多的中小企业开始采用这一功能模块。

4)劳动力管理模块

劳动力管理模块可以帮助企业依据人员的工作负荷,规划从事仓储和生产的劳动力,实现高效的劳动力管理。劳动力管理模块还可以追踪员工的行为和生产力,优化劳动力成本。

供应链计划系统着眼于长期管理,例如几个月,甚至是一年。供应链计划系统并非凭空计划,而是基于制造、物流和库存数据做出科学预测。与其不同,供应链执行系统则着眼于执行计划的日常运营,包括订单的执行、运输产品、管理仓储。除此以外,供应链执行系统和供应链计划系统还存在如下差别:供应链执行系统主要负责供应链上节点的操作事宜,通过优化节点的操作,确保供应链整体的流程顺畅,而供应链计划系统重点对未来进行计划,与财务系统联系较少,在计划中考虑的不是财务成本,而是机会成本。供应链计划系统和供应链执行系统就像一枚硬币的两面,共同组成了供应链管理系统。

在大多数人的概念中,仓库并不是一个复杂的系统,为什么需要单独一个仓库管理系统(Warehouse Management Systems,WMS),而这个软件有的时候甚至比 ERP 还要贵? 大部分的 ERP 软件也具有仓库管理模块,ERP 的仓库管理模块和专业的仓库管理系统有何区别?

如果某个仓库不是供应链中的关键节点,那么这个仓库当然不是复杂的仓库,例如制造企业的仓库,因此并不需要复杂的仓库管理系统来管理。但是,如果仓库是一个在复杂供应链环境中的仓库,那么它的复杂程度可能会超过大多数人的想象。存在于一个复杂供应链环境中的仓库,它起的作用不仅是保管,更多的是物流行业中所谓的"动态管理"的过程——如何将不同供应商的大量商品,在多个仓库中分配给千千万万的客户。要知道,这些供应商的状态、商品的特性、客户的要求几乎没有一个是完全相同的,而在这个分配过程中,仓库还需要做到:在正确的时间和地点,以正确的方式和数量,送到正确的客户手中。从这个角度看,引入 WMS 系统就显得十分必要了。

与此相对应,ERP 中很难实现以下几点要求:多供应商、多客户管理,这并非简单地在商品中记录供应商或客户的信息,而是要根据不同的供应商属性采用不同的收货、入库和上架策略;多仓管理,多个不同仓库之间的调度与支援;动态的调度,特别是多种不同的货位动态的调度。

而专业的 WMS 则把注意力放在仓库的动态管理方面。通过多供应商、多仓管理支持第三方物流,设定包装单元和物流集装单元,实现对整个物流中心内全部商品的追踪;以严格的批号管控商品的收货和出库日期；供应商和商品可以设置不同的入库、拣货策略，以满足不同供应商对仓库操作的要求，改善仓库的存货控制；通过不同拣货方法，提高入库和拣货的效率，特别是采用交叉转运(cross dock)方法，加速商品的流转速度、减少存货。

通过对供应链系统功能的介绍，大概清楚了供应链管理系统与 ERP 系统的联系和区别，如图 7-12 所示。供应链管理系统实际覆盖了企业从最初获取原材料到转换成最终产品，直至交付给最终用户的整个生产和销售过程，是若干"供""需"环节的有序链接。由于目前的企业往往是多产品的，供应链实际上是以自身企业为核心的全部增值过程的网络。而 ERP 系统的重点是企业内部的全面管理，虽然有一些工具可以与其他企业相联系，但是往往是基于事务处理层面的，如发出采购单、输出出货单，可以实现与其他企业的信息沟通，但不具备在复杂环境下优化的能力。供应链管理系统主要处理与供应链上相关的事务，因此，它的特点就是与多个企业有关联，而且这种关联并不是像 ERP 系统主要站在企业的角度考虑——无论是供应链执行系统，还是供应链计划系统都是站在整体供应链的角度考虑供应链上多个企业的共赢。

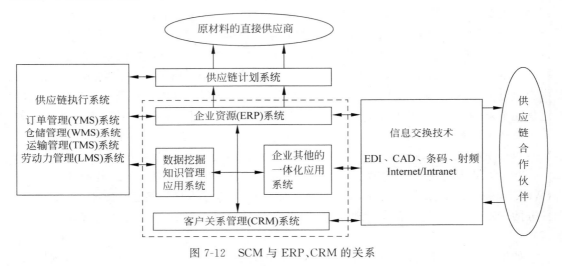

图 7-12　SCM 与 ERP、CRM 的关系

7.2.4　供应链管理系统的思想

供应链管理是一种先进的管理理念，它的先进性体现在是以顾客和最终消费者为导向，以满足顾客和消费者的最终期望生产和提供产品和服务。

借助网络技术，供应链管理系统可以方便、迅速地收集和处理大量数据，使供应商、制造商、销售商及时得到准确数据，制订切实可行的需求、生产和供货计划，以便供应链的组织、协调和运作。采用电子商务，企业可以及时处理信息、跟踪客户订单执行，进行有效的采购管理、存货控制以及物流配送等服务，促进供应链向动态、柔性、虚拟、全球网络化的方向发展，提高基于供应链的持续竞争优势。

1.　实现供应链业务协同

供应链是由供应商、制造商、批发商、销售商、客户和服务商组成的网状结构。供应链中各环节不是彼此分割的，而是环环相扣的一个有机整体。供应链管理把物流、信息流、资金流、业务流和价值流的管理贯穿供应链的全过程,覆盖从原材料和零部件采购与供应、产品制造、运输与仓储到销售的各个职能领域,要求各节点企业之间实现信息共享、风险共担、利益共存,并从战略的高度来认识供应链管理的重要性和必要性,从而真正实现整体有效的管理。

供应链管理系统能支撑企业信息管理,通过供应链管理系统帮助企业快速实现信息流、资金流和物流的全方位管理和监控。同时,企业通过基于供应链的电子商务可以将供应链上下游的供应商、企业、经销商、终端用户进行全面的业务协同管理,实现高效的资金周转。

2. 供应链管理系统是一种集成化的管理模式

供应链管理系统把所有节点企业看作一个整体,实现全过程管理。传统的管理模式往往以企业的职能部门为基础,但由于各企业之间以及企业内部职能部门之间的性质、目标不同,容易造成相互的矛盾和利益冲突,导致各企业之间以及企业内部职能部门之间无法完全发挥其效率,很难实现整体供应链管理的目标。实现整体供应链管理目标的关键是采用集成的思想和方法,供应链管理是一种从供应商开始,经由制造商、批发商、零售商,直到终端客户的全要素、全过程的集成化管理模式。供应链管理是一种新的管理策略,它把不同的企业集成起来以增加整个供应链的效率,注重的是企业之间的合作,达到全局最优。

3. 供应链管理系统提出了全新的库存观念

传统的库存思想认为库存是维系生产与销售的必要措施,是一种必要的成本。供应链管理使企业与其上下游企业之间在不同的市场环境下实现了库存的转移,降低了企业的库存成本,同时也要求供应链上的各个企业建立战略合作关系,通过快速反应降低总体的库存成本。

4. 供应链管理系统以最终客户为中心,这也是供应链管理的经营导向

供应链管理思想由以前的"推式"转为以客户需求为动力的"拉式"供应链管理,也就是更加重视客户,以顾客的需求为大前提,透过供应链内各企业紧密合作,有效益地为顾客创造更多附加价值。供应链管理系统围绕着这个核心,协调从原材料供应商、中间生产过程到销售网络的各个环节,对企业实体、信息及资金的双向流动进行管理,强调速度及集成,提高供应链中各个企业的即时信息可见度,以提高效率。

正是由于有最终消费者的需求,才有了供应链的存在。而且也只有让最终消费者的需求得到满足,才能有供应链的更大发展。所以,无论构成供应链的节点企业数量的多少,也无论供应链节点企业的类型、层次有多少,供应链的形成都是以最终消费者的需求为导向。

5. 供应链管理系统转变经营方式

基于供应链管理的电子商务可以帮助企业从传统的经营方式向互联网时代的经营方式转变。随着互联网技术的深入应用、网上交易习惯的逐渐形成,企业的经营模式也需要相应转变。借助基于供应链管理的电子商务平台,企业可以享受到从内部管理到外部商务协同的一站式、全方位服务,提高了企业资源利用效率,显著提升企业的生产力和运营效率。

通过对供应链管理概念和特点的分析,相对于旧的依赖自然资源、资金和新产品技术的传统管理模式,以最终消费者为中心、将客户服务、客户满意、客户成功作为管理出发点的供应链管理的确具有多方面的优势。但是也应该注意到,由于供应链是一种网状结构,一旦某一局部出现问题,就会马上扩散到全局,所以在供应链管理的运作过程中就要求各个企业成

员对市场信息的收集与反馈要及时、准确,以做到快速反应,降低供应链的损失。如果想做到这些,供应链管理一定要有先进的信息系统和强大的信息技术作为支撑。

7.3　供应链赋能企业运营

最近30年,随着世界制造业的发展,形成了全球产业链分工,这种以供应链效率为主要导向的分工已经日益为越来越多的行业所接受。然而,正是这种分工导致产业链环节过多,增加了全球产业链断裂的风险,一旦遇到自然灾害、社会动荡、疫情等全球性危机,就会打破产业链平衡,给全球经济带来极大的冲击。

在世界经济不稳定因素加剧的大环境下,以疫情为代表的各类不同程度的不确定性和易变性将成为新常态。面对这种不确定性,从地域上看,供应链重构会更多地在全球范围内呈现分散化趋势,在有一定产业基础的某些国家或区域,优秀的企业通过专业分工聚集形成区域供应链,而不是全球供应链——这样可以平衡供应链的效率和韧性。

另一方面,企业之前传统的供应链建设过于偏向对下游消费者的灵活性,而缺乏对上游供应商的韧性。很多企业都建设或规划了供应链,尽可能满足客户的多样化需求,而对于上游的供应商,则是尽可能用各种方式缩短交货周期、降低采购成本。但是,这样的供应链只考虑了供应链需求端的柔性,而忽视了供应链供应端的韧性。在新常态的情况下,从传统的供应链重构成新型供应链,已经势在必行。

未来的竞争不是企业和企业之间的竞争,而是供应链之间的竞争。基于以上两方面,供应链如何应对未来不确定性 VUCA (易变不稳定 (Volatile)、不确定 (Uncertain)、复杂 (Complex)、模糊 (Ambiguous))时代,如何从战略上帮助企业应对客户的需求,本节将从数字供应链和供应链战略两方面提出应对策略。

7.3.1　供应链赋能企业未来

虽然供应链已经被应用到各行各业,但是它仍然在不断完善、发展。未来,企业的成功仍然离不开供应链的赋能。

1. 数字经济与工业4.0时代的供应链管理

所谓工业4.0(Industry 4.0),是基于工业发展的不同阶段做出的划分。按照目前的共识,工业1.0是蒸汽机时代,工业2.0是电气化时代,工业3.0是信息化时代,工业4.0则是利用信息化技术促进产业变革的时代,也就是智能化时代。

工业4.0这个概念最早出现在德国,2013年,在汉诺威工业博览会上工业4.0被正式推出,其核心目的是提高德国工业的竞争力,在新一轮工业革命中占领先机。随后由德国政府列入《德国2020高技术战略》中所提出的十大未来项目之一。该项目由德国联邦教育局及研究部和联邦经济技术部联合资助,投资预计达2亿欧元,旨在提升制造业的智能化水平,建立具有适应性、资源效率及基因工程学的智慧工厂,在商业流程及价值流程中整合客户及商业伙伴,其技术基础是网络实体系统及物联网。

工业4.0是指利用信息物理系统(Cyber-Physical System,CPS)将生产中的供应、制造、销售信息数据化、智慧化,最后达到快速、有效、个性化的产品供应。

中国制造 2025 与德国工业 4.0 的对接渊源已久。早在 2015 年 5 月,国务院正式印发《中国制造 2025》,部署全面推进实施制造强国战略。目前,工业 4.0 已经进入中德合作新时代,中德双方签署的《中德合作行动纲要》中,有关工业 4.0 合作的内容共有 4 条,其中第一条就明确指出工业生产的数字化就是工业 4.0 对于未来中德经济发展具有重大意义,双方一致认为,两国政府应为企业参与该进程提供政策支持。工业 4.0 的架构,其特点是实现 3 个维度的集成(如图 7-13 所示)。

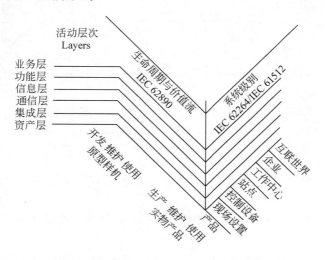

图 7-13　德国工业 4.0 架构

1)横向集成

以供应链为主线,将各种处于不同制造阶段和进行不同商业计划的信息系统集成在一起,最终实现社会化协同生产。

2)纵向集成

将不同层面(如传感器、控制、生产管理、制造和执行及企业计划等)的运营技术(OT)与信息技术(IT)系统集成到一起,完成企业内部不同信息技术系统、生产设施(以数字化、智能化生产设备为主)的全面集成,建立一个高度集成化的系统,为智能工厂网络化制造、个性化定制、数字化生产提供支持。

3)端到端集成

实现研发、生产、服务等产品全生命周期的所有活动的数字化贯通,集成价值链上为客户需求协作的不同公司。

可以看出横向集成和端到端集成都是以供应链为主线来数字化集成企业内部和外部的各种资源。

中国的工业互联网作为全新工业生态的关键基础设施,推动传统产业加快转型升级、新兴产业加速发展壮大。中国的工业互联网的架构主要聚焦在能力层、应用层、企业层和产业层 4 方面,如图 7-14 所示。

(1)能力层:主要是描述企业通过工业互联网实现业务发展目标所需要的构建的核心数字化能力。

(2)应用层:主要是明确工业互联网赋能企业业务转型的重点领域和具体场景。

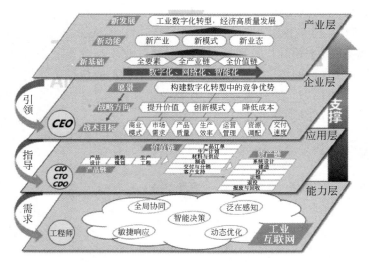

图 7-14　中国工业互联网架构

（3）企业层：主要是明确企业应用工业互联网构建数字化转型竞争力的理念、愿景、战略方向和具体目标。

（4）产业层：主要是阐释工业互联网在促进产业发展方面的主要目标、实现路径和支持基础。

工业互联网通过人、机、物的全面互联，实现全要素、全产业链、全价值链的全面连接，不断变革传统制造模式、生产组织方式和产业形态，推动传统产业转型升级，促进新兴产业加速发展壮大，这也是供应链管理的核心要义之一。

无论是德国工业 4.0，还是中国工业互联网，都是以供应链为主线来整合企业内部和外部的各种资源，并且扩展了供应链的范围，赋予了供应链新的使命，如图 7-15 所示。

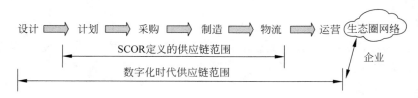

图 7-15　供应链管理范围的变化

SCOR 模型涉及生产与交付最终产品和服务过程中的一切活动，从供应商的供应商到客户的客户。在供应链的实际运作过程中，有一个企业处于核心地位，这个企业扮演着对供应链上的信息流、资金流和物流的调度中心与协调中心的角色。在以工业 4.0 为背景的数字化供应链时代，供应链管理的范围扩展到以下两方面：

（1）从产品设计、生产计划、生产制造、销售交付、运营维护的全流程；

（2）从传统的只注重"价值链"到"产品链、传统供应链、资产链"的数字化全生命周期管理，如图 7-16 所示。

在数字化供应链时代，供应链管理的典型特征也发生了转变：

（1）网络化、数字化、智能化成为重要的特征；

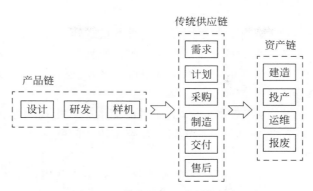

图 7-16 供应链全生命周期管理

（2）推动先进制造业和现代服务业深度融合，促进大中小企业开放融通，催生新模式、新业态成为新时代供应链管理的重大使命。

2. 数字经济时代供应链不确定性问题

数字经济是伴随工业 4.0 出现的，它有几个明显的特点：必须要有数字；必须要有网络；必须要智能。数字经济的实现，这三个特点缺一不可。当前，数字经济已经非常发达，发达的数字经济对供应链造成了很大的压力——原本在传统工业里，工业的预测响应能力就很弱，数字化经济来了，压力更大了。

数字经济中往往充满着更大的不确定性，随着消费者个性化需求日益增加，其购买的容忍时间和产品生命周期也越来越短，在这个竞争动态不断叠加的压力下，需要创新思维，审视问题的根源。在战略上，选择供应链的聚集是库存波动，为了降低不确定性对库存的影响，方法之一就是缩短供应周期，建立中央仓库，使终端和区域需求的波动彼此抵消。一旦有了正确的思维模式，通过需求驱动运营开发新的衡量方式构建双赢机制，大幅度缩短供应链从源头到客户端的响应周期，取代以成本为导向、零和博弈的方式，实现供应链简单、有效地管理、掌控。供应链上的不确定性主要包括需求不确定性、供应不确定性和信息不确定性，如图 7-17 所示。

1）需求不确定性

市场千变万化，对市场预测具有极大的不确定性——有时，不只是预测，即使是已经确认的订单，都会大幅度调整或取消。所以在供应链中，商家假设用户需求永远都是不确定的。需求不确定性包括需求的主体不确

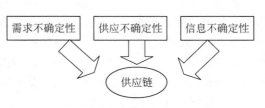

图 7-17 供应链的不确定性

定和客体不确定两个维度。即谁会买商家的产品不确定，会买商家的哪个产品也不确定。需求不确定性还包括需求的数量不确定和频度不确定两方面，数量和频度的不可预测性，就是需求不确定性。

2）供应不确定性

市场千变万化，影响的不仅仅是需求，同样影响着供应，供应端往往也处在不确定的漩涡中，主要体现在供应时间、供应数量、供应质量三方面。

供应时间的不确定性：是指准时交货不可靠，有时会发现，订货提前期不管怎么延长，

按时到货还是很难确定。

供应数量的不确定性：总有一些原因导致到货不足或到货过多,对于供应链管理来说,少到货和多到货都会带来非常大的被动,都属于供应数量的不确定。

供应质量的不确定性：供应的质量除了合格可用之外,还有配套情况,属于同一套件五个组件,少到一个,就会无法生产或交付。

当然,供应的不确定原因有很多方面,例如供应商的生产出现问题、供应商的供应商出现问题、物流运输异常等,这些都是供应链管理需要解决的问题。

3) 信息不确定性

供应链中需求和供应信息不能及时、有效地分享,就会表现出信息不确定性。

3. 数字供应链解决不确定性问题

供应链本质上是一个信息系统,是对企业信息流的协调和管理,其目的就是通过共享信息,解决信息不确定问题。

1) 数字供应链

数字供应链是一个新的概念,下面将简单介绍相关的知识。

(1) 数字供应链的概念。

传统供应链有两种类型：推式供应链和拉式供应链。推式供应链就是根据对市场的预测,把产品先做好,然后推向市场,卖多少就不知道了,例如瓶装水就是推式供应链,只是预测客户的需求;而拉式供应链则是根据客户的订单拉动供应链,接到客户订单就生产,但是是否能够在规定时间内满足订单很难确定,客户响应度很高但带给供应链的压力很大。

推拉式供应链则是利用了推式的高效和拉式的快速响应,在企业中被广泛地应用。但因传统供应链是串联的,有供应商,有核心企业,供应链也非常长,从供应商到用户会有很多的节点,很容易造成与客户之间信息沟通问题。实际上,因为节点多,也很容易浪费时间,为了解决信息传递失真和不及时的问题,数字化供应链应运而生。

使用数字化供应链,可以通过各种各样的数据采集,把控预测的一些关键数据,例如库存数据,供应商有多少库存,流通环节有多少库存,外面市场上的经济价格指数怎么样,有没有什么重大事件影响需求。然后这个数据一定要分享,在企业内部有销售计划平台,各个部门都能看到,销售部门、生产部门、物流部门都能看得到,同时可以把它扩展成企业跟企业之间共享,上下游都能看到销售计划的信息。

数字化供应链是基于物联网、大数据与人工智能等关键技术,构建以客户为中心,以需求为驱动的,动态、协同、智能、可视、可预测、可持续发展的一种网状供应链体系。

(2) 数字供应链的特点。

应用数字化供应链,整个供应链就变成了并联,同时也变成了网状——每个部门跟客户之间都能直接联系,客户的需求变化可以通过网状直接回到各个部门和各个企业,企业中的各个部门都能及时了解,在快速响应的同时,效率非常高,也可以降低风险。

首先,数字化供应链很重要的一点是以需求为驱动,而不是以自己的预测来驱动。实时数字化供应链是动态的,这种动态意味着一千种场景就必须要有一千种供应链。

其次,必须要协同。传统供应链有两种协同方式,一种是企业内部的销售部门跟供应链一起联合预测。有了数字供应链以后,这种协同可能就不需要——因为有了足够多的数据,也可以快速反应,具体包括采购数字化、决策数字化、供应商管理数字化、制造数字化和物流数字化。

2）数字供应链赋能新零售

新零售的兴起对新制造的支撑能力提出了要求。那么，新制造又跟数字化有什么关系呢？过去的制造就是制造产品，现在的制造已经开始慢慢向服务方向发展，也就是说，制造业将慢慢转变成为一种服务单位，向市场提供服务。

人们都认为共享经济是消费方面的共享，例如共享单车、共享充电宝等。实际上，真正的共享经济规模是在企业这一端，特别是在工厂这一端。工厂共享什么？可以共享很多东西，例如最简单的产能可以共享——并不是每个工厂的产能总能 100% 地用到，往往是产能要么多，要么不够。产能共享这种生产企业之间的共享经济是新制造中的一个很重要的组成部分。

对于新零售来说，新制造要做到 Any where、Any time、Any product。即在任何地方都可以生产、任何时间都可以生产、任何产品都可以生产。正是因为有这样的要求，所以必须新制造要有数字化工业才能支撑。

新零售的主要特点包括个性化、场景化和全渠道。以"盒马鲜生"为例，数字化供应链包括的功能模块如下。

智能店仓作业系统——智能的店仓作业系统，这套系统不仅知道货位在哪里，任务怎么派，并且还能对不同工种之间进行调动。

智能履约集单算法——基于线路、时序、客户需求、温层、区块实现最优的订单履约成本，在算法指导下系统把订单串联起来，并且保证串联出最优的配送批次，实现多单配送。

智能配送调度——依据配送员的位置、技能、对商品订单及区域的熟悉度做最优匹配，实现配送效率的最大化。

智能订货库存分配系统——依据盒马门店的历史销量，依据区域点开页面的次数及页面跳转成交的比例，去达成智能的库存分配。

广泛地对商品使用电子标签，将线上和线下的数据同步，线上下单线下有货，后台统一促销和价格，实现供应链全链可视化。

7.3.2 供应链赋能企业竞争战略

人们身边随处可见的便利店就是供应链管理在日常生活中的体现。

典型的 711 便利店非常小，场地面积仅 100 平方米左右，但就是这样的门店提供的日常生活用品达 3000 多种。如果消费者进店却发现自己想要的商品卖完了，这种情况不仅让便利店丧失了一次销售的机会，也会导致自己品牌形象受损，但如果按照传统配货方法，想要配 3000 种商品的库存，首先是 100 平方米空间就注定了空间不够，其次如果真配了，资金链也完全受不了。到头来，企业竞争的就是供应链的竞争。

1. 供应链战略

供应链的物流功能是指以最低的成本将原材料加工成零部件、半成品、产品，并将它们从供应链的一个节点运送到另一个节点；供应链的商流功能是指对市场需求做出迅速反应，确保以合适的产品在合适的地点和时间来满足顾客的需求。

物流功能和商流功能都需要一定成本，两者构成供应链的总成本，其中物流成本主要包括运输、存储、包装、装卸、流通加工、配送等费用,商流成本则包括供过于求时的商品降价损失、供不应求时的缺货损失,以及由此而丧失的潜在顾客收入。

一般意义上的供应链是在物流和商流这两个功能间的权衡,即反应能力与效率、成本水平之间进行权衡。供应链管理是一种集成的管理思想和方法,在市场竞争日趋激烈、信息技术迅速发展的今天,供应链趋向于尽量缩短响应时间以满足不断变化的用户需求。在这种基于时间的竞争中,要求供应链运作模式与市场需求同步,不仅响应速度要快,而且要反应得柔性灵巧。

供应链响应性包括完成满足短期交货、满足高服务水平、处理供应链不确定性等各项任务的能力,具备这些能力越多,其响应性越强,然而响应性的获得是要付出成本的。

反应能力的提高也必须付出成本增加的代价,所以企业需要在供应链反应能力与盈利水平之间找到最佳结合点以建立最合适的供应链战略,以能够最大限度满足不同顾客群的需求。基于这种目的,企业应该理解顾客,不同顾客群的需求表现出各种不同的属性,如每次购买需要的产品数量、顾客愿意忍受的响应时间、需要的产品品种、所需的服务水平、产品的价格、产品预期创新速度等不同的属性。这些需求的不确定性影响企业决定需求的成本和服务要求,所以企业在设计竞争战略的时候,必须考虑供应链的优化问题,用来实现顾客的优先目标与供应链战略所建立的供应链能力目标之间协调一致。因此,企业必须理解每个目标顾客群的需求能帮助企业确定产品的成本和服务要求,了解供应链的不确定性。

实现战略匹配的关键是要保证供应链响应性与顾客需求、供应链能力以及由此产生的隐含不确定性保持一致,对不同的环节分配不同的角色,以保持适度的响应性水平。这样的分配可以获得整个供应链所期望的响应性水平,增加供应链某一环节的响应性,使其他环节可以致力于提高效率。所以企业的供应链设计和企业的职能战略也必须支持供应链响应性水平,使供应链响应性与供求带来的隐含不确定性相匹配。企业必须考虑价值链中的所有职能战略之间相互协调,并且支持企业的竞争战略。企业必须恰当组织好不同职能战略的资源以及计划流程,以更好地实施这些战略达到战略匹配。

2. 供应链竞争战略匹配类型

产品的性质决定了产品的竞争战略也决定了产品的供应链战略。没有一种供应链战略是永远正确的,但是对于特定的竞争战略,总有一种恰当的供应链战略与之匹配。要做到竞争战略与供应链战略相匹配,首先要确定产品的需求特性,了解产品的不确定性;其次是建立一条与之相适应的供应链战略;最后在实施的过程中不断调整,从而赢得战略匹配。

商品类型可以根据市场需求的特性划分为功能性商品和创新性商品。

(1)功能性商品是指那些用以满足基本需求、生命周期长、需求稳定且边际收益较低的商品。例如超市销售的各种日用百货、冷冻冷藏食品、常温加工食品等。功能性商品的生命周期长、需求稳定并可准确预测,从而使供求可以达到近乎完美的平衡,这使市场调节变得容易,其商流成本可以忽略不计。零售企业可以集中几乎全部精力来降低物流成本,通过与上游供应商的密切合作,加速库存周转,及时补充存货,采取高效率低成本的采购;对供应商的选择侧重成本和质量,根据市场预测保证均衡有效地满足顾客的需求,实现整条供应链的库存最小化和效率最大化。显然,功能性商品要求效率过程,经营此类商品的零售企业应当采用效率型供应链。

(2)创新性商品是指在设计或者服务等方面创新的商品。这些商品能够带来较高利润,但是由于其生命周期短暂和商品的多样化,需求却很难准确预测,并且大量仿制品的出现会削弱创新商品的竞争优势,企业不得不进行一系列的更加新颖的创新,从而使需求更加具有不可预见性。由于创新性商品具有的高度市场不确定性,增加了供求不平衡的风险,因此其主要成本是商流成本而非物流成本,需要零售企业根据市场的变化快速灵活地响应顾客需求。显然,创新性商品要求灵敏反应的过程,经营此类商品的零售企业应当采用反应型供应链。如果零售企业经营的商品是功能性商品却采用反应型供应链,或者经营的是创新性商品却采用效率型供应链时,其供应链战略就发生了根本性的错误,这时就需要重新设计供应链。

供应链战略主要有两种类型,响应性供应链和效率型供应链。供应链战略便是在供应链的反应能力和效率水平之间的权衡,零售企业一旦确定供应链战略,强调反应能力的供应链必须将其所有的职能设计的目标确认为提高其反应能力,而强调效率水平的供应链,则必须让所有的职能设计的目标确认为用来提高效率。两种类型供应链的详细信息如下所述。

(1) 响应型(responsiveness)供应链战略。响应型供应链以实现供应链的商流功能为主要目标——即快速响应市场需求变化,这类供应链所提供的产品,其市场需求有很大的不确定性,或者产品生命周期较短,或者产品本身技术发展很快,或者产品需求的季节性波动很强。响应型供应链需要保持较高的市场应变能力,实现柔性生产,从而减少产品过时和失效的风险。供应链对顾客需求的响应能力,用下列一些指标刻画:对大幅度变动的需求量的响应;满足短期交货的能力;经营品种繁多的产品;生产有高度创新性的产品;满足高的服务水平;处理供应的不确定性。

(2) 效率型(efficiency)供应链战略。效率是指制造向顾客交付产品成本的倒数。由此产生效率型供应链,供应链的响应性和效率成倒数,如图 7-18 所示。供应链的效率性以实现供应链的物流功能为主要目标,致力于以最低的成本将原材料转化成零部件、在制品和成品,最终送至消费者手中。效率型供应链在面对市场需求、产品特性和相关技术时具有相对稳定性,因而供应链上的各节点企业可以关注于获取规模经济效益、提高设备利用率,以及降低生产、运输、库存等方面的相关费用,从而最大限度地降低产品成本。

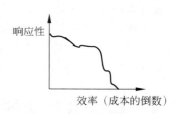

图 7-18　供应链的成本-响应性
边界图

3. 零售企业商品类型与供应链战略的匹配

供应链的功能与产品的需求特性不匹配是许多供应链最终价值没有达到最大化的重要原因,这严重地阻碍了整个供应链价值的增值。不断增值供应链的基础以设计良好的供应链,这需要考虑供应链中产品的需求特性,如产品需求的多样性、需求的可预见性或不确定性、生命周期以及导入市场的时间与市场的服务标准等。零售企业供应链管理战略的实施一般包含以下几个阶段。

首先,从商品的生产周期、需求可预测性、商品多样性以及市场导入期与服务的标准等方面入手,识别零售企业的商品需求特性。一般来说,功能性商品的生命周期较长(两年以上),创新性商品的生命周期较短;功能性商品的品种较少,创新性商品的品种较多;功能性商品的需求预测偏差较小,创新性商品的预测偏差较大;功能性商品的平均存货率较低,创新性商品的平均存货率较大;功能性商品的市场导入期较长,创新性商品的市场导入期较短;功能性商品的利润贡献率较低,创新性商品的利润贡献率较高。利用这些判别标准可以有效地识别商品的需求特性。

其次,实施零售商品类别管理。零售商品类别管理是指零售商以某一商品类别作为战略经营单位进行管理,集中精力传递和实现消费者的价值,以取得更好的经营绩效。具体来说,零售企业对经营的所有商品按类别进行分类,确定和衡量每一类别商品的功能、收益性、成长性等指标,并将商品类型区分为功能性商品和创新性商品。在此基础上,结合考虑各类商品的库存水平和货架展示等因素,制订商品品种计划,对整个商品类别进行管理,提高顾客的服务水平,实现整个商品类别的整体收益最大化。

最后,按照商品类型分别采用相应的供应链战略。对于功能性商品,企业应当侧重于降低物流成本,采用效率型供应链,实施有效客户反应系统。从提高商品供应的效率入手,与上游供应商和制造商之间利用现代信息技术建立相互协调的供应模式,零售商总部利用POS系统所提供的商品销售信息,对销售量进行预测。然后利用计算机辅助订货系统向供应商订货,由供应商或区域配送中心向各零售商店提供即时补货,拉动制造商进行产品生产,形成销售和配送的同步运转,共享物流设施和仓库资源,从而降低配送成本,最大限度地减少生产流通环节可能产生的各种浪费。

对于创新性商品应当侧重于降低商流成本,采用响应型供应链,实施快速反应系统。从提高顾客响应的速度出发,与供应链各方建立战略伙伴关系和合作机制,运用电子数据交换技术实现供应链各节点企业的分工协作和信息共享,缩短商品的设计和生产周期。通过实施JIT生产方式,进行多品种中小批量生产和高频度小批量配送,降低供应链的库存水平,迅速地满足顾客的个性化和定制化需求,提高整个供应链的反应能力。

互联网时代的企业竞争在于根据顾客对产品的质量、价格、交货时间、产品多样性的不同要求,针对一个或多个顾客群设定目标,提供能满足顾客需求的产品和服务,需要所有部门发挥作用,配合企业总体竞争战略的实现。

7.4 新技术驱动的供应链管理

7.4.1 区块链赋能供应链管理和供应链金融

供应链是较早应用区块链技术的领域,成熟度、集中度较高。例如,集装箱海运巨头丹麦马士基集团打造了海运保险区块链平台,沃尔玛利用区块链技术追踪猪肉产销全过程,美国UPS快递集团搭建了区块链货运联盟,海航物流集团打造了智能集装箱数字化平台。2018年12月,IEEE和蚂蚁金服等合作启动编制《供应链金融中的区块链标准》,这是IEEE首个金融业区块链标准。

在宏观政策方面,政府对于区块链的运用也比较支持。例如,国务院办公厅2017年颁布的《关于积极推进供应链创新与应用的指导意见》就提出,要"研究利用区块链、人工智能等新兴技术,建立基于供应链的信用评价机制"。

相较于传统的信息互通技术,区块链拥有以下7点技术优势。

1. 数据追溯审核

区块链技术可创建不可篡改、可追溯、永久存储的供应链全过程记录,支持完整穿透的数据追溯和审计。

2. 数据真实

应用时间戳、联盟链、公钥、私钥等区块链技术可以确保供应链上信息不被篡改，实现链上信息完整、准确，按需调用，按权限应用。

3. 快速反应

区块链技术可以实时连续跟踪供应链上数据发生和流转，在线、智能处理各种常态和突发业务。

4. 链上成员管理

区块链供应链是可信的共识价值网络，支持点对点在线对接交互，降低信任成本和风险。

5. 多层级信用传递

供应链往往有多层供应、销售关系，但在供应链金融中，核心企业信用往往只能覆盖直接与其有贸易往来的一级供应商和一级经销商，无法传递到与核心企业没有直接合作关系、但更需要金融服务的上下游中小企业。区块链能够穿透打通各层之间贸易、交易关系，构建扁平化点对点信用网络，实现核心企业向没有直接与其交易的远端企业信用传递，将远端企业纳入供应链金融服务范畴。例如，互联网金融企业借助开放式信用流转网络，实现借款人1秒钟获得了2万元贷款的操作，源于借款人通过层层流转拿到素未谋面的"甲方的甲方的甲方"的付款承诺，互联网金融企业依据这个付款承诺征信和发放贷款。基于区块链的供应链多方数据的可信共享如图7-19所示。

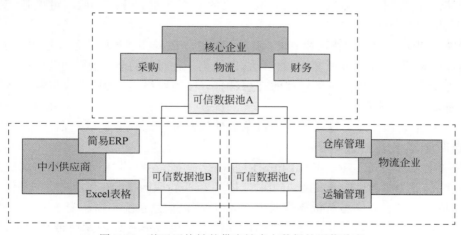

图 7-19 基于区块链的供应链多方数据的可信共享

6. 资产数字化

传统贸易融资的商票、银票流转困难，且不可拆分，应收账款、预付账款、存货等更是如此。通过在区块链平台上登记，将此类资产数字化，流转更容易，而且通过数字资产份额化拆分，方便企业根据自身需求转让或抵押份额资产以获得现金流支持，大幅降低链上企业带息负债率。例如，广东有贝、腾讯、华夏银行联合推出供应链金融服务平台——星贝云链，腾讯提供的区块链技术实现资产确权、切分、交易确认、记账、对账和清算。

7. 流程智能化

通过智能合约控制供应链流程,减少人为干预,能确保金融机构和借款人信用关系强连接,金融机构能够实时监控借款人行为。

利用区块链技术,可以针对一个复杂供应链搭建涵盖上下游原料商、供应商、厂家、物流商、批发商、商家、用户等所有利益相关者的联盟链,构筑共识机制。核心企业作为平台主要建设者,负责基础架构搭建、成员(会员)筛选和管理,拥有链上信息穿透查询监管权限。

链上企业以会员形式开展活动,实时、动态将有关业务活动数据上链,按权限分类存储在分布式数据库(账本),不可篡改、透明公开,保证数据在链上无损流动,避免数据造假和失真,帮助链上企业快速建立信任和契约,会员之间实现点对点交易。这种规则分摊了核心企业在传统模式承担的绝大部分风险。

核心企业可以实时了解链上各项业务活动,如原料供应、零配件配送、商品物流、支付清算等,对有关事项、突发事件及时处置,对链上企业经营行为信用评估,做链上征信和奖惩,实现对供应链高效、透明、穿透掌控。此外,核心企业还可发行链上流通代币,用于链上支付结算,减少银行结算环节和汇兑损失。

7.4.2　5G 与物联网下的供应链管理

供应链管理是一项基本的业务流程,几乎涉及每个企业。对制造商而言,必须将零件运送到工厂,并将成品运到销售点。随着互联网经济的不断发展,当前,市场上需求对供应链管理的要求越来越高。

(1) 供应链管理体系对物流过程和信息化的基本要求:可视、可控、可度量(Visible,Controllable,Measurable,VCM)。

(2) 物流现场信息化的特点和要求:流动、移动、分散、范围广、环境条件恶劣;对货物和货物容器(托盘、集装箱、封闭式货车)的自动识别;对上述目标的全流动周期的位置跟踪。

(3) 物联网特点构成供应链管理的理想特征:移动网络支持和定位、与传感器合一的监控,以及随物品而走的数据。

(4) 智能集装箱技术等物联网应用将革命性地改变全球供应链管理的思路,提高协调能力和透明度,为物流信息化带来巨大变革。

根据著名咨询公司 GIR(Global Info Research)调研,2021 年 RFID 全球市场总收入为167.5 亿美元,成为驱动供应链发展的领头羊,图 7-20 是物联网技术在供应链中的具体应用。

从供应链管理有效实施所依靠的两大载体(计算机信息系统和物流配送中心)的发展历程中,不难发现,每一次信息化产业浪潮的出现都能给供应链管理的发展带来契机。因此,可以大胆预测,物联网的出现也将为供应链管理过程中出现的一系列问题提供部分解决方案,并且为其在企业中的进一步有效应用带来机遇。以下分别通过分析物联网在供应链管理几大环节的应用以论证其对供应链管理发展的影响。

1. 运输环节

通过对在途货物和车辆贴上 EPC 标签,在运输线上的检查点上安装 RFID 接收转发装置,使供应商和经销商能实时了解到货物所处的位置、状态及预计到达时间,还可以合理调度在途车辆,最大限度提高车辆利用率。

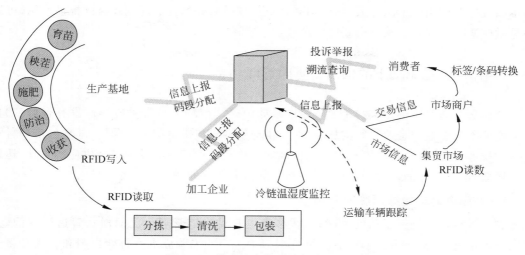

图 7-20　供应链中物联网技术的应用

2. 仓储环节

基于 EPC 的实时盘点和智能货架技术可保证企业对其库存实现高效管理。通过对货物的智能化管理,还可以提高仓储空间的利用率,使企业实时了解有关库存情况,从而降低库存成本,提高企业库存管理的准确性。

3. 生产环节

在生产制造环节应用 EPC 技术,可以完成自动化生产线运作,在整个生产线上通过识别电子标签来实现对原材料、零部件、半成品和产成品的识别与跟踪,并且快速从品类繁多的库存中准确地找出工位所需的原材料和零部件,从而减少人工识别成本和出错率,提高效率和效益。除此之外,EPC 技术还能帮助管理人员及时根据生产进度发出补货信息,使生产更加柔性化,同时也加强了对产品质量的控制与追踪。

4. 配送/分销环节

通过更新贴在商品上的 EPC 标签的信息,使管理员可以通过计算机实施精确的库存控制。大大加快配送的速度和提高拣选与分发过程的效率与准确率,并能减少人工、降低配送成本。

5. 在零售环节

通过利用配有嵌入式扫描器的货架,可以有效地监控商品的流动情况,还能起到货物防盗的作用。当商品存货数量降到偏低水平时,还能实现适时补货,减少库存成本。此外,基于 RFID 技术的智能秤可以自动识别商品的类型,并按该商品来计量、计价和打印小票。在商场出口处,带有 RFID 标签的商标由读写器将整车货物一次性扫描,并能从顾客的结算卡上自动扣除相应的金额。这些操作无须人工参与,节约了大量人工成本,提高了效率,在加快结账流程的同时,也提高了顾客的满意度。

总体而言,物联网离进入大规模实用阶段还有很长时间,面临着很多亟待解决的问题,包括如何降低成本、制定产业标准、研发核心技术等问题,但基于 EPC/RFID 技术的物联网已融入供应链管理的各个环节,并对供应链管理的发展产生了显著的影响。随着相关技术的不断成熟及应用的不断深入,物联网必将对供应链管理的发展起到积极的推动作用,可以预见供应链管理即将迎来一个新的管理模式。

7.4.3　云端驱动下的供应链协同管理

英国著名的供应链专家马丁·克里斯多弗曾说,"市场上只有供应链而没有企业","真正的竞争不是企业与企业之间的竞争,而是供应链和供应链之间的竞争"。随着经济和科学技术的发展,供应链的管理模式也在悄悄地发生变化。如何更有效地进行供应链管理,达到降本增效、优化运作的目的,是所有企业在发展时思考的问题。

1. 供应链管理始终面临的问题

在今天科技与创新驱动的大时代,很多企业在供应链管理上仍旧面临着这样的问题:采购成本不可控,甚至占到了销售额的60%以上。企业采购成本的有效控制和管理必将使企业的竞争力得到实质性的提升,然而可悲的是大部分管理者一边在慨叹成本的上升,一边又毫无作为。

另一方面,便是供应链协同问题。一般供应链管理涉及多个主体——供应商、制造商、运输商、零售商以及客户等。传统的企业内部管理系统过于封闭,主体之间无法进行实时共享、信息难以准确汇总,协同性差,供应链流程也不能统一,这导致上游的企业无法及时了解真实用户的需求,只能依据下游的企业来预判产量,最终造成库存大量积压、资金周转不灵、产品线无法及时调整等问题。随着企业供应链面向的主体越来越多,这些管理问题必然会被逐渐放大,进而制约企业的发展。

针对上述问题,企业对实现信息化供应链管理一直有明显的需求。完善的供应链管理系统能为企业降低成本,提高效率,但由于实施成本高、执行周期长、涉及主体多等问题,很少有企业能够真正成功地实施。

2. 云服务改变传统供应链管理模式

近年来,云计算技术发展迅速,相较于本地化部署,SaaS 为企业带来了新的解决方案。通过应用 SaaS,企业无须再配备网络基础设置及软、硬件运作平台,不用在 IT 部门增加投入,前期投资少,部署速度快,实施周期短,这能帮助企业更快地实现信息化管理,提高管理效率,降低管理成本。除了 SaaS 本身具有的普遍性优势,云端部署及应用也适用于供应链管理,而且有如下的优势。

1) 灵活性及扩展性

SaaS 为企业提供了灵活的应用使用方式及收费方式,订阅式的定价模式对企业有很大的吸引力。企业可根据内部使用的人数租用云端供应链管理系统,人数增减时,不用担心加大硬件投资,也无须烦恼设施空置。基于云的供应链系统可随时按照企业的需求提供服务,即租即用。此外,SaaS 具有拓展性,当供应链管理模块上线后,企业可申请扩展其他功能或模块,数据自动实时互连,无须在企业应用整合上花费金钱和时间。

2) 安全性及可靠性

大部分企业对供应链"上云"有所顾虑,很重要一点就在于担心数据是否安全可靠。对于云服务提供商来说,数据丢失、毁坏及泄露都会严重影响企业的声誉及发展前景,因此云服务商对数据安全等级的要求一直很高。在数据维护方面,云服务提供商会提供集中统一的数据存储、备份、防火墙、运营监控管理和专业强大的运维团队,提高系统的可靠性,以保障数据安全。

3）共享性及协同性

大部分供应链覆盖范围广,涉及主体多,由于主题太多而导致信息不能实现共享,是企业供应链管理中常遇到的问题,而实现信息共享及部门协同却是云计算的一大特点。基于云的供应链管理系统,让多间企业共享一个系统资源,进行同平台协同工作,企业能根据系统中的信息,更快地做出决策和执行,及时把握住供应链中出现的商业机会。

3. 企业供应链如何上云

云产业链的完善和成熟为企业转变发展模式提供了有力的支持,越来越多企业选择应用供应链云解决方案来实现自己的数字化转型,如何让企业供应链飞上云端,也成为众多企业关注的问题。

市面上有许多云端供应链管理系统,就是借助云技术等互联手段构造高效供应链,全面提高企业竞争力和利润水平,促进行业健康快速发展。云端供应链管理系统是绩效驱动的供应商管理及采购模式,它既可作为独立的系统,又可作为与 ERP 一起运行招采系统。不仅包含供应商管理,它还支持多方实时的寻源、询价、竞价、招标、订单/合同、交收,入库及付款的直通式处理,典型的云端供应链系统模块如表 7-2 所示。

表 7-2　云端供应链系统模块

模块	功能	云端供应链	传统供应链管理软件
		云端供应链与传统供应链管理软件的价值对比	
云端服务	私有云与数据提取	单租户私有云,每个客户的数据都是独立的,可单独完整提取,确保数据独立性、完整性与安全性	多租户公有云,客户数据无法单独完整提取
	系统软件＋托管服务	托管服务:服务器日常运维、8MSaaS 系统应用运维;用户买即用,省心省时省力,无须运维,降低成本	功能测量不一,大多不提供托管服务
功能特色	供应商全生命周期管理	支持供应商准入—战略寻源—供应商协同—交易—供应商考核等整个流程管理	
	采购产品基准价管理	根据历史最优价格及最近市场最优价格等因素,综合竞价、合同框架协议价等考虑设定产品基准价	
	一站式在线电子招投标管理	支持提出招标计划—供应商预选—标书准备—公布/发放标书—供应商应标—评标—最终选标—公布中标结果—采购合同等采购全过程管理	
	一站式采购订单管理	支持从创建采购订单到财务结算与对账等全流程管理;支持集约式与分散式采购等多种采购模式	
	采购合同管理	支持对于大宗复杂的采购和通过采购合同来管理采购合同条款,采购全过程及交付验收	不支持智能合同模式,仅做资料管理
	审计跟踪与交易记录	采用区块链技术、分布式存储数据,支持离线审计跟踪,实时追踪所有数据与任何更改数据	需要人工跟踪和审查,难度很大
	自定义工具	提供丰富而简单易用的自定义工具,如报表	部分不支持
	多端口支持	支持 PC 端、Pad/手机端,三端一体,功能全面	无法支持多端口使用
	二次开发	支持,可根据企业需求进行定制化	大部分不支持个性化定制

供应链管理上云,已是大势所趋。今天的企业在建设供应链时,更应该转变传统观念,主动拥抱云技术,利用创新技术,解决现实中供应链管理遇到的难题,实现多方信息及资源共享,及时做出正确决策并执行,提高供应链管理效率,以获取更大的供应链管理价值。

　　在这个信息化的时代,故步自封必将断绝发展之路,打造多样化的企业管理云服务,提高企业竞争力,才能为企业转型升级注入新的发展动力。

本章小结

　　供应链管理是指利用计算机网络技术,全面规划供应链中的商流、物流、信息流、资金流等,并进行计划、组织、协调与控制。它是在满足服务水平需要的同时,为了使系统成本最小而采用的把供应商、制造商、销售商、服务商以及仓库和商店有效地结合成一体来生产商品,并把正确数量的商品在正确的时间配送到正确的地点的一套方法。

　　由于供应链中企业之间是一种需求与供应关系,寻求战略与供应链的匹配。所以,供应链上游企业能否及时准确地得到下游企业关于市场需求的真实信息,供应链内的信息流能否顺畅地流动,从而实现对物流、资金流的控制,促进整个供应链的运作绩效,对提高企业的用户服务水平以及降低总的交易成本具有重要意义,利用供应链的前沿技术为企业的发展赋能。

习题

　　1. 供应链产生之前,企业的物流活动及其管理有什么特点?

　　2. 什么是供应链?

　　3. 供应链管理的目标是什么?

　　4. 供应链战略管理的内容是什么? 如何确定企业的供应链战略?

　　5. 供应链计划管理的内容有哪些?

　　6. 供应链运作管理的内容有哪些?

　　7. 信息系统对供应链管理有哪些促进作用?

　　8. 对应于不同层次的供应链管理信息系统,在辅助企业管理方面各有什么侧重?

　　9. 供应链执行信息系统都有哪些? 分别处于供应链上的什么位置?

　　10. 供应链战略匹配类型有哪些?

　　11. 什么是数字供应链? 如何解决企业的不确定性问题?

技术学习模块 F：人工智能与深度学习

请扫码阅读

第8章

电子商务
——新商业文明的引擎

本章学习目标

➢ 理解电子商务是如何驱动企业创新的。

➢ 了解电子商务的商业模式和盈利模式有哪些。

➢ 了解网络营销基本方法。

➢ 了解电子商务发展新趋势。

 开篇案例

Groupon 的商业模式：社会化和本地化

Groupon 是一家为客户提供团购交易预订服务的公司。一个团购群体通常最少包含25人,在其进行团购交易前,首先需要从类似 Groupon 的公司购买打折优惠券,如当你想获得意大利某个餐厅的 5 折优惠券时,你首先需要联合你的朋友一起来购买优惠券,一旦你联合的团购群体达到优惠券所需的最低人数,那么你这个团购群体中的所有人就都可以获得该优惠券提供的折扣。

Groupon 的运作模式如下：Groupon 大多数的团购优惠券都可为客户提供当地商家商品或服务的五折优惠,如原价 50 美元的“发型设计”团购价只要 25 美元。优惠券可通过电子邮件发送给成千上万围绕在零售商附近的潜在客户。如果有足够多的客户通过计算机或智能手机进行注册并购买此优惠券,那么这笔交易就达成了,购买者将通过电子邮件收到一份 Groupon 的团购优惠券。Groupon 将获得 50％ 的收益(12.5 美元),剩余的 12.5 美元收益则归理发店。换句话说,理发店相当于打了 2.5 折,因为与之前 50 美元的发型设计收益相比,现在理发店只能收到仅 12.5 美元。

在上面的例子中,谁获利了呢？客户以五折的价格得到了发型设计服务,Groupon 得到了优惠券面值的一半收益,而理发店则迎来了大量(有时候甚至过多)的客户。虽然当地厂商(在上面的例子里是理发店)在这些单笔交易上收益可能是亏损的,但是通过这种方式可赢得客户的重复购买,获得更多的忠诚客户,并形成一个更大的客户群。且这种交易通常只持续一天,都是短期的。尽管当地厂商在团购那天亏损了,但在其他的时间里按原价出售商品或服务可能赚到更多的钱。这就是客户撷取成本。

Groupon 由 Andrew Mason 在 2008 年成立,在不到三年的时间里迅速增长,并在 2011 年 6 月上市。在上市时,Groupon 已经拥有了来自 43 个国家的 8300 万用户,卖出了超过 7000 万份的优惠券。尽管如此,像很多社交网站一样,Groupon 也为公司盈利而苦苦挣扎着。2011 年,Groupon 损失了 16 亿美元收入中的 2.54 亿美元,其中主要花费在客户撷取 (customer acquisition)上。Groupon 坚信寻找新的客户是值得的,2011 年公司花费了 7.68 亿美元用于拓展市场。

一个需要思考的问题是 Groupon 的商业模式是否能长期有效。评论家指出 Groupon 从每个客户那里获得的收益一直在下降,客户转化率也在下降,大量通知客户优惠券信息的邮件缺乏针对性,平均每个客户购买的优惠券在减少,因此每份优惠券获得的收益也在减少。

Groupon 认为解决上述问题的办法在于迅速扩大规模,提升 Groupon 的品牌,让其他竞争者根本找不到拥护者,在拥有足够大量的客户和足够快速的增长速度时,Groupon 也许可以仍然保持盈利。在 2012 年年初,Groupon 就着手筹划一项客户撷取行动,买下了 Uptake (一家社交旅游研究创业公司)、Hyperpublic(一家位置服务初创公司)、Adku(一家电子商务目标初创公司,能利用大数据为 eBay、Amazon 和 Zappos 等电子商务网站的用户提供个性化的购物体验)、FeeFighters(美国一家信用卡服务对比网站)等公司。Groupon 相信这一商业策略能够提升自身在中小企业市场中的地位。

没有人知道这一商业策略是否真的有效。许多商家报告称 Groupon 的团购交易并不能带来大量的回头客,因为只有对价格最为敏感的客户才会光顾,而当价格恢复到原价时,他们就再也不出现了。此外,全球也不断涌现出包括 Google Offers(Google 在 2011 年 4 月 22 日推出的网络团购和折扣服务)和 AmazonLocal(Amazon 推出了自有团购服务)在内的行业竞争者。

Groupon 也许可以通过品牌提升和规模扩展克服一些面临的发展障碍,但是投资者希望的是持续盈利,所以在未来的几年里,Groupon 面临最大的挑战将是提升自身的收益能力。

Groupon 融合了电子商务的两大主流新趋势:本地化及社交网络。通过互联网的商品与服务交易越来越依赖于社交网络——由客户向自己的好友推荐商品或服务,而非商家来推荐。如同案例中 Groupon 那样,在 Facebook 和 Twitter 这样的社交网络中,其用户以及他们的朋友也已经成为企业的目标群体。而随着企业对用户位置信息的详细了解,并以提供基于位置的商品和服务为目标时,电子商务也在变得本地化。在移动终端平台上,Groupon 和很多其他公司的移动应用程序在不断增加,电子商务由此变得越来越移动化。

随着互联网、大数据、人工智能、云计算等新兴技术蓬勃发展,电子商务也开始向数字化与智慧化方向发展,例如消费领域的新零售以及智慧零售等新电子商务应用模式。

8.1　电子商务带来新商业文明

随着互联网的诞生与发展,人类社会进入了电子商务(Electronic Commerce,EC)时代。电子商务的迅猛发展,使企业生存与发展的环境发生了根本性的变化:顾客需求瞬息万变、技术创新不断加速、产品生命周期不断缩短、市场竞争日趋激烈、全球一体化加剧成型,企业面对着一个完全与以往不同的商业世界;同时电子商务也深刻地改变着人们的生活与工作方式,电子商务带来的跨越时空的方便、互动和乐趣使它成为时代发展的趋势。

电子商务是信息化技术与商务活动相结合的产物,如何更深刻地认识、利用与发展电子商务是整个社会面临的挑战。因此,需要通过人们共同的努力学习与实践,才能更有效地推动电子商务为人类社会服务。

8.1.1　电子商务概述

全面深刻地理解电子商务概念有助于人们更好地利用电子商务来进行创新活动,并通过电子商务与传统商务的对比分析,让人们可以更深入研究电子商务对人类社会可能产生的影响。

1. 电子商务定义

自从电子商务的概念提出以来,许多研究者都从各个角度对它进行了定义,并且所用的英文词汇也有所不同,如 e-Commerce 和 e-Business 等。下面是一些具有代表性的电子商务参与者、积极倡导者和规则制定者对电子商务的定义。通过这些定义的总结,可以帮助人们更加全面和深刻地认识电子商务。

全球信息基础设施委员会(GIIC)电子商务工作委员会报告草案中对电子商务定义如下:电子商务是运用电子通信作为手段的经济活动,通过这种方式人们可以对带有经济价值的产品和服务进行宣传、购买和结算。这种交易的方式不受地理位置、资金多少或零售渠道的所有权影响,公有和私有企业、公司、政府组织、各种社会团体、一般公民、企业家都能自由地参加广泛的经济活动,其中包括农业、林业、渔业、工业、私营和政府的服务业。电子商务能使产品在世界范围内交易并向消费者提供多种多样的选择。

联合国国际贸易法委员会对电子商务的定义如下:电子商务是指在 Internet 上进行的商务活动,它是纸上信息交流和存储方式的一种替换形式。其主要包括网上的广告、订货、付款、客户服务和货物递交等销售、售前和售后服务,以及市场调查分析、财务核计及生产安排等多项利用 Internet 开发的商业活动。电子商务的一个重要技术特征是利用 Web 进行技术传输和商业信息处理。

联合国经济合作和发展组织对电子商务的定义如下:发生在开放网络上的包含企业之间(Business to Business,B2B)、企业和消费者之间(Business to Consumer,B2C)的概念,它包括三部分:企业内部网、企业外部网、因特网。

欧洲经济委员会对电子商务的定义如下:电子商务是各参与方之间以电子方式而不是以物理交换或直接物理接触方式完成任何形式的业务交易。这里的电子方式包括电子数据交换(EDI)、电子支付手段、电子订货系统、电子邮件、传真、网络、电子公告系统、条码、图像处理、智能卡等。

美国政府《全球电子商务纲要》对电子商务的定义如下：电子商务是通过互联网进行的各项商务活动，包括广告、交易、支付、服务等活动，全球电子商务将涉及世界各国或地区。

IBM公司对电子商务的定义如下：电子业务即E-business。它包含三部分：企业内部网、企业外部网、电子商务。它所强调的是把买卖双方、厂商和协作伙伴在Internet上、企业内部网和企业外部网结合起来的应用。要实现电子商务关键要解决3C问题：Content(信息管理)、Collaboration(合作)、Commerce(商务交易)。

著名电子商务学者Ravi Kalakota博士在其著作《电子商务2.0：成功之路》中，将电子商务定义为企业的业务流程、应用系统和组织结构的复杂融合，从而形成高效的企业经营模式。

美国著名学者Peter Weill对电子商务更广泛的理解是：电子商务是指企业基于开放式网络(主要指因特网)执行业务流程，从而用信息取代原来手工的业务处理。

上述的各种定义均从不同的角度阐述了对电子商务的理解，涵盖了电子商务的本质。从字面上来看，电子商务由电子和商务两个词组成。电子是指电子化的过程；商务是指商业上的事务，这里的商业是指以买卖方式进行商品流通的经济活动。所以，从电子商务这个词本身来说，其含义是指商务过程的电子化。事实上，电子商务的萌芽自电话、传真出现以来便已经开始，20世纪60年代伴随着电子计算机的出现及其在商业中的成功应用，电子商务又有了进一步的发展；随着信息技术发展的突飞猛进，特别是互联网的出现以及网络技术的迅猛发展，电子商务终于完成了从量变到质变的飞跃，迎来了一个全新的时代，它正在给整个社会带来一场全面而深刻的变革。纵观各组织和机构对电子商务的定义，虽然都从不同的侧面反映了电子商务的本质，但在企业业务和信息技术的涵盖面和侧重点上还是有所不同。

由于对电子商务的概念在不同的场合有不同的理解，人们需要对电子商务的定义和内涵进行详细界定。

一部分人认为电子商务就是建设网站。其实电子商务给企业带来的影响，远远不止建设网站那么简单，网站只是一个最为简单的形式，而电子商务给企业带来更多的则是管理思想的变革、组织形式的更新、先进技术的创新使用、企业业务流程的重组、企业间合作的变化、营销手段的更新等，这些都不是一个网站所能概括的。

还有人认为企业做电子商务就是开一间网上商店。实际上网上商店只是目前所知的众多电子商务经营模式的一种，还有其他众多的商业模式。如果谈到把电子商务应用到各个行业中，那么这种电子商务的行业模式则更多，如网络拍卖、网上学校、网络医院、在线彩票、网上招聘、网络广告、网上售票、网上旅游、网上房地产、网络调查、网上证券、网上银行、网络贷款、网上保险、个人理财、网上游戏、网上电影、在线音乐、在线杂志、电子图书、网上邮政、IP电话等。

在了解了目前人们对电子商务理解的误区之后，通过大量的国内外文献综述，纵观以上对电子商务的各种定义，基本上可以把电子商务定义分为两大类：狭义的和广义的电子商务。

狭义的电子商务(e-Commerce)：是指利用电子手段、信息技术来进行贸易(或称交易)的买卖活动。这种理解是在电子商务发展的早期阶段形成的，那时互联网刚刚开始流行，在互联网上出现了许多新的业务形式，人们都在探索互联网上从事网上贸易的可能性。因此，在这个阶段，对于电子商务的技术实现方面的讨论占有相当大的比重。

　　广义的电子商务(e-Business)：随着对互联网应用的不断深入和对电子商务的不断探索，人们逐渐认识到电子商务不再只是技术层面的问题，电子商务应该更加关注企业，关注管理，关注互联网给各个行业、各个企业所带来的深远影响。因而出现了现在的广义的电子商务(e-Business)的定义。比较典型的定义是：基于互联网并采用相关信息技术进行商务活动，这些商务活动包括实物产品和信息产品的交易、客户的服务、企业间的协作等。而更广泛的理解是：电子商务是指企业基于开放式网络(主要指因特网)执行业务流程，从而用信息取代原来手工的业务处理。这种定义是比较广泛的，包括了 B2B、B2C、C2C 交互处理模式。这种理解涉及了信息技术在企业中所有可能的应用。本书对电子商务的理解是基于广义的电子商务定义，广义电子商务和狭义电子商务概念之间的关系如图 8-1 所示。

图 8-1　狭义与广义的电子商务概念

2. 为什么电子商务与众不同

　　为什么电子商务发展得如此快速？答案来自互联网和电子商务技术的独特性。简单来说，和以前收音机、电视机和电话机等技术革新相比，互联网和电子商务技术更加丰富和强大。表 8-1 描述了电子商务技术作为商业媒介的独特性。接下来将较为详细地逐一介绍这些特性。

表 8-1　电子商务技术的特点

电子商务技术	商业意义
无所不在(Ubiquity)：互联网技术随处可得，工作地点、家里，以及具有台式机和移动设备的任何地方。移动设备拓展了区域和商家的服务	市场拓展超越了传统的时间和空间边界。产生了无时无刻不在的"市场空间"，购物可在任何地方进行，提高了消费者购物的便利性，节约了购物成本
全球化(Global Reach)：技术可以超越国界，环绕全球	商业无缝地跨越文化和国界，且无须经过修饰。潜在的市场空间包括世界范围数以亿计的消费者和数以百万的企业
统一标准(Universal Standards)：有一组技术标准，称为互联网标准	在一组跨越全球的技术标准支持下，不同的计算机系统之间能够互相通信
丰富性(Richness)：影像、声音和文本信息均可被传递	将影像、声音和文本等营销信息集成为单一的营销信息和客户体验(consumer experience)
交互性(Interactivity)：技术可以促进商家和用户进行交互	消费者参与到与商家对话中，给消费者带来动态的体验，使消费者成为产品向市场传递过程中的共同参与者

续表

电 子 商 务 技 术	商 业 意 义
信息密度（Information Density）：该技术减少了信息成本，提高了质量	信息的处理、存储、通信成本显著降低，而流通性、准确性和及时性极大改善。信息变得丰富、便宜，同时更为准确
个性化（Personalization）/客户化（Customization）：该技术可以将个性化的信息传递给消费者个体和群体	基于个体特征的个性化营销信息，提供定制化与客户化的产品和服务
社交技术（Social Technology）：该技术支持内容产生和社交网络	新的互联网社交和商业模式使用户可以创建和传播内容，并维护社交网络

1) 无所不在

在传统商务中，市场是一个具有实体的地方，例如一家零售商店，人们可以到这个地方进行商务交易。而电子商务具有无所不在的特性，这意味着电子商务可以随时随地进行。这使得人们在家或办公场所通过计算机，甚至是坐在自己的轿车里通过智能手机都能进行购物。无所不在的电子商务造就了一个市场空间（market space）——一个超越了传统意义上时间和地理界限的市场。

从消费者的角度来看，无所不在的特性降低了交易成本（transaction costs）——即参与市场交易的成本。人们不再需要花时间和金钱去某个市场完成交易，而选购商品需要耗费的精力也更少了。

2) 全球化

相比传统商业，电子商务技术使跨文化和国界的商业交易更加便利和经济，因此，对从事电子商务的商家而言，潜在的市场规模大约等于全世界的上网人数（据相关机构估算，截至 2019 年，全世界网民人数已经超过 40 亿）。

相比之下，绝大多数的传统商业是地方性或区域性的——即只涉及地方或国内商家在当地的店面，如电视、电台和报纸基本都是地方性或区域性的，有限但强大的全国性网络可以吸引来自全国的受众，但却很难超越国界去吸引全球的受众。

3) 统一标准

电子商务技术具有一项显著的特性，那就是互联网的技术标准，也即开展电子商务的技术标准，是全球通用的。这一标准被全球各国所共享，使得任何两台计算机之间能够互联而不必考虑各自使用的技术平台。相比之下，绝大多数的传统商业技术从一个国家到另一国家总有不尽相同之处，如各国电视台和电台的广播标准有很大差异，手机技术也是如此。

互联网和电子商务全球通用的技术标准极大地降低了市场准入成本（market entry costs）——即商家仅将商品带入市场就必须付出的成本。对消费者而言，通用标准降低了搜索成本（search costs）——即寻找满意产品所花费的精力。

4) 丰富性

信息丰富性（Richness）指的是信息内容的复杂性和多样化。在传统的市场中，不论是全国性的营销人员还是小型的零售商店，都具有信息丰富性的特点。在销售产品时，他们利用听觉和视觉为消费者提供个性化的、面对面的服务。传统市场丰富多彩的表达方式使其成为强有力的销售和商业环境。在网站得到充分发展之前，信息的丰富性和可达范围成反比：信息的接收范围越广，信息的丰富性往往越低。而网站的发展则使得同时向大量人群传递内容丰富的文字、声音和视频信息成为可能。

5）交互性

与传统的商业技术不同（或许电话除外），电子商务技术具有交互性（Interactivity），意味着在电子商务中，商家和消费者之间可以进行双向交流。以电视为例，通过电视无法向观众提问或者与他们进行交谈，同样通过电视也无法要求消费者将反馈信息填写到表格中。与此相比，这些活动在电子商务网站上都可以实现。电子商务的交互性使得商家可以通过网络与全球规模的大量消费者进行类似面对面的交流。

6）信息密度

互联网和电子商务网站极大地提高了信息密度（Information Density）——即所有市场参与者（如消费者和商家）能够获得的信息数量和质量。电子商务技术降低了信息的收集、存储、处理和通信的成本，并极大地提高了信息的流通性、准确性和及时性。

电子商务市场中的信息密度使得价格和成本更加透明化。价格透明（price transparency）指的是消费者可以轻松地在市场上找到各种不同的价格，成本透明（cost transparency）指的是消费者发现商家产品真实成本的能力。

信息密度的增加也可以使商家受益。相比从前，商家通过网络可以更多地了解消费者。这使得商家可以把市场细分为具有不同价格偏好的消费群体并对其实施价格歧视（price discrimination）——以不同的价格将相同或基本相同的商品销售给不同的目标群体。例如，一个网络商家发现某位消费者热切期盼昂贵的国外度假游，便以较高的价格向该消费者提供高档次的旅行计划，因为商家知道这位消费者愿意为这样的度假旅行支付额外的费用。同时，商家还可以以较低的价格将同样的旅行计划提供给对价格更敏感的消费者。信息密度的提升还可以帮助商家根据成本、品牌和质量对其产品进行差异化管理。

7）个性化/客户化

电子商务技术可以提供个性化（Personalization）的服务——根据消费者的点击行为、姓名、兴趣爱好和购物记录，商家可以调整信息，将特定的营销信息传递给特定的消费者个体。电子商务技术同样可以提供客户化（Customization）的服务——根据消费者的偏好和行为纪录，为消费者提供不同的产品或服务。由于电子商务技术具有交互性，市场中很多关于消费者的信息可以在消费者购物的那一刻被收集。随着信息密度的增加，网络商家可以存储并利用大量有关消费者以往购物行为的信息。

电子商务的这些特性造就了传统商务技术所无法实现的个性化和客户化服务。例如，在传统技术应用条件下，人们也许可以通过切换频道来选择在电视上所看到的物品，但无法改变所选择的频道所播放的内容。相比之下，在"华尔街在线"（Wall Street Journal Online）网站上，人们可以选择先看哪一类新闻，还可以让网站在某一类事件发生时立刻提醒自己。

8）社交技术：用户内容的创建和社交网络

与以往的技术相比，互联网和电子商务技术变得更具社交性，允许用户创建文本、视频、音乐和照片等形式的内容，并且将这些内容与他们的私人朋友以及世界更大范围内的社交圈共享。运用这些形式的交流，用户可以组建新的社交网络（social network）和巩固现有的社会联系。

历史上以前所有的大众媒体，包括印刷出版物，采用的都是广播的传播模式，即一对多的模式。在这种模式中,内容是由职业作家、编辑、导演和制片人等处于中心位置的专业人员创造的,大量的观众则聚集在一起消费这些标准化的产品。全新的互联网和电子商务赋予普通用户大规模创建和传播内容的能力,并允许用户安排属于自己的内容消费方式。总体来说,互联网提供了一种独特的、多对多模式的大众交流方式。

8.1.2　电子商务发展的理论基础

电子商务与互联网技术是密切相关的,互联网自身特征的分析是认识电子商务发展的非常重要的一个方面;另一方面,电子商务发展的相关分析理论主要有交易费用理论、劳动分工理论、网络外部效应理论等。

电子商务为什么能够得到快速应用与发展?最主要原因是电子商务能够极大提高企业的运营效率和促进整个社会经济的发展,可以从经济学中的交易费用理论、劳动分工理论和网络外部性理论来进行分析与解释。

1. 交易费用理论

交易费用理论是整个现代产权理论大厦的基础。1937年,著名经济学家罗纳德·科斯(Ronald Cosas)在《企业的性质》中首次提出交易费用理论,该理论认为,企业和市场是两种可以相互替代的资源配置机制,由于存在有限理性、机会主义、不确定性等因素使得市场交易费用高昂。为节约交易费用,企业作为代替市场的新型交易形式应运而生。交易费用决定了企业的存在,企业采取不同的组织方式最终也是为了节约交易费用。

传统经济中垂直一体化的企业在多个业务领域的经营成本均低于市场交易成本,所以企业会将这些领域都纳入经营范围之内。电子商务技术的应用可以减少信息不对称,通过互联网,企业只需要花费较低的成本便能够获得更多的供应商信息,同时利用网络的交互能力更加有效地监控交易合同的执行状况,降低企业寻找互补资源的障碍。同样,电子商务的开展也会使市场交易费用明显降低,整个经济发展效率也因此大大提高。因此,能够极大降低企业在市场商务活动中的交易费用是驱动电子商务迅猛发展的重要因素之一。

2. 劳动分工理论

劳动分工是指人们社会经济活动的划分和独立化、专门化。具体地说,分工是人们在经济活动过程中技术上的联合方式,即劳动的联合方式。在1776年,亚当·斯密的《国富论》中第一次提出了劳动分工理论的观点,并系统全面地阐述了劳动分工对提高劳动生产率和增进国民财富的巨大作用。

劳动分工理论阐述了经济的繁荣与增长起源于劳动分工与协作的原理。电子商务的发展能够降低市场交易费用,企业所关注的业务就会更加集中化和专业化,导致分工更细,生产效率提高,促进经济的发展。因此,电子商务的应用能够使社会劳动分工网络更加完善也是电子商务快速发展的重要因素之一。

3. 网络外部性理论

网络外部性的概念最早是由 Rohlfs 于1974年提出的,他指出网络外部性是需求方规模经济的源泉。当一种产品对消费者的价值随着其他使用者数量增加而增加时,就说这种产品具有网络外部性。

因此,网络外部性是指连接到一个网络的价值,取决于已经连接到该网络的其他人的数量。通俗地说就是每个用户从使用某产品中得到的效用,与用户的总数量有关。用户人数越多,每个用户得到的效用就越高,网络中每个人的价值与网络中其他人的数量成正比。互联网的网络外部性是一个积极的外部性,联网的用户越多,用户之间发生交易行为的可能性增加,电子商务也就得到快速发展。

上面三方面理论解释了驱动电子商务迅猛发展的内在动力,也使人们能够更深刻地理解电子商务的本质。

8.1.3　电子商务对社会产生的影响

电子商务飞速发展对社会产生的影响是全方位的,不仅影响着社会的经济、人们的工作与生活,还深深地影响着人们的思维方式。

1. 电子商务对经济的影响

电子商务是互联网技术发展日益成熟的直接结果,是网络技术发展的新方向。它不仅改变了企业本身的生产、经营和管理,而且对传统的贸易方式带来了巨大的冲击。电子商务最明显的标志便是增加了贸易机会、降低了贸易成本、提高了贸易的效益。它大大地改变了商务模式,带动了经济结构的变革,对现代经济活动产生了巨大的影响。

1）电子商务将改变商务活动的方式

传统上的推销员满天飞和采购员遍地跑及说破了嘴、跑断了腿的现象不复存在了,消费者在商场中筋疲力尽地寻找自己所需要的商品的现象也不会有了。现在,只要轻轻单击鼠标就可以浏览和购买各类商品,而且还能得到在线服务。今天,随着"宅"经济和"非接触"经济的发展,电子商务发展的前景一片光明。

2）电子商务将改变人们的消费方式

网上购物的最大特征是消费者的自主性,购物主动权掌握在消费者手中;在网上购物时还能以一种轻松自由的自我服务的方式来完成交易。

3）电子商务将改变企业的生产方式

电子商务促成了直接经济的产生,取消了许多中间环节,一切将更加直接。大大缩短了生产厂家与消费者之间供应链的距离,改变了传统市场的结构,使敏捷生产战略得以实现。在信息经济中,"0"库存成为现实。中小企业都可进入这个开放的大市场,在互联网上,大家的机会是均等的,任何一家小公司都可能获得与IBM这种巨人一样的机会与地位。这种市场进入方式的变化,降低了市场进入门槛。

4）电子商务将对传统行业带来一场革命

电子商务是一种崭新的贸易形式,通过人机结合方式,可极大地提高商务活动的效率,减少不必要的中间环节,"0"库存成为可能。传统大批量生产的制造业进入小批量、多品种的时代,"无店铺"和"网上营销"的新模式为传统企业的重新崛起提供了全新的工具。

5）电子商务将带来一个全新的电子金融业

由于在线电子支付是电子商务的关键环节,也是电子商务得以顺利发展的基础条件,随着电子商务在电子交易环节上的突破,网上银行、银行卡支付网络、银行电子支付系统以及电子支票、电子现金等服务,将传统的金融业带入一个全新的领域。

6)电子商务将转变政府的行为

政府承担着大量的社会、经济、文化的管理和服务的功能,尤其作为"看得见的手",在调节市场经济运行,防止市场失控方面起着很大的作用。电子政务或称网上政府的出现,将使政府的角色重新进行定位。

2．电子商务对人们思维方式的影响

电子商务是商务领域的一场信息革命,它将对人们的思维方式产生根本性的影响。新的思维方式体现在:

(1)时空观念的转换方面,电子商务没有时间上的间断和地域界限,一切都以虚拟方式出现;

(2)低成本扩张的可能性方面,这种电子交易方式降低了成本,提高了交易效率;

(3)营销观念的变革方面,商务活动必须重视速度快、信用高和服务周到;

(4)学习的重要性方面,不断地学习是工作和生存的必要条件。

3．电子商务对人们工作和生活方式的影响

电子商务不仅影响人们的经济、企业管理,同时也在改变着人们的生活、工作、学习以及娱乐方式。

(1)在信息传播方面,无论对信息传播者还是信息受众,网上信息的传播都是最佳的选择。这也是电子商务受欢迎的原因之一。网上信息传播的优势使网络广告也越来越受广告主欢迎。

(2)在生活方式方面,电子商务的发展使人们的生活方式也发生了变化。现在只要单击鼠标,就可以在网上商场购买物品,在网上聚会、购物、看电影、玩游戏、看书、收藏、讨论。当然,也出现了新的问题,如网上垃圾污染、家庭隐私问题、网上安全问题等。

(3)在办公方式方面,利用计算机与网络在家办公已成为可能,不再局限于办公室,既节约了时间和费用,也减轻了交通负担,在家里办公已成为一些企业的时尚。

(4)在消费方式方面,消费者不必将时间花在选购和排队等待上,在家里就可以利用互联网完成整个购物过程。网上购物和咨询、电子支付、送货上门等整个过程都可以通过单击鼠标来完成,消费者可以十分轻松的心情在网上尽情畅游。

(5)在教育方式方面,交互式的网络多媒体技术给人们的教育带来了很大的方便,远程的数字化课堂让很多人的教育问题得到解决。讲课、作业、讲评,一切都在网络上进行。网络大学作为远程教育的一种方式,打破了时间和空间的限制,为越来越多的人所接受。

8.2　丰富多彩的电子商务模式创新

电子商务的革命仍在继续。随着更多的产品和服务被放到网上,以及更多的家庭采用宽带通信,个人和企业也将更多地利用互联网进行商务活动。更多的行业将被电子商务所改变,例如旅行订票行业、音乐和娱乐行业、新闻行业、软件行业、教育行业、金融行业等。

8.2.1　电子商务驱动商业创新

电子商务作为一种新的商务方式发展迅猛,对人类社会经济的发展产生了巨大的影响,那么电子商务为什么会发展这么快呢？因此，人们需要对电子商务发展的内在驱动因素以及在企业应用的发展阶段做更深入的理论分析与探索。表8-2显示了电子商务基于技术驱动商业创新案例。

表 8-2　电子商务的驱动商业创新

信息技术驱动	商业创新案例
商业转型	➤ 相比实体零售商店、服务和娱乐行业，电子商务仍然是增长最快的商业模式。 ➤ 社交、移动和位置服务开始成为增速最快的电子商务形式。 ➤ 第一波电子商务浪潮改变了书籍、音乐和航空产业。第二波浪潮中，又有 9 个新的行业遇到需要转变的相似情形，这 9 个行业分别为营销、电话、电影、电视、奢侈品、地产、在线旅游、账单支付和软件。 ➤ 电子商务提供的带宽增长了，尤其是在服务经济中的社交网络、旅游、信息交换中心、娱乐、服装零售、家用电器和家具等行业。 ➤ 在线购物的人数增长到与普通购物人数相当。 ➤ 单纯的电子商务模式被改良以获得更高的获利能力，同时传统的零售品牌商，如 Sears、JCPenney、L. L. Bean、Walmart 等，开始使用电子商务以保持它们在零售业中的统治地位。 ➤ 电子商务市场中持续充满小企业和企业家，依附于 Amazon、Apple、Google 等行业巨头，同时对基于云的计算资源的利用有所增加。 ➤ 随着基于位置的服务和电子书、电影和电视剧等娱乐下载的兴起，移动商务开始在美国起步
技术基础	➤ 无线互联网连接（Wi-Fi、WiMax 和 3G/4G/5G 智能手机）增长迅速。 ➤ 强大智能手机、平板和移动设备支持音乐、网络冲浪、娱乐以及语音通信。播客和流（podcasting and streaming）作为一种影视、无线广播和用户自传内容（user-generated content）的一种媒介起步。 ➤ 随着传输价格的下降，家庭和企业的互联网宽带基础更为强大。2012 年，约有 8200 万家庭通过宽带电缆或 DSL 访问互联网，约占美国家庭数的 69%（eMarketer，2012）。 ➤ Facebook、MySpace、Twitter、LinkedIn 以及其他数以千计的社交网络软件和网站，成为开展电子商务、营销和广告的新主流平台。2019 年年底，Facebook 月活跃用户达到 23.75 亿，约占全世界人口的三分之一。 ➤ 新的基于互联网的运算模式，如智能手机应用程序、云计算、软件即服务（SaaS）和 Web 2.0 软件极大地降低了电子商务网站的成本
新商业模式的产生	➤ 一半以上的互联网用户加入了在线社交网络，维护社会书签（social bookmarking）网站，创造博客，分享照片。这些网站一起创造的大量在线观众，像电视观众一样吸引着市场人士。据德国市场和消费者数据公司 Statista 发布的报告估算，2020 年全球互联网用户平均每天在社交媒体上花费 2 小时 22 分钟。 ➤ 在线广告以两倍于电视和印刷广告的速度增长，传统广告行业严重受损；Google、Yahoo 和 Facebook 上展示的广告每年达到约 1 万亿元。 ➤ 报纸和其他传统媒体采用在线、交互模式，尽管获得在线读者，但仍然损失广告收入。《纽约时报》（New York Times）通过在在线版本上设置网上服务费专区，成功锁定 50 万位订购者。 ➤ 在线娱乐商业模式提供电话、电视、音乐、体育和电子书，和好莱坞及纽约主要的出版权所有者，以及与 Apple、Google、YouTube 和 Facebook 等互联网分销商（Internet distributors）合作

8.2.2　典型的电子商务模式

随着电子商务的应用和发展,电子商务的创新越来越丰富,出现了多种不同类型的电子商务模式,通过对电子商务的分类可以使人们更加深入地认识比较典型的电子商务模式。

1. 电子商务的类型

划分电子商务交易的方法有很多种,其中一种划分方法根据的是电子商务交易参与者的性质。这种方法主要将电子商务分为三类,分别为企业对消费者(B2C)电子商务、企业对企业(B2B)电子商务和消费者对消费者(C2C)电子商务。

(1) 企业对消费者(B2C)电子商务指企业向个体购物者零售产品及服务。向个体消费者出售书籍、软件和音乐产品的 BarnesandNoble.com 就是 B2C 电子商务的典型例子。

(2) 企业对企业(B2B)电子商务指企业之间的产品和服务销售。销售化工产品和塑料制品的 ChemConnect's 的网站是 B2B 电子商务的典型例子。

(3) 消费者对消费者(C2C)电子商务指消费者个体之间直接的买卖。例如,作为大型网上拍卖网站,eBay 使得人们可以通过拍卖的方式把商品销售给其他那些出价最高的竞买者,或者以固定的价格销售商品。Craigslist 网站也是消费者买卖商品广泛使用的网络平台。

另一种划分电子商务交易的方式是根据参与者进行交易时使用的平台进行划分。目前,大部分电子商务交易都是使用个人计算机通过有线网络进行的。如今,多种无线移动设备已经涌现:如 iPhone 等智能手机、iPad 等平板、Kindle 等使用蜂窝网络连接的专用电子阅读器,以及 Tablet 等通过无线网连接的智能手机和小型平板。这种可使用便携式无线设备随处购买商品或服务的方式被称为移动商务(mobile commerce 或 m-commerce)。企业对企业和企业对消费者电子商务交易都可以通过移动商务技术来实现。

2. 电子商务的商业模式

如前所述,信息经济的变化为全新商业模式的出现创造了条件,同时许多老的商业模式则难以为继。表 8-3 描述了迄今为止出现的最重要的互联网商业模式。所有这些商业模式都以某种方式利用互联网为现有产品或服务带来额外的价值,或为新的产品或服务提供基础。

表 8-3　互联网商业模式

序号	类　　别	描　　述	例　　子
1	门户网站 (portal)	提供进入网站的初始接入点以及有特色的内容和服务	Sina.com; Yahoo.com; qq.com
2	网络零售商 (E-retailer)	直接销售实物产品给消费者或个体企业	Amazon.com; Jd.com
3	内容提供商 (content provider)	通过为网站提供新闻、音乐、图片、视频等数字内容获取收益。客户可能需要为访问的内容付费,或通过收取广告投放费用产生收益	WSI.com; Gettylmages.com; iTunes.com; Games.com

续表

序号	类　别	描　述	例　子
4	交易代理商 (transaction broker)	通过在线交易节省用户的钱和时间,对每一项发生的交易收费	Etrade.com; Expedia
5	服务提供商 (service provider)	提供如照片分享、视频分享、用户原创内容等Web 2.0应用服务和在线数据存储和备份等其他服务	Google Apps; Photobucket.com; Dropbox
6	社区服务提供商 (community provider)	提供在线会议的场所,具有相似兴趣的人们可以相互交流,获得有用的信息	Facebook; QQ; 微信; Twitter
7	在线商场 (market creator)	提供一个数字环境,在这个环境中买卖双方可会晤、搜寻产品、展示产品、为产品设置价格。可服务于C2C或B2B电子商务,通过收取交易费获益	Taobao; eBay; Priceline.com

1) 门户网站

门户网站(portal)指的是网站的入口,通常被定义成那些被用户设为主页的网站,但也有定义包括了Google、Bing等很少被客户设为主页的搜索引擎。Yahoo、新浪、搜狐这些门户网站提供强有力的网站搜索工具,还提供了新闻、邮箱、即时信息、地图、日历、购物、音乐下载、视频流等内容和服务,它们所有的内容和服务都被整合在一个页面中。起初,门户网站主要作为互联网的入口存在。然而今天,门户网站为互联网用户提供了一个目标站点,用户可以通过门户网站开始网站搜索、阅读新闻、寻找娱乐节目、接触其他人、接触广告。门户网站的收益主要是通过吸引大量用户,向广告商收取费用,引导消费者去其他站点并获取介绍费,以及其他额外的服务收费。当然,随着新的应用的出现,近几年门户网站的收益和网站流量都有下降的趋势。

2) 网络零售商

在线零售商店,通常也称为网络零售商(E-tailer),从2011年收益额超过480亿美元的亚马逊到拥有各自网站的小型地方性商店,都具有各种不同的规模。除了为消费者提供在线查询和订单外,网络零售商和典型的传统实体商店十分类似。据相关数据显示,2019年全球网络销售额达到3.5万亿美元,同比增长20.73%,全球网络零售占零售总额的14.12%。网络零售商的价值定位是为客户提供方便、低成本、7天24小时不间断(24×7)的购物服务及更多的消费选择。一些网络零售商,如Walmart.com或者Staples.com,属于传统商业模式与互联网商业模式的结合的传统产业(bricks-and-clicks),与已有实体店出售相同的产品,是已有实体店的分支。也有一些的网络零售商,如Amazon、BlueNile.com和Drugstore.com,只在虚拟世界中运作,与实体场所没有任何联系。当然也存在其他不同形式的网络零售商,如在线邮购目录、在线商城和厂商在线直销等形式。

3) 内容提供商

在电子商务成为商品零售渠道的同时,它也逐渐成为全球内容的传播渠道。这里的"内容"指的是所有具有知识产权的表现形式。知识产权(intellectual property)指文本、CD或DVD等可以显示在有形媒介及包括网络在内的数字化(或者其他)媒介上的、所有形式的人类表达。内容提供商(content provider)在网络上发布信息内容,如数字视频、音乐、图片、文本和艺术品等。在线内容提供商的价值定位是使消费者通过多种计算机设备或智能手机,可在线便捷地找到大量的内容并廉价地购买这些内容,而达到娱乐和观赏的目的。

内容提供商可能是内容的原创者,也可能不是(如 Disney.com),其更像是基于互联网传播创作内容的发行人。例如,Apple 公司在其 iTunes 商店里出售音乐唱片,但它并不负责创作或制作音乐。

大受欢迎的 iTunes 商店和 iPhone、iPod、iPad 等智能设备,促生了从播客到流媒体的数字化内容传送新模式。播客(podcasting)是通过互联网发布音频或视频广播的一种方式,允许订阅用户将音频或视频文件下载到他们自己的计算机或是便携音乐播放器上。流媒体(streaming)也是一种音乐和视频文件的发布方式,通过不间断的媒体流将内容传输到用户的设备上而无须本地保存。

4) 交易代理商

通过人、电话或电子邮件为消费者处理交易的网站通常被称为交易代理商(transaction broker)。应用这种模式最大的产业是金融服务和旅游服务。在线交易代理商基本的价值定位是节省金钱和时间,在单一的地点提供各种各样的金融产品和旅游套餐(travel packages)。相比通过传统形式提供的相同服务,在线股票代理商和旅游预订服务所收取的费用要少得多。

5) 服务提供商

网络零售商在线销售产品,服务提供商(service provider)则在线提供服务。在线服务历经过一次爆发式革命。Web 2.0 应用、照片共享、在线提供数据备份和存储的网站采用的都是服务提供商的商业模式,使得软件不再是一张放在 CD 盒子中的实体产品,而是逐渐成为一种通过在线订购而不是从零售商那里购买的服务(如 SaaS),或者一项可以下载的应用程序。通过 Google Apps、Google Sites、Gmail 和在线数据存储服务,谷歌(Google)已经引领了在线软件服务应用的发展。

6) 社区服务提供商

社区服务提供商(community provider)提供一个数字化的网络环境,在这个环境中,具有相似爱好的人们可以交易(买卖商品)、交流,分享兴趣、图片、视频,接收感兴趣的信息,甚至通过定义在线的人物形象将自己置身于虚幻的想象中。像 Facebook、Google＋、Tumblr、LinkedIn 和 Twitter 之类的社交网络网站、iVillage 之类的在线社区,以及 Doostang 和 Sportsvite 之类的数以百计、小型的专营(niche)网站都为用户提供了建立社区的工具和服务。社交网络网站已成为近几年成长最快的网站,通常一年用户规模就能翻倍,但仍需要努力地实现盈利。

找到和巩固合适的互联网商业模式并不容易。在关于组织的互动环节中描述了三家零售巨头——Walmart、Amazon 和 eBay——在与彼此的相互竞争中是如何改进自身的电子商务商业模式从而在网络零售业中占据主导地位的。

7) 在线商场

在线商场(market creator)提供数字环境,在这个环境中买卖双方可会晤、搜寻产品、展示产品、为产品设置价格。可服务于 C2C 或 B2B 电子商务,通过收取交易费获益。典型的企业有中国的淘宝、美国的 ebay 等电子商务平台,它们都是信息中介平台提供者,让大量的买卖双方进行有效的交易。

8.2.3　电子商务盈利模式

一个公司的盈利模式(revenue model)描述了这个公司怎样获得收入、赚取利润,通过投资获取较高的回报。尽管至今已发展出很多种不同的电子商务盈利模式,许多公司都依赖于以下 6 种盈利模式中的某一种,或者是某几种的组合:广告收益模式、销售收益模式、订阅收益模式、免费/免费增值收益模式、交易费收益模式、合作收益模式。

1. 广告收益模式

在广告收益模式(advertising revenue model)中,一个互联网站的收益方式是通过吸引大量的访问者并使他们能够阅读到广告信息。在电子商务中,广告模式是使用最为广泛的盈利模式,可以说,没有广告收益,互联网体验将会与现在大为不同。互联网上的内容——从新闻到视频和评论的所有内容——都是免费提供给访问者的,因为广告客户为了获得向访问者播放广告的权利支付了内容的产生和发布成本。2012 年公司为所有广告的花费将达到大约 1660 亿美元,其中约 390 亿美元的费用用于在线广告、视频、应用程序、游戏或其他在线媒体的形式(如即时信息)。在过去的五年,广告客户已经增加了在线广告投放开销,削减了在广播和报纸等传统的广告渠道上的费用。2012 年,美国在线广告将增长 15% 并占据全美所有广告业务的 30%。电视广告的收入也随着在线广告收入的增长而增长。

拥有大量访问者或者高度专业化、具有区别于一般的访问群体的网站能够保持用户的黏性,并能收取较高的广告费率。例如,雅虎(Yahoo)公司所有的收益几乎都来自陈列式广告(banner ads)和少量的搜索引擎文本广告;Google 的收益中 95% 都来自广告,包括销售关键字(AdWord)、销售广告空间(AdSense)和销售陈列式广告空间给广告客户;Facebook 2012 年的广告占据所有网站万亿陈列式广告量的三分之一,其用户平均每周在网站上逗留的时间高达 8 小时,远远超过其他门户网站。

2. 销售收益模式

在销售收益模式(sales revenue model)中,公司通过向消费者销售产品、信息或者服务来获取利润。例如,Amazon 销售书籍、音乐和其他产品;LLBean.com 和 Gap.com 这些公司采用的都是销售收益模式;内容提供商通过收取下载音乐唱片(如 iTunes 商店)或书籍等完整文件的费用,或者通过收取音乐和视频流量(如 Hulu.com TV shows)获得收益。微支付系统(micropayment systems)向内容提供商提供了一种具有成本效益(cost-effective)的方法来进行大量小型现金交易,每笔交易从 0.25 美元到 5 美元不等。互联网上最大的微支付系统是 Apple 的 iTunes 商店,它拥有 2.5 亿信用卡消费者,这些消费者频繁地在商店中以 99 美分的价格购买音乐单曲。MyMISlab 的 Learning Track 中具有关于微支付和其他电子商务支付系统的细节。

3. 订阅收益模式

在订阅收益模式(subscription revenue model)中,网站对它所提供的内容和服务收取订阅费用,支付费用后才可以访问某些或所有该网站提供的原创内容或服务。内容提供商通常使用这种盈利模式。例如,Consumer Reports 提供只对订阅者开放的高级内容,如详细的评级、评论和推荐,订阅者想要访问这些内容,可以选择支付每月 5.95 美元或者全年 26 美元的订阅费;Netflix 是最成功的订阅网站之一,在 2020 年第四季度已拥有超过 2 亿的流媒体用户。为了获得成功,订阅收益模式要求提供的内容要有很高的附加价值,这些内容区别于普通信息,是不能随处可得也不能轻易复制的。一些基于订阅模式提供内容和服务获得成功的公司包括提供婚恋服务的 Match. com 和 eHarmony、提供家谱查询服务的 Ancetry. com 和 Genealogy. com、提供视频游戏服务的 Microsoft Xboxlive. com 和提供音乐服务的 Pandora. com 等。

4. 免费/免费增值收益模式

在免费/免费增值收益模式(free/freemium revenue model)中,公司免费提供基础的服务和内容,但对那些高级的或是特殊的服务收费。例如,Google 公司提供免费的应用但增值服务需要收费;提供订阅广播服务的电台 Pandora,对有限的点播和广告服务是免费的,而增值服务提供没有限制的点播;Flickr 的照片分享服务为用户与朋友和家人分享照片提供免费的基础服务,但如果用户想要享受无限量的储存空间、高清的视频存储和回放,并且跳过广告,则需要支付合计 24.95 美元的增值服务费。Flickr 的策略是通过提供免费服务吸引大量用户,然后说服其中一些用户为增值服务支付费用。这个模式的难点在于将“吃白食者”(free loaders)转变为付费用户,“免费”可能变成一种造成亏损的强有力模式。

5. 交易费收益模式

在交易费收益模式(transaction fee model)中,公司对支持或履行的交易收取费用。例如,eBay 提供了一个在线拍卖市场,并对那些成功销售出物品的卖家收取小额的交易费;在线的股票代理商 E＊Trade 每次代理消费者进行一次股票交易后都会收取一定的交易费用。交易盈利模式被广泛接受的部分原因是使用这些平台的真正成本不会被用户立即感受到。

6. 合作收益模式

在合作收益模式(affiliate revenue model)中,网站(称为“加盟网站”)将访问者引导到其他网站,同时通过收取介绍费(referral fee)或是按比例收取销售收益来获得回报。例如,MyPoints 通过向会员提供特价商品将潜在消费者和公司链接起来以获得收益。当会员表示对提供的特价商品感兴趣并购买了商品,他们将会赢得一些网站提供的“积分”(points),这些“积分”可以用来兑换免费的产品和服务,而与此同时 MyPoints 将获得相应的介绍费。社区反馈网站例如 Epinions 和 Yelp 通过引导潜在消费者到购物网站上购买商品来获得收益。Amazon 利用合作的方式通过将 Amazon 的商标放置在联营者的博客上,从而为 Amazon 带来业务。个人博客上也常常会放置一些广告。一些博主通过赞赏某些产品并提供销售渠道的链接,直接从厂家收取费用或是接受免费产品。

8.2.4　移动互联网引发的商业模式创新

随意地走在一个大都市的街头,数一数多少人在低头摆弄他们的手机。搭乘火车时,乘坐飞机时,人们都会看到同行的旅行者正在阅读网络报纸、在手机上观看视频,或者在 Kindle(Amazon 推出的电子阅读器)上阅读小说。今天,美国绝大多数的互联网用户将主要通过移动设备访问互联网。移动商务正在飞速发展。

2012 年，移动商务大约占所有电子商务的 10%，通过商品和服务零售、应用服务（Apps）、广告、音乐、视频、手机铃声、应用程序、电影、电视和基于位置服务（例如本地餐馆定位和交通信息更新）等产生的年收入大约 300 亿美元。但是移动商务是电子商务中增长最快的模式，在某些地区的年增长速度达到甚至超过了 50%，2020 年，中国移动电商市场交易额突破 8 万亿元，随着近年直播电商市场爆发，移动电商交易规模持续升级。移动商务最主要的增长来自移动规模较大企业的零售销售，包括 Amazon、eBay、阿里巴巴和京东，Apple 和 Android 的应用服务，数字内容、音乐、电视节目和电影。

移动商务应用开始致力于推出比一般方式更具时效、适合移动人群、更能有效完成任务的服务。接下来将列举一些移动商务的例子。

1. 基于位置的服务

基于位置的服务（location-based service）包括地理定位（geosocial）服务、基于位置的广告（geoadvertising）服务和基于位置的信息（geoinformation）服务。74% 的智能手机用户使用基于位置的服务。将上面这些内容联系在一起并且作为移动商务基础的是全球定位系统（Global Positioning System，GPS），通过 GPS 可以在智能手机上使用地图服务。地理定位服务（geosocial service）可以告诉你在哪里与朋友们见面；基于位置的广告服务（geoadvertising service）可以帮助你找到最近的印度餐馆；基于位置的信息服务（geoinformation service）可以告诉你正在关注的楼盘的价格，或者告诉你路过的博物馆里哪些展出正在进行。

2. 其他的移动商务服务

银行和信用卡公司推出了能使顾客通过移动设备管理银行账户的服务。JPMorgan Chase 和 Bank of America 的客户可以使用手机来查询账户余额、转账和支付账单。据估计约有 1.34 亿人至少每月使用一次在线银行。

最大的移动广告展示提供商是 Apple 的 iAD 平台和 Google 的 AdMob 平台，两者都占据 21% 的市场份额，随后是 Millenial Media。Facebook 排位第四，但在快速地追赶。Alcatel-Lucent 提供了一项由 Placecast 托管的新服务，该服务可以在特定的距离之内识别出与手机用户距离最近的商店，并将商店的地址和电话告知用户，也许还包括一个折扣券或其他促销活动的链接。Placecast 的客户包括 Hyatt、FedEx 和 Avis Rent A Car。

Yahoo 在其移动主页上为 Pepsi、Procter & Gamble、Hilton、Nissan、Intel 等公司展示广告。Google 将广告展示给使用谷歌移动搜索引擎的手机用户。微软则在美国的 MSN 移动门户网站上提供条幅和文字广告。广告也被嵌入游戏、视频和其他移动应用程序中。

Shopkick 是一款移动应用软件，通过该软件，Best Buy、Sports Authority 和 Macy's 等零售商可以在人们进入商店时为其提供折扣券。当使用者进入与 Shopkick 有合约商户的零售商店时能够被自动识别，并给予一定数量名为 kickbuck 的虚拟货币。这种虚拟货币可以用来兑换 Facebook 的信用等级、iTunes 的礼品卡、旅游消费券，或者在任何一个合作商户那里即时获得现金返还。

据统计，有 55% 的在线零售商拥有移动商务网站——通常是可以使购物者通过手机下订单的互联网站的简化版。Lilly Pulitzer 和 Armani Exchange 等服装零售商、Home Depot、Amazon、沃尔玛（Walmart）以及 1-800 Flowers（一家在线鲜花零售商）都是开展移动商务应用的公司。

智能手机和平板逐渐发展成便携式的移动娱乐平台。智能手机如苹果手机(iPhone)和基于安卓系统的设备提供可以进行下载或以流媒体形式体验的数字游戏、电影、音乐和铃声。

主流移动服务商的宽带用户可以按需要即时下载视频片段、新闻片段和天气预报。由 Verizon Wireless、AT&T Wireless 和其他移动通信运营商提供的 MobiTV 能够直播电视节目,包括来自微软全国有线广播电视公司(MSNBC)和福克斯体育(Fox Sports)的节目。电影公司也开始制作专门在手机上播放的微电影。用户自创内容也开始在移动设备上出现。Facebook、MySpace、YouTube 和其他社交网站都建立了移动设备版本。

8.3　形式多样的网络营销方法

网络营销是基于网络及社会关系网络连接企业、用户及公众,向用户及公众传递有价值的信息与服务,为实现顾客价值及企业营销目标所进行的规划、实施及运营管理活动。网络营销是企业整体营销战略的一个组成部分,网络营销是为实现企业总体经营目标所进行的,以互联网为基本手段,营造网上经营环境并利用数字化的信息和网络媒体的交互性来辅助营销目标实现的一种新型的市场营销方式。

8.3.1　网络营销概念与方法

网络营销(E-Marketing)是随着互联网进入商业应用而产生的,尤其是万维网(World Wide Web,WWW)、电子邮件(E-mail)、搜索引擎、社交软件等得到广泛应用之后,网络营销的价值才越来越明显。其中可以利用多种手段,如 E-mail 营销、博客与微博营销、网络广告营销、视频营销、媒体营销、竞价推广营销、SEO 优化排名营销、大学生网络营销能力秀等。总体来讲,凡是以互联网或移动互联为主要平台开展的各种营销活动,都可称为网络营销。网络营销与传统线下营销的关系如图 8-2 所示。

图 8-2　网络营销与传统线下营销的关系

从图 8-2 可知,网络营销方法又分为免费和收费两大类,这也是网络营销跟传统营销不同的地方,网络营销有很多免费的方法可以帮助企业达到营销目的。核心的网络营销方法主要有搜索引擎营销/优化(SEM/SEO)、论坛营销、博客/微博营销、电子邮件营销、软文营销、网络广告、社会化媒体营销等。

8.3.2　搜索引擎营销/优化(SEM/SEO)

简单来说,搜索引擎营销(Search Engine Marketing,SEM)就是基于搜索引擎平台的网络营销,利用人们对搜索引擎的依赖和使用习惯,在人们检索信息的时候将信息传递给目标用户。搜索引擎营销的基本思想是让用户发现信息,并通过单击进入网页,进一步了解所需要的信息。企业通过搜索引擎付费推广,让用户可以直接与公司客服进行交流、了解,实现交易。

搜索引擎优化(Search Engine Optimization,SEO)是一种通过分析搜索引擎的排名规律,了解各种搜索引擎怎样进行搜索、怎样抓取互联网页面、怎样确定特定关键词的搜索结果排名的技术。搜索引擎采用易于被搜索引用的手段,对网站进行有针对性的优化,提高网站在搜索引擎中的自然排名,吸引更多的用户访问网站,提高网站的访问量,提高网站的销售能力和宣传能力,从而提升网站的品牌效应。

网站搜索引擎优化任务主要是认识与了解其他搜索引擎怎样紧抓网页、怎样索引、怎样确定搜索关键词等相关技术后,以此优化本网页内容,确保其能够与用户浏览习惯相符合,并且在不影响网民体验前提下使其搜索引擎排名得以提升,进而使该网站访问量得以提升,最终提高本网站宣传能力或者销售能力的一种现代技术。基于搜索引擎优化处理,其实就是为让搜索引擎更易接受本网站,搜索引擎往往会对比不同网站的内容,再通过浏览器把内容以最完整、直接及最快的速度提供给网络用户。

搜索引擎优化(SEO)的方法主要有以下几种。

1. 关键字选择

首先确定核心关键字,再围绕核心关键字进行排列组合产生关键词组或短句。对企业、商家而言,核心关键字就是他们的经营范围,如产品/服务名称、行业定位,以及企业名称或品牌名称等。总结起来,选择关键字有以下技巧:

1) 站在客户的角度考虑

潜在客户在搜索产品时将使用什么关键词? 这可以从众多资源中获得反馈,包括从客户、供应商、品牌经理和销售人员那里获知其想法。

2) 将关键词扩展成一系列词组/短语

不要用单一词汇,而是在单一词汇基础上进行扩展,如营销→网络营销→网络营销管理。英文关键词可以采用搜索引擎 overture 的著名工具 Keyword Suggestion Tool 对这些关键词组进行检测,可查看关键词在过去 24 小时内被搜索的频率,最好的关键词是那些没有被广泛滥用又有很多人搜索的词。中文工具可以通过百度的"相关搜索"和 Google 提供的 KeywordSandbox 工具进行关键词匹配和扩展。

3) 进行多重排列组合

改变短语中的词序以创建不同的词语组合,有以下方式:使用不常用的组合;组合成一个问句;包含同义词、替换词、比喻词和常见错拼词;包含所卖产品的商标名和品名;使用其他限定词来创建更多的两字、三字、四字组合。

4）不用意义太泛的关键字

如果你从事包装机械制造，则选择"机械"作为核心关键字就无益于吸引到目标客户。实际上，为了准确找到需要的信息，搜索用户倾向使用具体词汇及组合寻找信息（尤其是二词组合），而不是使用那些大而泛的概念。此外，使用意义太广的关键字，也意味着你的网站要跟更多的网站竞争排名，难以胜出。

5）用自己的品牌做关键词

如果是知名企业，则别忘了在关键词中使用公司名或产品品牌名称。

6）控制关键词数量

一页中的关键词最多不要超过 3 个，然后所有内容都针对这几个核心关键词展开，才能保证关键词密度合理。搜索引擎也会认为该页主题明确。如果确实有大量关键词需要呈现，可以分散写在其他页面并进行针对性优化，让这些页面也具有"门页"（Entry）的效果。这也是首页和内页的关键词往往要有所区分的原因。最典型的情况是拥有不同的产品和服务的情况下，对每个产品进行单网页优化，而不是罗列在一个首页上。

2．关键字密度

在确定了自己的关键字之后，需要在网页文本中适当出现这些关键字。关键字在网页中出现的频次，即关键字密度（keyword density），就是在一个页面中，占所有该页面中总的文字的比例，该指标对搜索引擎的优化起到重要作用。关键字密度一般在 1％～7％较为合适，超过这一标准就有过高或过低之嫌。切记避免进行关键字堆砌，即一页中关键字的出现不是根据内容的需要而安排，而是为了讨好搜索引擎人为堆积关键字。这已经被搜索引擎归入恶意行为，有遭到惩罚的危险。

3．关键词分布

关键字的分布原则堪称"无所不在，有所侧重"。

1）标签

需要优化的代码标签主要是网页代码中的 Title 和 META 标签（关键字 keywords 和描述 description）。

如上海惠宏企业管理咨询公司网站（www.hyqgcn.com）的代码：

< title >企业管理咨询-股权激励方案-绩效薪酬管理咨询-惠宏企业管理咨询公司</title>

< meta name＝"description" content＝"惠宏咨询是一家专注于组织与人力资源管理咨询公司，公司旗下数十位顾问都具有海内外知名的硕博士学位，以及 20 年以上的企业管理经验，能发现企业内部管理关键问题，为企业提供良好落地绩效管理咨询，企业管理咨询，精益生产的解决方案，并辅导企业方案落地，实际运行。" />

< meta name＝"keywords" content＝"人力资源管理咨询，绩效管理咨询，企业咨询管理公司，企业管理咨询公司，企业管理咨询" />

2）网页正文最吸引注意力的地方

正文内容必须适当出现关键词，并且"有所侧重"，意指用户阅读习惯形成的阅读优先位置——从上到下，从左至右——成为关键词重点分布位置，包括页面靠顶部、左侧、标题、正文前 200 字以内。在这些地方出现关键词对排名更有帮助。

3）超链接文本（锚文本）

除了在导航、网站地图、锚文本中有意识使用关键字，还可以人为增加超链接文本。如人力资源管理咨询的网站（如上海惠宏企业管理咨询公司网站）可以通过加上以下行业资源：

中国人力资源咨询管理协会；薪酬咨询协会等含有"人力资源咨询""薪酬咨询""绩效咨询"文字的链接来达到增加超链接文本的目的。这也值得网站在添加友情链接时做参考，即链接对象中最好包含关键字或相关语义的网站。

4）Header 标签

即正文标题< H1 >< H1/>中的文字。搜索引擎比较重视标题行中的文字。用< b ></b >加粗的文字往往也是关键词出现的地方。

5）图片 Alt 属性

搜索引擎不能抓取图片，因此网页制作时在图片属性 Alt 中加入关键字是对搜索引擎友好的好办法，它会认为该图片内容与关键字一致，从而有利于排名。

4. 高质量导入反向链接

搜索引擎在决定一个网站的排名时，不仅要对网页内容和结构进行分析，还围绕网站的链接展开分析。对网站排名至关重要的影响因素是获得尽可能多的高质量外部链接，也称导入反向链接。网站即使没有向目录提交，但由于其他重要网站上有你的网站链接，一样可以获得搜索引擎的快速抓取，并为取得好排名加分。

将导入链接纳入排名重要指标的依据在于，搜索引擎认为，如果网站富有价值，其他网站会有所提及；提及越多，说明价值越大。由此引申出链接广度（link popularity）在搜索引擎优化中的重要地位。人们想方设法地为网站"制造"外部链接，导致涌出大量垃圾（spam）链接和网站，于是搜索引擎在算法调整中，仅对高质量的外部链接给予重视，对类似 spam 的做法往往给予适得其反的结果。

因此，今天对链接广度要有这样的认识：即使获得上百个质量低劣的或内容毫不相干的站点的链接，也抵不上一个高质量且内容高度相关或互补的站点的链接。

经过上面的搜索引擎关键词优化方法，针对上海惠宏企业管理咨询公司网站（www. hyqgcn. com）进行了优化，通过百度搜索查询：薪酬管理咨询公司、上海薪酬咨询公司、薪酬咨询、绩效咨询等相关关键词都能够在百度首页展现，为企业带来了很多免费的潜在客户流量，结果如图 8-3 和图 8-4 所示。

8.3.3 微博营销

微博营销是指通过微博平台为商家、个人等创造价值而执行的一种营销方式，也是指商家或个人通过微博平台发现并满足用户的各类需求的商业行为方式。微博营销以微博作为营销平台，每一个听众（粉丝）都是潜在的营销对象，企业利用更新自己的微博向网友传播企业信息、产品信息，树立良好的企业形象和产品形象。每天更新内容就可以跟大家交流互动，或者发布大家感兴趣的话题，以此来达到营销的目的，这样的方式就是互联网新推出的微博营销。该营销方式注重价值的传递、内容的互动、系统的布局、准确的定位，微博的火热

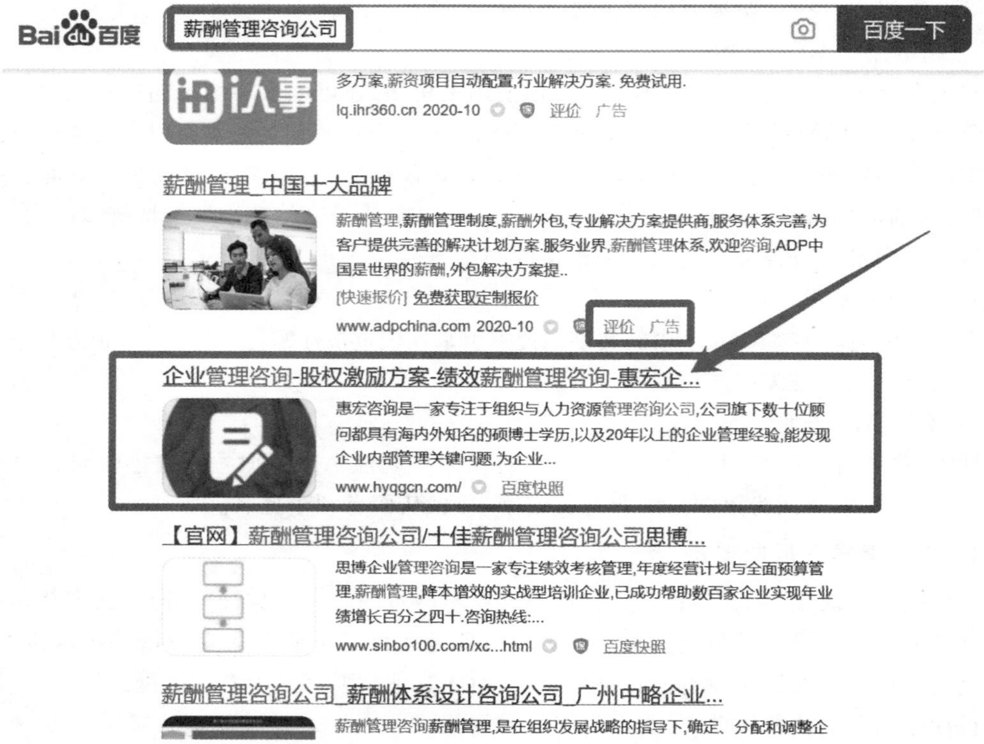

Bai百度
薪酬管理咨询公司
百度一下
iR i人事
多方案,薪资项目自动配置,行业解决方案. 免费试用.
lq.ihr360.cn 2020-10 评价 广告
薪酬管理_中国十大品牌
薪酬管理,薪酬管理制度,薪酬外包,专业解决方案提供商,服务体系完善,为客户提供完善的解决计划方案.服务业界,薪酬管理体系,欢迎咨询,ADP中国是世界的薪酬,外包解决方案提..
[快速报价] 免费获取定制报价
www.adpchina.com 2020-10 评价 广告
企业管理咨询-股权激励方案-绩效薪酬管理咨询-惠宏企...
惠宏咨询是一家专注于组织与人力资源管理咨询公司,公司旗下数十位顾问都具有海内外知名的硕博士学历,以及20年以上的企业管理经验,能发现企业内部管理关键问题,为企业...
www.hyqgcn.com/ 百度快照
【官网】薪酬管理咨询公司/十佳薪酬管理咨询公司思博...
思博企业管理咨询是一家专注绩效考核管理,年度经营计划与全面预算管理,薪酬管理,降本增效的实战型培训企业,已成功帮助数百家企业实现年业绩增长百分之四十.咨询热线:...
www.sinbo100.com/xc...html 百度快照
薪酬管理咨询公司_薪酬体系设计咨询公司_广州中略企业...
薪酬管理咨询薪酬管理,是在组织发展战略的指导下,确定、分配和调整企

图 8-3　百度搜索关键词“薪酬管理咨询公司”结果

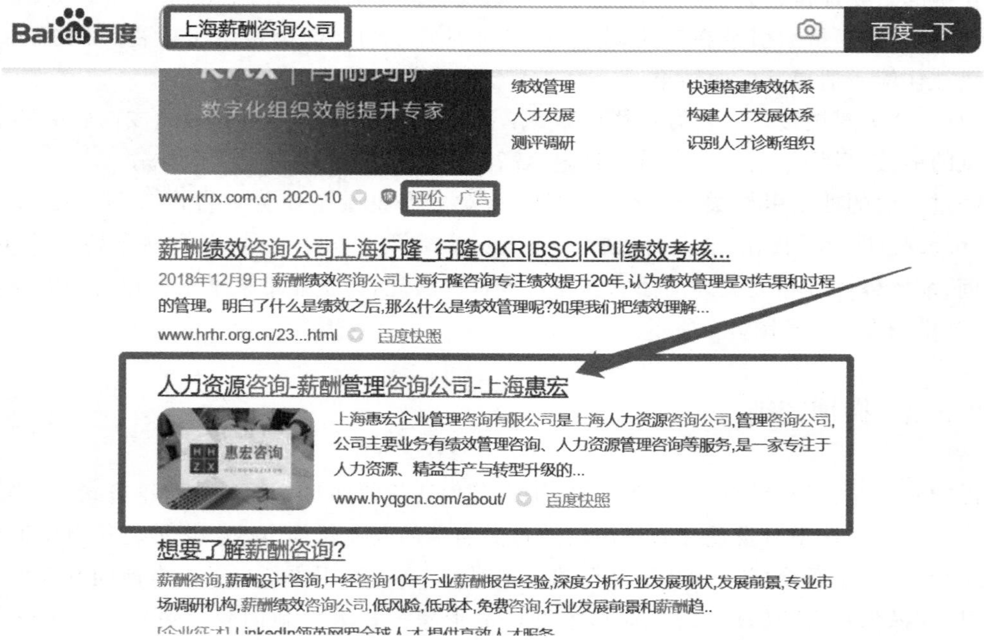

Bai百度
上海薪酬咨询公司
百度一下
数字化组织效能提升专家
绩效管理
快速搭建绩效体系
人才发展
构建人才发展体系
测评调研
识别人才诊断组织
www.knx.com.cn 2020-10 评价 广告
薪酬绩效咨询公司上海行隆_行隆OKR|BSC|KPI|绩效考核...
2018年12月9日 薪酬绩效咨询公司上海行隆咨询专注绩效提升20年,认为绩效管理是对结果和过程的管理。明白了什么是绩效之后,那么什么是绩效管理呢?如果我们把绩效理解...
www.hrhr.org.cn/23...html 百度快照
人力资源咨询-薪酬管理咨询公司-上海惠宏
惠宏咨询
上海惠宏企业管理咨询有限公司是上海人力资源咨询公司,管理咨询公司,公司主要业务有绩效管理咨询、人力资源管理咨询等服务,是一家专注于人力资源、精益生产与转型升级的...
www.hyqgcn.com/about/ 百度快照
想要了解薪酬咨询?
薪酬咨询,薪酬设计咨询,中经咨询10年行业薪酬报告经验,深度分析行业发展现状,发展前景,专业市场调研机构,薪酬绩效咨询公司,低风险,低成本,免费咨询,行业发展前景和薪酬趋..

图 8-4　百度搜索关键词“上海薪酬咨询公司”结果

发展也使得其营销效果尤为显著。微博营销涉及的范围包括认证、有效粉丝、朋友、话题、名博、开放平台、整体运营等。

国内微博目前主要是指新浪微博,新浪微博目前活跃用户达到 4.3 亿,拥有将近 3 万的娱乐明星、40 多万的 KOL、150 家认证企业和机构,与 2100 家内容机构和超过 500 档 IP 节目达成合作,覆盖 60 个垂直兴趣领域。此外,微博上 16～25 岁的人群在活跃用户中占61%,同时对三四线及以下的用户人群也保持持续向下覆盖的趋势。用户每天视频和直播的日均发布量 150 万以上,图片日均发布量 1.2 亿以上,长文日均发布量 48 万以上,文字日均发布量 1.3 亿以上。新浪微博也推出了企业服务商平台,为企业在微博上进行营销提供一定帮助。

随着近几年微博的发展,使用人数也不断增长,微博推广已成为一种常见的必备的推广方法之一,然而,微博的推广并不像论坛推广那样简单,随便发个帖子就是一条外链,发了帖子就会有人去看,仅仅是多少而已,即使没人去看,对你也不会有什么危害。微博则不然,不合时宜的广告帖,不但起不到宣传作用,搞不好还会殃及微博的命运,让你的微博人气尽失,成为一个无人问津的死博,那么到底该如何才能发挥微博的推广作用呢?

首先,微博需要人们的精心呵护,所谓精心呵护也就是人们平常说的养博,具体怎么养呢?人们应根据自己网站的类别,确定微博的目标人群,多加一些和网站同类的微群,从中寻找活跃的群友加为好友,这在 SEO 的专业术语里叫作追星。当然了,追星的感觉绝对没有被追的感觉好,追别人的同时,要好好想想怎样才能让别人追自己,要根据微博群体的共性,努力打造自己的微博风格,使之成为一个内容精美、丰富,受人喜爱的交流基地。若成了某个圈子有影响的名人,那你的微博就功成名就了,这个时候才用它去推广你的网站,其效果必然是显而易见的。

其次,养好的微博也不是一劳永逸的。微博初期不能发广告的道理站长们都知道,可是一旦微博养到了一定的时候,有了一定的影响力,早就等不及的站长们便再也按捺不住了,于是便开始大肆地宣传,发广告,殊不知这又犯了大忌,不但起不到宣传作用,还很有可能让以前为养博付出的精力付诸东流。为什么这样呢?这些都是由微博的特性决定的,因为微博本身就是具有某种共性的一类人的信息交流聚集地,没有什么利害关系的束缚,人们一旦觉得你的微博失去了这种作用,便会毫无眷恋地离你而去。要想留住这些人,发布的信息就必须要有量、有节、有度,同时,还更要注重共性话题的活动质量,让有限的广告淹没在无限的共性话题之中才是上上之策,因为只有这样才能真正起到宣传作用,才能确保微博的良性发展。微博营销特点具体如图 8-5 所示。

企业微博营销成功的关键因素如下。

1. 注重价值的传递

企业博客经营者首先要改变观念——企业微博的"索取"与"给予"之分,企业微博是一个给予平台。截至 2011 年,微博数量已经以亿计算,只有那些能对浏览者创造价值的微博自身才有价值,此时企业微博才可能达到期望的商业目的。企业只有认清了这个因果关系,才可能从企业微博中受益。

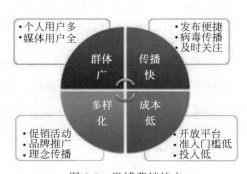

图 8-5 微博营销特点

2. 注重微博个性化

微博的特点是"关系""互动",因此,虽然是企业微博,但也切忌仅是一个官方发布消息的窗口那种冷冰冰的模式。要给人感觉像一个人,有感情,有思考,有回应,有自己的特点与个性。

一个浏览者觉得你的微博和其他微博差不多,或是别的微博可以替代你,都是不成功的。这和品牌与商品的定位一样,必须塑造个性。这样的微博具有很高的黏性,可以持续积累粉丝与专注,因为此时的你有了不可替代性与独特的魅力。

3. 注重发布的连续性

微博就像一本随时更新的电子杂志,要注重定时、定量、定向发布内容,让大家养成观看习惯。当其登录微博后,能够想着看看你的微博有什么新动态,这无疑是成功的最高境界,虽很难达到,但需要尽可能出现在他们面前,先成为他们思想中的一个习惯。

4. 注重互动性加强

微博的魅力在于互动,拥有一群不说话的粉丝是很危险的,因为他们慢慢会变成不看你内容的粉丝,最后更可能是离开。因此,互动性是使微博持续发展的关键。第一个应该注意的问题就是,企业宣传信息不能超过微博信息的10%,最佳比例是3%~5%。更多的信息应该融入粉丝感兴趣的内容之中。

"活动内容+奖品+关注(转发/评论)"的活动形式一直是微博互动的主要方式,但实质上奖品比企业所想宣传的内容更吸引粉丝的眼球,相较赠送奖品,你能认真回复留言,用心感受粉丝的思想,才能换取情感的认同。如果情感与"利益"(奖品)共存,那就更完美了。

5. 注重系统性布局

企业实施的任何一个营销活动,想要取得持续而巨大的成功,都不能脱离了系统性,单纯当作一个点子来运作,很难持续取得成功。微博营销虽然看起来很简单,对大多企业来说效果也很有限,从而被很多企业当作可有可无的网络营销方式。其实,微博这种全新形态的互动形式,它的潜力又有多少人能看清,发挥出的作用很小的原因是你本身投入的精力与重视程度本就不高。

企业想要微博发挥更大的效果就要将其纳入整体营销规划中,这样微博才有机会发挥更多作用。

6. 注重准确的定位

微博粉丝众多当然是好事,但是,对于企业微博来说,"粉丝"质量更重要。因为企业微博最终的商业价值,或许就需要这些有价值的粉丝。这涉及微博定位的问题,很多企业抱怨:微博人数都过万了,可转载、留言的人很少,宣传效果不明显。其中一个很重要的原因就是定位不准确。企业需要围绕一些其产品目标顾客关注的相关信息来发布内容,吸引目标顾客的关注,而非只考虑吸引眼球,导致吸引来的都不是潜在消费群体。在这个起步阶段很多企业微博陷入这个误区中,完全以吸引大量粉丝为目的,却忽视了粉丝是否为目标消费群体这个重要问题。

7. 企业微博专业化

企业微博定位专一很重要,但是专业更重要。同场竞技,只有专业才可能超越对手,持续吸引关注目光,专业是一个企业微博重要的竞争力指标。

微博不是企业的装饰品,如果不能做到专业,只是流于平庸,倒不如不去建设企业微博,因为,作为一个"零距离"接触的交流平台,负面的信息与不良的用户体验很容易迅速传播开,并为企业带来不利的影响。

> **应用案例**

自新冠肺炎疫情爆发以来,餐饮业受到了严重的打击,小型店家的生存岌岌可危,具有一定规模的企业也是几乎只出不进,但快餐连锁品牌"老乡鸡"却从疫情中"突围",打了一场漂亮的营销仗:土味发布会。

图 8-6 显示的是一场"200 元预算的战略发布会",发布在老乡鸡微博后引来了大量的关注,成为微博热门话题,微博获得 1574 万次人观看,5517 次转发,4384 条评论,4.3 万个点赞。在微博平台上实现了"病毒式传播",取得了良好的营销效果。

图 8-6　老乡鸡 200 元预算的战略发布会

8.3.4　软文营销

软文营销就是指通过特定的概念诉求、以摆事实讲道理的方式使消费者走进企业设定的"思维圈",以强有力的针对性心理攻击迅速实现产品销售的文字模式和口头传播,例如新闻、第三方评论、访谈、采访、口碑。软文是基于特定产品的概念诉求与问题分析,对消费者进行针对性心理引导的一种文字模式,从本质上来说,它是企业软性渗透的商业策略在广告形式上的实现,通常借助文字表述与舆论传播使消费者认同某种概念、观点和分析思路,从而达到企业品牌宣传、产品销售的目的。

在传统媒体行业,软文之所以备受推崇,第一大原因就是各种媒体抢占眼球竞争激烈,人们对电视、报纸的硬广告关注度下降,广告的实际效果不再明显,第二大原因就是媒体对软文的收费比硬广告要低得多,所以在资金不是很雄厚的情况下软文的投入产出比较科学合理。所以企业从各个角度出发愿意以软文试水,以便使市场快速启动。

所谓软文,就是带有某种动机的文体;而软文营销则是个人和群体通过撰写软文,实现动机,达成交换或交易的目的的营销方式,可以相对于硬广告而言。众所周知,硬广告是一种纯粹的广告,直接地广而告之。而在软文中,如销售信函、广告文案、招商宣传等,它们都是带有"硬广告"性质的软文。

软文营销是生命力最强的一种广告形式。也是很有技巧性的广告形式,软文是相对于硬性广告而言,由企业的市场策划人员或广告公司的文案人员来负责撰写的"文字广告"。与硬广告相比,软文之所以叫作软文,精妙之处就在于一个"软"字,好似绵里藏针,收而不露,克敌于无形。等到你发现这是一篇软文的时候,你已经冷不丁地掉入了被精心设计过的"软文广告"陷阱。它追求的是一种春风化雨、润物无声的传播效果。如果说硬广告是外家的少林功夫;那么,软文则是绵里藏针、以柔克刚的武当拳法,软硬兼施、内外兼修,才是最有力的营销手段。软文营销文字可以不要华丽、可以无须震撼,但一定要推心置腹说家常话,因为最能打动人心的还是家常话;绵绵道来,一字一句都是为消费者的利益着想。

软文推广对公司推广、产品推广,乃至品牌形象的建立都有很大的作用,因此,软文推广的巨大威力已为人们所认可,特别是在浩瀚的网络大海之中,软文推广正在逐步发展成为主要的、无可比拟的推广法宝。

1. 软文的类型

软文虽然千变万化,但是万变不离其宗,主要有以下几种方式。

1)悬念式

悬念式也可以叫设问式。核心是提出一个问题,然后围绕这个问题自问自答。例如"人类可以长生不老?""什么使她重获新生?""牛皮癣,真的可以治愈吗?"等,通过设问引起话题和关注是这种方式的优势。但是必须掌握火候,首先提出的问题要有吸引力,答案要符合常识,不能漏洞百出。

2)故事式

通过讲一个完整的故事带出产品,使产品的"光环效应"和"神秘性"给消费者心理造成强暗示,使销售成为必然。例如"1.2亿买不走的秘方""神奇的植物胰岛素""印第安人的秘密"等。讲故事不是目的,故事背后的产品线索是文章的关键。听故事是人类最古老的知识接受方式,所以故事的知识性、趣味性、合理性是软文成功的关键。

3)情感式

情感一直是广告的一个重要媒介,软文的情感表达由于信息传达量大、针对性强,当然更可以叫人心灵相通。"老公,烟戒不了,洗洗肺吧""女人,你的名字是天使""写给那些战'痘'的青春"等,情感最大的特色就是容易打动人,容易走进消费者的内心,所以"情感营销"一直是营销百试不爽的灵丹妙药。

4)恐吓式

恐吓式软文属于反情感式诉求,情感诉说美好,恐吓直击软肋——"高血脂,瘫痪的前兆!""天啊,骨质增生害死人!""洗血洗出一桶油"。实际上恐吓形成的效果要比赞美和爱更具备记忆力,但是也往往会遭人诟病,所以一定要把握度,不要过火。

5)促销式

促销式软文常常跟进在上述几种软文见效时——"上海人都在抢购某某产品""某某品

牌,在香港卖疯了""一天断货三次,浙江某厂家告急"等,这样的软文或者是直接配合促销使用,或者就是使用"买托"造成产品的供不应求,通过"攀比心理""影响力效应"多种因素来促使你产生购买欲。

6)新闻式

所谓事件新闻体,就是为宣传寻找一个由头,以新闻事件的手法去写,让读者认为就仿佛是昨天刚刚发生的事件。这样的文体有对企业本身技术力量的体现,但是,告诫文案要结合企业的自身条件,多与策划沟通,不要天马行空地写;否则,多数会造成负面影响。

上述六类软文绝对不是孤立使用的,是企业根据战略整体推进过程的重要战役,如何使用就是布局的问题了。

7)诱惑式

实用性、能受益、占便宜这三种属于诱惑式,这三种软文的写作手法是为了能够吸引读者。让访问者觉得对自己有好处,所以主动阅读这篇软文或者直接寻找相关的内容。因为它能给访问者解答一些问题,或者告诉访问者一些对他有帮助的东西。这里面当然也包括一些打折的信息等,这就是抓住了消费者爱占便宜的心理。

2. 成功的软文营销特点

软文在软文推广中起着十分重要的作用,成功软文营销分成四方面。

1)精定位

针对消费者的定位,软文可以切入的点,找准软文目标对象的切入点,软文的目标定位才会准确,才会做到针对性营销和精准营销,软文的发放也会有方向。

2)热标题

专家认为在写软文时,一定要注重标题党,标题成功,就是三分之一的软文成功。所谓热标题是软文的标题对软文的营销力度影响是很大的,只有通过标题将读者吸引过来点进去,软文才会发挥自己的优势。

3)优内容

有了一个引人注目的标题后,文章内容就是进一步影响读者购买意愿的重要因素了,一定不能大意。因此,行业类的软文需要语言简洁、逻辑通顺、主题清晰。

4)巧营销

毫不夸张地说软文营销是一种很好的营销方式,成功软文的重要特征在于一个"巧"字。突出自然巧妙的文章,就是一篇合格的软文。

网络营销推广计谋多种多样,软文就是如今正在盛行的一种网络营销方式,软文除了质量创意外,坚持不懈就能够成功。

3. 如何达到软文推广效果

很多企业以为写一篇软文发到网上,然后就能被客户看到,进而来购买自己的产品,其实这种想法是错误的。那么软文营销如何才能达到最佳效果呢?

1)软文是为受众而生的

很多时候,人们都觉得软文的目的就是要宣传和做广告,但是由于功利色彩太严重,反而吓跑了用户。软文是为受众而生的,只有受众真正买单,软文才算是达到了最佳推广的效果,否则再多的广告和产品宣传也是徒劳无益。

2）受众精准定位

一种营销不是针对所有人的，尽管人们希望越多的人关注越好。但是并不是网散得大就能收获越大。反而，会顾此失彼，漏掉真正的潜在用户。结合自己的考查，确定受众群，才能真正针对这些有效人群投放信息。内容的不相关和太浓重的广告色彩都只能引起不相关人群的反感。

3）抓住受众口味

这也就是说要认真分析受众真正喜欢的是什么？不要以为什么样的信息都能够传播，即使传播出去了也会被信息大海淹没，没有真正的推广效果。要想取得最好的传播效果，需要对受众的需求进行系统的研究，抓住受众的胃口，这样才能引得众多受众的关注和阅读。从某种程度上来讲，受众口味也能决定软文是否能够得到较好的推广效果。

4）选对发布网站

研究好了用户，写好了软文，接下来就是选择软文发布的网站了。收录、新闻源、转载率等都是考量网站的重要标准。而一般用户对这些并不了解，也不知道如何联系编辑，那该怎么发布呢？用户可以将新闻、软文快速发布至全国几家左右的媒体上，让企业信息迅速覆盖全网络。

5）软文营销策略的转化

软文信息投放了不代表工作就完成了。你要真正考查这篇软文能够给你带来多少效益，也就是人们说的效益评估。多少人是你的潜在客户、什么人群是忠实用户、什么人群能够真正转化为购买用户、网站的浏览量、关注度都是软文营销应该完成的策略转化。而且这次的软文效果可以为下次发布提供参考。

4．软文发布途径

有以下 3 种方式发布软文营销。

1）传统的纸媒体

我国近千种报纸，这些报纸大多都有自己的官网，并且大多也都是资讯类网站，无论是信息量还是信息质量，都远高于资讯类论坛。同时，这些网站几乎都是百度等搜索引擎的新闻源站点。所以，这些纸媒的官网，在软文发布的时候需要重视。这些纸媒为了获得高质量的文章，开通了两个信息入口：一个是网站的论坛，一些具有一定篇幅并且观点明确的文章，会成为纸媒官网以自己名义发布的信息或者新闻，当然网站的编辑会进行一定的整合和修改；另一个就是纸媒官网开通的投稿入口，虽然对于软文的质量要求较高，但是软文依然有进入的机会。当然，还有就是纸媒向企业收取一定的费用，在官方网站刊登软文。

2）行业网站

几乎所有的行业，都有本行业内有影响力的行业网站，特别是工业行业，一个行业往往有数家有一定影响力的行业网站，这些网站大多有官方背景，具有权威性，权重大，发布的信息权威。公司网站编辑或者细分行业网站的编辑，对于这些网站情有独钟。在这些网站发布软文，会被同类网站或者影响力较低的网站所转载，同时还会被同行业的公司所转载，尤其是涉及行业发展、规划、目标、趋势、数据等文章，同行的企业站更加热衷于转载。企业在行业网站发布软文，是一个不错的选择。当然这样的软文需要具备一定的行业视野。

3）网络自媒体

自媒体是指一些正规的大型搜索平台或是媒体，开通相应的个人作者或企业、组织入口,让更多的人与企业参与进来;提交专业的资料,获取相应的流量或收益,同时也从中得到好的口碑传送。目前国内可选择的主流自媒体平台列表如表 8-4 所示。

表 8-4　国内主流自媒体平台列表

自媒体名称	网址
今日头条	http://toutiao.com/
微信公众平台	https://mp.weixin.qq.com/
知乎专栏	https://zhuanlan.zhihu.com/
百度百家	http://baijia.baidu.com/
搜狐媒体平台	http://mp.sohu.com/
搜狐博客	http://blog.sohu.com/
QQ 空间	http://qzone.qq.com/
腾讯媒体开放平台	http://om.qq.com/
网易媒体开放平台	http://dy.163.com/wemedia/login.html
网易云阅读	http://open.yuedu.163.com/
网易博客	http://blog.163.com/
新浪微博	http://weibo.com/
新浪博客	http://blog.sina.com.cn/
凤凰自媒体	http://zmt.ifeng.com/
凤凰博客	http://blog.ifeng.com/
阿里巴巴专栏	https://club.1688.com/zhuanlan.htm
豆瓣网	http://www.douban.com/
钛媒体	http://www.tmtpost.com/
虎嗅网	http://www.huxiu.com/
简书	http://www.jianshu.com/

上面介绍了网络营销三种典型的推广方法,也是网络营销方法中三个重要的基础方法。网络营销方法很多,企业需要深入研究互联网资源,在熟悉网络营销方法的基础上,从企业的实际情况出发,根据不同网络营销产品的优缺利弊,整合多种网络营销方法,为企业提供网络营销解决方案。

8.4　电子商务新趋势——新零售与智慧零售

经过近年来的全速前行,传统电商由于互联网和移动互联网终端大范围普及所带来的用户增长以及流量红利正逐渐萎缩,传统电商所面临的增长“瓶颈”开始显现。阿里巴巴创始人马云以及小米集团创始人雷军在 2016 年提出了适应数字化时代的新零售概念。

8.4.1　新零售的兴起

新零售(New Retailing,NR),即个人、企业以互联网为依托,通过运用大数据、人工智能等先进技术手段,对商品的生产、流通与销售过程进行升级改造,进而重塑业态结构与生态圈,并对线上服务、线下体验以及现代物流进行深度融合的零售新模式。

根据艾瑞咨询的预测,从 2017 年起国内网购增速的放缓将以每年下降 8～10 个百分点的趋势延续,传统电商发展的"天花板"已经依稀可见,对于电商企业而言,唯有变革才有出路。另一方面,传统的线上电商从诞生之日起就存在着难以补平的明显短板,线上购物的体验始终不及线下购物是不争的事实。相对于线下实体店给顾客提供商品或服务时所具备的可视性、可听性、可触性、可感性、可用性等直观属性,线上电商始终没有找到能够提供真实场景和良好购物体验的现实路径。因此,在用户的消费过程体验方面要远逊于实体店面。不能满足人们日益增长的对高品质、异质化、体验式消费的需求将成为阻碍传统线上电商企业实现可持续发展的"硬伤"。特别是在我国居民人均可支配收入不断提高的情况下,人们对购物的关注点已经不再仅仅局限于价格低廉等线上电商曾经引以为傲的优势方面,而是愈发注重对消费过程的体验和感受。因此,探索运用"新零售"模式来启动消费购物体验的升级,推进消费购物方式的变革,构建零售业的全渠道生态格局,必将成为传统电子商务企业实现自我创新发展的又一次有益尝试。新零售兴起的原因如下。

1. 线上零售遭遇天花板

虽然线上零售一段时期以来替代了传统零售的功能,但从两大电商平台天猫和京东的获客成本可以看出,电商的线上流量红利见顶;与此同时线下边际获客成本几乎不变,且实体零售进入整改关键期,因此导致的线下渠道价值正面临重估。

2. 新技术的应用

移动支付等新技术开拓了线下场景智能终端的普及,以及由此带来的移动支付、大数据、虚拟现实等技术革新,进一步开拓了线下场景和消费社交,让消费不再受时间和空间制约。

3. 新中产阶级崛起

新中产阶级画像:"80/90 后"、接受过高等教育、追求自我提升,逐渐成为社会的中流砥柱。新中产消费观的最大特征:理性化倾向明显。相较于价格,他们在意质量以及相应的性价比,对于高质量的商品和服务,他们愿意为之付出更高的代价。不菲的收入与体面的工作给中产带来片刻的欣慰,但不安与焦虑才是中产光鲜外表下最戳心的痛点,消费升级或许正是他们面对这种焦虑选择的解决方案。

8.4.2　新零售的特点

新零售最大的特点便是数字化、全渠道以及更灵活的供应链这三个维度的交互融合。其中,数字化是最核心的特点,也是全渠道和更灵活的供应链的实现基础。新零售体现了以下几个特征。

1. 生态性

"新零售"的商业生态构件将涵盖网上页面、实体店面、支付终端、数据体系、物流平台、营销路径等诸多方面,并嵌入购物、娱乐、阅读、学习等多元化功能,进而推动企业线上服务、线下体验、金融支持、物流支撑等四大能力的全面提升,使消费者对购物过程便利性与舒适性的要求能够得到更好满足,并由此增加用户黏性。当然,以自然生态系统思想指导而构建的商业系统必然是由主体企业与共生企业群以及消费者所共同组成的,且表现为一种联系紧密、动态平衡、互为依赖的状态。

2. 无界化

企业通过对线上与线下平台、有形与无形资源进行高效整合,以"全渠道"方式清除各零售渠道间的种种壁垒,模糊经营过程中各个主体的既有界限,打破过去传统经营模式下所存在的时空边界、产品边界等现实阻隔,促成人员、资金、信息、技术、商品等的合理顺畅流动,进而实现整个商业生态链的互联与共享。依托企业的"无界化"零售体系,消费者的购物入口将变得非常分散、灵活、可变与多元,人们可以在任意的时间、地点,以任意的可能方式,随心尽兴地通过诸如实体店铺、网上商城、电视营销中心、自媒体平台甚至智能家居等一系列丰富多样的渠道,与企业或者其他消费者进行全方位的咨询互动、交流讨论、产品体验、情景模拟以及购买商品和服务。

3. 智慧型

"新零售"商业模式得以存在和发展的重要基础,正是源于人们对购物过程中个性化、即时化、便利化、互动化、精准化、碎片化等要求的逐渐提高,而满足上述需求则在一定程度上需要依赖于"智慧型"的购物方式。可以肯定,在产品升级、渠道融合、客户至上的"新零售"时代,人们经历的购物过程以及所处的购物场景必定会具有典型的"智慧型"特征。未来,智能试装、隔空感应、拍照搜索、语音购物、VR 逛店、无人物流、自助结算、虚拟助理等图景都将真实地出现在消费者眼前甚至获得大范围的应用与普及。

4. 体验式

随着我国城镇居民人均可支配收入的不断增长和物质产品的极大丰富,消费者主权得以充分彰显,人们的消费观念将逐渐从价格消费向价值消费进行过渡和转变,购物体验的好坏将愈发成为决定消费者是否进行买单的关键性因素。现实生活中,人们对某个品牌的认知和理解往往会更多地来源于线下的实地体验或感受,而"体验式"的经营方式就是通过利用线下实体店面,将产品嵌入所创设的各种真实生活场景之中,赋予消费者全面深入了解商品和服务的直接机会,从而触发消费者视觉、听觉、味觉等方面的综合反馈,在增进人们参与感与获得感的同时,也使线下平台的价值得以进一步发现。

新零售只是互联网实现社会信息化、数字化的过程中零售行业发展、变化的一个阶段,只不过在这个阶段,进步与变化出现了加速和集中,变得更快、更具有爆发力。当然,新零售概念也有其独特的逻辑:新零售发展孕育的背景是行业成本降低,效益增速,其核心动力依然是经济利益,是企业对于市场利润的寻找和追逐;而新零售的实现基础,则是科技的进步;新零售的特点,可以概括为数字化、全渠道以及更为灵活的供应链;新零售的发展方向,依然是跟随着消费者的需求变化,使零售创造的价值匹配消费者的需求。因此,在新零售模式的驱动下,新零售价值链各个组成部分,从生产制造、供应链、渠道,最终到消费者体验等环节都呈现出很多新的特征,如图 8-7 所示。

新零售模式在整个产业链变革方面主要体现以下几个特点。

(1)生产制造与上游供应链改进。

在新零售模式下,涌现出了许多自己具备制造能力的品牌商,如优衣库、GAP、ZARA等,通过加强制作端品控,柔性制造,改进设计,从源头保证产品品质。网易严选等通过ODM(Original Design Manufacturer)的方式,从渠道深入到产品的设计、质检等环节,加强

图 8-7　新零售价值链各环节特征

对上游产品品质和成本的控制,满足新零售时代消费者对品质和价格的追求。

（2）渠道变革。

新零售最重要的是,线上和线下渠道是相互打通的。传统的线下品牌通过拥抱社交软件或是电商平台实现线上渠道;以淘品牌为代表的线上品牌商积极开拓线下店;并且通过跨境电商平台实现全球买全球卖。

（3）消费者体验的提升。

传统电商模式初期,消费者更关注商品的性价比,电商大幅抹平了由于信息不对称造成的地区价格不对等,可以直接购买原产地的平价商品成为电商初期用户选择下单的原始动力。在新零售模式中,减少去实体店造成的时间和精力的浪费也成为不少人选择电商的潜在心理要素。如今,以体验带消费的零售思路逐渐成为方向。依托互联网打造的线上线下有机结合的购物便利已经成为新零售电商标配,个性和体验作为新的突破口,成为新零售模式打造的竞争力。

8.4.3　新零售模式与典型案例

从新零售的总体特点看出,新零售商业模式是数字经济环境下对零售模式的全方位、多维度、系统性变革。新零售在商业的多个维度都表现出新的特征。总的来说,新零售模式是数字化、全渠道、灵活供应链这三个维度的交互融合,然后通过重构零售中人、货、场三要素,最终实现整个行业效率的提升和满足消费者需求。新零售商业模式变革逻辑如图 8-8 所示。

新零售模式变革最核心基础是数字化,然后驱动全渠道、以人为本、基础设施、物流多个维度的变革实现新的零售模式。新零售模式是对零售商业的全方位、多维度、系统性创新与变革。在数字化基础上零售商业的每一个组成部分呈现出多方面的创新特征。新零售模式就是在这些新特征基础上进行创新融合。

数字化的实质,是将信息转化为数据,从而实现对于实体元素的合理、高效的统筹安排、管理和分配。我国零售业在移动互联网飞速发展的赋能下,信息流和资金流的数字化程度都比较高,物流成为新零售进行数字化的重点,未来的物流信息甚至可以通过区块链来进行溯源。

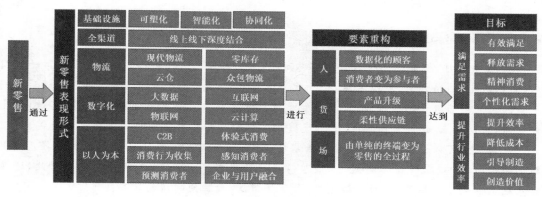

图 8-8　新零售商业模式变革逻辑

新零售模式产生与发展的几个主要驱动力如下。

1. 新零售的主要动力——经济利益

被冠以"新零售"相关概念的商业最大动作,就是以阿里为代表的电商企业投资或收购线下企业,以自营或联营的方式开展线下业务。其背后隐藏的逻辑是:电商空间收窄,而线下零售潜力无穷,巨大的经济利益驱使企业转向发展新零售业态。同时,近年来,我国移动互联网用户增速逐年放缓,近几年只有个位数的增长率,线上零售面向的用户总规模趋于稳定,而根据市场统计对阿里获客成本的测算,纯线上形式的开发客户成本已经越来越高,因而,探索零售业的新业态发展已成必然之势

中国市场由"人口增量市场"转为"人口存量市场"。存量市场下,依靠低价策略吸引更多消费者的效果会越来越差,消费者黏性和复购率显得更为重要。同时企业需要通过对消费者潜在需求进行深度挖掘,从而释放消费能力。而这一切都要求企业更加了解消费者,为消费者提供"更佳的体验",零售行业理念由"低价零售"转为"体验式零售"。新零售,是更重视体验的零售,而其核心动力,则是寻求更大的市场利润。

2. 新零售的重要基础——新兴技术

近两年,人工智能、物联网、大数据、智能机器人、虚拟现实、区块链等新兴技术的发展,在零售业中得到了很多应用,促使零售的很多环节发生了变化。

技术使得消费者体验得到增强,衍生出新业态,改进了零售企业的运营和物流系统,为新零售奠定了重要基础。应用新技术,人们才可以感受到电商界面的推送更加精准、快递的配送速度越来越快、商场的导购机器人使购物更有趣。

新技术在零售终端、物流环节的应用,可以产生有价值的数据。将这些海量的数据进行收集、监测以及分析可以帮助企业更加有针对性地对进行店铺运营和消费者管理。

物流环节消耗大量的人工成本,而技术的应用帮助物流实现自动化仓储以及高效配送。

3. 新零售隐形动力——需求变化

消费需求是新零售的牵引力,消费者的变化代表着市场的变化,自然也是新零售所要跟随的趋势。消费者变化主要体现在消费者结构变化、消费升级带来的消费需求和偏好变化。其中,消费者结构变化包括消费者年龄结构以及地理结构的变化。

近几年,涌现出了不少具有新零售模式特征的企业,其中盒马鲜生是其中的一个典型代表案例。

➤ **典型案例：盒马鲜生的新零售**

2016 年 1 月，阿里巴巴的自营生鲜类商超"盒马鲜生"在上海金桥广场开设了第一家门店，面积达 4500 平方米，成绩斐然，年坪效高达 5 万元，是传统超市的 3～5 倍。在随后的一年多时间里门店数量迅速增长，盒马鲜生是阿里探索新型零售业态的重要项目，其是以"生鲜电商"为切入点，通过 App 和线下门店覆盖生鲜食品和餐饮服务的一体化商业模式。

盒马模式可以说是当前比较好的新零售模式，完全满足了新零售进化三大路径：线上线下融合（O2O）、零售＋体验式消费、零售＋产业生态链。但是，盒马并不满足于此，还在此基础上形成了盒马餐饮、盒马鲜生店、盒马集市店、盒马便利店的盒马矩阵。

而在这个矩阵中，盒马餐饮最为关键，为盒马鲜生店提供了前置中央厨房，为盒马集市店提供了联营餐饮商，为盒马便利店提供快餐西点和茶饮，最终形成一个盒马生态链。图 8-9 显示了盒马鲜生线上线下有效融合特征。

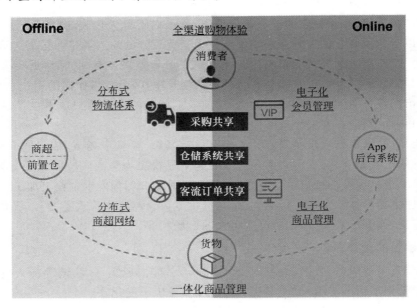

图 8-9　盒马鲜生线上线下有效融合

盒马鲜生模式具有以下特点。

（1）模式：生鲜超市＋餐饮体验＋线上业务仓储。

（2）特点：聚人流，好玩，线下往线上引流；把逛吃发挥到极致；所购生鲜可在餐饮区直接加工，提升转化率、提升线下体验、带动客流增长。

（3）品类：业态以生鲜为主，海鲜、蔬菜、水果、肉类等全品类经营，新鲜菜品、半成品和成品全供应；未来在成品比例将会不断增加，满足消费者对于便利需求。

（4）包装：洗净、小包包装，一餐食分量，符合年轻人低价格敏感，更注重方便与否的消费习惯，多频少食。

（5）仓店一体：盒马鲜生是"仓店一体的双向流量零售杀手"。其实本身盒马当年的设计就是一个生鲜的前置仓逻辑，但是后来发现前置仓成本太高。如何可以把成本降下来，这就要寻找一个新的突破。最后发现,能不能进行仓店一体呢?它既是一个仓库又是一个店。如果只是一个物流节点成本太高,仓库还可以经营,成本就下降了。它和传统的O2O有一个不同,就是它有物流逻辑。本质上它是一个"披着超市外衣的大前置仓"。

(6)披着超市外衣的大前置仓模式:盒马鲜生将门店超市区域与仓库结合,每个门店都是线上订单配送的仓储;线上、线下共用同一仓储,共同分担,降低成本。

(7)线下:超市＋餐饮,最优化体验,最大化聚流效应,将消费者引流线上。

(8)线上:通过盒马App提供线上服务,盒马鲜生负责生鲜＋传统消费品两大板块,统一支付宝支付。

(9)物流:自建物流体系,无限额3km最快30min内配送到家。

未来新零售更加精确的发展方向,是把门店的数据化做到极致。消费者来了,有摄像头,能够准确地识别消费者;消费者离开的时候,门店能够识别消费者带走的商品,直接在消费者账户扣款。这就是最典型的无人零售的概念。此外,门店场景端的数据化也是一个重要的发展方向。未来盒马鲜生的门店会具有网站的功能,以前只有网站能够收集数据,未来,门店也成为收集顾客数据的重要接触点。

盒马的新业态叫F2,传统盒马超市的面积大概在4000~10 000平方米,是大卖场或者是中型卖场的模式。而今天最新推出的小店模式叫F2便利店,500多平方米,其实更像是重餐饮定位办公人群的一个新便利店模式。它与全家、711存在竞争。在零售领域,盒马做了一个非常重大的创新——按照烹饪方式划分商超区域。例如这里有捞档,所有捞档的东西都到这边来做;蒸铺,专门做蒸的食品的区域,例如面食、点心、包子等。盒马试图用烹饪方式来重新定义零售效率和餐饮效率。

此外,盒马充分发挥新技术的优势,这些新技术包括自动化分拣技术、智能物流、电子价签。例如,电子价签变成了门店场景端消费者跟商品一对一沟通的方式。电子价签除了实时变价之外,还可以有二维码,消费者扫码就可以拿到商品的优惠券,消费者就可以和商品互动,甚至和品牌进行互动。这种电子价签的新技术应用,可以提升零售的整体效益。

8.4.4　智慧零售模式与典型案例

在新零售概念基础上又提出了未来的零售是智慧零售。智慧零售是运用互联网、物联网技术,感知消费习惯,预测消费趋势,引导生产制造,为消费者提供多样化、个性化的产品和服务。从概念可以看出,零售的进化史,无论新零售还是智慧零售,都是运用互联网、大数据等技术,去感知用户的消费习惯,从而为消费者提供多样化、个性化的产品和服务。

具体来说,新零售与智慧零售概念的差异一是在于目的性不同。新零售这种新的模式是指通过互联网技术对传统的零售行业进行产品与服务方面的改造和升级,而智慧零售则可以让从事线下零售的实体门店有效实现数字化的管理,因此可以大幅优化客户在采购时的体验,增进消费者对零售门店的胶着性。二是融合性不同。新零售在渠道融合上采取了十分开放的态度,不仅会大力推进功能融合,也着重推进形态方面的融合。但是,智慧零售的侧重点主要在于功能方面的融合,对渠道形态则还是有着十分明显的区分,所以智慧零售使用之后,可以通过线上各项服务将消费者引导至线下门店,因此,不管是线上还是线下的客户,都可以将他们沉淀在线下。

虽然新零售与智慧零售都是零售的新模式,但新零售把对场景的引流效果以及消费的便捷性作为发展重点。智慧零售把帮助大家构建一个好的体验场景作为发展重点。近年来,国内外也出现了不少智慧零售实践案例,例如美国亚马逊的 Amazon Go 无人商店。

➢ 典型案例：Amazon Go 无人商店

2016 年 12 月初,美国著名的电子商务公司亚马逊在西雅图开张了一家革命性的线下便利店——Amazon Go(见图 8-10),彻底抛弃了传统超市的收银结账过程。顾客不再需要提着购物篮等待结账,只需拿起想要的东西就可离开商店。其背后有着强大的科技支撑。购物时,只要用智能手机打开虚拟购物篮,之后,随着顾客在购物架之间闲逛,一个超大规模的传感器系统会跟踪定位,识别拿起了什么商品,最终带走了什么。当完成了购物,走出便利店,传感器会自动通知系统,对带走的商品计价。购物单会自动在手机 App 上弹出并完成结算。亚马逊给这个系统取了个很直白的名字:"拿了就走"(Just Walk Out)。Amazon Go 利用了世界上最先进的购物技术创造了一种无须结账台的新型智慧零售模式。

图 8-10　智慧零售商店 Amazon Go

Amazon Go 无人智慧商店具体是如何运作的呢?这里面运用了许多新兴技术,例如计算机视觉、传感器融合和深度学习等用在自动驾驶汽车中的相同技术使免结账购物体验成为可能。运用 Just Walk Out 技术能够自动检测商品何时从货架上取下或被重新放回,并在虚拟购物车中跟踪货物。当顾客完成购物,就可以离开商店。不久之后,商店会向顾客发送收据并向其亚马逊账户收费。

顾客只需要一个亚马逊账户、免费的 Amazon Go 应用程序,以及最新一代的 iPhone 或 Android 手机。顾客可以在 Apple App Store、Google Play 和 Amazon App Store 上找到 Amazon Go 应用程序。当顾客到达的时候,使用 Amazon Go 应用程序进入商店,就可以不需要用手机了,然后就像在任何其他商店一样浏览和购物,完成购物后,不需要排队结账。

全球首家无人商店 Amazon Go 位于西雅图亚马逊总部办公楼下,是一个 1800 平方英尺的小型超市。超市的入口(见图 8-11)感觉就好像正在进入一个地铁站,一排电子大门位于商店的入口,只允许拥有该商店智能手机应用的人进入。超市内无购物车,所有结账过程都是自动的,商品可直接装入购物袋内。每当顾客从货架上取货时,货架上的红外传感器、压力感应装置(记录商品被取走),以及荷载传感器(记录商品被放回)会记录下消费者取走了哪些商品以及放回了多少商品。同时,这些数据会实时传输给 Amazon Go 商店的信息中枢,每位顾客都不会有延迟。如果顾客把商品放回货架上,亚马逊会将其从虚拟购物篮中移除。Amazon Go 使用相机和传感器网络来动态监控客户,并通过智能手机应用程序自动为他们从商店中取出的物品进行计费。

图 8-11　智慧零售商店 Amazon Go 入口

同时,无人店中安装在天花板上的数十个方形黑色摄像机持续监控客户行为,努力准确地收集正在群体中移动的人们,例如带着小孩的家庭。Amazon Go 的工程师一直在研究一起购物的家庭,并调整传感器,以识别孩子在商店里闲逛时是否吃东西。根据官网介绍,Amazon Go 主要的识别技术叫作 Amazon Rekognition,能够在消费者购物流程中进行一系列不同类型的识别,以判断多种不同的购物场景。

本章小结

本章首先介绍了电子商务基本概念,把电子商务分为狭义的电子商务(e-Commerce)和广义的电子商务(e-Business);狭义的电子商务是指利用电子手段、信息技术来进行贸易(或称交易)的买卖活动;这种理解是在电子商务发展的早期阶段形成的。广义的电子商务主要是指基于互联网并采用相关信息技术进行商务活动,这些商务活动包括实物产品和信息产品的交易、客户的服务、企业间的协作等。一般人们更多地接受广义的电子商务概念来理解电子商务。接着从多个维度详细对比分析了电子商务与传统商务的区别,以及电子商务的应用与发展对人类社会各个方面的影响。通过这些深入的分析,有助于人们更好地利用现代电子商务来进行创新活动。

本章还介绍了网络营销基本方法,并对电子商务发展的新阶段,即新零售与智慧零售创新商业模式进行了分析。

习题

1. 谈谈你对电子商务概念狭义和广义的理解。
2. 电子商务与传统商务主要有哪些区别?
3. 电子商务对人们的社会有哪些方面的影响?
4. 什么是主要的电子商务业务和收益模式?
5. 电子商务如何改变市场?
6. 从理论角度分析电子商务发展为什么这么快?
7. 移动商务在业务中角色是什么? 最重要的移动商务应用是什么?
8. 列举并描述移动商务服务和应用的重要类型。
9. 网络营销中有哪些基本推广方法?

技术学习模块 G:虚拟现实与增强现实

请扫码阅读

第9章

互联网时代的金融创新

本章学习目标

➢ 了解互联网金融的五种主要商业模式。

➢ 了解金融科技及其发展阶段。

➢ 了解金融科技赋能金融创新所带来的行业变革。

➢ 了解金融科技的挑战、风险与监管。

◎ 开篇案例

平安 VS 中信：互联网金融布局大 PK

支付宝扫码付、腾讯微 POS 扫码付款等，只需轻轻一扫，你就可以轻松结账，省时省力。如今，互联网巨头将触角伸及金融领域，欲分得互联网金融的一杯羹，传统银行业务备受挑战。顺应时势，加大互联网金融和网络金融的创新与融合对传统银行来说已迫在眉睫。来看中国最大的两家综合金融集团——平安和中信，在已拥有全牌照的情况下（传统金融的 7 大牌照：银行、证券、期货、保险、基金、信托、租赁），如何布局互联网金融（见表 9-1）。

表 9-1 平安 VS 中信：互联网金融布局对比

业 务 领 域	平 安 系	中 信 系
直销银行	橙子银行	百信银行
消费金融	平安普惠	中腾信
互联网理财	陆金所	麻袋理财
互联网保险	众安保险	和泰人寿
众筹	平安众筹	信蓝筹

股权结构多元化的平安集团，对互联网金融领域的布局掌控力极强，无论橙子银行、平安普惠、陆金所、众安保险还是平安众筹均为平安"自营"；而作为国有企业的中信集团，在布局互联网金融时，则大多以财务投资人的形象出现，更愿意拉上互联网领域的伙伴一起试

水玩"加盟"。

在当下的中国互联网金融领域,处处有阿里、腾讯、百度和京东的身影,即使平安和中信布局的企业,也和互联网巨头交织在一起。

1. 直销银行:橙子银行 VS 百信银行

作为"舶来品"的直销银行,在国内兴起于 2013 年下半年。这一年为应对凶猛的"余额宝",股份制银行和城商行纷纷设立直销银行,作为线上渠道售卖货币基金和理财产品,目前全国已近 80 家。

"直销"二字意味着没有实体网点和实体银行卡,客户主要通过互联网渠道获取银行产品和服务。直销银行通过降低运营成本,"让利"给用户,以此应对互联网巨头的短平快打法。

平安橙子银行 2014 年 8 月正式上线,当时名为"直通银行"。时至今日,已经让位于"口袋银行"。口袋银行是平安银行线上服务的主要入口。

中国的直销银行探索从 2013 年开始,除了名字有新意之外,其他各个方面都是作为传统银行的一个部门而存在。理论上直销银行应该充分利用互联网开拓新客户,实际上却在和传统业务部门抢存量客户。这种客户"左手倒右手"的方法,对于母行来说已渐成鸡肋。此外,直销银行在决策机制、管理机制、资金来源和人事任命方面,都要受到母行的各种限制,因此发展创新显得有气无力。

2017 年直销银行在中国选择了新的发展路径,中信银行联手百度设立的独立法人直销银行"百信银行"获得银监会的筹建批复,中信银行和百度持股七三开。

斩断直销银行和母行之间的"脐带",以独立法人的形式运作,意在避免前文提到的种种掣肘。即便是股份制银行零售业务的老大——招商银行也在 2017 年 2 月宣布,将全资发起设立独立法人直销银行。

中信集团对于百信银行寄予厚望。早在 2015 年年底,百信银行就召开过新闻发布会,当时的中信银行董事长常振明为发布会亲自站台。

直销银行体制上的独立,一定能包治百病吗?从直销银行业务层面看,无论是基金、理财产品销售,还是消费金融等,竞争都已成红海之势。百度和中信联姻,更看重后者作为传统金融机构在吸引存款方面的公信力,希望借助较低的资金成本对垒阿里和腾讯在民营银行方面的先发优势。

传统银行的业务重心正在向零售业务倾斜,坚持"直营"的平安银行零售业务,以及刚刚起步的百信银行,已然选择了迥异的直销银行发展路径。

2. 消费金融:平安普惠 VS 中腾信

此处讨论的消费金融,指的是非银行客群的消费金融。市场参与主体包括持牌消费金融公司、BATJ 为代表的互联网巨头以及拥有各类场景的互联网消费金融公司。

平安普惠的前身是平安信用保证保险事业部,因为不具备放贷资格,所以早期只为银行资金提供信用保证保险。2015 年,平安整合信保事业部、直通贷款业务和陆金所辖下的 P2P 小额信用贷款,组成平安普惠。

平安普惠深耕线下十余年,目前消费信贷领域的线下直销模式,均有平安普惠的影子。直销针对的客群大多没有央行征信记录,传统银行不愿意也没有能力为之服务。通过线下门店发掘这类有借款需求的客户,进行差异化风险定价,利润高于银行信用卡客群。

平安普惠也在不断开拓线上客群。其目前的三条业务线,无抵押贷款、有抵押贷款和网贷(i贷),每月新增销售额占比分别为50%、30%和20%,大部分利润由无抵押贷款业务贡献。平安普惠董事长赵容奭在2016年年底接受澎湃新闻采访时表示,未来会向有抵押贷款和网贷方向发展,最终形成40%、40%、20%的比例。

成立于2014年的中腾信,实际控制人是中信产业基金,其他股东方包括华联股份、中航信托等。其直销业务模式和平安普惠类似,但专注于工薪阶层的消费贷款。中腾信官网信息显示,截至2016年11月底,其累计放款金额突破100亿,并在全国主要省市建立了100多个营业部。

2015年,中腾信成立全资子公司小花金服,后者以纯线上的大数据风控技术提高放款效率,并且开发出线上商城增加消费场景。

3. 互联网理财:陆金所 VS 麻袋理财

以P2P起家的陆金所,正在去P2P化。自2015年e租宝事件开始,网贷平台接连"爆雷",行业风险专项整治和各类监管政策接踵而出,P2P在公众心目中的污名化现状短期仍难改变。志在上市的陆金所,则以"互联网财富管理平台"的形象面向资本市场和投资人。

目前,陆金所已覆盖标准产品(基金、保险等)、非标(金融机构资产证券化后产品)、P2P(底层是平安普惠的消费贷款)、现金管理和海外资产等。其中P2P网贷产品,由陆金所旗下子公司上海陆金所互联网金融信息服务有限公司(简称"陆金服")提供,以符合监管要求。目前单击陆金所官网及App的"网贷"产品,已跳转到"陆金服"(www.lup2p.com)。

正在去P2P化的陆金所,依然在网贷之家评级排名中高居第一。相比之下,中信产业基金旗下的麻袋理财则排名15,无论交易量、用户数或品牌知名度,和陆金所都不是一个量级。

麻袋理财成立于2014年年底,App正式上线已是2015年5月。麻袋理财的网贷资产端对接中腾信和小花钱包的消费信贷资产,这和陆金所网贷对接平安普惠的资产类似。

平安"自营"的陆金所和中信产业基金参与投资的麻袋理财,如果说有什么共同点,那就是传统金融机构背书带来的品牌效应,都能够以低于同行的收益率,吸引到互联网理财人群。

随着网贷监管合规成本越来越高,互金专项整治渐次完成,中小网贷平台的投资者会向头部排名靠前的平台集中。交易规模巨大的网贷市场,仍然是巨头们的兵家必争之地。

4. 互联网保险:众安保险 VS 和泰人寿

在平安的互联网金融布局中,众安保险像个异类。蚂蚁金服才是众安的第一大股东,持股比例16%,平安持股只有12%,和"直营"二字不沾边。

2013年众安初创时,"三马同槽"(马云、马化腾、马明哲)发布会上,很多人就担心,众安的股权如此分散,三马各自又很强势,众安未来的方向该听谁的?如今,众安的阿里烙印已越来越明显。从众安的保险业务收入来看,依赖于淘宝的退货运费险比重仍然很高。众安的战线拉得很长,网站上有300多款互联网保险产品,但真正看得见销量的还是只有退货运费险。

被众安寄予厚望的保骉车险,是和平安合作的产品。众安负责线上营销,平安负责线下服务。保骉车险诞生之初,希望实现车险的差异化定价,这也是目前互联网车险行业的创新方向。但车险的线下服务能力是关键一环,这个环节握在平安产险的手里。平安会扶植一个竞争对手蚕食自己的市场吗?现实状况是,保骉车险推出一年多时间后,还只能覆盖山东、黑龙江、陕西等 6 省市,在北、上、广等汽车保有量巨大的平安产险重镇,迟迟不能落地。

中信布局互联网保险起步很晚。直到 2012 年 1 月 23 日,和泰人寿才获得保监会的开业批复。中信集团旗下的中信国安为和泰人寿第一大股东,持股比例 20%,腾讯子公司持股 15%。

虽然和泰人寿自诩为全国首家互联网寿险公司,但其拿到的只是普通保险公司的牌照,并非众安的互联网保险牌照。普通保险牌照受到经营地域范围的限制,注册在济南的和泰人寿,在开业两年内把业务立足于山东市场。

和泰人寿和腾讯合作推出"一生保",通过微信公众号等线上销售意外身故和意外医疗产品。与众安相比,和泰无论在产品线、线上销售渠道或者牌照方面,均无优势。中信和腾讯究竟能给和泰人寿带来什么资源,仍有待观察。

互联网金融作为整个金融创新中的制高点,是以综合运用移动互联网、云计算、大数据等信息技术,重塑金融支付方式、信息处理、资源匹配等功能,提高资金融通与金融服务效率的创新金融模式。互联网金融是现代经济进入互联网时代在金融上所表现出的新特征、新技术、新平台、新模式和新实现形式,在"互联网+"进程和国民经济转型升级中举足轻重。

在 2015 年的两会上,李克强总理在《政府工作报告》中,对未来经济提出明确愿景:"要制订'互联网+'行动计划,推动移动互联网、云计算、大数据、物联网等与现代制造业结合,促进电子商务、工业互联网和互联网金融健康发展,引导互联网企业拓展国际市场。"

互联网金融带来的金融新世界开始了!

9.1　互联网金融全景

金融即资金的融通,是一个将资金由供给者输送给需求者的行业。金融行业最初的形式是古代的钱庄。它们一方面收取储户的钱,到期支付本金和利息;另一方面把收到的钱借出,到期收回本金和利息,借款利息和储蓄利息之间的差额,就是它们的收入。

随着时代的发展,金融行业被更细致地划分,出现了股票、债券、基金、保险等多种金融市场。以上这些金融市场可以划分为两个大类:一类是间接金融市场,例如基金市场、保险市场等,这种模式和古老的钱庄经营非常相似,都是由一个专门的机构负责经营;另一类是直接金融市场,例如股票市场、债券市场等,这种模式下没有专门的机构在中间负责经营,资金直接在供给者和需求者之间融通。

最近几十年来,互联网在金融领域内的应用越来越广泛,于是出现了一个新兴的门类:互联网金融。与传统金融行业一样,互联网金融也使资金在供需双方之间融通起来,只不过融通的渠道不再是传统金融机构,而是互联网。

互联网金融是指传统金融机构与互联网企业利用互联网技术和信息通信技术实现资金融通、支付、投资和信息中介服务的新型金融业务模式。互联网金融不是互联网和金融业的简单结合,而是在实现安全、移动等网络技术水平上,被用户熟悉接受后(尤其是对电子商务的接受),自然而然为适应新的需求而产生的新模式及新业务,是传统金融行业与互联网精神相结合的新兴领域。

目前,互联网金融主要有两种格局,分为传统金融机构的互联网化和新兴互联网企业的金融化。传统金融机构的互联网化主要指传统金融机构,如银行、保险、证券、基金的互联网产品服务创新及电商化等;而新兴互联网企业主要是指利用互联网技术进军金融业的企业。

互联网金融拥有互联网及金融的双重属性,有以下5个特点:方式虚拟化、产品服务新、资金融通快、交易成本低、覆盖范围广。现如今,互联网金融在支付方式、盈利模式、信息处理、资源配置等方面深入传统金融业的核心,在给人们带来金融理念转变的同时,也给人们理财、支付、融资等带来翻天覆地的变化,给传统金融机构带来一定的冲击。

根据互联网金融的广义概念和发展现状将其分为以下几种商业模式:传统金融业务互联网化、第三方支付、互联网理财、互联网投融资和大数据金融。

9.1.1　传统金融业务互联网化

传统金融业务的互联网化,即金融活动从线下向线上转移,是一个必然趋势。一方面,越来越多的人习惯使用互联网,而且随着生活节奏的加快,很多人没有时间去柜台办理业务,金融机构要通过互联网化来满足客户需求;另一方面,互联网技术的快速发展,有助于金融机构降低交易成本。

1. 网络银行

网络银行又称网上银行或在线银行(Internet bank 或 Network bank),是一种以信息技术和互联网技术为依托,通过互联网平台向用户开展和提供开户、销户、查询、对账、行内转账、跨行转账、信贷、投资理财等各种金融服务的新型银行机构与服务形式,为用户提供全方位、全天候、便捷、实时的快捷金融服务系统。

在大致经历了业务处理电子化、经营管理电子化、银行再造三个阶段后,网络银行得以产生。

在第一阶段,银行主要运用信息通信技术来辅助和支持业务发展,例如数据保存、财务集中处理等,主要是实行办公自动化,即由手工操作向计算机处理转变,但当时信息通信技术还不够发达,银行信息系统分散而封闭。

在第二阶段,信息技术的快速发展与成本的大幅降低,为银行业广泛应用网络信息技术提供了有利的条件。这一阶段银行实现了联网实时交易,同时内部网络电子银行开始兴起,出现了POS机、ATM机等。

在第三阶段,随着1995年10月美国第一家网络银行——安全第一网络银行(Security First Network Bank,SFNB)的诞生,出现了网络银行、电话银行、手机银行和电视银行等新型服务渠道,客户可以在任何时间、任何地点,以任何方式获得银行服务。这一阶段的创新使银行业务发生了革命性变革,突破了银行、保险、证券之间的分业限制,使金融业不断融合。银行业务的发展,反过来又增加了对信息通信技术的需求,出现了大量IT外包活动。

我国网络银行的发展经历了3个层次,如图9-1所示。这3个层次涉及的银行业务逐渐深入,功能也逐渐完善。

国外的网络银行有两种模式:一种是大银行开办的网络银行业务。这种网络银行与实体银行网点、ATM以及电话银行等,共同组成银行的综合业务体系。这种模式与国内的网络银行类似。另一种是只通过互联网业务、电话业务为客户建立银行服务平台,没有实体银行网点。这种模式的优点是机构、人员较少,经营成本低,可以为用户提供更优惠的存贷款、

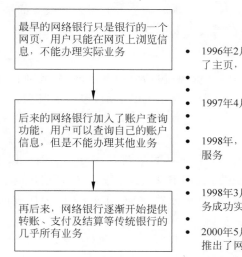

- 1996年2月，中国银行在互联网上建立了主页，开始在网上发布信息
- 1997年4月，招商银行开通自己的网站
- 1998年，中国银行开始提供网络银行服务
- 1998年3月，国内第一笔互联网支付业务成功实现
- 2000年5月，中国工商银行在国内率先推出了网络银行品牌"金融e通道"

图 9-1　我国网络银行的发展历程

转账汇款等服务。这种网络银行模式目前在国内已经得到初步应用，例如深圳前海微众银行、浙江网商银行等。

2. 手机银行

手机银行也称移动银行、移动金融服务，指利用手机、PDA 或其他移动设备等来实现客户与金融机构的对接。手机银行在 20 世纪 90 年代末诞生于捷克，由该国的 Expandia Bank 与移动运营商 Radio Mobile 打造，目前已经出现了多种模式和大量案例。2013 年 12 月，时任中国人民银行行长周小川在接受《财经》杂志专访时也表示，应该借鉴国际经验，通过手机银行为农村地区、边远地区和贫困地区提供基本金融服务。表 9-2 归纳了手机银行的 4 种主要模式。

表 9-2　手机银行的主要模式

主 要 模 式	银 行 主 导	合 伙 企 业	非 银 行 主 导	非 银 行 发 起
账户或存款的持有者	银行	银行	银行	运营商或者其他非银行机构
提现机构	银行	银行	银行或者代理商	运营商或者其他非银行机构
支付指令的执行者	任何运营商	特定运营商	特定运营商	特定运营商
典型案例	多数手机银行	MTN Mobile Money、Smart	M-PESA、Wizzit	Globe、Celpay

这里需要说明两点：

第一，多数手机银行属于银行主导模式，移动运营商只提供运营平台。这也是手机银行最早的模式，至今在发达国家仍是主流。

第二，非洲国家出现了大量手机银行创新，而且移动运营商、第三方支付公司等非银行机构在手机银行中扮演了重要角色。例如，肯尼亚的手机银行 M-PESA 由移动运营商主导，已经成为全球接受度最高的手机支付系统，在肯尼亚的汇款业务已超过该国所有金融机构的汇款业务之和。非洲国家金融系统不发达,难以满足人们对金融服务的基本需求,特别是经营网点不足,给这些新兴的手机银行模式带来了巨大的发展空间。

3. 网络证券

网络证券业务指投资者利用互联网网络资源(包括公用互联网、局域网、专网、无线互联网等)传送交易信息和数据资料并进行与证券交易相关的活动,包括获取实时行情及市场资讯、投资咨询和网上委托等一系列服务。网络证券公司是证券公司运用互联网的一种表现形式。

根据利用互联网的深度,可以把国外网络证券的运营模式分为三种:以 E-Trade、TD Ameritrade 为代表的纯粹网络证券经纪公司(即 E-Trade 模式),以嘉信理财、Fidelity 为代表的综合型证券经纪公司(即嘉信模式),以美林证券、A. G. Edwards 为代表的传统证券经纪公司(即美林模式)。

我国证券公司的互联网形态,主要是提供资讯和资金服务(主要是经纪业务)。根据提供主体不同,可以将我国证券公司涉足网络的运营模式分为三种:券商自建网站模式、独立第三方网站模式以及券商与银行合作模式,如图 9-2 所示。

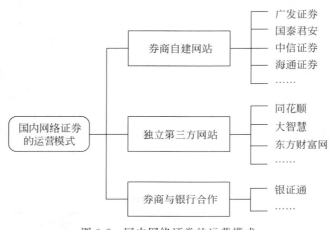

图 9-2　国内网络证券的运营模式

4. 网络保险

网络保险是指保险公司或者其他中介机构利用互联网来开展保险业务的行为,有狭义和广义之分。狭义的网络保险指保险公司或其他中介机构通过互联网为客户提供有关保险产品和服务的信息,并实现网上投保,直接完成保险产品和服务的销售。广义的网络保险还包括保险公司内部基于互联网的经营管理活动,以及在此基础上的保险公司之间,保险公司与股东、保险监管、税务、工商管理等机构之间的交易和信息交流活动。网络保险公司是保险公司运用互联网的一种表现形式。

目前,一些保险公司网络保险的业务量已经达到一定规模,还出现了一些纯粹的互联网保险公司。网上开展保险业务的模式主要有三种:一是保险公司提供网上保险服务;二是专门公司经营的网上保险服务业务;三是多家保险机构共建的网上保险业务。借鉴上述分类方法,结合目前网络保险公司的服务内容,可以将网络保险公司的运营模式分为三种:保险公司网站模式、网络保险超市模式和网络保险淘宝模式,如图 9-3 所示。

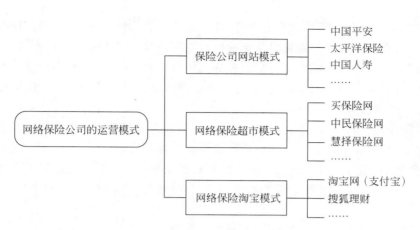

图 9-3　网络保险公司的运营模式

通过互联网购买保险的优势如下：可以使投保交易更加快捷，省去了许多实地办理的麻烦；可以让投资者轻松地在多家保险公司提供的产品中挑选自己需要的产品，并快速计算出所需保费，方便投资者了解资金需求；可以让保险公司减少实体网点的建设，从而降低保险公司的成本，也能够让投资者享受到更优惠的投保价格。

9.1.2　第三方支付

第三方支付是指具备一定实力和信誉保障的非银行机构，借助通信、计算机和信息安全技术，采用与各大银行签约的方式，在客户与银行支付结算系统间建立连接的电子支付模式。第三方支付通过采用二次结算的方式，实现了大量小额交易在第三方支付公司的轧差后清算，在一定程度上承担了类似中央银行的支付清算功能，同时还能起到信用担保的作用。第三方支付模式与传统支付模式的对比如图 9-4 所示。

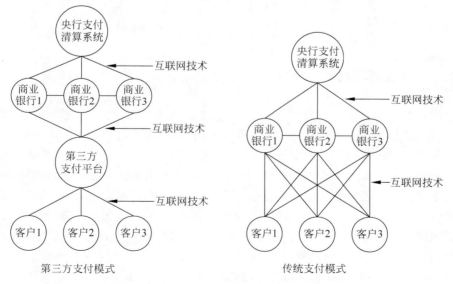

图 9-4　第三方支付模式与传统支付模式的对比

　　第三方支付通过其支付平台在消费者、商家和银行之间建立连接,起到信用担保和技术保障的作用,实现从消费者到商家以及金融机构之间的货币支付、现金流转、资金结算等功能。采用第三方支付,既可以约束买卖双方的交易行为,保证交易过程中资金流和物流的正常双向流动,增加网上交易的可信度,同时还可以为商家开展 B2B、B2C、C2C 交易等提供技术支持和其他增值服务。

　　根据中国人民银行 2010 年在《非金融机构支付服务管理办法》中给出的非金融机构支付服务的定义,从广义上讲第三方支付是指非金融机构作为收、付款人的支付中介所提供的网络支付、预付卡、银行卡收单以及中国人民银行确定的其他支付服务。第三方支付已不仅局限于最初的互联网支付,而是成为线上线下全面覆盖、应用场景更为丰富的综合支付工具。

　　从发展路径与用户积累途径来看,目前市场上第三方支付公司的运营模式可以归为两大类:一类是完全独立于电子商务网站、不承担担保功能的独立第三方支付模式,仅为用户提供支付产品和支付系统解决方案,以快钱、易宝支付、汇付天下、拉卡拉等为典型代表;另一类是依托于自有 B2C、C2C 电子商务网站、具有担保功能的第三方支付模式,以支付宝、财付通为典型代表。此类支付模式中,买方在电商网站选购商品后,将货款支付给第三方支付平台,由平台通知卖家货款到达、进行发货,买方收货、验货后,通知平台付款给卖方,这时平台再将款项转至卖方账户,如图 9-5 所示。

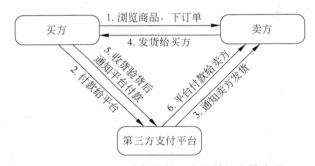

图 9-5　具有担保功能的第三方支付的交易流程

9.1.3　互联网理财

　　互联网理财是指投资者通过互联网获得理财知识、理财建议和理财产品推荐等服务。对于普通收入阶层来说,如何让"小钱"获得方便、省心的投资渠道;对于富裕阶层来说,如何让财富保值、增值,都离不开理财规划的指引,其首要任务是解决理财规划成本及投资门槛问题。传统的解决方式要么沦为纯粹的产品推销,要么有着极高的门槛,而借助互联网所带来的数字化洪流以及智能化的数据分析能力,国外(主要是美国)基于互联网的低门槛的自动化理财规划、理财咨询平台纷纷涌现,吸引了大量客户,展现出了良好的发展前景。

　　互联网理财之所以得到了快速发展,主要是因为这种方式为普通投资者解决了很多实际的问题(见图 9-6)。互联网理财的具体表现形式虽然千差万别,但本质的运作流程都大同小异,目标都是为投资者提供理财建议、制订理财规划、推荐理财产品。互联网理财网站的特征如图 9-7 所示。

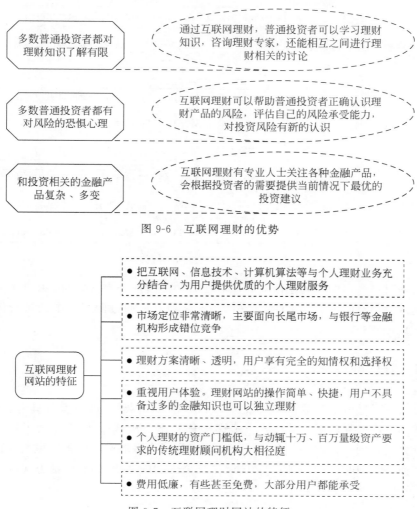

图 9-6　互联网理财的优势

图 9-7　互联网理财网站的特征

　　在国际上,互联网理财已经有了较大发展,衍生出了很多模式。根据美国的自动化理财平台提供的核心服务、目标客户以及盈利方式等,可以将互联网理财网站大致分为工具型理财网站、建议型理财网站和交易型理财网站三大类(见图 9-8)。

　　目前,国内互联网理财的经营有较大限制,业务只能局限在记账、理财论坛、理财产品超市等领域。造成这种局面的原因主要有缺乏专业人才、信息难以共享、客户信任问题三方面。

　　理财规划毕竟是一个高度专业化的领域,除数据分析与处理能力外,还需要精深的金融行业知识和模型等,这也是美国互联网理财规划服务多由前华尔街人士领衔或参与支持的重要原因。而国内的互联网理财网站的创始人多是技术人员出身,并不像美国的互联网理财网站那样多由华尔街的金融从业人员建立,因此在服务的深度以及专业性方面还有一定差距。

　　互联网理财规划需要大量用户数据的支撑,而在我国,不同投资账号的数据难以实现共享、互通,这将大大限制原始数据的获得,进而限制模型的生成与应用。

工具型理财网站
- 互联网理财只是提供机械化的理财建议,这些建议由计算机程序自动给出
- 例如,用户输入自己的财务状况后,计算机程序会计算出用户的负债率,然后按照标准判断用户负债是否过多
- 代表网站:Mint、Bundle、Quicken等

建议型理财网站
- 用户提供资料后,有专人为用户提供全面的理财规划和理财建议
- 这种服务要比单纯的计算机程序给出的服务更加贴心,考虑更加周到。但是这种服务通常需要付费
- 代表网站:Learn Vest、Daily Worth、SigFig等

交易型理财网站
- 互联网理财网站不仅给出理财建议,还提供可以购买的理财产品列表
- 用户可以直接在网站上选择购买理财产品。网站收入来源于销售理财产品的提成
- 代表网站:Personal Capital、Wealthfront、Motifinvesting等

图 9-8　互联网理财网站的类型

互联网理财在国内的发展还面临客户信任问题。目前来看,国内的用户显然更信任银行。在商业诚信相对缺失的环境中,互联网理财这种只能通过网络或电话进行沟通的方式很难让用户真正放心。

9.1.4　互联网投融资

基于互联网投融资的商业模式可细分为 P2P 网贷和众筹,这两者最具有互联网属性,也是目前我国典型的互联网金融模式。不管是 P2P 还是众筹,人们都是为了获得一定的收益才会将资金投入到这样的平台上去,说到底,互联网金融的投融资模式也是一种互联网理财模式。然而,P2P 和众筹对人们的影响除了理财方式的变化,还有生活方式的变化。

1. P2P 网贷

P2P(Peer-to-Peer)网贷是一种个人对个人的直接信贷,是由网络信贷公司提供平台,借贷双方在此平台上自由竞价、撮合成交的一种资金借贷方式。这种方式最早起源于英国,2005 年 3 月,全球第一家 P2P 网贷平台 Zopa 在伦敦上线运营。2007 年 8 月,拍拍贷上线,成为我国最早的 P2P 网贷平台。

在 P2P 网贷的过程中,借款人和出借人通过 P2P 平台完成借贷,如图 9-9 所示。P2P 平台只是提供交易信息,并不参与实际的现金交割。

目前,P2P 网贷平台已经衍生出五种不同的运营模式。不同模式的风险不同、收益不同,适合不同的投资者。

(1) 单纯中介模式。这种模式下,P2P 网贷平台只是提供一个信息发布场所,并收取一定费用。由出借人自己负责评估并承担风险,由出借人和借款人商议确定交易利率。

(2) 担保平台模式。这种模式下,P2P 网贷平台深度介入交易,包括对借款项目进行细致的审查,确定风险等级,再根据风险等级确定利率。此外,平台还会对借款进行一定的担保,可能是平台自身的担保,也可能是第三方担保机构的担保。一旦借款人到期无法还款,将由担保人把钱还给出借人。

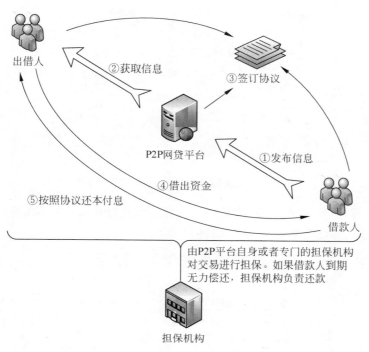

图 9-9　P2P 网贷平台的借贷过程

（3）抵押贷款模式。这种模式下，借款人要想获得贷款，必须将一定的资产（一般是房产）抵押给 P2P 网贷平台。如果借款人到期后无法还款，P2P 网贷平台会将抵押品出售，所得资金用来偿还贷款。这种模式的优点是可以有效保护出借人的利益，降低 P2P 平台经营风险；缺点是实物抵押的模式使 P2P 平台的发展受到地域限制，多数平台只能局限于一个城市的业务。

（4）社交网络模式。这种模式是以社交网络的好友为基础发展起来的借款模式。出借人和借款人是社交媒体上的好友，在 P2P 网贷平台上完成借贷业务。出于朋友之间的相互信任，这种模式下借贷的成功率较高，并且到期后不还款的风险较小。

（5）公益性平台模式。这种模式致力于向落后地区以及创业人员、农民、大学生等群体提供贷款。平台上给出的利率普遍较低，甚至很多项目都没有利息，还有的项目是捐赠的性质。平台上的大多数借款项目都由地方政府、学校等可靠的机构做担保。即使借款人到期无法还款，也不用担心资金安全。平台本身完全不收费，或者只收取很低的运作费用。

2. 众筹

所谓众筹，就是指通过大众参与完成集资的活动。早期有记录的众筹活动可以追溯到1997 年，英国 Marillion 乐团向民众发起众筹，集资 6 万美元完成了美国巡演。现代的众筹，是指通过互联网和第三方支付平台完成的众筹活动，即项目发起人通过互联网平台向大众筹集资金。虽然现代众筹活动通常是利用众筹网站完成的，但是与早期的众筹活动在本质上是相同的，即都是通过大众参与完成筹集资金的目的。众筹网站与投资者、筹资者的关系如图 9-10 所示。

2009 年世界第一家众筹网站 Kickstarter 在美国诞生，2011 年中国首家众筹网站点名

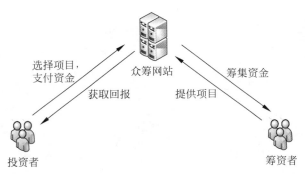

图 9-10　众筹网站与投资者、筹资者的关系

时间网成立,随后,追梦网、好梦网、众筹网、天使汇、大家投等众筹网站纷纷成立。目前这些网站使用的众筹运作流程基本相同,如图 9-11 所示。

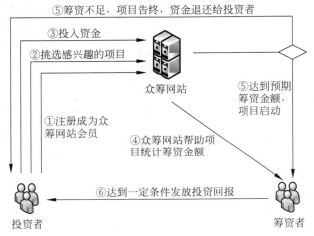

图 9-11　众筹的运作流程

众筹的项目多种多样,可以是影视、音乐、出版、科技、动漫、摄影、食品、游戏等。众筹融资是一种新型的融资方式,融资方通过众筹融资的平台发布自己的创意、项目或企业信息,互联网用户根据自己的判断用金钱投票,以少量的资金就可以成为一个企业的股东。对创意的提出者或创业者来说,他们的创业成本更低,众筹融资能更好地促进创新创业,众筹融资的潜力巨大。一方面,众筹融资的过程也是对项目的一个宣传过程,有利于聚拢人气,这对商家来说也有着巨大的吸引力;另一方面,众筹融资的出现能够帮助好的创意变为现实,这与目前国家鼓励创新的政策导向是相符合的。

并非所有的众筹活动都能成功。在互联网上,一次成功的众筹活动需要满足许多要素,如图 9-12 所示。

众筹平台可以分为四类:债权众筹、股权众筹、奖励众筹和公益众筹。

债权众筹(lending-based crowd-funding):投资者对项目或企业进行投资,获得其一定比例的债权,未来获取利息收益并收回本金(我给你钱之后你还我本金和利息)。债权众筹模式和 P2P 模式很相似,实际上 P2P 确实是属于债权众筹。债权众筹有两种:一种是P2P;另一种是 P2B(Person-to-Business),就是做企业债。

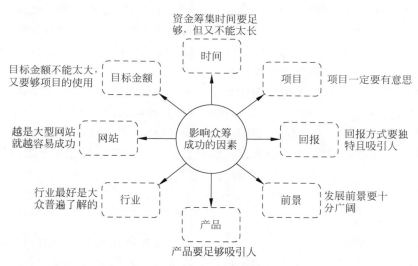

图 9-12 影响众筹成功的因素

股权众筹（equity-based crowd-funding）：投资者对项目或企业进行投资，获得其一定比例的股权（我给你钱你给我企业股份）。股权众筹其实并不是很新奇的事物，投资者在新股 IPO 时申购股票就是股权众筹的一种表现方式。但在互联网金融领域，股权众筹主要特指通过网络的较早期的私募股权投资，是 VC 的一个补充。由于是基于互联网渠道进行的融资，所以也称股权众筹是"私募股权互联网化"。股权众筹比较适合成长性较好的高科技创业融资；投资人对项目模式要有一定理解；有最低投资门槛，且门槛较高。

奖励众筹（reward-based crowd-funding）：也称回报众筹，投资者对项目或企业进行投资，获得产品或服务（我给你钱你给我产品或服务）。以往的产品推销、活动推广大都是传统的 B2C 模式，即先生产、后推广，引导客户接受。而奖励众筹模式则是 C2B，是客户接受后商家才生产。奖励众筹的兴起源于美国网站 Kickstarter，该网站通过搭建网络平台面对公众筹资，让有创造力的人可能获得他们所需要的资金，以便使他们的梦想有可能实现。

公益众筹（donate-based crowd-funding）：也称捐赠众筹，投资者对项目或企业进行无偿捐赠（我给你钱你什么都不用给我）。像红十字会这类 NGO 的在线捐款平台可以算是公益众筹的雏形，即有需要的人由本人或他人提出申请，NGO 做尽职调查、证实情况，并在网上发起项目，由公众募捐。众筹平台可以为公益组织提供募资、宣传等多种服务。众筹的社交属性可以吸引更广泛的群体参与到慈善事业中，这种市场化的公益运作阳光、透明，是开放式众筹的最大优势。

9.1.5 大数据金融

大数据金融是指集合海量非结构化数据，通过对其进行实时分析，可以为互联网金融机构提供客户全方位信息，通过分析和挖掘客户的交易和消费信息掌握客户的消费习惯，并准确预测客户行为，使金融机构和金融服务平台在营销和风险控制方面有的放矢。

大数据金融有着传统金融难以比拟的优势。互联网的迅速发展不仅极大地扩展着企业拥有的数据量，也使得企业更能够贴近客户，了解客户需求，实现非标准化的精准服务，增加客户黏性；企业通过自己的征信系统，实现信用管理的创新，有效降低坏账率，扩大服务范围，增加对小微企业的融资比例，降低了运营成本和服务成本，可以实现规模经济。

大数据能够通过海量数据的核查和评定，增加风险的可控性和管理力度，及时发现并解决可能出现的风险点，对于风险发生的规律性有精准的把握，将推动金融机构对更深入和透彻的数据的分析需求，支持业务的精细化管理。虽然银行有很多支付流水数据，但是各部门不交叉，数据无法整合，大数据金融的模式促使银行开始对沉积的数据进行有效利用。大数据将推动金融机构创新品牌和服务，做到精细化服务，对客户进行个性定制，利用数据开发新的预测和分析模型，实现对客户消费模式的分析以提高客户的转化率。大数据必将给金融企业带来更多更新的基于数据的业务和内部管理优化机会。

大数据金融分为平台金融和供应链金融两大模式。

1. 平台金融模式

与传统依靠抵押或担保的金融模式不同，平台金融模式主要基于对电商平台的交易数据、社交网络的用户交易与交互信息和购物行为习惯等大数据进行云计算来实时计算得分和分析处理，形成网络商户在电商平台中的累积信用数据，通过电商所构建的网络信用评级体系和金融风险计算模型及风险控制体系，来实时向网络商户发放订单贷款或者信用贷款，批量快速高效，如阿里小贷可实现数分钟之内发放贷款。

阿里小贷以"封闭流程＋大数据"的方式开展金融服务，凭借电子化系统对贷款人的信用状况进行核定，发放无抵押的信用贷款及应收账款抵押贷款，单笔金额在5万元以内，与银行的信贷形成了非常好的互补。阿里金融目前只统计、使用自己的数据，并且会对数据进行真伪性识别、虚假信息判断。阿里金融通过其庞大的云计算能力及优秀建模团队的多种模型，为阿里集团的商户、店主实时计算其信用额度及其应收账款数量，依托电商平台、支付宝和阿里云，实现客户、资金和信息的封闭运行，一方面有效降低了风险因素，另一方面真正做到了一分钟放贷。

在阿里小贷业务决策中，数据分析发挥了核心作用。阿里小贷有超过上百个数据模型，覆盖贷前、贷中、贷后管理，以及反欺诈、市场分析、信用体系、创新研究等板块。其决策系统每天处理的数据量达到10TB。数据分析用于向公司的管理决策层提供科学客观的分析结果及建议，并对业务流程提出优化改进方案。

在信贷风险防范上，阿里小贷微贷技术中有完整的风险控制体系。阿里小贷建立了多层次的微贷风险预警和管理体系，具体来看，贷前、贷中以及贷后三个环节环环相扣，利用数据采集和模型分析等手段，根据小微企业在阿里巴巴平台上积累的信用及行为数据，可以对企业的还款能力及还款意愿进行较准确的评估。同时结合贷后监控和网络店铺/账号关停机制，可以提高客户违约成本，有效地控制贷款风险。

2. 供应链金融模式

所谓供应链金融，就是核心企业为其上下游的原料商、制造商、分销商、零售商提供金融服务，是企业利用自身所处的产业链上下游，充分整合供应链资源和客户资源而形成的金融模式。京东商城是供应链金融模式的典型代表，其作为电商企业并不直接开展贷款的发放工作，而是与其他金融机构合作，通过京东商城所累积和掌握的供应链上下游的大数据金融库，来为其他金融机构提供融资信息与技术服务，把京东商城的供应链业务模式与其他金融机构实现无缝连接,共同服务于京东商城的电商平台客户。在供应链金融模式中,电商平台只是作为信息中介提供大数据金融,并不承担融资风险及防范风险等。

一般企业在与核心企业合作时,既要保证供货,还要承受应收账款周期过长的风险,资金往往成为最大的压力。而这些企业往往因为规模小,资金薄弱,难以得到银行的贷款,资金链断裂成为笼罩在这些企业头上的阴影。京东正是利用用户数据和现有金融体系,根据每个环链上的业务需求,满足中小微企业的金融需求。

京东做金融是有天然优势基因存在的。京东有非常优质的上游供应商,还有下游的个人消费者,积累了非常多潜在的金融业务客户。有大数据现成的资源,京东选择金融水到渠成。

在传统的贸易融资中,金融机构只针对单一企业进行信用风险评估并据此做出是否授信的决策,而在供应链金融模式下,银行更加关注的是申贷企业的真实贸易背景、历史信誉状况,而不仅是财务指标。这样,一些因财务指标不达标而难以融资的中小企业,就可以凭借交易真实的单笔业务来获得贷款,满足其资金需求。并且银行通过资金的封闭式运作,确保每笔真实业务发生后的资金回笼,以达到控制贷款风险的目的。

如今,大数据的应用更让京东在这方面如虎添翼。例如,2013 年 12 月推出的京保贝,针对京东上下游合作商提供快速融资的服务,供应商可凭采购、销售、财务等数据快速获得融资。通过大数据,以往需要人工进行的判断、审核等流程可实现自动化审批和风险控制,从供应商申请融资开始,全部由系统实现对放款审核的判断,放款过程全程自动化,因此可以做到 3 分钟融资到账;且无须任何担保和抵押,能有效地提高企业营运资金周转效率。

未来京东金融会覆盖更多的融资服务,而对于产生的数据,包括消费数据、物流数据、供应商财务信息以及金融状况信息,将通过大数据技术进行有效的分析,风险状况也能够实时监控。同时,在了解客户需求的前提下,提供简单融资、快乐融资的融资服务。

9.2　从互联网金融到金融科技

从工商银行到阿里巴巴,从京东到小米,金融科技从 2018 年伊始席卷中国,无论传统金融机构,还是新兴商业机构,都投入到金融科技的浪潮之中。金融科技是什么?它会如何颠覆传统金融模式与人们的生活?

9.2.1　金融科技是什么

金融科技(Financial Technology,Fintech)是指传统金融企业利用科技手段推动创新变革、提高效率以及提升用户体验,或者新型创业利用科技手段推出全新的金融产品或商业模式,尤其多指后者。

一家典型的金融科技企业具有较为明显的特点:一是通过互联网或者移动互联网推送金融产品和服务;二是技术驱动,例如利用大数据和机器学习进行风险评估和信用判断、精准营销或者资产配置等,典型例子是利用车载传感器和可穿戴设备来提取数据并分别应用于车险和健康险的定价等。

相较于近几年国内兴起的"互联网金融","金融科技"是一个相对较新的概念。从商业模式的涵盖范围来看,二者之间并无太大不同,但是,互联网金融所包含的"技术驱动"的含义没有金融科技那么强。英国剑桥大学互联网金融报告团队的观点认为,互联网金融在英国被称为替代金融(Alternative Finance),因其更强调对传统金融的补充和替代,而金融科技则更强调技术对金融创新的推动。

美国金融业解除管制的时间比较早,1975年实现了证券交易佣金的自由化,1986年实现了利率市场化,1999年通过金融现代化法案实现了混业经营。再加上互联网技术的发展和应用也比较早,美国在20世纪80年代开始就相继出现了第一批互联网券商、互联网银行和互联网保险等。

因此,在美国,互联网和金融的结合是一个渐进的过程,基于这个原因人们并不觉得"互联网+金融"有什么特别的地方,以至于互联网金融或者Internet Finance并没有作为一个词在英文的语境中出现。

直到2005年之后,P2P网贷和众筹在美国开始出现,再后来大数据和机器学习逐渐被广泛地应用于个人和小企业网络借贷的信用判断和定价,尤其是近几年智能投顾(Robot Advisor)以及类似Kensho这种利用云计算和人工智能的新一代信息和数据服务公司的崛起,金融科技(Fintech)这个词才开始出现并流传开来。

金融科技的诞生和发展,与大数据、云计算、区块链、人工智能等息息相关,它从技术层面解决了过去金融业务审核复杂、运作烦琐、透明度不高、人性化不够的弊端。金融科技,并不是一门学科的单一技术,而是融合当下算力经济各个层面诞生的新应用场景,加速金融学科的边界、研究范式不断被打破和被重构。

9.2.2　金融科技发展的三个阶段

随着主导技术的不断发展,金融科技的发展可以分为三个阶段,本节将详细介绍这三个阶段。

1. 金融科技1.0

金融科技1.0时代又可称作Classical Fintech,即传统金融科技。2013年之前可称为金融科技1.0时代,因为在2013年之前金融虽然与科技紧密结合,但远没有达到现在这样的广泛应用程度。

金融科技1.0的特点表现为传统的金融机构以使用IT技术、自上而下推动、数据封闭为主,科技领先并不能带来大幅的领先优势,并且有很大一部分中小城商行都还处于基础设施建设阶段。

金融科技1.0阶段的代表产业包括软件服务商、硬件服务商、短信、外呼、传统数据(工资单、银行流水、征信)等。在此,选择软件服务商、硬件服务商进行介绍,传统金融机构在这两部分的投入占整个科技投入的60%以上。

1)软件服务商

金融软件服务商是指由专业的软件企业运用成熟的IT技术,依照银行的业务及管理要求,提供应用软件开发及相关技术服务以提升业务处理效率、改进业务流程,实现IT技术对银行决策、管理、业务等方面的支持。

传统金融机构的IT部门通常较少完全独立开展软件产品应用开发业务,大多会与专业的银行软件厂商进行合作开发,以提高管理及开发效率。在二者合作过程中,银行IT部门通常负责项目监督、进程跟踪及业务开展情况的检查,软件供应商的业务团队通常按照银行的各项要求或合同约定的开发目标负责实施项目各环节的具体开发工作及技术服务工作。

2)硬件服务商

传统金融机构的硬件不仅仅包括服务器,还包括计算机、存储设备、网络设备、ATM机及其他硬件等。

很多传统金融机构还处于基础设施建设阶段,硬件采购金额占比能达到整个IT预算的50%以上。

2. 金融科技2.0

金融科技2.0时代又可称作Social Fintech,即社会化的金融科技。该阶段由三股力量共同推动,可以通过三个英文单词来解释它。

Socialise——以前科技虽然与金融结合较为紧密,但更多是传统金融机构在使用,即便各家银行都推出了网上银行,但使用频次并不高,随着移动互联的出现,金融科技开始进入千家万户,最简单的一个例子是大家出门都不用再携带钱包。

Financial——在2013年前后民间金融同时爆发的代表业态有P2P、网贷、理财、众筹、第三方支付、消费金融等,民间金融的爆发同时也为广大百姓普及了一次金融理念,即除了传统银行储蓄贷款之外,还有多样化的投资及筹资渠道。

Technology——此处其实技术发生了一个小的范式创新,三股技术同时推动社会的进步,包括MT(mobile technology)、CT(cloud technology)和DT(data technology)。随着移动互联网金融的爆发,手机成为人体另一个"器官",并且使得获取大数据中的全量数据成为可能,从而让不用面签放款成为可能。云计算大大降低了企业创立的成本,其运算的弹性也让流量峰值算力与常备算力所需的花费大大降低,有效扩展了互联网金融企业及上下游服务企业的服务能力,让业务呈指数级增长成为可能。

金融科技2.0的特点表现为互联网金融机构引领科技潮流,传统金融机构选择性跟进,自下而上推动(许多互联网金融机构管理十分扁平)。由于为多家企业服务,出现了一批打通数据的优秀的第三方服务公司,当然业务井喷之后也出现了一定的乱象,该阶段整体监管环境较为宽松。

金融科技2.0阶段的代表产业包括风控建模、第三方支付、大数据风控(黑名单、设备反欺诈、活体识别、位置信息)、在线仲裁、电子签章、聚合客服系统、云计算、网络安全等。在金融科技2.0阶段,金融科技被普遍使用,在此简述两个金融科技企业使用超前于传统金融的产业——大数据风控与云计算。

1)大数据风控

一种运用大数据构建模型的方法对借款人进行风险控制和风险提示,也称为大数据风险控制。金融的核心是风险控制,将风控与大数据结合、不断完善和优化风控制度和体系,对于互联网金融企业和传统金融企业而言都同等重要。

金融科技企业对数据的使用更开放、大胆,大数据被广泛应用于贷前、贷中和贷后,并且成为风控中不可或缺的一环。而银行限于风控要求、监管要求和可解释性要求等对许多非结构化数据的使用相对谨慎。

2）云计算

一种按使用量付费的模式,这种模式提供可用、便捷、按需的网络访问,进入可配置的计算资源共享池(资源包括网络、服务器、存储、应用软件、服务),这些资源能够被快速提供,并且只需投入很少的管理工作,或与服务供应商进行很少的交互。

传统金融机构对于云计算的使用相对保守,而很多互联网金融企业由于都是在互联网上开展业务,不仅经常遇到流量峰值与常规硬件运算能力不匹配的情况,而且也会出现自身的 IT 管理、安全水平参差不齐等问题,所以它们更多地使用云计算服务。

3. 金融科技 3.0

金融科技 3.0 时代又可称作 Intelligent Fintech,即智能金融科技。具体来看,在金融方面,随着国家金融体制改革和对金融监管的日益完善,金融行业的经营将以持牌为主。在科技方面,5G、物联网、AI、区块链等也将在基础设施完善之后井喷而至。

5G 是物联网也是区块链的基础,5G 成熟后许多需要大量实时同步数据传输来远程完成的事情都可以快速实现。物联网的完善将极大推动整个供应链的效率,供应链金融中商流、物流、信息流、资金流可以做到四流合一。而作为一种去中介的新型社会组织方式,区块链被称为"信任机器",它将极大地改变现在金融机构作为中介的运作方式。AI 技术现阶段的两大瓶颈在于数据不足和算力不足,但随着基础设施的健全,AI 技术应用将迎来爆发期,从而极大地推动金融行业的变革。

金融科技 3.0 的特点表现为经营智能化(金融作为一个完全数字化的产业,有许多环节都可以使用科技手段替代)、监管智能化(中国的监管现状为混业经营和分业监管,分业监管既有历史原因也有 IT 手段不足、混业监管成本高的原因,随着万物互联人工智能的介入,监管也会迎来一个新的阶段)、大量无法使用新技术的传统金融企业生存艰难。

智能是金融科技 3.0 阶段的主题,该阶段的代表产业包括 5G、人工智能、区块链、物联网、VR/AR 等。在此简述两个产业,一个是人工智能,另一个是被预言可以颠覆金融底层的区块链技术。

1）人工智能

人工智能是计算机科学的一个分支,它企图了解智能的实质,并生产出一种新的能够以与人类智能相似的方式做出反应的智能机器。云计算、大数据等技术的成熟催化了人工智能技术的进步和发展。深度学习在算法上的突破则掀起了人工智能浪潮,使得复杂任务的分类准确率大幅度提升,从而推动了计算机视觉、机器学习、自然语言处理、语音识别、专家系统等的快速发展。人工智能在某些领域将彻底改变人类目前的生产模式,取代更多人、更多重复性工作,劳动密集型工作将完全由机器人来完成,人力将投向更具价值的事情。对于金融领域,人工智能主要有以下两方面的影响。

（1）金融行业服务模式更加个性化、智能化。

人工智能技术将大幅改变金融现有格局,使金融服务(银行、保险、理财、借贷、投资等方面)更加个性化和智能化。

（2）金融大数据处理能力大幅提升。

长期以来,金融行业沉淀了大量数据,通过运用人工智能的深度学习系统,金融行业有足够多的数据供机器进行学习,并不断完善甚至能够超过人类的知识回答能力,尤其在风险管理与交易这种对复杂数据的处理方面,人工智能的深度神经网络技术的应用将大幅降低人力成本并提升金融风控及业务处理能力,这在实践应用中已经得到了检验。

2）区块链

区块链学术一点的解释即分布式数据存储、点对点传输、共识机制、加密算法等计算机技术的新型应用模式。简单来说,区块链是一种分布式存储过程。对区块链的赞誉很多,例如"与互联网同等级的创新""将重新定义世界""将带领人类进入价值互联网"等。目前,区块链技术还处于早期阶段,但已经有一些有意思的案例落地,类似区块链保险、区块链供应链金融、区块链产品溯源等。虽然有些企业还对区块链技术持观望态度,但是那些敢于率先运用区块链技术的企业已经从中看到了区块链的巨大发展潜力,相信假以时日区块链技术会为更多行业所接受,其改变人类生存方式的一面也会日益展露出来。

9.3　金融科技赋能金融创新

金融科技的出现,会对传统金融带来哪些革命性的颠覆与改变? 本节将具体介绍金融科技给银行业、保险行业、财富管理行业以及征信行业带来的变革。

9.3.1　金融科技给银行业带来的变革

金融科技给银行业带来的具体的冲击,具体体现在风险管理、智能网点和智慧银行三方面。

1. 大数据在银行风险管理中的应用

伴随着信息技术的发展,银行面临的风险越来越复杂、越来越多变,而掌握更多数据并进行合理的加工处理,成为银行有效风险管理的关键。在电商及其他非传统金融机构的竞争下,风险具体体现为以下三方面。

第一,外部风险来源日益多样化。除了传统的银行业务客户,如工商企业、居民、银行同业等以外,新兴市场主体,如小贷公司、担保机构、影子银行、民间融资等,都将成为风险的来源,外部风险事件呈现多变、复杂、难以识别等特点。这些风险主体都有可能将风险传递给银行,对银行的稳健性造成不利影响。

第二,风险的传播速度加快,外部风险事件有可能迅速引发系统性风险。在互联网、大数据、云计算等技术的运用下,银行、企业、中介机构、技术服务提供商等各市场主体的联系日益紧密,风险的传播渠道多样化,传播速度加快,局部风险很可能迅速在系统内展开。个别事件可能通过微信、微博等渠道被迅速传递,甚至被夸大,导致银行面临较大的信誉风险。

第三,银行面临技术风险。近年来,网络安全事件频发,计算机病毒可通过互联网快速扩散与传染。一旦某个程序被病毒感染,则整台计算机甚至整个交易互联网都会受到该病毒的威胁,破坏力极大。在传统金融业务中,计算机技术风险只会带来局部的影响和损失,在互联网金融业务中,技术风险可能导致整个金融系统出现系统性风险,进而导致体系的崩溃。

随着数据的爆炸式增长,海量数据集中存储,能够方便数据的分析处理,但安全管理不当,易造成信息的泄露、丢失、损坏。互联网和信息技术日益发达,对信息的窃取已不再需要物理地、强制性地侵入系统,因此,对大数据的安全管理能力风险也提出了更高的要求。随着云服务的推出,大多数机构把一些重要数据存放在互联网的云端。一旦云端数据中心发生灾难,将造成客户重要数据丢失,使所有机构业务陷入停顿。当前我国对大数据的保护能力十分有限,对于数据资源的保护意识和防护措施比较薄弱,个人或企业信息暴露于互联网的现象十分普遍,大数据被恶意获取、使用现象也难以掌控,给互联网金融安全带来巨大挑战。

在这样的背景下,银行要保持稳定性和竞争力,必须更好地发挥大数据在风险管理中的价值,并积极运用各种技术及管理手段,最大化地实现大数据的价值。

1) 大数据与信用风险管理

银行在长期经营过程中已经形成了一套信用风险管理方法,这些方法贯穿在银行信贷业务开展的各个环节,从筛选潜在客户开始,银行就通过信息收集和分析工作将高风险的客户排除在银行大门之外。在确定放贷后,通过日常的信贷检查和监督并与客户签订具有限制性条款的贷款合同,银行有效地防止了客户从事高风险的投资活动。此外,要求客户对贷款提供抵押物或担保,银行为防止客户违约筑起了第二道屏障。为了获取尽可能多的信息,银行和客户建立了长期的客户联系,客户经营中的任何风吹草动都会传到银行信贷员的耳中,降低了银行甄别客户的成本和监督贷款的成本。随着风险管理技术的发展,银行开发了信用风险的计量模型,这些模型需要银行获得足够多的信息、数据并进行有效加工、处理,从而使银行对自己的风险状况有充分的了解。

大数据体系的建设可以帮助银行更好地计量信用风险。第一,通过多个渠道、多种方式采集数据,可以帮助银行获得借款人更为全面、立体、准确、及时的信息,降低信息不对称的风险。银行在从事信贷业务时,要通过各种方式,利用各种渠道采集外部数据信息,如银行同业间的数据信息交流合作,与专业数据公司合作,尽可能全面地获知客户的全貌。着力培养客户采用电子化渠道办理业务的习惯,提高电子化交易的比重,推进各类交易信息的数据化,获取尽可能完整的交易记录等结构性数据信息。对内部前台市场调查、中台审查审批、后台风险监测等全部环节的所有资料、所有操作等非结构化信息都要进行数据化处理,实时纳入数据库。第二,运用大数据技术与相关模型,可以帮助银行发现变量之间新的相关关系,为银行决策提供更为准确、公正的依据。第三,随着多维度数据的不断积累,银行可以建立起大数据技术平台、不断完善大数据分析技术,帮助银行进行风险建模,为银行提供更为广泛的风险分析和管理工具。

2) 大数据与操作风险管理

操作风险因其来源多样而难以预测,且一旦爆发会给银行带来巨大损失等特点,成为现代银行业需要特别关注和防范的风险之一。银行需要特别关注的风险因素包括欺诈、交易过程以及交易量、利率、金融产品和服务的复杂性、日期效应、操作中的变化以及管理中的自满情绪等。最后应当确定存在哪些重要的损失事件。数据的收集和整理是操作风险管理的一个重要环节。大数据平台为银行建立量化风险模型提供了依托。第一,大数据平台扩大了银行数据来源,银行可以从多维度分析风险事件,多种非传统渠道,如互联网、移动平台、社交媒体等都成为数据来源,这些新的数据和传统数据在大数据平台上进行整合加工,为操作风险的管理提供了数据保证。第二,大数据信息具有非常强的时效性,弥补了传统数据来源的缺陷。银行可以利用大数据平台实时收集操作风险事件数据,及时了解风险事件的变化,提高了操作风险管理的效率和效果。第三,提高风险管理的前瞻性。大数据平台为提前发现风险预警信号、主动进行风险管理提供了技术支持。

3）大数据实现精准风控

大数据能较好地解决传统信贷风险管理中的信息不对称难题，提升贷前风险测度和贷后风险预警能力，实现风险管理的精确化和前瞻性。在大数据时代，银行业可以打破信息孤岛，通过绑定用户数据、收集用户交易信息、打通数据壁垒、整合用户线上线下数据资源，共享例如位置信息、学历信息、社交信息等多种用户信息，从财富、安全、消费、社交等多个维度绘制用户画像，建立用户信用报告，评估信用风险，更全面地反映个人、家庭、企业的金融状况，完成对风险事件的及时预判，降低信用风险。如中国建设银行依托"善融商务"开发出大数据信贷产品"善融贷"后，银行可实时监控社交网站、搜索引擎、物联网和电子商务等平台，跟踪分析客户的人际关系、情绪、兴趣爱好、购物习惯等多方面信息，对其信用等级和还款意愿变化进行预判，在第一次发生信贷业务、缺乏信贷强变量情况下，及时用教育背景、过往经历等变量进行组合分析，以建立起信贷风险预警机制。由历史数据分析转向行为分析，将对目前的风险管理模式产生巨大突破。

大数据在银行识别欺诈交易和反洗钱方面也会发挥巨大作用。银行可以利用客户的基本信息、交易历史、客户历史行为模式、正在发生行为模式（如转账）等，结合智能规则引擎，进行实时交易反欺诈分析。如IBM金融犯罪管理解决方案帮助银行利用大数据有效地预防与管理金融犯罪，摩根大通银行则利用大数据技术追踪盗取客户账号或侵入自动柜员机（ATM）系统的罪犯。

2. 打造智能网点

随着现代金融业和科技的不断融合，新兴金融服务模式和金融业态不断冲击人们的想象力，智慧银行和智能网点也成为银行降低成本、改善客户体验的重要尝试。与传统网点相比，银行智能网点能更好地发挥线上和线下网点渠道的协同效应，将虚拟服务和实体网点相结合。对业务、机具和服务的智能化改造目前已成为金融机构自我革新、应对挑战的有效途径。智能预处理终端、智能渠道分流体系和智能互动桌面也在银行网点投入使用，人脸识别、虚拟现实等技术被用作丰富网点营销、提升客户服务和强化用户体验的新手段。通过智能预处理终端，顾客能够在线上预约线下服务，免去叫号、排队、填单等环节的等候时间；通过智能渠道分流体系，将客户有效分流至线上渠道和自助机具，有效降低网点负载压力。

网点智能化的中心是客户，实施的关键是要打破传统渠道的藩篱，通过智能技术来再造银行的服务流程和模式，为客户提供更好的体验。具体操作上可以通过智能网点布局，增加VTM（Video Teller Machine 或 Virtual Teller Machine，远程视频柜员机或虚拟柜员机）、自助发卡机、自助填单机等远程设备，打造智能服务平台，实现"客户自助"和"现场审核"相结合的业务模式，促进交易处理离柜化、业务流程精简化、产品营销一体化，扩大自助业务范围，提升服务能力。客户来到银行营业网点后，引导客户前往智能设备进行自助交易、自主选择产品，银行网点工作人员就成为"客户服务专员"，按照客户需要进行操作指导、根据客户特点介绍银行产品。智能服务模式将"柜员操作"变为"客户自主完成"，将"客户围着柜台转"变为"柜员围着客户动"，最终提高客户的满意度。

目前，商业银行正在积极探索智能网点的建设，有如下举措。

一是采用多媒体手段，增强银行品牌营销力度和客户对银行产品、服务的了解程度。例如中国银行在智慧网点内设立了专门客户体验区，放置了不同的多媒体机具，客户可以查阅本地新闻、市场数据以及银行产品和服务信息。在大型触摸式屏幕前,客户可以通过使用手臂做出缩放或平移等动作,浏览信息或参与金融游戏。贵金属展示台使用了全息投影和3D影像技术,客户点击贵金属产品标签后,立体图像就会以360度旋转的方式展示在眼前,视觉效果非常逼真,并且能显示详细的产品信息。

二是加强智能设备功能的开发。智能网点的标配VTM,是借助网络视频技术实现远程柜员在线为客户办理银行业务的新型服务模式。客户可与银行远程柜员进行"面对面"沟通,办理银行卡申请、激活、客户资料维护、书面挂失等复杂业务,从而替代原来只能在网点柜台"面签"的复杂业务。VTM在全球也还在探索中,中国的商业银行在这方面已经走在了前面。此外,国内各大商业银行也纷纷开始试点投放大堂助理机器人服务客户。大堂助理机器人综合了语音识别、语义分词、智能交互等人工智能领域的多项技术,借助后端的智能知识库平台,建立了在语义理解、知识学习、推理与表示等方面较为完备的智能支撑体系。通过事前的人工训练和日常的业务积累,机器人除能够解答问题以外,还可以通过语音对话、肢体表达和屏幕交互等方式提供迎宾取号、咨询引导等多项服务。

三是优化网点布局和业务流程,实现更高服务效率,创造更佳客户体验。例如,营业网点可以分为多个区域,在每个区域配置智能预处理终端,利用终端对客户进行识别并随之进行业务分流,同时兼具叫号排队功能。在自助填单方面,客户在智能叫号预处理机上刷一下身份证,就能把个人信息传输到柜员的操作系统,节省了客户手工填单的时间。

3. 建设智慧银行

目前,国内银行在智能网点建设上已经进行了有益尝试,也取得了很大突破。但智慧银行不仅仅是智能自助设备的使用,智能网点是智慧银行的一部分,未来的智慧银行需要银行将硬件设备和软件系统建设与银行内部流程优化相结合,在全渠道、智能化基础上,实现银行与客户关系的优化,是一项复杂的系统工程。智慧银行不是最近才出现的概念,早在多年前就有文章提到过,但科技的不断进步拓展了智慧银行的边界。人们今天所有有关未来银行的想象,都可能成为明天银行的发展蓝图。Brett King在《银行3.0》一书中写道,"银行将不只是一个地方,而是一种行为。客户需要的不是实体营业据点,而是银行的功能"。智慧银行建设中,智能技术的应用不断降低银行的服务成本,也不断提高服务效率,Brett将新技术对银行的冲击分为四个阶段:一是"互联网与社交媒介",客户通过网银办理业务,银行通过社交媒体和客户互动;二是"屏幕和移动终端"无处不在,客户在移动终端上办理除现金外的业务;三是"移动钱包"兴起,出现手机与银行卡合一的新产品;四是实体网点逐渐消亡,银行在虚拟世界中为客户服务。

目前还没有对智慧银行统一的界定,但从"智慧"这个词本身来看,它意味着未来的银行需要具备"智慧"的头脑,具有一定的"智商",智慧银行建设的复杂性要高于智能网点的建设,可以说智能网点只是智慧银行的前台,智慧银行建设还需要中后台的数据分析、风险管理、产品设计和投融资规划等。例如,要能够主动满足客户的业务需求,与客户高效互动;要能够运用人工智能等技术塑造银行的智能决策系统,提高银行的"智商";要运用物联网、区块链等技术,打造智能化生态链,实现线上线下一体化的智能金融服务;要不断优化银行的运营流程,将手机银行、网上银行、电话银行、微信银行、智能网点、多媒体终端等渠道有效整合,智能识别客户、智能管理客户,达到提高服务效率、降低运营成本、改善客户服务体验的目的。

9.3.2　金融科技给保险行业带来的变革

区块链、可穿戴设备和车联网技术在保险领域越来越受到广泛关注,成为金融科技在保险行业发展的重要突破领域,以下将详细介绍这方面的知识。

1. 区块链技术在互联网保险行业的创新应用

区块链技术对互联网保险行业的影响主要体现在以下 7 方面。

1)区块链分布式、去中心化的特点使"点对点"交易成为可能,为互联网微型互助保险提供了发展机遇

"中心"机构(或中介)具有专业化优势,由其为达成金融交易提供相关服务是较为经济的,但"中心"机构(或中介)在掌握交易各参与者信息的同时,隔断了参与者之间相互连接的渠道,阻碍了参与者之间信息、资源的流通,实际上增加了交易过程中的信息不对称性。

分布式记账的区块链是一种基于共享理念的技术,在既定交易规则约束下,所有交易都能自动进行,无须第三方进行管理或提供信任。交易数据不是存储在某些特定的服务器或中心节点上,而是在各个节点之间共享。从这一个角度分析,区块链技术使"点对点"交易成为可能,形成"去中心化(或中介化)"的自治型保险组织,提供了一种点对点之间的风险融资解决方案,为互联网微型互助保险创造了发展机遇。这种自治型保险组织可以通过预先设定的规则,在不需要第三方干预的情况下,让具有共同需求和面临同样风险的客户自行完成保险交易,通过预交风险损失补偿分摊金,实现直接、主动管理风险。

2)区块链技术有利于加强对客户信息的保护

区块链技术能保障参与者信息不被他人窃取,虽然全网每个节点都保存着每笔交易信息数据,但通过公钥和私钥的设置,每个节点在进行信息查询时,只能查询到交易数据,而参与者个人信息则是隐匿的,保障了参与者个人信息免予泄露,也能够使参与者在完成交易的同时不受其他信息干扰。

在信息保护层面,购买保险需要提交客户真实有效的身份信息,以及健康状况信息或财产信息等,这对互联网保险平台信息保护能力提出了较高要求,信息安全保障水平低、信息泄露是互联网保险平台目前面临的一大风险。区块链技术利用分布式智能身份认证系统可以在确保客户身份信息真实可靠的基础上,防止信息泄露。客户将在区块链上注册的用户名与个人其他有效身份信息相互验证并形成"共识",实现个人信息数字化管理,个人信息丢失、被人为篡改的风险也被大大降低。借助加密技术,客户真实身份信息被隐匿,其他节点查询也仅限于交易信息,只有客户本人通过私钥才能获得身份信息,从而能够对个人信息形成有效保护。

3)区块链使智能合约从虚拟转化为现实

智能合约实际上就是按照既定合约条款,当某些条件触发时,能够自动执行的计算机程序。早在 1993 年,数字合约和数字货币专家尼克·萨博(Nick Szabo)就提出了智能合约的概念,受困于当时数字金融系统无法满足可编程交易的需要,智能合约在金融体系中未得到实质应用,而区块链技术的出现为智能合约从虚拟转化为现实提供了无限可能。

智能合约的出现对互联网保险发展具有较为重要的意义。例如,通过区块链技术存储一个到货延迟险,并借助互联网渠道与电商平台、物流平台相连接,获得购买信息、物流信

息。交易完成并确认后,区块链会自动对购物交易进行记录,包括物品信息、发货信息和商家承诺到货时间等,一旦到货时间发生延误,智能合约就会被触发,对投保人进行支付理赔。由于此前交易信息已经被记录且在区块链上并形成"共识",故而排除了个人主观判断因素,也不会存在信息伪造或篡改,一切都是在智能合约事先设定的程序下运行,既做到了自动和及时理赔,也避免了欺诈行为,还减少了理赔处理成本,增加了客户和保险平台双方的满意度。

4) 区块链技术构筑的信任机制能进一步提升消费体验

在互联网保险带来便捷、低成本、信息透明、低费率保险服务的同时,由于固有消费习惯和偏好的影响,客户通过互联网购买保险产品可能存在是否操作失误、是否购买成功、线下理赔是否会被受理等疑虑,这对客户的购买体验产生了负面影响,且一旦产生纠纷,这部分客户可能将不再选择通过互联网渠道购买保险产品。区块链技术在互联网保险平台和客户之间打造了一种全新的交互方式,向客户提供了一种全新的购买体验。客户购买保险服务后,全网所有节点都保存有购买行为的副本,购买行为在全网范围将被共同验证并形成共识,确保购买行为真实有效。

5) 区块链技术能在一定程度上降低互联网保险平台信息不对称风险

区块链是一种公开记账的技术,在记录交易的同时向全网内所有节点公布交易信息,保证各节点能同步交易信息。区块链技术可以实现互联网保险平台、客户、体检机构、医院等相关交易方共同验证的信任机制,形成一个完整的保险生态圈。客户身体状况、职业信息、体检、医疗等相关信息和数据将被记录并在全网内实时广播,并得到相关交易方的共同验证,确保信息真实有效,从而有效降低信息不对称风险。

6) 区块链技术能够进一步压缩互联网保险成本

区块链技术可以保证所有交易按照既定的规则执行,这对于定制化风险评估、缩短承保周期大有裨益。同时,区块链上的规则是公开透明的,可以被用户查验。以比特币为例,整个比特币软件的源代码是公开的,任何人都可以查验,这种交易信息的公开透明,保证所有交易都是可查询的。基于区块链的保险服务,投保、承保、理赔等环节基本可以不需要人为操作,能够有效避免欺诈等不诚信行为,压缩保险成本和互联网保险平台面临的风险,进一步释放保费空间。

7) 区块链技术能保证交易信息安全、真实可靠,提高了保单的可查询性

区块链上的每一个节点都可以验证账本的完整程度和真实可靠性,确保所有交易信息是没有篡改的、真实有效的;区块链上每一个节点都保存着所有交易信息的副本,当区块链上的数据和参与者数量非常庞大时,修改信息的成本将会非常高,需要掌握全网51%以上的运算能力才有可能修改信息,修改成本可能远超预期收益;当部分节点的信息被恶意篡改时,区块链上其他节点会在短时间内发现这些未形成"共识"的信息并进行维护和更新,故而理论上区块链上的交易信息是不可篡改的。

源于区块链数据的真实可靠和不可篡改等特点,能够保证保单信息的真实性,保障客户权益,提升客户满意度。区块链技术分布式记账的特点,使保单不仅是存储在"中心"机构(或中介)的服务器,还在全网所有的节点保存有交易副本,即使"中心"机构(或中介)存储系统受到黑客攻击或因操作失误等因素造成数据丢失,客户的保单依然可以通过区块链上其他节点的交易副本进行查询,提升了保单的可查询性。

2. 可穿戴式设备的应用颠覆了健康保险的经营模式

可穿戴式设备作为物联网健康管理最重要的感应终端,已经在全世界得到广泛应用。可穿戴式设备是指利用穿戴式技术对人们的日常穿戴进行智能化设计,能够收集人体生物信号的日常穿戴设备。常见的形式有智能手环、手表、眼镜、手套、鞋以及服饰等。另外,有的可穿戴式设备以独立形式存在,如手机、计步器等。

近年来,随着我国城镇居民可支配收入的持续增长以及社会公众保险意识的不断增强,健康保险在我国已经越来越受到社会公众的认可和重视。但从总体规模上来看,我国健康保险市场发展相对滞后,市场总体规模较小,与发达国家相比还有较大差距。可穿戴式设备的出现和发展,将成为我国健康保险市场创新的重要驱动力。

1) 可穿戴式设备的发展将创新健康管理模式

可穿戴式设备的出现能够向用户提供全新的健康管理模式,例如目前较为常见的针对心脏病患者的便携式动态心电图,不仅可以发现常规心电图难以发现的心律失常和心肌缺血等问题,实时、连续记录心电活动状况,形成完整的心脏电子病历,还可以在患者心电活动出现异常时及时示警,并通过通信设备将异常情况发送给急救中心或医院,保障患者生命安全。此外,类似的设备还有针对糖尿病患者的植入式血糖观测仪,不仅可以实时监测患者血糖变化情况,形成血糖健康档案,还能在血糖数值超过安全界限时,通过植入皮下的微泵自动注射缓释药物。

未来,随着可穿戴式设备的发展和普及,在互联网技术、物联网技术以及现代医学科技的基础上,通过整合可穿戴式设备、呼叫中心、急救中心、医疗机构,可以构建一套集预防、监测、诊断、救助、康复指导于一体的远程健康救助服务系统,可以使患者足不出户就能完成对自身健康状况的监测,减少去医院就医的次数;通过将健康数据上传到云端,形成电子健康档案,借助远程交互技术,可以在家直接与医生对话,实现在线就诊。目前,我国已经开始搭建家庭健康管理云计算平台提供医疗健康数据分析服务,将可穿戴式设备采集的数据和分析结果直接提供给患者,并在获得患者同意的基础上将数据发送给医疗机构,提供有针对性的医疗健康解决方案,实现"智慧医疗"。

2) 可穿戴式设备的普及将成为保险行业获取数据的重要途径

在大数据时代,数据将成为保险行业的"核心资产",将成为构建行业核心竞争力的关键,保险公司能够通过数据处理、分析、整合、挖掘等技术获得价值信息。在健康保险领域,可穿戴式设备将成为数据采集的重要"入口",按照程序设定可穿戴式设备能够自动采集客户相应的健康数据,不仅形成能够用数字、符号表达的结构化数据,还能形成图形、图表、语音、影像等多样化的非机构化数据,海量的数据积累将为挖掘客户保险需求、提供个性化和定制化的健康保险服务解决方案奠定基础。

3) 可穿戴式设备的应用将实现健康保险的差异化定价

2015 年 8 月,众安保险、小米运动与乐动力 App 联合推出了国内首款利用可穿戴式设备参与保险定价的产品——步步保,以用户每天的真实运动量作为定价依据,用户的运动步数还可以抵扣保费。可穿戴式设备能够实时采集客户的健康状况、饮食状况、运动状况等信息并上传到云端,形成电子病历和健康档案,实现客户健康状况的"数字化",精准地评估客户的健康风险状况,并将风险状况作为保险产品定价的依据,有助于打破传统的健康保险产品定价模式。在基于可穿戴式设备的差异化定价模式下,高风险客户适用的保险费率要高于低风险客户,而两类客户享受的保险服务则是相同的,有利于吸引更多面临同样风险的客户,随着客户数量的增加,保险平均费率必然会持续下降,健康保险产品和服务创新将不断出现,客户群体必将集体获益,从而形成健康保险发展的良性循环。

4) 可穿戴式设备将助力保险行业实现精准营销

随着大数据技术在保险行业的深入运用,可穿戴式设备采集的数据将成为保险公司制订精准营销策略的重要依据。通过可穿戴式设备采集到的健康状况、环境状况、运动状况等数据,结合客户注册可穿戴式设备时提供的个人信息,保险公司可以预测客户的保险需求,挖掘客户"痛点",在合适的时间通过合适的渠道向客户推送合适的健康保险产品。

5) 可穿戴式设备将为风险减量管理手段提供依据

如前所述,可穿戴式设备的发展有助于创新健康管理模式,能够实现实时监测患者的健康状况、示警提示等重要功能。一旦客户特定行为导致其身体健康指标出现异常时,可穿戴式设备能及时向客户发出示警信息,对影响客户身体健康状况的特定行为进行纠正和干预,引导客户避免再次出现类似行为,培养健康的生活方式,从根本上降低客户风险水平。此外,包含定位功能的可穿戴式设备,会自动提醒客户所在区域可能存在的潜在风险,及时发布预警信息,实现危机前置管理,避免潜在风险转化为事故,有效做到风险减量管理。

6) 可穿戴式设备的应用将有助于提升客户体验

第一,整合可穿戴式设备、呼叫中心、急救中心、医疗机构的远程健康管理平台,可以直接调阅客户个人电子健康档案,向客户提供一站式医疗与健康管理服务;第二,通过实时更新的电子健康档案,一旦发现异常指标,则直接将相关信息转入在线专家库,专家将通过视频、音频等方式直接与客户连线,进行"一对一"的诊断及后续治疗,为客户节省就诊成本;第三,保险公司可以根据可穿戴式设备采集的客户健康数据,及时向其推送个性化、定制化的健康保险产品,有效增强客户购买体验;第四,可穿戴式设备风险减量管理的功能,能够激励客户培养健康习惯,达成健康目标,改善其健康状况,实现真正意义上的"健康管理"。

3. 车联网在保险行业的发展与应用

车联网的概念来自物联网,是物联网技术在汽车行业的应用。车联网是由车辆位置、速度和路线等信息构成的巨大交互网络,能够实现车与车、车与路、车与人之间的无线通信和信息交换。自 2008 年车联网概念提出以来,在以大数据为代表的互联网新兴技术的推动下,我国车联网应用进入了发展的快车道。2005—2015 年,我国车联网用户数已从 5 万增长至 1300 万,预计在 2023 年将超过 9000 万;车联网市场规模预计将达到 2000 亿元,相关保险产品带来的收益保守估计将突破 200 亿元。车联网的应用不仅改变着传统的汽车行业,也将深刻影响保险行业,变革车险定价模式,促进风险管理与保险服务的提升,助力社会管理,全面推动保险行业的升级。

1) 车联网的应用将推动车险定价模式变革

车险定价受机动车本身规格的影响,车辆的使用用途、大小会直接决定"机动车交通事故责任强制保险"。机动车保险费也会受到车主的影响。例如,车主在上一年中未出现交通违章情况,在第二年购买"机动车交通事故责任强制保险"时可以享受 10% 的优惠;如果连续三年无不良驾驶记录,在购买"机动车交通事故责任强制保险"时可以享受 30% 的优惠;而如果车主在上一年中有酒驾记录,在第二年购买"机动车交通事故责任强制保险"时,保费将最高上涨至上一年的 160%。

在传统定价模式下,车辆实际驾驶情况,例如年度驾驶里程、百公里内急加速/急刹车次数、行驶速度、经常行驶的路段等信息并未成为决定车险定价的影响因素。在车辆实际行驶过程中,车辆驾驶环境会对车辆风险产生重要影响,经常在夜间行车,或在山区、城市拥挤路段行驶的车辆所面临风险偏大;驾驶者的驾驶习惯也是影响车险产品价格的重要因素,驾驶习惯良好的驾驶者所面临的风险明显偏小。对于相同车型和使用用途,但风险状况不同的机动车,适用同样的保险费率显然有失公平,从某种程度上来说,低风险客户实质上替高风险客户承担了部分保费。

车联网推动的定价模式变革包括数据基础的变革、定价依据的创新以及定价频率的提升等。基于车联网技术,车险产品将不再仅仅依靠少数几个数据来定价,而是在多维度、高精度的海量数据基础上,利用大数据分析技术进行精准定价;车险产品也将不再仅仅依靠历史数据定价,而是根据实时更新的数据定价;车险产品定价频率将改变过去以年为单位的计算模式,实现以日甚至是以单次行程为单位的微分化定价模式。

目前,车联网推动的保险行业定价模式变革已经进入应用阶段。美国前进保险公司已经开发出基于汽车诊断系统(On-Board Diagnostics,OBD)的驾驶者行为保险产品(Usage Based Insurance,UBI)。前进保险公司推出的汽车保险产品 Snapshot 计划,向申请使用该计划的用户寄送一个 OBD 设备,对驾驶者进行为期 30 天的测试,记载其车速、行车日期、里程、加速和刹车行为等数据。前进保险公司对上述数据进行分析,对驾驶者的潜在驾驶风险进行综合评估,并结合车型、事故记录等传统因素,通过模型制订不同的保险费率,提升车险定价的科学性和公平性,为客户提供更多选择,使低风险客户可能获得更加低廉的费率,增强车险产品的竞争力。

2) 车联网的应用将有利于保险公司进行风险减量管理

通过 OBD 设备可以实时采集车辆状况、行驶路段、驾驶里程、百公里内急加速/急刹车次数、行驶速度等数据,通过大数据分析技术可以使保险公司掌握驾驶者的驾驶习惯,通过实时监控、报警提醒等功能,一旦客户发生危险驾驶行为,能够立即报警,从而对危险驾驶行为进行干预和纠正,并能够通过费率杠杆正向引导客户进行安全驾驶,从源头上减少客户的风险水平。此外,车联网还可以通过检测车辆安全状况、发布灾害预警等手段,对风险进行预报,避免事故的发生,实现风险减量管理。

3) 车联网技术的应用将提升保险行业整体风险管理水平

车联网技术将全面提升保险公司的风险管理水平。在承保、定价环节,借助车联网技术,能够更加有效地进行风险识别与风险评估,从而提升保险公司的风险选择能力。在防灾、防损环节,借助车联网技术参与客户风险管理,进行有效的灾前预防,可减少风险事故发生。在救援、理赔环节,通过车联网的实时监控与定位,在车辆发生事故的第一时间能够获取车辆的位置信息,启动救援工作,能够最大限度地减少事故损失。

4) 车联网技术有助于降低保险欺诈风险

据统计,每年车险骗赔金额约占理赔总金额的 20%,个别地区或公司甚至能达到 1/3 左右。保险欺诈发生的原因主要是保险公司对保险事故信息掌握不全面,从而导致了被保险人有机会夸大保险损失甚至故意制造保险事故。因此,全面、真实地获取数据是解决保险欺诈的关键。车联网技术的应用,能够从本质上改善保险公司与投保人之间的信息不对称,改善保险公司所处的信息劣势地位。通过事故发生前的轨迹回放、数据分析,可重构、还原保险事故出险现场信息,增强保险公司对保险欺诈的识别能力。

5) 车联网技术将助力保险公司创新服务内涵

第一,车联网的应用将增加保险公司与客户的接触点,丰富保险服务内容。在传统的车险模式下,保险公司和客户之间是"弱连接",只在购买车险产品、发生事故理赔时才发生"连接",客户才有机会享受到保险公司提供的服务。一般来说,不发生事故或发生事故次数较少的优质客户反而比经常出险、频繁理赔的客户享受的服务少。通过车联网及提供后续服务,保险公司将增加与客户的接触点和接触频率,形成两者之间的"强连接"关系,深入了解客户需求,并有针对性地向客户提供个性化增值服务,提升客户体验,进而提升客户服务能力。第二,通过车联网可以有效整合保险线下服务资源,扩展保险服务外延。保险公司掌握大量客户信息,车辆承保理赔、车辆损失等信息,以及汽车维修、救援服务等数据与服务资源。通过车联网,保险公司可以构建以车险为核心、以车险生态环境为基础的车联网服务体系,充分利用拥有的第三方供应商体系,整合服务资源,向客户提供基于汽车使用生命周期和相关产业的增值服务,延伸保险的服务功能,进一步提升保险公司的竞争力。

9.3.3　金融科技给财富管理行业带来的变革

随着人工智能、大数据、云计算等技术的突破,机器计算能力和网站体验都有了质的飞跃,一种完全智能化的投资管理模式——智能投顾出现并开始流行。智能投顾(Robo-Advisor)也称机器人投顾、智能理财、自动化理财等。其基本原理是,利用大数据分析、量化金融模型以及智能化算法,根据投资者的风险承受水平、预期收益目标以及投资风格偏好等要求,运用一系列智能算法、投资组合优化等理论模型,为用户提供投资参考,并监测市场动态,对资产配置进行自动再平衡,提高资产回报率,从而让投资者实现"零基础、零成本、专家级"动态资产投资配置。用户仅提供基本信息,剩余配置资产、调整组合等后续管理工作均交给服务方,该模式属于被动投资,不以追求高收益为目标,而是以追求长期稳定收益为主。

智能投顾典型的工作步骤如下:第一,客户分析,通过问卷调查搜集信息,包括客户的理财目标、风险偏好;第二,大类资产配置,通过算法或专家观点筛选可投资资产池;第三,投资组合选择,基于现代资产组合理论,以及其他一些模型或人工智能的优化,给出用户的投资组合建议;第四,资产组合再平衡,根据市场情况和组合表现,评估是否符合投资者理财目标,若不满足,则给出新的投资建议,引导用户调仓或自动帮助调仓,实现资产组合再平衡。

智能投顾是人工智能技术在投资顾问领域的最新应用,与传统人工智能服务相比,理财成本更低、服务人群更广、客户分析更加高效、投资建议更加理性,为财富管理行业带来了新的变革。当前,智能投顾行业仍处于初级阶段,尤其是国内,在监管智能投顾可对接资产与投资者培育等方面都还面临着许多挑战。此外,人工智能技术能在多大程度上实现客户资金与产品的匹配、客户资产配置与风险偏好的匹配还有待时间的检验。

1. 智能投顾的内涵

智能投顾,是指主要利用云计算、大数据、机器学习等数字技术和人工智能技术,结合现代投资组合理论,通过算法搭建数学模型,根据客户的资产情况,在深度分析和识别客户的理财需求、风险承受能力、风险偏好等因素基础上,在互联网平台上为客户提供个性化、智能化的投资理财组合建议。智能投顾把投资顾问中需要金融知识和经验判断的工作交给了大数据、算法和模型,旨在为客户提供与风险偏好相匹配的投资组合建议。

1) 智能投顾颠覆传统投资顾问模式

投顾,即投资顾问,智能投顾是人工智能与投资顾问的结合。投资顾问的主要功能是根据客户的理财目标、风险偏好、可配置资产,为客户提供符合其风险偏好和理财目标的资产配置建议。投资顾问的服务链主要包括以下几个环节:客户分析、资产配置、投资组合选择、交易执行、投资组合再平衡。传统投顾与智能投顾的区别在于,在整条服务链上,传统投顾主要基于人的金融知识和从业经验进行分析、判断和选择,而智能投顾则是建立在大数据、云计算、机器学习等技术之上,以一系列智能算法和现代投资组合理论的结合为依据,为客户提供资产配置建议,甚至还能提供诸如税收规划之类的增值服务。

2) 智能投顾是一种被动投资方式

智能投顾属于被动投资,投资者仅提供基本信息,而将配置资产、调整组合等后续管理类工作交给服务方,不以追求高收益为目标,而是以追求长期稳定的收益为主,获得系统性风险补偿。而在主动投资模式中,投资者对自身偏好有较充分的了解,其信息获取、选择投资方式及策略、交易执行,以及投资后标的组合调整均由投资者自主进行。

3) 智能投顾是人工智能技术与现代资产管理理论的结合

马科维茨的现代资产组合理论认为,投资者的效用函数取决于资产组合的收益和风险。资产组合的风险包括两部分:一是单只证券的方差;二是单只证券与组合中其他证券的协方差。在所有可能的资产组合中,给定一个期望获得的回报,存在一个风险最小的证券组合,或者给定风险水平,存在一个收益率最高的证券组合,满足这两个特征的组合被称为前沿证券组合,所有这些前沿证券组合就构成了有效证券前沿。所以,从理论上来说,投资顾问的作用是在有效证券前沿上,找到符合投资者风险偏好的证券组合。但是,在实践中,这个工作主要还是依靠经验来进行资产配置,现代资产组合理论的实用性较差,原因就是有效证券前沿的计算量太大,客户的风险识别也很难量化。计算机技术的引入使得大规模金融统计和计算成为现实,资产组合的配置可以由模型来完成,大数据技术则可以实现对风险偏好的动态计算。

2. 智能投顾带来的新变革

智能投顾作为一种新技术服务,与传统的人工投顾相比,带来了完全不一样的用户体验。

1) 理财成本更低

投资顾问的关键在于根据客户的收入、年龄、性别、心理特征、风险偏好、理财目标,给出相应的投资组合选择,传统投资顾问主要依靠人工金融知识及经验进行判断,需要较高的人工成本。智能投顾利用数字化技术开发的算法自动进行识别,不仅高效,而且降低了投资顾问的人力成本。此外,智能投顾主要运用互联网提供在线服务,不需要租用物理设施,节约了运营成本。传统投资顾问的管理费在 1% 以上,而智能投顾的管理费仅为 0.25% ~ 0.5%。

2) 服务人群更广

基于自动算法的线上服务突破了传统的"一对一"投顾服务,实现"一对多"的标准化服务输出,可以大规模地复制,面向更多中低净值的客户群体,尤其是习惯使用互联网的年轻人。

3）客户分析更高效

依托大数据、云计算、人工智能等技术,利用近年来互联网平台上累积的海量数据,智能投顾可以快速识别客户的风险偏好、风险承受能力甚至潜在的理财需求,相比传统理财顾问通过沟通交流的方式更加快捷和客观。此外,大部分人的风险偏好并非一成不变,而是随着市场涨跌、收入水平等因素的变化而波动。传统理财顾问对风险偏好的动态把握通常是滞后的,且沟通成本较高。智能投顾则通过金融科技的应用能够实现风险偏好的实时动态计算。

4）投资建议更理性

基于算法、大数据、模型生成的投资建议,在一定程度上消除了人工投资顾问服务中感情、情绪带来的非理性因素,以及由于经验、能力不足导致的服务非标准化问题,从而避免投顾与客户之间的利益冲突,防范了道德风险,为用户带来更好的体验。

3. 智能投顾的风险

智能投顾发挥了人工智能的优势,但是人工智能的劣势也有所体现,因此也需要清楚地认识它的风险。

1）算法风险

算法和模型是智能投顾产品的核心竞争力,模型给出的投资标的能否与客户风险偏好匹配是衡量智能投顾产品的重要条件。模型要经过"训练"才能使用,通过对样本数据的模拟,不断地学习、记忆并修正算法。有两个原因会导致样本失效:其一,样本是历史数据。当出现"黑天鹅"事件或者出现掺杂人类情绪的事件时,例如"9·11"事件、熔断机制、英国脱欧,机器学习和自然语言处理就会失效,人工系统中并未载入类似的事件及后果,也无法从历史中学习到相关模式的处理方案。其二,样本会说谎。机器学习擅长发现数据间的相关关系而非因果关系,一个著名的例子是,早在 1990 年,对冲基金 First Quadrant 发现孟加拉国生产的黄油,加上美国生产的奶酪以及孟加拉国羊的数量与标准普尔 500 指数自 1983 年开始的 10 年时间内均具有 99% 以上的统计相关性,1993 年之后,这种关系莫名其妙地消失了,这就是由于自动学习的机器无法区分虚假的相关性。目前人工智能还处于初级阶段,在投资顾问领域的应用更是新兴事物。智能投顾要达到预想的效果,需要不断地积累数据,提升数据分析能力,算法和模型的效果也需要在较长周期内进行检验。

2）劣币驱逐良币的风险

智能投顾是技术驱动型的行业,涉及云计算、大数据,以及一系列基于人工智能的资产配置、数据处理、交易优化的算法,这对智能投顾平台的计算机技术提出较高的要求。各家智能投顾概念的理财平台从宣传上看都强调技术的先进性,但实际上各平台在金融产品种类、大数据运用上实力相差较大。在缺乏足够的历史数据对其算法的效果进行验证的情况下,难免有一些不具备技术实力的理财平台以"智能投顾"为噱头,仅对用户进行简单的风险偏好测试,根据用户偏好推荐相应理财产品,更多属于分散化投资,并未实现用先进的数据算法来优化投资模型,最终可能使用户权益受损。此外,智能投顾平台从业人员的收入既来自咨询费用,也来自基金等销售佣金。这就混淆了投资咨询与产品销售之间的界限,也为部分平台以"智能投顾"为幌子吸引用户,以销售自身产品为目的提供了激励动机,投资建议的独立性和客观性难以保证。

9.3.4 金融科技给征信行业带来的变革

我国征信行业发展时间相对较短,但随着我国互联网金融行业快速发展以及各项经济活动从线下向线上迁移,我国互联网征信行业已经呈现了良好的发展态势,有望成为我国征信体系的重要组成部分,与传统征信体系共同推动我国社会信用体系建设。

1. 我国大数据征信的主要模式及范例

我国大数据征信已经形成了几种模式,包括通过电商平台采集信息主体数据开展大数据征信、通过社交网络采集信息主体数据并通过其他渠道增信后开展大数据征信、通过第三方数据渠道开展大数据征信等,分述如下。

1)基于阿里供应链电子商务平台的芝麻信用

蚂蚁金服集团下属的芝麻信用是以电商平台数据为基础开展征信服务的代表。电商平台采集用户的网上交易数据,经过芝麻信用分析模型进行数据处理,形成客户征信报告,给阿里小贷或与其合作的商业银行,为信贷审批决策做参考。

芝麻信用依托大数据开展征信服务的运行机制如图 9-13 所示。蚂蚁金服旗下拥有支付平台体系、网络小额贷款平台体系、理财平台体系和小额保险平台体系四大平台体系。阿里巴巴电子商务平台交易数据流是蚂蚁金服开展金融业务的基础,淘宝和诚信通电商平台上个人和企业交易数据通过支付宝记录到支付系统,支付数据再传输到蚂蚁金融云大数据库。融资、理财、保险三大金融业务平台在开展业务时,将操作过程中的客户业务数据传递到金融云大数据库,同时也通过支付平台支付结算,相关金融交易数据也会传输到金融云数据库。

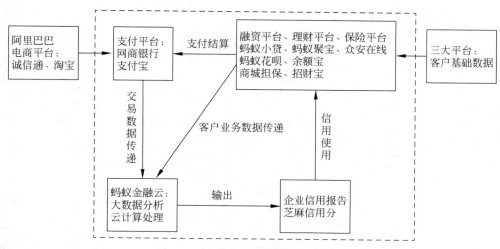

图 9-13 芝麻信用征信模式运行机制

蚂蚁金服依托云计算技术,通过对各种数据源进行整合、清洗、匹配、分析,把信息主体的行为数据映射到信用评估过程,最终形成芝麻信用分和企业信用报告。下面将按照信息采集、信息加工、评分结果介绍及应用,以及其征信产品扩展等几个角度对蚂蚁金服的芝麻信用进行解读。

信息采集方面,蚂蚁金服推出了"芝麻信用"的大数据项目。如图 9-14 所示,芝麻信用项目的数据来源主要由四方面组成:第一是阿里电商、蚂蚁金服等阿里集团内各项在线交易产生的数据;第二是芝麻信用与外部合作机构合作,按照约定由外部机构提供的数据,如部分公安、法院以及其他政府部门提供的数据,也包括在线平台电子商户交易完成后返回给支付宝系统的数据;第三是用户通过第三方支付缴纳水电煤气费、信用卡还款以及物流信息,这也是重要的数据来源,芝麻信用与这些机构合作,用户完成缴费后,有关企业将相关数据通过接口传递给蚂蚁金融云;第四是芝麻信用企业和个人用户在线主动提交的各类数据。

图 9-14 芝麻信用扩展的外部数据源

信息加工方面,芝麻信用在大数据分析过程中深度融合了传统信用评估与创新信用评估,开创了大数据征信模型。如图 9-15 所示,该模型维度主要有信用历史、身份特质、履约能力、行为偏好和人脉关系五方面。以此为基础,形成了芝麻信用的芝麻分评分模型。

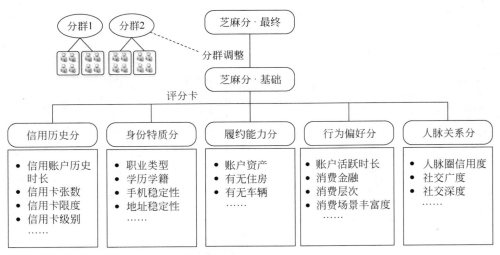

图 9-15 芝麻信用评分模型示意图

在评分结果方面,芝麻分采用国际通用的信用评分模式,对已收录的个人用户信息进行加工、整理和计算,评分结果处理完成后,系统自动按照评分高低将用户划分为五个等级。每个等级对应不同的信用状况。最高分等级为 700～950 分,表明用户信用极好;最低为 350～550 分,表明用户信用较差,每个级别信息主体的信用状况有较大差异。

基于蚂蚁金融云大数据的数据处理能力,芝麻信用具有较强的身份识别和反欺诈能力,此外,芝麻信用还探讨在法律法规的要求下,采用人脸、虹膜、声波等生物识别技术,并辅以其他识别方法，精准、可靠地识别信息主体，将人、账户和设备关联起来，通过大数据、生物识别技术等多种手段实时判断信息主体的异常行为，以开展反欺诈。

在评分结果应用方面，芝麻征信已经在业内具有一定影响力，一些信贷机构开始认同芝麻评分，同时在出国签证办理、租房租车等方面也有机构开始采用芝麻分。首先是蚂蚁金服集团旗下所有平台都承认评分结果，如拥有蚂蚁信用评分的用户在蚂蚁金服花呗、借呗等小额信用贷款产品中会产生不同的信用额度。其次是通过数据接口，为其他企业提供征信服务。例如，目前芝麻信用的信用评分和信用报告已经提供给包括神州租车、车纷享、微公交等租车公司，百合网等婚恋交友网站以及小猪短租等新兴租房网站。神州租车对芝麻信用分 600 分以上的用户，提供免押金租车服务；阿里旅行向芝麻分在 600 分以上的客人提供免押金入住服务，旅客可以选择离店后再付款。此外，芝麻分对于完善个人信用档案、提升个人信用评分结果以及由此使其在日常生活中获得更好的服务都有帮助，例如，"芝麻信用"与婚庆网站合作，可以预防"骗婚"等行为，提高婚介平台撮合成功率，也能降低个人遭遇婚介欺诈风险；与利融网合作则能打击"骗贷"。用户在阿里系电商平台上积累的用户消费、店铺经营等信用数据，也能够提升阿里小贷的经营效率，使其在系统自动信用状况审批条件下提高放贷效率、降低信用风险，同时，芝麻分结果易懂、易操作，也有利于外部合作机构以此开展信用风险管理。

2）基于社交网络的腾讯征信

腾讯公司拥有中国最大的社交网络平台。2021 年腾讯中期业绩报告数据显示，截至 2021 年第二季度微信及 WeChat 的月活跃账户为 12.5 亿，QQ 移动终端月活跃账户为 5.9 亿，腾讯不仅掌控中国最大的社交网络平台——QQ 和微信，还在此基础上衍生出了各种社交平台（如游戏、交友等）。微信作为腾讯新型社交软件，不仅为个人社交活动提供了重要选择，也为企业、各类公众号以及城市服务提供了重要渠道。

在数据处理方面，腾讯依托庞大的用户群体产生的数据流，通过数据挖掘和分析技术来预测用户的风险表现和信用价值，使腾讯征信拥有与芝麻征信差异化的征信体系。依托对大数据的处理技术，腾讯征信可以预测信息主体的风险表现和信用价值，为信息主体建立个人信用评分，并通过实时在线网络交流数据，实时判断信息主体的信用风险状况和违约概率。腾讯社交数据分析模型主要从消费、财富、安全、守约等角度进行，其中消费方面主要是分析信息主体通过微信、手机 QQ 等支付消费行为及偏好；财富方面主要是消费者在腾讯产品内的资产构成、理财记录等；安全方面主要是财付通账户是否有实名认证和数字证书等；守约方面主要是分析消费者的信用卡、消费贷等是否正常。通过对这四个维度的数据进行分析，可以得出腾讯征信对信息主体的信用评分。

在征信产品方面，腾讯主要的征信产品分为两大类：一类是反欺诈产品，另一类是信用评级产品。反欺诈包括人脸识别和欺诈评测。腾讯征信拥有国内领先的人脸识别技术和人像数据库，结合腾讯大数据算法，使人脸识别的准确率及商业应用可用性达到较高水平，有效帮助银行解决身份核实等难题，人脸识别主要用于需要核实身份的有关场景，目前已应用于腾讯微证券等服务。欺诈评测主要是对信息主体欺诈风险进行等级评估，等级越高信息主体的欺诈风险越大，它是依托腾讯公司 15 年来各种渠道和平台的数据积累，并以不同的反欺诈模型和规则为基础，计算出欺诈测评结果。信用评级产品主要是信用评分和信用报告。

在服务对象方面,腾讯征信主要服务对象有两部分:一是金融机构,腾讯征信为金融机构提供在线大数据征信结果,帮助金融机构降低信用风险和欺诈风险;二是企业和个人用户,利用企业和个人日常交易和社交网络行为,为其建立信用记录,并在此基础上形成信用评级产品。腾讯征信目前已经与商业银行、消费金融公司、小贷及 P2P 公司、保险公司、金融服务公司等多类型金融机构和准金融机构开展征信合作。在具体的业务流程方面,腾讯征信根据各类金融机构不同的业务需求,在贷前、贷中和贷后为其提供风险管理解决方案。

3) 基于多维数据支撑的考拉征信

芝麻信用依托电商平台开展大数据征信,腾讯征信依托社交网络开展大数据征信,考拉征信则是依托第三方支付以及外部数据源开展征信。考拉征信以拉卡拉第三方支付平台积累的大数据为基础,通过数据处理和数据分析,形成了中国互联网征信的第三种模式,与前两者一样,为了提升大数据征信的准确性以及可适用性,其母公司也以征信数据为基础,为在线申请人提供小额融资支持。

作为大数据征信,考拉征信数据源维度也比较多,考拉征信的数据源包括拉卡拉依托第三方支付通道在多年业务开展过程中积累起来的公用事业缴费、电商、金融等数据。拉卡拉通过自己分布在 300 多个城市中的便利店、社区小店,以及银行网点中的自助刷卡终端,向附近居民提供便民金融服务。考拉征信拥有累计超过 1 亿个人用户交易数据以及 300 万小微个体工商户数据。其中,小微个体工商户的信息主要源于申请安装 POS 时提交的"三证一表",即营业执照、税务登记证、法人身份证和工商户安装 POS 申请表,这些小微个体工商户业主信息也同样纳入拉卡拉第三方支付的数据库。同时,拉卡拉第三方支付平台在十多年经营过程中沉淀了包括信用卡还款、转账信息、水电煤等公共事业缴费信息、火车票机票信息、个人理财信息、信贷等数据。此外,蓝色光标、拓尔思、旋极信息、梅泰诺、51job 等作为考拉征信的股东,在各个领域有着自己的特色,并积累了一些数据。电商平台崛起后,拉卡拉为 O2O 企业和互联网金融企业提供第三方支付通道,相关互联网信息也成为考拉征信的重要数据源。考拉征信还将一些地方政府、公安法务等政务信息纳入信息采集范围。

在数据处理方面,考拉征信引入外部数据分析专家,与中国科学院虚拟经济与数据研究中心联合成立了大数据征信实验室,利用中科院在数据分析方面的能力,推动征信大数据建模与挖掘算法、大数据技术以及大数据应用等方面的探索与创新。考拉征信采用双层建模,提高模型区分度以达到精准评估信息主体信用状况的目标。

在征信产品方面,考拉征信对系统存储的大数据进行综合处理和评估,进行加工、整理、计算后,得出个人信用评分,其信用评分包括信用记录、履约能力、身份属性、社交关系、交易行为五个维度。评分结果采用国际上通行的信用分,直观表现信息主体的信用水平。分值范围为 300～850 分,分数越高,信用状况越好,不同分值对应的信息主体可以获得不同的服务,例如信息主体的信用评分达到一定门槛值以后,可在合作商户、金融机构办理租车、住宿、旅游、租房、餐饮、中介服务、保险、信贷理财等业务时,简化流程,或能得到更高的折扣优惠。

除了个人信用评分外,考拉征信还推出了中国第一个面向小微商户的信用评分,商户信用分也采用国际通用信用评定标准,分值范围为 300～850 分,评估维度包括企业属性、信用记录、成长能力、经营稳定和履约能力五方面。商户可以通过登录拉卡拉微信服务平台查询自己的商户信用分,进而直接向拉卡拉小额贷款公司或其他合作伙伴申请信用贷款,无须任何抵押。

除了个人信用评分、商户信用评分以外,考拉征信还提供职业信用评分查询,它以个人职业习惯、职业稳定性、社会心态等维度为基础,综合评估个人的职业信用状况。职业信用分的分值越高,职业信用记录越强。此外,考拉征信提供的产品还包括企业信用评分,它是基于企业的基本信息、金融诚信、企业文化诚信、商业诚信、社会诚信等方面,利用模型计算得出的企业信用状况。

2. 我国大数据征信模式特征总结

目前我国大数据征信的三种主要模式,依托电商平台的大数据征信、依托社交网络的大数据征信以及依托第三方渠道获取数据的大数据征信,前两者都是依托互联网产生的数据,并在此基础上分析得出征信结果,两者在数据来源上的区别在于电商平台数据主要来源于母公司的交易数据流,社交网络征信主要来源于母公司平台的社交数据,考拉征信主要侧重于第三方支付渠道数据,这些数据部分来源于互联网交易,但主要来源于线下数据。因此,三种模式虽然都是大数据征信,但数据来源仍有所区别。

从征信结果来看,芝麻信用和考拉征信的应用范围相对较广,信用评分结果在系统内部率先推行,依托芝麻信用的花呗等小额信贷产品已经全面应用,考拉征信产品考拉分的应用也在逐渐推广,其内设机构也通过考拉分即可实现在线授信。但腾讯征信信用评分使用范围仍然有限,其质量也有待进一步提升,一个明显的例子是腾讯集团下属微众银行在提供在线授信(微粒贷)时,仍需要借助于中国人民银行征信中心的数据作为决策依据,这表明即便在腾讯集团内部,对腾讯征信的信用评分仍然没有足够的信心。

比较以上三种征信模式以及中国人民银行征信中心的征信模式,可以发现存在以下较为明显的区别,如表 9-3 所示。

表 9-3　我国互联网征信与传统征信差异比较

比 较 项 目	互联网征信	传统征信
数据来源	线上、线下数据相结合	线下数据为主
数据类型	信贷数据、网络数据、社交数据等	以信贷数据为主
数据格式	以非结构化数据和碎片化数据为主	以结构化数据为主
评估方法	大数据分析、机器学习等	信息整合为主,展示违约记录
变量数量	较多,成千上万	相对较少,几百个
覆盖范围	有互联网支付、交易和社交等行为的人群	有信贷记录的人群
征信产品	较为丰富	相对较少
应用领域	金融、商业交易、生活中各种履约场景	以金融领域为主
产品时效	动态实时反映信息主体信用变化状况	描述历史静态信息

如表 9-3 所示,我国互联网征信和传统征信在数据来源、数据类型、评估方法、以及产品时效等方面均存在明显差异,互联网征信在众多方面都已显现其独特的优越性。如在信息维度方面,传统信息主要是个人基本信息与信贷交易信息,对信息主体的刻画不够全面,不能充分完整地反映信息主体的状况,而互联网征信数据对信息主体记录的数据非常多,国外最多能达到数万个变量,国内也有数千个以上,如果能将互联网征信和传统征信中各类数据

全面整合,对信息主体的信用状况反映会更加全面。

再如在征信结果的时效性方面,互联网征信依托广大用户对互联网的高黏度,能通过数据挖掘,实时发现描述信息主体当前行为的数据,并与其历史数据进行比较分析,从中发现信息主体的异常,并将其信用变化的征兆通过信用评分变化展示出来,具有较强的时效性。而征信中心的征信数据是整合信息主体身份信息、信贷信息,由于数据来源的时效性,数据无法实时反映在企业和个人的信用报告中,因此,传统征信产品的信用风险揭示能力就时效性而言,低于互联网征信模式。

但是,单纯依托互联网数据进行大数据征信仍然存在较多不足,如不能全面准确定位信息主体身份,信息主体可能通过变换身份识别信息等方式进行欺诈,虽然信息主体对互联网的依存度已经很高,但是线下交易和活动依然是信息主体的主流生活方式,互联网抓取数据取决于信息在互联网上的生成和展示时间,一些与信息主体信用状况高度相关的信息也可能未进入互联网(如司法信息等政务信息),也同样未能全面揭示信息主体的信用状况。

此外,我国发展大数据征信,在技术和制度上都还存在一些重要挑战。如大数据本身和征信结果没有必然联系。与传统征信模型不同,大数据分析模型变量多,很多变量与信息主体信用状况变化之间的关联性较弱,难以从逻辑上理解。基于大数据的信用评分模式增加了信贷风险控制的复杂性。传统模型简单化但强相关的变量解释可以方便信贷机构以及信息主体对其结果的理解,也便于各方之间沟通。而大数据征信模式涉及数以千计的变量,模型也从线性模型向非线性模型发展,其中的计算过程及变量解释非常复杂,不便于部门之间沟通及客户理解,对征信服务的需求方也容易造成困扰。

大数据征信还涉及个人隐私保护问题。隐私保护是征信业发展绕不开的一道坎。无论国外还是国内,有效保障个人隐私问题,都是征信业健康发展的一个重要制度保障。如美国1975 年通过的《平等信用机会法》规定,贷款必须发放给所有资信可靠的申请人,不论种族、宗教信仰、性别、婚姻状况、年龄和其他个人特征。但大数据征信发展过程中,所有相关信息都作为变量进入了大数据征信的模型分析,很难有效辨别这些信息是否会对客户信用评分带来影响。此外,包括中国在内,各国征信业相关的法律法规均明确要求,征信数据的采集必须经本人许可,而互联网大数据征信过程中,有关数据的采集方式并没有征得信息主体同意,对数据的使用有可能侵犯信息主体隐私,这对大数据征信的发展具有重要影响。

9.4　金融科技的挑战、风险与监管

金融科技近年来发展迅速,但不可否认的是,在朝气蓬勃的背后不断有各类问题涌现,如高科技诈骗、平台风险等问题频现。2017 年,党的十九大报告中就明确提出:健全金融监管体系,守住不发生系统性金融风险的底线。2018 年,中央经济工作会议要求打好防范化解重大金融风险攻坚战。金融科技对市场带来的冲击是全方位的,必须更加重视金融业务风险与技术风险叠加后产生的扩散效应,同时加大监管的力度,建设多层次、全方位的监管治理体系,才能保证金融科技在发展中可监测、可管控、可承受,真正降低各类风险,让普惠金融发挥应有的效力。

9.4.1　金融科技带来的挑战

每一天,互联网都在产生新的"黑科技",它们会快速应用于市场、服务群众。金融科技带来的高速、高效,一方面让金融市场的变化日新月异,另一方面也带来了巨大的挑战。

1. 有效监管框架尚未形成

由于各项金融科技的创新性非常高,但成熟度却各不相同,推出后会快速进行市场推广,这就导致政府层面的监管体系并不能有效跟进。目前,各国主要考虑并实施的是对网络融资和电子货币的监管,对具体金融科技类别的监管存在较大差异。同时,法规的出台往往需要较长时间,这就造成金融科技的监管安排明显滞后于行业发展。一旦技术不成熟的金融科技被广泛应用,很容易对民众带来极大的威胁。

曾经在中国发展如火如荼的 P2P,即为典型案例。2019 年 3 月,全国性公益投诉网站聚投诉发布周榜,显示 P2P 网贷平台稳居投诉榜前十名,其中不乏上市企业,可见该领域存在巨大的监管真空。

2. 风险管控难度大

金融科技的核心是"科技",其所涉及的大数据、云计算、区块链、移动互联网等,具有较高的门槛和复杂的算力结构,业务模式背后是庞大、复杂、相互关联的信息系统,海量的信息流、复杂的信息结构,客观上给识别风险造成了难度。如果并非该领域的专业人士,那么很难了解这类系统的运转,造成风险管控难度大为提升。面对高度虚拟化、网络化、分布式的金融科技体系,与之匹配的信息技术、监管能力以及技术资源对监管体系提出了新要求。

传统的监管手段,往往依靠单一的一类方式进行,但在金融科技时代,这种模式已经不能胜任行业、市场、用户需求的变化。这就给监管者带来了全新的挑战——需要快速更新知识结构,提高识别潜在风险的科技手段,增强监管有效性。金融的技术门槛进一步提高,单一的金融监管模式已不能满足风险监测和管控的要求。

3. 去中心化与分布式应用带来的挑战

区块链,代表着未来的互联网,随着区块链落地应用的不断增加,金融科技也呈现出更加全新的发展姿态。首当其冲的是去中介化的挑战。传统金融体系中,金融中介机构发挥了基础性作用,一定程度上是金融体系的核心组织架构,但随着区块链的应用,传统金融机构的中心化被打破,机构监管与功能监管被分化,各类交易不再依托于中心处理,金融机构、监管机构如何面对这一趋势,如何进行积极转型,成为前所未有的挑战。

与此同时,分布式应用也带来了巨大的挑战。在区块链技术下,民众可以快速进行跨境交易,这种分布式应用是不可撤销的记账方式。目前绝大部分金融服务及其基础设施都是以中心化为核心框架,但是金融科技主导下的金融服务和产品运营则是以去中心化或分布式进行的,在此过程中就会形成一个分布式的运作模式与一个中心化的监管体系的制度性错配。随着区块链分布式应用的不断扩大,会让分容风险更加复杂,并衍化为系统性风险,这对金融机构、监管部门带来了非常高的要求——如果不能快速掌握其中的技巧,就无法做好相关工作。

9.4.2　金融科技带来的风险

除了对金融机构、监管机构带来了全新的挑战,对于行业、市场、用户等,金融科技也带来了不容忽视的风险。

1. 隐私风险

金融科技的核心,在于"数据"。大数据与云计算会不断捕捉、分析、筛选用户的数据,以此为用户进行精准画像,提供精准金融服务。数据,决定了金融科技的发展,数据越多,越有利于改进信用评估的效率。但不可避免的是,技术公司过度采集用户数据的时候,有可能侵犯用户的隐私。世界科技巨头 Facebook 曾经出现的大规模数据泄露事件,就说明如果安全门一旦被打开,那么民众将会面对巨大的隐私风险。尤其在金融科技发展的初期阶段,一些技术公司利用技术优势抢占市场,并将用户数据在不同产品线混用,也加大了隐私保护的难度。

2. 安全风险

金融科技对互联网的依赖性较高,尤其对于大型科技公司来说,为了保证较大的网络效应,金融科技公司的进入可能造成更高程度的市场集中,这就会出现新的风险——越集中,越容易爆发大型安全风险,直接引发网络安全事件。

近年来,此类事件频现。2016 年 5 月,杭州一处光纤被挖坏,大量的支付宝用户无法登录。2018 年 9 月,日本北海道地震引发大规模断网断电,使很多的居民面临无法支付的问题。2019 年 2 月 22 日,京东金融多名投资者反映,在没有进行任何人为操作的情况下,其京东金融 App 内的资产栏显示为 0。京东金融方面回复称:这是由于系统升级导致个别用户的持仓页面显示异常,给用户带来不便深表歉意。

多数金融科技机构,往往高度依赖云计算、第三方数据服务等,云服务一旦发生中断,将对使用这些服务的金融机构产生重要影响。尤其一旦遭受黑客攻击,所泄露的不仅是用户隐私,更会直接涉及资金的安全,形成金融风险。

3. 风险外溢性与金融稳定问题

随着全球金融的互通性越来越强,各国金融市场的开放性也在增加,这就造成了金融基础设施的连通性也进一步加强。金融科技加速了全球性金融互动的效率,但与此同时也带来了业务风险、技术风险、网络风险的叠加效应。一旦一个地区出现金融风险,往往会造成快速传染、波及面更广的特征,风险外溢与监管套利、不平等竞争、数据隐私保护等问题还可能相互交织,形成金融风险全球化的态势,大大增加了金融管理的难度。

尤其在"一带一路"战略的推动下,中国众多金融科技公司纷纷出海,所提供金融产品规模效益的日益扩大,平台的风险性不断提升,一旦某一个地区出现明显的金融安全问题,往往会联动整个平台出现危机。新兴的大型金融科技公司在风险管理方面一般经验不足,面临市场冲击时可能会出现羊群效应,放大金融体系的周期性。所以,这也是金融科技带来的风险,是所有金融机构尤其是互联网金融机构必须引起注意的。

9.4.3 金融科技对监管需求的满足

尽管金融科技让金融服务更加普及和高效,但风险同样伴随着科技的进步而递增。所以,金融科技必须满足监管的需求,才能保证整个行业健康有序的发展。

对此,监管部门早已进行了布局。早在 2017 年中国互联网金融论坛上,人民银行金融市场司司长纪志宏就发表演讲:需引导并发挥好金融科技对普惠金融的支持作用,夯实普惠金融服务的基础设施;建立多层次、广覆盖的数字金融组织体系和产品体系,支持传统金融和新兴金融互学互鉴、相互发展;形成鼓励数字普惠金融发展的政策体系,构建相应的金融法律和监管框架。

正是基于监管部门的要求,金融科技正在根据客观事实进行调整,让行业发展趋于健康。例如,针对大学生群体,蚂蚁金服和网商银行运用多种策略模型主动避开;针对年龄在 18~23 岁的非学生客群,贷款额度会控制在 1 万元以内。这是金融科技对于监管需求的积极调整。

当然,这只是金融科技对监管需求主动调整的第一步。现实情况是:金融科技的快捷、高效和便利,同样带来了一系列新的问题。2019 年 6 月,《财经国家周刊》发表文章,统计数据显示,"90 后"群体负债率极高,在消费贷款群体中占比达 43.48%,以贷养贷用户占比近 30%。这些来自汇丰银行、海尔消费金融、融 360 的数据,尽管样本量和样本群体不完全一致,但从不同维度反映了"90 后"的消费信贷现状。媒体也经常爆出大学生深陷借贷"旋涡"导致涉黑、失足等新闻。这类事件说明,金融科技在中国的发展,金融科技如何保证金融健康有序,金融科技如何满足监管的需求,依然任重而道远。

中国是金融科技发展最快的国家之一,但法规的滞后性导致问题更加复杂、数量更大,因此,必须学习国外其他国家的成功经验,满足监管需求。例如,英国提出的"沙盒监管",目前已经在美国、新加坡、澳大利亚等国家得到有效推广,这是中国可以积极借鉴的先进理念,可以弥补现有金融监管机制的不足,是平衡创新与风险的有效监管手段。

本章小结

互联网金融是指传统金融机构与互联网企业利用互联网技术和信息通信技术实现资金融通、支付、投资和信息中介服务的新型金融业务模式,是传统金融行业与互联网精神相结合的新兴领域。互联网金融可以分为传统金融业务互联网化、第三方支付、互联网理财、互联网投融资和大数据金融等几种商业模式。

金融科技是指传统金融企业利用科技手段推动创新变革、提高效率以及提升用户体验,或者新型创业利用科技手段推出全新的金融产品或商业模式,尤其多指后者。与互联网金融相比较,金融科技更强调技术对金融创新的推动。金融科技的发展经历了传统金融科技、社会化的金融科技以及智能金融科技三个阶段。金融科技给银行业、保险行业、财富管理行业以及征信行业等行业都带来了巨大的变革。

在金融科技蓬勃发展的同时,各类问题也不断涌现。有效监管框架尚未形成,金融科技的监管安排明显滞后于行业发展;风险管控难度大,单一的金融监管模式已不能满足风险监测和管控的要求；去中心化与分布式应用也对金融机构和监管部门提出了更高要求。金融科技对行业、市场、用户等，也带来了隐私风险、安全风险、风险外溢性与金融稳定等不容忽视的风险。金融科技如何保证金融健康有序、如何满足监管的需求，依然任重而道远。

习题

1. 试分析京东金融的版图。
2. 手机银行与网络银行的区别是什么？
3. P2P 网贷平台有哪些运营模式？
4. 我国 P2P 网贷发展过程中遇到的问题有哪些？
5. 众筹平台有哪些类型？
6. 一个众筹项目能否成功的影响因素有哪些？
7. 什么是金融科技？金融科技与互联网金融的区别在哪里？
8. 金融科技给传统金融带来了哪些革命性的颠覆与改变？
9. 金融科技对人们的日常工作和生活带来了哪些影响？
10. 金融科技的发展带来了哪些挑战与风险？

技术学习模块 H：区块链与比特币

请扫码阅读

第10章

信息系统的实现

本章学习目标

➢ 充分了解信息系统的开发过程。

➢ 了解信息系统开发过程所需要的信息技术。

➢ 熟知信息系统的运维要求。

➢ 了解信息系统开发的新趋势。

 开篇案例

北京某啤酒集团成功实现了信息系统

对于一家企业而言，要实现企业管理的信息化，投资巨大。如此大的投资，究竟会为企业带来什么效果呢？

1. 企业简介

北京某啤酒集团公司是 1993 年以原北京市的啤酒厂为核心发展组建的国家二级企业，是国家重点支持的大型企业之一。集团现拥有总资产 50 多亿元、员工 12 800 人，占地超过 230 万平方米、年产销能力超过 200 万吨，目前该集团已经成为中国啤酒行业名列前茅的大型生产商。集团下属拥有控股子公司(厂)十六个，并拥有在资本上市的公司。该集团 2009 年啤酒产销量 467 万千升，进入世界啤酒产销量前八名、销售收入 133.08 亿元、实现利税 29.98 亿元、实现利润 8.65 亿元。

一个企业的成功固然与其生产技术息息相关，然而管理的科学与否直接影响到这些先进的生产技术能否真正给企业带来效益。良好的技术只有与优秀的管理思想相结合才能产生预期的效果。作为一个大规模的企业，企业管理水平的高低依赖于其信息化建设情况和信息管理水平，而企业的信息系统是企业管理思想的综合体现。

2. 信息系统解决方案

硬件方案。由于公司财务、销售、仓库等部门位于不同的办公楼，办公楼之间相距上千米，为了便于各部门实时传递信息，加强对各部门的管理和监控，需要在公司厂区内建立一个内部网。

软件应用方案。公司的信息系统主要由财务系统、销售管理系统、采购管理系统和存货管理系统等构成。目前采购管理系统为预留系统。财务系统主要包括总账、固定资产管理、工资管理、应收应付管理、UFO报表、现金流量表、财务分析等子系统；销售管理系统包括销售开票、送货管理、运输费管理、结算管理、退货管理、退变质酒管理等模块；存货管理系统主要包括包装物周转管理、扎鲜啤酒桶周转管理和产成品库房管理等模块。各模块之间实时传递信息，完全实现了销售、财务信息共享。

3. 信息系统应用效果评析

公司在实现企业信息共享、加强业务控制和利用信息加强企业管理等方面取得了显著的成效。

1) 满足财务和业务协同，实现企业信息共享

销售发票一次录入，销售业务信息全公司使用，实现了数据共享和信息的有机集成，全公司各部门可以根据管理需要和相应的权限及时、准确地获取财务、业务以及管理信息；销售部门和仓库部门数据的共享，为杜绝假票现象创造了条件。手工条件下，会出现利用假票骗取企业利益的情况，使用计算机后，只要录入票据的保密信息系统就会自动显示该票据的全部真实信息，票据的真伪当即就可以识别。

2) 降低原始数据错误率，减低企业经济损失，保证统计信息真实性

系统对于产品和客户信息都提供了参照，可以直接从系统中选取，无须人工录入，而且在系统中选定某产品后，其对应成套包装物会自动进入销售发票。这种便捷的录入方式不仅减轻了操作员的劳动强度，而且最大限度地消除了发票原始数据错误的可能性，为企业对外报送报表和提取内部管理报表等提供了准确的数据源。

3) 强化客户满意与忠诚度管理

客户是企业存在和发展的支柱，维护客户的权益、在客户心目中树立良好的公司形象至关重要。公司在企业运作过程中强调以客户为中心的管理，因此在公司的管理系统规划中，从大模块的设计到每个功能的实现需要处处体现这一理念。

4) 加强产品管理，满足市场需求

对于产品的研究分析是管理的一个重要组成部分，不同的产品适合不同的市场，不同产品其市场需求量也不同，同一种产品在不同时期其需求量也不同，这些信息不仅直接影响到产品的销售，而且决定着产品的生产。

5) 业绩考核有据可依，部门、职员评价科学合理

怎样使业绩考核更科学，更有说服力，一直是理论界和实务界研究的重要课题。在该管理系统中为部门业绩考核、员工业绩考核提供了定量分析方法，使业绩考核更科学合理。

6) 加强应收账款管理，加速资金周转

在客户数量众多的情况下，为每个客户都建立一本账，不仅可能违背成本效益原则，而且信息不准确、不及时。因此，即便企业已有很先进的应收款管理方法，手工处理方式也制约了这些方法的使用，造成应收账款管理上出现失误。在公司的管理系统中，可以进行账龄分析，通过对各客户所欠款项进行账龄分析，可以快捷、全面地了解其欠款情况，及时对应收款项进行催收，加速资金周转，减少坏账损失；同时也是在上市公司中采用账龄法计提坏账的第一家，账龄分析表为账龄法的使用创造了前提条件。

7) 及时、准确地对外提供报表,为利益相关者提供决策信息

下属的上市公司,其财务数据必须对外披露,为债权人、所有者、政府部门等利益相关者进行分析决策提供信息。公司的管理系统实现了财务和销售的集成,销售系统可以将有关业务信息实时进行提炼,编制成账务凭证,自动传递到财务系统。财务系统根据需要即可在UFO中快速生成企业所需各种报表和分析图表。这不仅保证对外报表能及时、快速获取,而且对外报表的准确性也有了可靠保障。

总之,公司的信息系统实现了财务业务一体化,对企业的业务进行了有效的控制,为企业管理提供了丰富的工具和手段,准确、及时地为企业提供各种对内管理报表和对外财务报表,在企业管理升级中起到了非常重要的作用。

通过这个案例,需要读者思考以下几个问题:

(1) 一个组织机构在实现信息系统时,首先需要考虑哪些问题?

(2) 在实现系统时,如何定位人的因素?

(3) 如何在维系复杂的信息处理中找到解决问题的入口?

(4) 在实现系统时,需要注意什么问题?

(5) 当系统得以实现后,如何评价信息系统所产生的成效?

(6) 在信息系统的运维管理中,如何保持其青春永驻?

10.1　实现信息系统的过程

对任何一个组织机构而言,要奔向管理现代化,充分利用现有的一切资源,并使其发挥出最大的效用,往往离不开一个高效的管理信息系统。这已经被大量事实所证明。

10.1.1　实现信息系统的准备工作

对一个要实现信息系统的组织机构而言,必须直面几个问题,否则建设的信息系统很有可能成为无本之木、无源之水。

1. 提高认识,建立制度

在建立信息系统时,需要相关的人员提高思想认识,并建立起科学的规章制度。

1) 一整套科学的管理制度

可以想象,在一个管理混乱的管理体系的基础上,是无法有效地实现信息系统的;即使已经建立起信息系统,也不会有效地运行,甚至很可能会出现信息系统的运行结果与实际情况南辕北辙的情况。因此,对任何一个组织机构来说,要实现信息系统首先必须对基础的管理工作进行整顿和优化,对工作流程进行调整,建立起一套科学、健全的管理体制,做到管理工作程序化、管理业务标准化、数据代码完整化、报表文件统一化。

2) 各级领导和管理人员的重视

各级领导和管理人员的重视是实现信息系统的重要前提。换言之,首先需要各级领导和管理人员明确,实现信息系统对一个组织机构而言是一项庞大的系统工程。在实施过程中,会涉及组织机构的方方面面;其次一旦系统建立起来,其运行和维护也需要得到组织机

构中各个部门的支持和协作。

实现系统,需要加强组织领导,提高思想认识。在信息系统的建立过程中,需要多次召开组织机构内部各职能部门的信息交流与沟通的协调会议,需要各级管理人员分析形势、明确要求、强化措施,促使全局统一思想、提高认识、坚定目标,形成强有力的团队合力。

领导重视,能够把实现系统的任务排上议事日程。在组织机构内部,不仅要加强学习培训,提供宽松的环境,鼓励和支持员工边工作边学习,在实践中提高,在提高中发展,在发展中创新;而且能经常关注工程进展情况,定期听取工程进度汇报,并可根据年度工作重点,安排和部署每一阶段的工作要点。

领导重视,可以做到注重实际,突出特色。建设信息系统是一项需要付出艰辛劳动才能有所收获的工程。如果缺乏各级员工扎实苦干的作风和高度敬业的精神,建立的信息系统必然会失去前瞻性、时效性、针对性,其结果就会使组织机构内部的各级管理人员无法从建立起的信息系统中动态地得到经营的状况,也无法据此做出科学决策。

领导重视,就可做到实现系统的各个环节严格把关、规范审核,确保出精品。信息系统运行会涉及组织机构中的各个部门,环节众多,数据繁杂,因此对这些环节、数据的梳理,必须站在全局的高度,结合所处的环境,因地制宜,实事求是地开展。

3) 组织准备

信息系统是整个组织机构中的一部分。只有当信息系统的使命、目标和运行机制与组织机构的目标保持一致,才能充分发挥信息系统的应有作用,给组织机构的运营提供正能量。反过来,组织机构的目标、结构、管理模式、改革和发展进程,甚至员工的素质、组织文化对信息系统的建立和应用都有重大影响。特别是在当下,我国许多组织机构都处在改革与转型过程中,其战略、规模、运营机制等都会影响到信息系统的实现。所以组织机构的信息系统建立与应用需要与其目标、战略、改革与发展进程相适应,为组织机构的管理人员和广大员工所接受。

组织机构在实现信息系统时,可以以信息化建设为契机,按照信息化的管理模式与运作机制改造组织结构,进行业务流程的改革与创新,提高全体员工的素质,建立管理与业务工作的科学标准与规范,并且为信息系统的建立和应用创造良好的法治环境。组织机构要适应信息系统建设与应用的需要,克服由于旧的制度、落后的管理模式和思维惯性对信息化建设的各种阻力和障碍,做到管理、技术与人的素质相互促进、和谐发展。

4) 开发人才的准备

要建立信息系统,不仅和组织机构的结构及业务流程有关,而且还与信息技术密切相关。开发信息系统首先需要技术人才的储备,例如需要系统分析员、系统设计员、网络工程师、程序设计员、系统操作员等;其次需要对组织机构中的业务人员进行培训,让他们了解信息系统分析和设计的一般概念、方法、步骤,学习有关信息技术知识。这些人员需要在建设信息系统的整个过程中全程参与。

5) 用户参与的重要性

开发信息系统绝不是来自开发人员的需求,也不是来自上级部门的要求,而是来自用户本身的需要,来自组织机构的业务管理需要。这种与用户及业务紧密相关的特点,使得在整个信息系统建设和运维过程中,用户的认识及参与程度显得尤为重要。大量事实证明,实现信息系统如果完全依赖于信息系统的开发商,往往是耗资巨大,而其结果则不尽如人意,甚至与用户的初衷或意愿背道而驰。

在实现信息系统的庞大工程中,用户应当清楚地认识到自己是整个项目的管理者,即用户要明确自身在整个项目中的定位和作用。用户的参与,不仅仅从"时间、成本、质量"等几方面进行管理和控制,最重要的是能够不断把对业务处理的各项需求在信息系统的功能中得以体现。

只有用户的参与,才能有效地把握信息系统建立期间的各项工作,建立起各阶段切实可行的工作计划以及与之相配套的、有效的质量监督管理办法;及时协调解决建设过程中遇到的各种问题;前瞻性地发现和思考可能会影响信息系统建设周期、质量的问题,并及时提出相应的建议、意见和解决方案。就是要组织、建立起一个交流环境,让最终用户、开发人员、监理、顾问、专家及时沟通交流,共同解决实现过程中的系统平台、数据库、网络传输、业务数据、处理等环节问题。一个信息系统建立和运行的各个阶段要解决的问题及工作方法均有所不同,各级系统的用户应全面参与各阶段的管理,并且要成为每个阶段开始与结束的最终决策者。

总之,实现系统需要组织机构投入巨大的资源,作为项目的管理者——用户方,既要有敬业精神,更要有一整套科学的工作方法;既要懂业务,又要懂技术,还要懂管理,要在整个系统的实现过程中发挥主人翁的作用,保证信息系统建设是按照用户的合理要求推进,同时还要带出一支学习型的队伍,保证系统的功能满足用户的需求。只有这样,才可能建立起一个高质量的信息系统。

6) 充分认识信息系统的复杂性

组织机构所拥有的信息系统,其中有不少系统并没有实现当初开发时所承诺的效益,有的甚至是半途而废,因此人们往往会为信息系统建设的效率及成败而担忧。应该看到,信息系统的多学科性、综合性决定了其开发必定是一个周期长、投资大、风险高的过程,比一般的技术工程有更大的难度和复杂性。

信息系统是信息技术与现代管理理论相结合的产物。计算机硬件和软件、数据通信与网络技术、人工智能技术、各类决策方法等多个领域是信息系统借以实现各种功能的手段和途径。掌握这些手段和方法非常重要,合理地应用这些方法和手段以达到预期的效果是开发信息系统的主要任务之一。

面向管理是信息系统最重要的特征。信息系统涉及的信息量大而广,形式多样,来源复杂。一个组织机构中的信息系统要支持各级部门的管理,规模庞大,结构复杂,而且还必须满足各职能部门的各级管理人员的需求,甚至有的需求是模糊的、表达不清的。另外,信息系统实施在实际投入运行前无法进行现场试验,系统建设过程中的各种问题只有当其投入运行后才能充分暴露。

信息系统要成为组织机构在市场竞争中的有力武器,就必须适应所处的竞争环境。因此信息系统的开发者和维护者就要深刻理解组织机构所面临的内外环境及其发展趋势,既要注意到管理体制、管理思想、管理方法和手段,也要考虑到人们的行为习惯、心理状态、社会政治等因素。同时信息系统的目标、功能也需要适应组织机构当前及未来的发展水平,能够在一定范围内适应当前及未来的规章制度变化,促进管理水平的提高。一句话,信息系统对多变的环境要有足够的适应性。

信息系统从其规划、分析、设计到运行和维护,都需要投入大量的人力、物力、财力。虽然信息系统采用大量的先进技术,但目前的开发过程的自动化程度还是比较低,仍需要投入相当多的人力进行系统分析、设计等工作,是一项高度的脑力劳动密集型项目。同时信息系统的运行能给组织机构带来的无形效益和间接效益都不像其他技术工程所取得的效益那样可以直接计算。

信息系统是人机交互系统,其开发与运维都需要人员的参与。在其实施过程中,用户、系统分析员、技术专家、程序员等参与者相互联系,相互影响。由于开发人员的知识背景、经历不同,如果彼此沟通不畅所造成的误解是信息系统功能实现的重大隐患。此外,实施信息系统不可避免地要改变业务流程乃至组织结构,很有可能会对某些既得利益者的地位和权势造成冲击,甚至引起部门之间、人员之间的利益冲突。这些人文因素很可能会成为信息系统实施的阻力,从而影响信息系统的开发和建设。

总而言之,如果把信息系统的实施、应用、管理看成是纯技术过程,那么许多问题永远得不到解决。只有从更深层次探讨、重视非技术因素,才有可能解决长期困扰人们的信息系统建设的难题。

2. 确定开发信息系统的策略

前已述及,信息系统的开发会受到多个因素的影响,如果从软件工程的角度分析,信息系统的规模会影响信息系统开发策略的选择;如果从组织机构资源配置的角度分析,机构内部的人力资源、智力资源、资金实力等也会影响信息系统开发方案的选择。

不论采用什么样的开发策略,用户方必须清楚自己对信息系统有什么样的需求,需要信息系统实现什么样的功能,并为此准备相应的资料和数据,建立起信息系统开发的需求文档。在此基础上,用户方根据自身的情况,决定采用建设信息系统的策略。

1) 购置信息系统策略

购置策略主要是指购置相应信息技术的硬件设备和软件系统。除了硬件设备外,更多的是要注意所购置软件的适用范围、运行特点、实现的功能等。

购置软件的适用范围:如果是购置软件,一般情况下,软件公司所开发的往往是通用的处理软件,软件中加工处理所涉及的业务流程也比较规范。因此用户需要对所购置的软件有全方位的调查和了解,特别是所购置的软件系统能否完全与本机构的业务信息的处理流程相吻合。如若不同,就有可能需要对机构内部的业务处理做出调整。

购置的软件系统往往具有高可靠性和高稳定性的特点,并能够反映先进的管理思想,建立信息系统的周期也短,开发的费用较低。但另一方面,组织机构往往失去了对软件的控制权,对未来系统的维护也要完全依靠软件开发商。一旦组织机构的经营需要转型或扩大规模,需要对软件进行修改时难度会很大,这时实施的费用就会大幅增加。

2) 自主开发信息系统策略

组织开发是指组织机构的管理者在充分分析组织的战略发展目标、资源约束、管理模式的基础上,依靠机构内部的各种力量,如人力资源、技术资源等自行开发信息系统。

自主开发策略适用于建设规模不大的信息系统。由于信息系统不仅是一个庞大的人机系统,也是一个复杂的技术系统,它的建立需要有专门的技术人员,因此采用自主开发策略的组织机构就需要配置专门的技术资源和人力资源,与专业的开发商相比,开发人员的专业素养、软件系统的可靠性、团队协作、融入新的思想和理论、系统的规模等方面都相对比较薄弱。但采用这种开发策略可以充分发挥用户的专业知识和经验,同时能牢牢地控制软件的开发权和日后的使用维护权,而且可以为组织机构培养不少的系统开发人员,有利于日后系统的运行和维护。

自主开发策略的特点:这是由组织机构内部的技术人员及用户共同合作形成开发机构,因此开发人员比较容易掌握使用者对信息系统的需求,所以在沟通和协作方面具有优势,既可以锻炼组织机构内部的信息系统建设的队伍,也易于信息系统日后的维护,特别是当组织机构的经营转型或业务发展有变化时,可以及时对系统进行变更、改进和扩充。对于那些需要保密的行业就必须采用这一开发策略。当然,自主开发也存在着一些缺点,如开发周期比较长;对开发人员的要求比较高;一些新的理论及技术不能很快运用到信息系统中;容易受到使用者经验的影响,或许难于摆脱长期以来形成的习惯势力的影响,从而难以开发出质量比较高的信息系统。

3)合作开发策略

这是利用组织对系统开发目标和管理的专业能力,结合相关的软件开发商计算机技术能力强的特点,共同开发信息系统的策略。

合作开发的适用范围:这种开发策略可以充分发挥双方各自的特长。组织机构的员工对本机构的业务流程非常清楚,也非常清楚本机构对信息系统的需求。因此只要在开发过程中加强沟通,相互取长补短,开发出适应性比较强、功能比较完善的信息系统是完全有可能的。

合作开发的特点:合作开发,可以充分发挥本组织机构人员对信息系统目标和管理的专业能力和软件公司强大的系统能力,也有利于本组织机构的计算机技术队伍的培养与提高。但在开发过程中,如果双方人员存在沟通障碍,尤其在一些专业性比较强的领域存在交流不畅时,则会使开发过程相互掣肘,成为开发过程的负能量。

4)外包开发策略

这是由使用系统的组织机构通过签订合同的方式,与专门从事信息系统构建和服务的软件供应商确定相应的责任和义务关系。采用这一开发策略,信息系统的使用者还是需要明确自己对信息系统的需求,并要和外包的开发商进行有效的沟通。

外包开发策略的适用范围:在当前竞争日益激烈的环境中,大多数组织机构都越来越重视信息技术在日常经营管理中的应用,组织机构的信息化势在必行。但是组织机构往往面临着这些困难,如高额的前期投入和后期维护费用、专业技术人才的匮乏、管理信息化对领导精力的牵扯等。因此面对复杂的信息技术应用环境,如何实现组织机构的信息化就成为众多机构,特别是一些中小机构亟待解决的共同问题。

实施外包策略,就是借助于组织机构的外部力量,通过资源共享和支付方式节约信息技术的投入,依靠网络实现各类软件在管理中的应用。所以外包开发策略成为组织机构信息化管理的重要途径和解决方案。

外包开发策略的特点:运用这个策略往往是选择具有一定开发经验,又熟悉本系统业务的专业开发公司。虽然开发公司熟悉信息系统的开发方法,掌握信息系统的开发技术,但不一定熟悉或掌握组织机构的业务处理需求。因此能否将本组织机构对新信息系统的需求准确地、清楚地、完整地传递给开发商就是外包开发与实施策略能否成功的关键。

实施外包开发策略,不仅使信息系统的开发周期缩短,而且可以节省大量的人力。因为不需要自己组建开发队伍,使组织机构能够有更多的精力在自己熟悉或擅长的领域从事各项工作。不过当企业管理的业务发生变化或扩展时,特别是当信息系统维护时就会有一定的困难,至少还要依靠外包的开发商来完成。

5) 二次开发策略

二次开发往往是指:一是确定购置的系统运行的软件后,对于其中不能满足的组织机构业务处理需求的部分,要求软件开发商对这部分需求进行定制化开发;二是在现有的信息系统基础上,根据业务处理的新需求,从而扩充、增加新的信息系统处理功能。

二次开发策略的适用范围:对于一些通用性比较强的软件系统,当其不能满足组织机构的业务处理需求的情况时就需要进行二次开发。二次开发也要委托原信息系统建设的开发商来承担此项工作。

二次开发策略的特点:开发的周期不会太长,对系统的维护也可以做得比较好,同时组织机构内部对系统开发的阻力也相对较小。但它的实施费用会随着开发商工作量的增加而急剧上升。表 10-1 是以上各种开发策略的比较,相关的费用是购置费用。

表 10-1　各种开发策略的比较

信息系统开发策略	组织机构所投入的精力	对组织实施开发能力的要求	本组织对系统维护的难易程度	用于组织机构内部的费用	用于组织机构外部的费用
购置策略	小	很低	很困难	少量	少量
自主开发	非常大	很高	很容易	大量	少量
合作开发	大	比较高	比较容易	中等	中等
外包开发	小	中等	比较困难	少量	大量
二次开发	比较小	很低	困难	较少	较大

10.1.2　实现系统所涉及的技术

一旦组织机构决定上马信息系统,实现系统,不论采用何种系统开发的技术或方法,其实现过程一般需要经历系统规划、提出系统需求、进行分析整理。若是走自主开发或是合作开发的道路,还要经历详细的系统分析、设计、程序设计调试、系统上线等步骤,然后便进入日常的运维管理。

信息系统的开发涉及计算机技术基础与运行环境,包括计算机系统技术、计算机网络技术、数据库技术等多方面。

(1) 计算机系统技术。这里主要是指计算机的硬件和软件共同构成的相互作用、相互影响的运行平台。这是信息系统的基础平台,它的设施包括网络平台、计算机主机和外部设备。计算机硬件系统是信息系统的运行平台。其中,网络平台是信息传递的载体和用户接入的基础。

软件是各种程序的集合,可分为系统软件和应用软件。系统软件是指为管理、控制和维护计算机及外设,以及提供计算机与用户操作界面的软件。各种语言和它们的汇编或解释、编译程序、计算机的监控管理程序、调试程序、故障检查和诊断程序、程序库、数据库管理程序、操作系统等都属于系统软件。

应用软件是为满足用户不同领域、不同问题的应用需求而提供的软件。它可以大大拓宽计算机系统的应用领域,充分挖掘计算机的潜力,有效地发挥计算机的处理功能。因此计算机的应用软件种类繁多,品种五花八门。

（2）计算机网络技术。计算机网络是运用了相关的通信理论，利用通信介质把分布在不同地理位置的计算机、计算机系统和其他网络设备连接起来，以功能完善的网络软件实现信息互通和网络资源共享的系统。计算机网络根据通信距离可分为局域网、广域网等几种。

（3）数据库技术。用通俗的话讲，数据库本身可以视为电子化的文件柜——存储电子数据文件的处所。用户可以根据自己业务处理的需要对该"文件柜"中的数据进行新增、截取、更新、删除等操作。因此，数据库指的是以一定方式存储在一起、能为多个用户共享、具有尽可能小的冗余度的特点、与应用程序彼此独立的数据集合。

任何一个组织机构在日常的经营管理工作中，常常需要把某些相关的大量数据放进这样的"文件柜"中，并根据管理的需要进行相应的处理。

10.1.3 信息系统规划

由于信息系统是一个庞大、复杂的人机系统，因此要完成一个满足管理需要的信息系统，并实现系统，往往需要经历几个阶段，而且每一个阶段环环相扣、紧密相连。

因为信息系统的服务对象是组织机构的各级管理人员，也包括组织机构中的具体办事人员，所以在信息系统投入开发之前，有必要进行信息系统的规划，既要把组织机构的发展目标与信息系统结合起来，也需要对具体的业务处理流程进行规范，同时明确各级管理部门及工作对信息的需求。因此对所开发的信息系统进行规划将会影响到组织机构从上到下的方方面面，应该引起组织机构的各级领导和管理人员的重视。

在组织机构中进行信息系统的规划，从上至下的方法有战略目标集转化法（Strategy Set Transformation，SST）、关键成功因素法（Critical Success Factors，CSF）、业务系统规划法（Business System Planning，BSP）3 种。

1. 战略目标集转化法

SST 是由 William King 于 1978 年提出的。他把整个战略目标看成"信息集合"，由使命、目标、战略和其他战略变量组成。信息系统的规划过程就是把组织的战略目标转变为信息系统战略目标的过程。

第一步，识别组织的战略集，先考查一下组织机构是否有已经成文的战略式长期计划。如果没有，就要构造这种战略集合：描绘出组织各类人员结构，如卖主、经理、员工、供应商、顾客、贷款人、政府代理人、地区社团及竞争者等；识别每类人员的目标、使命及战略。

这第一步工作就是要识别组织机构的使命，因为组织机构的使命是对组织存在价值的长远设想，是组织最本质、最宏观的内核。有了使命的组织机构就有了自身的目标，通常表现为层次结构，包括总目标、分目标和子目标。有了使命和目标，就可以对所支撑因素包括发展趋势、机遇和挑战、管理复杂性、环境对组织的约束等进行识别了。

第二步，将组织战略集转化成信息系统战略。信息系统战略应包括系统目标、约束以及设计原则等。这个转化的过程包括了组织机构战略集中所识别的每个元素与对应的信息系统战略约束，然后提出整个信息系统的结构。最后，选出一个方案送至组织机构的最高层，如图 10-1 所示。

由图 10-1 可以看出，这里的目标是由不同群体引出的。例如，组织目标 O1 由股东 S、债权人 Cr 以及管理者 M 引出；组织战略 S1 由目标 O1 和 O6 引出，以此类推。这样就可

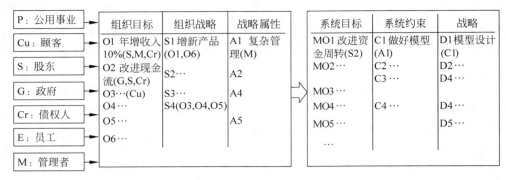

图 10-1　战略目标集转化法

以列出信息系统的目标、约束以及设计战略。

例如,对于某超市在开发信息系统时,采用战略目标集转化法进行信息系统规划的方法,如图 10-2 所示。

组织使命	零售业
组织目标	销售业绩年增长10%
组织战略	降低库存成本
其他战略属性	技术优先数据重要

系统目标	改进库存管理系统
系统约束	开发人员人手不足
系统开发战略	成熟的开发工具和方法,存储安全

图 10-2　超市的战略目标集转化法

SST 方法是从识别组织机构的管理目标开始,反映了各级人员的要求,而且给出了按这种要求的分层,然后转化为信息系统目标的方法。它能保证目标比较全面,疏漏较少。

2. 关键成功因素法

在日常生活中,大多数人在考虑需要完成某些工作时,比较关注的是希望达到的首要目标,而不是工作的本身。一旦确立了一个目标,要思考的便是如何去实现它。

1970 年哈佛大学教授 William Zani 在信息系统模型中用了关键成功变量,这些变量就是决定信息系统成败的因素。10 年后,麻省理工学院教授 Jone Rockart 将 CSF 提高成为信息系统规划的战略。运用 CSF,包含以下几个步骤:

第一步,了解组织机构(包括要实现系统)的战略目标;

第二步,识别所有的成功因素和影响这些因素的子因素;

第三步,确定关键成功因素;

第四步,明确各关键成功因素的性能指标和评估标准。

例如某企业希望提高销售业绩,运用上述的几个步骤进行分析,得到如图 10-3 所示的树枝图。通过分析,找出使得企业成功的关键因素,然后再围绕这些关键因素来确定系统的需求,并进行规划。

在运用关键成功因素法时,由于将来自众多工作人员的成功因素汇集起来,有可能表达了某些相互冲突的目标。对于这一类组织机构,就意味着最终可能选择了并不支持组织机构整体目标的个别的关键成功因素,其结果会导致信息系统无法满足组织机构的需求。

CSF 方法能抓住主要矛盾,使目标的识别突出重点。用这种方法所确定的目标和传统的方法衔接得比较好。

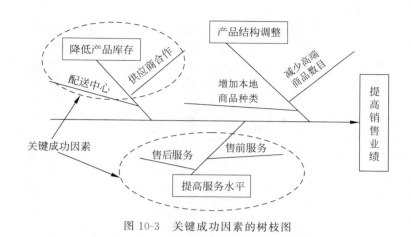

图 10-3 关键成功因素的树枝图

3. 业务系统规划法

这是通过全面的调查，分析组织机构的信息需求，制订信息系统总体方案，把组织机构目标转化为信息系统战略目标的过程。

由于关键成功因素法只能支持现有的信息需求，对未来的信息需求支持存在一定困难。IBM 公司于 20 世纪 70 年代初将 BSP 作为用于内部系统开发的一种方法，它主要是基于用信息支持企业运行的思想。在总的思路上它和上述的方法有许多类似之处，它也是自上而下识别系统目标、识别业务过程、识别数据，然后再自下而上设计系统以支持目标。

业务系统规划法的步骤如下：

第一步，定义管理目标，统一各部门目标服从总体目标。

第二步，定义业务过程，识别业务在管理过程中的主要活动。

第三步，定义数据分类，在定义业务过程的基础上，把数据分成若干大类。

第四步，定义信息结构，划分子系统，确定信息系统各个部分及其相关数据之间的关系，确定各子系统实施的先后顺序。

BSP 实施的工作流程如图 10-4 所示。其结果能够得到规划后的建议和行动计划，成为信息系统规划的工作文档。其组成内容如下：

(1) 业务背景分析，包括组织结构、已有信息系统的现状、存在的问题分析等。

(2) 信息系统实施的目标。

(3) 新信息系统的技术规划，如功能、数据、网络拓扑结构等规划，以及新系统的总体结构。

(4) 新信息系统开发。

(5) 新信息系统开发的进度安排。

(6) 新信息系统开发预算。

(7) 新信息系统开发的经济可行性、进度可行性、技术可行性分析。

例如，某企业的业务过程和信息类型的关系可以用一个 U/C 矩阵来表示，如图 10-5 所示。U 代表着使用某个特定的信息类，C 则代表着会创建某个特定信息类的过程。开始时信息类和业务过程的先后次序是随机排列的，U 和 C 在矩阵中排列也是分散的。然后可以调换信息类及业务过程的顺序的方法尽量使 U 和 C 集中到对角线上排列，如图 10-5 所示。把 U、C 比较集中的区域用粗线条框起来，这样形成的框就是一个子系统。

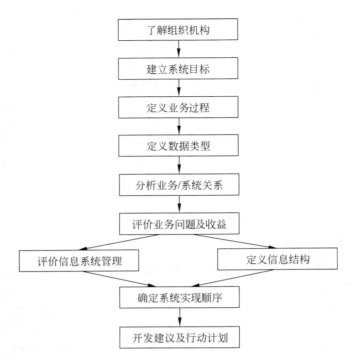

图 10-4　BSP 实施的工作流程

业务过程	信息类									
	市场研究	顾客调查	原材料	产成品库存	顾客订单	装运	单据	应收款	供应商	员工工资
营销产品	C	C								
获得订单				U	C				U	
检查库存				U	U					
运送产品						C				
生产制造			U	C		U				
对顾客开票							C			
收款							U	C		
新产品设计	U	U	C							
验证供应商									C	
评审供应商									U	
支付工资										U
人事管理										C

一个潜在的信息子系统

图 10-5　业务过程和信息类型的 U/C 矩阵

运用业务系统规划法中的 U/C 矩阵一个主要优点就是找出信息的使用者和创建者,而且能够区分信息的归属。所以它不仅能够识别信息系统,还能够识别信息系统所支持的信息。

在业务系统规划方法中,识别业务过程是其战略规划的中心。虽然业务系统规划方法也首先强调目标,但它没有明显的目标引出过程。它通过管理人员酝酿“过程”引出了系统目标,业务目标到系统目标的转换是通过组织/系统、组织/过程以及系统/过程矩阵的分析得到的。这样可以定义出新的系统以支持业务过程,也就把业务处理的目标转化为系统的目标。

4. 信息系统战略规划的步骤

在实际工作中,完全可以把以上的方法结合起来应用。例如,先用 CSF 方法确定组织机构的目标,然后用 SST 方法补充完善其目标,并将这些目标转化为信息系统目标,用 BSP 方法校核两个目标,并确定信息系统结构,这样就弥补了单个方法的不足。当然这会使得整个实施过程过于复杂,而削弱了单个方法的灵活性。

由于战略规划本身的非结构化特性,进行任何一个组织机构的信息系统规划均不应照搬以上方法,而应当具体情况具体分析,选择以上方法中可取的思想,灵活运用。

综上所述,信息系统的战略规划一般要经历如下的几个步骤:

第一步,确定规划的基本问题,如规划的年限、规划的方法等。

第二步,收集初始信息,包括从各级管理人员、本组织机构内部各种文件以及组织机构外部的市场、政策等中收集信息。

第三步,现存环境的评价和现存条件约束的识别,包括目标、系统开发方法、计划活动、现存硬件和它的质量、现存软件及其质量、信息部门人员、运行和控制、资金、安全措施、人员经验、手续和标准、中期和长期优先次序、外部和内部关等,如有必要还要分析组织机构的文化和员工道德状况。

第四步,设置目标。主要由组织机构的最高领导和信息系统的领导小组来设置,包括服务的质量和范围、政策、组织及人员等,它不仅包括信息系统的目标,而且应有整个组织机构的目标。

第五步,列出信息系统规划内容之间相互关系所组成的矩阵,确定各项内容,以及它们实现的优先顺序。

第六步,反复识别上面所列的各种活动,判断是一次性的工程项目性质的活动,还是一种重复性的经常进行的活动。由于资源有限,不可能所有项目同时进行,只能选择一些好处最大的项目先进行,要正确选择工程类项目和日常重复类项目的比例,正确选择风险大的项目和风险小的项目的比例。

第七步,确定项目的优先权和估计项目的成本费用,依此编制项目的实施进度计划。

第八步,不断与用户、信息系统工作人员以及信息系统开发小组的领导交换意见,形成战略规划报告报批。

10.1.4　信息系统分析

信息系统的实现必须要经历分析阶段,这个阶段的工作不能省略。因为随着工作的不断深入,会遇到各种功能需求要在系统中加以实现。如果系统分析不具体,不完整,会使后续的开发工作出现偏差。此外,这个阶段会有大量工作需要认真细致地完成。

1. 需求分析与确认范围

需求分析是信息系统开发早期的一项重要工作。通俗地说,就是要解决"新系统做什么"的问题。它的基本任务就是系统分析人员和用户一起完全搞清楚组织机构内各级用户对信息系统的确切要求。

需求分析就是描述信息系统要完成的功能和要处理的数据,确定信息系统设计的限制和同其他系统的接口细节,定义信息系统的其他有效性需求,通过逐步细化对系统的要求,描述系统要处理的数据,并给系统开发提供一种可以转化为数据设计、结构设计和过程设计的数据与功能表示。对用户提出的要求需要经过甄别,采纳其中的合理要求,对于无法实现的要求要向用户做充分的解释。最后将信息系统的需求准确地表达出来,形成信息系统开发的文档资料——系统需求说明书。完成这个说明书,需要完成以下几个任务:

任务一,确定新系统影响的业务范围。这是要详细分析新的目标系统将会影响到的业务,界定目标系统的范围。因为确定范围不仅与对目标系统较好地理解有关,而且还与目标系统将对组织机构产生怎样的影响有关。

任务二,成立信息系统项目开发小组。该开发小组应包括项目经理(通常是有经验的信息技术专家或组织机构负责信息系统开发的管理人员)、受目标系统影响的业务人员、信息系统开发技术人员和最终用户。这里的每个人都将为项目小组带来特殊的专长和知识。

任务三,评价现行系统,以便确定需要的改进。现行系统包括两方面:一是已经在运行的信息系统;二是相对应的人工处理系统。因为信息系统不是一个信息孤岛。在组织机构中几乎不存在一个与其他信息系统没有联系的独立应用系统。对于新的信息系统而言,必须考查新系统与现行系统的联系,确定需要的接口。

任务四,进行新系统开发的可行性评估。在进行新系统开发的可行性评估时,不能单纯地从成本和效益的角度分析,还必须考虑技术、时间、环境的可行性。例如,是否拥有拟采用的硬件和软件,是否拥有应用这些和软件的工作经验,是否具有投入目标系统开发所需的时间和人员等。

任务五,制订信息系统开发进度计划。这份计划就是开发信息系统的项目计划,它包括了参与开发小组的成员名单、初始预算、完成后续各阶段任务的时间表等。在实际编制计划的过程中,可能会多次修改这个计划,并在项目小组中增加和调整成员。

信息系统分析这一阶段的工作就是开始进行详细的系统分析,但必须在规划报告得到批准,需求分析报告及开发进度计划得到认可并授权后才能进行。因为这一阶段的工作量很大,所涉及的面很广,要处理的关系也比较复杂。

2. 信息系统分析的目的和任务

信息系统分析的目的是确定目标系统的逻辑需求,并建立起新系统的逻辑模型。它的主要工作是在逻辑上,而不是物理上,因为相关的新系统需求分析工作并不涉及任何系统实施或技术细节,而是从逻辑视图的角度着眼于信息输入、信息输出和信息处理过程。这阶段的主要任务如下。

任务一,对现行系统和业务处理过程建模、分析和研究。在新信息系统尚未建立前,开发小组的成员必须对现行系统有比较充分的了解。随着这个阶段工作逐步展开和不断推进,现行系统的处理模型会逐渐明晰。其中,包括每个过程步骤一步步具体地建立起模型和相关的数据描述。例如,现在系统中用户的输入输出界面、启动结束处理过程、出错处理、系统性能、其他限制等。

任务二,定义新系统的信息需求和处理过程。新信息系统开发的目的就是要建立一个能够满足组织机构眼下及未来经营过程中对信息的各种需求。所以必须对现行系统的模型有充分的了解,在此基础上研究分析现有系统不能满足信息需求和处理过程的原因,找出解决办法。这个阶段,需要开发人员与各级用户进行深入的沟通和交流,然后再详细定义新系统的信息需求、处理过程和数据描述。例如,目前的用户所用的手机大部分都是智能手机,因此在定义信息需求和处理过程时就要考虑为用户提供移动的数据查询,包括用户的移动输入数据量、移动查询界面、移动输出的内容。为了向用户提供移动办公的功能,需要了解用户在这方面对信息的需求。虽然在前述的需求分析完成时已经确定了问题的范围,但在本阶段的系统开发中,还需要对用户的需求进行更详细、更全面的调查,尤其对其中模糊的需求要进一步澄清。

任务三,建立新系统的逻辑模型。在确切了解和掌握了现行系统模型以及定义了新系统的信息需求和处理过程后,就可以将二者结合起来建立起一个新信息系统模型。这个新系统的模型将是从逻辑的角度建立,突出的是新系统所要完成的功能,而非在技术或物理设备上的运行。因此这是个新系统的逻辑模型,为下一阶段信息系统的全面及详细设计提供基础。例如,对于满足用户移动信息操作的需求,在逻辑模型中,主要是说明能够完成的功能,如能提供什么类型的数据输入,提供什么类型的查询服务等。

任务四,更改项目计划和范围。一旦完成了纷繁复杂的信息系统分析的各项任务,就需要修订项目计划和项目范围。主要的工作就是修改原先的预算、修改可行性评估以及开发的时间安排,也会涉及调整或增加项目小组的成员和修正问题的范围。

3. 系统需求说明书

这一阶段任务的特点就是面广量大。通过系统分析、功能分析、流程分析、数据分析,对用户的每个需求都必须有一个全面、清楚的理解。最后才能形成新信息系统的开发文档——系统的需求说明书,也叫用户需求规格说明书。这个文档资料不仅是下一个阶段工作的基础,也是用户方、投资方在验收新系统时的主要参考标准。

系统的需求说明书包含以下一些内容:

(1) 新系统的总体描述;

(2) 新系统的功能;

(3) 加工处理描述;

(4) 数据字典;

(5) 为用户输出的信息;

(6) 系统需要的输入数据;

(7) 系统与用户的界面;

(8) 用户的一些特殊要求。

如果还有未解决的问题,则需要与用户进一步沟通和交流,力争把存在的问题解决完毕。

10.1.5　信息系统设计

进入这一阶段,必须把对系统的各种需求分析全部完成,并经过确认以后才能开始本阶段的各项工作。

1. 信息系统设计的任务

信息系统的设计主要目的是建立一个目标系统的技术蓝图。这一阶段的工作是在"做什么"的基础上向"怎么做"转变。

任务一,识别可供选择的技术方案。在信息系统分析的基础上要构建未来新系统的技术蓝图,需要系统的设计人员对当前信息技术的发展状况有相当清楚的了解,因为设计人员必须根据新系统的需求说明书,结合当前的信息技术现状研究多种不同的系统方案。现代信息技术已经为系统开发提供了各种硬件、软件的平台,对它们进行全面、深入的探讨是系统开发过程中相当重要的一个环节。例如,对于用户的移动办公要求,所采用的技术方案就要兼顾不同手机运行平台的环境,尽可能地使未来开发出的 App 能在不同的手机平台上高效、快速、流畅地运行。

任务二,对各种可选方案进行分析,并进行优选。一旦设计出多种可供选择的技术方案,就必须根据时间、成本、技术等多方面的可行性对每一种技术方案进行分析和研究,从中选出最佳方案。在识别过程中,设计人员不得不考虑技术的成熟度和稳定性的问题,因为信息技术发展是日新月异的;同时还要为新系统上线后一段比较长的时期内的运行维护提供技术保证。实际上要考虑的因素很多,设计人员必须在各种因素的制约中(如开发成本的限制、时间的限制等),并在满足用户的需求情况下,在众多的技术中求得平衡。例如,如果组织机构还有一部分现有的设备能够继续使用,于是设计人员就要考查这些设备的性能,尤其是这些设备在眼下甚至是未来的技术环境中能否继续发挥作用。又如,现有系统的接口能否与新系统的接口完美对接等。

任务三,修改项目计划和范围。一旦选择了最佳技术方案,就必须对项目计划进行修改,包括修订时间安排、修改可行性评估。修改项目计划和范围会使该计划更符合实际情况。在修改计划时,还要指定新系统开发小组成员进行信息系统的编程。

任务四,进行信息系统的数据库设计。数据库设计的首要任务是建立规范的数据组织模型,使数据在数据库运行时,能够满足复杂的存取、利用和变换等的要求,并始终保持其完整性、一致性和应变能力。具体地说,数据库的设计应满足:符合用户的要求,即能正确地反映用户的工作环境及其变化,该环境包括用户需要处理的所有数据,并支持用户需要进行的所有加工处理;与所选用的数据库管理系统所支持的数据组织相匹配;数据组织合理,应当易操作、易维护、易理解。

例如在数据库设计时,需要考虑移动办公用户对数据的要求,如用户通过移动终端输入的数据量,查询时向用户提供何种类型的数据以及数据量等。

任务五,进行新系统的代码设计。由于目前的信息设备还无法直接识别客观世界中的任何一种具体的事物,它只能直接识别二进制码。因此信息系统设计的一项基本工作就是把管理对象数字化或字符化,这就是代码设计。用以表征客观事物的实体类别和属性的一个或一组易于计算机识别和处理的代码,可以是字符、数字、某些特殊符号或它们的集合。

代码的作用如下：

（1）标识作用：可用来标识和确定某个具体的对象，以便于计算机的识别。

（2）统计和检索作用：当按对象的属性或类别进行编码时，易于对象的统计和检索。

（3）对象状态的描述作用：代码可以用来标明事物所处的状态，便于对象的动态管理。

2. 代码设计的原则

代码设计的任务就是要把信息系统处理的全部的客观事物用特定的代码来描述。其设计的原则如下：

（1）适应性：在设计时必须考虑要适应计算机的处理。

（2）可扩充性：必须留有一定的后备余量，以适应业务发展及未来变化的需要。

（3）简明性：设计时要尽可能简单、明了，从而降低误码率，提高工作效率。

（4）系统性：代码应根据一定的规则进行分组，从而在整个系统中使代码具有通用性和一贯性。

（5）稳定性：代码的定义和描述应具有相对稳定性，要尽可能避免过多改动。

（6）标准化：尽可能使用国际、国家或行业的有关标准来设计代码。特别是系统内部使用的代码也要统一。

（7）便于识别和记忆：为了能同时适合人使用及计算机处理，代码不仅要有逻辑含义，而且还应便于识别和记忆，如代码的长度（即位数）不要太长，对于一些容易混淆的字符和数字应尽量少采用。

代码设计是一项比较烦琐、需要反复推敲的工作。另外还要考虑与现有系统进行合理、有效的对接，以便现行的信息系统中的各项数据信息能够快速地导入新开发的信息系统中。

3. 用户界面设计

这个阶段的设计工作还需要完成用户界面设计，包括输入设计、输出设计、人机对话设计等，最后形成新系统的设计说明书，作为新系统开发的文档资料。

此外，在确定技术环境及平台的基础上，需要逐步采购相应的硬件和软件，搭建系统的运行平台和网络环境，为开展下一步工作做好准备。

10.1.6 信息系统编程和测试

系统编程就将新系统需要完成的功能转变成计算机可以执行的一段段程序或是一条条指令，也就是把新系统的逻辑模型转变成真正的物理模型。

1. 程序设计任务

以前，新系统中的应用程序要专业的计算机人员逐行编写程序代码，不仅周期长、效率低、质量差，而且经常需要重复劳动，特别是比较大的程序，修改是一项艰巨、复杂的劳动。随着信息技术的不断发展，大量的软件生成工具，如报表生成器、屏幕生成器、程序生成器等已经被研制出来。利用这些软件生成工具进行信息系统开发不仅大大地减少了人工编写程序所花费的时间，而且编程的错误也大大减少了，从而极大地提高了信息系统开发效率。

2．程序功能调试任务

程序功能调试的目的是发现程序中可能存在的错误并及时予以纠正。完成这一工作，先要对程序代码进行测试，即利用精心挑选的测试数据。测试数据既要包括正常的数据，也要包括异常数据，更需要有错误数据，使程序中的每一语句都能得到执行，这一步就是测试程序中的任一逻辑通路，也测试了程序对错误的处理能力。然后要根据开发文档中所标明的应完成功能对这部分程序实现的功能进行测试。

3．系统功能调试任务

系统的功能可能是由多个程序共同完成的。虽然每个程序都经过调试和测试，但将它们按次序连接起来还要测试其整体功能。这种调试和测试就是要保证系统内各程序之间具有正确的控制关系，同时还要测试整体的运行效率。这一过程往往称为分调。分调完成后需要进行总调。总调分两步完成：先将预先设立的联系程序替代控制程序所要调用的程序，由这些联系程序直接送出处理结果。这一测试主要是为了验证控制接口和参数设置的正确性；然后还要进行系统程序的总调，即将主控程序和调度程序与其他各功能程序连接起来进行总体调试。这是对系统各种可能的使用形态及其组合在软件中的流通情况进行测试。

最后要进行特殊测试。这一测试是根据系统需求选择进行的，如峰值负载测试、容量测试、响应时间测试等；同时要严格核对新信息系统处理和事先人工处理的两种结果。另外在用户使用之前，还要进行实况测试，即用实际的数据进行测试。

4．用户培训任务

经过调试的系统，需要开发小组人员对用户进行培训，一是扭转用户对新系统的抵触情绪，纠正用户对新系统存在的误解；二是使所有用户了解新系统能够完成的功能，达到开发建设新系统的目的，并使新系统早日发挥出更大的效益。用户培训从几个方面进行：应从信息系统应用的全局出发，不仅要注意技术开发人员的培训，更要重视系统维护人员的培训；培训工作及内容需要有一定的超前性；培训工作应分阶段、分层次进行；培训的主要内容应包括项目的背景和调整、系统结构、系统文档、典型的用户问题、故障解决指导、处理突发事件、联机和外部帮助等。

对信息系统使用人员进行培训是信息系统建设过程中不可缺少的重要环节。可以根据实际情况，对人员的培训可尽早进行，一是可以在开发的各个阶段有用户参与，二是有助于用户接受培训后能更好地配合开发人员进行信息系统的测试。

10.2　实现信息系统的方法

实现信息系统的方法，也就是信息系统开发方法，讨论的是如何高效、低成本地构造高质量的软件。信息系统开发的方法有多种，根据前述的开发策略，结合组织机构自身的情况进行选择。这里介绍常用的几种开发方法。

10.2.1　生命周期法

传统的信息系统开发方法就是生命周期法（System Development Life Cycle，SDLC）。

虽然这个方法出现最早,但因其经典,如今在开发大中型信息系统时仍然会被采用。

生命周期法的过程大致可以分成 6 个阶段,如图 10-6 所示。

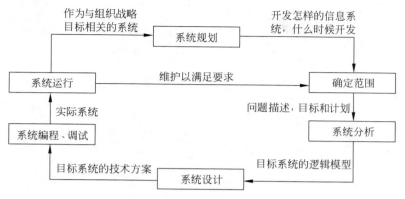

图 10-6　生命周期法的 6 个阶段

这一方法的最大特点就在于每一阶段的活动都必须在下一阶段开始前完成,而且每个阶段结束时都有相应的开发文档资料,这些文档资料就是下一阶段工作的基础。表 10-2 是生命周期法的优缺点。

表 10-2　生命周期法的优缺点

优　点	缺　点
允许组织根据自身的精确需求开发一个系统	获得精确的需求要花费大量时间
多个阶段逐一进行的结构化方法	有些较小的项目不适宜用结构化方法
信息技术专业人员(技术责任)与最终用户(组织机构业务)之间责任明确	信息技术专业人员和最终用户各自使用的语言不同,可能产生交流和沟通障碍
在进入下一阶段之前,要求有可交付使用的成果	如果在系统开发的初期遗漏了一个需求,那么在后面更正该错误时,代价可能会很高

10.2.2　原型法

原型法是根据用户的最基本要求,通过使用各种现代的软件工具先建立起功能简单的原型(Prototype)。该原型可在很短的时间如几天或几周的时间里迅速建立起来。当用户在使用这原型系统时,会发现一些被忽视的需求,或提出某些改进建议,又或是再提出一些新需求。当这些意见、建议被融入原型的系统中,就会扩大原型系统的功能和使用范围。在用户继续使用改进的原型系统以后,又会提出更高的需求。如此反复,使原型系统的规模不断扩大,功能不断完善,直到完全满足用户的需求为止。

1. 原型法的实施过程

与生命周期法相比,使用原型法开发系统来解决问题,特别是一些比较复杂的问题,是一个循序渐进的过程。原型法在实施过程中是一个交互的过程,是一种允许最终用户直接参与评价模型,对模型提出改进意见,最终实现目标系统的动态过程。其实施流程如图 10-7 所示。

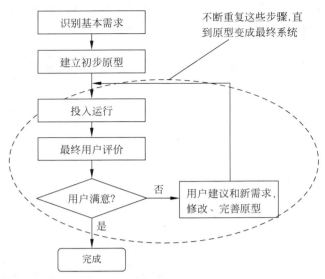

图 10-7　原型法开发信息系统的流程

1）识别基本需求

在这一步工作中，要收集对目标系统的基本需求。这些基本需求包括输入、输出信息，可能还有一些简单的过程。但基本不涉及复杂的操作规则、系统的安全问题等。

2）建立初步原型

在获得基本需求的基础上，着手建立一个初始原型。通常初始原型只包括用户界面，如数据输入屏幕和一些基本的或是简单的加工处理。

3）投入运行和最终用户评价

这一阶段开始了真正的循环过程。当系统投入运行后，用户的体验及感受是最直接的。他们要对原型进行评价，并提出修改、改进意见。在融入了用户的修改等意见后，改进的系统将再次投入运行，最终用户将对新的原型进行再次评价，如此反复循环。所以在此循环过程中尽可能邀请更多的最终用户参与就显得非常重要，因为这将有助于开发人员与用户更多地交流，消除各种差异，这样系统的功能才能不断得到改进和完善。

4）修改和完善原型

用户在使用了系统以后会提出各种改进要求。按照最终用户提出的意见和对系统的新需求，开发人员修改、提高和完善已经运行的原系统。然后继续让用户使用改进后的系统，并由最终用户对改进的原型再次进行评价。

经过不断循环，直到最终用户对运行的系统表示满意为止。

2. 原型法的优点

与传统的生命周期法相比较，使用原型法开发的信息系统，用户能在比较短的时间内就可以运行和使用自己所想象的系统了，尽管可能还存在着许多问题；而生命周期法在整个开发过程中用户是无法使用系统的，哪怕是已经初步成型的系统。除此之外，原型法开发信息系统还具有其他的优点。

1）获得需求

在很多系统开发过程中，最终的用户往往只能表述现行的系统不能满足他们的需求，但同时又难以确定甚至表达自己究竟需要什么。采用原型法，使最终用户能够从基本的使用体验开始感受到信息系统给工作带来的好处，因为原型法帮助最终用户确定了他们的确切需求。

2）循序渐进

使用原型法开发信息系统，比较符合人们解决问题的思维方法。通常人们对要完成一堆复杂的相互牵制的任务，都会把问题分解开来，逐个击破。原型法一开始就是从最终用户的最基本的需求入手。随着系统功能的日益扩充和改进，复杂的问题也在慢慢地得到解决。

3）证明了技术的可行性

如果对所应用的技术情况不能肯定，那就要先建立它的原型，利用原型来证明一个目标系统的技术是可行或是不可行。

4）推广目标系统的思想

由于人们的习惯性思维，往往认为现行系统看上去运行良好，从而体会不到需要开发和学习使用新系统的好处。如何改变这些人的思维呢？由于原型法相对而言开发的速度快，因此无须投入太多的时间就能建立起一个原型并投入运行，以使人们能够很快看到利用信息技术所带来的工作便利和效率的提高。

3．原型法的缺点

不可否认，原型法的缺点也是明显的。

1）原型法难以应用于非常复杂的大型系统

原型法对较小范围的应用系统是比较有效的，但对于具有复杂指令和加工处理的大型系统，原型法却难以应用。

2）原型法较少考虑实际的运行操作环境

这可能就是原型法的最大缺陷。因为它是来自最终用户的基本需求，而无法站在全局的高度来审时度势，所以就有可能带有"先天"的不足。例如，到了实际的运行环境，所建的原型可能无法满足大量用户的登录、并发地处理大量的事务、维护海量的数据等。所以在建立原型时，除了考虑界面和过程外，如何考虑未来的操作环境也是迫切需要的问题。

3）项目开发小组成员很可能会忽视对系统进行彻底的测试和建立健全的文档资料

因为有很多人认为在使用原型法进行系统开发时，由于功能简单、操作容易，往往就放弃或忽视了对系统的测试和建立起开发文档。或者会有人认为，他们已对原型进行了测试，为什么不用原型作为系统的文档资料呢？以上种种，久而久之就会导致所开发的系统没有经过彻底的测试，相关的开发文档也会不健全。

如果现行的信息系统正在运行，若要其他增加移动办公系统，不妨采用原型法来实施。根据原型法的思想，先开发移动办公中的一些小应用，作为 App 的 1.0 版，邀请部分员工和管理人员进行测试或试用，并收集他们的使用感受和意见需求，然后对 1.0 版加以改进提升，开发出 App 的 2.0 版，扩大测试和试用人员的范围，再收集意见和建议。如此反复，以期尽快在组织机构内部普及移动办公 App，提升办公效率。

10.2.3　面向对象开发方法

目前应用比较广泛的一种开发方法就是面向对象(Object-Oriented,OO)的开发方法。面向对象开发是一种分析方法、设计方法和思维方法。它的出发点和所追求的基本目标是使人们分析、设计与实现一个系统的方法尽可能接近人们认识一个系统的方法,也就是使描述问题的问题空间和解决问题的方法空间在结构上尽可能一致。其基本思想是:对问题空间进行自然分割,以更接近人类思维的方式建立问题域模型,以便对客观实体进行结构模拟和行为模拟,从而使设计出的系统尽可能直接地描述现实世界,构造出模块化的、可重用的、维护性好的软件,同时限制软件的复杂性和降低开发维护费用。

1. 面向对象的开发方法

面向对象的开发方法认为对象是由数据和允许的操作组成的封装体,与客观实体有直接对应关系,一个对象类定义了具有相似性质的一组对象。而类的继承性是对具有层次关系的类的属性和操作进行共享的一种方式。所谓面向对象,就是基于对象概念,以对象为中心,以类和继承为构造机制,来认识、理解、刻画客观世界和设计、构建相应的软件系统。

面向对象方法的发展过程本身是需求驱动的自底向上的发展过程,即先有面向对象的编程设计(Object-Oriented Programming,OOP)的产生,再在OOP的基础上进一步发展了面向对象的设计(Object-Oriented Design,OOD)和面向对象的分析(Object-Oriented Analysis,OOA)。由OOA、OOD、OOP构成的开发过程的方法覆盖了生命周期法的分析、设计和实现等各个阶段,成为指导软件开发的全面的、完整的方法。OOP是开发方法的一次革命,它彻底改变了传统的功能分解。其最基本的概念是数据抽象、封闭性和继承性。OOD是根据OOA的结构,对系统进一步细化。其基本步骤有设计问题域部分、设计人机交互部分、设计任务管理部分与设计数据管理部分。OOA的基本思想是认识客观对象及其属性,认识对象的整体及组成部分和对象类的形成及其区分,主要特点是过程抽象、数据抽象以及信息隐蔽。所以面向对象的方法有其自身的特点,因此在开发过程中分析、设计、编程等阶段就需要使用面向对象的开发工具、技术和方法。

2. 面向对象的开发过程

面向对象的开发过程一般要经历如下过程:

第一是面向对象的分析(OOA)。在繁杂的问题域中抽象地识别出对象以及其行为、结构、属性、方法等。它和其他分析方法一样,是提取系统需求,并建立问题域精确模型的过程。面向对象分析的关键,是识别出问题域内的对象,并分析它们相互间的关系,最终建立起问题域的正确模型。

通常,面向对象分析过程从分析用户需求陈述开始。需求陈述的内容包括问题范围、功能需求、性能需求、应用环境及假设条件等。总之,需求陈述应该阐明"做什么",而且应该陈述清晰、准确、到位。接着,系统分析员应该深入理解用户需求,抽象出目标系统的本质属性,并用模型准确地表示出来。面向对象分析大体上按照建立功能模型、建立对象模型、建立动态模型、定义的顺序进行。

第二是面向对象的设计(OOD)。对分析的结果做进一步的抽象、归类、整理,并最终以范式的形式将它们确定下来。因此,面向对象设计就是把分析阶段得到的需求转变成符合成本和质量要求的、抽象的系统实现方案的过程。

第三是面向对象的编程设计(OOP)。它的任务是用面向对象的程序设计语言将上一步整理的范式直接映射(即直接用程序设计语言来取代)为相应的应用软件。面向对象程序设计主要包括两项工作:把面向对象设计结果翻译成用某种程序语言书写的面向对象程序;测试并调试面向对象的程序。

3. 几种典型的面向对象的方法

常用的几种典型的面向对象的方法如下。

(1) OMT(Object Modeling Technique)。此方法最早是由 Loomis、Shan 和 Rumbaugh 在 1987 年提出的。Rumbaugh 在 1991 年正式把 OMT 应用于面向对象的分析和设计。OMT 方法包含分析、系统设计、对象设计和实现四个步骤,并定义了三种模型。这些模型贯穿于每个步骤,在每个步骤中被不断地精化和扩充。这三种模型是:对象模型,用类和关系来刻画系统的静态结构;动态模型,用事件和对象状态来刻画系统的动态特性;功能模型,按照对象的操作来描述如何从输入给出输出结果。

OMT 方法覆盖了应用开发的全过程,是一种比较成熟的方法,用几种不同的观念来适应不同的建模场合,它在许多重要观念上受到关系数据库设计的影响,适合于数据密集型的信息系统的开发,是一种比较完善和有效的分析与设计方法。

(2) OOD(Object Oriented Designing)。这是 Grady Booch 从 1983 年开始研究,1991 年后走向成熟的一种方法。OOD 方法在面向对象的设计中主要强调多次重复和开发者的创造性。方法本身是一组启发性的过程式建议。OOD 的一般过程为:首先在一定抽象层次上标识类与对象;其次标识类与对象的语义;再次标识类与对象之间的关系(如继承、实例化、使用等);最后实现类与对象。

从严格意义上讲 OOD 方法并不是一个开发过程,只是在开发面向对象系统时应遵循的一些技术和原则。此方法是从外部开始,逐步求精每个类直到系统被实现。因此,它是一种分治法,支持循环开发,它的缺点在于不能有效地找出每个对象和类的操作。

(3) RDD(Responsibility-Driven Design)。此方法由 Wirfs-Brock 在 1990 年提出。这是一个按照类、责任以及合作关系对应用进行建模的方法。首先定义系统的类与对象,然后确定系统的责任并划分给类,最后确定对象类之间的合作来完成类的责任。这些设计将进一步按照类层次、子系统和协议来完善。RDD 分为两个阶段:探索阶段,确定类、每个类的责任以及类间的合作;精化阶段,精化类继承层次、确定子系统、确定协议。RDD 按照类层次图、合作图、类规范、子系统规范、合同规范等设计规范来完成实现。

RDD 是一种用非形式的技术和指导原则开发合适的设计方案的设计技术。它用交互填写 CRC(Class-Responsibility-Collaboration)卡片的方法完成设计,对大型系统设计不太适用。RDD 采用传统的方法确定对象类,有一定的局限性。另外,均匀地把行为分配给类也十分困难。

(4) OOAD(Object-Oriented Analysis and Design)。这是由 Peter Coad 和 Edward Yourdon 在 1991 年提出的一种面向对象方法,是一种逐步进阶的面向对象建模方法。它使用了基本的结构化原则,并把它们同面向对象的观点结合起来。通过确定类与对象、标识结构、定义主题、定义属性和定义服务五个步骤完成 OOA。通过设计问题域(细化分析结果)、设计人机交互部分(设计用户界面)、设计任务管理部分(确定系统资源的分配)和设计数据管理部分(确定持久对象的存储)四个步骤实现 OOD。

在 OOAD 方法中,OOA 把系统横向划分为五个层次,OOD 把系统纵向划分为四部分,从而形成一个清晰的系统模型。OOAD 适用于小型系统的开发。

(5) OOSE(Object-Oriented Software Engineering)。这是 Ivar Jacobson 在 1992 年提出的一种使用事例驱动的面向对象开发方法。OOSE 开发过程中有以下五种模型,这些模型是自然过渡和紧密耦合的。

需求模型包括由领域对象模型和界面描述支持的参与者和使用事例。对象模型是系统的概念化的、容易理解的描述。界面描述刻画了系统界面的细节。需求模型从用户的观点上完整地刻画了系统的功能需求,因此按这个模型与最终用户交流比较容易。

分析模型是在需求模型的基础上建立的。主要目的是要建立在系统生命期中可维护、有逻辑性、健壮的结构。模型中有三种对象:界面对象刻画系统界面;实体对象刻画系统要长期管理的信息和信息上的行为;实体对象生存在一个特别的使用事例中。第三种是按特定的使用事例作面向事务的建模的对象。这三种对象使得需求的改变总是局限于其中一种。

设计模型进一步精化分析模型并考虑了当前的实现环境。块描述了实现的意图;分析模型通常要根据实现做相应的变化;在设计模型中,块进一步用使用事例模型来阐述界面和块间的通信。

实现模型主要包括实现块的代码。OOSE 并不要求用面向对象语言来完成实现。

测试模型包括不同程度的保证。这种保证从低层的单元测试延伸到高层的系统测试。

OOSE 能够较好地描述系统的需求,是一种实用的面向对象的系统开发方法,适合于商务处理方面的应用开发。

(6) VMT(Visual Modeling Technique)。这是由 IBM 公司于 1996 年公布的。VMT 方法结合了 OMT、OOSE、RDD 等方法的优点,并且结合了可视化编程和原型技术。VMT 方法选择 OMT 方法作为整个方法的框架,并且在表示上也采用了 OMT 方法的表示。VMT 方法用 RDD 方法中的 CRC 卡片来定义各个对象的责任(操作)以及对象间的合作(关系)。此外,VMT 方法引入了 OOSE 方法中的使用事例概念,用以描述用户与系统之间的相互作用,确定系统为用户提供的服务,从而得到准确的需求模型。

VMT 方法的开发过程分为三个阶段:分析、设计和实现。分析阶段的主要任务是建立分析模型。设计阶段包括系统设计、对象设计和永久性对象设计。实现阶段就是用某一种环境来实现系统。

VMT 基于现有面向对象方法中的成熟技术,采用这些方法中最好的思想、特色、观点以及技术,并把它们融合成一个完整的开发过程。因此 VMT 是一种扬长避短的方法,它提供了一种实用的能够处理复杂问题的建模方法和技术。

此外,UML(Unified Modeling Language)是面向对象技术领域内占主导地位的标准建模语言,它统一了 OOD、OMT 和 OOSE 等方法中的基本概念,同时还吸取了面向对象技术领域中其他流派的优秀思想,其中也包括非 OO 方法的影响。UML 能够用来描述其他的开发过程,产生新的软件开发方法。它的目标就是以面向对象图的方式来描述任何类型的系统。总之 UML 是一个通用的标准建模语言,适用于以面向对象技术来描述任何类型的系统,而且适用于系统开发的不同阶段,从需求规格描述直至系统完成后的测试和维护。

10.2.4 敏捷开发方法

敏捷开发是一种从 20 世纪 90 年代开始逐步引起广泛关注的开发方法,它基于更紧密的团队协作、持续的用户参与和反馈,能够有效应对快速变化的需求,快速交付高质量软件的迭代和增量的新型软件开发方法。敏捷开发更注重软件开发中人的作用,强调个人和团队协作及自组织、通过短迭代快速交付和展示价值、持续的客户参与及反馈和快速响应变化。敏捷开发方法是将一个软件开发项目分成了若干很小的模块化部分。每部分在迭代过程中逐个解决,然后就像搭积木一样逐渐添加到整个应用软件上,最后所有部分完成后,形成一个完整的软件系统。

敏捷方法是一组软件开发方法的统称,其中包括 SCRUM 方法、水晶方法(Crystal Methods)、特征驱动软件开发(Feature Driven Development,FDD)、自适应软件开发(Adaptive Software Development,ASD),以及最重要的极限编程(eXtreme Programming,XP)。

1. 极限编程

极限编程是由 Kent Beck 在 1996 年提出的。极限编程是一个轻量级的、灵巧的软件开发方法;同时它也是一个非常严谨和周密的方法。极限编程是一种近螺旋式的开发方法,它将复杂的开发过程分解为一个个相对比较简单的小周期;通过积极的交流、反馈以及其他一系列的方法,开发人员和客户可以非常清楚开发进度、变化、待解决的问题和潜在的困难等,并根据实际情况及时地调整开发过程。

1)极限编程的内涵

"极限"是指,对比传统的项目开发方式,极限编程强调把它列出的每个方法和思想做到极限、做到最好;其他所不提倡的,极限编程则一概忽略(如开发前期的整体设计等)。一个严格实施极限编程的项目,其开发过程应该是平稳的、高效的和快速的,能够做到一周 40 小时工作制而不拖延项目进度。

2)极限编程的核心实践

基于敏捷的核心思想和价值目标,XP 要求项目团队遵循 13 个核心实践。

(1)团队协作:通过客户、开发团队、项目经理三方共同参加的会议来确定开发计划。

(2)规划策略:计划是持续的、循序渐进的。每两周,开发人员就为下两周估算候选特性的成本,而客户则根据成本和商务价值来选择要实现的特性。

(3)结对编程:系统的每一行代码都是两个人用一个键盘完成的。

(4)测试驱动开发:先写测试,后写代码。

(5)重构:不断优化系统设计,使其保持简单。

(6)简单设计:为明确的功能进行最优的设计,不考虑未来可能需要的功能。

(7)代码集体所有权:开发队伍中任何人可以修改任何其他人的代码,代码不属于某个人。

(8)持续集成:至少每天将整个系统集成一次,保持一个能运转的系统。

(9)客户测试:客户自己也是软件开发队伍的重要一份子。

（10）小版本发布：尽快发布，尽早发布。

（11）每周 40 小时工作制：保证休息，保持体力。

（12）编码标准：必须有统一的编码规范，确保代码的可读性。

（13）系统隐喻：将整个系统联系在一起的全局视图；它是系统的未来影像，是它使得所有单独模块的位置和外观变得明显直观。如果模块的外观与整个隐喻不符，那么该模块是错误的。

2. 水晶方法

水晶(Crystal)方法论由 Alistair Cockburn 在 20 世纪 90 年代末提出。他把开发看作是一系列的协作游戏，而写文档的目标是帮助团队在下一个游戏中取得胜利。水晶方法的工作产品包括用例、风险列表、迭代计划、核心领域模型，以及记录了一些选择结果的设计注释。水晶方法也为这些产品定义了相应的角色。值得注意的是，这些文档没有模板，描述也不太规范，但目标清晰，能够满足下次游戏开始的条件。

对于水晶方法论，根据方法论的轻重可以分为透明水晶和橙色水晶等。透明水晶一般适用于轻量级的团队。不管是哪种水晶，都会对团队的角色、团队的工作项和产出、核心实践、支持过程等进行定义。

3. 动态系统开发方法

动态系统开发方法倡导以业务为核心，快速而有效地进行系统开发。可以把动态系统开发方法看成一种控制框架，其重点在于快速交付并补充如何应用这些控制的指导原则。

动态系统开发方法是一整套的方法论，不仅包括软件开发内容和实践，也包括组织结构、项目管理、估算、工具环境、测试、配置管理、风险管理、重用等各方面的内容。

1）动态系统开发方法的基本观点

动态系统开发方法认为任何事情都不可能一次性圆满完成，应该用 20% 的时间完成 80% 的有用功能，以适合商业目的为准。实施的思路是，在时间进度和可用资源预先固定的情况下，力争最大化地满足业务需求（传统方法一般是需求固定，时间和资源可变），交付所需要的系统。对于交付的系统，必须达到足够的稳定程度以在实际环境中运行；对于业务方面的某些紧急需求，也必须能够在短时间内得到满足，并在后续迭代阶段中对功能进行完善。

2）动态系统开发方法的基本原则

（1）活动用户必须参与。

（2）必须授权动态系统开发方法团队进行决策。

（3）注重频繁交付产品。

（4）判断产品是否可接受的一个基本标准是符合业务目的。

（5）对准确的业务解决方案需要采用循环和增量开发。

（6）开发期间的所有更改都是可逆的。

（7）基本要求是高层次的并区分优先级（以在低优先级的项目上获得一定的灵活性）。

（8）在整个生命周期集成测试。

（9）在所有参与者之间采用协作和合作方法。

4. 精益开发

精益(Lean)管理的思想起源于丰田公司,旨在创造价值的目标下,通过改良流程不断地消除浪费。这种方法现已被广泛用于生产制造管理,对于 IT 系统建设,精益开发的常用工具模型是价值流模型。

精益开发的基本原则如下。

(1)杜绝浪费:将所有的时间花在能够增加客户价值的事情上。

(2)推迟决策:根据实际情况保持可选方案的开放性,但时间不能过长。

(3)加强学习:使用科学的学习方法。

(4)快速交付:当客户索取价值时应立即交付价值。

(5)打造精品:使用恰当的方法确保质量。

(6)授权团队:让创造增值的员工充分发挥自己的潜力。

(7)优化整体:防止以损害整体为代价而优化部分的倾向。

5. Scrum

Scrum 是一个用于开发和维护复杂产品的框架,是一个增量的、迭代的开发过程。在这个框架中,整个开发过程由若干短的迭代周期组成,一个短的迭代周期称为一个 Sprint,每个 Sprint 的建议长度是 2~4 周。在 Scrum 中,使用产品 Backlog 来管理产品的需求,产品Backlog 是一个按照商业价值排序的需求列表,列表条目的体现形式通常为用户故事。Scrum 团队总是先开发对客户具有较高价值的需求。

在 Sprint 中,Scrum 团队从产品 Backlog 中挑选最高优先级的需求进行开发。挑选的需求在 Sprint 计划会议上经过讨论、分析和估算得到相应的任务列表,人们称它为 Sprintbacklog。在每个迭代结束时,Scrum 团队将递交潜在可交付的产品增量。Scrum 起源于软件开发项目,但它适用于任何复杂的或是创新性的项目。

1)Scrum 过程框架

Scrum 以经验性过程控制理论(经验主义)作为理论基础的过程。经验主义主张知识源于经验,以及基于已知的东西做决定。Scrum 采用迭代、增量的方法来优化可预见性并控制风险。Scrum 过程框架的基石包括如下三方面。

(1)透明性(transparency)。透明性是指,在软件开发过程的各个环节保持高度的可见性,影响交付成果的各个方面对于参与交付的所有人、管理生产结果的人保持透明。管理生产成果的人不仅要能够看到过程的这些方面,而且必须理解他们看到的内容。也就是说,当某个人在检验一个过程,并确信某一个任务已经完成时,这个完成必须等同于他们对完成的定义。

(2)检验(inspection)。开发过程中的各方面必须做到足够频繁地检验,确保能够及时发现过程中的重大偏差。在确定检验频率时,需要考虑到检验会引起所有过程发生变化。当规定的检验频率超出了过程检验所能允许的程度,那么就会出现问题。幸运的是,软件开发并不会出现这种情况。另一个因素就是检验工作成果人员的技能水平和积极性。

(3)适应(adaptation)。如果检验人员检验时发现过程中的一个或多个方面不满足验收标准,并且最终产品是不合格的,那么便需要对过程或是材料进行调整。调整工作必须尽快实施,以减少进一步的偏差。

Scrum 中通过三个活动进行检验和适应：每日例会检验 Sprint 目标的进展,做出调整,从而优化次日的工作价值;Sprint 评审和计划会议检验发布目标的进展,做出调整,从而优化下一个 Sprint 的工作价值;Sprint 回顾会议是用来回顾已经完成的 Sprint,并且确定做出什么样的改善可以使接下来的 Sprint 更加高效、更加令人满意,并且工作更快乐。

2) Scrum 的四大支柱

（1）迭代开发。在 Scrum 的开发模式下,人们将开发周期分成多个 1～4 周的迭代,每个迭代都交付一些增量的可工作的功能。迭代的长度是固定的,如果选择了 1 周的迭代,那么保持它的长度不发生变化,在整个产品开发周期内每个迭代都是 1 周的长度。这里需要强调的是,在每个迭代必须产出可工作的增量功能,而不是第一个迭代做需求、第二个迭代做设计、第三个迭代做代码。

（2）增量交付。增量是一个 Sprint 及以前所有 Sprint 中完成的所有产品代办事项列表条目的总和。在 Sprint 的结尾,新的增量必须"完成",这意味着它必须可用并且达到了 Scrum 团队"完成"的定义的标准。无论产品负责人是否决定真正发布它,增量必须可用。增量是从用户的角度来描述的,它意味着从用户的角度可工作。

（3）自组织团队。Scrum 团队是一个自组织的团队,传统的命令与控制式的团队只有执行任务的权利,而自组织团队有权进行设计、计划和执行任务,自组织团队还需要自己监督和管理他们的工程过程和进度,自组织团队自己决定团队内如何开展工作,决定谁来做什么,即分工协作的方式。

（4）高优先级的需求驱动。在 Scrum 中,人们使用 Product Backlog 来管理需求,Product Backlog 是一个需求的清单,Product Backlog 中的需求是渐进明细的,Backlog 中的条目必须按照商业价值的高低排序。Scrum 团队在开发需求的时候,从 Backlog 最上层的高优先级的需求开始开发。在 Scrum 中,只要有 1～2 个 Sprint 开发的细化了的高优先级的需求,就可以启动 Sprint 了,而不必等到所有的需求都细化之后。开发人员可以在开发期间通过 Backlog 的梳理来逐步细化需求。

3) Scrum 团队介绍

在 Scrum 的工作方式下,总共只有三个角色,这三个角色分别是产品负责人（PO）、Scrum Master 和开发团队。

通常可以以划龙舟的团队角色来类比 Scrum 的角色,划龙舟通常有舵手、鼓手、划桨团队三个角色。Scrum 中的 PO 就是舵手的角色,他对产品的方向负责,同时也对产品的 Why 和 What、产品的愿景、产品包括哪些主要的特性负责。Scrum 中的 Scrum Master 扮演鼓手的角色,他可以帮助团队保持高昂的士气,并进行良好的协作;他是 Scrum 中的专家、团队的教练、团队的服务式领导。Scrum 中的团队对应龙舟赛的划桨团队,团队必须协调一致,作为一个整体前进,在这样的环境下单打独斗、各自为政则没有任何胜算。

Scrum 的开发团队对实现 Sprint 目标需要做的所有事情负责,包括技术方案和决策、团队分工（谁做什么）、执行 Sprint 开发任务等,而且作为自组织的团队,他们也对其工作进度的跟踪和管理负责。Scrum 开发团队的主要职责包括如下五方面:

（1）执行 Sprint;

（2）每日检视和调整,每个开发团队成员都应该参与每日例会,一起检验 Sprint 目标的进展情况,跟进当天的工作情况并调整计划;

（3）梳理产品列表，每个 Sprint 都需要花一些时间来准备下一个 Sprint，主要用来梳理产品列表，包括 PBI 的创建和细化、估算和排列优先级顺序；

（4）Sprint 规划，在 Sprint 计划会议（Sprint Planning Meeting）上，在 Scrum Master 的引导下，开发团队和 PO 合作，为下一个 Sprint 建立目标；

（5）检视和调整产品与过程，每个 Sprint 结束后，开发团队都要参加两个检视和调整的活动，即 Sprint 评审会议（Sprint Review Meeting）和 Sprint 回顾会议（Sprint Retrospective Meeting）。

10.2.5　信息系统转换方法

在新系统测试通过以后，并不能立刻投入运行，因为还存在着新旧系统如何接替的问题。把新系统替换旧系统的过程就是系统转换。如何保证新旧系统平衡而可靠地过渡，最后保证整个新系统正式投入使用就是系统转换的任务。转换过程中需要开发人员、操作人员、组织机构内部从上至下的各级管理人员及各个职能部门能力协作才能完成。

1. 直接转换

顾名思义，在某个时刻，旧系统全部停止，新系统立即全部上线运行，因此直接转换也称为系统切换，如图 10-8 所示。

直接转换的最大特点是简单，转换效率高，转换的费用低，能够从心理上克服用户对旧系统运行的依赖，但是其风险最大，因为一旦新系统运行时发生严重的问题而"趴窝"时，将会给组织机构的正常运作带来很大的影响，从而引起混乱，甚至造成不良影响。为此，若采取这种系统转换方式，应该有谨慎、周密的计划，做好各种准备工作以应对不测之需。例如在系统测试时，要经过严格的、完整的测试，包括在

图 10-8　系统直接转换

模拟运行时要有正常情况的数据测试，更要有特殊情况的数据测试。另外需要做到在一段时期内保持旧系统能够随时启动的状态。

直接转换方式主要适用于小型的、不太复杂的信息系统，或是信息的时效性要求不高的系统。

2. 并行转换

并行转换方式就是使新旧系统在一个时间段内同时运行，然后新系统正式地、全面地替代旧系统，如图 10-9 所示。

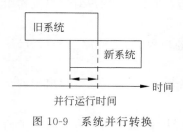

图 10-9　系统并行转换

并行转换的方式，一方面用户能继续以原来的习惯方法使用旧系统，这样对业务工作不会产生任何影响；另一方面用户也在不断接触新系统，逐步习惯新系统的操作环境。因此，两套系统同时运行，可以很好地保证业务工作的延续性，同时可以互相校对两套系统的运行结果。

并行转换方式避免了直接转换方式所带来的巨大风险，因此新旧系统的转换过程可以做到平稳、可靠。但是，这种

转换方式费用高,业务工作量比正常情况下会增加一倍甚至更多,在人员的配备上也会增加不少,因此转换过程所经历的时段不能太长,一般几个月就应该完成过渡。

3. 分段转换

分段转换方式综合了直接转换方式与并行转换方式的特点。在转换过程中,从某个时间段开始,停止旧系统中某一部分功能,用新系统相应的功能进行代替,如此重复进行达到逐步地用新系统完全替代旧系统,如图 10-10 所示。

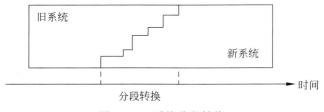

图 10-10　系统分段转换

由于这是一个渐进的过程,转换过程中没有正式替代的部分功能可以在部分并行的模拟环境下进行测试和考验。这就有效地避免了上述两种方式的不足,转换过程可靠且费用也不高。但出现了一个新问题:由于是新旧系统混合运行,这就大大增加了转换过程中的新旧系统的衔接问题,即新旧系统部分功能的接口问题。这类接口问题有时候会相当麻烦,甚至需要人工介入,还有可能需要临时设计一些接口转换程序,以保证数据能在新旧系统之间快速地传递。

还有一种转换方式——试点过渡。这是先选用新系统的某一部分代替旧系统作为试点,进而逐步代替整个旧系统。只让少部分人员使用新系统,直到确信系统正常运行之后,再让其余人员使用新系统。其实这是分段转换方式的变种。

10.2.6　信息系统试运行

不论采用哪种系统的转换方式,当系统投入运行的初期,开发人员及用户双方就要关注新旧系统的维护、新旧系统的数据一致性、试运行中遇到的重大问题及解决办法、在线支持与问题响应处理等问题。可以用以下管理方法来保证系统试运行的工作质量。

(1)组成一个由主要业务部门领导挂帅、各方人员参加的强有力的试点工作支持小组,全面负责解决试点中出现的问题。

(2)采用定期汇报试运行结果的形式,由各试点单位定期全面反映试运行情况,如系统的正确性指标、响应速度指标、修改调整指标、用户对系统的满意度指标、用户对试点工作组和工作及问题解决的满意度指标、各指标与旧系统的对比情况等。

(3)采取及时汇报试运行中所遇问题的方式,包括问题的现象、问题的原因分析、已采取的措施、结果、希望得到的支持和建议。

(4)成立热线支持小组,快速解决试运行中突发的各种问题,并收集试运行中出现的结果,为今后分析改进系统做准备,同时要保留所有的试点报告。

综上所述,不论采用何种策略、方法来实现系统,都需要经历如图 10-11 所示的 6 个阶段。其中系统规划与系统分析成为实现系统过程的重要阶段,应该引起组织机构中各级管理人员的高度重视。

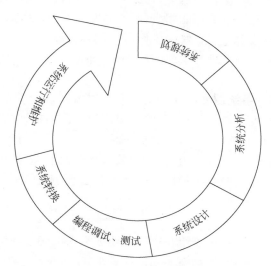

图 10-11　实现信息系统必须经历的 6 个阶段

10.3　信息系统的运行和维护

信息系统一旦成功投入运行,组织机构就实现了计算机化的信息系统。于是经营过程中的各项工作就要以保证信息系统能够正常运行为中心而展开。要让信息系统在运行中不断发挥作用,不断产生效益,就需要对信息系统的运行和维护加强管理。

10.3.1　信息系统的运行和维护管理

信息系统正式投入运行后,为了能长期高效地工作,必须加强对信息系统运行和维护管理。

1. 信息系统运行的日常管理

信息系统运行的日常管理绝不仅仅是保持机房环境的整洁,也不仅仅是保证各设施正常运行的管理,更主要的是对信息系统每天运行状况、数据输入和输出情况以及系统的安全性做到及时、如实地记录在案并加以正确地处置。除了记录正常的情况(如处理效率、文件存取率、更新率等)外,还要记录处理时间、原因与处理结果。

2. 信息系统的维护类型

信息系统的维护有以下几种常见的类型。

1)更正性维护

虽然信息系统在投入运行之前已经经过了严格的测试,但系统测试不可能发现系统中的所有错误,还有许多潜在的错误。这些错误只有在系统投入运行中具备一定的激发条件才可能出现,诊断和改正这类错误的维护工作就是更正性维护,也叫纠错性维护。

出现这些错误的原因通常是遇到了调试阶段从未使用过的输入数据的某种逻辑组合或

判断条件的某种组合,即没有测试到这些情况。在系统运行期中遇到的错误,有些可能不太重要或者很容易处理或回避,有的可能相当严重,甚至会使系统无法正常工作。但无论错误的严重程度如何,都要设法去改正。修改工作需要制订修改计划,提出修改要求,经审查批准后,并在严格的管理和控制下进行系统的更正性维护。

2)适应性维护

适应性维护是指信息系统的外部环境发生变化时需要进行的系统维护。信息技术(包括硬件和软件)的发展速度非常快,而一般的系统使用寿命都超过最初开发这个系统时的系统环境的寿命。硬件系统的不断更新,新的操作系统或操作系统新版本的出现,都要求对系统做出相应的改动。此外,数据环境的变化(如数据库管理系统的版本升级、数据存储介质的变动等)都要求系统进行适应性维护。适应性维护也要制订维护计划,有步骤、分阶段地组织实施。

3)完善性维护

当信息系统投入使用以后,由于组织机构的业务需求会随着环境变化而变化和扩展,使用者可能会提出修改某些功能、增加新的功能等要求,这种系统维护就称为完善性维护。其目的是改善和加强信息系统的功能,满足组织机构对系统日益增长的需求。

此外,还有一些其他的完善性维护工作,例如,系统经过一段时间的运行,发现系统某些地方运行效率太低而需要提高,或者某些功能界面的可操作性有待提高,或者需要增加一些新的安全措施等,这类维护也属于完善性维护。

4)预防性维护

预防性维护是一种主动性的预防措施,对一些使用时间较长,目前尚能正常运行,但可能要发生变化的部分进行维护,以适应将来的修改或调整。与前三种维护类型相比,预防性维护工作相对较少。

各种维护在整个系统运行期间所占维护工作量的大致百分比如图 10-12 所示。

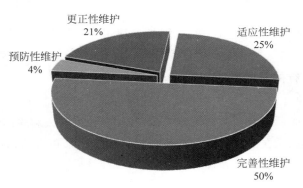

图 10-12　各种维护所占的百分比

3. 信息系统运行的系统维护

虽然信息系统投入了正常运行,但是要让其不断地发挥作用,所编制的程序、数据及相关的资料就必须跟随着系统维护而时时进行更新。因为信息系统的维护人员需要根据外部环境及业务规模和内容的变化,及时对信息系统进行维护。信息系统维护的对象主要是程序维护、数据文件维护、代码维护、硬件设备维护、系统的安全维护等。

1) 程序维护

如果组织机构的经营规模及业务要求发生变化,或者是组织机构外部的环境发生变化,抑或是硬件设备的增减变化等,这时就需要维护人员根据实际变化的情况对系统中的相关程序做出部分或是全部的调整、修改或是完善的维护。在这个维护过程中,要及时地填写程序修改登记表,在程序变更的说明书中注明所修改程序运行前后的不同之处。信息系统中的各种程序的维护是系统维护中最主要的内容。上述的完善性维护、纠错性维护、适应性维护和预防性维护都能在程序维护中得以体现。

2) 数据文件维护

数据文件的维护往往是不定期的,必须在现场要求的时间内维护好。维护时可以使用开发商提供的文件维护程序,也可以自行编制专用的文件维护程序。在系统运行过程中,随着业务流程的变化,对数据的要求也在不断改变,因此对数据文件的维护就包括删除过时数据、增加新的数据、调整数据结构、备份和恢复数据等。

3) 代码维护

信息系统中的代码维护主要是增加、删除、修改或重新设计代码。代码维护困难往往不在于代码本身的变更,主要在于新代码的使用给信息系统的运行会带来很大的影响。例如组织机构中的人员代码位数的调整,例如原来 9 位的再增加一位,那么信息系统中所有涉及职工信息处理的部分都会受到影响。同样,产品代码、原材料代码等的调整,都会对信息系统产生不小的影响。

所以代码维护应由业务人员与开发人员或技术人员组成的代码管理小组进行。变更代码的编码规则、调整代码结构等都需要经过详细的讨论,确定之后应以书面的形式记录下来,并要切实地加以贯彻执行。

4) 硬件设备维护

信息系统的硬件设备是保障信息系统运行的物质基础,因此,必须重视对硬件设备的维护。操作人员要严格遵守操作顺序和规则,维护人员要做好对设备的日常维护与管理,及时进行易损件的更换及一般故障的处理。在信息系统运行时,必须时刻监视系统硬件的工作情况,及时发现系统不正常运行的现象或苗头,以便采取预防措施。平时要做好对计算机设备的定期检修与维护,以及有关备品配件的准备及补充。

5) 系统的安全维护和管理

系统安全主要是指硬件设备的安全,也包括应用软件的安全、文档资料的安全、数据的安全等多方面。有关信息系统的安全维护和管理在后续章节有详细的叙述,这里不再赘述。

10.3.2 信息系统运行的信息资源管理

信息系统的运维管理,不仅是保证信息系统能正常可靠地运行,还要让信息系统在组织机构的经营过程中不断地发挥作用,带来效益。因此,组织机构应该把正在运行和维护的信息系统当作一个资源库来开发和加以利用。

信息资源管理是组织机构为达到预定的目标运用现代的管理方法和手段对与组织机构相关的信息资源和信息活动进行组织、规划、协调和控制,以期达到对组织机构信息资源的合理开发和有效利用的目的。

信息资源的开发，就是不断地发掘信息及其他相关要素的经济功能，及时地将其转化为现实的资源，并努力开拓其在国民经济和社会发展中日益广阔的用途。信息资源的利用，是信息资源利用部门根据所开发的信息资源状况，结合经济运行状况，制订科学、合理的信息资源分配与使用方案，使现实的信息资源充分发挥作用和产生效益的过程，并在科学技术不断发展的情况下，制订信息资源发展的战略和策略。

组织机构开发利用信息资源，就是为了充分发挥信息的效能，实现信息的价值。信息资源的开发利用是一项特殊的工作，也是一项复杂的系统工程。例如在组织机构内部要保证信息能够快速、通畅地传递和利用，不是某些个人或某些部门能独立承担的，需要解决诸如"信息孤岛"、信息陈旧等的问题。可以认为信息资源的开发利用最主要的是思想观念的影响，其次才是技术上实现的问题。

10.4　信息系统开发的新趋势

随着新技术和新思想的不断涌现，信息系统开发也出现了新的方法，其中尤其以 DevOps 方法影响最大，在业界也最为流行，本节将介绍 DevOps 方法和基于云的开发架构。

10.4.1　DevOps 开发方法

DevOps 开发方法是一种比较新的开发方法，本节主要从这种方法的主要思想、主要流程及典型的应用案例几方面进行阐述。

1. DevOps 方法简介

DevOps 是英文 Development 和 Operations 的组合，它是一组过程、方法与系统的统称，用于促进信息系统开发、运行维护和质量保障（QA）部门之间的沟通、协作与整合。如果想进一步明确究竟什么是 DevOps？首先要明确 DevOps 开放方法的过程参与的人员是谁？包括信息系统开发团队和信息系统运行与维护团队。随着业务复杂化和人员的增加，信息系统开发人员和运维人员已经成为了 2 个独立的部门，他们工作地点不同，采用的工具集不同，业务目标也不同——开发人员追求功能的不断完善，运维人员追求系统稳定。这使得两者之间出现一条鸿沟。而信息系统的实现就是将一个系统从鸿沟的这边提交到鸿沟的那边，如图 10-13 所示，这之中的困难可以想见。此外，行业竞争更加激烈，无论是客户还是公司自身，都要求软件能快速发布，频繁修改，而上述所说的这种隔阂，阻碍了开发团队的生产力，成了企业亟待解决的难题。

DevOps 的核心思想是什么？DevOps 是开发和运维这两个领域的合并。它为开发和运维构建桥梁，避免开发团队和运维团队之间的脱节，同时让团队以更高效的方式进行合作，实现工作流程上的无缝对接，DevOps 是软件行业新兴的专业化运动，是一组文化、流程与工具整合后的统称。DevOps 通过自动化流程来使得软件构建、测试、发布更加快捷、频繁和可靠。从某种意义上，并不只是两个团队之间的协作促进了交付更好的软件，更是"开发"和"运维"团队之间的统一导致了软件的改进，并以更快的速度交付。

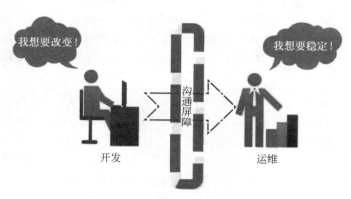

图 10-13 DevOps 开发运维一体化

　　DevOps 生命周期始于计划需求定义(计划),包括编码、打包、测试、发布、部署和运维、监控阶段。当前炙手可热的 DevOps 开发模型是从传统瀑布模型到敏捷开发模型,进一步演化发展而来的,三种开发方法的特点如图 10-14 所示。

图 10-14 开发方法的演化

　　传统瀑布模型的特征是,在进入下一阶段之前,每个阶段目标必须 100% 地完成。相对于传统瀑布模型,敏捷开发过程的一个基本原则就是以更快的频率交付最小化可用的软件,缓慢而烦琐的瀑布模型演变成敏捷开发模型,开发团队在短时间内完成软件开发,持续时间极大地缩短,在如此短的发布周期帮助开发团队处理客户反馈,并将其与问题修复一起合并到下一个版本中。在敏捷开发模型中,把整体工作分拆成可以独立冲刺的"小目标",即 Sprint,每个 Sprint 一般能够在 2~6 周完成。敏捷开发追求的目标是在每个 Sprint 的迭代周期末尾,都具备可以交付的能力,如图 10-15 所示。

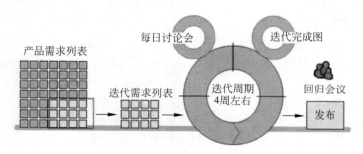

图 10-15 敏捷开发过程示意图

　　虽然敏捷开发方法为开发带来了敏捷性,但它在运维方面却失去了敏捷实践的速度——开发人员和运维工程师之间缺乏协作,仍然会减缓信息系统开发过程和发布过程。

DevOps 方法就是基于对更好的协作和更快的交付的需求而产生的。DevOps 允许用较少复杂问题的持续软件交付来修复和更快地解决问题,是敏捷开发的延续。DevOps 与敏捷开发方法相辅相成,因为它拓展、完善了持续集成和发布流程,因此可以确保代码在生产上可用。

在过去的几年里,DevOps 采用率逐步增长。据 IDC 报告,全球 DevOps 软件市场将从 2017 年的 39 亿美元达到 2022 年的 80 亿美元,Grand View Research 进行的一项研究预测到 2025 年,DevOps 的市场价值将达到 128.5 亿美元。中国及国际很多知名公司如阿里巴巴、华为、腾讯、Google、微软、Amazon 等都在采用 DevOps 或提供相关支持产品,而在 DevOps 使用行业分布也呈现出扩展趋势,已深入到包括金融、零售、电信和教育等众多行业。

2. DevOps 开发方法的流程和配套工具

DevOps 是一种软件开发方法,涉及软件在整个开发生命周期中的持续开发、持续测试、持续集成、持续部署和持续监控。这些活动只能在 DevOps 中实现,而不在敏捷开发方法或瀑布方法中实现,这就是为什么顶级互联网公司选择 DevOps 作为其业务目标的前进方向。DevOps 是在较短的开发周期内开发高质量软件的首选方法,可以提高客户满意度。DevOps 的生命周期与图 10-16 所示的软件开发阶段相关联。

图 10-16　DevOps 开发流程

1)持续计划

业务需要敏捷性,能够快速响应客户反馈,实现这个目标的关键是正确做事的能力。不幸的是,面对瞬息万变的商业环境,传统信息系统交付方法过于缓慢,一定程度上是因为这些方法过于依赖定制开发和手动流程,而且各个团队独立运作。进行快速规划并最大限度提高价值交付能力所需的信息支离破碎、相互矛盾。企业常常因为无法足够早地接收正确的反馈,从而无法实现正确的质量水平,以真正交付价值。DevOps 有助于协调这些竞争因素,帮助团队制订共同业务目标,并根据客户反馈持续调整目标,从而提高灵活性并消除开发过程中的浪费。

2)持续开发

持续开发是 DevOps 生命周期中软件不断开发的阶段。与瀑布模型不同的是,软件可交付成果被分解为短开发周期的多个任务节点,在很短的时间内开发并交付。这个阶段包括编码和打包阶段,并使用 Git 和 SVN 等工具来维护不同版本的代码,以及 Ant、Maven、Gradle 等工具来构建/打包代码到可执行文件中,这些文件可以转发给自动化测试系统进行测试。

3)持续测试

在软件持续测试阶段,开发的软件将被持续地测试质量。对于持续测试,使用自动化测试工具,如 Selenium、TestNG、JUnit 等。这些工具允许质量管理系统完全并行地测试多个代码库,以确保功能中没有缺陷。在这个阶段,使用 Docker 容器实时模拟"测试环境"也是首选。一旦代码测试通过,它就会不断地与现有代码集成。

4)持续发布

持续发布阶段是支持新功能的代码与现有代码集成的阶段。由于软件在不断地开发,更新后的代码需要不断地集成,并顺利地与系统集成,以反映对最终用户的需求更改。更改后的代码,还应该确保运行时环境中没有错误,允许测试更改并检查它如何与其他更改发生反应。Jenkins 是一个非常流行的用于持续集成的工具。使用 Jenkins,可以从 Git 存储库提取最新的代码修订,并生成一个构建,最终可以部署到测试或生产服务器。可以将其设置为在 Git 存储库中发生更改时自动触发新构建,也可以在单击按钮时手动触发。

5)持续部署

持续部署是将代码部署到生产环境的阶段,包括部署和运维两项工作。在这个阶段,需要确保在所有服务器上正确部署代码。如果添加了任何功能或引入了新功能,那么应该准备好迎接更多的网站流量。因此,系统运维人员还有责任扩展服务器以容纳更多用户。由于新代码是连续部署的,因此配置管理工具可以快速、频繁地执行任务。Puppet、Chef、SaltStack 和 Ansible 是这个阶段使用的一些流行工具。容器化工具在部署阶段也发挥着重要作用。Docker 和 Vagrant 是流行的工具,有助于在开发、测试、登台和生产环境中实现一致性。除此之外,它们还有助于轻松扩展和缩小实例。

6)持续监控

持续监控是 DevOps 生命周期中非常关键的阶段,旨在通过监控软件的性能来提高软件的质量。这种做法涉及运营团队的参与,他们将监视用户活动中的错误/系统的任何不正当行为。这也可以通过使用专用监控工具来实现,该工具将持续监控应用程序性能并突出问题。使用的一些流行工具是 Splunk、ELK Stack、Nagios、NewRelic 和 Sensu。这些工具可帮助密切监视应用程序和服务器,以主动检查系统的运行状况。它们还可以提高生产率并提高系统的可靠性,从而降低 IT 支持成本。发现的任何重大问题都可以向开发团队报告,以便可以在持续开发阶段进行修复。DevOps 的 6 个主要阶段所包含的详细工作如表 10-3 所示。

表 10-3　DevOps 开发的 6 个阶段

序号	主 要 阶 段	主 要 工 作	序号	主 要 阶 段	主 要 工 作
1	持续计划	计划	4	持续发布	发布
2	持续开发	编码、打包	5	持续部署	部署、运维
3	持续测试	测试	6	持续监控	监控

这些 DevOps 阶段连续循环进行,直到达到所需的产品质量。图 10-17 显示了可以在 DevOps 生命周期的每个阶段使用的主要自动化工具。

图 10-17　DevOps 生命周期各阶段的主要自动化工具

图 10-17 相对简单地展示了 DevOps 基本工具链的主要工具,比较全的工具链覆盖 14 类工具集,包括编码版本控制、协作开发、构建、持续集成、测试、打包、部署、容器、发布、编排、配置管理、监控、警告和分析、维护,DevOps 完整的工具链如图 10-18 所示。

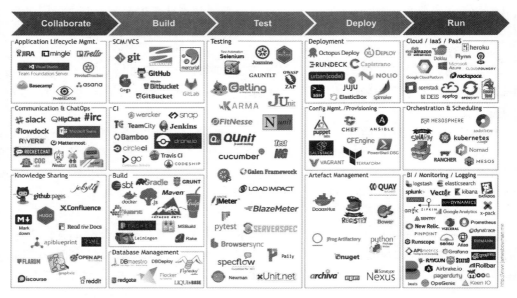

图 10-18　DevOps 的工具链

3. DevOps 开发方法的应用案例

Facebook 是美国的一个社交网络服务网站,创立于 2004 年 2 月,总部位于美国加利福尼亚门洛帕克(Menlo Park)。作为世界领先的社交网站,Facebook 在不到 20 年的时间,成为了与微软、Google、苹果等互联网巨擘并驾齐驱的商业巨头,书写了新的商业神话。在讨论 Facebook 如何利用 DevOps 之前,先了解一下 Facebook 已经实现的软件规模:

(1) Facebook 有 570 000 000 000 每月页面浏览量(据 Google Ad Planner);

(2) Facebook 的照片量比其他所有图片网站加起来还多(包括 Flickr 等网站);

(3) 每个月超过 30 亿张照片被上传;

(4) Facebook 的系统服务每秒处理 120 万张照片;

(5) 每月超过 25 亿条的内容(状态更新、评论等)被共享;

(6) Facebook 有超过 30 000 个服务器。

如此大规模的用户群,在带来丰厚的商业回报的同时,也带来了巨大的风险。Facebook 每一个新功能的发布,都会影响到数以亿计的用户。如图 10-19 所示,2011 年,Facebook 向遍布全球的亿万用户推出了一系列新功能:时间轴、推荐和音乐功能。这项功能一经发布,

图 10-19　Facebook 全球部署示意图

便广受用户追捧,产生的巨大用户访问流量,最终导致服务器崩溃。推出的功能获得了用户的大规模超常规响应,也导致了发布新功能产生了不可控的结果——服务器崩溃,这完全出乎 Facebook 软件工程师的预料。

这一结果也导致了 Facebook 的重新评估和战略调整,并进而推出了"暗启动"技术(如图 10-20 所示)。使用 DevOps 原则,Facebook 为其新版本的发布创建了以下方法:

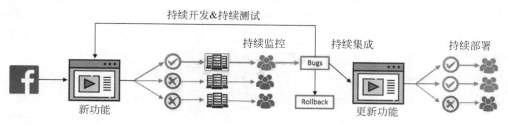

图 10-20　Facebook 暗启动技术示意图

(1) 新功能会在小范围、特定的人群进行投放;

(2) 新功能会被检测,根据反馈持续地开发和测试;

(3) 一旦新功能被证明是稳定的,会在更多的人群、多个版本进行升级。

Facebook 暗启动技术是在新功能完全发布给所有用户之前,逐步将新功能推广到选定的一组用户的过程。这允许开发团队尽早获得用户反馈、测试错误,并且还可以测试基础架构性能。这种发布方法是持续交付的直接结果,有助于实现更快、更频繁的版本迭代,确保应用程序性能不会受到影响,并且用户可以很好地更新该版本。

在暗启动技术中,新功能通过专用的部署管道发布给小型用户群。在图 10-20 中,可以看到 Facebook 只打开了一个部署管道,将新功能部署到一组选定用户,此时剩余的数百条管道全部关闭,从而使一部分用户可以使用新版本的软件,而不影响其他的用户继续使用老版本的软件。

持续监视部署功能的特定用户群,以收集反馈并识别错误。这些错误和反馈将被纳入开发、测试和部署在同一用户群中,直到功能变得稳定。一旦软件系统实现稳定性,通过启用其他部署管道,将逐步在其他用户群上部署这些功能。

Facebook 通过将代码包装在功能标记或功能切换中来实现此目的,该切换用于控制谁可以看到新功能以及何时查看。与此同时,模拟向用户启动代码的全部效果,在向用户开放全部功能之前,可以及早地暴露应用程序基础架构的痛点和区域,功能稳定后,将通过多个版本将其部署到其余用户。

通过这种方式,Facebook 拥有一个受控或稳定的机制,可以为其庞大的用户群开发新功能;相反,如果功能没有得到很好的响应,他们可以选择完全撤销(rollback)部署。这也帮助他们为部署准备服务器,因为其可以预测网站上的用户活动,并相应地扩展服务器。

10.4.2　基于云的开发架构

近年来,随着云计算技术的应用和普及,越来越多的信息系统是基于云计算的架构,这种架构也给相应系统开发带来的挑战,本节将详细介绍基于云的开发模式。

1．基于云的系统开发

云计算是一种新型共享基础构架的计算模式,这种模式简而言之就是按照某种规则将原始数据先进行分割,再分别交由不同的计算机进行处理,最后将处理的结果进行汇总,得到原始数据最终的处理结果。其中共享基础构架是由计算资源(包括服务器、数据存储)虚拟化来提供的。目前世界上如 Google、IBM、微软、亚马逊、Oracle 等很多国际知名 IT 公司,都已涉及并大力推动基于云计算技术的系统开发。云计算包含 3 个层次的服务,分别为基础设施即服务(IaaS)、平台即服务(PaaS)和软件即服务(SaaS),不同的云平台提供不同层次的服务,而其中尤其以 SaaS 对信息系统的开发影响最大。

SaaS(软件即服务)模式是一种全新的软件应用模式,它将软件本身作为服务通过互联网呈现给最终用户。用户使用 SaaS 软件时,采用按需付费(pay-as-you-go)的方式,可以最大限度地减少用户必要的计算机硬件购买和维护软件所需的资金成本。SaaS 可以基于传统架构提供,部署在软件服务提供方的服务器上;也可以基于云计算架构提供,部署在云平台上,而后者具有更好的扩展性。对于用户来说,SaaS 有如下优势:

(1) 低成本。软件的销售模式不同于从前,由传统的售卖关系升华为服务关系。应用提供方将软件统一部署在服务器上,免除用户在服务器硬件、软件升级和软件维护上的支出。这是 SaaS 模式得天独厚的优势,非常有利于中小企业使用软件实现低投入高回报的理想。

(2) 方便使用。SaaS 模式以互联网作为载体,浏览器成为交互方式,支持用户在任何可以接入互联网的地方使用,无须下载安装软件,为用户带来极大的方便。

(3) 多租户性和定制性。一套 SaaS 软件系统可同时支持多租户共同使用,并且支持系统功能的个性化配置,以满足不同租户各自的需求。

从技术角度上看,基于云的软件开发是一种在互联网中使用浏览器来实现应用的应用模型,软件是以托管的方式部署在云平台上,它并不是开发技术和开发方法上的变革,而是业务模型的革新,它的开发目前仍然遵循基于网页(Web)开发的标准,可以使用任何目前基于网页的开发模式开发具备 SaaS 特点的应用软件。

2．SaaS 的成熟度模型和数据模型

根据 SaaS 应用是否具有可配置、高性能和可伸缩性的特点,可以将 SaaS 分为 4 个成熟度等级,如图 10-21 所示。

1) 第一级成熟度:定制软件

在第一级成熟度模型中,每一个用户独立使用一个应用实例,服务提供者需要根据用户的具体需求定制开发适合每个用户的应用实例,并单独部署和使用,属于完全定制的开发模式,这与传统软件项目的开发或者项目外包的模式大同小异。系统软件的提供方根据不同租户的需求,分别设计独立的系统以及数据库,再将系统部署在系统提供方的服务器上。虽然在应用架构上与传统软件差别甚小,但软件服务提供方通过对软硬件的整合,相对降低了运维的成本。

2) 第二级成熟度:满足可配置

在第二级成熟度模型中,多个用户使用同一套应用实例,满足了 SaaS 可配置的特性,是在第一级成熟度的基础上,增加了可配置性。服务提供者只开发一套应用程序,只是通过不

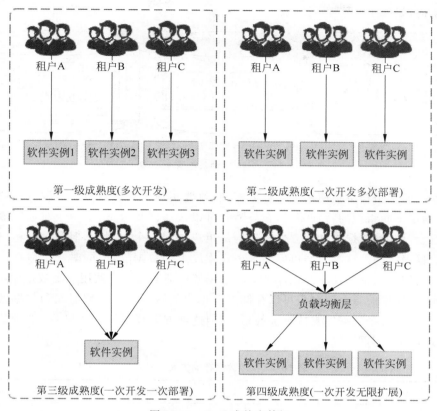

图 10-21 SaaS 成熟度等级

同的配置满足用户的不同需求,让不同用户能够使用同一个应用程序的不同实例,即所有实例使用统一的代码,通过对代码进行不同的配置来满足不同需求。软件服务提供方只需对这一份应用程序进行维护即可,比起第一级成熟度减轻了后台管理的负担。

3)第三级成熟度:支持多租户

在第三级成熟度模型中,采用配置的方式实现多个用户共享同一个实例,也称为 Multi-Tenant 架构。实现此架构的关键在于通过一定的数据隔离策略,支持不同用户共享同一个应用实例,并且使之察觉不到使用该应用的还有其他用户。第三级成熟度的应用不仅在维护上减轻开销,还使得服务器计算资源的使用效率会大大提升,基础设施的投入成本也会减少。第三级成熟度模型满足 SaaS 模式的可配置性和高性能的特点。

4)第四级成熟度:可扩展

在第四级成熟度模型中,通过负载均衡层(tenant load balance)将访问用户分配到各个运行实例上,负载均衡层用来存放用户、用户与对应的软件实例的映射关系。也就是把第三级成熟度的"单实例-多租户"变为"多实例-多用户",通过这样的水平扩展,应用系统拥有良好的伸缩性,来适应越来越多的用户。这种成熟度模型在用户大规模增长的时候只需要在服务器集群中增加更多的服务器就可以满足运行的需要。这种成熟度模型满足了 SaaS 模式的可配置性、可伸缩性和高性能的特点。

SaaS 有三种数据存储方案:独立数据库、共享数据库和独立数据架构、共享数据库和共享数据架构,如图 10-22 所示。

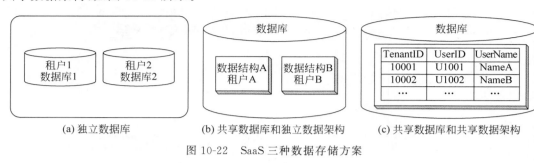

(a) 独立数据库　　　(b) 共享数据库和独立数据架构　　(c) 共享数据库和共享数据架构

图 10-22　SaaS 三种数据存储方案

独立数据库是租户单独使用一个数据库,有效地实现了数据隔离。这种方案便于数据模型扩展,满足不同租户的特殊需求,在故障时可以快速恢复数据,适用于对数据隔离性要求较高的场合。共享数据库和独立数据架构是租户共用一个数据库,但是每个租户使用一套独立的数据表结构。这种方案可以实现一定程度上的数据隔离,同时共享数据库使得可以支持更多的用户数量。共享数据库和共享数据架构即多个租户共用一个数据库和同一套数据表结构,共享库的每个数据表可以存储多个租户的数据。由于数据库和数据架构全共享,这种方案允许每个数据库支持更多的租户,但这种方案数据隔离性很差。3 种数据存储方案的比较如表 10-4 所示。

表 10-4　3 种数据存储方案对比

模　　　式	隔 离 级 别	共 享 级 别	安 全 性	成 本 费 用
独立数据库	高	低	高	高
共享数据库和独立数据架构	中	中	中	中
共享数据库和共享数据架构	低	高	低	低

3. SaaS 应用程序的体系架构分析

SaaS 应用程序体系架构如图 10-23 所示,这种架构可以更好地支持可配置性和高效性,相比于传统的应用程序体系架构最大的不同是元数据服务。

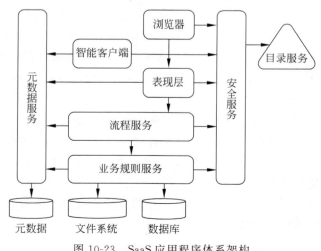

图 10-23　SaaS 应用程序体系架构

业务规则服务主要负责从数据库和文件系统中读写数据；流程服务主要负责为智能客户端和浏览器提供可供调用的界面，可以触发工作流或调用长事务；目录服务提供网络资源对象静态信息；安全服务主要控制用户对后台服务的访问；元数据服务主要为用户提供定制和配置应用程序的服务，主要是在 4 方面实现配置。

数据配置：对于数据驱动型 SaaS 应用，单个数据模型不能满足所有租户的需求。通过数据配置可以使用户按照自己的业务需求工作，而不必受限于数据模型的要求。

界面配置：客户通常想要个性化界面，体现企业的品牌风格，例如企业 Logo、界面字体和颜色等。

访问控制：每个租户可以创建最终用户，这些最终用户具有不同的访问权限，租户可以根据具体需求来配置访问权限。

流程配置：SaaS 应用是面向多租户的，租户有自己独特的工作流程，因此必须满足租户不同的工作流程。

本章小结

建立信息系统是一个复杂的过程。因此需要组织机构中的各级管理人员提高认识、加强领导、制定一整套科学的管理制度，做好各项人才、组织的准备工作，并结合本机构的实际情况制订出实现信息系统的策略。

实现信息系统的策略有购置策略、自主开发策略、合作开发策略、外包开发策略等。

实现信息系统的步骤如下。

(1) 系统规划。具体方法有战略目标集转换法(SST)、关键成功因素法(CSF)、业务系统规划法(BSP)等。在完成系统规划的基础上，需要确定新系统影响的业务范围；成立信息系统项目开发小组、评价现行系统，以便确定需要的改进、进行新系统开发的可行性评估、制订信息系统开发进度计划。

(2) 系统分析。这一阶段的工作量大、面广，而且需要有耐心，认真、细致地完成分析的每一项任务。对现行系统和业务处理过程建模、分析和研究；定义新系统的信息需求和处理过程；建立新系统的逻辑模型；更改项目计划和范围。

(3) 系统设计。需要完成的工作：识别可供选择的技术方案；对各种可选方案进行分析，并进行优选；修改项目计划和范围；进行信息系统的数据库设计。

(4) 系统的编程与调试。要完成的工作：程序设计，上机运行；程序功能调试；系统功能调试；系统特殊测试如峰值负载测试、容量测试、响应时间测试等。同时需要完成新系统的用户培训。

系统转换方法有直接转换、并行转换、分段转换。

新系统的投入运行后需要进行各项维护工作。具体的实施方法有更正性维护、适应性维护、完善性维护、预防性维护。

具体的信息系统开发方法有系统生命周期法、原型法、面向对象等几种。

习题

1. 信息系统开发的复杂性体现在哪些方面？为什么？这些复杂的因素会不会影响信息系统帮助组织机构实施创新？

2. 信息系统开发对组织机构的领导有什么样的要求？为什么？

3. 信息系统开发过程中用户参与的重要性体现在哪些方面？

4. 对信息系统而言,组织机构的科学管理制度体现在哪些方面？

5. 系统分析在整个信息系统实现过程中的重要性是怎样体现的？如何把创新要素融合到系统实现过程中？

6. 信息系统实现过程的文档资料是什么？这些资料对组织机构实施创新能起到什么作用？

7. 如何根据组织机构的特性来选择信息系统的实现策略？信息系统能够成功的要素有哪些？你认为什么要素比较关键？

8. 你认为信息系统不论大小,其实现过程是不是主要就是编程？为什么？

9. 信息系统如何帮助组织机构创新？

10. 组织机构如何利用信息技术来创新？

技术学习模块 I：信息系统开发方法的新趋势

请扫码阅读

第11章

大数据时代的
信息安全与个人隐私困境

本章学习目标

➤ 为什么信息系统容易出现系统崩溃、出错和被滥用？

➤ 保护信息资源最重要的工具和技术有哪些？

➤ 个人防范网络犯罪的基本技巧和建议。

➤ 了解互联网时代个人隐私保护的诉求及面临的挑战。

➤ 了解和关注隐私泄露的主要原因、表现形式。

➤ 了解隐私保护的技术和技巧。

 开篇案例

黑客攻击 SWIFT 全球银行系统

代表全球银行间金融通信组织的 SWIFT 被视为网络支付的"劳斯莱斯"，这是世界上11 000 多家金融机构使用的一种系统，用于授权从一个账户到另一个账户的付款。SWIFT的安全信息系统一天要发送约 2500 万条信息，包括付款的订单和确认、证券结算与货币兑换。显然，这是一个非常重要的全球金融系统。如果你收到 SWIFT 的信息，确定它是合法的，则可以按预期转钱。

SWIFT 是一个高度安全的系统，但很显然它还达不到 100% 的安全。2016 年年初，出现了多次尝试使用 SWIFT 消息抢夺金融机构的事件。孟加拉国央行披露，2016 年 2 月，它损失了 8100 万美元，因为黑客侵入了它的安全系统，访问了 SWIFT，并欺骗了纽约联邦储备银行，向菲律宾黑客控制的账户发放了为孟加拉国央行提供的资金。

SWIFT 网络中的每个银行都有一组代码标识。黑客以某种方式设法窃取孟加拉国央行的凭证传输消息，并使用针对 PDF 阅读器的恶意软件进行检查。SWIFT 的核心信息传递系统没有受到影响。安全漏洞发生在与系统相互影响的个别机构的计算机中，这些计算机仍然由个别 SWIFT 成员负责。黑客只能使用受损银行的资金,而不能使用数千家使用 SWIFT 的其他机构的资金。不过,调查人员已经在其他 12 家银行发现了违规行为,包括越南和厄瓜多尔的个别银行。

这怎么可能发生呢? SWIFT 不受银行监管,因为它不持有资金或管理账户。它由比利时国家银行监管,由美国联邦储备委员会、英国央行、欧洲央行、日本央行等主要银行的代表监管。专家指出,SWIFT 系统以灵活性和信任度为基础。银行可以选择让员工从桌面浏览器开启 SWIFT 的主界面。这一特点使 SWIFT 易于使用,但同时也使系统易受黑客攻击。黑客显然能够获得银行的 SWIFT 访问代码,发送经过身份验证但属于欺诈的转移资金请求,并将跟踪隐藏在银行计算机系统上的恶意软件中。这些攻击显示了黑客对目标银行的了解非常深入(这些了解可能是从内部人士、网络攻击中获得的)。

美国大多数银行对与 SWIFT 连接的计算机都采用了特殊的预防措施,包括多个防火墙将 SWIFT 与银行的其他网络隔离开来,甚至在一个独立的、上锁的房间内操作机器。不幸的是,其他国家的一些银行采取的这样的预防措施较少。据专家称,孟加拉国央行可能特别脆弱,因为其使用的是 10 美元的路由器,并且没有防火墙。

安全公司和情报机构仍在努力了解谁是幕后黑手。赛门铁克是一家领先的安全公司,其认为这次袭击类似于早前针对朝鲜的黑客行为。

SWIFT 计划增强软件需求,扩展使用双重身份认证(提供额外的身份检查),更严格地监控合规性,并使用有关欺诈检测的更多信息。真正的解决方案必须来自参与银行本身。根据 SWIFT 首席执行官戈特弗里德·莱布兰特(Gottfried Leibbrandt)的说法,充分采取网络防御措施可能需要数年的时间。

SWIFT 全球银行网络被入侵而造成的 8100 万美元被盗的问题,说明了企业为什么需要特别注意信息系统安全。SWIFT 系统是全球业务的主要工具,但从安全的角度来看,正如以上案例所示,系统很容易受到能够访问被保护用户认证数据的黑客的攻击。

事实上,大多数计算机安全危害都是源于没有做好极其简单的安全措施,例如,管理层未能预测到常见的安全风险,在安全措施方面不愿意付出太高的成本,安全措施松散、缺乏培训、粗心大意、使用过时的软件等。很多黑客攻击就采用一些看起来很明显的简单、常见的方式进行。2010 年年底谷歌公司发生的计算机攻击事件,就仅仅是因为公司的一个员工回复了一封钓鱼邮件,他以为该邮件来自谷歌人事部门。

11.1　谁偷窃了我们的信息

你能想象如果你连接上一个没有防火墙和反病毒软件的互联网会发生什么吗?你的计算机将会在几秒钟内瘫痪,这会花去你许多天的时间来修复。如果你使用计算机来处理交易事务,当它瘫痪时你可能无法将货物出售给客户或者向供应商下订单。你可能发现计算机已被外来者入侵,入侵者也许会盗窃或毁坏有价值的数据,包括机密的客户付款信息。如果太多数据被毁坏或者被泄露,交易可能会再也无法进行。

在互联网时代,什么会让重要的信息资源处于危险之中呢? 当然有无数的可能性:硬盘会毁坏,计算机零件会坏掉,黑客和解密高手能获得接近的机会并且搞破坏,商业间可能窃取你的信息,还有不满意的员工或助手也会导致毁坏。一般来讲,这些信息安全的威胁来自三方面：人为的错误和失误、恶意的人为活动，以及自然事件和灾害。人为的错误和失误包括人员非恶意造成的意外问题。例如，一名员工错误理解了操作程序，导致意外地删除了客户记录；又如，一名员工在备份数据库的过程中，无意安装了旧版本的数据库并覆盖了最新的数据。应用程序的编写错误等也会造成数据的丢失或错误。导致信息安全问题的第二个来源是恶意的人为活动，包括现有和已离职员工的蓄意窃取和破坏数据，还包括闯入系统的黑客和感染计算机系统的病毒和蠕虫，以及闯入系统窃取经济利益的外部罪犯。另外，它还包括网络恐怖主义。自然事件和灾害是信息安全问题的第三个来源，这个威胁包括火灾、水灾、飓风、地震、海啸、雪崩和其他自然灾害。这类问题不仅包括能力和服务的最初损失，还包括由灾后恢复行为所带来的损失。

本节将重点关注几种常见的恶意的人为活动给信息安全所带来的威胁。

11.1.1 为什么系统容易受到破坏

当大量数据以电子形式存储时，它们受到的破坏威胁远高于存储在手工纸质文档的数据。通过通信网络，不同地区的信息系统相互连接在一起。非法进入、滥用或者欺诈的潜在威胁不局限于某个区域，而是在网络中的任何连接点都存在。图 11-1 列举了当前信息系统最常见的威胁。其根源来自技术、组织和环境等方面的因素，以及伴随着不当的管理角色而存在。在如图 11-1 所示的多层客户机/服务器计算环境中，每个层次和层次间的通信中都可能有漏洞。在客户机层，会因用户引入错误或者未经授权访问而对系统产生损害；或通过网络截取数据流，在传输期间盗取有价值的数据，或者未经授权而更改信息；辐射同样会在各个接入点扰乱网络。入侵者可以发动拒绝服务攻击或者恶意软件干扰网站运行，想方设法对企业系统渗透，毁坏或者更改企业存储在数据库或文件中的数据。

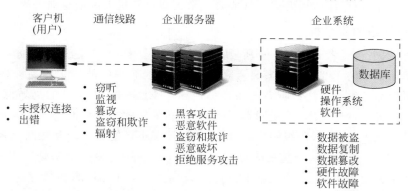

图 11-1 当前信息系统的安全挑战和漏洞

系统故障如果不是配置不当引起计算机硬件崩溃所致，就是使用不当甚至是犯罪行为造成的损坏所致。程序错误、安装不当或者未经授权的更改会导致计算机软件失灵。停电、水灾、火灾或者其他自然灾害也会扰乱计算机系统。

如果有价值的信息存储在组织控制之外的网络或者计算机上，那么国内外企业间的合作也会产生更多的系统漏洞。如果没有强大的安全保障，有价值的数据就会丢失、毁坏或者错误地落入他人之手，从而泄露重要的商业秘密或者个人隐私信息。

越来越多的便携移动设备给企业计算中的应用增添了更多的问题,便携性使得手机、智能手机和平板容易丢失或被盗,智能手机具有与其他互联网设备相同的安全弱点,易受恶意软件和外来者的入侵。企业员工使用的智能手机通常含有一些敏感数据,如销售数据、客户姓名、电话号码和电子邮件地址等,入侵者可以通过这些设备进入企业内部系统。

1. 互联网的漏洞

如互联网这样的大型公共网络,因为对所有人开放,会比内部网络更加易受攻击。互联网如此巨大,以致当滥用发生时会产生四处蔓延的巨大影响,当互联网成为企业网络的一部分,组织的信息系统更容易受到外来者侵入。

通过调制解调器或者数字专线 DSL 与互联网固定连接的计算机更容易被外来者入侵,因为它们使用固定的互联网地址易于被识别。如果用拨号服务,则每次连接分配会一个临时的互联网地址。固定的互联网地址为黑客提供了固定的攻击目标。

以互联网技术为基础的电话服务,如果不是在安全的私有网络中运行,会比语音交换网络更易受攻击。很多由公用互联网传输的 IP 语音,即 VoIP(Voice over Internet Protocol),其传输信息并没有加密,因此任何人通过网络都可以窃听谈话。黑客可以通过伪造大量的流量使支持 VoIP 的服务器瘫痪,从而拦截谈话或者关闭语音服务。

电子邮件、即时信息(Instant Messaging,IM)和对等 P2P(Peer-to-Peer)文件共享程序的广泛使用也会增加网络的漏洞。电子邮件的附件可能被作为恶意软件或未授权访问企业内部系统的入口。员工可能会使用电子邮件来传送有价值的交易机密、财务数据或者客户的保密信息给非授权的接收者。广为消费者使用的即时信息软件对文本信息没有安全层,因此当信息在公用互联网上传输时,就可能被外来者拦截读取。在互联网上的即时信息活动在某些情况下可以用作进入一些不太安全的网络的后门。通过 P2P 网络共享文件,如非法共享音乐文件,也可能传播恶意软件或者把个人或计算机上的信息向外界泄露。

2. 无线网络的安全挑战

在机场、图书馆或者其他公共场所登录无线网络是否安全? 这取决于你有多高的警惕性。即便是你家中的无线网络也容易受到攻击,用无线频率的波段很容易被检测到。蓝牙和 Wi-Fi 网络都容易受非法窃听者的入侵。使用 IEEE 802.11 标准的局域网(LAN)也可能被外部入侵者通过笔记本、无线网卡、外置天线和黑客软件轻易地侵入。黑客使用这些软件来发现没有保护的网络,监视网络流量,在某些情况下还能够进入互联网或企业网络。

Wi-Fi 传输技术使得一个基站能够很容易被找到并接听另一个基站。Wi-Fi 网络中识别访问点的服务集标识(Service Set Identifier,SSID)多次广播,能够很容易被入侵者的监听程序窃取(见图 11-2)。很多地区的无线网络没有基本的保护来抵御驾驶攻击(war driving)。在这种入侵方式中,窃听者在外面的建筑物或者公园里进行操纵,拦截无线网络中的传输信息。

接入点的入侵者通过使用正确的 SSID 就能够访问网络上的其他资源。例如,入侵者可以使用 Windows 操作系统来确定还有哪些其他用户连接到网络,然后进入他们的计算机硬盘,打开或复制其中的文件。

入侵者还会使用另一个不同的无线频道设置欺诈接入点来收集信息。该欺诈接入点的物理位置与用户很靠近,这样强行使用户的无线网络接口控制器(Network Interface

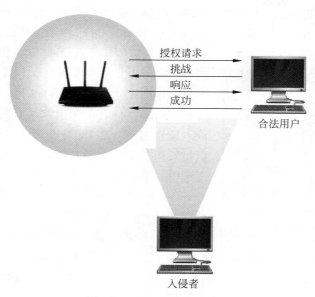

图 11-2 Wi-Fi 的安全挑战

Controller,NIC)与该接入点连接起来。一旦连接成功,黑客就可以通过其他接入点获取不知情用户的用户名和密码。

11.1.2 来自员工的内部威胁

人们通常认为安全威胁来自组织外部,事实上,企业内部人员带来的安全问题也很严重。员工具有访问内部信息的权利,如果安全措施不到位,他们就能够遍历组织的整个系统而不留一丝痕迹。

有研究发现,网络安全被侵害的一个最主要的原因是用户缺乏安全知识。许多员工会忘记访问计算机系统的密码或者允许同事使用他/她自己的系统,这会对系统造成危害。恶意入侵者有时会假装成公司的合法员工因需要信息而向他人骗取密码。

终端用户和信息系统专家也是导致信息系统出错的一个主要来源。终端用户因为输入错误数据,或是不按使用说明处理数据及使用计算机设备而导致计算机出错。信息系统专家在设计和开发新的软件或是维护现有的程序时会引发软件错误。

组织的信息系统因受到来自组织内部和外部的计算机阴谋破坏使组织遭受巨额损失,其中组织内部行为不轨的员工造成的经济损失比来自外部的破坏大得多。据估计,75%的计算机罪行是企业内部人员犯下的,给组织造成真正大损失的是白领犯罪。从《财富》杂志排名前 100 的大公司,到普通的建筑公司或电子商务公司,白领犯罪每年造成美国 4000 亿美元的损失,这个数额比美国每年的国防开支还多,信息技术使完成和隐瞒罪行更容易。在白领犯罪的行为中,最主要的损失是管理决策不当造成的。管理层人员的各种犯罪行为是其他员工的 4 倍。更令人震惊的是,大多数组织的内部犯罪行为(约 2/3)没有向司法部门报告。

例如,2013 年 6 月,美国前中情局(CIA)职员爱德华·斯诺登(如图 11-3 所示)复制了美国国家安全局的机密数据,并将其中两份绝密资料交给英国《卫报》和美国《华盛顿邮报》,并告知媒体何时发表。按照设定的计划,2013 年 6 月 5 日,英国《卫报》先扔出了第一颗舆论炸弹:美国国家安全局有一项代号为"棱镜"的秘密项目,要求电信巨头威瑞森公司必须每天上交数百万用户的通话记录。同年 6 月 6 日,美国《华盛顿邮报》披露称,过去 6 年间,美国国家安全局和联邦调查局通过进入微软、谷歌、苹果、雅虎等九大网络巨头的服务器,监控美国公民的电子邮件、聊天记录、视频及照片等秘密资料。美国舆论随之哗然。

图 11-3　美国前中情局(CIA)职员
爱德华·斯诺登

涉及计算机的犯罪包括旧有的犯罪形式,例如买主欺诈(向一个根本不存在的买主付款或者向根本没有交货的商品付款),向虚构的员工支付工资,为根本没有发生的费用退款等。现在又出现了新的犯罪形式,例如窃取密码、信用卡号码、个人资料等。非物质资产是企业内部人员犯罪最热衷的目标,生产计算机监控软件的厂商就指出,购买和安装这类监控软件的公司,多将其用于监控公司的非物质资产,如产品设计草图、各种报表是如何在网上流传的,而不是大量用于监控其员工。

企业内部职业犯罪的检察人员流传着一个"搭便车"理论,即一个企业有 10% 的员工是诚实的,10% 的员工肯定会偷东西,剩下的 80% 其行为取决于环境。大部分的职业犯罪都发生在员工陷入经济危机、员工有机会接触防范不严的资金或员工自认为犯罪行为被发现的可能性不大等情况下。

11.1.3　恶意软件:病毒、蠕虫、特洛伊木马、间谍软件

计算机病毒、蠕虫、特洛伊木马等含有恶意代码的软件称为恶意软件(malware)。计算机病毒(computer virus)是一种通常在用户不知情和许可的情况下,附着在其他软件程序或者数据文件上且可执行的欺诈软件程序。有些计算机病毒仅仅是恶作剧,相对而言可能是无恶意的,如显示一些信息或图片,但多数计算机病毒却具有极强的破坏性,它们毁坏程序和数据、阻塞计算机内存、格式化计算机硬盘,或者导致程序运行不当。当人们发送带有附件的电子邮件、复制或运行已感染病毒的文件和程序时,病毒就可能会借机进行自我复制,并从一台计算机传播到另一台计算机。

蠕虫(worm)病毒是一种独立的计算机程序,可以在网络上将自己从一台计算机复制到另一台计算机。与其他病毒不同,蠕虫并不附着在其他的计算机程序或文件上,蠕虫可以自己运行并进行病毒的传播,对人们行为的依赖性不强。这说明了为什么计算机蠕虫比其他计算机病毒传播得更快。蠕虫会毁坏数据和程序,同样也会扰乱甚至中断计算机网络的运行。

蠕虫和病毒通常在互联网上通过下载进行传播,这也是当今最为盛行的病毒传播方式,即用户有意或无意间得到的下载文件中含有恶意软件,如下载可运行的软件程序、电子邮件的附件文件、电子邮件的附加信息、在线广告、即时信息等时被感染病毒。病毒会从受感染的个人计算机入侵到信息系统中。

　　黑客不会忽略智能手机,黑客会使智能手机的用户在不知情的情况下下载恶意文件、删除文件和传输文件,或在后台安装运行程序监控用户操作,并有可能将智能手机转换成僵尸网络中的自动发送机以向他人发送电子邮件和短信。随着智能手机的销量开始超过个人计算机,并且越来越多地被用作支付设备,智能手机会成为恶意软件发挥作用的一个主要渠道。

　　针对移动设备的恶意软件尚未像针对大型计算机的恶意软件那样广泛,但这类恶意软件可以使用电子邮件、文本消息、蓝牙通信以及通过 Wi-Fi 或手机网络从互联网上下载文件,其传播能力一点也不低。安全公司迈克菲(McAfee)在 2012 年发现了近 13 000 个不同类型的针对移动设备的恶意软件,而 2011 年还不到 2000 个,几乎所有攻击的目标设备都使用谷歌的安卓操作系统。移动设备病毒也对企业构成了严重威胁,因为现在许多无线设备都连接上了企业信息系统。

　　维基以及 Facebook 这样的社交网站已经成为了恶意软件和间谍软件发挥作用的新渠道。这些应用程序允许用户把软件代码作为发布内容的一部分,这种代码在浏览页面时可以自动启动运行。2011 年 7 月 4 日,黑客闯入了 Fox New Politics 的推特账户,散播关于巴拉克·奥巴马的虚假消息。黑客更改了账户的密码,致使数小时之后网站管理人员才得以将信息纠正。

　　网络安全公司赛门铁克(Symantec)发布的 2018 年互联网安全报告中表示,恶意软件的影响持续扩大,48%的恶意电子邮件使用 Office 文件作为附件,小企业员工要比大企业员工更易受到垃圾邮件、网络钓鱼及电子邮件恶意软件等电子邮件威胁的攻击,这是因为对小型企业来说,保护自己免受这么多不同类型的攻击是比较困难的。

　　特洛伊木马(Trojan horse)是一种软件程序,由于它不会自我复制,特洛伊木马本身并不是一种计算机病毒,然而它却将病毒或其他恶意代码带入计算机系统。"特洛伊木马"源于一个历史典故:在特洛伊战争中希腊人将部分士兵藏在巨大的木马中,当特洛伊士兵将截获的战利品——巨大的木马拖入坚固的城堡大门后,也将希腊士兵带入城内。夜幕降临后,希腊士兵从木马中现身,他们打开城堡大门,里应外合占领了城堡(如图 11-4 所示)。特洛伊木马看似良性,但是会做出一些意想不到的事情。

　　MMarketPay. A 是特洛伊木马的一个例子。它是一种针对安卓手机的木马,该木马以看似合法的形式隐藏在一些应用小程序中,包括旅行和天气程序。它在未经用户许可的情况下,自动发出预定应用程序和电影的订单,可能导致用户产生意想不到的高额电话费。MMarketPay. A 已经在多个应用小程序商店中被发现,它已蔓延至超过 10 万台设备。

图 11-4　特洛伊木马(Trojan horse)

　　SQL 注入攻击(SQL injection attack)已经成为一种主要的恶意软件威胁。SQL 注入攻击利用一些编程很差的互联网应用软件的漏洞将恶意程序代码引入企业的系统和网络中。当用户在线订购时,如果互联网应用程序没有适当检验或过滤用户在网页上面输入的数据,就会出现漏洞。攻击者利用输入验证错误来向相应的数据库发送流氓 SQL 查询请求,也对数据库进行访问,或者植入恶意代码,或者访问网络上的其他系统。

大型互联网应用程序有数百个地方需要用户输入数据,每一次数据输入都为 SQL 注入攻击提供了一个机会。

大量面向互联网的应用程序都会存在 SQL 注入漏洞,黑客可以利用一些工具来检测互联网应用程序的这些漏洞。这种工具能够定位网页表单上的数据输入字段,向其输入数据,然后通过系统响应来检测是否有注入 SQL 查询的漏洞。

间谍软件(spyware)也是一种恶意软件,这些小程序将自己偷偷安装在计算机上监视用户的计算机操作,如上网活动等,偷偷跟踪用户在自己计算机上输入数据时的键盘和鼠标操作,获取个人网上银行、社交网站等敏感的个人信息。目前文献中报告的间谍软件形式有成千上万种。

许多用户发现这种间谍软件很让人讨厌,担心间谍软件会侵犯计算机用户的隐私。这种类型的间谍软件特别邪恶,如键盘记录器(Keyloggers)会记录下计算机键盘的每次击键,以窃取软件的序列号、发动网络攻击、获得对用户电子邮件账户的访问、获取保护计算机系统的密码或者获取如信用卡号码这样的个人信息。例如,宙斯木马(Zeus trojan)可以偷偷跟踪用户在自己计算机上输入数据时的击键,从网上银行和社交网站上窃取用户的财务和个人资料。其他间谍软件程序会重置浏览器的主页、重定向搜索请求或者通过大量占用内存来降低计算机的性能。

11.1.4　黑客与计算机犯罪

计算机盗贼手上有很多危险的工具——从可以侦查网络软件程序错误的"扫描器"到可以获取口令的"嗅探器",黑客(hacker)就是一群这样的计算机盗贼,他们通常是一些过度沉迷于计算机,或在未经授权的情况下进入或使用计算机网络系统的人。黑客利用互联网的开放性和易用性等特点,通过寻找网络和计算机系统安全防御的弱点来进行非授权访问。

黑客活动超越了纯粹的系统入侵,黑客会盗窃商品和信息、毁坏系统和网络,黑客也会故意中断、毁坏,甚至摧毁一个网站或企业信息系统,如将一个政府或企业网站变成了网络涂鸦墙,使充满着攻击性的言论和照片占据网站的主页。

1. 电子欺骗和嗅探器

黑客通常通过使用伪造的电子邮件地址或者假冒他人来伪装自己、隐藏自己的真实身份。电子欺骗(spoofing)指通过把欺诈网站伪装成目的网站,从而将用户的网页链接误导入欺骗网站。例如,黑客会建立一个与真实的银行网站无异的山寨银行网站,并将用户的网页访问链接误导入这个伪装的欺骗网站,从而偷走用户的银行卡号和密码等敏感信息。

嗅探器(sniffer)是一种在网络中监控信息传输的窃听程序。在合法使用的情况下,嗅探器程序能帮助发现网络中潜在的问题或者网络犯罪活动,而如果以犯罪为目的,它会具有伤害性,并且十分难以发现。嗅探器程序使黑客能够从网络中任何地方窃取有价值的私有信息,包括电子邮件信息、政府或公司文件、机密报告等。

2. 拒绝服务攻击

在拒绝服务攻击(Denial-of-Service attack,DoS attack)中,黑客向网络服务器发送成千上万的伪通信或服务请求,造成网络阻塞和崩溃,以致网络对合法的请求也不能及时处理,从而实现对网络的攻击。分布式拒绝服务攻击(Distributed Denial-of-Service attack,DDoS attack)则使用许许多多的计算机从无数的发射点来淹没网络(如图 11-5 所示)。

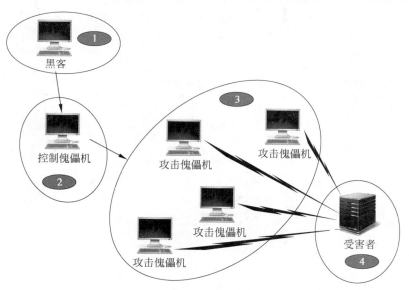

图 11-5　分布式拒绝服务攻击体系结构

其实对网络带宽进行的消耗性攻击只是拒绝服务攻击的一小部分,只要能够对目标造成麻烦,使某些服务被暂停甚至主机死机,都属于拒绝服务攻击。拒绝服务攻击问题也一直得不到合理的解决,这是网络协议本身的安全缺陷造成的,因此拒绝服务攻击也成为了攻击者的终极手法。攻击者进行拒绝服务攻击,实际上让服务器实现两种效果:一是迫使服务器的缓冲区满,不接收新的请求;二是使用 IP 欺骗,迫使服务器把合法用户的连接复位,影响合法用户的连接。

尽管拒绝服务攻击不会破坏信息或者访问公司的信息系统,但通常会导致网站关闭,使合法用户不能访问网站。对于交易繁忙的电子商务网站,这种攻击产生的代价极为高昂,在网站关闭期间用户不能进行交易。由于中小企业对网络的保护往往比大型企业更弱,其网络也更容易受到攻击。

分布式拒绝服务攻击的肇事者经常在网络所有者不知情的情况下,使用成千上万被恶意软件感染了的"僵尸"个人计算机(Zombie computer),把它们组成一个僵尸网络(botnet)。黑客通过利用恶意软件感染他人的计算机来建立僵尸网。控制僵尸网络的个人或组织称为"僵尸牧人"(bot herder)。这种恶意软件能够让受感染的计算机打开一道"后门",让攻击者发送指令。被感染的计算机成为"奴隶"或者"僵尸",为属于"他人"的主机服务。一旦黑客感染了足够多的计算机,就可以利用积累起来的僵尸网络资源发起 DDoS 攻击网络钓鱼攻击或者发送不请自来的"垃圾邮件"。

世界上 90% 的垃圾邮件和 80% 的恶意软件都是由僵尸网传播的。例如,Grum 僵尸网一度是世界上第三大僵尸网。据报道,在 2012 年 7 月 19 日被捣毁之前,它发送了全球 18% 的垃圾邮件(相当于每天 180 亿件垃圾邮件信息)。Grum 曾经感染控制了 56 万～ 84 万台计算机。

3. 计算机犯罪

计算机犯罪种类繁多,从电子破坏、闯入他人系统到使用计算机恐吓甚至谋杀。大多数的黑客活动都是一种计算机犯罪行为。美国司法部将计算机犯罪定义为"任何涉及利用计算机技术知识实施的刑事违法行为,可以对其调查和起诉"。表11-1给出了把计算机作为犯罪工具和目标的例子。

表 11-1　计算机犯罪举例

类　　别	举　　例
以计算机为犯罪目标	攻破被保护的计算机保密数据
	未经授权进入计算机系统
	进入受保护的计算机蓄意诈骗
	蓄意进入受保护的计算机,进行肆无忌惮的破坏
	蓄意发送程序、程序代码或命令,以破坏受保护的计算机
	威胁破坏受保护的计算机
以计算机为犯罪工具	盗取商业秘密
	非法复制软件和受版权保护的知识产权(如文章、书籍、音乐和影视等)
	谋划诈骗
	使用电子邮件恐吓或骚扰他人
	蓄意拦截电子通信内容
	非法访问电子通信记录(如电子邮件、语音信箱等)
	利用计算机传播和制作色情作品

没有人知道计算机犯罪问题危害程度的严重性——有多少系统被入侵,有多少人参与了犯罪活动,或是带来了多大的经济损失。大多数公司都不愿意报告其发生的计算机犯罪,因为计算机犯罪可能涉及其内部员工,或担心公开其计算机的易攻击性会使公司的声誉受损。在计算机犯罪中廉价的攻击类型包括拒绝服务攻击、植入病毒、盗用服务、扰乱计算机系统等。

4. 身份盗用

随着互联网和电子商务的发展,身份盗用已经成为一个极为棘手的问题,身份盗用(identity theft)是一种非法获得他人关键信息(如身份证号、银行卡号、账户信息等)并假冒他人的一种犯罪行为。盗用者可利用被盗者的身份开设新账户,从中牟利或让被盗者背黑锅;盗用者还可能利用被盗者的个人信息访问被盗者的个人账户,窃取信息或财物。

身份盗用可能会侵入人们生活的诸多场合。当有人利用他人的身份证件或其他个人身份识别信息图谋不轨时,身份盗用就随之发生了。身份盗用称为身份诈骗也许更恰如其分,盗用身份往往出于以下目的。

图 11-6　身份盗用在金融诈骗案件中最为普遍

金融诈骗——这类身份盗用事件包括银行诈骗、信用卡诈骗、计算机和通信诈骗、社交活动诈骗、退税诈骗、邮件诈骗,以及更多其他情况。身份盗用在金融诈骗案件中最为普遍(如图11-6所示)。

犯罪活动——这类身份诈骗则涉嫌盗用他人身份实施犯罪、潜入他国、获取某种特许权、蓄意隐瞒本人身份或实施恐怖活动。这类犯罪活动包括计算机及网络犯罪、集团犯罪、毒品交易、偷渡、洗钱等。

网络更为身份盗用者提供了便利，因为所有的交易无须面对面接触，只需在网上就能完成。例如，在实施身份信息核实前，在 12306 网站（如图 11-7 所示）上随意用一个化名，并利用在线身份证号生成器生成 1 个身份证号码，就可以网购火车票，导致"黄牛党"们在高峰期间囤票倒票，让真正的旅客出现购票难的情况。为了完善实名制购票工作，从 2014 年 3 月 1 日起，中国铁路客户服务中心网站对互联网注册用户和常用联系人（乘车人）进行身份信息核验。实施身份信息核验后，只能用二代居民身份证等有效身份证件进行用户注册和添加常用联系人身份信息，且身份信息核验状态为"已通过"和"预通过"的注册用户和常用联系人，才可在 12306 网站正常办理购票业务。

图 11-7   中国铁路 12306 网站完善实名制购票工作

网络钓鱼（phishing）是一种越来越普遍的电子欺骗手段。网络钓鱼包括仿冒合法企业设置虚假网站或发送电子邮件来获取用户的个人保密数据。邮件内容通常是要求接收者通过回复邮件或者进入一个虚假网站填写信息或回复某一电话号码，来更新或确认某一记录，从而获得接收者的身份证号/社保号、银行卡和信用卡信息及其他保密数据。eBay、PayPal、亚马逊、沃尔玛和很多银行都极易被钓鱼网站盯上。有一种称为鱼叉式网络钓鱼（spear phishing）的欺骗方式更具有针对性，其信息的来源似乎很可信，例如来自收件人自己的公司的同事或者朋友。

被称为"邪恶双胞胎"和"嫁接"的网络钓鱼技术很难被发现。邪恶双胞胎（evil twin）是一种在机场休息室、酒店或咖啡店等场合，伪装成提供可信的 Wi-Fi 互联网连接的无线网络。这种欺骗网络看起来与合法的公共网络完全相同，当用户登录网络时，欺骗者试图在用户不知不觉中获取其密码或信用卡号码。

嫁接(pharming)能将用户引导到一个欺骗网页,即便用户在其使用的浏览器中输入了正确的网址。如果嫁接欺骗者能够访问互联网服务供应商(ISP)存储的互联网地址信息,而 ISP 公司的服务器上运行的软件有缺陷,就有可能让欺诈者侵入系统并更改这些网址。

5．点击欺诈

在搜索引擎中,当你点击一个显示广告时,就意味着你是该产品的潜在买家,卖家通常需要为每次点击付费。点击欺诈(click fraud)是指个人并没有想更多地了解或购买产品,却被计算机程序欺骗性地点击在线广告。在谷歌和其他网站按点击次数付费的在线广告中,点击欺诈是一个严重的问题。

一些公司雇用第三方(通常来自低收入国家)来欺骗性点击竞争对手的广告,通过抬高其营销成本来打击竞争对手。点击欺诈也可以用软件程序进行点击,僵尸网常用于此目的。像谷歌这样的搜索引擎试图监视点击欺诈,但是一直不愿意公布其对这一问题的处理方法。

6．网络恐怖主义和网络战

发布恶意软件、拒绝服务攻击、网络教育探针等网络犯罪活动是无国界的,而互联网的全球化特征又使得网络犯罪可以在全世界任何地方实施。

互联网的漏洞使得个人、组织或整个国家极易成为以政治目的为动机的破坏和间谍活动的目标。网络战(cyberwarfare)是一个组织或国家主持的活动,旨在通过入侵其他组织或国家的计算机或网络来造成伤害和破坏,以削弱或击败对手。例如,2014 年 3 月,韩国国防部高调宣布正在对朝鲜实施网络战,他们以此前成功攻击伊朗核设施的"超级工厂病毒"(Stuxnet)为蓝本,研发了一种类似的网络病毒,旨在对朝鲜核设施造成物理性破坏。

2014 年 11 月 24 日,索尼影业遭到黑客攻击,黑客组织"和平卫士"(Guardians of Peace)公布索尼影业员工电邮,涉及公司高管薪酬和索尼非发行电影复制等内容,美国情报官员认为,该网络攻击获得朝鲜政府资助。黑客行动与即将上映的电影《采访》(又名《刺杀金正恩》)有关,影片描绘了一起针对朝鲜最高领导人金正恩的暗杀行动,一旦影片发行,黑客扬言发动恐怖主义行动。索尼影业一度决定取消影片的发行。

图 11-8　名为"匿名者"的知名黑客组织对 ISIS 正式宣战

在 2015 年 11 月 13 日造成 130 人丧生的巴黎恐怖袭击之后,名为"匿名者"的知名黑客组织对 ISIS(伊斯兰国)正式宣战,并称将会对 ISIS 实行"大规模"的网络攻击(如图 11-8 所示)。

网络战攻击已变得更广泛、复杂和具有潜在的破坏性。自 2008 年以来,每 1 小时就有 25 万次攻击试图进入美国国防部网络,美国联邦机构受到的网络攻击增加了 150%。多年来,黑客窃取了多份美国的导弹跟踪系统、卫星导航装置、监视无人机、尖端喷气式战斗机等方面的计划。

因为大部分的金融、医疗、政府和行业机构的日常运营依赖于互联网,网络战对现代社会的基础设施构成了严重的威胁。网络战同时也包括了对这些类型的攻击的防御。

11.1.5　软件漏洞

软件漏洞对信息系统是一种常见的威胁，它会造成无法估量的损失。软件的复杂性日益增加，规模不断扩大，再加上市场需求的即时性，是造成软件缺陷和漏洞不断增加的原因。

软件的一个重大问题是存在着隐藏的漏洞（bug）或程序代码缺陷，而从大型软件中消除所有的漏洞和缺陷几乎是不可能的。大型软件不仅不可能做到零缺陷，而且也不可能对其进行完整的测试。对大型软件进行充分测试，可能需要数千年的时间，即便如此，依然不能确保软件的可靠性。

商业软件的缺陷不仅降低其性能，而且造成安全漏洞，给网络入侵者以可乘之机。安全公司每年都会在互联网和个人计算机软件上发现上千种软件漏洞。

例如，"心脏流血"是 2014 年在全球网络上横行无忌的安全漏洞之一（如图 11-9 所示）。当加密软件失效的时候，最糟糕的结果是某些信息可能会外泄。但是当心脏流血漏洞被黑客利用时，后果要严重得多。

心脏流血漏洞在 2014 年 4 月被首次曝光时，黑客可以通过它向全球三分之二的网络服务器发动攻击。那些服务器使用了开源软件 OpenSSL，心脏流血漏洞就存在于该软件中。利用这个漏洞，黑客不仅可以破解加密的信息，而且可以从内存中提取随机数据。换句话说，黑客可以利用这个漏洞直接窃取目标用户的密码、私人密钥和其他敏感用户数据。

图 11-9　"心脏流血"是 2014 年在全球网络上横行无忌的安全漏洞之一

谷歌工程师尼尔梅赫塔（Neal Mehta）和发现这个漏洞的安全公司 Codenomicon 一起开发出了对应的补丁，但是即便在系统管理员安装好这个补丁之后，用户仍然不能肯定他们的密码是否失窃了。因此，心脏流血漏洞促成了历史上最大规模的修改密码行动。

为了修复发现的软件缺陷，软件公司会编写出称为"补丁"的缺陷修补小程序，对软件打"补丁"不会影响软件的正常运行，或是仅仅短暂影响软件的正常运行。通常情况下，补丁程序是通过软件更新的方式进行的，例如，若使用的是装有 Windows 操作系统的个人计算机，就会经常看到关于 Windows 更新的提示（如图 11-10 所示），对于这种情况，通常情况下都应当选择更新，以提高系统的运行可靠性和避免软件漏洞的危害。Windows 10 操作系统已经将系统更新设置默认为自动进行，无须使用者的关注和操作（如图 11-11 所示）。如果使用的是 iPhone 智能手机，则 iOS（iPhone 的操作系统）的每次更新都应当进行（如图 11-12 所示）。软件（特别是智能手机的应用 App）的升级多数情况下都是为了功能升级或是软件漏洞修补，如果是后者，则软件升级也是必要的。

补丁程序都是在软件缺陷发现之后才进行编写和测试，并提供计算机用户的，而恶意软件的产生非常迅速，往往是在发现漏洞和得到补丁程序之前，恶意软件就已经利用漏洞发起攻击。在此期间，计算机用户很难有充分的时间做出响应。

图 11-10 Windows 的更新提示

图 11-11 Windows 正在进行系统更新操作

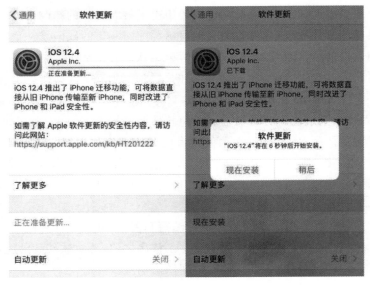

图 11-12 iOS(iPhone 手机的操作系统)的更新

11.2　如何保障信息资源的安全

任何个人和组织都应当采用相应的技术来保证其信息资源的安全,包括管理用户身份、防止对系统的未授权访问、确保系统有效性和软件质量。

11.2.1　安全与控制的商业价值

很多企业不愿意在系统安全上花费大量钱财,认为这种投入与销售收入无直接关联。但是,保护信息系统与商业运营息息相关,因此,对这一问题需要加以重视。

企业的信息资产非常宝贵,需要采取有效的安全措施去保护。企业系统通常存储着保密信息,如个人税收、财务资产、医疗记录和工作绩效考核记录;也可能存储着企业的业务信息,包括商业秘密、新产品开发计划和营销策略。政府部门系统可能存储着武器系统、情报系统和军事目标的信息。这些信息具有巨大的价值,一旦丢失、毁坏或者被图谋不轨者利用,其影响是灾难性的。由于安全侵害、天灾或者不良技术导致系统无法工作,会对企业的财务状况产生持久性的影响。一些专家认为,如果在系统受损后三天内不能恢复其功能或损失的数据,有40%的企业将难以恢复元气。

安全和监管上的不足会导致企业承担严厉的法律责任。企业不仅要保护其信息资产,还要保护客户、员工和合作伙伴的信息。做不到这一点,企业就会卷入因数据泄露和失窃导致的代价高昂的法律诉讼之中。企业需要对因为没有采取适当的保护措施防止保密信息泄露、数据被毁坏,或者隐私权被侵害等不必要的风险和伤害承担法律责任。例如,美国联邦贸易委员会曾控告 BJ's Wholesale 俱乐部没有采用适当的安全保护措施致使黑客进入其系统,黑客盗用信用卡及借记卡数据进行欺诈性消费。数据被盗取的信用卡和借记卡的发行银行要求 BJ's Wholesale 俱乐部赔偿 1300 万美元,以弥补银行对持卡人遭受的虚假消费损失的赔偿。拥有良好的安全与控制系统以对企业信息资产进行保护,能够产生较高的投资回报。强有力的安全与控制措施还能提高员工的工作效率,降低运营成本。

11.2.2　身份管理与认证

大中型企业拥有复杂的信息技术基础设施和很多不同的系统,每一类信息系统都有自己的用户群,其身份管理软件会自动保留用户的使用记录及系统权限,并为每个访问系统的用户分配一个唯一的数字标识。除此之外,还需进行用户身份认证、用户身份保护,以及系统资源的访问控制等工作。

要进入一个系统,用户必须得到授权和身份认证。身份认证(authentication)是指能够分辨一个人所声称的身份,即"你就是你"。最常见的身份认证方式是通过只有用户本人才知道的密码来确认。用户使用密码来登录计算机系统或访问重要的文件和信息。密码应当足够复杂(如有足够的长度,且同时包含大写字母、小写字母、数字和一些特殊符号,并定期更换),但过于严格的密码系统又会降低用户的使用效率,反而导致用户走捷径,如选择容易被猜到的密码,或是干脆把密码以普通的方式(未加密的明文)保存在办公计算机中或写在即时贴上并放置在办公桌的抽屉内。

为了克服身份认证中的问题,大量新的认证技术被采纳,如令牌(token)是一种类似于身份证的物理装置,专门设计来验证用户的身份。令牌采用动态口令的技术,即每隔60s,自动依照特别的算法生成一组新的随机密码(又称动态口令),而生成、表现这些密码的载体工具,往往称为"令牌",如手机令牌、硬件令牌等。其中,硬件令牌往往是一个钥匙扣大小的轻巧器具,特别适合挂在钥匙环上,硬件令牌上有显示屏可以显示随机密码(如图11-13所示)。

智能卡(smart card)是一种类似信用卡的塑料卡,内嵌有微芯片。智能卡需要通过读卡器读取卡上的数据,以判断允许或拒绝其访问(如图11-14所示)。与传统的带有磁条的信用卡、借记卡和ATM卡等卡片不同,智能卡有一个微型芯片,这个微型芯片比磁条存储的东西要多得多,其中装满了身份数据。

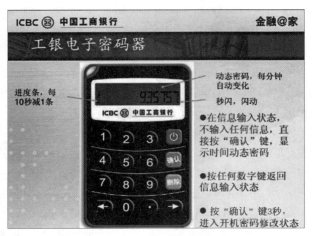

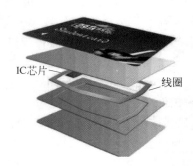

图 11-13　工银电子密码器　　　　图 11-14　智能卡

生物识别身份认证(biometric authentication)通过对个人身体特征(如指纹、虹膜、声音等)判断来进行身份认证。生物身份认证以测量每个人都具有的独一无二的身体和行为特征为基础,把每个人的独有特征,如指纹、面部或者视网膜图像,与系统中存储的资料进行对比,以判断两者之间是否相匹配,从而实现用户身份的认证。生物识别身份认证提供了强大的认证功能,但是所需的设备非常昂贵,并且用户通常抵制生物识别身份认证,因为这让他们觉得受到了伤害。生物识别身份认证还处于使用的初期,但是由于它的强大功能,将来可能会有更广泛的使用,例如,很多笔记本配备了指纹识别装置,有些型号的笔记本安装了内置网络摄像机和人脸识别软件,iPhone可利用指纹进行开机、支付等身份验证,如Apple Pay就是使用了指纹进行身份的识别和支付。在使用Apple Pay时,不需要手机联网,也不需要进入App,甚至无须唤醒显示屏,只要将iPhone靠近有银联闪付标志的读卡器,并将手指放在Home键上验证指纹,即可进行支付(如图11-15所示)。

图 11-15　Apple Pay 利用指纹进行身份的识别和支付

11.2.3 防火墙和反病毒软件

没有针对恶意软件和入侵者的保护就直接接入互联网是很危险。防火墙、入侵检测系统和反病毒软件已经成为计算机系统必不可少的工具。

1. 防火墙

防火墙(firewall)不允许未经授权的用户访问专用网络。防火墙是一种软件和硬件的组合,用来控制传入和传出的网络流量。虽然防火墙也能用于企业内部网络来保护其中一部分与其余部分的连接,但是它通常放置在组织的专用内部网络与像互联网这样信任度不高的外部网络之间(如图11-16所示)。

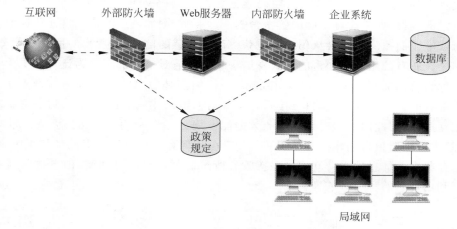

图 11-16 企业防火墙

防火墙就像是一个守卫,在每个用户访问该网络前检查其身份。防火墙识别用户名、IP地址、应用程序,以及访问网络的其他特征。网络管理人员事先编写进入系统的访问规则,防火墙则根据这些规则对访问网络的信息进行检查,阻止未被授权的网络通信。

为了创建一个良好的防火墙,管理员必须维护详细的内部规则来识别用户、应用程序或者地址,判断哪些访问允许接收及哪些访问需要拒绝。防火墙可以阻止外来者的入侵,但并不能完全阻断这种入侵。防火墙是信息系统安全措施的一部分。

2. 反病毒软件

为了保证信息系统和信息资源的安全,个人和组织的每台计算机都要有防恶意软件的保护软件。反病毒软件(antivirus software)能防止、检测并删除大多数的恶意软件,包括计算机病毒、蠕虫、特洛伊木马、间谍软件和广告插件。不过,大多数的反病毒软件都是"事后诸葛亮",反病毒软件无法对新出现的病毒或是变种的病毒进行有效检测和删除,对反病毒软件保持不断的更新维护十分必要。

3. 一体化威胁管理系统

为了帮助企业降低成本和提高可管理性,安全产品供应商把各种安全工具合并成一个统一的工具包,这些安全工具包括防火墙、虚拟专用网络、入侵检测系统、网页内容过滤和反垃圾邮件软件。这种集成的安全管理产品称为一体化威胁管理系统(Unified Threat Management,UTM)。虽然 UTM 最初只是针对中小型企业开发,但是它适用于各种规模的网络。

11.2.4　数据加密

如果希望保护自己的信息,并避开窥探者的眼睛,可以使用加密技术对数据进行加密,这样,即使你的信息被入侵或截获,入侵者也无法解读你的信息内容,从而保证信息资源的安全。加密(encryption)就是将人们可以读懂的(明码)数据或文件的内容转变为"天书"(暗码)的过程。除了发送者和指定的接收者以外,暗码文件不能被任何其他人阅读。数据利用秘密的数字代码来加密,这种将明码数据转换成暗码文本的秘密数字代码称为密钥。对于加密过的数据,如果没有正确的解密密钥进行解密,则加密过的信息将无法读取。

银行或电子商务等网站会从用户那里获得许多敏感的信息,如用户的信用卡信息等,所以网站需要让所有的用户以加密的方式发送信息。目前对信息加密更为流行和更为安全的加密方式称为公钥加密(public encryption)。公钥加密是使用两个钥匙的加密系统:一个是任何人都有的公钥,另一个是只有接收者才有的私钥,如图 11-17 所示。两个密钥有着数学上的相互关联,因此用一个密钥加密的数据能够用另一个密钥来解密。要发送和接收信息,通信双方首先要独自创建一对私钥和公钥。公钥保存在信息发送者的计算机中,而私钥则秘密保存起来。信息发送者利用信息接收者所给的公钥对信息加密,信息接收者在接收到信息后利用自己的私钥对信息解密。

图 11-17　公钥加密过程

通过公钥加密,当人们使用网上银行服务时,银行就会给客户公钥并利用公钥将要发送的信息进行加密,除了拥有私钥的银行,加密过的信息无人能够破解。这种加密系统类似于保险柜,几乎所有的人都可以关闭保险柜并锁上保险柜,但只有牢记密码的人才能够打开它。

11.2.5　云计算与移动数字平台的安全

尽管云计算和新兴移动数字平台具有产生巨大效益的潜力,但是它们给系统的安全性和可靠性带来了新的挑战。

1. 云计算的安全性

在云处理数据时,保护敏感数据的责任和义务仍然由数据所有者承担。了解云计算供应商怎样组织其服务和管理数据非常重要。

云计算是高度分布的计算模式。云应用驻留在远程大型数据中心和服务器群,这些数据中心和服务器群为多家企业客户提供业务服务和数据管理。为了降低成本,云计算提供商通常在全球各地将处理任务分配到能够最为有效的完成该任务的数据中心。使用云计算的时候,你或许不能准确知道你的数据被送到哪里处理。

云计算的分散性使得跟踪未经授权的活动非常困难。几乎所有的云服务提供商都使用加密技术,如安全套接层协议,来确保其处理的数据在传输时的安全。但是,如果存储数据的设备也存放着其他公司的数据,那么对这些存储的数据进行加密也同样重要。

2. 移动平台安全

如果移动设备运用了计算机的许多功能,它们就需要像笔记本和台式机那样的安全保护,如预防恶意软件、盗用、意外损失、未经授权的访问和黑客攻击等。

移动设备在访问企业系统和数据时需要特殊的保护措施。企业应确保将移动设备的使用纳入其安全计划,对如何支持、保护和使用移动设备要做出详尽的规定。企业需要移动设备管理工具来对所有使用的移动设备授权,来维护所有移动设备、用户和应用的使用情况的准确记录,控制应用程序的更新,锁定或删除丢失或被盗的设备,使其不能对企业系统产生危害。企业还应该制定指导原则,对允许使用的移动平台、应用软件,以及远程访问企业系统所需要的软件和访问步骤等做出明文规定。

11.2.6　一个没有黑客的世界:如何防范网络犯罪

相信很多人都有过这样的经历:突然收到一封来自朋友或家人的邮件,几分钟后又收到一条令你抓狂的通知,你的朋友或家人说他/她的邮箱账户被黑了,提醒你不要打开或回复之前的邮件。对许多计算机用户来说,这无疑是可怕的经历。其实事实远比想象得更恐怖。虽然你的邮箱账号或者你的手机、平板、微博或微信等账户落入现代窃贼手中,但他们只是利用你的邮箱发送垃圾邮件。不过这时你应该窃喜,因为你遇到的是最善良的黑客。黑客盗用电子邮件并不仅仅向受害者的所有联系人发送垃圾邮件、恶意软件以及病毒。受害者电子邮件的使用方式,以及使用时间的长短,决定了它的利用价值。

人们在网上注册时都需要提供电子邮件地址。大多数情况下,只需要申请通过邮箱重置密码,就可以利用注册邮箱重置账户或相关服务密码。想获得与电子邮件关联的银行账户或者社交账户?很简单,黑客控制了邮箱之后,会登录相关网站,申请密码重置,单击密码重置邮件中的链接,即可更改用户之前设定的网站密码,而且请记住,黑客首先会在你发觉异常之前更改你的邮箱登录密码。

或许你的邮箱并未与网上商业账户关联,但肯定关联了其他账户。黑客盗取邮箱账户并不只是为了发送垃圾邮件,他们还可以获取你的所有联系人的邮件地址,然后向他们发送恶意软件、垃圾邮件和网络钓鱼攻击。你的朋友甚至会收到你的求助信,信中的你被困国外、身无分文,希望他们汇款急救。事实上,有许多人曾落入这个骗局。毫无疑问,人们好心汇过去的钱直接落进了网络罪犯的钱包。

如果你曾购买过计算机软件,那么你的某一封邮件中就会包含软件密钥注册码。你正在使用诸如 Dropbox、谷歌网盘、微软 OneDrive、百度云盘、360 云盘等云服务来备份、存储你的照片、文件和音乐吗?获取这些私人文件的钥匙就在你的收件箱中。

更可怕的是,如果你的邮箱被黑,而该账户恰巧是其他账户密码重置的备份邮箱,结果会怎么样?你的两个邮箱都会落入坏人的魔爪之中。

希望你看到这里已经能够清楚防贼的重要性,并且意识到有必要为自己的电子邮箱采取一些安全措施。有一些简单可行的方法和技巧能够保护邮箱信息,同时还能给登录邮箱的操作系统上把锁。

以前,一些知名的大众邮箱服务商对邮箱的保护机制仅限于账户和密码。不过近年来,这些服务商也逐渐采取多重验证的方法来保护用户邮箱的安全,如 Gmail、Hotmail、雅虎邮箱、网易邮箱等都已付诸行动。通过短信或智能手机应用程序发送验证码就是典型的多重验证机制,用户不仅需要输入账户名和密码,还需同时输入收到的验证码才能登录邮箱。

1. 你的密码很好猜

尽管启用双重验证可提高账户安全,但是如果登录密码设置得过于简单,你的邮箱、社交账户等依然会面临被黑客攻击的危险。况且,并非每一个网站都支持双重验证,没有人喜欢复杂的密码,它记起来确实很痛苦。但在安全性更强、能够抵御黑客攻击的其他保护措施出现之前,人们别无选择。值得一提的是,有些数码科技产品采用了更安全的身份识别方法。例如,欧洲很多银行在信用卡中内置芯片(如图 11-18 所示),增加了信用卡欺诈的难度和成本,美国也开始采用这项技术。另一项杰出的安全措施是指纹识别技术(如图 11-19 所示),如今已应用在智能手机和笔记本中,通过指纹可以锁定或解锁设备。当然,随着科学技术的发展,今后还会出现更多更安全的保护措施。

图 11-18　银行在信用卡中内置芯片　　　　图 11-19　指纹识别技术

如果设置的密码太简单,请考虑换成更加复杂的密码。下面列举几个设置强密码的技巧。

(1)设置由单词、数字、特殊符号、大小写字母等组成的密码。

(2)不要将网名设置成密码。

(3)不要使用能够轻易被猜到的密码,如 password 或 user。

(4)不要使用个人信息作为密码,如生日、身份证号、手机号码、家人或男/女朋友的名字、宠物的名字等一切你会在社交网站上发布的信息,这些信息并不像想象得那样保密,因为你会在无意中将这些内容放到微博、微信等社交媒体上,而黑客也会使用微博和微信。

(5)不要使用字典里的词汇作为密码。网上免费的密码破解软件通常都内置字典列表,其中就包括几千个常用名字及密码。如果必须使用这类词汇,可以在单词前或/和单词后,添加标点符号。

(6)避免使用简单的键盘组合,破解如 qwerty、asdzxc 和 123456 这种键盘组合密码易如反掌。

(7)容易记的密码不一定是单词,还可以是一个短语或一句话,例如你最喜爱的小说的

第一句话或最后一句话,或一个笑话的开头。密码越复杂越好,但长度是关键。设置 8～10 位长度的密码是个好习惯。现在,开发强大快速的密码破解软件变得越来越容易,利用这些软件每秒可以测试上千万个可能的密码组合,但记住一点:密码长度每增加一位,暴力破解的难度就上了一个台阶。

(8) 不要在多个网站使用同一密码。一般来说,在不存储用户敏感信息的网站使用相同密码是安全的,但前提是这些密码没有被使用在存储用户敏感信息的网站上。

(9) 绝不要将任何网站密码设置为邮箱密码,否则一旦 Dropbox、百度云盘、360 云盘等网站被黑客攻破,你的邮箱很快就会落入黑客手中,反之亦然。

(10) 任何情况下都不要以文本形式存储密码。一旦计算机被黑客入侵,就等于亲手将密码发送给黑客。是否可以将密码存在计算机里? 对于这个问题,人们的看法也随着时间而改变。计算机用户无须担心输入密码时被他人看到,关键是不要以文本形式存储密码。一个建议的做法是:在一个有密码的 Excel 文件中将所有需要密码的网站列一个表,写下对应的用户名,以及只有你自己才明白的密码提示。如果忘记密码,则可以向网站申请发送密码重置邮件到电子邮箱,前提是你要记住注册网站时提供的邮箱地址。

2. 多重保护,锁住安全

如果计算机被密码窃取恶意软件感染,那么你的邮箱、微博账户、QQ 账户、微信账户等就在劫难逃了,所有的账户安全工具都无法改变他们的命运。在计算机上安装杀毒软件和防火墙软件可以防患于未然,但也绝非万无一失。现在的病毒本身就可以绕过这些防护措施入侵计算机,尤其在病毒通过垃圾邮件和社交网络散播的最初 12～24 小时之内,更是宛如洪水猛兽。

保护计算机系统最关键的原则是“深度防御”,即设置多个防护措施,并不仅仅依赖一种方法或某种技术来抵御所有攻击。

牢记如下的“网络安全三原则”并付诸实施,就可以大幅降低计算机或手机信息泄露的风险。

原则一:不了解,不安装。如果黑客想设置网络陷阱以便成功入侵个人计算机,首先要诱使计算机用户采取某些行动,如单击邮件中的链接或打开附件、在浏览器添加自定义的插件或应用程序。常见的网络陷阱包括流氓软件,以及提示计算机中毒的弹出窗口以诱骗计算机用户安装伪安全漏洞扫描工具。另一种常见的骗术是利用视频诱惑计算机使用者按照某种解码器、视频播放器或应用程序才能观看视频。只安装需要的软件或浏览器插件,而且最好从可靠的网站下载,这些可靠的网站都会首先检查软件以确保其无毒才会提供下载链接。在线购物时,为了买到称心的产品,人们都会首先调查产品的质量和性能,而安装软件也一样,先花几分钟的时间浏览一下用户意见和评论,确定它就是需要的软件。不要直接回复来自(或似乎来自)QQ、微信、学校/公司、银行或其他保存个人信息的网站发来的邮件。当需要访问存有个人信息的网站或管理社交网络时,请通过浏览器的书签进入网站,而不是通过邮件或手机发来的链接进入。

原则二:安装后,勤更新。为计算机操作系统安装(由微软公司、苹果公司或谷歌公司等发布的)最新的补丁非常重要。但要想保证计算机的安全,还要悉心照顾计算机系统中运行的其他应用软件,坏人总在不停攻击计算机里安装的软件,如 Java、Adobe 的 PDF 阅读器、Flash、QuickTime 等。每年软件开发商都会推出许多次的更新以修复软件安全漏洞,所以尽快将软件更新为最新版本是很明智的选择。有些软件开发商也许会通知用户有新版本软件,但通常是在补丁发布几天甚至几周之后。如果你感觉频繁检查更新令人心烦,那么可以试试设置软件的自动更新,目前大多数的软件都可以设置为自动更新。

　　原则三:不需要,就删除。计算机运行慢,硬盘碎片是罪魁祸首。很多计算机厂家会在计算机中预装大多数用户从来都不会打开的大型软件。除此之外,在使用过程中,用户也会在计算机中安装几十个程序及插件,就是它们拖慢了计算机的运行速度。很多程序还喜欢自作主张,把自己添加到计算机的启动列表中,这样每次重启计算机时,这些软件就会自动开启,这使得重启计算机的过程变得漫长。切记,安装的软件越多,更新软件花费的时间也就越多。

11.3　信息的权利:互联网时代的隐私和自由

　　科技是一把双刃剑,它可以成为许多好处的来源(通过向你展示你感兴趣的广告),也可以对个人隐私造成新的威胁,并肆无忌惮地使用个人隐私信息,而且你不会知道关于你的这些信息已经被使用,你也不能够修改这些信息,你也没有强有力的法律权利来保护个人信息。

　　隐私(privacy)是个人要求独处,而不受他人或相关组织(包括国家)的干扰和监督的诉求。隐私保护的诉求也包含在工作场所:数百万员工在承受着电子或其他形式的高科技的监督。信息技术和系统威胁到了个人隐私保护的诉求,使侵犯隐私更便宜、更加容易,而且在互联网时代,人们还没有找到一种方法可以完美守护自己的隐私。

11.3.1　互联网上没有人知道你是一条狗

　　信息技术的迅速发展和互联网使用范围的扩大,更先进的信息采集、保存、共享和比较技术的出现,电子商务企业和政府部门对个人信息的大量收集和处理,为企业和国家带来了宝贵的知识与物质财富,与此同时,若不正确地使用这些技术,将对个人隐私和数据安全构成威胁。隐私是一个逐渐为人们熟知和关注的话题。在一个特定的环境和时间点中,相对静态的隐私应该如何处理?

1. Google 官司牵出公民隐私之忧

　　2005 年 8 月,美国司法部以打击网上黄色犯罪为由,要求美国四大网络公司——美国在线、微软、雅虎、谷歌,提供有关网络搜索的数据信息,其中包括随机选择的网址和用户检索结果的数据,以协助调查。

　　对于政府的要求,除谷歌以外的 3 家公司很快满足,唯独谷歌坚决加以抵制,理由是:首先,这样将侵犯用户隐私权,损害谷歌和用户建立的互信关系;其次,泄露公司搜索服务的商业秘密。谷歌创始人塞尔吉·布林(Sergey Brin)表示,保护隐私是谷歌的义务。

　　2006 年,司法部将谷歌公司告上法庭。谷歌与政府间的法律纠纷引发了关于互联网安全和公民网络隐私权的争议,网络隐私权的保护成为人们关注的焦点。因此,谷歌与司法部的官司被认为是互联网时代美国网络公司与政府围绕隐私权问题爆发的“世纪大战”。“大战”结果是:谷歌抗争后占得上风。由于舆论的压力,司法部只好做出重大让步。在法庭上，司法部仅要求谷歌提交用户搜索相关的 5 万个网址以及近 5000 个搜索项，并承诺只对其中的 1 万个网址和 1000 个搜索项进行研究。与最初的要求相比，司法部要求谷歌提供的信息量几乎缩小了 99.99%。谷歌的代理辩护律师尼科·翁在公司网站上发表声明称："裁决表明，无论是政府机构，还是其他任何人，在要求互联网公司提交数据时都没有特权。"一些分析人士认为，裁决对谷歌公司以及隐私权保护者而言是一个巨大的胜利，谷歌的维权行为将给美国的互联网管理规范带来新的启示。不过，围绕互联网安全和公民隐私的争议并没有停止。

2. 互联网上不仅有人知道你是一条狗，而且知道你是一条牧羊狗

互联网的匿名性保护了用户的信息和网络使用安全，曾经网络上流行的一句话：On the Internet, nobody knows you're a dog（互联网上没有人知道你是一条狗，如图 11-20 所示）。这是针对网络的虚拟性、匿名性所作的颇有几分夸张的描述。网络确实改变了过去那种社会交往与控制的模式，给人们创造了前所未有的信息空间。然而，人们也常常能在各种媒体里面了解到发生在互联网上的侵犯隐私的恶性事件。

当前对用户最大的隐私威胁不是用于跟踪用户的 Cookie、间谍软件和用户浏览行为的分析网站，而是人们日常使用的搜索引擎。大部分搜索引擎在用户使用其服务时，都会记录用户的 IP 地址、搜索的关键词、从搜索结果中跳转到哪个网站等信息。通过数据挖掘等技术，搜索服务商可以从这些信息中获得用户的身份、用户的爱好以及在网上的行为等隐私信息，并可能使用这些隐私信息进行商业活动。也就是说，今天在网络上，不仅有人知道你是一条狗，而且还知道你是一条猎狗还是一条牧羊狗。

例如，2008 年的央视 3·15 晚会揭露了一条重大消息：分众无线传媒技术有限公司（分众传媒子公司）掌握了中国 5 亿多手机用户中一半的手机用户信息。

"On the Internet, nobody knows you're a dog."

图 11-20　互联网上没有人知道
你是一条狗

该公司对机主的信息进行详细分类，精确到机主的性别、年龄、消费水平等，以"精准"发送垃圾短信，其中，仅郑州分众无线传媒技术有限公司的短信日发送量就达 2 亿条（仅仅一个企业，掌握了 2 亿多人的个人信息，如此令人骇然的现实印证了公众长期以来对个人信息保护的担忧）。一件件个人隐私信息被泄露后在网上掀起滔天巨浪的事件此起彼伏，而因这些信息泄露而遭到感情上的巨大创伤，更揭示出个人隐私被泄露传播已经成为一种规模化、商业化的运作，足以引起每个人的重视。

例如，Netflix 是一种流行的在线电影租赁服务，为了提高电影推荐的准确性，公司公布了一份包含 50 万用户电影爱好程度的数据集，开放了匿名的评论以及打分的信息，但是有人把它跟国际电影数据库 IMDB 匹配，结果把一个有同性恋倾向的人识别了出来，并导致公司被告。在美国马萨诸塞州，集体保险委员会（Group Insurance Commision，GIC）负责为州政府雇员购买健康保险。截至 2002 年，GIC 已经收集到约 135 000 政府雇员及其家人的健康数据。由于这些数据被认为是匿名的，GIC 将这些数据的副本转给研究机构，并将另一份副本卖给商业公司。

　　搜索引擎的查询日志可以进行用户行为分析,分析结果可以有效改进网络信息检索技术。但上述收集的信息包含大量用户敏感信息,如果数据发布者将这些原始数据直接进行发布,会泄露用户敏感信息及身份信息,如图 11-21 所示。

图 11-21　数据泄露与隐私保护

3. 个人数据的权利问题

　　在网络所带来的隐私权问题中,一个关键的问题就是有关个人数据的权利问题。所谓个人数据,是用来标识个人基本情况的一组数据,如姓名、年龄、性别、地址、社保号/身份证号、信用卡号、驾照号、手机号、出生年月、收入、职业、个人爱好、银行资料,以及受法律法规保护的其他数据等。

　　具体而言,个人数据主要包括标识个人基本情况、标识个人生活和工作经历等情况、与网络有关的个人信息等,主要包括以下 4 方面的信息。

　　1) 个人登录的身份、健康状况

　　网络用户在申请上网用户、个人主页、免费邮箱,以及申请服务商提供的其他服务(购物、医疗、交友等)时,服务商往往要求用户登录姓名、年龄、住址、身份证号、工作单位等身份和健康状况,服务商有义务和责任保守个人秘密,未经授权不得泄露。

　　2) 个人的信用和财务财产状况

　　个人的信用和财务财产状况包括信用卡、电子消费卡、上网卡、上网账号和密码、交易账号和密码等。个人在网上消费、交易时,登录和使用的各种信用卡、账号均属个人隐私,不得泄露。

　　3) 邮箱地址

　　邮箱地址同样是个人隐私,用户大多数不愿将之公开。掌握、收集用户的邮箱并将之公开或提供给他人,致使用户收到大量的广告邮件、垃圾邮件或遭受攻击而不能正常使用,使用户受到干扰,显然也侵犯了用户的隐私权。

　　4) 网络活动踪迹

　　个人在网上的活动踪迹,如 IP 地址、浏览踪迹、活动内容等,均属个人的隐私。

4. 实名制下的隐私如何保证

　　实名制,尤其是网络实名制,在虚拟网络世界里以真实身份存在,规范了言行,注重了责任,也增大了个人信息泄露的可能性。如存款实名制、火车票实名制、手机实名制、快递业实名制、微博实名制,可以有效降低因身份虚拟造成的欺诈等现象的发生概率,对于加强监管、保障安全有明显的作用。同时,个人信息保护问题也成为公众关注的焦点。

11.3.2　网络时代隐私面临的主要威胁

　　个人隐私往往包含具有重要价值的信息,如果这些信息被他人获得,有可能会造成个人经济损失、名誉损失或精神损失,因此,隐私成为个人希望保密的信息。然而,正是由于这些信息的重要价值,又使其成为一些心怀不轨的人垂涎的猎物,尤其是在网络时代,数据信息的传播、复制达到了前所未有的便利程度，这使得个人隐私的泄露也面临着前所未有的巨大威胁。为了能够清楚地认识众多的隐私数据安全威胁，可将隐私面临的主要威胁（泄露途径）归纳为 4 种类型：未经许可的访问、网络传输的泄露、公开数据的挖掘与分析、人肉搜索，如图 11-22 所示。

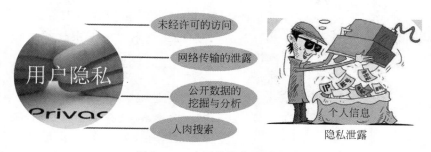

图 11-22   主要的隐私泄露途径

1. 未经许可的访问

未经许可的访问是指保存在本地或远程的个人数据被未经授权的访问所获取，这些访问有可能来自外部绕过安全机制的攻击，也有可能来自内部疏于管理的漏洞。例如，存放在本地计算机的用户文件被黑客窃取；用户的操作被木马记录并传递给控制者；存放有公司员工个人资料的数据库服务器暴露在不受保护的网络中；网络管理员违规查看数据库记录等。

这一类型的隐私泄露源于计算机安全措施的缺乏，没有采取足够的主动保护本机或服务器数据存取安全的手段，从而导致大量的安全漏洞，不仅造成信息的泄露，还可能造成信息被篡改。

2. 网络传输的泄露

网络传输的泄露是指包含个人隐私的数据在网络传输的过程中被窃取。例如，在使用即时通信工具时双方的通信被嗅探器截获；收发电子邮件时，邮件内容被网关非法保留；一个传输个人文件的 TCP/IP 链接被会话劫持；登录网上银行却被伪装成该网银的钓鱼网站蒙骗等。

网络传输中的隐私泄露与未经许可的访问的情形不同，由于网络传输的公开性，无法阻止他人获得这些数据，但是可以通过加密手段避免传输明文数据等，防止他人获得传输数据后重组成有意义的数据。

3. 公开数据的挖掘与分析

公开数据的挖掘与分析是指在数据发布中个人隐私被泄露。例如，未经模糊处理发布的医疗记录情况；经过隐去姓名处理的住房交易信息发布时，通过联系方式确定住房拥有者等。

这类隐私泄露是在公众均可获取明文数据的情况下泄露的。一般情况下，发布的数据都经过了模糊处理或匿名处理，但是别有用心的人（入侵者）仍可以通过公布数据之间（甚至之外）的信息来准确推测个人隐私，这就需要在发布数据上采取更为可靠但是又能保留公布数据可用性的数据匿名技术。

4. 人肉搜索

"人肉搜索"是指利用人工参与来搜索信息的一种机制,实际上就是通过其他人来搜索

图 11-23　人肉搜索

自己搜不到的东西,更加强调搜索过程的互动。当用户的疑问在搜索引擎中不能得到解答时,就会试图通过其他几种途径来找到答案,或者通过人与人的沟通交流寻找答案。它与百度、谷歌等的搜索技术不同,它更多地利用人工参与来提纯搜索引擎提供的信息,如图 11-23 所示。

"人肉搜索"会泄露个人网络隐私,目前呈现多样化态势,在使用"人肉搜索"查找事实真相的同时,"人肉搜索"也侵犯了个人隐私,如公布当事人的联系方式、照片、家庭地址、身份证号码、婚姻、职业、教育程度、收入状况、个人健康医疗信息、股东账号等个人隐私信息。

11.3.3　隐私泄露的主动和被动方式

隐私泄露的方式包括主动和被动两种方式。

主动泄露是指个人为实现某种目的而主动将个人信息提供给商家、公司或他人。例如,个人参加"调查问卷"或抽奖活动,填写联系方式、收入情况、信用卡情况等信息。主动将有关信息泄露给商家,而商家对个人信息没有尽到妥善保管的义务,在使用过程中把个人信息泄露出去。

被动泄露是指个人隐私被他人采取各种手段收集或贩卖,造成故意或者过失的个人信息披露。

11.3.4　互联网对隐私的挑战

互联网技术对个人隐私保护提出了新的挑战,信息经过这个巨大网络进行传输,可能需要通过许多的计算机系统才能到达最后的目的地,每一个系统均能监视、捕捉和存储通过它的信息。

许多网络行为都可能会被记录,包括一个人访问了什么网站或网页、访问了哪些网络内容、通过网站查找或购买了什么物品,这些监视和跟踪大多数发生在网站访问者不知情的情况下。个人的网络行为不仅被一般的网站跟踪,而且也被微软、雅虎及 DoubleClick 这类网络广告服务商所监控,这些网络广告服务商可能在数千个网站跟踪用户的浏览行为。网站运营商和网络广告行业都在为这种行为辩解,因为这么做能使广告投放更精准,并减少网站运营商的运营成本。

企业搜集市场上的交易信息,并将这些信息用于其他的市场用途,然而,企业所有收集到的信息并未得到信息所有人的知情同意。人们寄希望于网络行业能通过自律来保护用户,少数企业如微软、Mozilla、雅虎和谷歌等,也发布了公司的政策,努力消除公众对网络跟踪的担心。总体来看,大多数互联网企业在保护用户隐私上做得很少,用户也没有做他们应

该做的来保护自己的隐私。对于那些靠广告来支持日常运营的商业网站而言,大多数收入来源在于贩卖用户信息。

有一个关于用户网络隐私态度的深度研究,研究结果发现:人们感觉无法控制他们的信息被收集,且不知道向谁投诉;网站收集各种各样的信息,但又不让用户获取这些信息;网站的政策不清晰,它们与"合作方"分享数据,但从未明确合作是谁,有多少合作方。网络爬虫比比皆是,用户不知道他们访问的网页上存在跟踪器。用户希望能访问到自己的信息,希望能控制什么信息被搜集,知道信息是怎样用的,具备退出整个跟踪系统的能力,并了解相关的隐私政策。

11.3.5 引发隐私问题的关键技术趋势

隐私问题先于信息技术出现,但是信息技术加速了隐私问题,影响了已有的社会秩序,使一些法律变得不合时宜或出现了严重的缺陷。引发隐私问题的五类技术趋势如表 11-2 所示。

表 11-2 引发隐私问题的技术趋势

趋 势	影 响
每 18 个月计算能力翻一番	更多组织的关键运行依赖于计算机系统
数据存储成本快速下降	组织很容易维护个人的详细数据库
数据分析能力突飞猛进	通过分析大量的个人信息,公司能形成对个人行为的详细描述
网络技术迅猛发展	更容易异地复制和远程存取个人数据
移动设备的影响力持续增强	个人手机可能在未经用户同意或知悉情况下被跟踪

每 18 个月计算能力翻一番使大多数公司能将信息系统用于其核心生产过程,其结果是大大增加了人们对系统的依赖性,因系统错误和数据支出而造成的脆弱性。社会规则和法律还没有对这种依赖性进行调整,保障信息系统的可靠性和准确性的标准还未被普遍接受或推行。

数据存储技术的进步和存储成本的快速下降使私人和公共组织能够维护更大量的数据库,包括关于员工、客户和潜在客户的数据库。数据存储的进步导致日常破坏个人隐私的违法行为更便宜和容易,能够处理数百万兆(TB 级)的海量数据存储系统变得十分便宜,使得大公司可以将其用于识别客户。

海量数据分析技术的进步是另一项引发隐私问题的技术趋势,因商业企业或政府部门都能找到关于个人的非常详细的私人信息。有了这些现代数据管理工具,公司可以比以往更加容易地汇总和组合存储在计算机里的海量数据,通过合理的收集、汇总和挖掘,这些信息不仅能显示出你的信用信息,而且能显示你的驾驶习惯、你的口味、你的社团、你看什么或读什么,以及你的政治兴趣等。

公司销售产品从这些源头购买信息,以便更精确地定位和开展营销活动。公司通过分析来自多个源头的海量数据,来迅速识别客户的购买行为模式,并提出个性化的响应措施。通过计算机将多源数据进行整合,并建立个人的详细电子档案,这个过程叫作画像(profiling)。

例如,几千个受欢迎的网站允许一个网络广告服务商 DoubleClick(谷歌旗下公司)跟踪其访问者的行为,以换取基于 DoubleClick 搜集的访问者信息所做的广告收入。DoubleClick 利用这些信息给每个访问者画像,当访问者访问 DoubleClick 相关网站时,就给画像加入了更详细的信息。随着时间的推移,DoubleClick 就能形成一个关于用户网上消费和行为习惯的电子档案,卖给公司,以帮助其获得更准确的网络广告投放目标。

一种叫作不明显关系认知(Nonobvious Relationship Awareness,NORA)的新的数据分析技术,已经给政府部门和商业企业提供了更强的画像能力。NORA 可以从各种不同的来源取得关于个人的信息,如求职申请、电话记录、客户名单、信用记录和犯罪记录等,并研究这些信息之间复杂的关系,以发现背后隐藏的联系。例如,若一份工作的申请人和一个已知的罪犯共用一个电话号码,NORA 就会发现这一联系,并向公司的人事招聘管理者发出警报。NORA 的工作过程原理如图 11-24 所示。

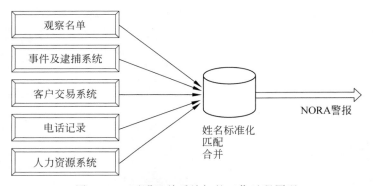

图 11-24 不明显关系认知的工作过程原理

NORA 可以在数据产生时扫描数据的提取信息,所以当一个人还在机场售票处而尚未登机前,NORA 就可以马上发现他和一个恐怖分子共享了一个电话号码。这个技术被看作是对国家安全和防止恐怖活动很有价值的一个工具,但是 NORA 对隐私有影响,因为NORA 能提供单个个体详细的活动画面和关联关系。

最后,互联网等网络技术,以及云存储、云计算等技术的进步大大地减少了海量数据流动和存储的成本,提供了普通廉价计算机远程挖掘巨大数据池的可能性,现在人们已经无法想象侵犯隐私的规模和精度了。

11.3.6 大数据泄露你的行踪:数据的价值不在于拥有,而在于挖掘

这是一个被数字吞噬的时代。互联网大行其道、智能手机普及、智能硬件发展、存储技术进步、硬件成本下降,这些要素都推进了信息和数据爆炸性增长的趋势。2000 年以前,人类仅存储大约 12EB 的数据。但是,现如今,每天都将会产生大约 2EB 的数据。换言之,过去两年内人类社会的数据增长量占到全世界所有数据的 90% 以上。

从一些行为痕迹和数据挖掘的鲜活案例,例如,如何判断怀孕、如何捕捉阅读趋势、如何通过声音控制枪支犯罪、如何识别路面的坑坑洼洼,使得人们看到,数据的价值不在于拥有,而在于挖掘。

1. 当人变成一堆数字

不用担心和害怕，也不必觉得冷漠，客观上，每个人在商业公司的眼中就是一条或多条数字化的记录。互联网的发展、存储技术的进步和智能硬件对日常生活的渗透，使得任何一家公司都在无时无刻地收集人们数字化的消费和行为痕迹。

例如，结构化痕迹。假设你在银行申请一笔消费贷款，你的年龄、性别、教育、电话、邮箱、收入、家庭、地址、征信、消费、资产、流水等信息都会被传统的二维表结构形式清晰地记录下来。例如，文本痕迹。即时通信的留言、网上发表的帖子、邮件的内容、产品发表的评论、针对某个无良电商的投诉，和微软小冰的聊天、Kindle 的文本标记。例如，声音痕迹。语音投诉、客服的沟通和交流、吵架声甚至枪声。例如，图片和视频痕迹。朋友圈上传的图片、优酷上传的视频、街头监视器录制的视频。例如，传感器痕迹。智能手环、智能穿戴设备、智能家电、智能药丸、手机、发动机的传感器等。

2. 大数据提前知道怀孕的女生

有一个较为经典的故事。美国 Target 超市向 15 岁的女儿寄送了母婴用品的打折券（例如婴儿服和婴儿床），这件事情显然惹恼了女孩的父亲。该父亲就向 Target 超市进行投诉，超市也就这件事情正式进行了道歉。但是，两周后该父亲和 Target 的客服人员联系，表达了自己的歉意，委婉地承认，女儿确实出现了点状况，过几个月就要分娩了，而自己一直被蒙在鼓里。

Target 超市是如何做到先于父亲提前知道该女生怀孕的呢？其通过超市中 25 种关键商品，构建了一个可以为顾客打分的"怀孕指数"，即怀孕预测模型。例如，是否购买不含香料的产品、是否购买能够装得下尿布的手提包、是否购买婴儿随身用品、是否购买一些特定的维生素以及明显的孕妇装等。基于这样的预测，Target 超市就会提前给新妈妈寄送母婴相关的折扣券，从而提前抢占市场。

3. 行为痕迹和消费轨迹

现在很多公司都能够刻画出你的部分消费行为轨迹。百度通过地图、糯米和钱包，能够判断出你的行为轨迹，消费过哪些场所，消费偏好和习惯等。京东也有一个购物者基因，通过你的消费行为，给你贴上行为标签，刻画你的消费偏好。其实，商业银行也可以考虑做这样的事情。

客户在银行中留下的行为和消费痕迹，一般来说，包括两类，即静态的地址和动态的地址。前者是指客户在办理各种业务填录的家庭地址、公司地址、户籍地址和账单地址等。后者是客户刷卡、取现、消费时遗留下的行动轨迹和位置信息。换言之，客户和商业银行每一次接触（柜台、ATM、手机银行 App、自助网点、POS 刷卡等）都会留下行为痕迹，例如，客户通过 ATM 取现，商家就可以通过后台 ATM 交易系统获取客户取现的位置等。又如，客户在不同的地方使用 App 登陆手机银行，商家可以通过 GPS 跟踪到客户的位置和移动轨迹。客户刷卡消费时，商家通过 POS 的地址可以发现客户在哪些商场超市或 4S 店有过消费行为。

基于这些痕迹，银行可以做一些营销和应用。例如，勾勒客户的行为轨迹，刻画客户的工作圈、生活圈和消费圈，识别客户在地理空间上的分布。例如，通过家庭地址可以判断住宅和小区的高档性，通过办公地址判断和估算客户所在写字楼的高档性，通过消费地址可以判断客户消费出入场所的高档性,从而可以综合判断客户的潜力价值。

4. 如何捕捉阅读趋势

电子书 Kindle 或者一些阅读的 App,将书籍数字化。用户可以个性化地改变字体,添加备注和标记,高亮显示相关的文本,或者对文本内容进行搜索,实现了数字化阅读。

用户的这些行为都会被后台记录、整理和统计。例如,读了什么内容,读了多久,是否跳读,是否在什么页面进行了批注,在哪里进行了高亮标注。这些信息对出版商很有价值。例如,通过分析跳读和阅读暂停情况,出版商会考虑是否需要优化和调整部分内容,来提高消费者的阅读体验。又如,通过分析书本中常常被用户划作重点的段落和词句,识别读者的兴趣和偏好,从而判断和引领新的话题走向和趋势。

5. 如何进行广告的精准推送

通过语音识别技术进行广告精准化投放,捕捉实时的营销机会。美国移动运营商 Verizon 通过机顶盒收集观众观看电视的情况,也会收集观众间的对话内容,通过传感器"倾听"和"观看"人们在家中的行为,以便在合适的时机播放合适的广告。

例如,你和妻子发生争吵,机顶盒通过语音识别和分析技术,将婚姻指导方面的广告推送过来。例如,如果你和妻子正在商量去哪里旅游,那么在你最喜欢的节目的广告时间,机顶盒会将某海岛的旅游广告推送过来。

11.3.7 "健康码"与个人信息隐私

"健康码"是一种应用程序,作为个人的电子通行证使用。经读取后可确认与证明持有人的健康情况,并以之出入需要出示该证明的场地。申请人通过填报个人信息健康状况、旅游史、居住地,以及是否接触过疑似或确诊新冠肺炎等问题自动生成二维码,分红、黄、绿三种颜色,动态显示个人疫情风险等级,如图 11-25 所示。截至 2020 年 4 月,中国已有 200 多座城市启用基于支付宝平台的"健康码",另外基于腾讯平台的防疫"健康码"则落地近 20 个省级行政区,覆盖 300 多个市县。

【绿码】
凭码通行

【黄码】
实施7天内隔离,连续
(不超过)7天健康打卡正常
转为绿码

【红码】
实施14天隔离,连续14天
健康打卡正常转为绿码

图 11-25 防疫健康码(杭州版)

个人使用可选择支付宝、微信、省级政务服务客户端或小程序,申报个人数据并领取"健康码",无论是内地居民、港澳居民、台湾居民和外籍人士,均可完成实名认证。在支付宝和微信中申领防疫"健康码",数据都会链接到国家政务平台。到进入地市级选项后,会要求个人授权国家政务平台,获取个人的姓名、身份证号、手机号和位置信息。在填报个人信息健康状况、旅游史、居住地及是否接触过疑似或确诊新冠肺炎病患等后,程序中就会自动生成二维码。一些地区政府为了方便外籍人士申领,亦推出了英文版的"健康码"。

个人"健康码"的数据主要来自大数据,再加上跨省市漫游定位功能,可以清楚确认14天内的个人行迹。而个人数据包括交通数据、运营商数据、金融机构支付数据等,以实现精准、可追溯的防疫防控,故"健康码"分为"绿码、黄码、红码"三色动态管理。

在进入居住小区、办公地、公共场所、交通工具时,民众需在进入前向工作人员出示"健康码",确认"健康码"为绿色时方可进入。因此"健康码"在新冠肺炎疫情期间,一直作为进入上述场所时的出入凭证。在部分地区,"健康码"可用于医疗机构挂号、就诊及医保结算。预计在疫情结束后,"健康码"将继续作为市民(企业)工作、生活、经营等行为的提供数据服务的随身服务码,并将陆续推出更多数据、应用服务。

杭州市卫健委在2020年5月22日推出计划,有意将原有的"健康码"集成更多个人健康数据,将构筑整体的健康评分体系,与不同的市民、社区和企业进行对比和排名。计划一经报道,在社交媒体引发轩然大波,大量网友质疑有关数据的收集侵害了个人隐私,也有可能导致歧视情况发生。有评论指出这是商业和行政的盲目合谋,认为在电子政务的模板城市提出升级"健康码",会是一个不好的示范做法。

"健康码"应用程序可以提取政府收集的各种各样个人数据,是具有深度和广度的大规模监控。而所用系统与政府追踪"重点人员"的系统为同一套,而差别在于以改造针对与病毒感染者有密切联系人的追踪。

在"健康码"推出后,《纽约时报》记者对"健康码"代码进行分析发现,该系统不仅可以实时判断某人是否具有传染风险,亦会与公安机关共享用户数据,监视其位置以及健康状况,会把用户个人资料、位置和标识符发给服务器,在疫情结束后可能会长期存在,继而帮助政府进行监控。也有专家认为"健康码"是"中国开展大规模监控历史上的里程碑事件之一"。也有民众认为个人的医疗隐私可能被不当滥用。由于此问题产生的争议,导致区域歧视频传,系统故障欠缺配套补救措施,因此也招致不少民怨与纠纷。

针对种种疑问,2020年7月,中华人民共和国外交部发文表示"借疫情利用大数据技术开展大规模监测,侵犯公民隐私权"系谬论。根据《个人健康信息码》国家标准,"健康码"充分考虑了个人隐私和敏感信息的保护,对个人健康信息的采集、加工和利用等各个环节进行了规范。"健康码"数据由相关部门掌握,并严格按照个人信息保护有关规定做好个人信息保护和数据安全工作,防范数据泄露,禁止第三方平台留存用户数据。

具体来说,一方面,"健康码"系统须满足信息安全要求,采用符合国家密码管理要求的算法对"健康码"相关信息进行加密脱敏保存和展示(如姓名显示为张∗),个人健康信息的采集、加工和利用也应符合相应国家标准。另一方面,"健康码"服务运营方应遵守相关法规和规范要求,建立数据安全保护制度,实施必要的数据安全技术措施;个人健康信息服务及其应用采集数据时,应获取用户的明示同意或授权同意,并承诺对相关隐私内容进行保密。同时,国家网络信息安全、公安等主管部门密切关注"健康码"的信息安全保护,强化各级"健康码"建设管理单位的数据安全责任,规范个人信息收集、使用、存储和防护,严格数据管理,做好系统安全加固和数据安全防护,防范数据泄露和数据滥用。

11.4　保护隐私,我们能做什么

隐私保护的诉求在世界许多国家通过宪法或法律条例等形式受到保护。然而,依靠现有法律规范来约束是远远不够的,必须采用必要的技术手段来解决隐私保护问题。

11.4.1　技术解决方案

已经有一些新技术能在用户和网站进行互动活动时保护用户的隐私。这类工具被用于加密电子邮件、匿名使用电子邮件或浏览网页,从而保护用户的计算机不接受 Cookie,还有一些技术可以查出并删除间谍软件。但是,技术解决方案还不能保护用户在网站间转换时不被跟踪。

图 11-26　Windows 10 中 Microsoft Edge 的"请勿跟踪"请求开关

鉴于公众对网络跟踪行为和广告投放日趋猛烈的抨击,以及在实施网络行为时缺乏自律,大家的注意力转移到了浏览器上,许多浏览器都有"不跟踪"选项,对那些选择了"不跟踪"浏览器选项的用户而言,他们的浏览器会发送申请给网站,要求自己的行为不会跟踪。微软 IE、Edge 和 Mozilla 的 Firefox 都提供了"不跟踪"选项(如图 11-26 所示),然而,这些浏览器仍然把跟踪作为默认选项。大多数用户都不会单击查看它的浏览器上的"隐私选项"。网络广告行业强烈反对微软的计划,并称网站没有义务遵守用户的不跟踪要求。目前,对于如何应对用户的不跟踪要求,网络广告行业还没有达成一致的意见,同时,也没有相应的政策法规要求网站停止跟踪。

11.4.2　隐私保护技术——加密技术

加密指将一个信息(明文)经过加密钥匙及加密函数转换,变成无意义的密文,而接收方则将此密文经过解密函数、解密钥匙还原成明文,如图 11-27 所示。加密技术是网络安全技术的基石。加密使得未授权的用户即使获得了已加密的信息,但因不知道解密的方法,仍然

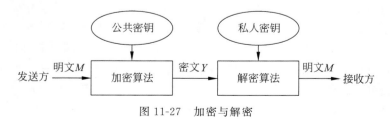

图 11-27　加密与解密

无法了解信息的内容。

加密技术是最常用的安全保密手段,利用技术手段把重要的数据变成乱码(加密)传送,到达目的地后再用相同或不同的手段还原(解密)。加密技术包括两个元素:算法和密钥。算法是将普通的文本(或者可以理解的信息)与一串数字(密钥)的结合,产生不可理解的密文的步骤,密钥是用来对数据进行编码和解码的一种算法。在安全保密中,可通过适当的密钥加密技术和管理机制来保证网络的信息通信安全。

11.4.3　社交网络的隐私保护

社交网络已成为人们生活中密不可分的一部分,想要脱离几乎不大可能,它在人们的生活中扮演着极其重要的角色,影响着人们的信息获得、思考和生活产生方式。就每个用户个人而言,社交网络是获取信息展现自我、营销推广的首要窗口和平台,是他们的第一选择。但是与此同时,社交网络的发展也带来了一些弊端,尤其就是个人隐私数据泄露的问题。社交网络无疑已经成为互联网络中最热门的应用,它提供给互联网用户一种创新的信息分享的方式。但是在用户享受社交网络带来的与世界沟通的便利的同时,社交网络的隐私保护问题也充分暴露。

11.4.4　面向电子商务的隐私保护

随着电子商务的不断普及,人们在进行网络购物的过程中,难免浏览网页和填写个人信息。这些信息既包含隐私信息,也包含可以推理出用户隐私的准隐私信息,网络经营者充分挖掘这些数据,将其转换成有用的信息,从而准确地发现潜在客户,有针对性地提供个性化服务,进而创造更多潜在的利润空间。数据挖掘者合理利用客户信息本是无可厚非的,但未经过用户允许的情况下收集和利用这些信息,造成个人信息泄露问题日趋严重,越来越多地出现了由于隐私泄露而造成用户损失的事件。

在电子商务中,用户隐私信息受到威胁的主要形式有:一是电商直接出售个人资料,损害客户的合法权益;二是电商从中挖掘出具有商业价值的信息,针对性地投放广告;三是木马程序或黑客软件窃取个人信息和隐私数据。为了提高电子商务的效率,促进电子商务持续健康的发展,个人信息保护刻不容缓。

电商数据一般包括消费者的敏感性数据,直接公布这些信息侵犯消费者的隐私。先前的数据挖掘探寻到了知识,但泄露了隐私信息。在各种数据分发应用程序时,如果不采取数据保护措施,直接发布可能会导致敏感数据的泄露,从而为数据的所有者带来伤害。然而,在利益的驱动下,很多企业都有从电商网站获取数据的需求,所以直接销毁用户信息,既会遭到经营者的反对,也不利于电子商务的快速发展。因此,有必要研究隐私保护数据发布技术,一是确保隐私不被披露,二是更有利于数据的应用。

11.4.5　我国网络隐私保护策略及存在的问题

从 20 世纪 90 年代开始,在国家的大力倡导和积极推动下,互联网在经济建设和各项事业中得到日益广泛的应用，使人们的生产、工作、学习和生活方式已经开始并继续发生深刻的变化，对于加快我国国民经济、科学技术的发展和社会服务信息化进程具有重要作用。同时，如何保障互联网的运行安全和信息安全问题已经引起了全社会的普遍关注。为了维护国家安全和社会公共利益，保护个人、法人和其他组织的合法权益，我国颁布并通过了一系列的法律法规。然而，目前我国网络隐私仍然存在如下三方面的问题。

1. 个人自我保护意识薄弱

我国公民对于法律法规的意识薄弱，尤其是对于迅猛发展的互联网，对于其法律法规更是如此。改革开放以来，中国的经济发展让世界刮目相看，伴随着物质文明的发展，精神文明的发展与欧美各国相比还是具有一定的差距。法律意识的薄弱也让公民在网络隐私遭到泄露时，不知道如何利用法律手段解决，甚至无法注意到自身隐私被泄露的问题。中国互联网络信息中心（CNNIC）发布了第 47 次《中国互联网络发展状况统计报告》，截至 2020 年 12 月，我国网民规模达 9.89 亿，手机上网已成为我国互联网用户的新增长点。网民的权利有时受到了侵害，恰恰正是来自网民自身的原因，例如，随意在网站上注册个人信息；随意提供给他人个人资料；轻易地提供自己的 IP 地址；在申请微博、QQ 等社交工具时，直接使用真实的姓名。这些行为都容易使得自身的隐私在无意识下遭到泄露。当网络侵权行为发生时，用户也不知道该采取什么手段去维护自身的权利。

2. 法律法规层面上，隐私立法不完善

与欧洲的网络隐私权相比，我国网络隐私权尚未形成完整的体系，相关内容分散、零散、缺乏衔接性、统一性，不利于法律实务中的界定和执行，缺乏从技术、行政、法律等多层次做出明确和系统周详的规定。

3. 管理层面上，政府监管力度不够，行业自律意识不强

在网络环境中，政府为了为国民提供最好的服务，管理国家的事务，谋求国家更大的发展，需要收集大量的资料，涉及金融、医疗、保险、财产、家庭等方面的个人信息隐私资料。然而，搜集资料之后，对公民的隐私信息疏于管理，或者将这些数据用于职责以外的其他目的。

随着信息技术的发展以及人们对网络隐私权保护意识的觉醒，各个网站作为互联网行业的重要群体，也开始注意自己行业的自律，公布张贴了自己的隐私保护声明。新浪网、腾讯网等都公布了自身的隐私权声明，但是还是有许多网站根本没有这方面的声明，与行业自律相对成熟的观念相比，还是存在着许多问题。

本章小结

在互联网时代，信息安全的威胁来自三方面：人为的错误和失误、恶意的人为活动，以及自然事件和灾害。互联网的漏洞和无线网络的安全挑战使得系统更容易受到破坏。来自员工的内部威胁会给组织的信息系统造成巨大的破坏和损失。计算机病毒、蠕虫、特洛伊木马等恶意软件能使系统和网络瘫痪。黑客能够发动拒绝服务攻击或渗透进企业网络，从而造成严重的系统瘫痪。软件存在的问题是程序错误无法消除，并且软件漏洞能够被黑客和恶意软件所利用。

依靠计算机系统开展其核心业务的企业，如果没有良好的安全与控制措施，将会使其销

售和能力受到伤害。密码、令牌、智能卡和生物认证技术用来识别系统用户身份。防火墙防止未授权的用户访问专用网络。反病毒软件检查计算机系统是否受到病毒和蠕虫的侵害，通常能够清除恶意软件。使用加密技术对数据进行加密，使入侵者无法解读信息内容，从而保证信息资源的安全。云计算的广泛性特点使得对未经授权的活动难以进行跟踪或者从远程对其进行控制。

很多人都有过被黑客攻击及个人信息被泄露的经历，无论是个人的邮箱账号还是社交网络账号，都可能成为个人信息进一步泄露的导火索。采取多重验证的方法来保护个人账户的安全是必要的，设置强密码或许是现阶段最简单且最为有效的选择。牢记"网络安全三原则"并付诸实施，可以大幅降低计算机或手机信息泄露的风险。

信息技术和系统威胁到了个人隐私保护的诉求，使侵犯隐私更便宜、更加容易，而且在互联网时代，人们还没有找到一种方法可以完美守护自己的隐私。搜索引擎成为了当前对用户最大的隐私威胁。个人数据的权利问题成为网络所带来的隐私权问题当中的一个关键的问题。实名制下的隐私保证也成为公众关注的焦点。网络时代隐私面临的主要威胁（泄露途径）有未经许可的访问、网络传播的泄露、公开数据的挖掘、人肉搜索。许多网络行为都可能会在用户不知情的情况下被收集和网络跟踪。

关注互联网对隐私的挑战，以及引发隐私问题的关键技术趋势。当代的数据存储和数据分析技术使公司很容易通过许多来源收集到个人的隐私信息，分析这些数据后就可以创建对个人及其行为的详细的电子画像。

已经有一些新技术能在用户和网站进行互动活动时保护用户的隐私。加密技术是最常用的安全保密手段。社交网络的发展也带来了个人隐私数据泄露的问题。在电子商务中，公司会在未经过用户允许的情况下收集和利用用户的电商信息。普通网络用户应了解最新的隐私危机和保护个人在线隐私技巧。目前我国网络隐私仍然存在有待解决的问题。

习题

1. 列出并简述当前信息系统面临的最常见的几种威胁。
2. 给出恶软件的定义，并比较病毒、蠕虫、特洛伊木马之间的区别。
3. 什么是黑客？解释黑客如何带来安全和系统危害问题。
4. 给出计算机犯罪的定义。分别给出两个把计算机作为犯罪目标的例子和把计算机作为犯罪工具的例子。
5. 什么是身份盗用？什么是网络钓鱼？解释身份盗用为什么会成为今天的一大问题。
6. 简述内部员工产生的安全和系统可靠性问题。
7. 简述防火墙、侵入检测系统、反病毒软件在加强安全防御中的作用。
8. 什么是公钥加密？加密技术如何保护信息？
9. 云计算引起了哪些安全问题？
10. 启用双重验证是如何提高账户安全的？
11. 设置强密码的技巧有哪些？
12. 什么是"网络安全三原则"？该原则是如何降低计算机或手机信息泄露的风险的？
13. 安全不仅仅是技术问题，还是一个管理问题，请讨论之。

14. 假设你公司有一个电子商务网站用来销售商品并且接受信用卡支付,请讨论对于该网站主要的安全威胁及其潜在的影响;用什么措施可以降低这些威胁?

15. 隐私权是什么?

16. 界定隐私和合法的信息行为。

17. 互联网如何挑战个人隐私?

18. 网络实名制下的隐私如何保证?

19. 知情同意、立法、行业自律和技术工具如何帮助保护互联网用户的个人隐私?

20. 选择你最喜欢的 3 个网站,并打印其用户隐私协议,分析其共同点和不同点。

21. 在不侵犯用户隐私的情况下,BAT(百度、阿里、腾讯)能建立一个成功的商业模式吗? 请解释你的答案。

22. 讨论允许商业公司使用大量个人信息做行为定位的优点和缺点。

23. 为什么移动电话制造商(苹果、谷歌等)想跟踪其用户?

24. 你认为手机跟踪是对个人隐私的侵犯吗? 为什么?

技术学习模块 J:大数据安全与隐私保护技术

请扫码阅读

参 考 文 献

请扫码阅读

图书资源支持

感谢您一直以来对清华版图书的支持和爱护。为了配合本书的使用，本书提供配套的资源，有需求的读者请扫描下方的"书圈"微信公众号二维码，在图书专区下载，也可以拨打电话或发送电子邮件咨询。

如果您在使用本书的过程中遇到了什么问题，或者有相关图书出版计划，也请您发邮件告诉我们，以便我们更好地为您服务。

我们的联系方式：

地　　址：北京市海淀区双清路学研大厦 A 座 714

邮　　编：100084

电　　话：010-83470236　　010-83470237

客服邮箱：2301891038@qq.com

QQ：2301891038（请写明您的单位和姓名）

资源下载： 关注公众号"书圈"下载配套资源。

资源下载、样书申请

书 圈

图书案例

清华计算机学堂

观看课程直播